深圳大学 | 管理学院
SHENZHEN UNIVERSITY | COLLEGE OF MANAGEMENT

主编：马卫红　副主编：潘彩云
编委：丁夏齐　冯元粤　陈星宇　陈雪　耿旭　程雨桥

我们的天职是求知

Developing Knowledge as Our Vocation

深圳大学管理学院教学研究文集 9

中国经济出版社
CHINA ECONOMIC PUBLISHING HOUSE
·北京·

图书在版编目（CIP）数据

我们的天职是求知/马卫红主编. --北京：中国经济出版社，2021.12

ISBN 978-7-5136-6759-3

Ⅰ. ①我… Ⅱ. ①马… Ⅲ. ①教育管理-研究 Ⅳ. ①G40

中国版本图书馆 CIP 数据核字（2021）第 253351 号

策划编辑 姜 静

责任编辑 陈 瑞 汪银芳

责任印制 马小宾

封面设计 任燕飞工作室

出版发行 中国经济出版社

印 刷 者 北京中石油彩色印刷有限责任公司

经 销 者 各地新华书店

开 本 787mm×1092mm 1/16

印 张 27.75

字 数 588 千字

版 次 2021 年 12 月第 1 版

印 次 2021 年 12 月第 1 次

定 价 98.00 元

广告经营许可证 京西工商广字第 8179 号

中国经济出版社 **网址** www.economyph.com **社址** 北京市东城区安定门外大街 58 号 **邮编** 100011

本版图书如存在印装质量问题，请与本社销售中心联系调换（联系电话：010-57512564）

序言

时代在发生变化，大学教育教学的环境也随之改变。当下的大学教学处在这样一个环境：大学生伴随着即时社交工具和数字技术长大，他们接收和掌握着丰富的信息。然而，信息过载却并没有使他们能有效利用信息。作为管理学领域的学生，还要试图学习如何处理充满不确定性时代的组织问题和管理问题。这样一来，不确定性环境和过载的信息对解决组织问题和管理问题提出的新挑战，就直接反映在大学教师的工作内容上。大学老师应该做什么？尤其是，从事管理学教育的大学老师应该做什么？有没有可能通过集成的、跨学科的方式帮助学生实现知识的探索和利用？教学过程中，如何帮助学生更好地理解现代社会数据、信息、知识的关系？进一步地，可以教授给学生哪些方法进行管理研究和解决组织问题？这些都是从事管理教育的大学老师当下教学工作中无法回避的挑战。

放眼于未来，大学培养学生的最终目的是让他们能够以健康的身心参与社会，让他们学会用不同的方式思考问题，着重培养学生的可行能力。因此，教师带领学生一起求知才能对学生未来的成长产生更深远的影响，这是教师的天职，也是应尽的责任和义务。本论文集集中探讨了教师天职问题，共包括六编：互为师互为学、课程思政探索、管理教育挑战、课程引导有方、课堂知识增长、专业思想时尚。其中，第一编是启发性、探索性的思想交流，对管理教育者的“真求知，求真知，真生活，真工作，真学习”有精辟论述；后五编是教师们的日常教学实践，是他们在带领学生求知路上的感悟、探寻和思考。

受制于当前大学组织的绩效考评制度，大多数老师在教学、科研、公共服务的量化要求中挣扎求生。借助本集论文，我们有机会探讨和想象“有格调的组织”的样貌。它应该能唤醒每一个生命该有的自己的声音；它应该能点亮每一个生命该有的自己的光芒；它应该能渲染每一个生命该有的自己的色彩。从而，使绝大多数教师乐于把自己最好的年华奉献给教育事业，惠及万千学子。

如果大学组织一定需要绩效考核的话，那也应该是在高等学校的经营管理、战略管理和知识管理这样一条流动的管理溪流中产出积极的绩效，散发生命之光。

惟愿管理实现美好。这需要我们坚守初心与梦想，回归常识与本分，保持格调与情怀。在当今的知识社会和信息时代，通过师生互动提升师生的自主学习能力，让一个人无法实现的成长，在一群人的互动中得到实现。

2021 年 11 月

深圳大学

目录 CONTENTS

第一编　互为师互为学

第二编　课程思政探索

第三编　管理教育挑战

第四编　课程引导有方

第五编 课堂知识增长

第六编 专业思想时尚

深圳大学

第一编

互为师互为学

编者按：

这一组瑰意琦行、天趣盎然的文稿聚焦于管理教育者的工作和工作场域，透过这些散发着更多主体性的质感文字，可以窥见写作者的“being/becoming in the world”。我们每个人都兼有三种身份：主体，客体，旁观者。我们的工作是什么，应该是什么，“可感受性”起着重要的作用，这种可感受性既来自自我、他者、旁观者的角色确认，也源于不同角色间的多重互动。每个人对“意义”的想象和感受比“实在”更重要，甚至可以说，意义的想象和感受决定了实在。大学老师的工作，更需要多样性之中的自我选择，启发“主体间性”，生成思想市场。祈愿这些文字能使阅读者受到启发，拨云见日，乐业安居。再次感谢韩巍老师的引领，TO DO WHAT WE SHOULD DO，“互为师互为学”！

我们的天职是真求知，求真知

马卫红主编，问好！

先打个招呼，我们相熟多年，而我又比你年长，后面就叫卫红了。

这是一篇体现“后质性探索”（Post-Qualitative Inquiry，PQI）旨趣的“文章”。这批学者与实证主义研究者水火不容，与传统人文主义质性研究者（持诠释学立场）也志向不同。他们看重“理论”修养（多读书），漠视事实/what is，关注未来/not yet，...might be，拒绝方法论（不仅是一种 apparatus of capture……也参与现实建构），强调“自我”风格、情感代入的写作（因为 writing is a method of inquiry）等。尽管他们也有认识上的分歧，都不约而同地否定本体论的“总体性、同一性”，坚守“异质的、流动的、超越的……内在性本体论/ontology of immanence”。碰巧，很多 PQI 研究者都驻守在教育领域。作为诠释主义者，我不可能对 PQI 照单全收，但长期以来对“经验复制”（符合式表征）的不以为意，对“可能性、启发性”的另眼相看，使我容易理解其所思所想。况且，他们对“方法论”的公然敌视和排斥，与我所领悟的“洞见以下皆为修辞”也有契合之处，所以也想凑个热闹。特别是他们对经典理论思想的推崇，比照管理研究者普遍的狭隘、浅陋，令我共鸣强烈。学术有如人生，过往重要，当下重要，未来更重要，如果我们不那么在意一眼望到底的“重复”，更关注“差异性”（存在的本质）、可能性，从而更富想象力，在有生之年应该还有很多趣事可做，对吧！

启发只能发生在“主体间性”（intersubjective），作者表达应有自己的 style（风格），但“效果”取决于读者的审美。可惜，管理学界千篇一律的“八股”符合哪门子美学？写这篇文章不是因为教研论文可以算“工分”（尽管“教学型教师”可将教研论文以“学术业绩”论是我内心唯一认同的学院考核之制度安排），主要是因为你撰写的这份“邀约”让我有所触动，更是因为圣皮埃尔（St. Pierre，E. A.）的一段文字“...trust that something unimaginable might come out that might change the world bit by bit, word by word, sentence by sentence. ... . In writing, we can and do invent and reinvent the world”。对于这种美丽的文字，相信你也会有点儿 emotional 吧？我的表达一贯不够直白，争取尽量少讲“黑话”，先直接评议、答复你的文字和问题，再自说自话（没办法，我还不够 PQI，还是“可恶”的套路化思维）。但你应该清楚我谈正事从来都是比较真诚的，万一，还有些许启发呢！其他的都是修辞，不必在意。

尊敬的老师：

您好！（卫红，印象中当年你刚上任副院长时，向我征求过关于大会发言的“注意事项”，我建议你讲话尽量简短。没想到你“从善如流”，竟然做到了。后来我又得寸进尺地提醒你少讲“情怀”，那与绝大多数听众的期待不符（context），你拒绝了我的“规劝”一意孤行，不管台下的反应，只做自己了……可惜，“尊敬的老师”，在我看来，其实挺讽刺的。如果老师不过是易中天口中“下蛋的母鸡”，产量多少决定优秀与否，又有多少值得尊敬的地方？埋头苦“下”吗？这是今天大学的常态，大家都半斤八两。所以，我在外面开会做报告时，从来都这么开头：“主席（主持人）、各位领导，或者张某、李某某老师……”尊敬，从何谈起？）

管理学院教学研究文集第9辑将于2021年集结出版，诚挚邀请您为本辑供稿，把您在日常教学工作中对管理教育的探寻和思考记录下来。我们当下的教学过程发生在这样一个环境中：我们的学生伴随着即时社交工具和数字技术长大，信息过载却不能有效利用（知识能否转化为能力，先要问知识有没有可转化且变成能力的潜质；如果假定有，再谈“有效利用”。当然，假定毕竟是假定，这不是学生、老师的问题，长期以来，整个管理学界都备遭诟病，也都难辞其咎）；同时，这又是一个充满不确定性的时代，不确定性环境对解决组织问题和管理问题提出新的要求。怎样通过集成的、跨学科的方式（不是VUCA的所有问题都需要“集成、跨学科”，这只是可选途径之一。况且，人类在VUCA的喧嚣中还在不断制造新的VUCA，就像在大学、学院每天发生的那些猝不及防的事情。有时候，回归初心、回归常识就是答案，集不集、跨不跨没那么重要）帮助我们的学生实现知识的探索和利用（隐性知识和显性知识）是我们当下的教学工作需要迎接的挑战（这是我们一直面临的挑战，“造指标、填表”大过“教书育人”以来情急尤甚罢了。另，隐性知识如果能够在教学中“显性化”，恐怕就不叫隐性知识了，还有些“隐性知识”不是不可言传，而是不便、不敢张口，我们都懂）。放眼未来，我们培养学生的最终结果不是为他们提供一个可靠的答案，而是让他们学会用不同的方式思考问题，获得对问题本质更好地把握（基本认同，除了“本质”二字。我们做研究的人，使用语言要多些敏感、审慎。何为“把握”？何为“本质”？众说纷纭吧）。我们着重培养学生探求知识的可行能力比仅仅提供给他们几个工具方法对他们未来的成长具有更深远的影响（比较认同，在理想的状况下可以如此展望。现实是工具方法的掌握也可能是问题，因为如果老师只知道那些，掌握得还不够好，就不能太过乐观。毕竟，掌握方法也不是照葫芦画瓢，也有钉钉子不砸手的部分）。因此，我们的天职、我们应尽的责任和义务是带领学生一起求知，理解、探究、运用和共创管理知识（非常认同，但作为一位营销系教师，我觉得“真求知、求真知”更好）。我们热切盼望您分享在带领学生求知路上的感悟。

诚挚地感谢您的支持（这句话比较中肯，因为组稿不易）！

1. 管理教育中集成性、跨学科的知识探索（得考虑科系划分的制度障碍，普通老师的思考大概最多叫作“我有一个想法”or I have a dream)。

2. 教学过程中如何帮助学生更好地理解现代社会数据、信息、知识的关系（坦白讲，我们彼此对“数据、信息”，尤其是“知识”三个概念未必存在共识，草率将其并置在一起容易引发理解上的困扰。要点可能是掌握方法工具，更要掌握“好理论”，因为只有“好理论”（也是知识、信息）才会善用数据、信息及某些工具型知识，比如数据科学家更要讲人性和审美）。

3. 接近自然科学的方法是进行管理研究和解决组织问题的最佳方法吗（什么是接近自然科学的方法？看起来像吗？什么是“最佳方法”，会有人信吗？自然科学（经验科学）研究，大家应该都了解（归纳—演绎循环），无数次的失败中得到暂时可靠的知识，并等待下一次被“证伪”，是必须在乎经验（而不是统计学意义上）的“可重复性”的。很多管理研究者，哈耶克所讽刺的“科学主义”信徒，为了显示科学性，追求研究样式的“形似性”。耐人寻味地，管理研究者只要着手研究，就会有比较“可靠”的结论，因为管理研究既不鼓励知识的“重复性/replication”检验，似乎也没有发表“失败”研究的雅量，期刊总在要求“（理论）创新点”，就连本科论文都不放过！管理学通常被认为是“致用之学”，如果管理知识的确该被用来解决实际问题，你也算一级领导，不知在梦里可曾浮现过用接近自然科学的最佳方法“管理”管理学院或深圳大学的动人画面?)

4. 管理实践中的知识探寻（初看起来，这像是一句“废话”，管理知识的生产，无论“真假”，不都（至少声称）是从（具体）实践到（抽象）知识，再从抽象知识回到具体实践中得到检验吗？不然怎么会有那么多“假设—检验”！这就是自然科学研究的套路，何来第3个问题的必要呢？于你，我必须高看一眼。其一，我推测你可能对“归纳—演绎循环”在管理研究中的适用性产生了怀疑，因为管理世界的经验研究者几乎从来做不到“完备归纳”，理论（比如某些管理科学与工程）研究者在过于简化的“数学演绎”中也从来找不到应对人类复杂性的逻辑样式。而如今，许多经验研究者无视理论的价值取向、前提假定、适用边界、不同理论间可能存在的不可通约性/incommensurable，在“演绎—假设”上的操弄越来越“随心所欲”。有一篇AMP讨论“魅力型—变革型”领导研究的综述文章，发现同行们从三个基础模型出发（看起来大同小异），多年下来，虽然没有多少认识上的进步，却先后“发现”52个中介变量、58个调节变量……作者一怒之下诅咒该结束这无聊的研究。……会吗？“游戏”在我们这儿才刚刚拉开序幕吧！如果只论“逻辑”，管理研究者或许应该大谈“溯因推理”(abduction)，按照我的理解，在有限的经验素材（现象）基础上提出暂时性的“最合理猜想”，即是我们的宿命，好像也说得过去！当然，作为诠释主义者，我对“逻辑”的兴趣不大，那不过是研究者“强加”给经验世界的东西，我觉得反思、可能性、想象力才更有意义。是的，意义！其二，我推测你还可能基于社会知识生产的“实践转向”（practice turn）有感而发，那就应该加上社会知识生产的“语言转向”(linguistic

turn)，这自然非同小可，细究下去，不仅管理知识的“真理性、逼真性”不复存在，我们还得习惯在永不可及的“实践”面前“保持沉默”，要对语言的局限性、“述行性”（performative）、建构性足够敏感。结合问题3，管理研究者何以继续仿效自然科学用可靠的概念（人家有，我们没有）去表征世界潜藏的规律（人家是主—客关系，除了微观世界“测不准”的例外。我们则是主体—主体间性的关系，而且存在“双重诠释/double hermeneutic”的困扰，显然，作为研究对象的人类可以发挥能动性改变被研究者“强加”于自己的那些“规律”。毕竟，人不是石头，也比大猩猩聪明）？如是，又何必有问题3呢？只能是一个day dream）。

5. 课程思政与管理教育中的求知（“思政”我不大懂，如果可以理解为“三观”重塑的话，应该在管理教育中落实为“真诚做好人”，不做大恶，少做“小恶”，就容易走向“真求知，求真知”）。

6. 学生工作与人才培养（学生才是大学的“中心”，能不能成才先不说，至少让学生，也应该包括教师做到身心基本健康。虽然说人各有命，但一个友好的组织环境也非常重要）。

卫红，我不知道你是真的好奇，还是期待什么回响。看看你的用词——“天职”，多吓人啊！你不该用自己的情怀“绑架”一群为生存忙碌，被KPI折磨，每到监考担心迟到，担心督导的“黄雀在后”以致精神恍惚的人。他们或许对当下的环境稍有不满，但早已学会了小心翼翼，努力不给学院、学校添乱，自食其力，养家糊口，但求睡一个安稳觉，你又何必、何忍把他们从梦中叫醒呢？当然，我是愿意跟你聊一聊“天职”的。印象中多年前在文科楼下面的食堂巧遇一位教英国语言文学的外籍老师。我们说起教师这份job，那位老师在挖苦中国同行的时候，嘴里蹦出了“vocation”。你应该猜得到我当时既兴奋又沮丧的心情。我是对今日的大学、学院有很多不够正面的看法，但不会在“帝国主义”面前轻易低头，尽管可能有些心虚，我还是斩钉截铁地告诉他至少深大管院就有很多把“教书育人”当作“志业”、要做到“职之所在”也倾听“精神召唤”的老师。

好在多年来我们没有“再见”，或者即使见面也选择了忽视彼此。因为我早已没有了那份豪情和底气。我看到更多的不是“我们的天职是求知”，而是“求知是为了职称（and生存）”。实话实说，我们都是情境动物，“适应”才是要务。可上上下下的科学主义（实证主义）拥趸只求“符合、遵从”的僵化头脑，也不允许任何“创新性适应”的尝试，只顾“照猫画虎”，不管假虎、真虎，还画得“虎虎生风”。待到教育部一纸令下，开出检讨清单，才发现我们“虎了”半天是偏离了常识、偏离了本分、偏离了初心、偏离了梦想！这情何以堪！……没什么，习惯成自然，调整KPI，继续埋头“适应”?！我们似乎从来看不到人与情境的“相互建构性”，看不到人的主观能动性；看不到必须开枪，也有选择抬高枪口两厘米的可能。是的，我们都知道有个“大腿”般的大环境，但为什么不能稍微动一动自己的“小胳膊”，以营造出一种稍有“个性”

的小气候。We can breathe，我始终相信事在人为！

还算幸运的是“天下乌鸦一般黑”。你知道我平时爱看文献，看过“车载斗量”的批评管理学界、批评商学院的英文文章。理论与实践脱节的、自娱自乐的，范式霸权、美国霸权的，不负责任、没有担当的，误导实践的，A-journal、KPI之祸的，学术失范、公然造假的，管理主义、新自由主义猖獗从而全面“异化”（alienation）的。四面八方都是越来越高的声浪、越来越“恶毒”的挞伐（THE EMPEROR'S NEW CLOTHES…，Dark Academia…，The Imposter Syndrome…），Bothello 和 Roulet 的原话：“Although the imposter syndrome is common in many professions，…This cognitive dissonance leads a growing number of us to question whether we merit the status，legitimacy and rewards that are conferred upon us as members of a hyper-competitive scholarly community.”他们发愁的不是如何变好，或者继续变坏，简直就是“配不配活”的问题。比较而言，我们衣食无忧，只要心脏够大，总体上还算快活。

说到“天职”，其实不必舍近求远。当年为学院撰写“改变源于成长与责任”，2016年吧，我就说过：“teaching is our primary priority.”比教育部长官觉醒得早多了。可你们当领导的只留下这句口号，把我用心的解释全扔了。我知道在某些人那儿，如果把这句话当作“令箭”，一堆问题就会纷至沓来。光搞教学，科研怎么办？先进的国际经验不就是“publish or perish”吗？其实，作为一名“教学—研究型”教师，我也是部分认同这种正在“祸国殃民”的说法，不发表论文怎么能证明你是一名大学教师？现在连小学老师晋级都要写论文！可是，随着论文越看越多（垃圾太多！），观察到的人和事越来越多（绞尽脑汁造论文的太多！），内心越发困惑的时候，碰巧被美国教育家博耶的四种学术类型拨开了迷雾。原来大学教师可以在“scholarship of discovery，scholarship of teaching，scholarship of application，scholarship of integration”间做出选择。这才符合常识吧！世上哪有那么多“研究者”真能做出“发现型”研究成果？装呗！

卫红，我们为什么要读（各类）管理学博士，为求真理吗？好吧，至少在这个时代，读了才“配得上”大学老师的身份。但读了却未必要走“发现学术”的道路，这不是浪费社会资源，这是“自我发现”，如果还能践行于整个职业生涯，反倒会给国家节约很多资源。显而易见，如果通过读博觉悟到自己做不出像样的发现型研究，至少可以尝试“整合、应用”，……。特别是专注地做一名启迪学生（称职/qualified）的老师，不是很好吗？“足够了”，这是AOM前主席陈明哲给我的答案，后来他还把我们的对话写进一篇英文文章，最近发邮件还说他在继续回答我“做个合格的教师是否足够”的问题，还附上一篇他和另外两个同行即将发表的一篇文章——“Becoming an All-Around Scholar”。我没有细看，但第一段话有些意思：“Academics share a goal：To make a mark on the world by educating students. This noble ambition has perhaps never been more challenging than in today's compartmentalized academic quarters. We tend to overemphasize research at the expense of teaching，and we define scholarship too narrowly，even by single measures like publication record in A-journals."

老师要发表"学术论文"，博士要发表（基本认同），硕士毕业也非要发表（制度化了几年，现在按教育部的要求，似乎有点儿"打脸"了），现在连"优秀"本科生也被捎带上了。我不是绝对排斥学生参与学术研究，因为管理研究中确实有一些问题与经验阅历、理论知识关系不大。但如果非逼着老师发表"学术（发现型）"研究成果，老师再逼着（诱导）各类学生争相发表，长期而言，对"培育人才"能做到利大于弊吗？记得有一次上课，班上有个小朋友，我那天安排了小组讨论，她一个人坐在角落，低头看着什么。"拒绝"参与讨论，当然不行。我走到她身边，一问才知是来"旁听"的外系本科生，那就听之任之。离开时瞄了一眼她正在"画道"的文章，我……！"辱虐型领导……中介效应"。50多岁的人了，不想打击小孩子的学习热情。可心里想：你小小年龄关心什么领导研究？你能明白"领导"二字是什么意思？还辱虐型？……小朋友，你见过几个领导？你能分清领导讲的是人话还是鬼话?!

我带过一个很优秀的硕士生，现在西交大管院读博，叫梁朝高。本院市营的老师或许还有印象。最近我们和导师席酉民合写一本与"和谐管理理论"有关的书，朝高也是作者之一。他算是我的"关门弟子"，那时候没有"不发表、不毕业"的硬性规定，跟着我"离经叛道"，闲了"东拉西扯"，到了中午，还能蹭吃蹭喝，绝对不用发表文章。他写的那章内容我得先替导师审审，有一段关于自我成长的话印象深刻，我特意在2021年陈明哲老师的"CMSW博士工作坊"做过分享："一个有趣的插曲是，本科时自觉没什么学识，但年年依靠学业成绩拿特等/一等奖学金；硕士自觉学识与思维发生颠覆性进步，由于评奖学金需要小论文，一次奖学金没得过。这应该算是偏离主流学术的初步'后果'，但我并不以为意，甚至十分享受我看待世界的方式（way of seeing）已经不同了，在各种认识论视角下，'俯视'同龄人的'主流观点'，有一种思维上的得意。"我知道"发表记录"对各类学生是加分项，不然"耽误"学生前程，言之凿凿间连小学生都能做基因研究了！我通过朝高这个不够积极却也不算荒唐的例子想做个提醒，别再折腾硕士生、本科生发表什么"学术论文"了，不是因为教育部的最新要求，而是他们的"天职"就应该是"读书"、思考，以健康的身心为参与社会做好准备。

从"绩效考核"的实际出发，不做"发现型"研究的同行如何展现自我价值？用现在通行的"数豆子"肯定不行，但也并非无计可施。我这里只说"纯教学"，如果有传统意义上的著作、论文最好，有你主编的这种文集论文也行，没有，其实也无所谓。只要人家表达，working paper，开口说话就行。评价一个教师，有那么难吗？他/她的信念、经验、学识、激情，无从分辨吗？受教于他/她的学生们的三观、心智、能力有没有提升，无从知晓吗？我不太理解为什么有些人那么迷恋"论文发表"，还养成那么顽固的"以刊论文"的习惯！等到关键时刻，一堆教授正襟危坐地"数数"，说更公平，可除了最不公平的人情关系（有人坐在那儿投票才会有猫腻啊!），小学生不会“数数”吗？机器难道数得不是更好吗？我们懒到连花一点儿时间读一读别人的“伟大发现”都不肯，是因为对论文质量没有期待，是自身缺乏辨别力，还是甘愿做其他审稿人、期刊编辑手里的“提线木偶”呢？

一个学院，“不思进取”的人可能有，但读了几十年书，在大学能谋一份教职，会有多差劲呢？“自我边缘”恐怕也是事出有因吧！学院、大学，如果真心“尊敬”它的老师、员工，真的把别人当作“财富”，又会有多少人“以怨报德”呢？况且，至少我身边就有不发表论文的同事，为了搞好教学、助力学生成长，哪怕为了兴趣爱好，博览群书、见多识广、世事洞明的。人家一张嘴，我就能感觉到比某些 paper makers、significantly 更有智慧，更能扩展学生的视野、启发学生的心智。

我曾在一本教育学著作中读到一句话：“学术作为人类的集体事业，它的基础既不是智力也不是技巧，而是真诚。”做领导、做老师，做研究，尤其做人，最基础的也是真诚。只有真诚求知，才谈得上求得真知；只要能真诚求知，求得真知或许也就水到渠成了。

是否真求，是否求真，的确与“接近自然科学的……最佳研究方法”的议题有关，说白了就是科学主义（等于实证主义）在管理学界的主导地位究竟靠不靠谱的问题。至少管理学界的中文论文里，已经有很多争论。王婆卖瓜，你不妨看看我的《论实证研究神塔的倒掉》《洞见以下皆为修辞》《非科学让管理研究变得更好》。叶启政老师的《实证的迷思：重估社会科学经验研究》更值得一读。不过以我多年在校外跟同行争来辩去的体会，已经彻底明白了“科学社会学”的伟大。“最佳、适宜”不是什么“科学/学术”问题，而是信念之别，I do believe，so what，who cares，不会有任何结果。最近看到一篇《管理世界》观点集萃的长文，以学习“构建中国特色哲学社会科学”为名，依然是七嘴八舌、各说各话，再一次印证了北欧营销大家古麦森的洞见：All research is interpretive！

这么讲可能显得武断，那就提供一个简略“证明”：管理研究可以（接近）按照自然科学的研究方法，当且仅当满足以下三个条件：①人类生活的“恒常”实在性（建构主义否定了这种可能性，人类实践有太多的从无到有，而且终将从有到无）；②概念指称的“唯一性”（自然科学很少有例外，关于人类研究，存在普遍的共识才是例外）；③测量的可靠性（注意：是经验研究的信效度，至关重要的“重复性”，不是统计数据呈现的信效度）。而且，还得认真回应前面提到的两个概念（也是问题）：主体间性和双重诠释。再乐观，我也看不到管理研究满足这三个条件的可能。与之相关，说到平时在经验研究中我们特别爱讲的“事实”和“逻辑”，老实说，当“后真相时代”“另一种事实”变成热词，当人类固守各自信念，只用特定视角来观察世界时，除了一地鸡毛，还有比“罗生门”更恰当的隐喻吗？至于逻辑，我希望布尔迪厄的洞见可以提供一点儿启发：“实践有一种逻辑，一种不是逻辑的逻辑，这样才不至于过多地要求实践给出它所不能给出的逻辑，从而避免强行向实践索取某种连贯性，或把一种牵强的连贯性强加给它。”管理研究者应该多学一点儿科学哲学和更高阶的社会理论，不是为了自惭形秽、自毁长城，是为了学会敬畏，小学生都懂——谦虚使人进步。

因此，我比较确定管理研究不可能有任何意义上的“最佳方法”，理论研究以外，经验研究应该鼓励多元范式、多种方法，尽管不同方法确有“形式化、结构化”程度的差异。方法应该跟着问题走，尽可能“匹配”。这个看法还被一位营销界的“大腕”庄贵军老师附和，他引用过我的“不要空洞的多元范式，让问题决定方法”。我知道有些人会担心一旦管理知识的生产过程和成果看起来不再“科学”，岂不是“anything goes”，天下大乱。怎么会如此脆弱？世界就是非黑即白吗？大可不必，知识原本就是谱系化的。当然，除了众所周知的“社会学、经济学、心理学”以外，“宗教、文学、哲学、音乐”等，某些处理复杂系统的“自然科学、工程技术”等可以帮助人们理解、改变个体、群体认知和行为的知识（启发，我所理解的管理“真知”），的确有可能也应该成为现有管理知识强有力的竞争者。管理学院（商学院）的确需要改造，跨学科的确需要重视，但压力之外，只要我们足够真诚，完全可以坦然面对。记得有一次跟（贺）和平聊天，我好奇哪些书对他的人生产生过重大影响，我们都是营销系的，他可压根儿没提科特勒的《营销管理》，说是路遥的《平凡的世界》。事实上，只要我们足够坦诚、坦荡，就应该拒绝“神秘化”管理学知识及其生产过程。人类没有“管理学”，照样源远流长；有了，也未见得就开天辟地，世界从此不同。我的朋友刘辉（慕云五）说过一句很精辟的话：管理就是管理者的生活。生活怎么可能只有“科学”一个面向?！我敢说没有哪个管理研究者的个人、家庭生活只服从于他/她所熟悉的“科学知识”。想想看，作为管理研究者，我们生产了那么多以别人的生活为“证据”的所谓“科学知识”，而我们自己的组织生活呢？时常只见“艺术”吧！钩心斗角的“艺术”，拉帮结派的“艺术”，“胡萝卜+大棒”的“艺术”，稍微学术一点儿的“分配性努力”的“艺术”。这用得着学术研究、科学知识吗？找一本《三国演义》再加《厚黑学》，足够了吧！

大学、学院最重要的是“学生、教师”！每一个生命都该有自己的声音，唤醒她；每一个生命都该有自己的光芒，点亮她；每一个生命都该有自己的色彩，渲染她。所谓领导，如果确有必要的话，就该是那个担当责任、创建环境、营造氛围的人。我们都是情境中的智慧型动物，总能做些有趣的事。作为领导，你应该做更多，这是更多话语权的“should be”。比如，不要让老师因为罕见的（非意图）上课、监考迟到而焦虑不安，这容易让人抑郁，后果很严重；不能仅靠网络评价去判定老师在教学上的“表现”，消费主义盛行（抱歉，很大程度上是营销之祸）的时代，教育日益成为一种“消费品”，还特别强调“体验”，这跟“教育”风马牛不相及。……，老同志已经不太在乎这些了，但身为领导，有责任保护那些年轻教师、初到中年的教师，如果他们还试图带给学生真正美好的事物，无论他/她口吐莲花，抑或笨嘴拙舌，哪怕教学内容、教学技巧尚有瑕疵（谁没有呢?），只要他们心怀善念，足够真诚，作为一个大写的人，能给学生最直接的示范，很好了；如果再能引领并辅助学生完善心智、提升能力，多么美好啊！我相信其中的绝大多数一定会乐于把自己最好的年华奉献给教育事业，惠及万千学子。这才叫有格调的组织，这才担得起“尊敬”二字！

当然，如果有些人“教有余力”，总会有的，我深信不疑，他们应该多做研究，多出声响（比如发表论文等）——基于怀特海所说的“重要性感受”。最好不仅仅是为了职称和奖金，而主要是为了让世界变得更加美好。与这样的同事为伍，相信很多人都会倍感骄傲。

卫红，这封冗长的“信件”终于可以结尾了，我好奇你能否踏踏实实一口气看完。身为目睹中国大学 34 年剧烈变迁的普通老师，有再多的遗憾和感慨，也为时已晚、覆水难收了……我深知大家都不容易，写这封信是为了支持你的工作，也想给在困顿中煎熬的同行，尤其是那些还愿意听过来人唠叨的年轻人一丝宽慰。记得当年你为另一本教研论文集约稿时曾答应不会轻易删改我的文字，希望你这一回依然信守承诺。如果你犹豫这封信是否该被收入《教研论文集》而“压力山大”，请参看 *Qualitative Inquiry* 杂志（主流眼中的“不入流”，我却觉得比很多主流研究有趣百倍）上的文章，一个资深营销教师的“创意”也是有例可循的。况且，我再怎么 affective，也会保留学术体面绝对不讲脏话。

“担心”不过是一种姿态，我确信卫红你从来不是那种“我所不知道的，就不是知识”的主编。而且我们都愿意相信“In writing, we can and do invent and reinvent the world”。既然是一封“信”，你至少该写一段编者按吧，来而不往非礼也。至于摘要、参考文献（一大堆呢!），就免了吧！太作，不妥。

此致

敬礼

韩　巍

2021 年 7 月 18 日

管理世界的精神镜像

尊敬的韩老师：

非常感谢能收到您这样一篇文稿，这很“韩老师”！

正如7月18日收到您的稿件，我读完后第一时间给您回复的手机短信所言：“看到文件标题的第一眼即刻眼眶湿润，感动感谢！这是本集收到的第一篇稿件。打开文件后并没有被吓到，发自内心地脱口而出‘太有趣了！’（因为没有见过这样投稿的）……这篇稿件让我感到特别荣幸，真的荣幸！恐怕管理学院的教研文集上不会再现此景。这本集子注定会因这篇稿件成为难以超越的样本，不限于管理学院！……”

我几乎能想象到您看到“尊敬的”“您”这些字眼时的神情，但请相信，我是真诚地在使用这两个词。这些年，我常常感受到的是这样：我是如此平凡/却又如此幸运/我要说声谢谢你/在我生命中的每一天。所以，这一声“尊敬”和征文启事中的“尊敬”都是真诚的。在我遇到困难和挑战时，只要我真诚以待，我总能幸运地得到很多老师的帮助、理解和支持。所以，我说的“尊敬”是从我内心深处涌现出来的。尽管看上去它很格式化，但于我而言，“尊敬”是有着深刻的意义感在里面的。

这封回信我是内心怀着深厚的情感、眼中时常充满着泪水写就的。为什么写得这么慢？是因为好多次，我构思的过程中禁不住眼眶湿润，无法继续，就只好搁置。我在想：我为什么在同一件事情上会反复“动容”？是我很脆弱吗？绝对不是！只因为这件事谈论的是我深爱着的事业，我希望她好，而现实与预期反差越大时我内心深处的感受就越深沉。我是一个真诚的人，但绝不是一个脆弱的人。这几年经历的事太多，随之思考得也多，可以言说的和无法言说的都在我的思绪中翻滚。既然是书信，就不是为了“表演”，而是需要真诚，说自己想说的话。但我又愿意公开书信，是因为想借助“自我剖析”的方式引起同事们的思考，哪怕只有少数人因此动了心念、感受到触动，也是值得的，不是吗？

先回应韩老师着墨较多的令人失望的评价机制。然后谈谈我起草这个征文通知的初衷，以及从2015年来我负责主编的这四册教研文集串起来想表达的一条主线。

在2017年出版的教研文集中，韩老师在《做一名称职的教师已经足够》一文中已经对当前拙劣的评价机制有过犀利的评析。而且学术界也常常能听到类似的声音。我没有再去批评，我考虑的是如下的问题：揭露恶习已经够多了，我们得到了什么改变吗？我们为何不试着讨论“尚善以及如何尚善”？恶习一定是尚善的障碍吗？未必！恶习可以与尚善共存，不必消灭它，也很难消灭它，只要更多的人不选择它，它就无法繁衍和复制。但是，这就要看欲尚善者有没有正义和勇气了。所以，我所做的更多的是想引导和激发尚善以及讨论如何尚善，哪怕只是一点点的“改变”，不也体现了我们的“成长与责任”吗？当前这个结果，主要是源自不够开放和宽容的学术生态，也不能只怪罪于评价机制。其背后更令人心寒的是学人们已经没有了宽容之心，很多人表面批判，骨子里却在用这套逻辑来评判别人。我们已经不能接受多样性了，因为这很费脑筋，“数数”这种拙劣评价的极端运用也从侧面证明了我们缺乏共识，只能表面化（我一直在思考：为什么我们这个土壤很难有学术共识？为什么我们不接受博耶那样的贡献分类?）。如果我们每个人都冷漠了，都失去了宽容之心，还指望谁来改变呢？说白了，这个结果能盛行这么多年就是因为缺乏学术美德：正义、真诚、勇气。我们之所以越交往交流就越多，是因为我们都感受到了彼此具有此三种美德（这不是自夸和对您的恭维，而是真诚的言说，即便别人不认可，又如何呢？只要我是这么认为的，我就真诚地说出内心的话，别人信不信就由别人去了）。

从 2015 年至今，我负责主编了四本教研论文集，其名称的关键词分别是：责任、事业、世界、知识。这四本文集我都在追问一个根本性的、一致的问题，试着搞明白：从事管理学教育的老师应该做什么，或者我们老师首先应该成为什么样的人?（或许也具有一般意义：大学老师应该做什么，什么样才算是大学老师?）我有这样一个认识：一个守底线能称得上“老师”的，可能靠的主要是书本，而一个好老师靠的主要是榜样，不是书本。或许可以说，不合格的老师多种多样，合格的老师和好老师本质上大概具有相似性。

今年暑假搬办公室，收拾出来了一份学生的作业，可以用“触目惊心”来形容再次看到这份作业时的心情。我已经记不得是哪位学生了，也不知道是什么时候的，更不知道是什么专业的（因为我教平台课），可是，我一直留着这份作业，还跟一堆“重要性排序第一”的文件堆在一起。学生在开篇写道：

这是我待在深大的第四个年头了。学了四年管理，我们学到了什么？成绩年年第一的同学说：“学了四年，感觉管理还没入门，不知道学了什么。”身边的同学也大多有类似的感慨：“在管院就学了三年半的吹水”“管理就是虚，出去能干什么?”“学管理的又不考研又不修双学位就是渣”……而我们的老师又是怎样的呢？有实践经验地把管理定位为商科，而把商科又理解为如何更好地赚钱。没有实践经验的分两种：混日子的照本宣科，讲完课赶紧忙副业或者直接等工资；上进点的忙着拉项目、扯数据，生产论文。于是管理之树上爬满了寄生虫。对此我只能说：“各趋其利，无可厚非；无心之学，且怜且悯。”

读完学生的文字，我感到羞愧。他都遇到了什么样的老师？他多失望啊！“老师”对得起他吗？我时常想，师者，是我们体现出来的，是学生体验到的，是被我们落在实处的；师者虽有多种含义，但应该有一个统一的作用，就是能够帮助学生克服和纠正成长中的弱点，而不是让他们从师者身上“习得”更多弱点。我们不能让学生们简单地信奉“快刀就是好刀”，要引导学生懂得看它在什么人手里。当他们的老师都只顾苟且，而不顾意义感和价值感的时候，又有什么资格去批评学生没有诗和远方呢？我的意思不是说教师都要是圣人，这不可能！我想表达的是教师首先是个普通人，但又不是普通的普通人。教师之所以能为师，是因为他有能力展现普通人面对日常时的不普通，他能够使学生受到某种启发，从而学会不普通地面对自己的日常。只有这样的人为师，或者为师的人只有这样做，一个社会才能是向好的。

我考虑更多的不是泛泛意义上的大学老师，而是从事管理教育的老师。我们要怎样去教我们的学生？教给他们什么？不管具体哪个专业哪个学科，也不管其身上有没有亮丽头衔或光环，如果一位从事管理学教学的老师对管理、管理实践、管理研究、管理教育、管理者没有广义的、一体化的思考和专业研究，恐怕学生很难从其所教中获益，给学生讲再多方法、工具、手段也都不会真正有用，因为这些方法、工具、手段缺乏有机土壤，早晚会干枯而亡。在我看来，不管是教授什么样性质的管理学的课程，都肩负着使学生理解管理、管理实践、管理研究、管理教育、管理者的重任。这也就是本集征文的主题——“我们的天职是求知”。

我对管理的理解是从人的本性出发的。以人为本，以势利导，以时为先，顺应人的天性和自然之道。我比较相信管理的原点扎根于自然演进。我相信人的自我意识和自我创造在管理中起着重要作用。个体本性是在不断受创的过程中获得重建的。犹如福莱特所言：只有在集体中，个人才能获得真正的自由，展现真正的本性。它有各种形式，包括隐性的和显性的。基于这样的认识，管理实践就可以理解为共享心智形成的过程。韩老师借用了“主体间性”，我更喜欢用“共享心智”来表达。共享心智就是意义的共鸣。比如“来了就是深圳人”已经成为深圳人的共享心智，大家信奉它，无须多言它就在引导着大家的行为。管理实践并不需要都传授，也不是都能传授的，有很多是心灵的、感悟的。如果没有别的人，我们就不会变化。我强调管理中的心灵之镜，但我不是说管理学就是心理学，也不赞同让心理学主宰管理学，管理学需要借力更多的学科：人类学、经济学、社会学、历史学、哲学、法学、信息科学、计算机科学等。

管理研究是基于对管理实践有深刻理解而展开的，绝不是数据和模型可以推导的。于我而言，管理具有广义性和多样性，管理研究需要对数据、信息、知识有深入理解。阿肖克·贾夏帕拉所著《知识管理》一书中讲道：数据是通过我们的感官从外部世界获得的对已有事实或事物的感知，信息是有含义、关联和目的的数据，知识是可付诸行动的信息。在组织中，可付诸行动的信息帮助我们做出更好的决策、为交流和创造提供有效输入。管理的知识是关涉价值观的，与信仰有关、与意义有关、与行动有关（而我们很多管理研究只关注了行动，忽略了价值层面的追问和探寻）。与信息或数据相比，知识能帮助我们更有效地行动。知识在隐性的和显性的之间连续流动，对管理而言，其主要挑战是如何采取有效方法将组织的隐性知识转化为显性知识。在研究方法论上，我们始终受到功能主义的统治，更多地关注现实各类系统的功能、交互和社会行为，偏爱实证主义。我们不太能接受多元共存论，也很少运用诠释学和人文主义的方法论，这些词汇只是在批评实证主义的时候才派上用场，而在发现知识、贡献知识方面，就受到了很多的约束。

相比管理实践和管理研究而言，管理教育是个新问题，我们不太知道该怎样教授学生，而且普遍存在教育锁闭现象：没有怀疑精神，只有精耕细作。我认为我们的管理教育应该起到的作用是，在管理思想、管理学术和管理实践的探讨中带领学生思考如何更有利于拓展公共精神、建设美好社会和推进人类文明。我们一系列的课程教授，是为了让学生明白管理不仅仅是一种经验、直觉或本能，其构成要素和条件还能够被系统地分析、归纳和学习；让学生明白管理依托的是现代大型组织，没有现代大型组织，就没有对管理学的需求；让学生明白管理不是经济、定量或行为科学知识，管理学的研究方法需要具有综合性和整合性，不能简单地谈论定量定性孰优孰劣；让学生懂得管理者对现代社会及其公民具有至关重要的影响，需要高度自律。然而，这些管理学的多面性在我们的知识传授中就只剩下了单维度的：管理就是分析和计划，方法最好选择量化，绩效就是王道，哪里还考虑什么伦理道德？

管理者是人才培养的最终目标。但是我们在教授学生的时候，“管理者”很少作为一个独立的内容，常常是融入或隐含在不同的课程中。我认为我们需要明确地训练学生如何成为一个管理者。大部分学生未来都会以现代组织雇员的身份度过职业生涯，大部分会在受管理的环境中工作，少部分会是管理者，但无论他们是管理者还是受管理，未来的工作都依赖于他们对管理者及其行为方式的理解。德鲁克说，现代组织的存在不是为了组织内部的绩效，而是为了履行社会责任，给组织外部的社会和社区做贡献。因此，他认为管理者的第一任务是组织内部绩效；第二任务是帮助员工取得成就，使工作富有成效；第三任务是管理组织造成的社会影响和社会责任。这就牵扯到作为管理者，必须学会处理的一个重要问题：个体性与公共性共生的问题。一切思想皆与行动相伴生。我们试图理解自己以及我们的世界，目的是学会如何生活。在长期的观察与思考中我逐渐领悟到，无论是一个健全的人还是一个健全的社会，都需要懂得公共性与个体性共生的深刻内涵。学生在大学阶段的各种学习和经历无非是帮助这些独立的个体更好地在历史维度的时空变换中认识自己、认识社会、认识彼此之间的联结，并在此基础上为今后做出选择。学会如何遵从工作的逻辑，作为管理者，如何把尊重他人的工作作为第一重要原则，如何帮助平凡的人做出不平凡的事。优秀的管理者懂得做什么和放弃什么，而不是守住什么。而且，优秀的管理者懂得实践“月照千湖”和“条条大路通罗马”。

作为老师，我最关心的还是学生从我们这里能获得什么，我们能在什么意义上帮助学生成长。在这里我想借用我给行政管理本科生读书报告《合瓣文集》序言写的一段话来表达：在当今的知识社会和信息时代，学校的主要功能已经从知识传授演变为知识交换。在这里，学生需要训练的主要不是学习特定的知识，而是在师生互动中提升自主学习的能力，让他们一个人无法实现的成长，在一群人的互动中得到实现。期待合瓣花开，合瓣为冠。

书信体有两个好处，一是不用太讲究逻辑，只需要说真话；二是可以有情感色彩的展现，虽然显得主观，但也更鲜活了。我很喜欢这种风格的交流，感谢韩老师的引领，让本集教研论文显得多姿多彩。

送上我最真诚的祝福与感谢！

卫　红

2021 年 9 月 26 日

“诚”与“思诚”之间

杨龙芳

我是一个不太依恋电脑的人，有时一周半月都不会打开家中书房的电脑。好在朋友们都知道我这个不太好的习惯，他们或她们都会告知我已给我发送了邮件，我就会打开久别的电脑，认真细心地研读邮件。

幸运的话，我还会遇上重要公文信息，看到学校和学院关心的事。

2021 年 5 月 20 日，我幸运地收到了学院发来的“管理学院教学研究文集（9）征稿”信息，开启了我“慢思考”的习惯。原本计划在国庆节期间“快行动”，集中注意力，将心中的声音在键盘上显露成文字。2021 年 7 月 18 日，马卫红教授收到韩巍教授的重要文章《我们的天职是真求知，求真知》，这真是一个好论题。韩巍教授诚邀马卫红教授做一个回应，马卫红教授本着真诚的天性，认真地做了回应，并写出了以《管理世界的精神镜像》为题的论文，解释了“管理学院教学研究文集（9）征稿”的征文精神，并关注到韩巍教授提出的问题的理论意义，萌生了将两人间以教师天职为主题的对话变成多名教师参与的交流讨论的想法，邀请几名教师在两人通信的基础上再做一些深入研究，把有关教师天职讨论的“活”做到精细之处。韩巍教授认同了马卫红教授的建议，表示这是一个可尝试的想法，可将一个教研主题的讨论演化成一个微型的学术论坛。

这真是一个好创意。2021 年 9 月 30 日，马卫红教授发来韩巍教授论文《我们的天职是真求知，求真知》和她本人的论文《管理世界的精神镜像》，恰遇国庆休假之时，我能集中零碎的时间为整块时间，让我的思想在连续的长时间中有一个自由神往的空间，将心灵深处的声音吟唱为白纸上的黑色字符。我的眼睛凝视着韩巍教授和马卫红教授的佳作，脑海中现出《孟子・离娄章句上・第十二节》的名言：“诚者，天之道也；思诚者，人之道也。”韩巍教授高度注意“诚”，在“天之道”中凝视空间，却往往滑向“人之道”；马卫红教授偏重“思诚”，在“人之道”中寻找空白，却常常跑到“天之道”。本文宗旨既不驻扎于韩巍教授的疆域，也不停留在马卫红教授的领地，仅仅是两脚在他们两者之间慢行，常常担心有可能绊倒，更何况我的脑海正处在翻江倒海之中，这真是如履薄冰，小心细心加留心地催生出自己心灵深处的声音，这就是“诚”与“思诚”之间。

在这两者之间，我发现了“教师的真义”，展开来说，一名真正的教师在生活中是一个精神上的流浪者，在工作中是一个思想上的自由人，在学习时是一个无知的原始人。

一、活化石

我是一名目击深圳大学管理学院成长的普通教师。

1997 年 7 月 11 日晚上 11 时，我从北京大学毕业来到了深圳大学的“又一村”，开启修筑一条“理性”和“自由”息息相通的“万里长城”，这是一条“时光”和“开启”永远流动的“心灵溪流”，这是一个“个人”与“意义”偶然相遇的“人生议程”。这就是我在深圳大学管理学院的教师职业生命所在。1997 年 6 月，管理学院成立，这是管理学院的大事件，这个事件发生在我联系工作的过程中。深圳大学管理学院的成立带有源于深圳的第二次思想运动的痕迹。

从 1997 年 6 月算起到如今 2021 年，管理学院有近 24 年的历史了，如何慎终追远管理学院的历史？这是一个摆在深圳大学管理学院所有管院人（教师和学生）面前的“大问题”。

在我的记忆中，管理学院成立时，深圳大学时任党委书记姜忠曾为管理学院专门题词，用心表达了她心中的管理意义。这幅题词最先是挂在黄卫平院长和马敬仁副院长办公室的，准确的位置是在黄卫平院长座椅背后的墙上。为了寻找这幅题词，2013 年 11 月，我到文科楼黄卫平院长所在的办公室拜见过他，他说姜书记在管理学院建院时确实为管理学院题过词，这幅题词最后挂在了管理学院会议室的墙上。

为了寻找这幅题词，我曾当面细问过建院时任学院主管教学工作的马敬仁副院长，他知道有这件事，但记不清具体的题字了，他还告诉了我退休后的姜忠书记的司机的电话号码。我曾同这个司机联系过两次，因姜忠书记外出，以后就没有再联系了。我曾在一次全院教师会后询问陈智民教授，他是管理学院建院时的首任院党委书记，也是管理学院任职时间最长的院领导，做过两届书记和两届院长，他告诉我，他“不记得这件事”了。我曾打电话给侯莉颖教授，侯老师和蔼地告诉我，她也记不清这件事了，但她真诚地表示愿意帮我联系姜忠书记。我后来多次向苏可明老师询问姜忠书记的题词，他说有可能保留在学院的保管室内。我拜托学院办公室做工的学生找过，但没有找到。我还专程到深圳技术大学拜托过做学生工作的年轻院领导赵大宇老师，赵大宇老师答应我回家翻阅照片，看能不能从学生活动的照片中发现原物，结果没找到相关的照片。我曾同曾锡环老师闲聊过这件事，我们回忆起了姜忠书记题词的大意，细思之，这幅题词可能集《大学》和《中庸》两部经典之大成。

2021 年 8 月中旬，按学校安排，管理学院从粤海校区迁至丽湖校区，遇学院整体搬迁之际，我寄希望学院在整理物件打包过程中能找到姜忠书记题词，诚请学院党委书记何军叮嘱钟文豪等学生注意姜忠书记题词，何军书记专门督办了这项工作，并专门告知我没有找到姜忠书记题词。看来要找回“管理学院成立精神”的“原始物证”是没有希望了，这让我亲眼目睹了“忘记历史”是多么容易，还深刻领悟了“忘记历史”的隐含意义。

不过，我有时心存美梦，说不定管理学院的某位教师在某一天有可能从自家的私人相册的照片中发现姜忠书记的题词，这很可能让我们从摄影技术中体悟到工作场域所蕴藏的心灵之美。

我一边诚望从管理学院教师的照片中找回“管理学院成立精神”的“原始物证”，一边近距离观察“管理学院成长精神”的“心灵物证”，这个“心灵物证”就是“深圳大学管理学院教学研究论文集”。

管理学院是一个以管理系、行政学系、软科学系为基础组建的学院，下设企业管理、行政管理、信息与系统管理 3 个系。深圳大学管理学院成立后没有从根本上注重建制立规，学院带有鲜明的“大管理学科的时代特征”和机械式“组织重构的时尚痕迹”。比如一个学生曾修过“管理学原理”“管理学基础”“管理学概论”和“管理学”，这些课程名称各异，但本质相同，这是学习管理学学生的“基础课”，也可叫“入门课”。用我一贯的说法，“管理学”就是学管理学生的“语文课”或“行话课”。

到了 2001 年下半年，管理学院院领导开始注意“管理教育”。经当时主管教学的马敬仁副院长建议、学院领导班子协商同意，从学院经费中专门预算一笔专项经费，特定用于出版一本教学研究论文集。2002 年，恰逢深圳大学中层换届，这次换届采用了民主竞选和院长组阁相结合的方式，当然最重要的是民主集中制，学校党委集体领导在换届中还是有很大的决定权。马敬仁副院长的工作由新调来的刘莉教授接任。深圳大学历史上最民主的换届深深地烙印在管理学院第一本论文集之上。2002 年 6 月，马敬仁、刘莉主编的《新世纪管理学类专业教学改革研究——深圳大学管理学类专业教学改革探索》由高等教育出版社公开出版。主编的排名，马敬仁在前、刘莉在后，这是深圳大学历史上最民主的换届的缩影。

第一部论文出版之后，管理学院从 2009 年开始每隔两年出版一本论文集的集体行为开始制度化，这是一件极有意义的大事件。

但话又说回来，这种制度在当时是极其粗糙的，论文集的出版仅仅就是事件，不太探求论文集的深刻意义，形式主义的色彩是存在的。这种初创的制度在很大程度上是例行任务而已！也就是说这是一个将来完成时态，并没有赋予时间多少生命意义。

特别需要指出的是，这是一个带有“个体现场奖金”式的激励制度。韩巍教授在文章中看到了“个体现场奖金”式的激励制度的合理性与不合理性的内在矛盾，一方面表示“‘教学型教师’可将教研论文以‘学术业绩’论是我内心唯一认同的学院考核之制度安排”；另一方面不认同这个制度背后“教研论文可以算‘工分’”的组织发展战略选择。

这种形式化的制度存在时间长达多年！2006 年 12 月，刘莉主编《管理学类专业教学改革与创新研究》，由重庆出版社出版。2009 年 12 月，李丽主编《基于教学质量工程的高校教学改革探索与实践——深圳大学管理学院教学研究文集（3）》，由暨南大学出版社公开出版。2011 年 12 月，陈智民主编《基于创新创业人才培养的高校教学改革探索与实践——深圳大学管理学院教学研究文集（4）》，由暨南大学出版社出版，这是暨南大学出版社出版的深圳大学管理学院的第二部论文集。2013 年 12 月，李丽主编《基于应用型人才培养的高校教学改革探索与实践——深圳大学管理学院教学研究文集（5）》，这是深圳大学管理学院在暨南大学出版社第三次出版教研论文集。一本论文集在长达 11 年的时间中没有很大的变化，这足以证明制度演化是一个旧习惯的改变和新习惯的养成的渐进过程。这也说明制度演化严格受制于人的进步！

从这四本论文集的工作流程来看，管理学院教学研究论文集制度建设长期没有新进展。一般说来，管理学院教学研究论文集通常由主管教学的副院长在全院教师大会上告知教师们，两年一次的论文集活动又要开始了，希望大家积极参与写作研究论文，并告知每篇论文支付绩效薪酬多少。过几个月后，学院收集各位老师的教研论文，由主管教学的领导或主编们简单排稿，并起一个书名，签署一个副标题“深圳大学管理学院教学研究文集（序号）”，以示这是深圳大学管理学院的一贯行为。最后，根据人数将奖金打入教师的个人银行账户，最终转化为教师的银行存款。事后发给每人一本论文集，一本教学研究论文集的制度化过程就这样结束了。

到 2014 年底，马卫红副教授接任李丽教授主管学院教学工作，先后出版了三本论文集。2015 年 12 月，马卫红主编《我们重负的责任——深圳大学管理学院教学研究文集（6）》，这是管理学院在暨南大学出版社出版的第四部论文集。2017 年 12 月，马卫红、丁夏齐主编《我们心向的事业——深圳大学管理学院教学研究文集（7）》，这是在暨南大学出版社出版的第五部管理学院教学研究论文集。2019 年 12 月，马卫红主编《我们探寻的管理世界——深圳大学管理学院教学研究文集（8）》，由中国经济出版社公开出版。

从这三本论文集来看，时隔 13 年后，管理学院教研论文集制度开始有了长足进步。其中一个重要的制度化变化就是在长达 13 年的制度化流程中，马卫红教授在每集论文集征稿前都会事先起草一份“管理学院教学研究文集征稿”启事，讲清楚论文集出版工作的目的、目标、工作任务、工作计划和时间安排，并提出论文集的“主题”以及“建议主题”。正是这种主题意识自觉，促成了管理学院的教学研究文集制度的流程发生了深刻变化。管理学院教研论文集制度在观念和制度之间产生了内在的生长机制、转换机制和动力机制。

马卫红主编的管理学院教学研究论文集制度的长足进步表现在三个方面：主题化、学术化和成效化。

从主题化来说，每部论文集都有一个明确界定的主题，2015 年的主题是“我们重负的责任”、2017 年的主题是“我们心向的事业”、2019 年的主题为“我们探寻的管理世界”。三个主题的提出有重大的理论自觉意义，它是“管理教学问题意识自觉”，在一定程度上激发了管理学院教师对管理教学的理论探讨研究，将教学研究从经验研究水平提升到理论研究水平，这不得不说是一个长足进步。这种理论自觉对于深圳大学管理学院成长精神有极为重要的意义，马卫红教授提出的三个主题意味着教学研究论文集制度是一种化精神意义为工作实践的制度转换机制。“我们重负的责任”“我们心向的事业”和“我们探寻的管理世界”，这三个主题意味着深圳大学管理学院正在形成一种深层的集体意识，或者说是集体精神。

从学术化来谈，“我们重负的责任”“我们心向的事业”和“我们探寻的管理世界”，这些主题的背后都有管理学院教学沙龙的影子。韩巍教授的《做一名称职的教师已经足够：致正在消失的“我们”》是这个结论的最好证明。2017 年 4 月 14 日，管理学院举办学术沙龙，韩巍老师、吴艺老师和我是会议的主要发言人，韩巍老师重在点评吴艺老师和我的发言。会后，韩巍老师写下了一篇题为《做一名称职的教师已经足够：致正在消失的“我们”》的论文。在文章中，韩巍老师写道：“因一场由三个‘60 后’教师扮演‘主角’的教学论坛引发的感慨。在那次分享会上，三位教师以‘过来人’的姿态，颇有些‘经验传授’意味地漫谈了各自对管理研究，尤其是教学的看法。作为三个受邀教师之一，在参加过这场被马卫红定义为一次‘非常成功’的交流之后，笔者却体会到，或许只有在当下的深圳大学管理学院（简称深大管院）这个对教学尚有‘传统情结’的地方，且得益于马卫红于教学的‘特殊情怀’，才会有这样‘离奇’的故事发生。因为严格说来，在今天的学院评价体系中，这三个受邀教师中的每一个人都不算是十分‘称职’的教师——没有‘国家课题’，没有 SSCI、SCI 论文发表，他们对学院的‘显性’贡献可以说微乎其微（其中韩巍在 2014—2016 年任期的发表记录，如果参照 CSSCI、人大复印全文转载标准，勉强算有一点儿贡献）。”①

从成效化来说，“我们重负的责任”“我们心向的事业”“我们探寻的管理世界”，这三个主题都冠有“我们”这两个神圣的字眼，体现出了深圳大学管理学院追求组织绩效精神，也折射出管理学院主管教学的领导是一个正在形成中的卓有成效的管理者，从自己的工作中学会了以“我们”而不是以“我”为出发点来思考和表达集体追求，这是一个管理者之所以为管理者的重要原因。德鲁克曾在《卓有成效》一书中明确地表达了“我们”二字的管理精髓。“在思考和表达时要以‘我们’而不是‘我’为出发点。卓有成效的管理者知道他们肩负最终的责任，而这种责任既无人能分担，也不能让他人承担。但他们拥有权威，而这种权威完全源于所在组织对他们的信任。这就意味着，他们必须把组织放到个人前面，即优先考虑组织的需求和机会。这听起来似乎很简单，其实不然。在这一点上，管理者要严格遵守。”② 这种绩效上的变化甚至可以从著作本身的变化中看出，如果将管理学院出版的所有教学研究论文集放在一起，2015 年后的论文集留给人的印象会深刻些，关键在于“我们重负的责任”“我们心向的事业”“我们探寻的管理世界”三个主题。这是一个情理之中而又意料之外的绩效！

---

① 马卫红，丁夏齐．我们心向的事业——深圳大学管理学院教学研究文集（7）[M]．广州：暨南大学出版社，2017.

② [美] 彼得·德鲁克．卓有成效 [M]．北京：中信出版社，2020：1.

时间过得真快，转眼两年过去了，管理学院两年一本的论文集准备工作又开始了，按年序这是深圳大学管理学院教学研究文集的第9部。2021年5月20日，管理学院发布了马卫红起草的邀请信，还确定了新的论文集主题——“我们的天职是求知”。

从邀请信来看，第9部论文集的邀请信远比第8部论文集的邀请信长，还多了更多的真情。第7部论文集的邀请信曾打动过韩巍教授，韩巍教授在“管理学院教学研究文集（7）”中发表了《做一名称职的教师已经足够：致正在消失的“我们”》，这是一篇“机缘巧合”之作，是一篇“为学院主管教学的副院长马卫红集结教研论文一再邀请的诚意所动”而写成的文章。马卫红在管理学院第9部论文集征文中显示出了更深切的真诚，这让韩巍老师再次深受感动，主动积极地写作，以通信的方式写出了《我们的天职是真求知，求真知》，成为第9部的第一个投稿人。《我们的天职是真求知，求真知》论文，是韩巍教授生命史的重要论文。韩巍教授在投稿同时还要求马卫红教授写信回应：“既然是一封‘信’，你至少该写一段编者按吧，来而不往非礼也。”马卫红教授应约写出了《管理世界的精神镜像》一文，以回信的方式就教师的天职问题，同韩巍教授展开了较为深刻的对话。这是马卫红教授任管理学院副院长以来对管理教育较为系统性认识的重要论文。这两篇以通信方式存载的重要论文在深圳大学管理学院教学研究文集制度演化史上具有较为重大的意义，反映出了深圳大学管理学院成长精神的现实高度。

从韩巍教授的通信来看，这篇论文意味着韩巍教授在心灵深处从一个“诠释主义者”成长为一个兼容“PQI研究者”的人。韩巍教授是一个根深蒂固的诠释主义者，只要看看韩巍教授在信中对马卫红教授起草的征文启事的批注式诠释，一个活生生的诠释主义典型就会出现在观察者的视野之中。韩巍教授不仅认识到了实证主义研究者的学术思想的毛病，这些毛病主要表现为“经验复制（符合式表征）”“洞见以下皆为修辞”等，还看到实证主义研究者带来了“管理研究者普遍的狭隘、浅陋”的恶果。

没错，韩巍教授是一个诠释主义者，但却不是一个顽固不化的诠释主义者，而是一个开放的诠释主义者。韩巍教授在信的开篇语中从全球学术思想史的高度谈到世界管理学术界是一个由实证主义研究者、传统人文主义质性研究者、诠释主义者和PQI研究者构成的学术世界，它们之间存在明显分歧，也有程度大小不一的思想交集，比如诠释主义同传统人文主义质性研究者之间在基本立场上存在较大的一致性，诠释主义者同PQI研究者的研究往往异曲同工。韩巍教授先前写过《论实证研究神塔的倒掉》《洞见以下皆为修辞》《非科学让管理研究变得更好》等重要论文，这些论文表明他是一个典型的诠释主义者，同实证主义研究者完全不同，但也不能得出他就是一个传统的人文主义质性研究者的结论。

如果要尽量靠近韩巍教授思想原型，那么韩巍教授的思想原型是一个极度兼容传统人文主义质性研究者的诠释主义者。这在处处弥漫着泛科学主义的管理学术思想世界中是一处可供我们欣赏的独特风景。“兼容并包”成了韩巍教授思想世界的“本色”，科学哲学的爱好是韩巍教授思想世界原型的“底色”，而对 PQI 研究者的开放是韩巍教授思想世界原型的“特色”。

在韩巍教授看来，一个诠释主义者应该持有诠释学的基本立场，更要看到 PQI 研究者的新景象。PQI 研究者的群体特征可描述为两个方面，PQI 研究者们“否定本体论的‘总体性、同一性’”，“坚守‘异质的、流动的、超越的……内在性本体论/ontology of immanence’”。PQI 研究者的研究特色可概括为五个方面：“看重‘理论’修养（多读书）”；“漠视事实/what is”；“关注未来/not yet，…might be”；“拒绝方法论”（不仅是一种 apparatus of capture，还参与现实建构）；“强调‘自我’风格、情感代入的写作（因为 writing is a method of inquiry）等”。作为一个活生生的诠释主义典型，韩巍教授出于对实证主义研究者之恶果的清醒意识，开启了 PQI 研究者的新的学术思想转向。这是一种深度转向，它涉及韩巍教授心灵世界中的“理解”“方法论”“认同”和“合群”。

从理解层面来谈，用韩巍教授自己的话说，“我不可能对 PQI 照单全收”，而是对 PQI 研究者们所谈的“‘可能性、启发性’的另眼相看，容易理解其所思所想”。

从方法论来谈，韩巍教授同 PQI 研究者们一样，公然敌视和排斥“方法论”有“契合之处”。

从认同层面而论，韩巍教授深受 PQI 研究者们“对经典理论思想的推崇”的感染，“比照管理研究者普遍的狭隘、浅陋”，这往往让韩巍教授的内心世界“共鸣强烈”。

从合群层面而论，韩巍教授最终选择了同 PQI 研究者们“凑个热闹”的自由心态。

——这是韩巍教授的新归属选择。

正是出于“理解”“方法论”“认同”和“合群”的深度转向，韩巍教授题为《我们的天职是真求知，求真知》的文章是“一篇体现‘后质性探索’（Post-qualitative Inquiry/PQI）旨趣的‘文章’”。这是韩巍教授的大文章，是一篇集大成的文章，它呈现出韩巍教授学术思想的新气象。这个新气象用韩巍教授的申明来说，“当然，作为诠释主义者，我对‘逻辑’的兴趣不大，那不过是研究者‘强加’给经验世界的东西，我觉得反思、可能性、想象力才更有意义。是的，意义!”

从马卫红教授的回信来看，其实际上是两封回信。

2021 年 7 月 18 日，马卫红教授收到韩巍教授稿件后，在第一时间通过手机发给韩巍教授一条短信息，这可看成是马卫红教授的第一封回信。马卫红教授在文中有详细陈述——正如 7 月 18 日收到您的稿件，我读完后第一时间给您回复的手机短信所言：“看到文件标题即刻眼眶湿润，感动感谢！这是本集收到的第一篇稿件。打开文件后并没有被吓到，发自内心地脱口而出‘太有趣了!’（因为没有见过这样投稿的）……这篇稿件让我感到特别荣幸，真的荣幸！恐怕管理学院的教研文集上不会再现此景。这本集子注定会因这篇稿件成为难以超越的样本，不限于管理学院!”在这封第一时间的回信中，马卫红教授清醒地意识到韩巍教授的来信在深圳大学管理学院成长精神史上的意义，这个意义浓缩了深圳大学成长的精神史，还折射出认识当今中国高等学校教育变化的普遍意义。

第二封回信是题为《管理世界的精神镜像》的论文，在这篇论文中，同韩巍教授一样，用马卫红教授的话来说，这是一封以回信形式表达出来的文章，这是一篇以“‘自我剖析’的方式”写成的文章。这种方式涉及马卫红教授的情感世界、理性选择和职业态度。

从情感世界来说，马卫红教授写道：“这封回信我是内心怀着深厚的情感、眼中时常充满着泪水写就的。”

从理性选择来看，马卫红教授说：“为什么写得这么慢？是因为好多次，我构思的过程中禁不住眼眶湿润，无法继续，就只好搁置。”这是一种慢思考，一种“忧后”与“忧先”的自由选择，而不是“急中生智”，也绝对不是“病急乱投医”。

从职业态度来看，马卫红教授描述了自己心灵深处的职业意识。“我在想：我为什么在同一件事情上会反复‘动容’？是我很脆弱吗？绝对不是！只因为这件事谈论的是我深爱着的事业，我希望她好，而现实与预期反差越大时我内心深处的感受就越深沉。……这几年经历的事太多，随之思考得也多，可以言说的和无法言说的都在我的思绪中翻滚。”马卫红作为一名主管教学的副院长，正是出于心灵深处高度的责任感，在教学研究的理性世界冒险前行，为深圳大学管理学院教学研究论文集的制度进步倾注了自己的心血。

韩巍教授学术思想的新转向和马卫红教授基于管理者本职工作的新冒险，以书信形式赋予了深圳大学管理学院教学研究文集制度进步的新能量，用一个时尚的词来表达，这可能是一种“赋能”。

韩巍教授和马卫红教授之间关于教师天职问题的通信，特别是韩巍教授集大成的文章，为深圳大学管理学院教学研究文集制度贡献了一个新标本，用马卫红教授的话来说：“这本集子注定会因这篇稿件成为难以超越的样本，不限于管理学院！”韩巍教授和马卫红教授之间关于教师天职问题探讨而创立的书信体，“书信体有两个好处，一是不用太讲究逻辑，只需要说真话；二是可以有情感色彩的展现，虽然显得主观，但也更鲜活了。我很喜欢这种风格的交流，感谢韩老师的引领，让本集教研论文显得多姿多彩”。这是一种好“文风”，一种“心心相印的文风”，一种“人同心，心同理”的文风。说到底，这应该称之为“同理心”！在这个意义上，韩巍教授和马卫红教授之间关于教师天职问题的理论探讨，是深圳大学管理学院教学研究论文集制度的活化石，从这块活化石上，深圳大学管理学院成长的内在精神，既可“追远”，也可“慎终”。

这就是说，透过韩巍教授和马卫红教授之间关于教师天职问题的理论探讨，可看到深圳大学管理学院成长的“大历史”，还可看到深圳大学管理学院成长还未经历的“大未来”！

二、润滑剂

任何一名教师，特别是高等学校教师，都是一个活生生的生命个体，就像一棵树上没有两片相同的树叶一样，人世间也绝对不可能有两个相同的教师。

这几乎是一条公理！

韩巍教授和马卫红教授亦然。任何一个高等学校的教师都是时间之光中的“波”或“粒”，都终将是一颗孤独的星星，自我追逐生命的历史终究难以跨过亿万光年。

韩巍教授和马卫红教授在探讨高等学校教师天职的深度对话中没有专门探讨自我问题，但还是隐隐约约地流露出承认自我的看法，形成各具特色的自我观念。

在我看来，一个人关于自我的看法是一个个体生命的大问题。

说到底，这个大问题就是何为一个人的真生活？何为一个教师的真生活？集中起来说，这个问题涉及一个教师的信息传递领域。展开来说，这个问题是同一个人的“三观”中的价值观、语言表达、孤独存在相关的问题。这个问题用一个命题来表达，就是人是思想市场。

我们先来看看韩巍教授关于自我的系列看法。韩巍教授在文中多次提到自己学术研究者身份是一个诠释主义者，他在论文中以自己所带的研究生梁朝高为例，讲述了“一个关于自我成长的故事”。韩巍教授在论文中的设问提到了“自我价值”，“从‘绩效考核’的实际出发，不做‘发现型’研究的同行如何展现自我价值?”韩巍教授公开承认“思政”同自我意义上的“三观”相通，这是一个有意义的问题溪流。“‘思政’我不大懂，也许可以理解为‘三观’重塑”。“三观”就是价值观、世界观和人生观，这可是活生生的个体生命的全部意义。

特别有意思的是，韩巍教授高度重视个人意义上的语言问题，他强调了自我意义存在的语言方式。“我的表达一贯不够直白，争取尽量少讲‘黑话’……再自说自话(没办法，我还不够 PQI，还是“可恶”的套路化思维)。但你应该清楚我谈正事从来都是比较真诚的，万一，还有些许启发呢！其他的都是修辞，不必在意。”“自说自话”四个字活灵活现地表明了自我的存在。

总的看来，韩巍教授是承认自我存在的，他有一段话说得太直白了。“大学、学院最重要的是‘学生、教师’！每一个生命都该有自己的声音，唤醒她；每一个生命都该有自己的光芒，点亮她；每一个生命都该有自己的色彩，渲染她。”

话又说回来，韩巍教授对自我意义上的个体的认识是有些不彻底的，这反映在他关于自我边缘化的言说中。“一个学院，‘不思进取’的人可能有，但读了几十年书，在大学能谋一份教职，会有多差劲呢？‘自我边缘’恐怕也是事出有因吧。”从这段话看来，韩巍教授不承认有消极的人存在，这实在太马斯洛化了，著名心理学家亚伯拉罕·马斯洛就是太看重人的积极性了。马斯洛是这样，道格拉斯·麦格雷戈也是这样，源于人性假设中性本善的 Y 理论是麦格雷戈所倡导的基本主张。韩巍教授由于不太承认有消极的人存在，进而对“自我边缘”的理性选择或人生态度持完全怀疑态度，这实际上是不承认人的孤独面。这就为韩巍教授所说的“人各有命”埋下了伏笔，进而转向谈论组织环境的重要性，最终对个体生命内心的自由选择的重视打了折扣。

谈完韩巍教授的自我观后，我们再来看看马卫红教授对自我的看法。马卫红教授在回信中常常以第一人称“我”的身份来表达自己的“眼睛”“内心”“情绪”“构思”和“言语表达”。

马卫红教授在回信中陈述自己“眼中时常充满着泪水”，“眼眶湿润”。之所以会这样，是因为眼睛是心灵的窗户，这是人所共知的常识。马卫红教授在回信中陈述自己“内心怀着深厚的情感”。正是“心”和“眼”的交相作用，形成了马卫红教授的“感受”“构思”和“希望”。马卫红教授比韩巍教授更有鲜明的自我意识，承认了人的孤独面，她在文中写下了沉重的一笔：“这几年经历的事太多，随之的思考也多，可以言说的和无法言说的都在我的思绪中翻滚。”

结合韩巍教授的自我看法和马卫红教授的自我表达，有两点值得高度注意：

一是对真诚的强烈认同。真诚是一种公共需要，至少是两人之间的思想需要。马卫红教授用第一人称坦率地承认“我是一个真诚的人，但绝不是一个脆弱的人”。韩巍教授申明式地说“我谈正事从来都是比较真诚的，万一，还有些许启发呢！其他的都是修辞，不必在意”。

二是说心里话。马卫红教授真诚地道出了书信体的真正语言意义，“既然是书信，就不是为了‘表演’，而是需要真诚，说自己想说的话”。韩巍教授的语言世界远比马卫红教授的语言世界丰富得多，语言有可能是思维的细胞，也有可能是套路化思维，语言还有“套话”“黑话”“自说自话”之分。其中“自说自话”是PQI研究者的语言艺术风格。韩巍教授承认自己擅长用“隐语”表达，难免不说“黑话”，而说得最多的还是“自说自话”。“我的表达一贯不够直白，争取尽量少讲‘黑话’……再自说自话（没办法，我还不够PQI，还是‘可恶’的套路化思维）”。细读这一段引言，完全可以看出韩巍教授的语言转换之痛。“自说自话”就是说出自己心里的话，这是PQI研究者所追求的语言艺术风格。“可恶”的套路化思维很有可能就是诠释主义的新陷阱。

真诚和“说真心话”是可以统一起来的。如果将这两点统一起来，那么就可以提出一个基本的命题——人就是思想市场。

这个命题道出了“人是生活在信息传递领域之中”的真相。

人就是思想市场，是“身”“心”之间的流动，也是“身”“心”之间的合一，还是“身”“心”之间的重叠。

说得具体些，人就是思想市场，点明了“眼”和“心”之间的内在联系。这种内在联系体现为马卫红教授回信中自问自答的疑问理性。马卫红教授在回信中首先提出了“为什么写得这么慢？是因为好多次，我构思的过程中禁不住眼眶湿润，无法继续，就只好搁置”。眼睛含着泪水，笔墨就难以流动。这是眼与心的双重栓塞。一面是从外界到内心的信息输入栓塞，另一面是从内心到外界的语言输出栓塞。接着马卫红教授提出了第二个问题，“我在想，我为什么在同一件事情上会反复‘动容’？是我很脆弱吗？绝对不是！……这几年经历的事太多，随之的思考也多，可以言说的和无法言说的都在我的思绪中翻滚”。这说明“身”“心”之间总是处于无休止的“对撞”之中。正是基于“身”“心”之间的“栓塞”和“对撞”，马卫红教授寻找到了心灵之光，最终实现了“身”“心”合一。马卫红的回信就是鲜明的证据。“这封回信我是内心怀着深厚的情感、眼中时常充满着泪水写就的。”眼睛是心灵的窗户，心灵是沉默的思维，言语是来自心灵深处的声音，这些是最基本的心理学常识和语言学常识。汉代思想家扬雄在《法言·问神》中曾说：“故言，心声也；书，心画也。声画形，君子小人见矣。”

个人“身”“心”之间的联系是思想市场，两个人之间的联系就是扩大了的思想市场。前者是一个很容易被遗忘的思想市场，后者是一个很容易引起人们高度关注的思想市场。人际关系永远是双向的、相互的，这是扩大了的思想市场的通俗表达。扩大了的思想市场近似韩巍教授所说的主体间性和马卫红教授所言的精神镜像。

事实上，韩巍教授同马卫红教授以通信方式探讨教师天职问题本身就是一个活生生的二人组合思想市场。因为这种通信方式用韩巍教授邀请马卫红教授回信中一个词来说，就是“礼尚往来，”意在深度对话。两人组合之间的思想是韩巍教授所说的主体间性中的“启发”。韩巍教授在文章中明确地谈到了“启发”是作者和读者之间的审美联系：“启发只能发生在‘主体间性’（intersubjective），作者表达应有自己的 style，但‘效果’取决于读者的审美。”韩巍教授和马卫红教授之间的通信本身就是一个作者—读者—作者之间的循环。马卫红教授是管理学院教学研究论文集征文的作者，像供给者一样，生产出了一篇有极大震惊力的论文集征文启事；韩巍教授是马卫红教授征文启事的读者，像消费者一样，消费了马卫红教授提供的论文集征文启事，即在阅读马卫红论文集征文启事后，深受马卫红论文集征文内在的真诚所感染，写出了《我们的天职是真求知，求真知》。用韩巍教授的话来说：“写这篇文章不是因为教研论文……主要是你撰写的这份‘邀约’让我有所触动。”在马卫红教授阅读韩巍教授来信的过程中，韩巍教授从作为消费者的读者变成了作为供给者的作者，马卫红从作为供给者的作者变成作为消费者的读者，写出了《管理世界的精神镜像》。韩巍教授和马卫红教授之间的角色互换是一种类似于供给者与消费者之间的市场联系，这是一种两人组合之间的思想市场。

马卫红教授从管理实践的角度，用“共享心智”替代韩巍教授的“主体间性”。基于这样的认识，“管理实践就可以理解为共享心智形成的过程。韩老师借用了‘主体间性’，我更喜欢用‘共享心智’这个词。共享心智就是意义的共鸣。比如‘来了就是深圳人’已经成为深圳人的共享心智，大家信奉它，无须多言它就在引导着大家的行为”。我认为这是一个不太好的替代，“共享心智”这个词能很好地解释管理实践内在默示的知识意义和管理学研究内在的跨学科知识整合，这同韩巍教授所说的主体间性中的启示有极其一致的一面。韩巍教授在文章中也强调了这一面，他批判实证主义者们无原则地照搬自然科学概念，人为地制造规律神话。实证主义者喜欢用概念“去表征世界潜藏的规律”，“除了微观世界‘测不准’的例外”，其他都是“主—客关系”。马卫红教授的“共享心智”可以说远比韩巍教授“主体间性”更反对泛科学主义。正是这种彻底的反泛科学主义，使马卫红教授完全看不到且完全没有揭示出韩巍教授“主体间性”隐含的思想市场意义，更没有保留韩巍教授“主体间性”之间存在类似“生产者”与“消费者”的自由市场，最终丧失了发掘“作者”与“读者”之间思想市场意义的机会。韩巍教授在大文章中专门指出：“我们则是主体—主体间性的关系，而且存在‘双重诠释/double hermeneutic’的困扰，显然，作为研究对象的人类可以发挥能动性改变被研究者‘强加’于自己的那些‘规律’。毕竟，人不是石头，也比大猩猩聪明。”这就是说人是一个有思想的动物，主体—主体间性的关系是隐含了一定的基于语言联系之中的思想关系，这极有可能就是我所说的思想市场。

个人“身”“心”之间原生的思想市场效应是极其巨大的，它绝不会停留在二人组合的思想市场之中，它必定会演化为三人为众以上的无限的组织思想市场的长河，形成思想市场之河流、江域和海洋。这可称之为复合性大众思想市场。

加拿大 20 世纪原创媒介理论家、思想家马歇尔·麦克卢汉主张媒介即人的延伸，这是复合性大众思想市场的学术表达。媒介是人的感觉能力的延伸或扩展。媒介和社会的发展史就是人的感官能力“统和”→“分化”→“再统和”的历史。原始的部落人主要由耳朵来把握感觉，进而牵动着以口为核心的感觉世界的相互作用和相互影响。部落人的感觉能力大体上是平衡的，部落人的行为与所处的环境显然是浑然一体的。这可能就是中国人常说的“耳聪”。

文明社会中的社会人以眼睛来把握感觉，眼睛总是孤立地起作用，观察的是一个单一的连续的世界，而每次只能偏重于一个局部，进而形成以文字和印刷媒介为主的视觉文化。视觉文化的特点是集中于细节，并把细节从整体中分化抽象出来，造成媒介从口语转向文字和印刷，实际上扩张的只是从人类感觉的集束中分离出的一种感觉。这种由感觉领域的分割造成的感觉分离，推动人们对事物抽象的、深层的认识，使人类对环境具有巨大的能动作用，而疏远其他感觉只重视视觉的副作用就是产生情感的分离，使人的总体感觉能力失衡或下降。这可能就是中国人常说的“目明”。

现代人以电视为主要媒介，电视扩张了人类的视觉和听觉，并以强烈的现场感和接触感扩展人类的触觉，这就使现代人开始找回长期失落的“感觉总体”，重新回到一种感觉平衡的状态。这可能就是中国人常说的“耳聪目明”，结果是“心明眼亮”“目达耳通”。

马卫红教授在回信中以设问方式提出了思想市场效应问题。“我又愿意公开书信，是因为想借助‘自我剖析’的方式引起同事们的思考，哪怕只有少数人因此动了心念、感受到触动，也是值得的，不是吗?”同样，韩巍教授在文章结尾语中也以提问方式道出了发自内心深处的怜悯之情，进而建构了三人以上大众思想市场问题。“卫红，这封冗长的‘信件’终于可以结尾了，我好奇你能否踏踏实实一口气看完。身为目睹中国大学 34 年剧烈变迁的普通老师，有再多的遗憾和感慨，也为时已晚、覆水难收了……我深知大家都不容易，写这封信是为了支持你的工作，也想给在困顿中煎熬的同行，尤其是那些还愿意听过来人唠叨的年轻人一丝宽慰。”

个人“身”“心”之间的思想市场隐含了内在的“自尊”，二人组合之间扩大了的思想市场包含内在的“尊敬”。

那么，三人以上的大众思想市场就包含了人类之间的同情和博爱。个人的自尊用韩巍教授的话来说就是“体面”一词，用马卫红教授的术语来说就是“羞愧感”。二人组合之间的思想市场包含了相互尊敬。韩巍教授花了不少笔墨来谈“尊敬”一词，足可见“尊敬”一词在他心灵深处永恒的价值意义。

韩巍教授在诠释马卫红教授的论文集征文启事时有一大段关于“尊敬”的诠释。现摘录如下：

卫红，印象中当年你刚上任副院长时，向我征求过关于大会发言的“注意事项”，我建议你讲话尽量简短。没想到你“从善如流”，竟然做到了。后来我又得寸进尺地提醒你少讲“情怀”，那与绝大多数听众的期待不符（context），你拒绝了我的“规劝”一意孤行，不管台下的反应，只做自己了……可惜，“尊敬的老师”，在我看来，其实挺讽刺的。如果老师不过是易中天口中“下蛋的母鸡”，产量多少决定优秀与否，又有多少值得尊敬的地方？埋头苦“下”吗？这是今天大学的常态，大家都半斤八两。所以，我在外面开会做报告时，从来都这么开头：“主席（主持人）、各位领导，或者张某、李某某老师……”尊敬，从何谈起？

从这段摘录来看，马卫红教授是尊敬韩巍教授的，她出任管理学院主管教学工作的副院长时，曾向韩巍教授询问管理之道和发言之要。马卫红教授高度尊重韩巍教授讲话要尽量简短的真诚建议，最终产生了出乎韩巍教授意料之外的“从善如流”之感。这里的“善”在我看来就是明显的、看得见的“尊敬”。只有有了看得见的尊敬，韩巍教授才会进一步地“规劝”马卫红教授少讲“情怀”。马卫红教授不是没有采纳韩巍教授的“规劝”，而是本着自己内心的尊重，做“得人心的事”，而不做“讨人心的事”，这是她心灵深处对管理学院所有教师的“尊敬”。韩巍教授深深地感受到当今现实生活中任务型高校组织对教师尊严的伤害，伤害到了让人难以觉醒，伤害到了不得不提出一个严肃的话题，就是——“尊敬，从何谈起?”由此可见韩巍教授心中的“尊敬”一词内在的价值多么神圣！唯有当今生活中的高校组织演化成为“有格调的组织”，人人都有尊严，“尊敬”二字才会产生它本身固有的价值意义。这就等于找回了“尊敬”二字的真义！

韩巍教授是一个遵守“尊敬”而自律的人。一般说来，君子动口不动手。韩巍教授比君子更严格要求自己，不仅不动手，还不动口，唯动自己内在的忧心。做到了行有所止，言有所界，事有所度。韩巍教授是个真君子。

韩巍教授内心中的“尊敬”二字体现在韩巍教授对自己心灵之作的珍惜，也体现在对马卫红教授的尊敬之上，更体现在对马卫红主管教学领导难为之处的“担心”之中。“记得当年你为另一本教研论文集约稿时曾答应不会轻易删改我的文字，希望你这一回依然信守承诺。如果你犹豫这封信是否该被收入《教研论文集》而‘压力山大’，请参看 *Qualitative Inquiry* 杂志（主流眼中的‘不入流’，我却觉得比很多主流研究有趣百倍）上的文章，一个资深营销教师的‘创意’也是有例可循的。况且，我再怎么 affective，也会保留学术体面绝对不讲脏话。‘担心’不过是一种姿态，我确信卫红你从来不是那种‘我所不知道的，就不是知识’的主编。而且我们都愿意相信‘In writing, we can and do invent and reinvent the world’。”韩巍教授出于“尊敬”的“担心”，是一种“己所不欲，勿施于人”式的自由，以此将“尊敬”的内在价值升华为“心灵自由”。

同韩巍教授的迂回论证不同，马卫红教授以自己生活经历开门见山式地论证了“尊敬”。

马卫红教授在回信中写道：“我几乎能想象到您看到‘尊敬的’‘您’这两个字眼时的神情，但请相信，我是真诚地在使用这两个词。”马卫红心中的“尊敬”是一种自然意义的行为习惯。用马卫红自己引用苏慧伦和成龙演唱的歌曲《在我生命中的每一天》中的歌词：“这些年，我常常感受到的是这样：我是如此平凡/却又如此幸运/我要说声谢谢你/在我生命中的每一天。所以，这一声‘尊敬’和征文启事中的‘尊敬’都是真诚的。”马卫红教授的尊敬是一种来自内心深处的“深厚情感”。“在我遇到困难和挑战时，只要我真诚以待，我总能幸运地得到很多老师的帮助、理解和支持。所以，我说的‘尊敬’是从我内心深处涌现出来的。”马卫红心中的“尊敬”是一种“深刻的意义感”，从行文来说，“尊敬”“尽管看上去它很格式化，但于我而言，‘尊敬’是有着深刻的意义感在里面的”。

在这里出现一个问题了：这个意义感是什么呢？在我看来，这个意义感就是苏慧伦和成龙演唱的歌曲中的“你”升华为“您”，即“我在你眼里”“您在我心里”。

写到这句话，我想起了 20 世纪德国著名的宗教哲学家、宗教存在主义代表人物马丁·布伯的代表性著作《我与你》。我一直认为布伯书名中的“你”应译为中文中的“您”，从“你”升华为“您”就是一种近似于宗教性的超越的爱。

这是一种博爱。

“我与你”关系的最大特点是人生而平等、等待的有爱、人情练达和心有灵犀一点通。“我”对待“你”，这是一种没有功利性的生活，一种没有目的性的生活。“我”愿意且能够站在“你”的角度看问题，这是一种没有心计的交流，一种没有口蜜腹剑的沟通，更不可能背后插刀。

“尊敬”是思想市场的“润滑剂”，更有作用的是“尊敬”解开人与人情感之间的纠结。“尊敬”是传递中流动的信息，更重要的是“尊敬”能黏合人与人心之间的裂缝。“尊敬”是对他人或她人的信任，更有意义的是“尊敬”能打开自由的天门。“尊敬”是万物精华、人与人之间的平等博爱，更重要的是“尊敬”能有力地将思想市场转化为工作场域和组织结构。

基于思想是市场内在的“尊敬”，教师的真生活是一种无目的生活。这种生活是一种“真诚的投人，”或者说是“心的投入”。生活的乐趣总是存在于过程之中，生活的目的很可能是长长的过程之后一秒钟的高潮，往往昙花一现，稍纵即逝，好景不长。

成功往往是一种陷阱。

教师应该是一个“好玩”的人，一个喜欢发现并享受生活中“天趣”的人。教师应该是一个喜欢在快乐中寻找平衡的人，不过分地追求锦上添花，而是谨慎地防范雪上加霜。平衡快乐既是教师的生活态度，又是教师的生存状态。从这个意义来说，教师应该是一个真正的存在主义者。

在这种寻找快乐的生活中，教师的确是一个思想的流浪者，前行在永远追求“真诚”的路上，清心寡欲，清除杂念，减少私欲，保持心地宁静，开拓心田，思想开放，观念解放。天生我材必有用，自用其才，没有丝毫地利用他人或她人之心。

——在这个意义上，教师是一个“无用者”。

无用乃大用！清代诗人黄景仁的传世名句“百无一用是书生”可能讲的就是这个大道理，否则就不会有最后一句“春鸟秋虫自作声”。

教师的真生活表明：真正的教师最多就是做一个文化的冒险家，真正的教师至少是一个开拓小小思想市场的企业家。总而言之，教师算得上是一个心中有田的人，用两个字表示就是“心田”，用一个字表示就是“思”。“心田”就是“独立之精神”，“思”就是“自由之思想”。这是我多年来对在教师中流传的陈寅恪的名言精髓的心领神会。陈寅恪一生著作等身，其精髓集中体现在王国维纪念碑上写的话：“惟此独立之精神，自由之思想，历千万祀，与天壤而同久，共三光而永光。”这应该是今天谈论教师天职的基本前提！

三、磨心石

同何为教师的真生活相关的问题就是何为教师的真工作了。

韩巍教授正确地指出“教师真生活”与“教师真工作”之间的内在联系。“学术有如人生，过往重要，当下重要，未来更重要，如果我们不那么在意一眼望到底的‘重复’，更关注‘差异性’（存在的本质）、可能性，从而更富想象力，在有生之年应该还有很多趣事可做，对吧！”韩巍教授在文中的另一个地方说得更明白：“我曾在一本教育学著作中读到一句话：‘学术作为人类的集体事业，它的基础既不是智力也不是技巧，而是真诚。’”这说明“真诚是何为教师真生活”和“何为教师之真工作”的共同答案。换句话来说，真诚乃思想市场之道，真诚乃工作场域灵魂。

马卫红教授在回韩巍教授的信中将韩巍教授的问题上升到一个理论高度，提出了一个基本的理论问题——“这就牵扯到作为管理者，必须学会处理的一个重要问题：个体性与公共性共生的问题。一切思想皆与行动相伴生。我们试图理解自己以及我们的世界，其目的是让我们学会如何生活。在长期的观察与思考中我逐渐领悟到，无论是一个健全的人还是一个健全的社会，都需要懂得公共性与个体性共生的深刻内涵。学生在大学阶段的各种学习和经历无非是帮助这些独立的个体更好地在历史维度的时空变换中认识自己、认识社会、认识彼此之间的联结，并在此基础上为今后做出选择”。这就点明了“教师真生活”内在的“个体性”和“教师真工作”内在的“公共性”。这是一个生活与工作的悖论！

“教师的真工作”是马卫红教授在管理学院教学论文集征文中所说的“天职”，即“我们的天职、我们应尽的责任和义务是带领学生一起求知，理解、探究、运用和共创管理知识”。马卫红教授在给韩巍教授的回信中进一步从管理职业教育角度对自己所触摸到的管理教师天职做出了深度释义：“我考虑更多的不是泛泛意义上的大学老师，而是从事管理教育的老师。我们要怎样去教我们的学生？教给他们什么？不管具体哪个专业哪个学科，也不管其身上有没有亮丽头衔或光环，如果一位从事管理学教学的老师对管理、管理实践、管理研究、管理教育、管理者没有广义的、一体化的思考和专研，恐怕学生很难从其所教中获益，给学生讲再多方法、工具、手段也都不会真的有用，因为这些方法、工具、手段缺乏有机土壤，早晚会干枯而亡。在我看来，不管是教授什么样性质的管理学的课程，都肩负着使学生理解管理、管理实践、管理研究、管理教育、管理者的重任。这也就是本集征文的主题——‘我们的天职是求知’。”这样看来马卫红教授所讲的天职重点在强调管理教育的职业色彩，重心是在突出管理教育的大学科色彩，这有一定的积极意义。但又不得不指出，过度看重这些积极意义，就难以触及教师天职问题的理论意义。

沿着马卫红教授的思路，韩巍教授做了积极的理论释义。韩巍教授首先认同马卫红教授提出的教师天职问题。“非常认同，但作为一位营销系教师，我觉得‘真求知、求真知’更好。”韩巍教授内心认同马卫红教授对管理学教师天职的认识，并从优化意义的高度做了更好的释义，提出浅显易懂的教师天职观，还冠以“我们”二字，一个响当当的大文章的论题摆在深圳大学管理学院每位教师的面前了，这就成为一个不得不“面向思的事情”。“我们的天职是真求知，求真知”，这个大论题的意义在于它是深圳大学管理学院人的集体自觉意识，有“大道至简”之真义，有“大美天成”之真感。这样教师的工作问题就同教师的天职问题紧紧地联结在一起，似乎成为一个一体化的联系。在具体论证的过程中，韩巍教授论证天职同他论证“尊敬”一样，采取了一种疑问理性式的间接论证。韩巍教授不是不相信教师天职，而是要通过质疑马卫红教授触摸到的教师天职来更深刻地探讨真正的教师天职问题。“卫红，我不知道你是真的好奇，还是期待什么回响。看看你的用词——‘天职’，多吓人啊！你不该用自己的情怀‘绑架’一群为生存忙碌，被 KPI 折磨，每到监考担心迟到，担心督导的‘黄雀在后’以致精神恍惚的人。”在提出疑问后，韩巍教授公开表明：“当然，我是愿意跟你聊一聊‘天职’。”

通读韩巍教授和马卫红教授的来往信件，好像俩人的争论是围绕教师天职展开的，实际上争论的范围要宽泛得多。

集中起来说，教师天职大问题重在论证人际关系之中的个人的合作性、社会性和超越性。展开来说，这个大问题涉及人的学业、专业、职业、事业。简而言之就是建功立业，即功业。两者结合起来谈，这个大问题就是个人的天职，也可以说是人生三观中的“世界观”。

围绕教师天职问题，韩巍教授同马卫红教授展开了深度对话和深层交流。教师天职问题是马卫红教授触摸到的有现实意义的理论问题，而韩巍教授将这个有现实意义的理论问题上升为抽象理论高度的学术思想主题，他们两人进一步地共同探讨管理教育论题。

从韩巍教授提出教师天职问题的学术思想主题来说，细读韩巍教授的大文章，其由两部分构成，一部分是诠释马卫红教授起草的论文集征文，另一部分是论证韩巍教授自己提出的教师天职观问题。韩巍教授的教师天职观是他学术思想新转向的明证，可以看到他学术思想转向新气象的空间。长期以来，韩巍教授的学术思想战场主要在校外，用他自己的话来说：“我多年在校外跟同行争来辩去。”现在韩巍开始关注身边的事，甚至还谈到自己作为一个诠释主义者在学院工作场域中感受到的体悟。“说到‘天职’，其实不必舍近求远。当年为学院撰写‘改变源于成长与责任’，2016 年吧，我就说过：‘teaching is our primary priority’，比教育部长官觉醒得早多了。可你们当领导的只留下这句口号，把我用心的解释全扔了。我知道在某些人那儿，如果把这句话当作‘令箭’，一堆问题就会纷至沓来。”读到这段话，我的心感受到韩巍教授真诚之心的跳动。看到韩巍教授同贺和平教授的交流，我仿佛旁听过他俩的自由交流。这些事件都证明了韩巍教授回归到了自己的工作现场，回到了深圳大学管理学院，他的思考更多的是出自内心的感觉和体悟。

从马卫红教授触摸到的教师天职话题来看，马卫红教授的回信给教师天职论述描绘出一条思想主线，从起草教学研究论文集征文启事初衷贯穿到自己主管管理学院教学工作的灵魂之中。这条主线的行文比重占马卫红教授回信三部分中的两部分。马卫红在回信中明确地说：“从 2015 年至今，我负责主编了四本教研论文集，其名称的关键词分别是：责任、事业、世界、知识。这四本文集我都在追问一个根本性的、一致的问题，试着搞明白：从事管理学教育的老师应该做什么，或者我们老师首先应该成为什么样的人？（或许也具有一般意义：大学老师应该做什么，或者什么样才算是大学老师？）”

对于这个元问题，马卫红教授形成了一个基本观点："我有这样一个认识：一个守底线能称得上'老师'的，可能靠的主要是书本，而一个好老师靠的主要是榜样，不是书本。或许可以说，不合格的老师有多种多样，合格的老师和好老师本质上大概具有相似性。"

以韩巍教授同马卫红教授共同探讨的管理教育论题而论，两位教授的思想分歧主要集中在如何认识高等学校教师绩效考评制度，进而涉及教师师资建设和科研型教师的研究方法选择。马卫红教授在回信中的确抓住了韩巍教授来信的一个核心焦点，即大学的绩效考核制度，并以此为突破口，对韩巍教授的教师天职观进行了部分赞同又不完全赞同的评论，这是一段带有批评与建构色彩的评论。这段评论反映了马卫红教授的批评路径带有泛道德主义倾向。马卫红教授在回信中明确地说："先回应韩老师着墨较多的令人失望的评价机制。"马卫红教授直接指出"在 2017 年出版的教研文集中，韩老师在《做一名称职的教师已经足够》一文中已经对当前拙劣的评价机制有过犀利的评析。而且学术界也常常能听到类似的声音。"马卫红教授没有选择沿着韩巍教授的批评路径，而是明确地选择了告别韩巍式的批评路径，提出一个较为深刻的道德问题："我没有再去批评，我考虑的是如下的问题：揭露恶习已经够多了，我们得到了什么改变吗？我们为何不试着讨论'尚善以及如何尚善？'恶习一定是尚善的障碍吗？未必！恶习可以与尚善共存，不必消灭它，也很难消灭它，只要更多的人不选择它，它就无法繁衍和复制。但是，这就要看欲尚善者有没有正义和勇气了。所以，我所做的更多地是想引导和激发尚善以及讨论如何尚善，哪怕只是一点点的'改变'，不也体现了我们的'成长与责任'吗？"

马卫红教授在提出一个令人深思的道德问题后，迅速地转向了泛道德主义，进而扭转了问题的论证方向，提出了独有的美德伦理主张。

"当前这个结果，主要是源自不够开放和宽容的学术生态，也不能只怪罪于评价机制。其背后更令人心寒的是学人们已经没有了宽容之心，很多人表面批判、骨子里却在用这套逻辑来评判别人。我们已经不能接受多样性了，因为这很费脑筋，数数这种拙劣评价的极端运用也从侧面证明了我们缺乏共识，只能表面化（我一直在思考：为什么我们这个土壤很难有学术共识？为什么我们不接受博耶那样的贡献分类？）。如果我们每个人都冷漠了，都失去了宽容之心，还指望谁来改变呢？说白了，这个结果能盛行这么多年就是因为缺乏学术美德：正义、真诚、勇气。我们之所以越交往交流就越多，是因为我们都感受到了彼此具有此三种美德（这不是自夸和对您的恭维，而是真诚的言说，即便别人不认可，又如何呢？只要我是这么认为的，我就真诚地说出内心的话，别人信不信就由别人去了）。"马卫红提出的美德伦理主张在表象上极有说服力。

美德伦理是要讲的，也是人类需要的，更需警醒的是美德伦理往往经不起人性复杂性的考验。人类的工作领域是人际关系中的风险地带，特别是停留在信息传递领域的自由泛滥更是不可靠的。

这样看来，马卫红教授的美德伦理主张是有明显局限的，也是值得深思的！

特别需要指出的是，马卫红教授的美德伦理是她在教学研究论文集中的记忆伦理的新发展。“管理学院教学研究文集第 9 辑将于 2021 年集结出版，诚挚邀请您为本辑供稿，把您在日常教学工作中对管理教育的探寻和思考记录下。……我们热切盼望您分享在带领学生求知路上的感悟。”

考虑到“记忆伦理”和“美德伦理”之间的纠结，可以说马卫红教授的泛道德主义论证路径并没有击中韩巍教授批评教师绩效考评制度的要害。

话又说回来，马卫红教授的靶子还是找对了的，只是枪没有射中要害，因而彻底地否定了绩效主义。

韩巍教授的确没有看到整体意义上的组织绩效，没有思考重新定义绩效，而是将教师绩效考评制度夸大为组织绩效，最终套上一个令人生畏的形容词，即“KPI 之祸”。如果将这个形容词所出现的地方的一段话转录于此，“KPI 之祸”实际就是一种原罪主义的论证路径。“还算幸运的是天下乌鸦一般黑。你知道我平时爱看文献，看过‘车载斗量’的批评管理学界、批评商学院的英文文章。理论与实践脱节的、自娱自乐的，范式霸权、美国霸权的，不负责任、没有担当的，误导实践的，A-journal、KPI 之祸的，学术失范、公然造假的，管理主义、新自由主义猖獗从而全面‘异化’（alienation）的。四面八方都是越来越高的声浪、越来越‘恶毒’的挞伐（THE EMPEROR'S NEW CLOTHES…，Dark Academia…，The Imposter Syndrome…），Bothello 和 Roulet 的原话：‘Although the imposter syndrome is common in many professions，…This cognitive dissonance leads a growing number of us to question whether we merit the status，legitimacy and rewards that are conferred upon us as members of a hyper - competitive scholarly community.’他们发愁的不是如何变好，或者继续变坏，简直就是‘配不配活’的问题。”读完这段引言，韩巍心中的“KPI 之祸”实际就是“KPI 原罪”，人（教师）“被 KPI 折磨”。这实际上是一种原罪主义论证路径。基于“KPI 原罪”，韩巍教授进而否定管理学存在的历史进步意义。“事实上，只要我们足够坦诚、坦荡，就应该拒绝‘神秘化’管理学知识及其生产过程。人类没有‘管理学’，照样源远流长；有了，也未见得就开天辟地，世界从此不同。”从这里可以看出，韩巍教授的“KPI 原罪”同马卫红教授的泛道德主义是相通的，相通之处在于它们神化“真诚”，没有认识到人性的复杂性，特别是没有认识到工作的风险性。这就是韩巍教授为什么极为赞赏管理同生活画等号的观点：“我的朋友刘辉（慕云五）说过一句很精辟的话：管理就是管理者的生活。”

面对韩巍教授和马卫红教授之间的根本分歧和异曲同工的分析思路，我认为问题远比高等学校教师绩效考评制度更为基本，主要是高等学校组织变革，涉及高等学校的经营管理、战略管理和知识管理。

这是一个流动的管理溪流，这是一套循环的血液系统，对高等学校组织的绩效、生命和凝聚力有决定性的影响。

出于这些基本问题的发现，我认为需要远比韩巍教授和马卫红教授更为开放的思维论证路径。

这就是我所倡导的绩效主义路径。

这条路径既可从总体上进行分析，也可从局部上进行分析。

总体上有两个问题，一个是现实生活中的高校组织变革问题，另一个是重新定义高校组织的绩效问题。

我们先从总体上分析现实生活中的高校组织变革问题。有良好管理的组织是现代性的中心。有良好管理的教育组织是现代性中心之中心。现实生活中的高等学校组织虽经多次改革，但组织变革方向仍处于探索之中，组织变革不能不说仍是今天需要面对的严峻挑战。特别是考虑到现实生活中单位传统历史，这种严峻挑战的艰巨性就更大了。幸运的是，现实生活中的大学组织变革可从韩巍教授的大文章中找到一个目标过程，就是从"任务型的组织"演变成一个"有格调的组织"。"任务型的组织"是我从韩巍教授大文章中提炼出来的，"有格调的组织"是韩巍教授大文章中理想的教育组织。任务型组织是一种高度留恋军事大传统的组织，是以动员、服从和打擦边球为基本特征的组织形态。动员意指上级发出召唤，底层组织成员响应，进而形成一种参与机制。服从是说上级特别是顶层发出命令，下层特别是底层只能执行，进而形成一条权力主线。打擦边球是指上层权力控制组织的任务，下层特别是底层将任务放任成儿戏，进而形成一套工作安排制度。说得明白些，任务型组织是一种以军事组织为原型的组织。我们可以从韩巍教授的论述中找到现实生活中高等教育具有任务型组织形态基本特征的痕迹。

从动员特征的表现来看，韩巍教授的表达是："可上上下下的科学主义（实证主义）拥趸只求'符合、遵从'的僵化头脑，也不允许任何'创新性适应'的尝试，只顾'照猫画虎'，不管假虎、真虎，还画得'虎虎生风'。待到教育部一纸令下，开出检讨清单，才发现我们'虎了'半天是偏离了常识、偏离了本分、偏离了初心、偏离了梦想！这情何以堪！"韩巍教授在这里为现实生活中高等教育任务型组织的"动员特征"画了"一幅活生生的群体肖像"，这是可看得到的画面，它远远比最形象的语言描述更能给人留下清晰的烙印。韩巍教授将"动员"概括为"可上上下下的科学主义（实证主义）拥趸"，这是人人都能读懂的。这种动员做法应高度注意，它的自我繁衍能力难以想象，韩巍教授公开指出："连小学生都能做基因研究了！"动员会带来严重的社会问题。2021年9月初，有网友向教育部提问："请问专升本（非成人高招专升本）毕业后的第一学历是专科还是本科？"教育部官网"互动"栏目9月29日公布了教育部学生司对上述提问的答复：学历是指人们在教育机构中接受科学文化教育和技能训练的学习经历，国家教育行政部门相关政策及文件中没有使用"第一学历"这个概念。我们在管理过程中所说“学历”通常指的是个人获得的最高或最后的学历。[①] 敬请仔细想一想今天“第一学历”这个概念的现实影响，还敬请认真琢磨今天“第一学历”这个概念的历史后果。这是动员本身内在的反制度主义倾向。

从服从特征的表现来看，韩巍教授以最形象化的语言描述了高等学校的教师紧张的心理：“他们或许对当下的环境稍有不满，但早已学会了小心翼翼，努力不给学院、学校添乱，自食其力，养家糊口，但求睡一个安稳觉……”

从擦边球特征的表现来看，韩巍教授以现实主义的态度将“擦边球”提升至“适应”的理论表达高度。“实话实说，我们都是情境动物，‘适应’才是要务。可上上下下的科学主义（实证主义）……偏离了常识、偏离了本分、偏离了初心、偏离了梦想！这情何以堪？……没什么，习惯成自然，调整 KPI，继续埋头‘适应’！”“他们发愁的不是如何变好，或者继续变坏，简直就是‘配不配活’的问题。”韩巍教授特别提到现实生活中的高校组织实行的“硕士毕业也非要发表”论文的制度，已经“制度化了几年，现在按教育部的要求，似乎有点儿‘打脸’了”。这是一个打擦边球的典型。

任务型组织的管理本来存在固有的三个致命缺陷：管理组织中小环境或小气候缺失；管理空心化，领导微型化，领导者监工化，教师精神病化，特别是年轻教师奴隶化；绩效制度异化，功能紊乱。

关于第一个缺陷，韩巍教授的认识极为深刻。在任务型组织中，“我们似乎从来看不到人与情境的‘相互建构性’，看不到人的主观能动性；看不到必须开枪，也有选择抬高枪口两厘米的可能。是的，我们都知道有个大腿般的大环境，但为什么不能稍微动一动自己的小胳膊，以营造出一种稍有‘个性’的小气候。We can breathe，我始终相信事在人为”！马卫红教授同韩巍教授一样，也看到了“评价机制”背后更深层次的“不够开放和宽容的学术生态”，这就道出了现实生活中高校任务型组织的根本缺陷。

关于第二个缺陷，同第一个缺陷一样，韩巍教授对其的认识是极其深刻的，特别是将“领导”隐喻为“黄雀”。领导“让老师因为罕见的（非意图）上课、监考迟到而焦虑不安，这容易让人抑郁，后果很严重”，这是领导们最重要的责任。“一群为生存忙碌，被 KPI 折磨，每到监考担心迟到，担心督导的‘黄雀在后’以致精神恍惚的人”，这就是高校教师们的集体肖像。

关于第三个缺陷，韩巍教授的认识是比较清醒的。领导们“仅靠网络评价去判定老师在教学上的‘表现’，消费主义盛行（抱歉，很大程度上是营销之祸）的时代，教育日益成为一种‘消费品’，还特别强调‘体验’，这跟‘教育’风马牛不相及”。韩巍教授在这里强调“消费”，很有可能用错了一个字，不是“消费”，而是“浪费”。激励制度异化为“工具”，治理退化为“技术治理”。KPI 是一种工具，是一种折磨教

---

① 教育部学生司：政策及文件中没有使用“第一学历”这个概念［EB/OL］. https：//edu. ifeng. com/c/89w6CbiTKNX.

师的工具，还是一种自我繁衍能力极强的工具。“……没什么，习惯成自然，调整KPI，继续埋头‘适应’！”结果是“老同志已经不太在乎这些了”，年轻人为“求生存”不得不奔命。这就是组织的传统与变革的双重死亡。

军事化的任务型组织带来了严重的政治、社会、经济、文化后果和深远影响。在政治上，军事化的任务型组织不利于推动教育政策的完善，管理空心化极为不利于教育法治的形成。韩巍教授对任务型组织的政治后果是有深刻认识的，只是表达得不太明晰而已，集中为一点就是“绩效考核”往往退化或还原为政治选举。为了说明这一点，最好是引用韩巍教授的一段长文，“评价一个教师，有那么难吗？他/她的信念、经验、学识、激情，无从分辨吗？受教于他/她的学生们的三观、心智、能力有没有提升，无从知晓吗？我不太理解为什么有些人那么迷恋‘论文发表’，还养成那么顽固的‘以刊论文’的习惯！等到关键时刻，一堆教授正襟危坐地‘数数’，说更公平，可除了最不公平的人情关系（有人坐在那儿投票才会有猫腻啊！），小学生不会‘数数’吗？机器难道数得不是更好吗？我们懒到连花一点儿时间读一读别人的‘伟大发现’都不肯，是因为对论文质量没有期待，是自身缺乏辨别力，还是甘愿做其他审稿人、期刊编辑手里的提线‘木偶’呢？”评价一个教师没有人们想象的那么难，甚至挖空心思、用尽心计，真正的困难是“最不公平的人情关系”，更难的是“有人坐在那儿投票才会有猫腻”。这就是管理还原为政治，可称之为政治的游戏化，这真可怕！

在社会上，军事化的任务型组织造成制度复制。韩巍教授在文章中说道：“老师要发表‘学术论文’，博士要发表（基本认同），硕士毕业也非要发表（制度化了几年，现在按教育部的要求，似乎有点儿‘打脸’了），现在连‘优秀’本科生也被捎带上了。”这是典型的高校内部的“制度复制”！更可悲的是这种“制度复制”还在向整个教育行业延伸，“现在连小学老师晋级都要写论文！可是，随着论文越看越多（垃圾太多！），观察到的人和事越来越多（绞尽脑汁造论文的太多！）……世上哪有那么多‘研究者’真能做出‘发现型’研究成果？装呗！”在经济上，军事化的任务型组织造成科研资源的非市场化配置，政府成为风险投资者。科研资源往往向单位领导倾斜早就是公开的秘密。任职多年的院领导们，力争去学校要害部门当处长，主要目的就是为自己所在的群体争资源，特别是为自己争虚名。在文化上，韩巍教授看得更清楚了，“我看到更多的不是‘我们的天职是求知’，而是‘求知是为了职称（and 生存）’”。这是多么真实的描述，这是多么深刻的认识。

面对这样一个活力不够充分、先天存在缺陷、后果极为明显的组织，军事化的任务型组织如何进一步发展？说得更准确些，如何进一步演化？这不得不说是一个大问题。

在这个问题上，马卫红教授基于大众思想市场和泛道德主义提出了一个理想中的大学组织。她心中理想的大学组织是一个名为“合瓣”隐喻的组织。

“作为老师，我最关心的还是学生从我们这里能获得什么，我们能在什么意义上帮助学生成长？在这里我想借用我给行政管理本科生读书报告《合瓣文集》序言写的一段话来表达：当今的知识社会和信息时代，学校的主要功能已经从知识传授演变为知识交换。在这里，学生需要训练的主要不是如何学习特定的知识，而是如何在师生互动中提升如何自主学习的能力，让他们一个人无法实现的成长，在一群人的互动中得到实现。期待合瓣花开，合瓣为冠。”马卫红教授承认教师同学生之间存在一种成本和效益的联系，这是一种类似自由市场的联系，“学校的主要功能已经从知识传授演变为知识交换”。不过成本和效益之间的联系却被泛道德主义设问的乌云遮去了光芒。韩巍教授在这个问题上是忧心和信心交织，一方面是精疲力竭、疲惫不堪，另一方面是神采奕奕、生气勃勃。有时候，韩巍教授“身为目睹中国大学 34 年剧烈变迁的普通老师，有再多的遗憾和感慨，也为时已晚、覆水难收了……”，这是他忧心的一面；有时候，韩巍教授认为“一个友好的组织环境也非常重要”，“We can breathe，我始终相信事在人为”，这是他信心的一面。在忧心和信心之间，他往往流露出韩巍式的无奈或韩巍式的幽默，或者说韩巍式的幸灾乐祸。韩巍教授不得不承认“人各有命”，“比较而言，我们衣食无忧，只要心脏够大，总体上还算快活”。透过韩巍教授的心理世界，我们发现他看到了任务型组织变革的真正方向，这就是“有格调的组织”。这个组织有如下基本特征：

第一个基本特征是以人为中心。“大学、学院最重要的是‘学生、教师’！每一个生命都该有自己的声音，唤醒她；每一个生命都该有自己的光芒，点亮她；每一个生命都该有自己的色彩，渲染她。”

第二个基本特征是中介性的领导或“一个友好的组织环境”。“所谓领导，如果确有必要的话，就该是那个担当责任、创建环境、营造氛围的人。我们都是情境中的智慧型动物，总能做些有趣的事。作为领导，你应该做更多，这是更多话语权的‘should be’……身为领导，有责任保护那些年轻教师，初到中年的教师，如果他们还试图带给学生真正美好的事物，无论他/她口吐莲花，抑或笨嘴拙舌，哪怕教学内容、教学技巧尚有瑕疵（谁没有呢?），只要他们心怀善念，足够真诚，作为一个大写的人，能给学生最直接的示范，很好了；如果再能引领并辅助学生完善心智、提升能力，多么美好啊!”理想的领导是新老教师之间的纽带，最善于为组织提供新鲜血液，因为年轻教师是创新的活力源泉。用韩巍的话来说，这叫“一个友好的组织环境”。

第三个基本特征是人的尊严感。“我相信其中的绝大多数一定会乐于把自己最好的年华奉献给教育事业，惠及万千学子。这才叫有格调的组织，这才担得起‘尊敬’二字!”

结合马卫红教授的“合瓣”隐喻和韩巍教授的“有格调的组织”。未来的大学组织是一个知识型组织，这是一个基本的结论，也是一个经得起历史检验的结论。

这个组织在我看来有五点是值得注意的。我曾在 2017 年 7 月马卫红主编《我们心向的事业——深圳大学管理学院教学研究文集（7）》上发表《话语的天穹》一文对后现代意义上大学组织做过专门研究。大学是想象力的避难所、自由思想的港湾、常识的圣地、基础理论研究重镇和知识资源总部。今天要补充的仅有三句话，大学作为知识型组织，疑问理性、高度风险和高度的不确定性总是存在。

在探讨了组织变革后，我们有必要重新定义高等教育组织的绩效问题。

在这个问题上，马卫红教授的泛道德主义分析在中国学术界和社会中具有一定的代表性。马卫红教授心中的管理是基于人的本性的管理，而人的本性主要由人的自我意识和自我创造构成，进而将管理理解为“共享心智”。这就流露出一种多重绝对理性主义色彩。马卫红教授在回信中写道：“我对管理的理解是从人的本性出发的：以人为本，以势利导，以时为先，顺应人的天性和自然之道，比较相信管理的原点扎根于自然演进。我相信人的自我意识和自我创造在管理中起着重要作用。个体本性是在不断受创的过程中获得重建的……基于这样的认识，管理实践就可以理解为共享心智形成的过程。”

如果对照古训《增广贤文》中的“有心栽花花不开，无心插柳柳成荫”，我们就可以认识到马卫红教授有绝对理性主义倾向，她过于看重人的理性，反而弱化了她所注重的自然演进。

这不得不说这是一个较大的遗憾！

人本主义和绝对理性主义合谋诛杀了自然主义。

在管理的泛理性主义理解基础上，马卫红教授通过一个学生的作业，基于美德伦理对教师的天职做了一个泛功能主义的理解。“我时常想，师者，是我们体现出来的、是学生体验到的、是被我们落在实处的；师者虽有多种含义，但应该有一个统一的作用，就是能够帮助学生克服和纠正成长中的弱点，而不是让他们从师者身上‘习得’更多弱点。”“一个统一的作用”道出了马卫红教授的美德伦理含有过度的功能主义倾向，将人与人的组织绩效解释为教师的“扬长避短”和学生的“取长补短”之和。

这种过度的功能主义集中表现在表面上将教师从神坛上转向人间，实质上却更加神化了教师的作用。

“我的意思不是说教师都要是圣人，这不可能！我想表达的是教师首先是个普通人，但又不是普通的普通人。教师之所以能为师，是因为他有能力展现普通人面对日常时的不普通，他能够使学生受到某种启发，从而学会不普通地面对自己的日常。只有这样的人为师，或者为师的人只有这样做，一个社会才能是向好的。”这就将人与人构成组织的整体绩效解释为教师的“大雅大俗”和学生的“太雅太俗”之和，这样，一个美好的社会就出现了。

这样看来，马卫红教授有些简单化了，或者有些天真了！

同马卫红教授的泛道德主义分析不同，我提出一条绩效主义的分析路径。重新定义高校组织的绩效问题为一条管理溪流问题。这个问题涉及管理的“分”与“合”。管理从总体来说是“实践”，这种实践展开来说就是“人”与“绩效”，进而可分为“使命、责任和实践”。在这个链条中，我们可以看到马卫红教授和韩巍教授争论中的

“天职”（即责任）远远没有“绩效”所占的比重大，远远没有绩效具有总体性。“人”与“绩效”合二为一，这个命题就是绩效主义的精髓。

如何破解这个命题呢？这就不得不谈谈我所说的管理溪流问题。管理溪流是指经营管理、战略管理和知识管理之间内在的源流循环。这是我教《管理学原理》二十余年的一个深层感悟。“人”与“绩效”实际上就是“经营管理之道”和“绩效”之间存在的“源”“流”关系，“经营管理之道”（人）为“源”，“绩效”为“流”，这是两者之间相互转化。

换句话来说，“经营管理之道”决定“绩效”。

但“经营管理之道”绝不能直接转化为“绩效”，其中一个最为重要的转换机制就是“战略管理”，而最终的终极动力机制却不是战略管理，而是“知识管理”。

沿着我的绩效主义分析路径，我们先来谈谈组织经营管理之道。每个组织都有自己的经营管理之道，即一套自己的假设，涉及组织的业务、组织的目标、规定目标的方法、组织的客户、客户的价值和客户的需要。经营管理之道大于创新与营销之和。创新包括组织的业务、组织的目标、规定目标的方法；营销指组织的客户、客户的价值和客户的需要。“创新”的意义为“人”，“营销”的意义为“绩效”。“创新”可浓缩为“目标管理”，“营销”可放大为“市场”。“绩效”无“经营”，则“营销”无意义。这样看来，韩巍教授在文章中已触及教育组织的经营管理之道，从总体上来说，军事化的任务型组织的经营管理之道是极不明确的，将绩效等同于指标考核，长期沉陷于技术治理陷阱之中。如果说“教书育人”含有经营管理之道，那么“造指标、填表”就是技术治理陷阱。这就提出了一个巨大的管理溪流问题。用韩巍教授的话来说：“我们一直面临的挑战，‘造指标、填表’大过‘教书育人’以来情急尤甚罢了。”面对这个巨大的挑战，韩巍教授进而探讨了“‘有格调的组织’的经营战略”。韩巍教授在谈到“课程思政与管理教育中的求知”时曾指出：“应该在管理教育中落实为‘真诚做好人’，不做大恶，少做‘小恶’，就容易走向‘真求知，求真知’。”

韩巍教授在说到“学生工作与人才培养”时明确提出：“学生才是大学的‘中心’，能不能成才先不说，至少让学生，也应该包括教师做到身心基本健康。”韩巍教授在构想有格调的组织时将大学的经营管理之道说得更明白：“大学、学院最重要的是‘学生、教师’！每一个生命都该有自己的声音，唤醒她；每一个生命都该有自己的光芒，点亮她；每一个生命都该有自己的色彩，渲染她。”这些说法标示着韩巍教授对大学经营管理之道的新探索。

如果说韩巍教授有格调的组织对经营管理之道的探索相对较为分散，那么马卫红教授的探索则显得极为直接明了。“管理者是人才培养的最终目标。……我认为我们需要明确地训练学生如何成为一个管理者。……学会如何遵从工作的逻辑，作为管理者，如何把尊重他人的工作作为第一重要原则，如何帮助平凡的人做出不平凡的事。优秀的管理者懂得做什么和放弃什么，而不是守住什么。而且，优秀的管理者懂得实践

‘月照千湖’和‘条条大路通罗马’。”

战略管理将经营管理之道转化为绩效，它的目的是帮助组织在不可预知的环境中取得预期的成效。战略有助于组织有目的地抓住一切有利机会，是对经营管理之道的检验。

若在战略的指导下无法取得预期的成效，这就是需要重新思考经营管理之道的严重警告。若意外取得成功，这就是更需要重新审视组织经营管理之道的明确信号。

如果没有战略，“机会”不能称其为机会，否则，组织就无法知道什么是真正推动组织实现其预期的绩效，什么是占用资源，什么是分散资源。这说明组织的战略管理同机会之间存在紧密的相关关系。机会无战略，则市场无作用。战略管理带着机会嵌入组织经营管理之道与绩效链条之间。战略管理决定机会。

换句话来说，“战略管理”决定组织“生存”。关于组织的战略管理嵌入组织经营管理和生存嵌入绩效之中，韩巍教授说了一句意味深长的话：“身为目睹中国大学 34 年剧烈变迁的普通老师，有再多的遗憾和感慨，也为时已晚、覆水难收了……”这似乎是说现实生活中任务型的教育组织没有战略管理，也谈不上机会和生存意义。马卫红教授在回信中表明：“我深爱着的事业，我希望她好，而现实与预期反差越大时我内心深处的感受就越深沉。”这意味着马卫红教授深深地忧虑着现实生活中高校教育组织的战略管理问题。

如果说战略管理是经营管理和绩效之间的转换机制，那么知识管理就是经营管理和绩效之间的终级动力机制。

抛开管理学，寻找绩效管理的元典著作，我们发现英国革命时期独立派中影响卓著的思想家詹姆士·哈林顿的《大洋国》算得上是绩效管理的元典著作。在这本著作中，詹姆士·哈林顿主要研究造成英国政治局面迅速变化的社会力量后面的推动力，他依据亚里士多德研究财产改革和政权变动关系的思路，以“财产因素”和“心灵因素”来论证自己的政治主张。这种论证思路在《联邦党人文集》和德鲁克《养老基金革命》中延续至今，为分析知识管理提供了一个很好的框架。

在我看来，知识管理就是在直接将战略管理转化为生存机会的同时，也间接地并最终地将经营管理转化为绩效。知识管理的目的是为组织在信息无知的条件下有力地争夺机会选择权提供个体意义的私有财产的知识。知识管理有助于组织有目的地集聚个体意义上的私有财产为公共资源。知识是对战略管理的检验。如果知识无法提供可选择机会，就说明有必要重新制定新的战略。如果机会是意料之外的，就更需要制定新的战略。如果没有知识，这个“个体意义上的私有财产”就不能称为公共资源，否则组织就不可能获得真正意义上的私有财产。这说明知识管理同私有财产存在密切的联系。私有财产无知识，则公共资源无效应。知识管理带着私有财产嵌入战略管理与生存机会之间。知识决定公共资源，也就是说知识管理决定私有财产。

这段难以理解的话是我花近二十年的时间论证出来的心灵感悟。

2020 年 6 月，我应上海《探索与争鸣》编辑部之邀请参加“构建中国知识体系：新时代的理论自觉”的“圆桌笔谈”，以“知识体系立体结构”为论题，将对知识管理的感悟凝结成一篇 4000 字理论文章，发表在 2020 年 9 月《探索与争鸣》第 9 期。

“综合来看，知识的意义昭示出知识是人类社会最天然的公共资源，知识的结构和过程则证实了知识是人类社会最显然的私有财产，这就是知识体系问题隐含的悖论，也是知识体系内在的元问题。这个问题恰似树木年轮，穿透人的心扉，会通人的灵犀，道出知识再生产的逻辑。”私有财产意义上的知识是一种心智因素，公共资源意义上的知识是一种财富因素，这两种意义的结合决定了组织的凝聚力。

“组织的凝聚力”，是知识管理的终极意义。“组织的凝聚力”无“私有财产意义的知识”，“人”就无“人力资源意义”。

马卫红教授注意到了“现代社会数据、信息、知识的关系”，进而提出“知识在隐性的和显性的之间连续流动，其中的主要挑战是如何采取有效方法将组织的隐性知识转化为显性知识”。这种分类离开了“文明的传承”和“文化的再生产”，看不到知识的私有财产意义和公共资源意义，更不可能看到知识内在的“组织凝聚力”。韩巍教授不太过分纠缠于知识的释义，而是用“好理论”来代替“数据、信息、知识”三者关系的探讨。“要点可能是掌握方法工具，更要掌握‘好理论’，因为只有‘好理论’（也是知识、信息）才会善用数据、信息及某些工具型知识，比如数据科学家更要讲人性和审美。”这就比马卫红教授更远离了组织的知识管理问题，并极大地消解了知识管理问题存在的意义，也就等于彻底地告别了绩效主义。

现在可将我所说的管理溪流绘成一条复合性的相互嵌入的直线，或者一个多重意义的同心圆。经营管理—战略管理—知识管理—组织凝聚力—生存机会—绩效。三者关系用不同的着色表现出来，我们就可以看出，组织凝聚力决定生存机会并最终决定绩效。

说到底绩效最终来源于“知识”，这就是我所说的绩效主义。

分析完了两个总体问题，我们转入分析局部问题，也就是现实生活中高校教育组织的人力资源多样性的管理问题。

严格说来，这肯定是一个局部问题，但又不得不指出这是一个靠近总体问题边缘的局部问题。这样看来，这就是管理网络中的“支点问题”或“杠杆问题”。

马卫红教授在回信中聪明地将韩巍教授对绩效制度的批评转化为一个教师尚善的自由选择问题，不得不说这个转换含有智慧的因素。智慧之处在于这种转换中隐含了教师队伍人力资源多样性的管理问题。现实生活中的教师绩效评价制度的确存在“不太好”的结果。“当前这个结果，主要是源自不够开放和宽容的学术生态，也不能只怪罪于评价机制。其背后更令人心寒的是学人们已经没有了宽容之心，很多人表面批判，骨子里却在用这套逻辑来评判别人。我们已经不能接受多样性了。”

人力资源多样性的管理问题在韩巍教授的大文章里是一个极其重的问题，可以说它是韩巍教授大文章的写作背景。韩巍教授在文章中从“‘个人’与‘组织’关系角度”明确地表示学校视教师为“财富”，教师就会自然地认同学校。“学院、大学，如果真心‘尊敬’它的老师、员工，真的把别人当作‘财富’，又会有多少人‘以怨报德’呢?”“个人”与“组织”关系是一种“认同”与“财富”的联系，这就突出了学校人力资源管理的重要性，还在一定程度上填补了忽视知识管理的缺陷。

没错，“个人”与“组织”关系是一种人力资源关系，但是不能停留在这个认识层面，更应该看到“个人”与“组织”关系是一个劳动力市场关系，因为个人总是处在组织内外竞争状态中的个体。

这就是说，个人既是处在组织之内的内部劳动力市场之中的个人，也是处在组织之外的外部劳动力市场之中的个人。

正是基于组织内外的双重劳动力市场联系，个人既要认同组织内部一致性，也要面对组织外部竞争性。马卫红教授触摸到了这个问题的内部劳动力市场关系，但不太注重外部劳动力市场关系。韩巍教授则谈到了内部和外部劳动力市场：“一个学院，‘不思进取’的人可能有，但读了几十年书，在大学能谋一份教职，会有多差劲呢?‘自我边缘’恐怕也是事出有因吧!”遗憾的是韩巍教授没有展开来论述。

总的来说，韩巍教授和马卫红教授在通信中都没有高度重视劳动力市场问题，也就不可能进一步提出一个更深层次的复合性的劳动力市场问题。这个问题的确是人力资源多样性管理的关键问题。

内部劳动力市场的充分发展是内部一致性。

内部一致性通常也被称为内部公平性，是指组织内部不同工作/技能/能力之间的关系体现出来的劳动力市场关系。公平有程序公平和分配公平之分。公平不公平主要表现为组织成员对差异的认同程度。内部一致性主要包括弹性设计、层级结构和职业成长。从构建内部劳动力市场来说，韩巍教授和马卫红教授的通信中各自暗含不同的分析方法。马卫红教授采用的是基于职位的结构分析方法，这种方法主要考察教师所从事的任务，即“讲授课程”，还有组织所期望的结果。马卫红教授提出了一个内部劳动力市场多元化模式：“我考虑更多的不是泛泛意义上的大学老师，而是从事管理教育的老师。我们要怎样去教我们的学生？教给他们什么？不管具体哪个专业哪个学科，也不管其身上有没有亮丽头衔或光环，如果一位从事管理学教学的老师对管理、管理实践、管理研究、管理教育、管理者没有广义的、一体化的思考和钻研，恐怕学生很难从其所教中获益，给学生讲再多方法、工具、手段也都不会真的有用，因为这些方法、工具、手段缺乏有机土壤，早晚会干枯而亡。在我看来，不管是教授什么样性质的管理学的课程，都肩负着使学生理解管理、管理实践、管理研究、管理教育、管理者的重任。”在这里，马卫红教授特别强调“广义的管理”和“课程”之间的联系，这种联系中隐含一个基于职位的内部劳动力市场。

如果说马卫红教授的内部劳动力市场没有过多地关注现实生活中高校管理的组织

变化，那么韩巍教授正好相反，他高度关注现实生活中的高校组织变化。

现实生活中的教育组织特别高校组织在改革开放中正在努力建构内部劳动力市场，不过这个正在形成中的内部劳动力市场还是一个粗放型的市场。之所以粗放，因为这种劳动力市场是基于教师二元分类式管理市场。一般来说，往往采取二元分类法对教师进行分类，即纯科研型教师和纯教学型教师，这就带有极强的非黑即白色彩。现实一点的高校会在这两个极端类型之间加上一个中间形态，即“教学—研究型教师”。

我们生活的深圳大学就是这种折中色彩的典型。这种二元分类法假设一个教师只完成一项工作任务，要么是从事教学，要么是从事科研。事实上，教学和科研都是教师的基本工作，只是受时间、精力、能力和偏好的影响，教师选择的侧重点有所不同而已。韩巍教授对这种二元分类法的认识有一个从“部分认同”到“基本否定”的过程。他开始并没有质疑这种二元分类法，还对这种二元分类法表示部分认同。“光搞教学，科研怎么办？先进的国际经验不就是‘publish or perish’吗？其实，作为一名‘教学—研究型’教师，我也是部分认同这种正在‘祸国殃民’的说法，不发表论文怎么能证明你是一名大学教师？”韩巍教授之所以没有质疑这个二元分类法很可能自己本身就是一名中间形态的教师，即“一名‘教学—研究型’教师”，这就间接说明个人反思之重要性。好在韩巍教授是一个真诚的读书人，看到了美国教育家博耶的四种学术类型，告别了二元分类法。韩巍教授是这样描述这个转变的：“碰巧被美国教育家博耶的四种学术类型拨开了迷雾。原来大学教师可以在‘scholarship of discovery，scholarship of teaching，scholarship of application，scholarship of integration’间做出选择。这才符合常识吧！”韩巍教授将“博耶的四种学术类型”等同一个基本常识，这标志着二元分类法在他心中破灭了！韩巍教授的态度变化并不能否定组织内部劳动力市场的存在，而是说明内部劳动力市场急需朝更自由的方向发展。在韩巍教授认识转变的基础上，马卫红教授进一步指出现实生活中人力资源管理多样性远离博耶分类的深层原因。“因为这很费脑筋，数数这种拙劣评价的极端运用也从侧面证明了我们缺乏共识，只能表面化（我一直在思考：为什么我们这个土壤很难有学术共识？为什么我们不接受博耶那样的贡献分类?）。”

韩巍教授采取了不同于马卫红教授的“基于职位的结构分析方法”，而是灵活运用了“以人为基础的结构分析方法”。这个方法主要考察从事工作的人（教师）的自我价值、技能和能力。

每位教师都是有自我价值的个人。

每位教师都是天生我材必有用的。

换句话说，每位教师都应学会自用其才。

韩巍教授极为关心不做“发现型”研究的教师，这是一种“纯教学”的教师，他们仍是有“自我价值”的教师。“从‘绩效考核’的实际出发，不做‘发现型’研究的同行如何展现自我价值？用现在通行的‘数豆子’肯定不行，但也并非无计可施。

我这里只说‘纯教学’，如果有传统意义上的著作、论文最好，有你主编的这种文集论文也行，没有，其实也无所谓。只要人家表达，working paper，开口说话就行。评价一个教师，有那么难吗？他/她的信念、经验、学识、激情，无从分辨吗？受教于他/她的学生们的三观、心智、能力有没有提升，无从知晓吗？我不太理解为什么有些人那么迷恋‘论文发表’，还养成那么顽固的‘以刊论文’的习惯！”

特别有意思的是，韩巍教授提出了“做个合格的教师是否足够”的问题。这个问题是从能力层面提出了一个教师自我能力的发现方法，将自己的能力与组织的任务匹配，特别是与教学任务匹配。韩巍教授在文章中写道：“卫红，我们为什么要读（各类）管理学博士，为求真理吗？好吧，至少在这个时代，读了才‘配得上’大学老师的身份。但读了却未必一定要走‘发现学术’的道路，这不是浪费社会资源，这是‘自我发现’，如果还能践行于整个职业生涯，反倒会给国家节约很多资源。显而易见，如果通过读博觉悟到自己做不出像样的发现型研究，至少可以尝试‘整合、应用’。”韩巍教授提出的这个教师能力与任务匹配的模式受到了陈明哲教授的高度重视。

这至少说明韩巍教授的分析模式是有道理的。“特别是专注地做一名启迪学生（称职/qualified）的老师，不是很好吗？‘足够了’，这是AOM前主席陈明哲给我的答案，后来他还把我们的对话写进一篇英文文章，最近发邮件还说他在继续回答我“做个合格的教师是否足够”的问题，还附上一篇他和另外两个同行即将发表的一篇文章——‘Becoming an All-Around Scholar’……第一段话有些意思：‘Academics share a goal：To make a mark on the world by educating students. This noble ambition has perhaps never been more challenging than in today's compartmentalized academic quarters. We tend to overemphasize research at the expense of teaching，and we define scholarship too narrowly，even by single measures like publication record in A-journals.”

韩巍教授在文章中对科研型教师做了较多的分析，指出了现实生活中的教育组织过于偏重科研型教师，重视可见的绩效指标，绩效同财务高度挂钩。这就导致科研型教师科研工作生计化、形式化、重复化，甚至出现伪科研现象。这在韩巍教授的文章中处处可见。

将韩巍教授的批评集中为一点，就是，他发现“智慧”（或智力）与“创造力”关系不大。用韩巍教授自己的话来说：“我曾在一本教育学著作中读到一句话：‘学术作为人类的集体事业，它的基础既不是智力也不是技巧，而是真诚。’”“只有真诚求知，才谈得上求得真知；只要能真诚求知，求得真知或许也就水到渠成。”这里的真诚很可能否定的就是“创造力”。韩巍教授文章的后半部分说道：“我们都是情境中的智慧型动物，总能做些有趣的事。”智慧在韩巍教授心中有多层含义，有同智力相关的智慧，这种智慧可等同智力，“智力当然内含创造力”。还有生存意义上的智慧，即“所谓智慧型动物”，而“生存智慧的个中滋味一言难尽”。

说到这里，我记起了佛教中的一个通常说法，即“去智成真，转识成智”。韩巍教授所说“生存智慧”是“去智成真”中的“智”，同创造力相关的“智力”是“转识成智”中的“智”。前者为“机智”，意为“圆滑”；后者为“明智”，意为“远见”。原创性的学术研究最需要的智慧是中国民间所说的“大智若愚”之“大智”，这种“大智”就是细心地做艰巨性的新工作。

韩巍教授首先借用了易中天的教师隐喻来形容“科研型教师”：“如果老师不过是易中天口中‘下蛋的母鸡’，产量多少决定优秀与否，又有多少值得尊敬的地方？埋头苦‘下’吗？这是今天大学的常态，大家都半斤八两。”这就道出了管理研究普遍存在的庸俗化倾向。

管理研究学术界流行一种泛科学主义思潮，这种泛科学主义思想倾向人为地夸大“创造力”，即“理论创新点”，人为地制造“理论创新神话”。

其次，韩巍教授在文中指出了“理论创新神话”的荒谬。“很多管理研究者，哈耶克所讽刺的‘科学主义’信徒，为了显示科学性，追求研究样式的‘形似性’。耐人寻味地，管理研究者只要着手研究，就会有比较‘可靠’的结论，因为管理研究既不鼓励知识的‘重复性/replication’检验，似乎也没有发表‘失败’研究的雅量，期刊总在要求‘（理论）创新点’，就连本科论文都不放过！”这种“理论创新神话”的直接结果就是“绞尽脑汁造论文的太多！”

“理论创新神话”的最终影响就是管理研究退化为伪学术研究，韩巍教授近距离地看到了这种“理论创新神话”的幻觉世界，并清醒地说道：“世上哪有那么多‘研究者’真能做出‘发现型’研究成果？装吧？装呗！”这可算是当今管理学术思想界的一句警世通言。

人为的“理论创新”和实质的知识创造力应该不同吧！

再次，管理经验研究的“游戏化”现象。韩巍教授进而指出了管理经验研究的不足，“管理世界的经验研究者几乎从来做不到‘完备归纳’，理论（比如某些管理科学与工程）研究者在过于简化的‘数学演绎’中也从来找不到应对人类复杂性的逻辑样式。而如今，许多经验研究者无视理论的价值取向、前提假定、适用边界、不同理论间可能存在的不可通约性/incommensurable，在‘演绎—假设’上的操弄越来越‘随心所欲’。……作者一怒之下诅咒该结束这无聊的研究。会吗？‘游戏’在我们这儿才刚刚拉开序幕吧！……只能是一个 day dream。”“管理经验研究”泛滥的恶果就是“垃圾太多”！

最后，管理研究的学术生态恶性循环。这种恶性循环的学术生态在韩巍教授的文章中就是管理者的“逼”和教师的“懒”：“如果非逼着老师发表‘学术（发现型）’研究成果，老师再逼着（诱导）各类学生争相发表，长期而言，对“培育人才”能做到利大于弊吗？”“等到关键时刻，一堆教授正襟危坐地‘数数’，说更公平，可除了最不公平的人情关系（有人坐在那儿投票才会有猫腻啊！），小学生不会‘数数’吗？机器难道数得不是更好吗？我们懒到连花一点儿时间读一读别人的‘伟大发现’都不肯，是因为对论文质量没有期待，是自身缺乏辨别力，还是甘愿做其他审稿人、期刊编辑手里的提线‘木偶’呢?”细细品味韩巍教授的形象化的“逼”和“懒”，让中国汉字顿生光辉，这两个字放射出的意义多么深远！至少透过“逼”和“懒”可以看到现实生活中的任务型高校组织的经营管理和战略管理是缺失了的！

现实生活中的管理研究的确是乱象丛生，如何走出这个乱局呢？韩巍教授提出了一个关键的突破口和一个基本的思路。

这个关键的突破口就是管理研究中的经验研究领域：“理论研究以外，经验研究应该鼓励多元范式、多种方法。”这个基本的思路就是“方法应该跟着问题走，尽可能‘匹配’”。两者结合起来，就是韩巍说过的一句名言：“不要空洞的多元范式，让问题决定方法。”这就需要管理研究学术思想界彻底放弃“最佳方法迷信”。

外部劳动力市场的充分发展体现为外部竞争性。这种外部竞争性，说得远些可称为全球竞争，说得近些可称为国内竞争或地方竞争。出于全球化的考虑，现代教育组织必须高度注意全球竞争。全球竞争不是一种国际标杆式的标杆管理。标杆管理是一种最佳实践，是一种制度模仿行为，而全球竞争是管理溪流最适合的匹配，是一种全球标准话语权。

说得明白些，外部劳动力市场主要指教师行业进出的门槛问题。外部劳动力市场在马卫红教授的回信中没有受到重视，而在韩巍教授的文章中有所涉及。韩巍教授在文章中曾指出商学院的大学教师们，“读了几十年书，在大学能谋一份教职”，有可能成为“不思进取的人”，但不太会“自我边缘”，还是有一定的竞争力的人。

韩巍教授认为，“考虑科系划分的制度障碍，普通老师的思考大概最多叫作‘我有一个想法’ or I have a dream”。这是教师内部劳动力市场的专业限制。这种专业限制在一定的意义上是可以克服的弱项，这是摆在教学型教师面前的挑战，也可能是激发科研型教师激发长处的阶梯。一旦科研型教师突破专业限制，一个开放的复合性的劳动力市场就会出现。“当然，如果有些人‘教有余力’，总会有的，我深信不疑，他们应该多做研究，多出声响（比如发表论文等）——基于怀特海所说的‘重要性感受’。最好不仅仅是为了职称和奖金，而主要是为了让世界变得更加美好。与这样的同事为伍，相信很多人都会倍感骄傲。”

教师的真工作不是教师真生活的简单移植。

工作是个良心活，处处充满信息风险、过程不可控制性和结果不确定性。工作是管理溪流中流动的血液。

工作是组织制度的原点。工作说明书是工作场域的宪法。工作的总体精神是绩效主义精神。工作不是在记忆伦理和美德伦理之间来回行走的，也不是绩效考评制度原罪的发源地。

基于工作的职业伦理是教师远眺教师天职的天文台，是牵引教师通向教师天职之路迎风飘扬的红飘带。说到底，工作是教师个人的磨心石。在这个意义上，教师是个实验者。心会越磨越细，内心的境界就会越来越高，伦理就会流进天职的世界。这是谈论教师天职问题的基本出发点！

四、北极星

我通读完韩巍教授和马卫红教授的通信后，走出两人之间教师天职之论争与分歧，剥离出教师的真生活和教师的真工作。

教师的真生活和教师的真工作同教师天职的确是存在一丝或一些关系，但不是最基本或最直接的联系，更谈不上是真正的天职。教师的真生活说到底在很大程度上就是一个社会关系意义上的社会个体，有私人意义，也有社会意义，而社会意义大于私人意义。在这个意义上的伦理是记忆伦理或美德伦理。

教师的真工作归根结底是一个人与人紧密社会性合作的关系，合作关系大于个体间的亲密关系。在这个意义上的伦理是职业伦理，离天职还有一段较长的距离。这就让我内心深处总觉得还要提出一个更基本的问题，这个问题就是何为教师的真学习。

何为教师的真学习？这是一个远比何为教师的真生活和何为教师的真工作这两个问题更具有总体性或者说更具有集成性的问题。换句话说，教师的真学习问题放大了，会从根本上影响到教师的真生活和教师的真工作。

何为教师的真学习？这是一个决定何为教师的真生活和何为教师的真工作的张力或活力机制问题。

何为教师的真学习？近似于人的人生观问题，它同人的大脑有直接联系。人生观问题就是一个大写的人的问题。

何为教师的真学习？还可表述为中国古代说的人生三不朽（立功、立德、立言）之中的“立言”。这实际上涉及管理中的决策制定领域。

为了探讨何为教师的真学习，我们进入教师的决策制定领域。首先要发现教师的信仰地带，近距离观察，用显微镜探寻教师的敬畏之心，这是教师天职的边界，准确地说是教师的信仰信念。

在发现了教师天职的范围后，我们有必要确定求知的空白地带，主要包括教师的精神镜像同知识地图之间的空白地带、设计研究与实践研究之间的空白地带、好理论与坏理论之间的空白地带。这三个空白地带是寻找教师天职边界中的重要界碑。

这是探讨何为教师的真学习必须完成的任务。这条搜寻教师天职的道路，既没有马卫红教授的泛伦理主义色彩，也没有韩巍教授的泛真诚主义色彩，而是一种出自对无知的敬畏之心，一种脱离了阴谋论的疑问理性，一种超越了奇迹传说的潜力培养，一种走出美德迷信的后果主义和义务论。

一句话，教师是一位理性有限、能力有限和责任有限的人。

说到底，教师的真学习的意义在于教师永远是一个无知的人。

我们先来谈谈教师的敬畏心。敬畏心，说到底就是公开承认人在无知面前是平等的。这是我同韩巍教授和马卫红教授不同的地方。大约在15年前，我曾应管理学院学生邀请，在学生会主办的刊物《知行天地》上发表过一篇题为《管理知识自然演进论》的论文。2011年9月，我对《管理知识自然演进论》稍做修改，收录到陈智民主编的《基于创新创业人才培养的高校教学改革探索与实践——深圳大学管理学院教学研究文集（4）》，这本论文集在2011年12月由暨南大学出版社出版。

现将我当年论述无知的部分转录下来，以便读者有个全面了解。“人之平等的基础究竟是什么？是上帝、是法律，还是生命之来源。这些都不足以证明人之平等的终极基础。从终极意义上来说，人在‘无知’面前有可能是最平等的，这种平等是人之平等中其他平等的基础，它可直接被称为‘无知’。‘无知是理性的必要的条件’。①

“‘无知’是理性的原点。从这个原点出发，‘善’的诉求和‘真’的追寻都会显得极不重要，相反，它显示出人们在意识之中过分要求‘善’和‘真’，这是一种赤裸的低级功利主义，更不可能找到道德应有的意义和真理应有的归宿。道德极易堕落为‘伪善’，真理极易变质为‘狡智’。‘伪善’和‘狡智’常常联合，对‘无知’进行‘谋杀’，将‘无知’摧残成‘拒知’。正是在这个意义上，‘拒知’成为‘无知’的‘反动’。波普尔曾经深刻地认识到这一点，他警示人们说：‘真正的无知是拒知。’更严重的是：‘伪善’和‘狡智’对‘无知’的‘谋杀’往往演变为一种对‘美’的‘诛杀’。

“对于‘伪善’和‘狡智’的残暴来说，‘无知’和‘美’简直成了难兄难弟。但这不足以表明‘伪善’和‘狡智’的残暴本质。事实上，‘美’和‘无知’的关系是一体关系，就像人的‘身体’和‘心脏’一样密不可分。‘身体’不存，焉有‘心脏’？‘心脏’不存，焉有‘身体’？这也等于说，‘美’不存，焉有‘无知’？‘无知’不存，焉有‘美’？基于‘无知’和‘美’的密切关系，‘伪善’和‘狡智’完全没有必要将对无知的‘谋杀’演变为‘诛杀’，它们细小的行动都足以轻而易举地实现其理想的目标。这足以显示‘伪善’和‘狡智’之残暴为何为残暴。

“幸运的是：‘无知’与‘美’之间存在一种常人难以想象的‘默契’。正是因这种‘默契’，‘无知’与‘美’艰难地逃脱了‘伪善’和‘狡智’的残暴。‘美’（更可能是美的反面‘丑’）暗示着人们心灵深处的向往，这就是人们常说的‘爱美之心人皆有之’（或许‘审丑之心人之更烈’更对）。随着‘伪善’和‘狡智’的残暴，‘美’的呼吸会将人类固有的‘无知’之心引发，并频频跳动。面对‘伪善’和‘狡智’的残暴，‘美’和‘无知’这对难兄难弟更是相互依赖，两者之间的‘默契’程度呈几何数级增长。‘美’将其暗藏的‘对美的向往’传给‘无知’，并将‘无知’所在的精神荒原引爆，最终向世人展示出‘管理的基本标准’这朵生长在人类理性原点

---

① Jeffrey M. Albert. Some Epistemological Aspects of Cost-Benefit Analysis [J]. George Washington Law Revirw, 1977, 45 (5): 1030.

深处的‘理性之花’。可用‘万绿丛中一点红’来形容之。管理的基本标准就是‘有效性以及与目标相符合的功能性’。有了这个基本标准，‘伪善’和‘狡智’终于退缩了，‘无知’获得了‘绝对的价值中立’，并为人类知识的生长腾出了更为广阔的空间。这片空间几乎可以说是无限的。”①

这段长达1085个字符的引文对于我的师生观、教学相长的态度有极为重要的意义。我认为教师与学生的关系并不完全是名师出高徒的关系，也有可能是高徒逼名师的关系。教学过程是一个绝对不能假设成已知的过程，绝不是只有教师提出问题而学生解答，也绝不可能是学生提出问题教师解答。教学过程更多的是教师和学生共同面对未知问题的过程，甚至是一个信息无知的过程，是一场理性冒险，还需要共同探险、相互合作，幸运的话，有可能解决问题，但必须承认无解问题也有可能存在。

在教学过程中，我强调“发现问题远比解决问题重要”，注重培养学生设问的能力。这一点是我教学工作的本色。这个教学本色后来成为韩巍教授通过学生了解我的主要渠道。韩巍教授在《做一名称职的教师已经足够：致正在消失的“我们”》一文中曾提过这条信息渠道：“事实上，直到今天笔者也从未走进过杨龙芳的课堂，对他更多的好感，有私下交流和听他讲座的印象，主要源自学生的反馈（voices of the others）：其一，杨龙芳乐于在学生面前提起笔者这个‘新人’（是私心作祟，也未尝不是对其‘鉴别力’的赞赏，人类难免自恋）；其二，学生们总会提及杨龙芳的‘管理学原理’等相关课程，从对‘无知的敬畏’入手，广泛涉猎‘历史、政治、哲学、文学、美学等’，引导学生沉浸于‘管理学经典著作’，尤其以德鲁克著作的解读为最，对部分学生的心智成长产生了极大的影响。今日之管理学，已日渐成为一门分工细密的‘专业化’学科，不再具有‘PhD’之原始意涵。但以管理实践的具体性、历史性、复杂性，原本多么需要举目四望的‘知识谱系’，多么需要‘通识化’的恣意汪洋。行走中国管理学‘江湖’多年，尽管经见有限，印象中只有西北大学刘文瑞（更以史学见长）有一样的风采。”这是韩巍教授了解我内心深处敬畏无知的重要渠道，他还通过听讲座的方式了解我敬畏无知之心。

在同一篇文章中，韩巍教授写道：“君子之交，并非只有相互‘吹捧’。杨龙芳不大标准的普通话、时而含混的标志性措辞，加之密集的概念化表达、大量的断言，以及经典文本的‘旁征博引’所编织起来的‘话语文本’（discourse text）（比如听他讲座留下的印象），的确会让他的同事，更不用说学生‘听而生畏’。一方面，油然而生的‘无知感’虽是杨龙芳教学的部分用意所在；另一方面，如何让同行听众、学生，特别是部分‘好学之士’获得一种‘浸入感’，也是他需要面对的挑战。杨龙芳习惯讲‘逻辑’，但又把逻辑近乎用作一种修辞，更准确地说，一种隐喻。

---

① 杨龙芳．管理知识自然演进论［A］//陈智民．基于创新创业人才培养的高校教学改革探索与实践——深圳大学管理学院教学研究文集（4）［M］．广州：暨南大学出版社，2011：224-225.

"在笔者看来，'宏大叙事'对'本质追问'恰恰存在显著的消解，如碰到我们'共同'的学生，笔者总会提醒他们要警惕被杨龙芳'误导'——管理学知识当然不会只有'实用性'，但管理学院的目标和功能要求我们必须回到'现实'，回到管理实践的具体问题。"①

我内心深处对无知的敬畏感远比韩巍教授听到和看到的还难以感觉，这反映在他对我关于韩愈《师说》中"传道授业解惑"的看法的认识上："当然，笔者最不认同杨龙芳对于'传道、授业、解惑'的保留态度。的确，本质上，在'无知'的隐喻中，我们每个人几乎都没有'资格'出演这种角色。但经验而论，作为一个建构主义信徒，笔者认为这是大学教师，乃至天下所有教师生活意义之源头、合法性之基础。"我心中的无知是"人类平等的起点之一"，师生关系更要尊重这层意义上的无知。

师生关系不能用权力的逻辑来释义，这种释义的路径有多种：其一是"一日为师，终身为父"。这是清代诗人罗振玉在《鸣沙石室佚书·太公家教》中的释义，是父权制下的释义。其二是"天地君亲师"，据钱穆考证，"天、地、君、亲、师五字并称，始见于荀子之书"。这是以广义的权力来解释教师的权力。其三是"学高为师，德高为范"，这是著名教育学家陶行知先生的说法，重在提倡职业道德。这种释义是难以排除神化道德和垄断知识的权力的逻辑释义。

我比较赞成遵循知识的逻辑来解释教师之道，这也有三种释义。其一是"三人行必有吾师"。这在本文的第一部分就有所论述。这是出自孔子《论语·述而》的一种释义，即"三人行，必有我师焉。择其善者而从之，其不善者而改之"。其二是"圣人无常师"，这是韩愈《师说》中最精华的一句，但远没有"传道授业解惑"传播得久远。"圣人无常师。孔子师郯子、苌弘、师襄、老聃。郯子之徒，其贤不及孔子。孔子曰：三人行，则必有我师。是故弟子不必不如师，师不必贤于弟子，闻道有先后，术业有专攻，如是而已。""圣人无常师"的精髓在于防范知识人自我神化的权力，强调了知识人继续探索未知空间的权利。其三是"但开风气不为师"，这是知识创新意义上的社会开放释义。这种释义出自清代著名学者龚自珍《己亥杂诗》："河汾房杜有人疑，名位千秋处士卑。一事平生无齮龁，但开风气不为师。"胡适先生特别喜欢"但开风气不为师"，一生信奉为师之道。沿着"但开风气不为师"的社会开放释义，结合人类进入知识社会的新现实，我曾对最后一种释义做了新探索，这就是我所说的知识既是私的财产也是公共资源。

这正是为什么知识产权问题在今天成为全球关注的大问题。

如果说两年前韩巍教授对我关于基于无知面前人人平等的师生关系的观点持完全否定态度，那么两年后的今天韩巍教授的观点发生了些许变化。这可从韩巍教授在给

① 韩巍．做一名称职的教师已经足够：致正在消失的"我们"［A］//马卫红主编．我们心向的事业——深圳大学管理学院教学研究文集（7）［M］．广州：暨南大学出版社，2017.

马卫红教授的信中找到痕迹。韩巍教授的信是这样开始的："马卫红主编，问好！先打个招呼，我们相熟多年，而我又比你年长，后面就叫卫红了。"这个开头显得韩巍教授是一个多么传统的人。韩巍教授的信是这样结束的："卫红，这封冗长的'信件'终于可以结尾了，我好奇你能否踏踏实实一口气看完。……记得当年你为另一本教研论文集约稿时曾答应不会轻易删改我的文字，希望你这一回依然信守承诺。如果你犹豫这封信是否该被收入《教研论文集》而'压力山大'请参看 *Qualitative Inquiry* 杂志（主流眼中的'不入流'，我却觉得比很多主流研究有趣百倍）上的文章，一个资深营销教师的'创意'也是有例可循的。况且，我再怎么 affective，也会保留学术体面绝对不讲脏话。'担心'不过是一种姿态，我确信卫红你从来不是那种'我所不知道的，就不是知识'的主编。而且我们都愿意相信'In writing，we can and do invent and reinvent the world'。"其中有一句值得高度注意的话——"我所不知道的，就不是知识"。这是出自剑桥三一学院院长休厄尔的一首据说人所共知的诗歌中的句子："我是这所学院的主事，我所不知道的东西，就不是知识。"① 著名数学家、哲学家和教育家艾尔弗雷德·诺思·怀特海在《思维方式》中引用这句话，表达出了一种"话中带刺"式的讽刺，道出了波普尔所说的"拒知的反动"！

"真正的无知不是知识的缺乏，而是拒绝获取知识。"

一个令人震惊的大事实不是无知，而是不知道自己的无知。

韩巍教授看到了"拒知的反动"，承认了敬畏了无知的意义。在这一点上，韩巍教授变成了一个学术思想开放的现代人。这很可能是韩巍教授向"无知面前人人平等"迈出的一小步，也可以说是韩巍教授学术新转向中学术人格成长的一大步。用韩巍教授自己的话来说："学术有如人生，过往重要，当下重要，未来更重要，如果我们不那么在意一眼望到底的'重复'，更关注'差异性'（存在的本质）、可能性，从而更富想象力，在有生之年应该还有很多趣事可做，对吧！""学术"和"人生"往往融为一体，"学术"有了新转向，"人生"定会有新开端。"人生"有了新方向，"学术"必定会有新探索。

一般说来，无知往往带给人是盲目的自信，而不是追索知识的志趣。人往往很愿意生活在已知知识的孤岛之中，而不是选择走出孤岛，来到大海边，更不是主动到未知的知识大海中生存。

人已知的知识面就像是一座孤岛的面积，前沿的知识就像孤岛的海岸线，未知的知识就像茫茫大海，一望无边。一个人认识到已知的知识越多，所能触碰到的前沿知识的海岸线就会越长，所能遥望到的未知知识的海洋就会无穷大。在这个无穷大的未知的知识海洋面前，人往往是没有信心的，唯一颗敬畏之心，可以伴人如履薄冰前行。

古希腊思想家苏格拉底，一方面强调"我唯一知道的事情，就是我一无所知"，另

① 艾尔弗雷德·诺思·怀特海．思维方式［M］．北京：商务印书馆，2010：42.

一方面持有“承认我们的无知，乃是开启智慧之母”的观点，最终意识到“自知无知乃一切真知之始”。

人往往所知越多，越觉无知。爱因斯坦以形象化的方式说：“用一个大圆圈代表我学到的知识，但是圆圈之外是那么多的空白，对我来说就意味着无知。而且圆圈越大，它的圆周就越长，它与外界空白的接触面也就越大。由此可见，我感到不懂的地方还大得很呢。”

承认人人在无知面前平等，阐明了“无知之智”在信息时代的特殊价值。每个个体化生命都在宇宙间占据着特定的时空点。这就是为什么人人都必须以无知的态度面对他人，面对不同的观点和不同的生活样式。因为每个人拥有不可替代的生活阅历、心灵体验、人格特征、知识结构和社会地位，所以每个人对宇宙奥秘和人生真谛的认知和感悟都存在自己的局限性。

一个拥有无知之智的人，会以富于弹性的态度，不断反省自己，随时准备放弃自己原有的见解和信念。一个拥有无知之智的人，会以开放的胸襟，不断接受外部信息，随时准备接受新的知识和见解。一个拥有无知之智的人，会以宽容的态度面对他者的信念，以同情的理解看待他者的生活方式。

——这就是说敬畏无知之心是人生成长的本色，这就是无知无觉心之本。这应是每个教师最深层的信仰。只有有了这种深层的信仰，教师才会自知无知去求知，自知无畏要拼搏。

去求知什么？“知无不言”。要拼搏什么？“言无不尽”。如何去求知？不在沉默中爆发，就在沉默中灭亡。这是作为教师的鲁迅诠释出的人生真谛！如何去拼搏？宁鸣而死，不默而生。这是作为教师胡适一生的追求！因此，“知无不言，言无不尽”可以说是教师的天职范围，也就是教师的天职边界。换句话来说，“无知无觉心之本”即“正心”。

承认人人在无知面前平等，最终突出了知识占有的“个人性”特征。这是哈耶克知识哲学的精髓所在。人类的知识是以“分立的个人知识”的形式存在的，绝不存在一种整合过的“整体知识”，即人类的知识以分散的、不完全的形式存在。人类的知识总是以彼此冲突的信念形式散布于个人之间，没有人能把散布的个人知识整合为一个正确的体系。“知识的分立特性”告诉我们一个道理：人类知识的总量越大，个人占有的相对份额就越小。也就是说，人类整体所知越多，人类个体的无知越会被凸显出来。个人既不可能完全整合人类的知识体系，也不可能完全吸纳人类的知识精华。个体意义上的知识总是存在永远的空白。无知总是充盈在个体生命的长河之中，敬畏感常在个体意识的生长之上。正是因这种绵延不断的敬畏感，一个人的心灵会释放发现未知知识的光芒。

一旦在敬畏无知之心上有了近似的观点，我们就可以开始探讨人的精神镜像与知识地图之间的关系了。这是教师天职边界上的第一个界碑。在这个界碑上，教师的理想追求和相关的原生知识显得极为重要。韩巍教授在文章中触及了这个问题："管理研究者应该多学一点儿科学哲学和更高阶的社会理论，不是为了自惭形秽、自毁长城，是为了学会敬畏，小学生都懂——谦虚使人进步。"在这里，韩巍教授提到了"学会敬畏"，这是一个涉及管理研究者的人生目的的深刻认识，算得上是一个真知灼见了。其中当然包含了敬畏无知之心。在这里，韩巍教授还指出一个小学生都懂的"基本常识"，即"谦虚使人进步"。"谦虚"的确是"知识进步的阶梯"。在这里，韩巍教授倡导一个基本的主张，即"管理研究者应该多学一点儿科学哲学和更高阶的社会理论"。多学一点儿科学哲学和更高阶的社会理论确实是一条管理研究者通向未知知识世界的有效途径。"敬畏"无知之心和"谦虚"，像两只车轮推动韩巍教授探讨"哲学""艺术"等精神镜像同知识地图意义上的"社会理论"之间的内在联系。特别需要指出的是，韩巍教授有时将精神镜像同知识地图二者之间的关系看成是独立的并列关系，有时又将二者之间的关系看成是"源""流"关系。韩巍教授在文章中写道："除了众所周知的'社会学、经济学、心理学'以外，'宗教、文学、哲学、音乐'可以帮助人们理解、改变个体。群体认知和行为的知识……"马卫红教授不像韩巍教授那样纠结，而将精神镜像同知识地图看成是高度一体的内在联系。"我强调管理中的心灵之镜，但我不是说管理学就是心理学，也不赞同心理学主宰管理学，管理学需要借力更多的学科：人类学、经济学、社会学、历史学、哲学、法学、信息科学、计算机科学。"这种描述似乎抹杀了精神镜像和知识地图之间存在广阔的空白地带。

从精神镜像层面来说，马卫红教授在回信中以"管理世界的精神镜像"为题，虽然直接用了"精神镜像"一词，但她却没有做更多的研究。"共享心智"可以等同于"精神镜像"，体现为教师的"意义感"。这样看来，马卫红教授的精神镜像是一种整体主义的精神镜像，从而排除了精神镜像的多样性。韩巍教授没有使用精神镜像一词，而是使用了"学术想象力"这个词，很好地闪发出精神镜像的思想火花。说到想象力，韩巍教授明确地说："当然，作为诠释主义者，我对'逻辑'的兴趣不大，那不过是研究者'强加'给经验世界的东西，我觉得反思、可能性、想象力才更有意义。是的，意义！"人的精神镜像往往是多元的，至少有宗教、历史、哲学、科学、艺术。韩巍教授能认识到精神镜像的多样性，他曾提到过"宗教""哲学""科学""艺术"。正是默认多种精神镜像，韩巍教授才对管理学界流行的单一化的科学精神镜像深表质疑，这种不满主要体现在对科学实证主义的批判之中。

除了单一的科学镜像外，管理学术思想界还流行一种强调"科学"和"艺术"两种精神镜像的思想时尚。信奉这种思想时尚的人，有时仅强调"科学"，有时只强调"艺术"，当然还有二者并重的。

针对生活的单一科学面向，韩巍教授提出了一个严峻的问题："生活怎么可能只有'科学'一个面向?！我敢说没有哪个管理研究者的个人、家庭生活只服从于他/她所熟悉的'科学知识'。想想看，作为管理研究者，我们生产了那么多以别人的生活为'证据’的所谓‘科学知识’，而我们自己的组织生活呢?”这真是一个莫大反讽啊！韩巍教授对单一的科学精神镜像论的批判是彻底的。“我知道有些人会担心一旦管理知识的生产过程和成果看起来不再‘科学’，就会 anything goes，天下大乱。怎么会如此脆弱?世界就是非黑即白吗?大可不必，知识原本就是谱系化的。”针对单一艺术精神镜像，韩巍教授简单明了地说出了艺术单一精神镜像退化，这个意义上艺术好像成为“权力斗争”的代名词。“时常只见‘艺术’吧！钩心斗角的‘艺术’，拉帮结派的‘艺术’，胡萝卜+大棒的‘艺术’，稍微学术一点儿的‘分配性努力’的‘艺术’。这用得着学术研究、科学知识吗?找一本《三国演义》再加《厚黑学》，足够了吧!”

从知识地图层面来看，韩巍教授基于自己对精神镜像独特的“想象力”看法，提出了他称之为“启发”的知识。“启发”是韩巍教授关于知识地图的独到见解，是一种带有原生意义的知识。这是从韩巍教授在文章中多次谈到了“启发”的描述中得出来的结论。韩巍教授在文章的开头部分指出：“启发只能发生在‘主体间性’（inter-subjective)，作者表达应有自己的 style，但‘效果’取决于读者的审美。”这说明“主体间性”是原生性知识启发产生的基本条件。韩巍教授在文章的中间部分举例证明了启发形成过程。“至于逻辑，我希望布尔迪厄的洞见可以提供一点儿启发：‘实践有一种逻辑，一种不是逻辑的逻辑，这样才不至于过多地要求实践给出它所不能给出的逻辑，从而避免强行向实践索取某种连贯性，或把一种牵强的连贯性强加给它。’”布尔迪厄的洞见在韩巍教授看来就是一个典型的例证。

韩巍教授在文章的后半部分明确地谈到“启发”与“管理‘真知’”是一个意思，即“启发，我所理解的管理‘真知’”。“启发”的“原始知识”意义在韩巍教授心中是极其重要的，这还可以从给马卫红教授的信中看出：“马卫红主编，问好！……你应该清楚我谈正事从来都是比较真诚的，万一，还有些许启发呢?”

在强调“启发”的原生性知识意义的基础上，韩巍教授提出管理知识面对的人类知识竞争格局。“当然，除了众所周知的‘社会学、经济学、心理学’以外，‘宗教、文学、哲学、音乐’等，某些处理复杂系统的‘自然科学、工程技术’等足以帮助人们理解、改变个体、群体认知和行为的知识……的确有可能也应该成为现有管理知识强有力的竞争者。”

在有关精神镜像的论述中，韩巍教授显得有些矛盾，这表现在他给我们讲述的一个故事中。“记得有一次上课，班上有个小朋友，我那天安排了小组讨论，她一个人坐在角落，低头看着什么。‘拒绝’参与讨论，当然不行。我走到她身边，一问才知是来‘旁听’的外系本科生，那就听之任之。离开时瞄了一眼她正在‘画道’的文章——‘辱虐型领导……中介效应’。50 多岁的人了，不想打击小孩子的学习热情。可心里想：你小小年龄关心什么领导研究?你能明白‘领导’二字是什么意思?还辱虐型?……小朋友，你见过几个领导?你能分清领导讲的是人话还是鬼话?!”

这个故事太有趣了。这个故事反映了韩巍教授敬畏无知心的不彻底，也说明韩巍教授想象力意义上的精神镜像缺乏张力。难道这名旁听的女学生就不可能存在想象力吗？她有权想象领导，也是可以想象领导的。俗话说："没有吃过猪肉，也看到过猪儿跑。"

精神镜像同知识地图之间的空白地带是存在的，这就是渊源于精神镜像的"觉"（即韩巍教授所说的"想象力"），流长于知识地图的具体知识（即韩巍教授所说的"启发"）。"想象力"与"启发"之间的相互流动，类似于"有知有觉意之动"。说到这里，想起了爱因斯坦说过的一段话，用在这里特别切意："想象力比知识更重要，因为知识是有限的，而想象力概括着世界上的一切，推动着进步，并且是知识进化的源泉。严肃地说，想象力是科学研究中的实在因素。"这就是古话所说的"诚意"。

想象力的确比知识更重要，正如哲学家赵鑫珊在《哲学与当代世界》中所言："想象力是能动的知识，是创造力和智慧的必要背景。"但想象力更多的是与艺术精神镜像有联系，正如 18 世纪的英国文学家，《格列佛游记》的作者斯威夫特在《杂感》中所说："想象力是观察无形事物的艺术。"这就说出了想象力在催生知识过程中的局限。

设计研究与实践研究之间的空白地带是教师天职边界上的第二个界碑。对这个空白地带进行问题构建是相当困难的，这涉及韩巍教授和马卫红教授通信中所谈的管理研究方法论。马卫红教授在管理学院教学研究论文集中明确地提出"接近自然科学的方法是进行管理研究和解决组织问题的最佳方法吗"的问题。

这个问题可称为"马卫红问题"。它同马卫红教授在教学研究论文集征文启事中所提出的培养学生的长远目的息息相关，是一种有意识的战略选择。"我们着重培养学生探求知识的可行能力比仅仅提供给他们几个工具方法对他们未来的成长具有更深远的影响。"韩巍教授深刻地认识到了这个战略选择的重要意义，对马卫红教授的战略选择深表认同。"比较认同，在理想的状况下可以如此展望。现实是工具方法的掌握也可能是问题，因为如果老师只知道那些，掌握得还不够好，就不能太过乐观。毕竟，掌握方法也不是照葫芦画瓢，也有钉钉子不砸手的部分。"在认同马卫红教授培养学生的战略选择基础上，他将马卫红教授的问题界定为一个重要的理论问题："什么是接近自然科学的方法，看起来像吗？什么是'最佳方法'，会有人信吗？"韩巍教授在文章中最终将这个问题同教师天职紧密地联系在一起。"是否真求，是否求真，的确与'接近自然科学的……最佳研究方法'的议题有关，说白了就是科学主义（等于实证主义）在管理学界的主导地位究竟靠不靠谱的问题。"从最佳方法之争的来龙去脉来看，最佳方法之争源于马卫红教授对管理教育的长远目的的认识，最佳方法的流向是"科学主义（等于实证主义）在管理学界的主导地位究竟靠不靠谱的问题"。马卫红教授谈论的是战略选择，韩巍教授论述的是方法论选择。马卫红教授谈的战略选择突出了管理教育的历史使命和愿景，这在某种意义上淡化了工具方法；韩巍教授议论的重点是管理研究方法，并将它同教师天职"是否真求，是否求真"紧扣在一起，这显得有点针锋相对，让人颇有针尖对麦芒之感。

韩巍教授和马卫红教授之间好像存在一场学术思想上的交锋或论战。但细细思之，两人之间并没有论战，更没有交锋，这似乎是一场没有开始就结束了的学术思想论战。

事实上，韩巍教授同马卫红教授之间不存在鲜明的争论焦点，一个谈的是管理教育，一个论的是管理研究方法。结果是马卫红教授将管理工具相关的方法问题消解到泛美德伦理之中。

首先，用“公共精神”消解“怀疑精神”。“相比管理实践和管理研究而言，管理教育是个新问题，我们不太知道该怎样教授学生，而且普遍存在教育锁闭现象：没有怀疑精神，只有精耕细作。我认为我们的管理教育应该起到的作用是，在管理思想、管理学术和管理实践的探讨中带领学生思考如何更有利于拓展公共精神、建设美好社会和推进人类文明。”其次，用“现代大型组织”消解“一种经验、直觉或本能，其构成要素和条件还能够被系统地分析、归纳和学习”。“我们一系列的课程教授，是为了让学生明白管理不仅仅是一种经验、直觉或本能，其构成要素和条件还能够被系统地分析、归纳和学习；让学生明白管理依托的是现代大型组织，没有现代大型组织，就没有对管理学的需求。”最后，用“管理知识属性”消解“管理学的研究方法”，得出“不能简单地谈论定量定性孰优孰劣”。“让学生明白管理不是经济、定量或行为科学知识，管理学需要综合性和整合性的研究方法，不能简单地谈论定量定性孰优孰劣。”

为什么会出现这三个方面的思想消解现象呢？这个秘密就隐含在马卫红教授提出的一个问题之中：“让学生懂得管理者对现代社会及其公民具有至关重要的影响，需要高度自律。然而，这些管理学的多面性在我们的知识传授中就只剩下了单维度的：管理就是分析和计划，方法最好选择量化，绩效就是王道，哪里还考虑什么伦理道德？”马卫红教授的确正确地认识到了管理的泛理性主义、量化方法迷信、绩效为王等弊端，这同韩巍教授是有高度一致的，她不同于韩巍教授的地方，是她太相信伦理道德，甚至可以说她太迷信伦理道德，具有极浓的泛美德伦理色彩。马卫红教授赋予“自律”美德的正能量太多了。

“自律”真的是难以承受之重。正是这种泛美德伦理消解了马卫红教授关于最佳方法之论争。

如果说马卫红教授是以美德伦理消解对方法论问题的深入探讨，那么韩巍教授又是以什么样的方式消解了方法论背后深层次问题的思考呢？韩巍对泛科学主义和实证主义的批评是深刻的，但却是不彻底的。这就是说，韩巍教授的批评是存在局限性的，甚至可以说他给自己挖了一个坑，自己还勇敢地跳下去了。前面说过韩巍教授承认多元精神镜像，但却没有坚守多元精神镜像之间的开放性，更没有去研究科学精神镜像内在的开放性。同宗教、历史、哲学和艺术精神镜像相比，科学精神镜像是更具有开放性的精神镜像。法国微生物学家、化学家巴斯德曾说：“科学是没有国界的，因为她是属于全人类的财富，是照亮世界的火把，但学者是属于祖国的。”

在奢谈全球化的今天，细心品味巴斯德的话，科学可以说是全球化的急先锋。

俄国数学家科尔莫戈罗夫（又译柯尔莫哥洛夫）将科学开放的世界性上升到人类本身的历史："科学是人类的共同财富，而真正的科学家的任务就是丰富这个令人类都能受益的知识宝库。"科学既可成为人类受益的知识宝库，也可成为人类共同的财富。科学精神镜像的开放性来自科学研究本身内在的精神劳动。这一点很多学者和思想家都论述过，试举几例。俄国思想家赫尔岑说："科学不是可以不劳而获的。诚然，在科学上除了汗流满面，是没有其他获胜的方法。热情也罢，幻想也罢，以整个身心去渴望也罢，也不都能代替劳动。"这强调了科学是一种需要全心全意的身心投入的精神劳动。马克思说得更透彻："在科学上没有平坦的大道，只有不畏劳苦沿着陡峭山路攀登的人，才有希望达到光辉的顶点。"这就指出了科学是一种理性的冒险。1978 年 6 月 28 日华罗庚在《光明日报》发文说："科学上没有平坦的大道，真理长河中有无数礁石险滩。只有不畏攀登的采药者，只有不怕巨浪的弄潮儿，才能攀登高峰采得仙草，水底寻得骊珠。"这说明了科学是一种具有首创精神的事业。科学家冯·伯尔用最精辟的语言概括了科学精神的精髓："科学的永恒性就在于坚持不懈地寻求之中，科学就其容量而言，是不枯竭的，就其目标而言，是永远不可企及的。"

韩巍教授没有去深入地探讨科学的永恒性、精神性和劳动性，而是沉浸在科学的分类之中，不知不觉地建构了一个自然科学和管理研究的二分法框架，形成了一种比照式的研究。正是这个分类法，让韩巍教授掉进了实证主义或泛科学主义批评的陷阱之中。韩巍教授将研究分为"自然科学研究"和"管理研究"。在韩巍教授看来，"自然科学研究"同"经验科学"可以画等号，其基本方法是"归纳—演绎循环"。韩巍教授非常清楚地谈到了自己心中的自然科学研究："自然科学（经验科学）研究，大家应该都了解（归纳—演绎循环），无数次的失败中得到暂时可靠的知识，并等待下一次被'证伪'，是必须在乎经验（而不是统计学意义上）的'可重复性'的。"同自然科学研究相比，韩巍教授在文中并没有概括性地描述自己心中的管理研究，只强调了"管理科学与工程研究"的典型性和代表性。

比照自然科学的"经验科学"属性和"归纳—演绎循环"，韩巍教授写道："很多管理研究者，哈耶克所讽刺的'科学主义'信徒，为了显示科学性，追求研究样式的'形似性'。"这意味着管理研究就是自然科学的剽窃者，停留在"形剽"的初级水平，还没有达到"神剽"的高级水平。韩巍教授在另一个地方用"照猫画虎"来描绘这种"形剽"现象："只顾'照猫画虎'，不管假虎、真虎，还画得'虎虎生风'。"

比照自然科学的"'假设—检验'套路"，管理研究"管理知识的生产，无论'真假'，不都（至少声称）是从（具体）实践到（抽象）知识，再从抽象知识回到具体实践中得到检验吗？不然怎么会有那么多'假设—检验'？这就是自然科学研究的套路……"

比照自然科学的"归纳—演绎循环"，"管理世界的经验研究者几乎从来做不到

'完备归纳'，理论（比如某些管理科学与工程）研究者在过于简化的'数学演绎'中也从来找不到应对人类复杂性的逻辑样式……在'演绎—假设'上的操弄越来越'随心所欲'"。

这种比照二分法在管理学界较为流行。韩巍教授对这种学术思想时尚做了描绘："至少管理学界的中文论文里，已经有很多争论。……不过以我多年在校外跟同行争来辩去的体会，已经彻底明白了'科学社会学'的伟大。'最佳、适宜'不是什么'科学/学术'问题，而是信念之别，I do believe，so what，who cares，不会有任何结果……这么讲可能显得武断，那就提供一个简略'证明'：管理研究可以（接近）按照自然科学的研究方法，当且仅当满足以下三个条件：①人类生活的'恒常'实在性（建构主义否定了这种可能性，人类实践有太多的从无到有，而且终将从有到无）；②概念指称的'唯一性'（自然科学很少有例外，关于人类研究，存在普遍的共识才是例外）；③测量的可靠性（注意：是经验研究的信效度，至关重要的'重复性'，不是统计数据呈现的信效度）。而且，还得认真回应前面提到的两个概念（也是问题）：主体间性和双重诠释。再乐观，我也看不到管理研究满足这三个条件的可能。"正是这种比照二分法导致了韩巍教授没有更深入地探讨科学研究的元方法。韩巍教授的比照二分法还直接影响了马卫红教授的研究，她跟随在韩巍教授后面，不知不觉地被韩巍教授的比照二分法俘虏了。马卫红教授在回信中写道："在研究方法上，我们论始终受到功能主义的统治，更多地关注现实各类系统的功能、交互和社会行为，偏爱实证主义。我们不太能接受多元共存论，也很少运用诠释学和人文主义的方法论，这些词汇只是在批评实证主义的时候才派上用场，而在发现知识、贡献知识方面，就受到了很多的约束。"这可能是公开承认了比照二分法是为了批判实证主义而批判实证主义，是一种急功近利的批判，是一种没有建设意义的批判。

话又说回来，韩巍教授的文章是一篇大文章，有大量的隐含信息。这在"接近自然科学的最佳研究方法的议题"中体现得极为明显。事实上，韩巍教授在比照二分法外还有一种超越分类法的元方法，他在比照自然科学研究的事实和逻辑的背后为这种元方法留下了后路。比照自然科学的"事实"，韩巍教授写道："老实说，当'后真相时代''另一种事实'变成热词，当人类固守各自信念，只用特定视角来观察世界时，除了一地鸡毛，还有比'罗生门'更恰当的隐喻吗？"这等于承认"多角度分析方法"的存在。比照自然科学的"逻辑"，韩巍教授先是独立地提到"逻辑"，后来又同诠释主义联系起来谈"逻辑"。从文章后半部分谈"逻辑"来看，韩巍教授的"逻辑"深受当代法国最具国际性影响的思想大师皮埃尔·布尔迪厄的影响。"至于逻辑，我希望布尔迪厄的洞见可以提供一点儿启发：'实践有一种逻辑，一种不是逻辑的逻辑，这样才不至于过多地要求实践给出它所不能给出的逻辑，从而避免强行向实践索取某种连贯性，或把一种牵强的连贯性强加给它。'"这就比韩巍教授在论文前部分谈"逻辑"隐含了更多的意义，一是比照自然科学来谈"逻辑"，二是结合自己诠释主义学术传统来谈“逻辑”。

比照自然科学来谈“逻辑”，韩巍教授承认了自然科学研究对管理研究的消极影响，道出了自然科学研究和管理研究似乎存在某种联系。“如果只论‘逻辑’，管理研究者或许应该大谈‘溯因推理’（abduction），按照我的理解，在有限的经验素材（现象）基础上提出暂时性的‘最合理猜想’，既是我们的宿命，好像也说得过去！”从这段引文中可以看出韩巍教授好像在自然科学研究中看到了管理研究悲哀的明天，这真是管理研究一种无奈的存在。在从自然科学看到管理研究悲哀的明天的同时，韩巍教授实际上却想到了管理研究还可能有一种美好的存在。“当然，作为诠释主义者，我对‘逻辑’的兴趣不大，那不过是研究者‘强加’给经验世界的东西，我觉得反思、可能性、想象力才更有意义。是的，意义！”

在比照自然科学的“事实”“逻辑”上，韩巍教授在“接近自然科学的最佳研究方法”的议题上体现出一种学术论战，这种论战不是体现为韩巍教授同马卫红教授之间的学术思想争论，而是表现为韩巍教授自己学术转型的痛苦和自我挣扎。考虑到韩巍教授一贯的“不要空洞的多元范式，让问题决定方法”的大思路，他在二分比照分类方法背后的元方法就开始显露出来了。在我看来，任何研究都难以摆脱历史研究的时间空间线索，时间可以指事物的变化，变化是历史，空间可以指向规模，规模首先是时间的，然后才是空间的。基于时间变化来考察，任何事物都呈现为过程，而过程往往显示出过去与未来之间的张力。“过去”与“未来”之间的张力可能是对称的，也可能是非对称的，这是任何研究都不得不面对的一个最基本的事实。在这一点上，任何研究都是历史研究。基于空间变化来考察，任何规模都呈现为态势，而态势往往显示出“惯例”（常态或多数）和“例外”（非常态或少数）之间的张力。从“惯例”和“例外”的变化来看，事态的变化往往有三种状态。

第一种状态是模式重构或模式转换，这往往体现为同时超越常态和超越例外。韩巍教授明确描述了这种状态，即“人类生活的‘恒常’实在性（建构主义否定了这种可能性，人类实践有太多的从无到有，而且终将从有到无）”。针对这种类型的变化态势，连续性意义上的历史是没有多少意义的，它主要是一种断裂性。在这一点上，历史决定论会是极度贫困的。因为这是从线性时间序列转换到非线性时间序列。在非线性时间序列里，没有持续性、规律性、数据可靠性和有效性，更不可能存在长期趋势、季节性变动和周期性波动。在非线性时间序列里，我们面临的是摆动、周期、增长曲线、衰减曲线和剧变。剧变就是中断的变化模式。

第二种状态是“惯例”和“例外”之间存在的相互作用状态。“惯例”和“例外”之间的张力可能是正向的，也可能是反向的，两者之间体现出来的是一种正反两面的历史经验，进而形成并存关系、相互冲突关系或相互融合关系，近现代以来学术界的“体”“用”关系之争或“反本开新”之说就是这种存在状态。用当代的视域来看，这种状态主要体现为外部问题，也就是开放问题或全球化问题。

第三种状态是“惯例”内部的变化状态。“惯例”往往隐含长时间内的“事实与价值”之争和短时间内的“经验与效用”之争，两者之间折射出一种拨乱反正的历史经验，进而形成“古”“今”关系之争或“固本培元”之说，甚至还有“破旧立新”之论。用当代的视域来看，这种状态主要体现为内部问题，也就是改革问题或转型问题。

韩巍教授和马卫红教授之间的通信主要针对第三种状态叙述了各自心中的方法。韩巍教授用“初心”和“常识”描述了自己心中的第三种状态。说到“初心”和“常识”，韩巍教授写道：“有时候，回归初心，回归常识就是答案，集不集、跨不跨没那么重要。”“常识”很可能是一种长时期的知识，“初心”有可能是一种短时期的经验。在“初心”和“常识”的基础之上，韩巍教授有时候将管理研究分为“理论研究”和“经验研究”。“理论研究”同理论知识相关，而“经验研究”同经验阅历有联系。韩巍教授有时承认在“理论研究”和“经验研究”两个极端之间存在一个“分”与“合”的小的内在中间领域，还承认在“理论研究”和“经验研究”两个极端之外存在一个没有“分”与“合”的大的外在中间领域。也就是说，两极端之间或两极端之外。韩巍教授在文中写道：“我不是绝对排斥学生参与学术研究，因为管理研究中确实有一些问题与经验阅历、理论知识关系不大。”这些研究领域很可能就是文化问题、价值问题、制度问题等外在环境大问题。有时表现为内部危机，有时表现为外部危机。从这里可以神会到多重意义分析方法的意义。在这一点上，韩巍教授同马卫红教授是相通的。马卫红教授基于第三种状态存在的事实，认为管理研究可分为价值研究和经验研究。“管理的知识是关涉价值观的，与信仰有关、与意义有关、与行动有关（而我们很多管理研究只关注了行动，忽略了价值层面的追问和探寻）。”

第三种状态意义的“惯例”内部变化，既可能是横向变化，也可能是纵向变化，横向变化体现为可能性、合理性和规范性，纵向变化体现为实践性、合法性和真实性。可能性说到底就是从 0 到 1，是从“空想”到“科学”，是先导性的探索，论证的是“说得通”，这里存在的问题可称之为设计问题，洞察力显得极为重要；合理性就是从 1 到 N，是从“理想”到“现实”，是连续性创新，论证的是“行得通”，这个地方的问题可称之为经验问题，经验显得意义重大；规范性说到底是从 N 到 N+1 的突破，是从“理论”到“实践”，是应用性突破，论证的是“做得通”，从“一个组织（地方、国家）”到“另一个组织（地方、国家）”，这里的问题是实践问题，试错是绝对重要的。从外部来看，设计问题、经验问题和实践问题同等重要。从内部而论，相对于经验问题，设计问题和实践问题更为重要，设计问题涉及韩巍教授所说的“真求知”，实践问题关系到韩巍教授所论的“求真知”。设计问题和实践问题的相对重要性，用一句话来说，即“知知知觉是良知”。设计问题是“知知”，显示出的是“洞察力”；实践问题是“知觉”，流露出来的是“试错”。而两者统一起来就是“良知”，即“致知”。

同实践研究相比，设计研究显得重要些，这是因为设计研究包括的空白地带更广阔。设计研究需要“大胆假设，小心求证”。这一原则在德鲁克晚年所写《21 世纪的管理挑战》的“序言”中有很好的论证，他专门用一小节论证了“为什么要重视假设”。现将最为重要的部分文字摘录于此，以便读者更好地审视设计研究的基本原则。

“有关事实的基本假设是管理学等社会科学业已盖棺定论的范式。它们通常存在于学者、作家、教师和社会科学实践者的潜意识中。而且，这些假设在很大程度上也决定了这些学科的学者、作家、教师和其他社会科学的实践者对事实的认知。

“这些学科研究的方向取决于它们对事实的基本假设。这些假设确定了这些学科对‘实际情况’的判定，同时实际上也影响了这些学科对其自身的研究课题的判定。这些基本假设多半也会判断出这些学科可以忽视的观点或者作为‘恼人的例外’可以放置在一边的情况。它们确定了特定学科关注的焦点以及可以忽略或忽视的内容。

“…………

“然而，尽管基本假设是非常重要的，但是人们鲜有兴趣对这些假设进行分析、研究和提出质疑——实际上也很少有机会对这些假设予以明确的解释。对管理学这样的社会科学来说，基本假设的重要性实际上比自然科学的范式重要性大得多。范式，即主流的一般理论，对自然科学毫无影响。无论范式声称太阳绕着地球转，还是说地球绕着太阳转，太阳和地球都不会受到影响。自然科学研究的是客体的行为，而像管理这样的社会科学，关注的是人和社会机构的行为。因此，社会科学的实践者往往将该学科假设奉为行动的准绳。自然科学的现实，即物质世界及其规律都不会发生变化（或者如果发生变化，这种改变则是一个长期的过程，是无可能在几十年或几个世纪内完成的），这一点是非常重要的。社会科学不存在这种‘自然规律’，它始终处于不断变化之中。这意味着昨天还站得住脚的假设，今天就不再有效，甚至瞬间就变成完全错误的理论。

“…………

“因此，在像管理学这样的社会科学中，最重要的是基本假设，其发生变化也变得越来越重要。”①

考虑到德鲁克的管理研究假设极端重要的观点，现在有必要再次转引韩巍教授的“溯因推理”（abduction）和“最合理猜想”观点。“如果只论‘逻辑’，管理研究者或许应该大谈‘溯因推理’（abduction），按照我的理解，在有限的经验素材（现象）基础上提出暂时性的‘最合理猜想’，即是我们的宿命，好像也说得过去!”如果将德鲁克的管理研究假设极端重要的观点同韩巍教授的“溯因推理”（abduction）和“最合理猜想”观点相对照，韩巍教授和德鲁克有相通的地方，但却是一种相反相成的相通。韩巍教授是被哈耶克俘虏了的泛科学主义的批评者，德鲁克是受库恩激励的解放了的

---

① 德鲁克 . 21 世纪的管理挑战［M］. 北京：机械工业出版社，2009：1-3.

科学主义者。韩巍教授太受《科学的反革命》影响，德鲁克太受益于《科学革命的结构》。从这里可以看出，科学精神镜像有多么重要的意义。

走出设计研究与实践研究之间的空白地带，离发现教师天职的核心地带就越来越近了。这就是教师天职边界上的第三个界碑——好理论与坏理论之间的空白地带。辩论是全部问题的核心，学习微习惯是最明确的成长路径。马卫红教授在起草的教学研究论文集征文启事中提出一个鲜明的主题，即“教学过程中如何帮助学生更好地理解现代社会数据、信息、知识的关系”。面对这个主题，韩巍教授非常直白地承认自己同马卫红教授在数据、信息、知识三个概念的理解上是没有共识的：“坦白讲，我们彼此对‘数据、信息’，尤其是‘知识’三个概念未必存在共识，草率将其并置在一起容易引发理解上的困扰。”韩巍教授进而指出数据、信息、知识的关系的关键之处是两个掌握：“要点可能是掌握方法工具，更要掌握‘好理论’。”正是“掌握方法工具”和“掌握‘好理论’”真正地击中了马卫红教授“现代社会数据、信息、知识的关系”的要害，这个要害就在于马卫红教授过度相信管理研究对管理实践的依赖。“管理研究是基于对管理实践有深刻理解而展开的，绝不是数据和模型可以推导的。”这句话有意义的是后半句，无意义的是前半句。在马卫红教授管理研究过度依赖管理实践的基础上，韩巍教授最终提出了“好理论”命题。

这个命题可称为韩巍式命题。

“只有‘好理论’（也是知识、信息）才会善用数据、信息及某些工具型知识，比如数据科学家更要讲人性和审美。”韩巍教授彻底地将马卫红教授提出的“现代社会数据、信息、知识的关系”的主题转化为一个条件结果关系的命题，即“只有‘好理论’（也是知识、信息）才会善用数据、信息及某些工具型知识”。韩巍之所以能提出“好理论”命题，主要在于他有丰富的理论研究经验。韩巍曾同导师席酉民合作进行理论研究，并写过《和谐管理理论》的著作。当代中国管理学中有独特理论贡献的人并不多，中国学术界公开承认席酉民的“和谐管理理论”。湖北大学王圆圆教授在《近代以来中国管理学发展史》中用最精准的话概述了席酉民的“和谐管理理论”：“西安交通大学席酉民在1987年的博士论文中首次提出‘和谐理论’，随后不断对其进行完善，至今已形成融合了系统论思想、具有较强可操作性、比较系统的‘和谐管理理论’。其著作《和谐管理理论》，正是对日益复杂和多变的内外环境所带来的大量不和谐现象反思的结果，和谐管理就是要在科学设计的基础上，充分调动人的能动性、创造性和组织的能动性来应对社会的不确定性。

“席酉民用中国的‘和谐’两个字来概括他的理论：‘和’是人及人群的观念、行为在组织中‘合意’的‘嵌入’，侧重人的心理感受；而‘谐’是指一切物质要素在组织中‘合理’的‘投入’，讲究比例协调、配合得当、可以科学安排。对‘谐’的问题要用到运筹学、系统工程等所有科学设计方法、生产管理和组织设计理论，对‘和’的问题要应用心理学、组织行为、企业文化等理论。

“和谐管理理论是在坚持‘总体论’的前提下对现有条件下组织整体有效性问题的思考，认为管理问题的有效解决无法简单（有时也没必要）地将主观情感的一面归结或转化为客观科学的一面。也就是说，管理必须遵循两个规则：用优化思路解决客观科学的一面，用减少不确定性的思路解决主观情感的一面，并设法使二者有机地结合起来，互动作用，实现整体的一致性和更高的绩效。”①

从这段引文中，我们可以看出一个好理论形成的完整过程，至少是不同学科知识、理论之间的会通一致过程，绝对不是实践的简单提升。席酉民“和谐管理理论”从提出到完善的过程对作为他的学生的韩巍教授不能说不产生影响，更何况韩巍教授本就是一个以读文献见长的学者。席酉民“和谐管理理论”在韩巍教授学术人生成长中肯定是一个有生命力的学术沉淀。

马卫红教授并没有注意到韩巍教授的条件结果命题，在回信中大谈自己关于数据、信息、知识三个概念及其关系的看法：“于我而言，管理具有广义性和多样性，管理研究需要对数据、信息、知识有深入理解。……数据是通过我们的感官从外部世界获得的对已有事实或事务的感知，信息是有含义、关联和目的的数据，知识是可付诸行动的信息。……与信息或数据相比，知识能帮助我们更有效地行动。”

“好理论”命题提出了做正确的理论研究问题，这是理论研究中的效能问题。韩巍教授在论述自然科学研究的“归纳—演绎循环”时，对管理研究特别是管理科学与工程研究中的“归纳—演绎循环”深表怀疑：“理论（比如某些管理科学与工程）研究者在过于简化的‘数学演绎’中也从来找不到应对人类复杂性的逻辑样式。”这就导致管理研究“坏理论”泛滥。“而如今，许多经验研究者无视理论的价值取向、前提假定、适用边界、不同理论间可能存在的不可通约性/incommensurable，在‘演绎—假设’上的操弄越来越‘随心所欲’。”韩巍教授以例证的方式提供了一个“坏理论”研究的典型例子：“有一篇 AMP 讨论‘魅力型—变革型’领导研究的综述文章，发现同行们从三个基础模型出发（看起来大同小异），多年下来，虽然没有多少认识上的进步，却先后‘发现’52 个中介变量、58 个调节变量……”坏理论往往是“理论与实践脱节的、自娱自乐的”。坏理论是一种资源浪费。

如何进行好理论研究？这是一个理论研究的效率问题。在这个问题上，韩巍教授提供了一个确定无疑的基本原则：“我比较确定管理研究不可能有任何意义上的‘最佳方法’……理论研究以外，经验研究应该鼓励多元范式、多种方法，尽管不同方法确有‘形式化、结构化’程度的差异。”这是一个典型的韩巍式表达方式，这种表达方式用韩巍教授的话来说就是“我的表达一贯不够直白”。由此看出，探寻如何进行好理论研究我们不得不透过韩巍式表达，探寻好理论的研究方式。从文字表述来看，韩巍教授表达的是一个自相矛盾的观点。他彻底否定了管理研究存在“最佳方法”，这是一个

① 王圆圆．近代以来中国管理学发展史［M］．北京：清华大学出版社，2014：232-233.

合理的，也是正确的管理研究的好原则。但问题在于对这个原则如何彻底地贯彻到理论研究之中，韩巍教授来了一句“除理论研究外”这样“一个条件限制”，给人留下了“一个悬念”，好像“最佳方法”不适宜于理论研究。

特别是，韩巍教授在给出一个悬念后又提出如何做经验研究的基本原则，即“经验研究应该鼓励多元范式、多种方法”。这是一个好主张，这是管理研究彻底否定“最佳方法”在经验研究的延伸。这样看来韩巍教授彻底否定了“最佳方法”适宜于经验研究，而不适宜于理论研究的观点，那么一个重要的问题就自然显现出来了，韩巍教授并没有直接回答如何进行好理论研究，甚至认为“至少在人文社科领域，好理论为自己‘立法’”。“好理论”的确具有自明性的一面，但在人文科社科领域不宜过于夸大这种自明性，这也是应高度注意的事实。这是文字层面的破解。

透过文字，进入文字背后，也许可以看到韩巍教授的“除理论研究外”具有双重含义，既要固守管理研究不可能有任何意义上的“最佳方法”，这是理论研究的“本”，还要想到比经验研究坚守“多元范式、多种方法”，这是理论研究“元”。这两方面结合起来就是中国人常说的“固本培元”。即使赋予“除理论研究外”双重含义，特别是考虑到韩巍教授对待管理研究假设的态度，我们仍有必要打开韩巍式表达不太直白的“悬疑”，这就需要我们探索韩巍表达中隐含的深层含义。在我看来，这个深层的含义就是“多元范式、多种方法”背后的正面，即“学术思想辩论”。这是教师的核心天职！韩巍教授会赞同我这个观点，他在文章中提到了管理学界的学术思想辩论：“科学主义（等于实证主义）在管理学界的主导地位究竟靠不靠谱的问题。至少管理学界的中文论文里，已经有很多争论。”这里的“争论”就是“辩论”。韩巍教授本人还经常参与管理学界的学术思想辩论。大家都知道韩巍教授是一个“墙里开花墙外香”的人，他的学术主战场不在深圳大学管理学院内，而是经常同站在中国管理学界前沿的人相聚，本着内心的真诚表达他的学术观点，有时还会舌战群儒。韩巍教授在文章中谈到过自己参与辩论的体会：“不过以我多年在校外跟同行争来辩去的体会，已经彻底明白了‘科学社会学’的伟大。‘最佳、适宜’不是什么‘科学/学术’问题，而是信念之别，I do believe，so what，who cares，不会有任何结果。”学术思想辩论不会很快有结果，这是一个人们期盼的可观察的结果。比起这样一个人们期盼的可观察的结果，学术思想辩论是观念对观念，是观念解放的存在方式，是通向思想解放和开放思想的大门。只有穿过这个大门，教师的真学习才会同教师的真生活久别重逢，倍感心悦。

考虑到韩巍教授的“方法应该跟着问题走”，以及语言的高度敏感性和真诚的神圣性，学术思想辩论更应该是好理论研究的正确方式。马卫红教授在管理学院教研论文集征文启事中从“后果主义与义务论”的双重伦理高度谈到管理学院的使命和宗旨：“放眼未来，我们培养学生的最终结果不是为他们提供一个可靠的答案，而是让他们学会用不同的方式思考问题，获得对问题本质更好地把握。”韩巍教授一方面“基本认同”马卫红教授表达出来的管理学院的使命和宗旨，另一方面用“除了‘本质’二字”明确表示不认同马卫红教授不彻底的疑问理性。“除了‘本质’二字”的言外之意就是韩巍教授的一种倡议：“我们做研究的人，使用语言要多些敏感、审慎。何为‘把握’，何为‘本质’，众说纷纭吧。”在我看来，这就是学术思想辩论。这个结论是韩巍教授“方法应该跟着问题走”中固有的含义。

韩巍教授做学问特别重视语言问题，这在前面就曾谈论过。这个问题极为重要，在这里还得多谈谈。古代希腊百科全书式的学者亚里士多德特别喜爱修辞学，认为语言与文风和人格有关系。“语言的准确性，是优良风格的基础。”亚里士多德的学术精神是西方经验主义传统的原生元素，这是今天管理学术思想界难以摆脱的幽灵。韩巍教授对语言问题有自己独有的谈论方式，就是放到社会知识生产这个大问题中去谈。而社会知识生产这个大问题又可分散到“社会知识生产的‘实践转向’（practice turn）”问题和“社会知识生产的‘语言转向’（linguistic turn）”问题中去谈。韩巍教授的这种论证方式包含了一个一分为二的命题和一个合二为一的命题。一分为二的命题比较明显，韩巍教授在社会知识生产问题上既重视“社会知识生产的‘实践转向’（practice turn）”，也重视“社会知识生产的‘语言转向’（linguistic turn）”。在谈到“社会知识生产的‘实践转向’（practice turn）”时，韩巍教授直接指出：“我们还得习惯在永不可及的‘实践’面前‘保持沉默’……”这说明“社会知识生产的‘实践转向’（practice turn）”说到底就是“知无不言”。如果说“社会知识生产的‘实践转向’（practice turn）”易于推论和理解，对“社会知识生产的‘语言转向’（linguistic turn）”的理解和推论就难得多了。在谈到“社会知识生产的‘语言转向’（linguistic turn）”时，韩巍教授提醒马卫红教授应深究这个转向的学术思想意义：“这自然非同小可，细究下去，不仅管理知识的‘真理性、逼真性’不复存在……要对语言的局限性、‘述行性’（performative）、建构性足够敏感。”在这里，关键有两点：一是如何理解“管理知识的‘真理性、逼真性’不复存在”；二是如何理解“语言的局限性、‘述行性’（performative）、建构性”。

在我看来，管理知识的真理性是指任何管理研究者都不可能以真理自居，更不能垄断真理，也就是说管理研究者必须走出唯一正确的真理观陷阱。管理知识的逼真性意为管理研究者必须充分认识到管理的复杂性，任何一个管理研究者都不可能穷尽管理的复杂性，最多是观察到管理的多样性，这仅仅是迈向或靠近认识复杂性征程中的一小步，当然也可能是学科思想发展中的一大步，这是学术思想复杂平衡中的重要支点。在这个意义上，必要的多样性是认识复杂性的必要条件。这种必要的多样性显然为学术思想辩论埋下了伏笔。

至于语言的局限性是指任何一个管理研究者在表达具体的指称物时都存在言不达意的情况，特别是个体经验意义上的默示的知识更是语言难以表达的。马卫红教授基于人生经验在回信中做了一个明确的区分，即“可以言说的”和“无法言说的”。这个区分是马卫红教授近年来人生经验的浓缩。一个基本的大事实是语言的内涵是说给知情者的。通常的语言表达，往往只完成了语言功能的一半。正是语言的局限性最终导致音乐、绘画、书法、舞蹈等艺术的产生。人们之所以要听音乐、看绘画、练书法、观舞蹈、赏花鸟，其中的一个意义，就在于我们发现：语言，也有其极大的局限性。个体生命是极其渺小的，在日常生活中常遭人微言轻的际遇，常叹对牛弹琴的无奈，往往知音难觅，倍感困惑、孤独，甚至绝望。这可能不仅是语言的局限，更可谓语言之恶！正是语言之恶表明了辩论是个体生命中固有的元素。

语言的述行性重在表明语言本身就是行为。维特根斯坦明确地说："言词即行为。"语言是难以摆脱行为而独立存在的，语言总是一种述行语。述行语言是一种"伪叙述"，不是对事物的"描述""说明"和"报告"。先秦思想家李耳在《老子》开篇即云："道可道，非常道。"汉代经学大师郑玄注《老子》说："可道之道，可名之名，指事造形，非其常也。"可以说出来的道，只是我们对道的描述，不是道的本体。这就是讲语言的述行性的中国远古版本。任何一个管理研究者的语言总是含有"述行成分"，用来专门表述行为，很难对管理进行描述和说明。正是语言的述行性之"伪"证实了辩论是个体生命之间特别是学者之间"真诚之心"的"公共需要"。

语言的建构性是指语言不是客观实在的反映，而是建构的积极媒介，是社会和个体在话语实践中不断建构出来的。这就是说语言有"言外之意"，也即"说者无心，听者有意"。基于语言的建构性，东晋末期至南宋初期的著名田园诗人陶渊明主张读书"不求甚解"，只求"偶有所得"。自古中国语言学史有一条主线就是"言意之辩"，这可能是语言建构性的最好的思想史诠释。"一个人的宇宙边界就是他使用的语言。"维特根斯坦道出了语言建构性的生命力。

中外思想家的思想相通之处在于语言建构性内含学术思想辩论。语言的局限性、语言的述行性和语言的建构性都表明辩论是语言固有内在元素，是个体生命中的现实存在，是心灵之内与心灵之外的对撞。从这种对撞中，我们可以看到真理不能被垄断，也不可能被垄断。

任何人都不可以用真理代替语言，真理在语言中新生或重生。靠近真理的"理论是灰色的"，靠近语言的"生命之树常青"。真理永远存在于争鸣之中。

换句话说，真理永远离不开语言的流动。

说到底，真理是语言中永远流动的血液。

以此类推，任何一个管理学研究者在生命成长的征程中都难以逃脱学术思想辩论。我们可以从韩巍的语言的局限性、语言的述行性和语言的建构性得出一个基本结论——学术思想辩论是存在的，这种存在就是"言无不尽"。一旦明白韩巍所说的"社会知识生产的'实践转向'（practice turn）"意在表明"知无不言"，而"社会知识生产的'语言转向'（linguistic turn）"思在证明"言无不尽"，社会知识生产问题就转为一个"知无不言，言无不尽"的问题，这正是语言学大悖论。马歇尔·麦克卢汉在这个大问题上的态度值得我们学习。对于真理来说，麦克卢汉警醒我们：“我从来没有把探索的结果当作揭示的真理。我没有固定不变的观点，不死守任何一种理论——既不死守我自己的，也不死守别人的。”对于观点来说，麦克卢汉明示我们：“事实上，如果后来的发展并不能证明我的观点，如果我发现自己的言论并不能有助于对问题的了解，我随时准备抛弃我就任何课题发表过的言论。”在社会知识生产大悖论的后面隐藏着一个存在主义的大问题，即存在与虚无。这是生命个体的日常生活在生死之间经历了恐惧、焦虑、孤独、荒谬等体会后，唤起的对人的存在的深层次的思考。在这个意义上，管理学同存在主义结下了难解的友谊，形成了管理学最隐秘的精神世界。

韩巍教授对语言的深刻认识是同他对真诚的信仰分不开的，他在文章中有一句沉甸甸的话：“只有真诚求知，才谈得上求得真知；只要能真诚求知，求得真知或许也就水到渠成了。”“为诚而辩，凭信而论”，“诚”的实现需要“辩”，“论”的根本在于“信，”此乃“辩论”之真义！真诚靠辩论来护理。当然，辩论永远存在偏见，辩论不可能消灭偏见，但可以减少偏见。如同伏尔泰在《哲学辞典》中所言：“偏见是缺乏判断的意见。”只有真诚，偏见才可能被克服，也会被克服。这可以注释“为知去觉是格物”。韩巍教授的真诚神圣性道出了“为知”，克服自以为是的偏见就是“去觉”，进而学术思想辩论中的一个最基本的准则就显现出来了，就是“真诚”消解“偏见”！这很可能就是西汉思想家戴圣在《礼记·大学》中所说的“格物”，至少其含有辩论的原始意义。“事实上，只要我们足够坦诚、坦荡，就应该拒绝‘神秘化’管理学知识及其生产过程。”韩巍教授隐含的辩论精神深深地触动我的学术总体精神，即“发现基本问题，寻找多种释义，固守不易替代之解释”。这是我多年来一直遵循的学术信仰。

学术思想辩论是做好理论的基本方式。理想的辩论方式最好是深度对话。英国思想家托马斯·卡莱尔在《成衣匠的改制》中曾说：“谈话是抑制和保留思想的艺术。”学术思想辩论是提高学术思想绩效的最好路径，当代中国最有人格魅力和独立思想的经济学家孙冶方就敏锐地看到了这一点——“两个物体相撞会同归于尽，而两个智慧相撞会迸发出天才的火花”。

正确的理论研究方式是辩论是有道理的，至少是自圆其说。学术研究就是没话找话说，有话想说不敢说，有话要说不知怎么说，此话非说不可不吐不快，不仅要说还要自圆其说，不仅自圆其说还要新说。这是我多年带硕士研究生的一条心灵感悟。说到底，理论研究必定有争论和论战。学术思想辩论是真正的学习的一口深底锅，或者说是一个大熔炉，它最终兼容真正的生活和真正的工作。

如何培养正确理论研究习惯呢？这就是教师的自我管理问题。自我管理是一个无特例的管理问题。德鲁克曾明确说过：“如今，大多数人必须学会自我管理，天资平庸者也不例外。”自我管理是人现代化的核心要义。教师必须学会自我管理，并贯彻到观察、反思和研究之中。2015 年 12 月，我在马卫红主编的《我们重负的责任——深圳大学管理学院教学研究文集（6）》上发表过一篇题为《不确定性之美》的论文，探讨过教师的观察、反思和研究。观察是从事实中磨砺信念，反思是从结果中汲取思想，研究是从研究中归纳观点。这样看来教师的自我管理就成为管理知识生长过程的内在要素。“管理知识的自主生长过程由三个基本环节构成，即从事实中磨砺信念、从结果中汲取思想、从研究中归纳观点。这三个基本环节本身就是教师个体管理知识自主性生成的基本路径。”① 在观察、反思、研究之间，学习是流动的血液。

阅读是学习的一个微习惯。阅读是深度的精神论战，是没有公开的辩论。阅读是生活的总演习，是原生的思想财富。

——这是阅读的终极归宿！前者追远教师的真正生活，后者慎终教师真正的工作！每一次阅读都贯通着过去与未来。阅读与写作之间存在紧密的内在关系。唐朝大诗人杜甫在《奉赠韦左丞丈二十二韵》中说得好：“读书破万卷，下笔如有神。”教师很容易成为一个读过书的人，而很难成为一个读透书的人，特别是成为一个读破书的人。教师读书重在博览群书，重在把书反复地精读，要细读并在细节中寻找无字之字。只有经过读过书、读透书和读破书后，教师才会在写作时运用起来得心应手。北宋文学家、书法家苏轼在《柳氏二外甥求笔迹》中说：“读书万卷始通神。”这句话道出了阅读与字形存在联系，练习书法的人，要多读书，书读通了，字才有神韵。这样看来，只有懂字的神韵，教师才会做出好理论。这恰好验证了生于四川绵阳的江西籍北宋政治家、文学家欧阳修的观点：“立身以立学为先，立学以读书为本。”阅读还验证了苏联作家高尔基在《论青年》中的基本主张：“热爱书吧——这是知识的源泉！只有知识才是有用的，只有它才能够使我们在精神上成为坚强、忠诚和有理智的人，成为能够真正爱人类、尊重人类劳动、衷心地欣赏人类不间断的伟大劳动所产生的美好果实的人。”高尔基画龙点睛地说明了阅读在教师真生活和真工作之间的凝聚力和张力。

马卫红教授和韩巍教授都是高度领会了学习重要性的人。韩巍教授告知我们 PQI 研究者们“看重‘理论’修养（多读书）”，让我们知道他曾同贺和平教授谈读书，他还有一个爱读书的关门弟子，他本人爱看前沿文献。韩巍教授是一个书山上的苦行僧，还是一个学海中的畅游人！韩巍教授“通过朝高这个不够积极却也不算荒唐的例子想做个提醒，别再折腾硕士生、本科生发表什么‘学术论文’了，不是因为教育部的最新要求，而是他们的‘天职’就应该是‘读书’、思考，以健康的身心为进入社会做好准备”。韩巍教授倡导“管理研究者应该多学一点儿科学哲学和更高阶的社会理论”。读书是教师天职生长的原点！书房是教师精神最后的避难所！

五、结语

写到这里，我得感谢韩巍教授和马卫红教授，两位教授的通信让我体悟并明白了

---

① 不确定性之美［A］//马卫红．我们重负的责任——深圳大学管理学院教学研究文集（6）［M］．广州：暨南大学出版社，2015.

"三人行必有我师"的深刻道理，让我能在国庆节期间在家中过着精神旅游的生活，还明白了什么是康德式的人生。康德一辈子都没有远离过他出生的小城镇，这很有可能是因为那个小城镇的人都是他的精神导师。我之所以感谢韩巍教授和马卫红教授，是因为两人都是我2021年国庆节精神成长的精神导师。

我感谢韩巍教授，从他的信中，我深刻地认识到"诚者神"三字。用韩巍教授的话来说，一个人的"真诚"绝对重要，怎样估价都不过分。但"真诚"隐含"自我神化"，这也是应该高度重视的现象。"做领导、做老师，做研究，尤其做人，最基础的也就是真诚。"韩巍教授这句话令我反思又反思。

特别是，"真诚"与领导之间的内在联系，我不否认，但我认为领导是一个远比真诚更复杂的问题。"领导"会直接诉求"权力"，这直接同"以法治权的法治精神"有直接联系，还涉及中国今天能不能建成法治国家。教师是君子，还要远远胜过君子，"君子动口不动手"，教师不仅"不动手"，还要"不动心"，这叫"心田"，也就是"思"。无"思"何谈"想"？无思想何以成为"教师"！教师，特别是研究型的教师，应该在知识发现方式上是一个真正的保守主义者。正是这种保守主义为他人的创新留下了无限的空间。这是开放社会之根本！在《朱子语录》里，朱熹告诫学者们："虚心顺理，学者当守此四字。"

我感谢马卫红教授，从她的回信中，我认识到，神化教师是没有必要的，教师是没有神话的人。用马卫红教授的话来说："我的意思不是说教师都要是圣人，这不可能！我想表达的是教师首先是个普通人，但又不是普通的普通人。"教授的英译就是"professor"，同"profession"直接相连，这说明教授是天下最具有职业精神的人。因此，教师既不可能成为"道德的化身"，也不可能成为"知识的象征"，更不可能成为"人生的榜样"。教师既不可能拥有"绝对的理性"，也不可能成为"真理的垄断者"，更不可能成为"话语的权力者"。但马卫红教授回信中的一段话让我深思了又深思："在我看来，不管是教授什么样性质的管理学的课程，都肩负着使学生理解管理、管理实践、管理研究、管理教育、管理者的重任。"这段话隐含了泛理性主义"一条龙"！在我心中，管理、实战、研究、教育的背后都存在一个专业化的问题，"一条龙"式的理性是普通人难以承受之重。管理确实同理性主义有深深的联系，但管理更多具有知识的色彩！

我还得感谢我自己，我是一个精神上的流浪者，还有机会在国庆节成为一个精神上的欣赏者和旁观者，利用集成的自由时间对韩巍教授和马卫红教授的通信进行咬文嚼字式的通读，并尽可能融会贯通式地心领神会，将它们先"磨成面粉"，后在家中学做"蒸包子"，最后写下了这篇"读"后感。教师可能是一名无用者，也可能是一位实验者，最有可能是一个无知者。

教师的天职近似于可用一句话表达为"知无不言，言无不尽"。"知无不言"是"求知"，"向权力说真话"，至少保持沉默；"言无不尽"是"求真"，"向真理说人话"，至少不垄断真理，特别是不自以为是。"知无不言，言无不尽"之间存在一条永远难以修完的万里长城，在这条弯弯曲曲的万里长城上有三座岗哨，这就是“知无不言，言无不尽”这句话中隐含的“诚”“悟”“语”三个字，这是教师真正意义上的天职。

鲁迅说过一句名言：“沉默是最高的轻蔑，讲真话是最大的勇气。”这就是教师的尊严与自由，折射出来的是知识和权力之间存在的悖论。真正的教师完全有必要超越自由与尊严，沉淀下来的最有可能是“尊敬”和“真诚”。“尊严”有可能要挟“真诚”，易伤“生命”，“自由”有可能放荡“尊敬”，易灭“思想”。

最后再一次感谢韩巍教授和马卫红教授通信提供的“好文本”，说的是您二人的观点，论的是您二人的短长，乐的是您二人的思想，打扫的是我自己的思想小屋，清理的是我自己零星杂乱的思绪，写下了“自己的心里话”。这是一种经学分析，即“我注六经，六经注我”，也是一种文本分析，即“言之无文，行而不远”。经学分析和文本分析结合起来，可以说是自我意义上的“古今经学之争”，这就是我心中的诠释学。在这个意义上，这篇读后感式的文章可算是走了一段心路旅程，也可算是一次心灵净化，还可看成是小之又小的看不见的微型思想解放运动。

这篇读后感已接近尾声，该就此结束了。

“诚”为“波”；“思诚”为“粒”；“真诚”似“光”。沿着这束光，可以看见管理学的“源”与“流”，还有可能寻找到管理学的“元典”“原典”和“经典”——《真理与真诚》《知识与权力》《领导变革》《存在与虚无》《管理实践》《超越绩效》《超越自由与尊严》《公共理性》《后果主义与义务论》……

从这些典籍中打捞遗忘的记忆，可写一本《管理学源流考》。

这是一件未来需要做的事！

等待就是爱，

我爱管理学。

但我曾经看不起管理学，

这叫无知。

后来爱上管理学，

这算敬畏。

《时间与自由意志》。

《存在与时间》。

深圳大学校训很好，

中国无双。

自立、自律、自强……

生命之光！

2021 年 10 月

让格局与情怀再多飞一会儿

叶 斌

拜读韩巍、马卫红两位老师关于管理学院教学研究文集第 9 辑的力作之后，因邀写一点关于“管理教育”的文字。记忆中这应该是首次感到诚惶诚恐，大概率的原因是由于作为“外行”的我要说道一下“内行”的思考吧。自 1996 年开始琢磨人工神经网络（ANN）以来，我真正的学术生涯也就此开启。特别是 2005 年，从涂先生那里拿到工学博士学位之后，学术兴趣就再也没有偏离过主线。“研究”这玩意儿还真是那么回事：如果不做，肯定不会有结果；即使做了，也不一定有什么结果。但确实挺好玩的！然而，“教育”就不一样了，要复杂得多。教育就不能当作好玩来做，因为教育的主体是学生！特别是管理教育的难度更胜于工科教育（此处是我这个工科生的个人感受，理由就不在此赘述了）！2007 年来到深大管院后，虽然所授主要课程基本没啥变化，但信管和电商专业开设在管院这种模式对我来说还是很有挑战性的，也就是说自此开始了管理教育的工作（严格讲，刚开始的确视之为事业），所以研读管理经典在这十多年中占用了大量的时间，惭愧的是至今仍然是管理教育的“门外汉”。称自己为管理教育外行的问题，不知是否讲清楚了。接下来，就外行的视角，咱们就说道说道韩老师、卫红老师在本期教研文集中关于管理教育的感悟。当然，这里就不讲究什么范式和文体了，看到哪里说到哪里，姑且叫作聊天随笔吧！相信大家对我这样的“非典型管院老师”还是有一定的容忍度的。

先说说韩老师吧！

看到“我们的天职是真求知，求真知”这个题目，第一反应就俩字——“格局”。

开篇又提到了实证主义，这个问题我们已有诸多讨论。这么多年下来，面对本科生围绕实证主义的种种行为，我已经懒得说话了，仅仅是按照我的研究习惯建议他们先“追本溯源”：至少抽空看看经验论（洛克和休谟就差不多了）、逻辑实证主义（维也纳学派还是挺有意思的）、逻辑行为主义（还原论在自然科学领域早已不新鲜了）。当然，顺便看看波普尔更好！也许，在当前的语境下，这个“源”对我们的学生而言可能溯得不那么“正统”，但还是存在极个别的学生读出了其中的味道，这就够了！

又一次看到了“洞见以下皆为修辞”，初见之时好像是正值我在追问“管理学研究的本源问题”及“如何评判管理学者的贡献”之类的小儿科问题的阶段，此时的反应在“格局”的基础上再加俩字——“精辟”。但我还是觉得“洞见之下皆为修辞”更顺畅。

“集成的、跨学科的方式”很是刺眼，在管理教育中提及则尤其显得刺眼！学科的边界究竟在哪里？好好的一块布料为什么要被撕成那么多破布条？管理学素有学派林立、理论丛林之说（翻开《管理学中的伟大思想：经典理论的开发历程》可见一斑），如果对理论的理解或“应用”稍有不慎，再加上学科和专业的条块化分割，其结果就不只是陷入“盲人摸象”的尴尬境地了！在此基础上去“集成”，岂不是要打群架？如果注意一下开放视角的组织理论，从嵌入某管理情境的若干现象出发，试图从不同的视角尝试着“刨根问底”（究竟“根”在哪里、“底”在何处，并无定论，也不重要，但此过程作为无限逼近“本质”的一种探索还是有可取之处的），是否可以有所洞察？是否对相似管理情境中的管理过程会产生一些启发？万一碰上“意义建构”的狗屎运呢？

关于管理研究方法论的看法，韩老师再次提到了“方法跟着问题走”，在这一点上我们是有高度共识的。管理研究，我还谈不上在做，但是也不妨碍总结一下自 2010 年以来给电商和信管俩专业的本科生开设管理策划这门课程的一些做法。从线性思维的角度，粗略地归结出一条主线：方法跟着问题走，问题跟着现象走，现象跟着情境走，认知贯穿始终。

接下来的很多问题，我们曾经不止一次地讨论过，有些问题已经比较接近我的研究领域，鉴于这些文字会被印刷出版，在这里就不再继续讨论了。在结尾处再给韩老师那个“简略证明”加点佐料：在泛函的一些证明中，往往无法用正向的、大家所熟悉的数学过程去证明，而经常代之以构造反例，这个很波普尔！数学尚且如此，何况……

下面说说卫红老师。

“管理世界的精神镜像”这个题目很高大上，想起了杨龙芳老师之前推荐过的一本关于“精神镜像”的书。能就此主题写出这些文字，我的初步反应同样用俩字表达——“情怀”。

“我几乎能想象到您看到‘尊敬的’‘您’这些字眼时的神情”——从开篇的这句话来看，卫红老师的确是怀着激动的心情完成了这些文字的。

关于“评价机制”及“尚善”的讨论，我还是有些不同看法：规则的制订和执行应该是组织管理的重要内容之一，“好”的规则有可能会将“坏人”（对应卫红老师文中的具有“恶习”的人）变好，“坏”的规则可以将“好人”（对应卫红老师文中的不具有“恶习”的人）变坏。当劣币驱逐良币的效果有足够的显示度时，评价好坏的标准会随之而改变，先前制订的规则也会随之而改变。如果将此过程看作闭环控制，理论上会出现无限循环的景象。这种景象存在的时间长了，难道对组织文化的变迁没有贡献？价值体系、行为方式……这个循环体的变迁方向如何？

关于管理教育的自然演进问题，我没有完全理解。在对此一知半解的基础上，我还是坚持自己对教育的信条：我不喜欢用“熏陶”，而习惯于用“沉淀”；不喜欢“跃进”式的教学模式，喜欢“润物细无声”的教学实践。因为，我理解的大学应该是提倡“探索未知，追求真理”的地方。

吹毛求疵一下。“《知识管理》一书中讲到，数据是通过我们的感官从外部世界获得的对已有事实或事务的感知”，不知这是哪个版本的《知识管理》？在知识管理领域，关于“数据”的这个定义值得商榷。这个定义倒是跟康德关于外部实体的认知有几分相似。

“相比管理实践和管理研究而言，管理教育是个新问题。”如果这里讲的“管理教育”是指现代管理教育的话，可以视之为“新问题”。但就“管理教育”本身，如果追溯到 19 世纪初的、被誉为“管理教育领域先驱”的安德鲁·尤尔的时代（当时的管理教育就是以由一些工厂的实践者利用业余时间给一些从业者传授实践经验为主），并且，假定将管理的系统化研究追溯到科学管理时代，是否可以认为管理研究和管理教育几乎是同时代出现的？就这一点而言，是否可以说管理研究和管理教育都是植根于管理实践呢？从这个意义上讲，你所提的“新问题”，我可以理解为是有些人走的时间长了，都忘记自己为什么而出发了！还有一些人压根就不知道为什么而出发！

很久没有静静地花费几天时间专门思考管理教育的问题，在两位的“格局”与“情怀”的浸润下，好像我的话说得有点多了。那就此结尾吧：就专业知识的探讨而言，我经常将钟爱多年的“图灵程序设计丛书”推荐给学生，从书扉页上那句话——“站在巨人的肩膀上”也是推荐的理由之一。

于 2021 年秋假

坚守“初心与梦想”，回归“常识与本分”

贺和平

9月中旬的一天，在学院的走道里，我碰到了马院长。她告诉我，韩（巍）老师为学院教学研究论文集提供了一篇书信体长文，挺有趣的，她正在写一篇回应的文章，问我有没有兴趣参与。可以提前看看韩老师对教研的新思考，是一件有吸引力的事；再者，教学研究论文集是我们这个学院建立并坚持的一项好传统，参与其中多少也带有义务成分，于是我不假思索地答应了。国庆长假前的最后一天，马院长发来了韩老师的《我们的天职是真求知，求真知》（以下简称“韩文”）以及她的回应《管理世界的精神镜像》（以下简称“马文”）。

自然是一口气读完。“韩文”首先谈到了写作动因，对马院长撰写的“征稿邀约”进行了近乎逐句的考究式点评——评论文本比邀约本身长得多，这的确让我想到了“文章千古事”，表达需审慎（并不意味着马院长的表达不够审慎），韩老师借此阐述了自己对管理知识和管理研究方法的理解。接着，他从征稿邀约中使用的“天职”——这个词因此出现在“韩文”标题中——出发，对大学、（管理）学院的管理主义逻辑，尤其是绩效评价体系给教师，特别是青年教师带来的重压进行了描述。然后对管理学术研究，尤其是管理研究方法展开了探讨。最后呼吁领导者为创建良好的组织环境及建设有格调的组织担当责任。

韩老师对大学，尤其是管理学院绩效评价体系的系统性思考，主要体现在他发表的《学术评价的回归与业绩管理的矫正——对管理学院两种核心价值观的质疑与反思》和《做一名称职的教师已经足够》中；对“主流”管理学术研究（尤其是管理研究的“科学主义”）的质疑与反思，体现在“韩文”已经提及的《论实证研究神塔的倒掉》《非科学让管理研究变得更好》等一系列论文中。这些文章我都读过，部分文章还读过多遍，因此，对“韩文”的观点，算是熟悉，觉得他的“批评”与反思、他的呼吁与建议，不应该都是“常识”吗？干吗要如此长篇大论、这样引经据典?!

是的，我倾向于认为，“韩文”中关于对大学教师绩效评价和管理研究方法的许多观点，是常识，比如，“大学的第一功能是‘教书育人’（人才培养、科学研究和社会服务，不是我们最经常说的大学的三个功能吗？人才培养一直就是排在第一的呀!），大学不是数产量的工厂，而是育人的基地、学术的殿堂和社会的良心。“学术是少数人的事业，绝大部分新知识的探索，仅仅‘仰仗少数人的努力’”，是常识；“谁也不知道一位知识工作者在想些什么，然而，思考却正是他的本分，他既然是在思考，他就是在工作”，是常识；“学术研究中，研究问题决定研究方法——不仅仅在社会科学研究中”，是常识。那么，以韩老师对此问题经年累月的思考以及深思熟虑后的表达，考虑到“洞见以下皆为修辞”，他为什么要反复强调——比如，在《做一名称职的教师已经足够》中，他曾写道，“都老了，无所谓了”，在“韩文”中，他又写道，“老同志已经不太在乎这些了”？

常识作为一种知识来源，是人类在进化过程中所获得的经验组合，很大程度上也是一个社会发展过程中形成的理性智慧。“常识是最直观的真相，最普通的道理，最基本的道德。”常识“既是一种直觉，也意味着一定的秩序”。尽管常识可能是错误的，但对日常生活来说，却弥足珍贵，有时甚至是判断新知识是否合理的依据。从这个意义来讲，“尊重常识”本身就应该是一种常识。

当下，多数大学都受管理主义影响，原因在于大学教育不仅被视为一种公共服务，也被认为是市场上的一种商品。随着市场化模式向教育领域拓展，政府通过财政资源竞逐机制，促使大学持续提升水平——部分大学因此转向排行榜治校，把排行榜名次等同于学校的办学水平；大学内部各学院也依据博士点、科研及各类人才项目等分配资源。院校受到更严格的业绩评价制度约束，以符合公众及财政问责的要求。政府对大学、大学管理者、教师都缺乏足够的信任，规章条例及评价系统成为“规范”大学教师工作的手段，大学教师实质上已与一般组织的员工并无二致。在体系化的研究评审机制影响下，学术研究不再纯粹按个人的学术认同、兴趣及激情进行，而是异化成为获取资源的工具。可是，对管理主义的过分推崇，只会使人着眼于持续优化（短期）管理绩效，而忽视大学需要培养青年学生成为“全人”的使命，进而深化并扩大自身的危机。五年前，教育主管部门要求“以本为本”及“四个回归”（分别是回归常识、回归本分、回归初心、回归梦想），表明大学治理方式的迷失已到了相当程度。毕竟，强调“回归”，就意味着我们曾经或者仍在“偏离”。

所谓“回归本分”，是指主管部门要“引导教师热爱教学、倾心教学、研究教学，潜心教书育人”。大学教师要注重教学，这应该是常识。“科研是自留地、教学是公家田”的说法在大学里开始蔓延的具体时段不太可考，但至少我在十多年前入职时，曾被善意地提点必须重视教学——作为大学老师，“要站得住讲台”，否则就是研究所的研究人员了。今天的青年教师则被直截了当地告诫，“要重视教学测评”，因为教学测评会影响职称评定——毕竟，“非升即走”。马吉·伯格和芭芭拉·西伯曾经写道：“我们花很多时间去申请项目，却没有足够多的时间真正做研究；我们花时间做汇报，论证某课程的效果如何符合指导意见的要求，却没有充分的时间思考这门课下一年度应该怎么教；我们花时间在各种委员会听取汇报，有多少项目申请获得成果，又有多少课程结果达到满意标准，却没有时间和同事交流，交换意见。”当教育管理部门倡导“四个回归”的时候，大学仍然选择了最简单的管理考核方式：学生测评结果不尽如人意，会被认为是教师教学不行，教师可能会被“一票否决”；重视教学，加大教学方面的资源投入，老师因此又开始新一轮填表、申请和结题，成为“表哥（弟）”和“表姐（妹）”。真是“阳光之下，并无新事”。这样的回归，显然只是形式及“口号”上的回归，而非真正意义上的回归。我开始理解“捍卫常识”地表达了。

“常识”到了需要“捍卫”的程度。马吉·伯格和芭芭拉·西伯也曾形象而深刻地描绘过管理主义对大学教师行为的影响。“学校的要求下来了，我们必须要回应，必须要整合学院（系所）的研究兴趣，对接整个大学的目标。但不要担心，我们实际做什么，一点也不会变。我们越快填好这份报告，就能越快转向我们手头的工作。”但结果是，“我们越是惯用这套语言，我们在生活中就越不可避免地要与它共存”。不仅共存，可能还在进一步加码。四年前的《做一名称职的教师已经足够》还在谈“大家来到这里（大学），不完全是为了生存，还共享某种意义——关于大学的想象”；而今天的“韩文”只写到“一群为生存忙碌，被 KPI 折磨，每到监考担心迟到，担心督导的‘黄雀在后’以致精神恍惚的人”。在这个意义上，“韩文”的价值，在于内容，更在于表达。几年前，当那篇《论实证研究神塔的倒掉》发表时，作为一名社会科学研究“多元范式”的认同者，我曾对文章标题使用这样“夸张”的“隐喻”表达不以为然。现在我理解，如果“主流”是不尊重常识，“捍卫”常识的“边缘”（声音）唯有“大声”与“重复”，方可能得到（一点点）回响。“马文”说，学术界也常常能听到对当前拙劣的评价机制的批评，对“恶习”的揭露“已经够多了”，因此讨论“向善以及如何向善”更有意义。但只有更多的人对当前绩效评价机制的“拙劣”持有共识（参考《三联生活周刊》2021 年初的《高校教师 996：“青椒”们的绩效困境》深度报道）、呼吁“改变”的声音由“边缘”成为“主流”时，真正的“回归”才会到来。

相比“管理哲学”和“管理研究方法论”，“领导”研究是韩老师学术研究的起点。考虑到“天下乌鸦一般黑”，“韩文”表达了对领导，尤其是学院领导担当责任、“营造一种稍有个性的小气候”以及创建“有格调的组织”的呼吁。他不止一次地跟我提及，学校（学院）领导应该有“过滤”功能——对更高层面的指示，认真判断，审慎行事，而不是轻易折腾。“你定的不是绩效标准，而是别人的人生。”希望每位参与规则制定的人，都持一种利益相关者视角，都心存一份敬畏。毕竟，“一个组织以什么方式运作它的内部事务，这本身就是一种教育”。“院系文化是能够改变的，也是可以改变的。只要院系内还存在互相支持的亚文化，就有机会抵御公司化大学对我们的统治。”作为负责任的领导者，要创造“聚拢”的环境——在面对外部的管理压力时，它将提供一处避风港，而在“危机”来临时，如“狼来了”的当下，它又能缓解孤独无助的情绪。也因此，我很好奇深受韩老师影响又主管学院教学工作的马院长在逼仄情境中的观察、思考与选择。“马文”写道：“这几年经历的事太多，随之思考得也越多，可以言说的和无法言说的都在我的思绪中翻滚。”我能够理解马院长的艰难，希望在未来的某一天，有机会看到马院长更多的描述和记录——类似于《黄河边的中国》。

我比韩老师要更为乐观一些。可能的原因是，尽管我在成长时的物质环境很差

（差点因交不起学费而辍学），但我一直处于一个充满关爱和受保护的状态中。当老师后，由于多方面原因，评副教授，我是第 6 次申请才评上——应该算得上至少是一个小范围内的纪录。当时没有"非升即走"的压力，受影响的主要是面子。生活再艰难，我们还是需要努力去寻找其中的积极意义，因为，进一步，积极情感会"提升在后续时间中找到积极意义的可能"。要区分是真实真切的忙碌，还是由于不分轻重缓急造成的忙碌；是堆积的日程表造成的"DDL"（deadline 的英文缩写，指最后期限），还是因为内心逃避而形成的 DDL。尽管做老师的"初心"可能存在差异，但每位同事的心灵深处，一定有自己在教育领域中的"梦想"和坚持。生活，会变得更好的，比如，已经看到了现代大学治理要从"管理主义"到"领导主义"转变的呼吁。行动起来，既呼吁规则的改变，自己也从能改变的东西做起。

最后说一下"韩文"中提及的我说《平凡的世界》对我的人生产生重要影响的事儿。我是在读高中的时候读的《平凡的世界》。作为一部"全景式表现中国当代城乡社会生活"的长篇小说，这部作品对农村生活的真实描绘和主人公艰难奋进的个人经历确实激起了我极大的情感共鸣；更重要的是，作品中对村庄治理、县乡管理甚至省级领导决策的描述，让我对中国社会的运作方式及所谓的"政治"有了初步的感知；书中少安"教训"及痛打其姐夫的情节甚至让我对农村家庭中为什么一定要有一个男孩有了另外的理解。事实上，在我的教学过程中，也会将文学作品引入课堂，效果似乎还不错。比如，在渠道管理课程中，我曾用《天龙八部》最后一章中萧峰脱困后的那段描写来讲解"（渠道）权力"的"（认同）来源"；在商业伦理与社会责任课程中，跟同学们讨论电影《我不是药神》中主人公面临的伦理困境。

2021 年 10 月

管理实现美好：兼与马卫红教授和韩巍教授的对话

马老师，韩老师：

见信好！

国庆长假第一天上午9：10，微信上马卫红老师欧洲风情浓郁的头像闪烁，邀约我一起讨论两位关于教研论文集征稿的来往邮件内容。我顿时睡意全无，一是感触于其假期仍在忙碌教研论文集组稿之辛苦，二是感动于“被信任”。马老师一直分管学院教学工作，其为学院公共服务的付出有目共睹，对教学的理解比常人也更有发言权；而年长我的韩老师更是一位智者，无论是教学经验，抑或对管理本身的理解，常有发声或文字发表，影响不可谓不大。所以，能参与两位前期的来往邮件讨论，于我而言，的确是一份荣幸。

看到马老师转来两位老师的前期邮件后，说“夜不能寐”有点夸张，但的确很多个晚上我一直在思考是否能真正理解两位的文字以及文字背后的你们！好在马老师应允“可以多给我一点时间”学习与思考。

我忽然间发现，这其实是一次有趣的对话（conversation）。对话对研究者非常重要，地道的学术研究就是学者间有趣的对话（Good scholarship is about good conversation，Mahoney et al.，2019）。我大概从三方面分享一些想法：第一，努力理解你们文字背后关于管理和管理教育者角色的信息。第二，分析当前关于管理教育中的两个略显“极端”的观点。第三，分享我对管理研究以及管理教育者的理解。

本次讨论缘起于马老师向韩老师的约稿，就先聊聊马老师的文字。近四年，马老师主编的四本教研论文集，分别以责任、事业、世界、知识为关键词，试图追问一个终极命题——从事管理学教育的老师应该做什么，老师首先应该成为什么样的人。命题固然宏大，但体现了一位教育工作者和教育管理者的情怀。婉约情怀与坚强理性，均浸润于马老师的文字中。其在给韩老师的回信中写道：“这封回信我是内心怀着深厚的情感、眼中时常充满着泪水写就的。为什么写得这么慢？是因为好多次，我构思的过程中禁不住眼眶湿润，无法继续，就只好搁置。”女性的细腻可见一斑。而“但我又愿意公开书信，是因为想借助‘自我剖析’的方式引起同事们的思考，哪怕只有少数人因此动了心念、感受到触动，也是值得的，不是吗？”又让我感受到其坚定与强大的内心。我非常认同其所言：“在我看来，不管是教授什么样性质的管理学的课程，都肩负着使学生理解管理、管理实践、管理研究、管理教育、管理者的重任。”我们培养学生，不仅在于让学生掌握多少管理学知识、管理实践原则（不敢贸然用“原理”二字），更在于让学生以担当之心，去发现实际问题，能运用管理知识去解决现实问题，从而让我们的工作与生活世界更加美好！我一直认为，有效的管理是用来创造美好的，无论于管理者、管理对象，还是相关利益者而言，均应如此。管理，会影响所涉及的利益相关者。说起影响力，不得不谈到权力。“权力是一种影响力”（源赖朝、丹吉尼斯等，2013）。无论是市场、官僚层级组织，还是学术共同体，其分别依赖资本权力逻辑（价格机制）、行政权力逻辑（官僚制）或知识权力逻辑（学者自治）来实现管理时，都应当围绕“美好”这一效果。诚然，美好不是绝对意义上的，而是相对意义上的、渐进的！当前，一些组织、一些领域的“美好”不如人所愿，原因众多，但与组织的管理意识、管理能力和管理水平的低下不无相关。就管理教育而言，要让我们的学生认识到，他们在专业知识上的学习与应用，有益于提升组织的效果、效率或（和）效益，增进社会和人类福祉！

韩老师的文字仍如往昔，犀利、干脆，却饱含哲理、洞见。通过与韩老师的交流，无论是在学院（文科楼）廊道间，或赴教工餐厅就餐途中，或者在球场上，无时无刻不感受到其对管理实践、管理研究和管理教学的独立思考。囿于我对本体论和认识论的粗浅理解，难以清晰界定韩老师秉承何种哲学流派，但可以肯定的是，其是相当（如果不是“非常”的话）反对管理研究中的实证主义做法的。虽然我本人在不同时间点（2005 年攻读博士、2008 年国外联培博士、2014 年国外访学）接受了三次以上“管理研究方法”课程的系统训练，但我完全理解并认同其提到的“我比较确定管理研究不可能有任何意义上的‘最佳方法’，理论研究以外，经验研究应该鼓励多元范式、多种方法，尽管不同方法确有‘形式化、结构化’程度的差异”。方法本身应该是多样化的，原因在于研究的问题是多元且答案未知的。问题决定方法，方法源于问题，而非源于研究者本身。但在现实应用中，管理研究者对研究方法的理解、选择与运用，在一定程度上印证了那句谚语——“情人眼里出西施”（Beauty is in the eye of the beholder）。每一位研究者在方法选择上，都是在历史意义和社会意义上的，以往的教育背景、生活阅历、工作积累，以及学术社区和科研考核制度，无一不对研究者决定使用何种方法施加着影响。

马老师在邮件中提到了那一年管理学院的“教学风云”论坛。彼时，人力资源管理系杨龙芳教授作完讲座后，市场营销系韩巍教授展开即兴点评，他们关于管理以及管理教育的见解与智慧引起与会者共鸣！两位教授均以独立思考著称，善于从管理的终极使命视角审视管理实践与管理研究（教学）。管理实践依赖于彼时、彼景，其受制于多个约束条件的妥协与折中。对研究者与学生而言，他们需要理解管理实践的社会性嵌入与历史性嵌入，这样才能更全面、深刻地理解管理的复杂性。正如赖特·米尔斯所言：“单纯经济学意义上的‘价格理论’在逻辑上或许清晰分明，但在经验上却未臻充分。这样一种理论要求我们考察……要求我们关注有关人们的成本预期的心理机制，同时必须理解其领导人……与此类似，要想理解‘利率’，除了非人化的经济机制，往往还要求了解银行家与政府官员之间官方及私人的交往。”甚至于我们在实证研究中强调去人格化，但其依然是一门道德科学，涉及道德命题。从这个意义上看，人的价值，无论在管理实践、管理研究，还是管理的终极目的上，都应该处于主体地位。

论及教师的使命与职责，有句常见且无比断言的话：“教学是良心活。”从道义论上看，它体现了教师至高的道德角色。从义务论上看，它也赋予了教师绝对的责任。该观点拥趸者众，因为它满足了教师的自我价值认同。按孟子的观点，良心与“人之四端”相联系。恻隐之心，仁之端；羞恶之心，义之端；辞让之心，礼之端；是非之心，智之端。对“良心活”观点的认可，其实也是满足了教师对“善”的追求。毕竟，师者，传道授业解惑也。但仔细一想，“良心活”的说法容易陷入普遍意义上道德绑架的陷阱。如果从人性的基本面出发，包括教师在内的任何职业，都需要“良心”，为什么单独赋予教师这一角色呢？要理解这一“存在”背后的逻辑必然，可能需要从历史中去解读。中国古代以及近代的教育更多的是私塾制和学徒制，教育功能的实现依赖于老师的言行来传授，潜移默化、润物无声，知识以隐性方式传承，学生（弟子）在“干中学”“学中干”，长时间跟随老师理解知识并进一步自主去探索知识。“良心”教师倾囊相授，知识得以传授。但今天的大学（本科）教育中，众多知识以显性方式存在，此时老师传授的可能不在于知识本身，而在于鼓励并引导学生去探索未知。如果说，我们所说的良心是指老师倾囊相授，不藏着掖着，把每一份知识尽情传授给学生，那么就显性知识而言，学生完全可以通过大量渠道获取，此时老师更重要的责任是去引导学生发现新的现象，并试图去探索新的可能的知识。从这个意义上说，在这个时代，良心更多指责任与敬业心，而非道德命题。

另外一个关于教师身份的观点是，社会上一般认为大学教师的角色天然地有两种——科研型与教学型，并衍生出教学科研型和科研教学型。以至于在研究生培养中，经常问及学生的是：将来准备读博做科研吗？言下之意，学生不同的目标选择决定了其未来三年的学习内容和学习方式。近几年在管理学院，至少在工商管理学科领域，上述现象有愈演愈烈之势，在师生之间、学生与学生之间，甚至老师之间形成张力。形成这种局面的原因众多，如果我们从知识传授、知识探索、知识应用的链条来看，每位老师都可以在这三个节点上去体现自己的价值。高中和小学阶段，老师的角色更多的是在显性知识的传授上，告诉学生现有的知识。大学阶段，老师在三个节点均可以有角色担当，既要教授现有知识，还要引导学生探索知识，并鼓励学生应用知识，最终解决现实问题，让社会变得更加美好。作为一名大学教师，我们可以基于专长，在其中某一节点上投入更多精力。例如，如果我擅长于讲授，那我在教学上的投入可能会更多。当然，也有老师可能在其中两个甚至三个方面都具有足够专长，也有精力投入，那么他就可以在知识的生成和应用的整个流程当中扮演角色。当我们按照这个逻辑来理解大学老师时，就把过去我们认为教学和科研两者是非此即彼的零和关系，以及产生的张力消解了。这一点其实和韩老师所引用的美国教育家博耶的四种学术类型观点异曲同工。最重要的是，当我们能据此达成共识时，作为学院中的个体，我们就能各美其美、美人之美、美美与共、共创美好！

马老师在文中提到“触目惊心”的学生作业，虽是个案，但在某种程度上也体现了学生对管理的情境缺乏想象力。我经常在大三大四的课堂上问学生：到底什么是管理？成绩优秀的学生能背出来管理的职能就是计划、组织、指挥、协调、控制。但当进一步追问在每个职能上会有什么困难或挑战时，学生相当茫然，这就意味着学生对于管理的情境，以及管理是如何贴近我们的生活等问题理解还不够。当然，“板子”无论打在学生还是老师身上，均有失公允。管理学是一门实践性相当强的学科，让一位几乎没有从事过管理活动的大一或大二学生学习管理类课程，既为难学生，也相当挑战老师。如何把管理的抽象知识以一种学生能够理解、可以意会的方式传授给学生，对于任课老师来说非常不易。一个比较好的做法就是情景导向或者故事导向，让学生去思考如何通过管理让他们所接触的世界变得更美好，然后提出解决思路和方案，最后归纳出管理的一般知识或抽象原则。如此，比开门见山、直截了当地传授管理的显性知识更容易让学生掌握。

最后，谈谈如何看待当前的管理研究（者）。我一直觉得，我们可以以一种包容和开放的心态去看待各种类型的管理研究。虽然目前实证主义研究范式盛行，甚至这一状况在未来相当长一段时间内难以改变，但是可以看到还是有很多学者在质化研究上正付出不懈努力。两种研究能彼此共存，这本身就是一件好事！实证主义研究固然有诸多弊病，但我们不应“连同婴儿一道将洗澡水倒掉”（throw the baby out with the bath-water），而是要让学生接受系统化而非碎片式的研究方法训练，让学生能“知其然且知其所以然”地掌握包括定性与定量、实证与非实证的研究方法。唯此，才能真正达成“问题决定方法”“理论逻辑重于统计逻辑”的共识。此外，在管理教育和管理研究中，要允许不同声音和不同观点的存在，对人、对学问始终保持一种好奇和敬畏之心，只有这样，才能“破”“立”结合、解构与建构同步、情怀与理性并重，这是研究者对话的基础。

请允许我以标题来结束与两位的对话。有效的管理，一定会让我们的工作与生活变得更加美好！这离不开管理教育者在人才培养上的辛勤付出，也离不开各级管理者的认知格局和对管理细微的关注。因为，管理的主体是人，管理的目的也是为人。

这是一次有趣的对话！

祝一切美好如意！

蒋建武

2021 年 10 月 24 日

深圳大学

第二编

课程思政探索

管理类专业课程思政教学改革实施路径探索*

——以绩效管理课程为例

丁婉玲[1]　张　蕾[2]　王　荣[1]

（1. 深圳大学管理学院人力资源管理系；

2. 深圳大学管理学院工商管理专业硕士研究生）

【摘要】本文从高校课程思政的必要性和重要性出发，针对目前存在的误区和问题，以绩效管理课程为例探索高校课程思政教学改革的实施路径。在教学目标定位中以德育目标作为课程目标之首，在教学内容设计中深度融入思政元素以培养学生的政治素养、科学素养、职业素养、人文素养，在教学方法创新中充分利用课程思政资源平台和本土管理实践案例，在教学评价改革中增加课程思政实施情况和学生思政学习成效两个维度。文章最后还对高校课程思政教学改革的实施保障提出了相关建议。

【关键词】课程思政；教学改革；实施路径；绩效管理

一、引言

习近平总书记指出“培养什么人、怎样培养人、为谁培养人”是新时代中国高等教育的根本问题[1]，“青年兴则国家兴，青年强则国家强。青年一代有理想、有本领、有担当，国家就有前途，民族就有希望。[2]”高等教育肩负培养社会主义接班人的重要使命，要坚定不移贯彻党的教育方针，坚决落实立德树人的根本任务。通过实施课程思政教育帮助学生树立正确价值观、增强社会责任感，将来在职业道路上用好所学知识，发挥自身作用为党为国为人民服务。2016 年 12 月，习近平总书记在全国高校思想政治工作会议上指出：“要用好课堂教学这个主渠道，思想政治理论课要坚持在改进中加强……其他各门课都要守好一段渠、种好责任田，使各类课程与思想政治理论课同向同行，形成协同效应。[3]”2020 年 5 月，教育部印发了《高等学校课程思政建设指导纲要》，明确指出专业课程是课程思政建设的基本载体，要深入梳理专业课教学内容，结合不同课程特点、思维方法和价值理念，深入挖掘课程思政元素，有机融入课程教学[4]。新商科人才培养要求在教学目标方面要更注重学生整体“素质”的提升，

* 本研究得到深圳大学 2021 年度研究生教育改革研究项目“研究生课程思政实施路径与效果评价研究”（SZUGS2021JG03）资助。

注重培养具有企业家精神、长远眼光、责任感的商业主导者和管理人才，在教学内容方面除了传统商科采用的西方理论和案例，还要着眼于中国本土的现象和问题，发掘中国优秀管理思想、案例和理论，形成中国特色社会主义的商科教育体系[5]。本文以管理类专业绩效管理课程为例，针对目前高校课程思政教学改革实施的误区和问题，对绩效管理课程的教学目标、教学内容、教学方法、教学评价进行改革，探索推进管理类专业课程思政教学改革实施的具体路径。

二、实施课程思政教学改革的重要意义

实施课程思政教学改革的重要意义主要体现在四个方面。

（一）有助于落实立德树人的根本任务，健全“三全育人”机制

课程思政将价值塑造、知识传授和能力培养三者融为一体，全面贯彻党的教育方针，坚持社会主义办学方向，结合新时代的新要求将立德树人的任务全面落到实处。中共中央、国务院印发《关于加强和改进新形势下高校思想政治工作的意见》，提出坚持全员全过程全方位育人（简称“三全育人”），课程思政的实施主体是专业课教师，在学生入学到毕业的整个过程中都可以发挥重要作用，无论是课堂学习还是社会实践，可从多方面发挥育人功效。因此，探索高校课程思政教学改革实施路径对于落实“全员”“全过程”“全方位”教书育人、科研育人、实践育人具有重要意义[6]。

（二）有助于与思政课程发挥协同效应

在开设传统思政课程的基础上增加课程思政教育是从教育理念、方法和体制三方面进行的改革创新，是增强高校思政课程教学效果的需要[7]。思政课程教学内容丰富、责任重大、使命光荣，在引导学生树立正确的理想信念、家国情怀、道德修养等方面有不可替代的作用。而课程思政教育将专业课与德育内容有机结合，在专业课的授课过程中融入家国情怀，有助于学生在认识自身价值的同时创造更大社会价值，同时能够让学生综合运用所学理论知识联系实际解决思想困惑、价值困惑、情感困惑。课程思政与思政课程的有机结合可发挥协同效应，思政课程为学生思想政治理论的学习打下坚实基础，同时实施课程思政教育，让专业课程全过程覆盖思政元素，最大程度上发挥各种专业课程的育人功效。

（三）有助于提升专业教师思想政治水平

专业教师在学生思想政治教育和价值引领方面扮演重要角色，但目前专业教师在学生思想和德育方面的引导作用的发挥仍存在不足，主要表现为多数专业教师更重视专业理论知识的传授而没有将学生的思想道德教育放在第一位，还有少数专业教师自身的理想信念不坚定，甚至以错误的方式将不正确的、消极的主观看法传递给学生。作为一名教师，只有先“立德”，才能更好地“树人”。课程思政教学改革的实施有助于专业教师有意识地探索和思考如何在课程中融入思政元素，能够帮助教师加深对马

克思主义的理解，促使教师深入学习和体会国情教育和主流价值，帮助教师更准确把握思政教育的内涵和价值，让教师在真正意义上做到言传身教。

（四）有助于学生塑造正确的价值观

在我国高校中，专业课老师占总教师人数的 80%，专业课占课程总数的 80%，大学生将 80%的学习时间分配给专业课，80%的大学生认为专业课教师和课程最能影响自己的价值观[8]。段远鸿和吴佐文两位学者对 20 多个专业的 400 多名学生的读研动机进行了调查，调查结果显示，大多数学生读研是为了获得学历文凭、谋求理想工作、改变命运，而为了“追求学术成就为祖国做贡献”的只占 9. 35%，这反映出当下学生们“功利化”的思想与成为担当民族复兴大任的时代新人的目标还有差距[9]。此外，学术不端、政治立场偏移、思想信念不坚定等种种问题的出现警示高等教育“树人”过程中除了知识传授和能力培养，更要重视正确价值观的塑造。管理学关注的核心问题之一是“人”，价值观正确的管理者有助于良好的管理，而良好的管理不仅有利于实现组织目标，也有利于维护社会的和谐安定，这与“立德树人”的内涵相契合。因此管理类专业课程思政教学改革的实施，对于培养具有正确价值观的未来管理者而言十分重要。

三、课程思政实施的误区与问题

虽然近年来我国高校对课程思政的重视度在不断提升，但仍然存在常见的几种误区：①将“思政课程”与“课程思政”混淆。两者的区别主要在于前者是指思想政治理论课，后者是挖掘各门课程中的潜在思想政治资源，使课程发挥思想政治教育功能。不能混淆两者的概念，而是要让“课程思政”与“思政课程”发挥协同效应，实现“1+1>2”的效果。②认为课程思政的实施是要消减各门课程知识传授和能力培养功能。课程思政是从立德树人的角度出发，发现容易被忽略和遗忘的思政内容和价值观念，寓价值观引导于知识传授和能力培养之中[10]。③认为课程思政只是将思政元素简单嵌入各门课程。例如从专业课的时间中划分出小部分生硬地教授思政内容，而不是将思政教育融入专业课全过程，导致思政教育与专业课完全割裂开来。④认为课程思政是专业课的外包装。过多注重形式而忽略了内容的质量，且未能以学生乐于接受的方式将思政教育融入教学方式和实践中，未达到课程思政的预期教学目标。以上几种误区反映出，高校没有真正理解课程思政不是急于求成的生搬硬套，而应该是由表及里、由远及近地进行引导式教学，达到润物无声的效果。[11]

除了在认识理解上对课程思政存在误区，高校在实施课程思政方面还存在两方面问题。一方面是教师的重视程度和相应能力的问题。教师的教学质量和教育效果很大程度上取决于自身思想观念、能力素质和知识储备。目前大多数高校专业课任课教师对于课程思政的必要性与重要性认识不足，高校传统的职责划分使得专业课任课教师认为思政教育任务主要由思政教师或辅导员承担，因此教师在制定教学目标时，主要关注对专业知识的传授，而忽略了对学生思想政治方面的教育。部分教师具备课程思政的意识和想法，但对于如何深度发掘专业知识中蕴含的思政元素、思政资源仍然存在困惑，苦于目前没有相关的系统性培训，该部分教师在实施课程思政的过程中感到困难重重。另一方面是高校管理体系设计和管理制度实施的问题。首先，在国家提出健全“三全育人”机制之前，高校确实存在把思想政治教育工作的重任放在思政课程和思政教师上的问题，虽然理解“育人”是每一位教师的职责，但高校并没有明确提出专业课程的思政教育具体要求。其次，高校没有注意专业教师在授课过程中对学生思想政治进行引导培育的重要价值，没有对课程思政实施相应的激励机制，造成课程思政教学改革的实践缺乏外部驱动力。最后，适用于课程思政教学的资源非常稀缺，如果校方不能提供丰富的思政资源或平台，会影响课程思政实施的效率和效果。目前，这些问题的存在对我国高校有效开展课程思政教学改革形成了较大的阻力。

四、绩效管理课程思政实施路径

（一）课程思政教学目标定位

课程教学目标是教学内容安排、教学方法选择和教学效果评价的重要依据[12]。以往的专业课程教学目标主要强调知识传授和能力培养两个方面。这也是以往高校思政教育主要依托思政课程进行的一个原因。教育部发布的《高等学校课程思政建设指导纲要》明确指出，全面推进课程思政建设，就是要寓价值观引导于知识传授和能力培养之中。课程思政强调在传授课程知识的基础上引导学生将所学到的知识和技能转化为内在德行和素养，注重将学生个人发展与社会发展、国家发展结合起来，帮助学生解答思想困惑、价值困惑、情感困惑，激发其为国家学习、为民族学习的热情和动力，帮助其在创造社会价值过程中明确自身价值和社会定位。因此，绩效管理课程的教学目标是：将价值引领置于课程目标之首，统领知识传授与能力培养两个课程目标，倡导并践行将辩证唯物主义、社会主义核心价值观、中国优秀传统文化、中国特色社会主义思想融入知识传授过程，将提高学生的思想道德素养、培育学生服务国家服务人民的社会责任感和家国情怀融入能力培养过程。

（二）课程思政教学内容设计

1. 融入中国特色社会主义思想，培养政治素养

习近平总书记指出，“中国特色社会主义进入了新时代，我国经济发展也进入了新时代”。新一轮科技革命和产业革命正在进行中，互联网、云计算、大数据等新型技术与模式正在深刻改变人们的思维、生产、生活和学习方式。将新技术融入商科课程，用新理念、新模式、新方法为学生提供综合性跨学科教育的新商科建设要求全面贯彻党的教育方针，坚持用习近平新时代中国特色社会主义思想铸魂育人[5]。要紧密结合我国的经济发展和治国理政的实际，结合中国企业的本土化实践，挖掘新中国成立以

来我国国有企业的优秀管理案例、成功做法，用事实和实践说话，讲好中国故事，让学生对中国特色社会主义的经济发展、企业管理理论与实践等有深刻认识，提升学生的民族自豪感与认同感，从学生内心深处激发其爱国热情[13]。用当代中国成就鼓舞学生，让学生知晓中国企业付出的努力、获得的成绩、奋斗的精神，引导学生与我国的经济发展和社会进步产生共情，对中国特色社会主义道路坚定不移。

2. 融入辩证唯物主义，培养科学素养

为实现课程思政教育的教学目的，教师可以将辩证唯物主义融入专业知识的传授中，以培养学生的科学思维和科学素养[14]。辩证唯物主义认为，矛盾是普遍存在的，矛盾就是对立统一，在对立中把握统一，在统一中把握对立，要坚持用矛盾的观点看问题。基于辩证唯物主义理解绩效管理的目的，重在理解绩效管理最终是要实现组织与个人的共同发展（统一），而同时也要理解在绩效评价当中被评价者与评价者容易形成对立的关系。此外，审视绩效管理的实施不能只看表面现象，员工对绩效管理体系的态度、管理者对绩效管理体系的态度、绩效指标达成情况等都只是现象，辩证唯物主义指出要通过分析现象认识事物的本质，只有认识到绩效管理问题的本质才有可能真正解决问题，从而通过绩效管理实现企业战略目标。

3. 融入社会主义核心价值观，培养职业素养

价值引领是课程思政教育的核心，在专业知识传授过程中融入社会主义核心价值观有助于培养学生的职业理想和职业素养[15][16]。社会主义核心价值观是从国家、社会和个人三个层面对社会主义核心价值体系的高度凝练。富强即国富民强，是社会主义现代化国家经济建设的应然状态，是中华民族的美好愿景，也应该是每一位从事管理工作的职业人士追求的理想。国家经济建设发展离不开优秀的企业，企业的发展离不开优秀的管理，国富民强的价值观应该从学习管理学专业开始就扎根于学生的价值观体系中。而成为一名优秀的管理者还需要具备良好的职业素养，如何保证绩效管理体系的公平性，如何遵守绩效管理中的伦理道德准则是绩效管理课程思政教育内容中的重点。社会主义的公正理念是以人为本的公正理念。无论是程序公平、互动公平，还是分配公平，绩效管理体系中的绩效评价应该给予被评价者以公正的判断，避免被评价者产生不公平感，不公平感会导致组织中个体的敬业度、满意度等下降。社会主义核心价值观中的平等包括不同层面和不同内容，例如权利平等、机会平等。一个合理的绩效管理体系应该使每个人都能拥有适合自己发展的资源和机会，让个体在平等的资源和机会基础上为组织创造价值。社会主义核心价值观中的敬业是职业道德的核心要求，诚信和友善是个人品德的核心要求。教师在专业知识传授过程中，不仅要明确管理者应该承担绩效管理的重要责任，还要强调管理者应该遵守以尊重员工个人隐私、保护员工个人绩效数据为重要内容的职业伦理道德。

4. 融入中国优秀传统文化，培养人文素养

绩效管理的课程思政教育实施要挖掘中华优秀传统文化中生动体现绩效管理的资

源，凸显中国特色社会主义的价值导向。中华民族有五千多年文明历史所孕育的优秀传统文化，文化特征与西方社会的文化特征存在明显差别，管理行为也会产生差别[17]。中国儒家文化认为“人之初，性本善”，这样的人性假设提醒管理者应该把员工视为主动努力工作为组织创造价值的个体，在实施绩效管理时更多的是通过目标的设定激励员工产生高绩效，而不是通过惩罚措施的设定警告员工不要在工作中懈怠。道家文化提出“无为”，意在强调要按照事物自身的法则来进行管理。违背事物本身规律的刚性管理恰恰容易走向反面。因此，在实施绩效管理时不宜违背个体与工作本身的规律，而是应该顺应规律制定管理措施。产生于西方文化的绩效管理理论在中国情境下的适用性是有限的，教师在知识传授过程中要帮助学生深入理解中华优秀传统文化的重要思想，并启发学生将这些思想与绩效管理相结合，实施更适合中国文化环境的绩效管理。

表 1　绩效管理课程中的思政元素及融入方式

章节知识内容	思政元素内容	思政元素融入方式
绩效管理的目的	辩证唯物主义	通过课堂讲授帮助学生理解组织发展与个体发展之间的对立统一关系，从而掌握绩效管理的目的
绩效管理体系的设计	辩证唯物主义	通过案例研讨帮助学生理解如何通过分析现象达到对事物本质的认识，从而采取更加适用的绩效管理体系
绩效管理的公平性	社会主义核心价值观	通过阅读文献帮助学生理解绩效管理中公平的重要性
绩效管理的伦理性	社会主义核心价值观	通过课堂讲授帮助学生认识绩效管理的伦理道德标准，例如尊重员工的个人隐私
绩效管理与文化	中国传统文化	通过案例研讨学习中国传统文化对绩效管理的影响
绩效管理实例	中国特色社会主义思想	通过参观学习了解优秀本土企业的制度建设与绩效管理实践

（三）课程思政教学方法创新

高校专业课程以往主要采取线下教学方式进行授课，2012 年美国三大 MOOC（Massive Open Online Courses，大规模在线开放课程）平台的推出引起了国内教育机构和互联网企业的共同关注，2014 年中国大学 MOOC 上线，其成为高等学校在线开放课程建设的重要平台，2020 年新冠肺炎疫情的暴发促使线上教学方式得到大规模使用并快速发展。这为绩效管理课程思政教学方法的改革奠定了从线下教学转为线上线下混合教学的重要基础，同时教师可以充分结合翻转课堂的教学模式进行授课。教师让学生课前在中国大学 MOOC、学习强国、新华思政等平台上学习绩效管理在线课程片段或者微课，教师在课堂上根据学生课前学习内容组织讨论，鼓励学生课后在 Blackboard（数位教学平台）平台上发表观点和体会。线上平台教学资源是对课程资源的极大丰富，在线学习让学生能较好地利用课余的碎片化时间，并且让授课教师可以将更多精力投入到课堂讨论的组织和思想政治教育当中，以启发式的教学方式引导学生思考和表达。学生在课堂上的参与度将得到提高，从被动接受知识传授转为主动参与知识研讨。这有助于学生对知识点的理解和掌握，也有助于教师对学生思想情况的观察和引导。绩效管理课程所涉及的理论主要产生于西方文化背景，教材中提及的国外案例较多。教师需要加大本土案例的比重，并通过实地参观学习，让学生直观地对本土企业的管理实践进行近距离的观察，再组织参观之后的案例研讨，增强学生的“四个自信”，培养学生的家国情怀和爱国主义精神。

（四）课程思政教学评价改革

课程思政评价是检验课程思政目标是否达成的有效手段，应采用多维度的评价方法[18]。以绩效管理课程为例，该课程由价值引领目标统领知识传授和能力培养两个目标，将辩证唯物主义、社会主义核心价值观、中国优秀传统文化、中国特色社会主义思想融入知识传授过程，将提高学生的思想道德素养、培育学生服务国家服务人民的社会责任感和家国情怀融入能力培养过程。因此对该课程思政教育的评价可以从两个方面展开：一是对教师的课程思政实施情况进行评价，包括教学大纲、教案中思政元素的体现、学生对教学过程中思政教育的反馈；二是对学生的思政学习成效进行评价[19]，从政治素养、科学素养、职业素养、人文素养四个维度进行评价，评价的方式可以多元化，甚至嵌入到课程报告、期末试卷、课堂陈述的评价当中。

五、结语

高校专业课程思政教育是培养社会主义接班人的重要举措，是落实立德树人、推进“三全育人”的关键任务。绩效管理课程在教学目标定位、教学内容设计、教学方法创新、教学评价改革四个方面进行探索，将价值引领置于课程目标之首，统领知识传授与能力培养两个课程目标，充分利用课程思政平台资源，采取线上线下混合教学与翻转课堂相结合的方式，将辩证唯物主义、社会主义核心价值观、中国优秀传统文化、中国特色社会主义思想融入知识传授过程，将提高学生的思想道德素养、培育学生服务国家服务人民的社会责任感和家国情怀融入能力培养过程，从课程思政实施情况和学生思政学习成效两个方面进行评价。

课程思政的有效实施需要多方面的保障，高校应该为课程思政的建设提供组织保障、制度保障和资源保障。在组织保障方面，从学校到二级学院应成立课程思政工作领导小组，负责领导和推进课程思政建设工作的开展，相关职能部门要加强分工合作、协同配合、定期沟通。在制度保障方面，要健全和完善课程思政实施的管理制度体系，在教师培训、考核评价、评优奖励等方面将课程思政列入重点；将课程思政教育教学纳入教师岗前培训、在岗教育、教学能力培训和师德师风培训中；在课程教学效果评价中有机融合思政学习成效考核，形成学生端闭环评价反馈；将课程思政教育教学的实施纳入教师考核指标，对课程思政教学改革工作扎实、效果良好的个人及团队给予奖励和表彰。在资源保障方面，要支持教学单位和教师个人建设课程思政资源及平台，课程思政资源的建设需要不断积累和共享互通，平台的建设和利用有助于提高课程思政实施效率和效果。充足且良好的组织保障、制度保障和资源保障是推进高校课程思政建设的重要基础，也是保证高校课程思政建设效果的重要条件。

参考文献

[1] 习近平主持召开学校思想政治理论课教师座谈会强调　用新时代中国特色社会主义思想铸魂育人　贯彻党的教育方针落实立德树人根本任务　王沪宁出席 [J]. 人民教育，2019 (7)：6-8.

[2] 习近平．决胜全面建成小康社会　夺取新时代中国特色社会主义伟大胜利——在中国共产党第十九次全国代表大会上的报告 [EB/OL]. http：//www. 12371. cn/2017/10/27/ARTI1509103656574313. shtml，2017-10-18.

[3] 张烁．习近平在全国高校思想政治工作会议上强调：把思想政治工作贯穿教育教学全过程　开创我国高等教育事业发展新局面 [EB/OL]. http：//dangjian. people. com. cn/n1/2016/1209/c117092-28936962. html，2016-12-09.

[4] 中华人民共和国教育部．关于印发《高等学校课程思政建设指导纲要》的通知 [EB/OL]. (2020-06-01). [2021-09-05]. http：//www. moe. gov. cn/srcsite/A08/s7056/202006/t20200603_462437. html.

[5] 张春萍．加强新商科课程思政建设的路径探析 [J]. 中国高等教育，2021 (10)：37-39.

[6] 中共中央　国务院．关于加强和改进新形势下高校思想政治工作的意见 [EB/OL]. (2017-02-27). [2021-09-05]. http：//www. gov. cn/xinwen/2017-02/27/content_ 5182502. html.

[7] 武亚珍．高校"课程思政"与思政课程协同育人的难点与对策 [J]. 黎明职业大学学报，2019 (4)：3-9.

[8] 中华人民共和国教育部．在北京大学师生座谈会上的讲话 [EB/OL]. (2018-05-02). [2021-09-05]. http：//www. moe. gov. cn/jyb_ xwfb/moe_ 176/201805/t20180503_ 334882. html.

[9] 段远鸿，吴佐文．国内研究生思政教育水平现状和提升路径研究 [J]. 教育学术月刊，2020 (10)：106-111.

[10] 龚一鸣．课程思政的知与行 [J]. 中国大学教学，2021 (5)：77-84.

[11] 丁义浩．"课程思政"建设须打破三个误区 [N]. 光明日报，2021-01-13 (2).

[12] 郭玲香，赵红，杨洪，房雷，孙莹，姜勇，李敏．有机化学实验课程思政教学的研究与实践 [J]. 东南大学学报（哲学社会科学版），2020，22 (S2)：137-139.

[13] 王伟，黄颖．讲好金融故事："金融学"课程思政改革的有效路径 [J]. 思想理论教育导刊，2021 (3)：112-116.

[14] 胡芳东，夏其英，李琳，姜晓蕾．践行立德树人　聚焦课程思政——以无机化学为例 [J]. 化学教育（中英文），2021，42 (16)：43-48.

[15] 陈志勇，叶桦畅，张笑钦．计算机类专业的课程思政：核心元素、基本原则与实施策略 [J]. 中国大学教学，2021 (4)：34-38+65.

[16] 周谦，赵娟．“课程思政”视阈下财务管理学课程教学改革探索［J］．财会通讯，2021（11）：165-168.

[17] 赵海月．“大思政”育人为本意涵研究——以管理学门类“课程思政”的建构为例［J］．中国青年社会科学，2021，40（2）：47-53.

[18] 谢幼如，邱艺，黄瑜玲，章锐．智能时代高校课程思政的设计理论与方法［J］．电化教育研究，2021，42（4）：76-84.

[19] 张武，程绍玲，贾青竹．环境化学课程思政内涵建设与实践［J］．化学教育（中英文），2021，42（16）：77-81.

大学生思政课满意度影响因素研究

——基于深圳大学的调查数据

王　浩　刘　惠　许洁婷　卢倬希　林齐杨　潘翔飞　李　彤
（深圳大学管理学院工商管理系）

【摘要】 思政课是高校素质教育落实的关键课程，目前的思政课相关研究仍处于理论为主的阶段，实证研究存在一定的缺口。基于此，本文对来自深圳大学各院系的182位学生进行了思政课满意度的相关问卷调查以探索影响学生满意度的关键因素，同时挖掘学生重视的思政课教师特性。经调查研究发现，影响学生满意度的因素随着不同的思政课有不同的表现，同样地，学生对不同思政课教师特性的重视程度也存在一定的区别。基于此，本文分析了大量影响学生思政课满意度的因素，研究了学生对不同教师特性的需求，并提出了相关建议，以期为高校在思政课改进方面提供参考，同时协助教师从自身出发改善学生思政课满意度。

【关键词】 思政课满意度；影响因素；SPSS；信度分析

一、引言

大学思想政治课有利于帮助学生了解并掌握中国特色社会主义理论的基本内容，树立辩证唯物主义和历史唯物主义的世界观，坚定拥护中国共产党、拥护社会主义，培养现代公民意识。

在大学，思政课的地位十分重要。本文通过对大学生思政课满意度进行调查，分析影响大学生对思政课满意度的因素。本次研究最终目的是找出提高学生对思政课满意度的方法。

在大学思政课的学习中，学生对思政课的满意度取决于很多因素，比如课程考核、教学方式等。但在与学生的交流过程中，研究小组发现，学生的评价过于侧重其中的某一点，比如甲同学因为老师的教学方式而对这门课有特别深的印象，乙同学因为课程的考核方式过于苛刻而颇有怨言。研究小组认为这些评价过于片面，不能综合反映学生对这门课的满意度，于是决定制作一份能够综合反映学生对深圳大学思政课满意度的问卷，通过问卷调查的方式收集研究数据，然后对学校的思政课满意度水平进行数据分析，并根据数据分析的结果对深圳大学思政课的教学开展提供一些可供参考的建议。

二、理论基础与研究假设

（一）理论基础

1．学生满意度

学生满意度是反映、监测和评估教学质量的一个重要指标和维度。“学生满意度”

是从市场经济中“客户满意度”这一概念演变而来的。早在20世纪60年代，美国部分学者在对高等教育进行深入研究时，就借用了消费者满意度理论构建了学生满意度模型。不同学者对于学生满意度的概念内涵界定存在较大的差异。Belilyukova 等认为，虽然很多教育机构利用学生满意度来衡量教育质量和学生发展，但对于学生满意度的内涵并没有形成统一的认知。满意度概念常常用来衡量不同行业的服务质量。而学生满意度则是用来对高等教育质量进行有效评价，从而发现高等教育中存在的具体问题。当前学者主要从两个维度来界定学生满意度的内涵：一是从心理角度来定义，提出学生满意度就是学生在亲身经历学校教育后在心理上所产生的情感、态度等，是学生对于学校教育的主观看法；二是从需要角度来定义，提出学生对比在学校的实际感知和对学校期望后形成满意度。

2. 满意度评价指标体系

基于李珂关于大学生求学满意度的探讨，以及赵军的基于学生满意度的高校本科教学质量调查研究，本文提出思政课满意度指标体系（见图1）。在此指标体系中，思政课满意度由课程内容（包含课程内容合理性、课程内容创新性）、教师特性（包含授课艺术、教具应用、备课情况、师生交流、组织教学）、教学效果（包含学生课程兴趣、学生学习效率、学生专业技能）以及教学考核（包含期末考核合理性、平时考核合理性）决定。

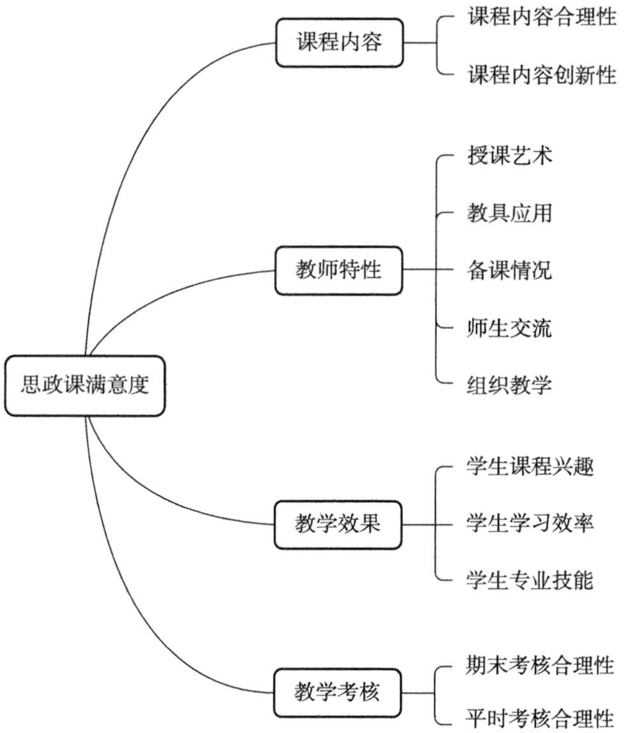

图1 思政课满意度指标体系

（二）研究假设

1. 课程内容与思政课评价

本次研究以深圳大学思政课的教学评价为对象，包括思想道德修养与法律基础、中国近现代史纲要、马克思主义基本原理概论以及毛泽东思想和中国特色社会主义理论体系概论四门课程。以大学生课程满意度为出发点，研究思政课的整体教学质量水平，探索影响学生对思政课评价的主要因素。

随着教学体制的不断改革和完善，思政课作为高校落实立德树人根本任务的关键课程，其课程内容的设置应随着时代发展变化对高校学生提出的新要求而进行不断的调整。因为思政课课程内容大部分属于抽象的理论，所以，有效调动学生的兴趣、全方位地提高学生的素养是思政课内容设置的主要难点。课程内容设置是学生体验的基础，是影响学生满意度的一大因素。基于此，本文提出如下假设：

H1：课程内容对思政课满意度有显著的正向影响；

H1a：课程内容合理性对思政课满意度有显著的正向影响；

H1b：课程内容新颖性对思政课满意度有显著的正向影响；

H1c：课程知识面广泛性对思政课满意度有显著的正向影响；

H1d：课程知识易获取性对思政课满意度有显著的正向影响。

2. 教师特性与思政课评价

教师的优良特性是课程质量的基本保证，也是学生满意度的基石。教师优秀的教学水平，如讲话风趣幽默，则有利于为学生营造出良好的课堂氛围，能提高学生的学习兴趣。教师的备课情况和教具应用是教师教学水平的重要体现，教师备课充分、科学合理地使用教具是思政课程质量的基本保证，也是学生对思政课程满意的基础。师生之间的交流直接影响学生对思政课程的感知，显著影响学生对思政课程的满意度。学生的反馈在得到老师的重视之后，学生也会产生正向的感知价值，包括对课程的认可以及对自我的认可。如果学生的反馈没有得到正确的引导，会给学生带来消极的感知情绪，并产生恶性循环。基于此，本文提出如下假设：

H2：教师特性对思政课满意度有显著的正向影响；

H2a：授课艺术对思政课满意度有显著的正向影响；

H2b：教具应用对思政课满意度有显著的正向影响；

H2c：备课情况对思政课满意度有显著的正向影响；

H2d：师生交流对思政课满意度有显著的正向影响；

H2e：组织教学对思政课满意度有显著的正向影响。

3. 教学效果与思政课评价

在吴雪和黄小龙的研究中，教学效果对思政课满意度产生显著作用。学生在课堂上能否积极参与教学互动过程，能否在课堂上高效掌握思政理论知识，能否在思政课程学习中提升素养和技能，都是对思政课教学效果的反映。教学效果对学生思政课满意度产生显著的影响。基于此，本文提出如下假设：

H3：教学效果对思政课满意度有显著的正向影响；

H3a：学生课程兴趣对思政课满意度有显著的正向影响；

H3b：学生学习效率对思政课满意度有显著的正向影响；

H3c：学生专业技能对思政课满意度有显著的正向影响。

4. 课程考核与思政课评价

思政课考核的合理性是影响大学生对思政课满意度的重要因素。思政教师的教学效果和学生在思政课上的学习成效在一定程度上可通过课程考核的结果反映出来。课程考核作为学生完成学习任务的重要一环，无论是期末考核，还是平时考核，考核的合理性都会影响学生对课程的满意度。基于此，本文提出如下假设：

H4：课程考核对思政课满意度有显著的正向影响；

H4a：期末考核合理性对思政课满意度有显著的正向影响；

H4b：平时考核合理性对思政课满意度有显著的正向影响。

三、深圳大学学生思政课满意度分析

（一）变量选取与测量

因变量：学生对学校思政课程的满意度。

自变量：思政课程的内容、思政课程的教学、思政课程的考核。

其他信息：性别、年级。

自变量通过下设具体指标进行测量：

“课程内容”下设指标：课程内容编排的合理性；课程内容的创新性；课程的知识面；课程知识是否简单易懂。

“课程教学”下设指标：课程教学开展方式的科学性；教师的用心程度；课程作业安排的合理性；学生与教师间的沟通；教师能否充分采纳学生的合理意见。

“课程考核”下设指标：期末考试难度的合理性；期末总成绩发布比例的合理性。

（二）调查对象与数据收集

根据研究主题，本次研究对象选定为深圳大学的在校学生。

研究小组在问卷星平台发布调查问卷，并通过微信、QQ 等线上社交平台转发。被调查对象涵盖不同年级、不同性别的学生，后续回收的数据具有随机性。

问卷为三个维度，研究小组选择李克特量表，进行正向计分，将满意度划分为五个不同等级的选择，即“非常不满意”到“非常满意”，分别对应分数为 1~5 分。

最终回收样本 190 份，其中有效问卷数量为 182 份，有效问卷回收率高达 95.7%。问卷调查具有可靠性。学生个人信息统计见表 1。

表 1　学生个人信息统计

基本情况	指标	样本数	百分比（%）
性别	男	86	47. 25
	女	96	52. 75
年龄	20 岁及以下	103	56. 59
	21~30 岁	78	42. 86
	31 岁及以上	1	0. 55
学历	大专及以下	1	0. 55
	本科	172	94. 51
	硕士研究生（含在读）	7	3. 85
	博士研究生及以上（含在读）	1	0. 55
政治成分	中共党员	13	7. 14
	共青团员	153	84. 07
	其他	16	8. 79
是否有宗教信仰	是	14	7. 69
	否	168	92. 31
专业类别	哲学	2	1. 10
	经济学	19	10. 44
	法学	14	7. 69
	教育学	4	2. 20
	文学	7	3. 85
	历史学	2	1. 10
	理学	16	8. 79
	工学	50	27. 47
	农学	0	0
	医学	4	2. 20
	管理学	57	31. 32
	艺术学	3	1. 65
	军事学	0	0
	其他	4	2. 20

（三）量表效度分析

基于数据对量表题项进行效度分析（见表2）。

表2　KMO和巴特利特球形度检验

KMO取样适切性量数		0.933
巴特利特球形度检验	近似卡方	1527.661
	自由度	66
	显著性	0.000

由表2可知，量表KMO值为0.933，大于0.6；巴特利特球形度检验的卡方为1527.661，效度较高，适合进行探索性因子分析。

（四）因子分析

运用SPSS进行降维因子分析，最终提取出三个主成分（见表3）。

表3　总方差解释

成分	初始特征值			提取载荷平方和			旋转载荷平方和		
	总计	方差百分比（%）	累计（%）	总计	方差百分比（%）	累计（%）	总计	方差百分比（%）	累计（%）
1	7.319	60.994	60.994	7.319	60.994	60.994	3.801	31.676	31.676
2	0.937	7.809	68.802	0.937	7.809	68.802	2.824	23.534	55.210
3	0.675	5.628	74.431	0.675	5.628	74.431	2.306	19.220	74.431
4	0.565	4.711	79.142						
5	0.473	3.942	83.084						
6	0.409	3.412	86.496						
7	0.365	3.041	89.537						
8	0.308	2.564	92.100						
9	0.285	2.374	94.475						
10	0.259	2.159	96.634						
11	0.207	1.722	98.356						
12	0.197	1.644	100.000						

注：提取方法为主成分分析法。

由表3可得，共能抽取三个主成分，解释了原有变量总方差的74.431%，可见因子分析效果理想，量表结构效度好。旋转后的成分矩阵见表4。

表4　旋转后的成分矩阵[a]

	成分		
	1	2	3
请问您对选项——课程的课程内容合理性满意度如何？	0.788	0.358	0.173
请问您对选项——课程的教师备课情况满意度如何？	0.704	0.300	0.365
请问您对选项——课程的课程内容创新性满意度如何？	0.671	0.498	0.104

续表

	成分		
	1	2	3
请问您对选项——课程的教师教具应用（现代化教学手段和教具、多媒体教学手段应用情况）满意度如何？	0.665	0.395	0.319
请问您对选项——课程的教师授课艺术（教师授课思路、授课逻辑、语言谈吐等）满意度如何？	0.663	0.282	0.453
请问您对选项——课程的教师组织教学情况（教师是否按时实施教学计划，教师缺课、调课、早退、拖堂等情况）满意度如何？	0.637	0.025	0.604
请问您对选项——课程的师生交流情况满意度如何？	0.631	0.400	0.306
请问您对选项——课程的学生学习效率情况满意度如何？	0.257	0.838	0.223
请问您对选项——课程的学生专业技能学习情况满意度如何？	0.346	0.803	0.214
请问您对选项——课程的学生课程兴趣情况满意度如何？	0.493	0.595	0.231
请问您对选项——课程的期末考核合理性满意度如何？	0.236	0.195	0.842
请问您对选项——课程的平时考核合理性满意度如何？	0.254	0.470	0.713

注：提取方法为主成分分析法。旋转方法为凯撒正态化最大方差法。
a. 旋转在9次迭代后已收敛。

根据旋转后的成分矩阵，可对提取的三个主成分进行准确命名：课程内容与教学、课程效果、课程考核。成分得分系数矩阵见表5。

表5 成分得分系数矩阵

	成分		
	1	2	3
请问您对选项——课程的课程内容创新性满意度如何？	0.277	0.091	−0.280
请问您对选项——课程的教师教具应用（现代化教学手段和教具、多媒体教学手段应用情况）满意度如何？	0.224	−0.028	−0.054
请问您对选项——课程的课程内容合理性满意度如何？	0.413	−0.098	−0.246
请问您对选项——课程的教师授课艺术（教师授课思路、授课逻辑、语言谈吐等）满意度如何？	0.215	−0.144	0.094
请问您对选项——课程的教师备课情况满意度如何？	0.282	−0.135	−0.014
请问您对选项——课程的师生交流情况满意度如何？	0.198	−0.005	−0.051
请问您对选项——课程的教师组织教学情况（教师是否按时实施教学计划，教师缺课、调课、早退、拖堂等情况）满意度如何？	0.249	−0.377	0.290
请问您对选项——课程的学生课程兴趣情况满意度如何？	0.021	0.243	−0.090
请问您对选项——课程的学生学习效率情况满意度如何？	−0.293	0.570	−0.025
请问您对选项——课程的学生专业技能学习情况满意度如何？	−0.196	0.497	−0.069
请问您对选项——课程的平时考核合理性满意度如何？	−0.341	0.180	0.506
请问您对选项——课程的期末考核合理性满意度如何？	−0.283	−0.069	0.680

注：提取方法为主成分分析法。旋转方法为凯撒正态化最大方差法。组件得分。

（五）思政课影响因素回归分析

将 3 个因子的得分与降维后的总满意度进行回归分析，其中总满意度为因变量，3 个因子的得分为自变量。模型摘要见表 6。

表 6　模型摘要[b]

模型	R	R^2	调整后 R^2	标准估算的错误	更改统计					德宾-沃森
					R^2 变化量	F 变化量	自由度 1	自由度 2	显著性 F 变化量	
1	0.806[a]	0.650	0.644	0.59679545	0.650	110.064	3	178	0.000	2.181

注：a. 预测变量（常量），课程考核，课程效果，课程内容与教学。
b. 因变量 Zscore：请问您对选项——课程的总满意度如何？

模型系数见表 7。

表 7　模型系数[a]

模型		未标准化系数		标准化系数	t	显著性	共线性统计	
		B	标准错误	Beta			容差	VIF
1	（常量）	-3.996	0.233		-17.115	0.000		
	课程内容与教学	0.648	0.047	0.612	13.795	0.000	1.000	1.000
	课程效果	0.408	0.043	0.417	9.404	0.000	1.000	1.000
	课程考核	0.325	0.046	0.315	7.100	0.000	1.000	1.000

注：a. 因变量 Zscore：请问您对选项——课程的总满意度如何？

标准化模型方程为：

课程满意度 = 0.612×课程内容与教学+0.417×课程效果+0.315×课程考核

由此知道教师课程教学和课程内容对满意度的影响最大。因此对教师教学进行差异分析。

（六）教师教学特性的方差分析

主体间因子见表 8。

表 8　主体间因子

		值标签	个案数
请问您对选项——课程的教师授课艺术（教师授课思路、授课逻辑、语言谈吐等）满意度如何？	1	1	4
	2	2	6
	3	3	40
	4	4	60
	5	5	72

续表

		值标签	个案数
请问您对选项——课程的教师教具应用（现代化教学手段和教具、多媒体教学手段应用情况）满意度如何？	1	1	4
	2	2	10
	3	3	55
	4	4	62
	5	5	51
请问您对选项——课程的教师备课情况满意度如何？	1	1	5
	2	2	6
	3	3	33
	4	4	72
	5	5	66
请问您对选项——课程的师生交流情况满意度如何？	1	1	4
	2	2	10
	3	3	46
	4	4	70
	5	5	52
请问您对选项——课程的教师组织教学情况（教师是否按时实施教学计划，教师缺课、调课、早退、拖堂等情况）满意度如何？	1	1	4
	2	2	4
	3	3	36
	4	4	64
	5	5	74

主体间效应检验见表9。

表9　主体间效应检验

因变量：请问您对选项——课程的总满意度如何？

源	Ⅲ类平方和	自由度	均方	F	显著性
修正模型	100.353[a]	19	5.282	18.261	0.000
截距	321.215	1	321.215	1110.581	0.000
教师授课艺术	2.707	3	0.902	3.120	0.028
教师教具应用	1.428	3	0.476	1.646	0.181
教师备课情况	9.329	4	2.332	8.064	0.000
师生交流	3.839	4	0.960	3.319	0.012
教师组织教学	0.270	4	0.068	0.234	0.919
误差	46.856	162	0.289		
总计	2964.000	182			
修正后总计	147.209	181			

注：a. $R^2=0.682$（调整后 $R^2=0.644$）。

由表 9 可知，教师授课艺术、教师备课情况、师生交流的概率 p 值均小于显著性水平 a（0.05），通过检验，它们对总满意度有显著影响。而教师教具应用和教师组织教学的概率 p 值大于显著性水平 a，没有通过检验，说明教师教具应用和教师组织教学对学生对课程的总满意度影响有限。

四、研究结果与讨论

（一）学生整体满意度的分布情况

学生对思政课持比较满意态度的居多，很满意和一般占比相当。反映思政课的满意度处于比较优秀的水平，但仍有较大的上升空间（见表 10）。

表 10　学生整体满意度的分布情况

	小计	比例
很不满意	3	1.65%
比较不满意	6	3.30%
一般	49	26.92%
比较满意	74	40.66%
很满意	50	27.47%
本题有效填写人次	182	

（二）不同思政课程满意度评价

思想道德修养与法律基础、毛泽东思想和中国特色社会主义理论体系概论的课程内容与教学得分较高，中国近代史纲要、马克思主义基本原理概论的得分较低。分析其原因，近代史的内容大部分学生在初中、高中已经进行过多次的学习，在课程内容上不具备特色。而马克思主义基本原理概论很多学生在之前没有接触过，属于全新的内容，难度也比较大，十分考验老师的教学能力。

课程效果方面，思想道德修养与法律基础、中国近代史纲要得分较低，马克思主义基本原理概论、毛泽东思想和中国特色社会主义理论体系概论得分较高。思想道德修养与法律基础和中国近代史纲要难度比较小，学生在学习的过程中收获的新知识和新见解相对较少。马克思主义基本原理概论、毛泽东思想和中国特色社会主义理论体系概论偏向理论，层次更高，对学生的思想意识和行动力有非常大的指导作用。

也正因为上述原因，思想道德修养与法律基础、中国近代史纲要的课程考核得分更高，毛泽东思想和中国特色社会主义理论体系概论、马克思主义基本原理概论则因为难度更大而在课程考核满意度方面得分较低（见表 11）。

表 11 不同思政课程满意度评价

课程名称及指标		课程内容与教学	课程效果	课程考核
中国近代史纲要	平均值	3.0024	2.3243	3.1304
	个案数	67	67	67
	标准偏差	0.92340	0.87655	0.82578
思想道德修养与法律基础	平均值	3.2157	2.3080	3.2962
	个案数	49	49	49
	标准偏差	0.92929	1.02509	0.85794
毛泽东思想和中国特色社会主义理论体系概论	平均值	3.2338	2.4248	3.0268
	个案数	42	42	42
	标准偏差	0.97078	1.26435	1.15535
马克思主义基本原理概论	平均值	2.9432	2.3734	3.0920
	个案数	24	24	24
	标准偏差	0.98602	0.97918	1.19365
总计	平均值	3.1054	2.3496	3.1461
	个案数	182	182	182
	标准偏差	0.94418	1.02219	0.96806

（三）不同性别对课程的满意度评价

男生、女生的因子得分差异较大，尤其是在课程效果方面，男生的满意度评价显著高于女生，反映了男生对思政课效果的满意程度比女生更高。这说明女生感觉思政课效果不理想，需要更多的措施和手段来提高女生对课程效果的满意度。而女生在课程考核方面满意度高于男生（见表 12）。

表 12 不同性别对课程的满意度评价

性别及指标		课程内容与教学	课程效果	课程考核
男	平均值	3.1160	2.6352	3.0782
	个案数	86	86	86
	标准偏差	0.86810	1.05587	1.04302
女	平均值	3.0959	2.0937	3.2068
	个案数	96	96	96
	标准偏差	1.01195	0.92371	0.89679
总计	平均值	3.1054	2.3496	3.1461
	个案数	182	182	182
	标准偏差	0.94418	1.02219	0.96806

（四）思政课满意度影响因素回归分析结论

由课程满意度回归方程（课程满意度=0.612×课程内容与教学+0.417×课程效果+

0. 315×课程考核）可知，课程内容与教学对满意度的贡献最大，系数为 0. 612，这也是影响一门课的质量的关键，是提升思政课满意度的最大突破口。其中课程内容取决于教材的编者和课程的设计者；而教师特性这一点具有相当大的变数。因此学校和老师可以根据学生的具体需求改进教学方式、提升教学水平。

贡献第二高的是课程效果，系数为 0. 417，相对于课程内容与教学而言比较低。分析其原因，思政课是所有高校学生都需要学习的课程，相对于专业课而言，学生对思政课的兴趣和重视程度都比较低。这也是许多学生不愿意听毛泽东思想和中国特色社会主义理论体系概论课的原因，是毛泽东思想和中国特色社会主义理论体系概论课面临的主要问题之一，高校毛泽东思想和中国特色社会主义理论体系概论课具有比较大的改进空间。

贡献最小的是课程考核。考试是检验学生学习效果的方法，并不是教育的目的，排在最后说明满意度评价体系较为合理。

（五）教师教学特性的方差分析结论

由表 9 知，教师授课艺术、教师备课情况、师生交流对思政课满意度有显著的影响，因此教师是学生对思政课满意度的关键。学校应该对思政课教师加强培训，提高教师的授课艺术性，加强教师的备课效果，提高师生交流的效率。

（六）各科课程教师教学特性的分析结论与建议

表 13　中国近代史纲要课程教师教学特质综合评价表

选项	平均综合得分	比例
授课艺术（授课思路、授课逻辑、言行谈吐）	3.7	
备课情况（备课的及时性和完备性）	3.18	
师生交流（教师和学生交流互动、教师对学生反馈的合理意见采用情况）	3	
组织教学（按时实施教学、缺课、调课、拖堂等情况）	2.84	
教具应用（对现代化手段和教具以及多媒体手段的应用）	2.28	

由表 13 可看出在中国近代史纲要的课程中，学生对教具应用方面的关注度整体有所下滑，这可能是由于讲授的课程属于历史方面的内容，多媒体现代化教具等手段对历史的讲授并没有起到太大的帮助，课程效果更依赖于教师的表达水平和师生对问题的探讨与交流。此课程的授课教师可以进行更详细的备课，并在课本的基础上拓展一部分课外的相关内容，这样不仅能更好地吸引学生的注意力，还能提高学生的学习效率。

在思想道德修养与法律基础课程中，学生对教具和组织教学的关注度有明显下滑，对授课艺术的要求有显著的提升，导致这一现象的原因可能是课程内容相对枯燥，教具和组织教学无法对学生的学习积极性起到推动作用，只能依靠教师的教学水平和个人魅力来吸引学生的注意力（见表 14）。

表 14　思想道德修养与法律基础课程教师教学特质综合评价表

选项	平均综合得分	比例
授课艺术（授课思路、授课逻辑、言行谈吐）	4.51	
备课情况（备课的及时性和完备性）	3.02	
师生交流（教师和学生交流互动、教师对学生反馈的合理意见采用情况）	2.92	
教具应用（对现代化手段和教具以及多媒体手段的应用）	2.39	
组织教学（按时实施教学、缺课、调课、拖堂等情况）	2.16	

在毛泽东思想和中国特色社会主义理论体系概论课程中，学生们对教师特质的需求几乎与思想道德修养与法律基础课程保持一致（见表 15）。

表 15　毛泽东思想和中国特色社会主义理论体系概论课程教师教学特质综合评价表

选项	平均综合得分	比例
授课艺术（授课思路、授课逻辑、言行谈吐）	4.29	
备课情况（备课的及时性和完备性）	2.95	
师生交流（教师和学生交流互动、教师对学生反馈的合理意见采用情况）	2.81	
组织教学（按时实施教学、缺课、调课、拖堂等情况）	2.5	
教具应用（对现代化手段和教具以及多媒体手段的应用）	2.45	

在马克思主义基本原理概论课程中，学生们对教具应用的需求有了显著的增加，说明该课程需要更合适的多媒体现代化教学手段和教具的使用，以帮助学生更好地理解相关内容（见表 16）。

表 16　马克思主义基本原理概论课程教师教学特质综合评价表

选项	平均综合得分	比例
授课艺术（授课思路、授课逻辑、言行谈吐）	4.5	
备课情况（备课的及时性和完备性）	3.25	
教具应用（对现代化手段和教具以及多媒体手段的应用）	3.13	
师生交流（教师和学生交流互动、教师对学生反馈的合理意见采用情况）	2.38	
组织教学（按时实施教学、缺课、调课、拖堂等情况）	1.75	

从总体上看，方差分析得到的结果与学生对教师特质的需求相吻合。首先，参与思政课的学生比较关注授课教师的授课能力，学生们更倾向于优先寻找课堂氛围好、授课过程吸引人的教师。其次，学生会关注教师的备课情况，是否能把课程内容讲全、讲好，也是学生关注的重点。再次，师生之间的沟通和交流，教师对学生反馈的反应是所有思政课程老师面临的共同难题。最后，教具应用和组织教学方面的能力相较于其他的三项，学生对其的需求度相对低，教师可以在保持原有的运用水平的基础上，稍加提高。授课教师应更加注重授课艺术、备课情况、师生交流方面特质的提升，以更好地提高学生对思政课程的整体满意度。

表 17　各科总体——教师教学特质综合评价表

选项	平均综合得分	比例
授课艺术（授课思路、授课逻辑、言行谈吐）	4.16	
备课情况（备课的及时性和完备性）	3.09	
师生交流（教师和学生交流互动、教师对学生反馈的合理意见采用情况）	2.85	
教具应用（对现代化手段和教具以及多媒体手段的应用）	2.46	
组织教学（按时实施教学、缺课、调课、拖堂等情况）	2.43	

参考文献

[1] 牛帆．思政课在线教学的现状与思考——以济南大学为例 [J]．赤峰学院学报（汉文哲学社会科学版），2021，42（1）：107-113.

[2] 袁苏瑜．“以学生为中心”的高校思政课课堂教学考核评价体系研究 [D]．昆明：云南师范大学，2021.

[3] 吴雪，黄小龙．基于学生满意度的高校思政课教学质量实证分析 [J]．高校后勤研究，2021，4（1）：55-58.

[4] 赵淑萍．基于大学生满意度的思政课教学质量评价分析 [J]．文化创新比较研究，2020，4（28）：82-84.

[5] 李珂．关于大学生求学满意度的探讨 [D]．长沙：湖南大学，2007.

[6] 赵军．基于学生满意度的高校本科教学质量调查研究——以湖北三所高校为例 [J]．教育研究与实验，2013（5）：70-74.

[7] 曹扬，姜超．课程思政的教学质量评价及其作用机制研究——基于学生学习满意度的视角 [J].

[8] 曾云．“以学生为中心”理念下高校思政课教学效果调查研究 [J]．教师教育论坛，2017，30（1）：51-57.

企业战略管理课程思政的思考与探索

崔世娟　李朝宁　李玲玉

（深圳大学管理学院工商管理系）

【摘要】课程思政是当前我国高校思想政治教育的新模式、新理念，是构建全员、全过程、全方位育人格局的新形式。如何促进高校全面推动课程思政建设，在课程教学中落实立德树人要求，成为高校教育密切关注的话题。企业战略管理作为一门管理类专业课，教师在教学过程中可以将其与丰富的思政元素相融。本文从企业战略管理课程出发，探索高校如何将知识传授与价值引领相结合，在专业课中落实课程思政理念，为其他管理类专业课程的课程思政教学提供借鉴与参考。

【关键词】课程思政；企业战略管理；专业课

一、引言

近年来，高校课程思政建设的相关研究正在广泛开展。课程思政是课程建设的灵魂，是高校在落实立德树人根本任务的过程中，体现马克思主义指导地位、践行社会主义核心价值观的方法①。2016 年，习近平总书记在全国高校思想政治工作会议上强调："高校思想政治工作关系高校培养什么样的人、如何培养人以及为谁培养人这个根本问题。要坚持把立德树人作为中心环节，把思想政治工作贯穿教育教学全过程，实现全程育人、全方位育人。"2017 年 12 月，教育部印发的《高校思想政治工作质量提升工程实施纲要》明确提出要大力推动以"课程思政"为目标的课堂教学改革，构建课程育人质量提升体系。在当今社会思潮呈现多元化的发展态势下，教育引导学生正确认识世界和中国发展大势的重要性正日益凸显。

思政教育作为中国特色社会主义教育的核心②，在新的历史条件下已不应局限于一门学科，而应贯穿教育教学的全过程，同高校教育中的其他专业学科融合③。2018 年

---

① 杨祥，王强，高建．课程思政是方法不是"加法"——金课、一流课程及课程教材的认识和实践［J］．中国高等教育，2020（8）：4-5.

② 王涵．高校专业课程思政教学改革与反思［J］．管理观察，2017（30）：138-140+143.

③ 张嘉伦．浅论"课程思政"视角下在外语教学中提升文化自觉与自信——以日语入门教学为例［J］．甘肃高师学报，2018，23（1）：85-88.

全国高校思想政治工作会议强调，要用好课堂教学这个主渠道，各类课程都要与思想政治理论课同向同行，形成协同效应。2020 年，教育部印发的《高等学校课程思政建设指导纲要》提出：高校要深化教育教学改革，充分挖掘各类课程思想政治资源和育人功能，实现思想政治工作的内涵，发挥好每门课程的育人作用，全面提高人才培养质量。课程思政融入专业课教学是立足“三全育人”格局、推进课程德育和价值引导的重要举措，事关中国高等教育的未来走向，事关中国特色社会主义事业的继承。专业课在学生的总课程中占有较大比例，故专业课教师在实现课程思政建设中扮演着重要角色，在“传道、授业、解惑”的同时，也在培养学生健康积极的价值观念和精神素养上承担着重要责任。如果专业课程出现思政教育的缺失，专业课教师没有发挥好思政理念的引导作用，将使得专业知识和能力素养脱离人文情操，不利于推进学生德智体美劳全面发展进步，难以实现新时代下“立德树人”的育人目标。

根据中共中央办公厅、国务院办公厅颁发的《关于深化新时代学校思想政治理论课改革创新的若干意见》和教育部颁发的《高等学校课程思政建设指导纲要》要求，经济管理类专业应该是课程思政的主战场。目前各地高校在课程思政建设方面均做出了一定的探索，在经管类课程中也有了部分代表性的专业课程被纳入课程思政的建设体系，但在课程思政与专业课融入的整体设计上尚未形成较为完善的体系机制，在教学改革过程中存在困难，教学效果与认同度仍旧不理想，尤其是在管理类课程中，课程思政改革的研究数量还相对较少。在管理类专业课中，众多管理理论发源于西方，要处理好“西方管理理论”与“中国管理情景”的关系，树立科学的教学理念，这与思政教育理念关系密切。本文通过探索企业战略管理这一管理类专业课的课程思政建设，将战略管理教育和思想政治教育连接在一起，扩大课程思政覆盖面，扩展德育的内涵和范畴，从而实现知识传授与价值引领的结合，推动课程思政建设的发展。

基于课程思政的教学思路见图 1。

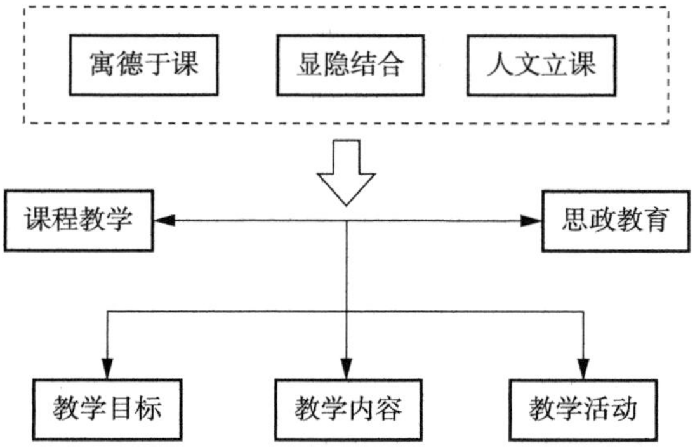

图 1 基于课程思政的教学思路

二、课程思政的理念

（一）课程思政的内涵和特点

1. 课程思政的内涵

“课程思政”是近几年我国高校思想政治工作提出的构建全员、全过程、全方位育人格局的形式，即在思政课程之外的教学活动中融入思政教育。课程思政是使各类课程与思想政治理论课同向同行，形成协同效应，把立德树人作为教育的根本任务的一种综合教育理念。对于课程思政的科学内涵，目前学术界普遍认同高德毅、宗爱东的说法：“课程思政”其实质不是增开一门课，也不是增设一项活动，而是将高等院校思想政治教育融入课程教学和改革的各环节、各方面，实现立德树人润物无声①。

课程思政依托课程这一载体，围绕“知识传授与价值引领相结合”的课程目标，立足课程的学科发展基础地位，以隐性教育的方法强化显性思政，提高高校学生的政治思想素养，构建全课程育人格局，是高校思想政治工作的新理念、新模式。课程思政实现思政寓课程、课程融思政，发挥各类课程的思想政治教育资源作用，共同致力于提高学生的思想水平、政治觉悟、道德品质、文化素养②。

2. 课程思政的特点

（1）寓德于课，强调课程环节。“课程”是课程思政建设的基础环节。2014 年 3 月，教育部印发的《关于全面深化课程改革落实立德树人根本任务的意见》明确指出：“课程是教育思想、教育目标和教育内容的主要载体，集中体现国家意志和社会主义核心价值观，是学校教育教学活动的基本依据，直接影响人才培养质量。”在课程、科研、实践、文化、网络、心理、管理、服务、资助、组织等诸多育人环节中，课程是思想政治教育的主渠道③。不同于系统进行思想政治理论教育的思想政治理论课，“课程思政”视域下大部分课程包含专业课和通识课，既有必修课，也有选修课。以各门课程为载体，将“立德树人”贯穿到教育教学全过程，寓德于课，各门课程之间同向同行，协同育人。

（2）显隐结合，着重隐性教育。与思想政治教育类课程相比，专业课和通识课的思政元素是相对隐性的。学者石书臣指出，由于“课程思政”是一种课程观和教育理念，要贯彻到各类各门课程之中，不能将“课程思政”等同于“思政课程”。课程本

---

① 高德毅，宗爱东．课程思政：有效发挥课堂育人主渠道作用的必然选择［J］．思想理论教育导刊，2017（1）：31-34.

② 余江涛，王文起，徐晏清．专业教师实践“课程思政”的逻辑及其要领——以理工科课程为例［J］．学校党建与思想教育，2018（1）：64-66.

③ 石书臣．正确把握“课程思政”与思政课程的关系［J］．思想理论教育，2018（11）：57-61.

身的教学目标与教学重点不同。思政课程是一种显性思政，是对大学生系统开展中国特色社会主义理论教育的核心课程；而课程思政立足于思政育人建设的显性要求，注重对于国家意识、政治认同、文化自信、人格素养等思政内容的隐性教育。隐性教育是指教育者以隐性课程、文化传统和环境情境为载体，引导学生在体验、分享中获得身心和个性发展以及价值观、理想信念和道德观念的活动过程及其方式①。在通识课中，重在根植通识教育的理想信念，引导学生树立“中国自信”；在专业课上，注重依托专业知识和技能培训开展德育工作，似“盐溶于水”般将思政理念与人文素养潜移默化地融入课程内容，达到“随课潜入，润物无声”的效果，实现知识教育与思想教育的结合。

（3）人文立课，注重价值引领。教师除了要传授课程的知识和技能，还需要在教学过程中挖掘人文素养，实现对学生的价值引领。相较于思政类课程，“课程思政”过程中所融入的思政元素不一定是思想政治教育的理论知识，也可以是其体现的一种精神追求和所提倡的价值观念。王学俭、石岩认为，健全的教育要包括具有价值观意义的家国情怀教育，尤其是思想政治中社会主体力量所倡导的主流价值的教育②。课程思政在教育理念层面的突破，集中体现在将所有课程的教育性提升到思政教育的高度，表明课程教学之首要目标是正确人生观、价值观的养成。在尊重课程自身建设规律的前提下，在实现课程的知识传授、能力培养等基本功能的基础上，挖掘并凸显其价值引领功能③。通过课程所蕴含的优秀传统文化、优良品质精神、道德追求、爱国情怀等内容，发挥思想价值引领作用，引导学生树立正确的世界观、人生观和价值观，帮助学生明确自身的职业理想和奋斗目标。

（二）课程思政的作用和影响

“培养什么样的人”“怎样培养人”以及“为谁培养人”是人才培养的根本问题，人才培养体系涉及教学体系、教材体系、学科体系、管理体系等，贯通其中的是思想政治工作体系。随着中国步入特色社会主义新时代，经济与社会高质量发展的阶段下，一些问题和矛盾正逐渐涌现抬头。发达的现代通信技术手段让大众迅速接触到万千信息的同时，一些被国际势力操控的不良信息和虚假报道也暗流涌动。当前社会的多元化发展日益凸显，思维想法相对活跃自由、相互交织碰撞，随之带来的意识形态多样化也让社会发展环境变得复杂。对于身处这一时代背景下的青年人而言，面对各种思想与价值观，如何提高自身的判断与认知能力，辨别“是”与“非”、“真”与“假”、“善”与“恶”，并坚守本心，做出正确取舍，发挥主流意识形态的正能量，是需要当

① 彭小兰，童建军．论思想政治教育中隐性教育的四个维度［J］．江汉论坛，2009（3）：140-143.

② 王学俭，石岩．新时代课程思政的内涵、特点、难点及应对策略［J］．新疆师范大学学报（哲学社会科学版），2020，41（2）：50-58.

③ 李国娟．课程思政建设必须牢牢把握五个关键环节［J］．中国高等教育，2017（Z3）：28-29.

下社会对他们进行引导和教育的，这关乎国家未来发展与中国特色社会主义事业的兴盛发达。

高校思想政治工作是一项系统工程，而课堂教学则是主渠道。课程思政是当前开展高校思想政治教育的重要途径，课程思政建设的核心在于发挥各类课程思政教育的功能。把思政理念和相关要素融入各类课程的课堂教学中，才能确保各专业课程教学与思想政治理论课教学同向同行，才能培养出社会主义合格建设者和可靠接班人。课程思政是新形势下加强改进高校思想政治工作的重要举措，是高校实现立德树人、协同育人要求的重要组成部分。

三、在企业战略管理专业课中落实课程思政

（一）专业课课程思政的优势

许多学者提出，课程思政要以专业课为基点。专业课教师多，且授课课时多，对学生影响大，在科研引领、实践示范、思政融入等方面有着诸多实施课程思政的优势[①]。从课程思政的内涵和特点出发，专业课在思政教育实践方面具有如下优势：

1. 教学资源丰富

在我国大学课程体系中，专业课在总课程中占绝大部分比例，课程数量多，专业性强，故师资力量相对雄厚，配备的教材资料和教学设备等资源也更为完善。并且，除部分新兴专业外，大多数专业经过数年来的改革发展，教师团队已积累了丰富的教学经验，较完善的课程体系也已形成，这为之后的课程思政建设打下了坚实基础，创造了更多有利条件。

2. 对学生具有针对性影响

由于专业课在总课程中占有绝大部分比例，学分要求更高，课时数更多，另外，专业课还涉及学生未来的职业生涯发展规划，课程所授的专业知识、技能素养和传达的理念思维也将影响学生能力素养的形成，进而影响其毕业后的发展路径，所以，无论是从完成学业任务，还是从规划职业发展的角度来说，专业课都理所当然地受到学生的高度重视。这有利于专业课教师对学生产生更具针对性的影响。以企业战略管理这门课为例，它是工商管理专业学生学分较高的一门专业必修课，教师可在企业发展的总体规划与战略决策的教学中，挖掘丰富的思政资源，培育学生的社会责任感和家国情怀，实现具有针对性的思政教育。

3. 专业课教学有利于推进课程思政建设

专业课课程所包含的思政元素多样，教师能在多个育人环节融入思政理念，实现

---

① 庞庆泉，李悦，赵云，石龙，黄贤昌，廖天保．专业课教师实施课程思政的价值、优势与路径［J］．高教学刊，2021，7（19）：57-60.

对学生的价值引领。如课堂教学、学术研讨、科研实践、论文指导等多类型教学场景，老师与学生的见面机会多，交流更为深入，将更有利于老师言传身教，对学生的思维和价值观念产生潜移默化的影响。从企业战略管理课程来看，它是一门用以解决企业发展的总体规划与战略政策等全局性、长远性问题的专业课程。其课堂教学形式和方法多样，包含案例式学习、研究式学习和协作式学习等，课程的教学场景丰富，思政元素多样，不仅有利于学生在理论知识上有收获，而且能使学生在思维决策及专业素养等方面受到良好训练。此外，由于专业课所授知识关乎学生未来发展，专业课教师能够在教学过程中自然融入职业理想和道德教育，结合本专业特点进一步引导学生做好未来规划、探索自我价值。

（二）企业战略管理课程思政的难点

企业战略管理课程思政建设面临的主要问题是如何科学合理地将思政元素融入教学，达到知识传授、价值塑造和能力培养的目标。战略管理理论发源于西方，理论方法在国内外得到广泛应用，任课教师应重点考虑如何使学生理解和掌握好课程内容并能结合中国国情与实际，在中国的管理情景和主流价值观念下学以致用。长期以来，由于人们在思想政治教育认识上存在误区，片面地认为思想政治教育是思想政治理论课的任务，造成思想政治理论课与其他专业课的脱节，难以发挥思想政治理论课的领航作用。建立科学的教学理念是本课程聚焦的重点问题之一，它是合理设计教学内容和教学方法的重要基础。

学生没有战略管理的实践和体验，教师必须通过适当的教学方法及形式，在发挥正确的思想价值引领作用的前提下对学生进行战略管理的重要性、内涵、运作流程和技巧等方面的训练，使学生从战略管理中提高学习能力、创新能力和实践能力，培养高尚的道德情操和精神素养。

（三）企业战略管理课程思政的实践路径

1. 提升教师思政水平，深化课程教学目标

教师是教书育人实施的主体，也是课堂教学的第一责任人。课程思政更多的是情感的熏陶和理念的传达，而不是将理论知识生搬硬套，这要求教师不仅要熟悉思政理论的基本内容，更要深刻掌握其内涵和做到灵活应用，才能使其在专业课程教学中融会贯通。推进课程思政建设，教师是关键，要强化教师育人意识，提升教师育人能力，确保课程思政建设落地落实、见功见效①。要充分调动课程团队的师资力量和教学资源，有序开展教师入职、在职思政培训，帮助教师充分认识课程思政，掌握课程思政的基本方法，鼓励教师之间相互交流分享课程思政的方法经验，并邀请本校思想政治理论课教师一同举办思政教研会，打通专业壁垒，同向同行，协同育人，共同提升专

① 唐芳.《管理学》课程思政实践路径探索［J］. 高教学刊，2021，7（12）：193-196.

业课教师课程思政的理念素养。

除了教师这一主体，课程本身也需与思政元素相融。企业战略管理课程的教学目标是培养学生运用战略管理理论和方法诊断并解决企业中一般性的战略及战术问题的能力，培养学生的团队合作和自主学习的能力，为学生进一步从事综合性高层管理工作及创新创业打下良好的专业基础。从课程的教学目标可以看出，在对学生的相关能力进行培养时可将思政教育与教学目标相结合。具体如下：

（1）理解战略管理是企业在激烈竞争环境下为实现其战略目标，实施战略决策的一门艺术与科学。同样，可以从国家利益的角度出发，去理解国际竞争形势与国家发展的战略和布局，提高认同感。

（2）掌握本课程的体系、结构及各章内容间的内在联系，能运用战略管理的基本概念、基本原理和基本方法解决中国企业战略的一般性实际问题。在此过程中，融入对社会主义核心价值观的理解，融入对开拓创新、锐意进取的企业家精神的领悟，融入对东方管理智慧下中华优秀传统文化和品质的提炼。

（3）应能够将之前所学的知识进行整合，即能将市场营销、人力资源管理、生产运作、财务管理等职能战略与总体战略结合起来进行系统分析。其中涉及社会人文、经济、政治、科技等方面，要结合中国传统文化、历史事件、法律法规、相关政策等知识深入理解和应用。

需要强调的是，课程思政的育人必须是在尊重课程教学特点和教育规律的基础上增强政治意识和加强思想价值引领，要避免混淆重点，把专业课“思政化”。

2. 结合课程思政要求，引申教学内容

企业战略管理是为了企业长期的生存和发展，在充分分析企业外部环境和内部条件的基础上，确定和选择实现目标的有效战略，并将战略付诸实施和对战略实施的过程进行控制与评价的一个动态管理过程。因而，企业战略管理课程一般以企业战略管理的过程为主线展开，主要内容包括：企业愿景和使命、企业的外部环境分析、企业的内部条件分析、战略行动类型、战略制定的方法、战略实施以及战略评估等。它将经济学、市场营销、公司理财、人力资源管理等课程的相关知识综合运用，课程内容与社会人文、经济、政治、科技等联系紧密，是一门综合性强、知识覆盖面广的课程，也因此蕴含着丰富的思政元素。

企业的终极三问“我是谁？去哪里？如何去?”，关乎企业的生存和发展问题，这三问在企业战略管理课程内容中涉及企业的愿景、使命、价值观，企业进行战略制定的基于资源的视角以及基于外部环境分析的行业组织视角，企业进行战略选择的价值取向，战略实施及评定中的战略目标、资源分配、企业绩效评价等理论及分析工具。这些问题与个人的生存和发展问题是非常接近的。因此，企业战略管理课程对个人素养的提升与对企业绩效的提升具有相类似的指导作用。可将企业的战略引申到个人战略，在教学过程中以讲授理论、分析研讨案例，参访企业、专访企业家等形式将思政内容渗透到专业课程内容中，形成本课程的思政育人特色，在教学过程中落实课程思政的任务要求。

3. 关注社会热点，援引相关案例

“企业”是企业战略管理课程的研究主体，由于该课程具有综合性、实践性强的特点，教师在教授理论知识的同时，还需要将专业知识与社会热点相结合，引领学生分析探究社会发展、行业政策和企业内部管理活动中蕴含的战略思维逻辑。课程的教学活动广泛涉及案例的引入、分析和研讨，在这一过程中，教师应密切关注社会热点问题，将与课程相关的热点引入课堂案例，思考其对学生的思想行为可能产生怎样的影响，以及时引导学生树立正确的价值观。在案例选择上，可以将经典案例与新兴案例相结合，将国际案例与国内案例相搭配，特别要注重选择能够生动展现我国改革开放成果、体现我国优质企业管理智慧的案例，让课程中的应用研究既有显著性，又不乏时效性，同时还具有一定的思政性。学生在学习企业管理知识的同时，能够提高思想政治素养，在感受企业伦理和文化的同时树立正确价值取向，在分析企业竞争发展环境的同时放眼国际局势变化与国家建设发展。

四、结语

“做好高校思想政治工作，要因事而化、因时而进、因势而新。”本文从课程思政视角出发，紧扣课程思政的内涵与特点，以企业战略管理课程为例，探讨专业课如何发挥自身优势，贯彻落实课程思政建设，将知识传授与价值引领相结合，培养既有专业能力，又有家国情怀的管理人才。本文以企业战略管理课程思政建设为例进行的探讨分析为其他管理类专业课的课程思政教学提供了借鉴与参考，有利于推动课程思政的建设和发展，使得思政理念不再高高悬于半空，而是有效地落地实践。

参考文献

[1] 杨祥，王强，高建．课程思政是方法不是“加法”——金课、一流课程及课程教材的认识和实践［J］．中国高等教育，2020（8）：4-5.

[2] 王涵．高校专业课程思政教学改革与反思［J］．管理观察，2017（30）：138-140+143.

[3] 张嘉伦．浅论“课程思政”视角下在外语教学中提升文化自觉与自信——以日语入门教学为例［J］．甘肃高师学报，2018，23（1）：85-88.

[4] 高德毅，宗爱东．课程思政：有效发挥课堂育人主渠道作用的必然选择［J］．思想理论教育导刊，2017（1）：31-34.

[5] 余江涛，王文起，徐晏清．专业教师实践“课程思政”的逻辑及其要领——以理工科课程为例［J］．学校党建与思想教育，2018（1）：64-66.

[6] 石书臣. 正确把握"课程思政"与思政课程的关系 [J]. 思想理论教育, 2018 (11): 57-61.

[7] 彭小兰, 童建军. 论思想政治教育中隐性教育的四个维度 [J]. 江汉论坛, 2009 (3): 140-143.

[8] 王学俭, 石岩. 新时代课程思政的内涵、特点、难点及应对策略 [J]. 新疆师范大学学报 (哲学社会科学版), 2020, 41 (2): 50-58.

[9] 李国娟. 课程思政建设必须牢牢把握五个关键环节 [J]. 中国高等教育, 2017 (Z3): 28-29.

[10] 庞庆泉, 李悦, 赵云, 石龙, 黄贤昌, 廖天保. 专业课教师实施课程思政的价值、优势与路径 [J]. 高教学刊, 2021, 7 (19): 57-60.

[11] 唐芳.《管理学》课程思政实践路径探索 [J]. 高教学刊, 2021, 7 (12): 193-196.

寓公共精神与中国关怀引导于教学中*

——公共管理学课程思政教学探索

吴海燕

（深圳大学管理学院公共管理系）

【摘要】 课程思政是高校构建思政教育体系的重要举措。公共管理学是关于以政府为核心的公共组织如何有效管理公共事务的学问，其课程思政的内涵维度主要为：既要重课堂教学“主渠道”，寓公共精神引导于知识传授与能力培养；又要面向现实关怀，凸显中国改革实践的丰硕成果。这就要求教学中要深度挖掘专业知识体系中所蕴含的思想价值与精神内涵，使课程教学与思政教育融合。公共治理理论教学内容的具体课程设计表明，采用任务驱动教学法和案例教学法作为教学策略，可以激发学生主动关注与挖掘中国改革的优势与效果，学生在互相启发中了解国情民情、理解中国现实，达到寓公共精神与中国关怀引导于教学中的课程思政效果。

【关键词】 公共管理学；课程思政；课程教学；教学设计

课程思政是高校构建思政教育体系的重要举措。2016 年习近平总书记在全国高校思想政治工作会议上强调：“要用好课堂教学这个主渠道……使各类课程与思想政治理论课同向同行，形成协同效应。”①2018 年教育部在《关于加快建设高水平本科教育全面提高人才培养能力的意见》中强调要“强化课程思政和专业思政”②。2020 年 6 月 1 日，教育部发布了《高等学校课程思政建设指导纲要》，要求结合专业特点分类推进课程思政建设，将课程思政融入课堂教学建设全过程。因此，在课程教学中树立立德树人意识，是高校教师的责任担当。

一、《公共管理学》的课程思政内涵

行政管理专业旨在培养胸怀社稷、踏实求真、转识成智的公共管理人才。深圳大学行政管理专业 2019 年获批国家级一流本科专业建设点，该专业的专业核心课之一即

---

* 项目情况：广东省 2020 年度课程思政建设改革示范项目“课程思政示范课程”（粤教高函〔2021〕4 号）。

① 习近平．把思想政治工作贯穿教育教学全过程　开创我国高等教育事业发展新局面［N］．人民日报，2016-12-09（1）．

② 关于加快建设高水平本科教育全面提高人才培养能力的意见（教高〔2018〕2 号）［Z］．中华人民共和国教育部，2018-10-08.

为《公共管理学》。

公共管理学以公共事务管理和国家治理的实践为研究对象，是关于以政府为核心的公共组织如何有效管理公共事务的学问，既涉及公共管理的基本理论，又涉及公共部门的管理实践。在教学内容上，包括公共管理的理论发展、公共管理方法与技术、公共组织、公共政策、公共财政管理、公共部门人力资源管理、公共信息资源管理、公共部门绩效管理、公共危机管理以及公共伦理等内容。通过对该门课程的学习，使学生增强对公共组织的理解，形成公共管理知识体系，并进一步培养学生的公共精神，加强学生对公共事务的关注度和理解度。其课程思政的内涵维度主要为：

（一）重课堂教学“主渠道”，寓公共精神引导于知识传授与能力培养

在课堂中结合公共管理学课程特点、思维方法和价值理念，使学生理解政府职能、体制制度和管理内容等，并深入挖掘课程思政元素，有机融入课程教学，实现价值塑造与知识传授、能力培养一体化推进，把强化公共管理领域的问题判断、分析工具以及经验借鉴的能力培养作为根本，把专业教育与思想政治教育紧密融合，达到润物无声的育人效果。

（二）面向现实关怀，凸显中国改革实践的丰硕成果

针对行政管理专业培养要求，利用本学科既有成果，将课程理论与教师政府咨询课题相结合，注重案例教学，以师生相互启发的方式引导学生理解国情民情并提升学生的合作探究能力；引导学生关注现实问题并充分认识中国改革实践的价值与意义；讲好中国故事，注重中国关怀，培养具有诚信服务、德法兼修职业素养的公共管理人才。

二、课程教学与思政教育的融合设计

课程思政可以理解为“教学活动展开过程中的德行实践”①，它不是要把课程上成思政课，而是要“充分挖掘课程中所蕴含的除专业知识之外的育人元素，组织并激发授课教师除‘授业’‘解惑’之外的‘传道’意识和育人自觉”②。这就要求在课堂教学中深度挖掘专业知识体系中所蕴含的思想价值与精神内涵。在公共管理学课程思政中，强调寓公共精神与中国关怀引导于教学中，当然公共精神与中国关怀不可分割，在教学中可以各有侧重。课程教学与思政教育的融合设计具体体现在不同的教学章节中。

（一）寓公共精神引导于教学中

在讲授公共管理学课程第一章“公共管理及其相关概念”内容时，引入案例分析

---

① 徐立新．“课程思政”的教师实践理念与策略［J］．教育现代化，2018，5（15）：311-314.

② 张正光，张晓花，王淑梅．“课程思政”的理念辨误、原则要求与实践探究［J］．大学教育科学，2020，（6）：52-57.

并讨论深圳史上最严“禁摩限电”行动缘何引发争议，提示学生思考并回答其中的思政点：什么是公共利益？政府应当关注部分群体的利益还是社会公共利益？从而强调公共管理的使命是服务公众、实现公共利益、维护公共秩序，引导学生在对公共性、公共管理、政府角色与公共利益等专业范畴的理解中融入对公共精神与社会责任的理解。

讲授第五章“公共政策的概念及价值取向”内容时，引入案例分析公共政策选择中价值取向的权衡与取舍，提示学生思考并讨论：转型时期中国社会价值观念呈现多元化的特征，面对相互冲突的价值取向和需求，政府如何进行权衡与取舍以保证公共利益实现？从中挖掘思政元素：公共政策的价值取向包括公益性、公平与效率的平衡、及时回应性、公平公正合理等。引导学生了解我国社会结构的演变加剧了利益的分化和主体意识的觉醒，加剧了公共政策制订的复杂性；引导学生从公共精神角度关注现实问题。

讲授第八章“智慧政府”内容时，组织学生讨论智慧政府的功能定位及建设路径。智慧政府是服务型政府的延伸，其功能主要体现为数字化的政策制定、智能化的监管服务、网络化的协同治理和精准化的公共服务。创新政府管理体制机制、加强数据平台建设、促进信息集成和共享、推动民众广泛参与是智慧政府建设的关键。当前为应对环境与社会可持续发展等问题，智慧政府、智慧城市、智慧治理与智慧增长等议题颇受关注，我国智慧城市建设进展迅速。通过从公共精神角度的讨论引导学生培养科技强国的责任感和使命感。

讲授第九章“公共部门绩效管理的工具与方法”内容时，引入案例分析请人民评判——“民评官”政绩评价机制，提示学生思考并讨论“民评官”评价机制与公共部门传统绩效评价的区别、“民评官”评价机制实行的基础和条件、建构服务型政府如何以人民利益为根本取向等。使学生理解公民参与评估模式不仅为公民参与公共事务提供了良好的和相对可行的参与渠道，而且有助于实现公民、非政府组织与政府之间的治理伙伴关系，为实现有效的、良好的治理奠定基础。通过案例分析引导学生从公共精神角度提高认识问题、分析问题和解决问题的能力。

（二）寓中国关怀于教学中

讲授第二章“公共管理理论的溯源与发展：关于从公共行政学到公共管理学范式转变”的内容时，引入课堂微沙龙，讨论：如何理解公共管理中的国家与全球？提示学生：中国提出“共商共建共享”为推动全球治理提供了“中国方案”，中国与全球在公共管理领域更多呈现互动过程。融合思政元素：民族国家是传统公共行政学研究的逻辑起点，当今国内公共服务人员必须具有全球思维意识，国内公共组织必须对全球公共事务做出迅速反应。引导学生思考与理解中国立场、中国智慧、中国价值。

讲授第三章“现代公共管理的方法与技术”内容时，提前布置学生阅读《“最多跑一次”改革：浙江经验，中国方案》（郁建兴等，中国人民大学出版社 2019 年版），开展课堂微沙龙讨论我国地方政府“最多跑一次”改革目的、配套制度与要素、效果等。引导学生理解目标管理、标杆管理、流程再造与战略管理在我国政府改革中的运用，将最新的中国政府改革方案与实践情况及时引入课程，彰显中国改革价值，坚定制度自信。

讲授第四章“公共组织的变革”内容时，进行学生小组演示比赛，主题为：中国政府机构改革的历程。小组间展开竞争，哪个小组讲得最准确、最有逻辑、最出彩，哪个小组就能获得额外加分。激发学生主动关注、深度思考中国改革，培育学生的团队意识与责任感，引导学生准确理解中国政府改革的背景、内容、目的与价值，引导学生了解世情国情党情民情。

讲授第六章“公共财政管理中的公共收入与公共支出”内容时，开展课堂微沙龙，分析我国精准扶贫支出的财政支持，理解我国扶贫的初衷，结合专业探究扶贫过程的各要素，讨论如何提高扶贫支出的效率。结合专业知识理解公共支出的资源配置、收入分配、经济稳定和发展三大功能，认识到其中收入分配功能解决的是收入的不公平问题，并进一步理解改革开放40多年来我国在扶贫开发领域取得的突出成就、为全球减贫事业做出的重要贡献。通过引导学生深刻理解这一现实，凸显中国关怀，增强学生的政治认同、思想认同、情感认同。

讲授第七章“公务员制度”内容时，进行案例分享：深圳市公务员制度改革。公务员作为政府计划的执行者，其办事效率直接决定着行政效能。公务员制度改革，可以说牵一发而动全身，对于推进全面深化改革具有极其重要的意义。提高学生正确认识问题、分析问题和解决问题的能力，融入社会责任、道德规范、法治意识等德育元素。

讲授第十章“公共危机管理体制”的内容时，开展课堂微沙龙，讨论世界应对新冠肺炎疫情的不同体制方案与中国体制的优势，基于不同公共危机管理体制考察世界各地应对新冠肺炎疫情的不同方案，尤其是比较中国方案和美国方案，从中发现制度差异。认识我国公共危机管理体制中高规格、高权威的指挥机构，理解我国“抗疫”工作中统一指挥、分工协作、协调行动，明确横向、纵向关系及其管理职责，并形成统一的责任体系。引导学生思考新冠肺炎疫情暴露出的一系列政治、经济和社会问题，将我国“抗疫”事迹引入危机管理体制的课堂教学，用来自“抗疫”一线的最鲜活实例培养学生的爱国情怀和使命担当意识。

三、课程思政教学设计样例

本教学设计为公共管理学其中一节内容，详细描述课程思政如何融入课堂教学。

（一）基本分析

1. 教学内容

教材选用《公共管理学》（ISBN978-7-5606-5000-5/D，赵宇峰主编，西安电子科技大学出版社 2018 年版）作为教材，该教材为深圳大学公共管理学教学团队自编教材，被纳入了高等院校公共管理类专业“十三五”规划教材。本教学内容选自“第二章　公共管理理论的溯源与发展”之“第四节　公共管理理论的现代发展”中的公共治理理论，课时安排为两节课 80 分钟。

2. 学情分析

本科教学应坚持产出导向，学生需求是导向重点。该课程面向行政管理专业一年级“00 后”学生，他们个性鲜明且有创见，喜欢依托网络进行交互式学习，渴望参与社会公共事务，这为他们理解治理理论、了解国家提出的治理体系与治理现代化打下了基础；同时也需要教师采取有效教学形式，引导学生深入思考，激发学生学习兴趣，提升学生的课程学习体验与学习效果。

3. 教学目标

根据课程标准，结合行政管理专业“00 后”学生的认知特征与学习风格，引入任务驱动教学和案例教学，便于在教学中进行形成性评价。确定知识目标为了解公共治理的概念、内容；能力目标为增强行政管理专业大学生对中国治理体系与治理现代化的理论自信；素质目标为培养大学生表达与交流、沟通与合作的素质。

4. 教学重点与难点

重点为公共治理理论中公共治理是由多元公共管理主体组成的公共行动体系，多元化的公共管理主体之间存在着权力依赖和互动的伙伴关系；难点为公共治理的内容、中国治理体系与治理现代化。教学过程中将最新的学术观点与研究成果及时引入课程，融入家国情怀、社会责任的德育元素，引导学生进行知识创新。

（二）教学策略选择

1. 任务驱动教学法

本课导入案例“我们如何用跨界合作来解决中国问题”，借助案例及其拓展材料来确定任务，使学生能从中理解与概括治理的概念内核与内容构成，同时深度挖掘专业知识体系中所蕴含的思想价值与精神内涵。

2. 案例教学法

引入中国改革的具体实践案例“困守与新生——基层社区治理创新实践的罗湖探索”，通过小组讨论，使学生在学习过程中处于主体地位，教师成为学习活动的引导者、帮助者，激发学生主动关注与挖掘中国改革的优势与效果，引导学生在互相启发的过程中了解国情民情、理解中国现实，从而增强学生对国家的政治认同与情感认同。

（三）教学实施流程

1. 课前环节

课前，教师利用公共管理学课程群向学生发送预习通知，学生先阅读并分小组讨论案例“我们如何用跨界合作来解决中国问题”与“困守与新生——基层社区治理创新实践的罗湖探索”，实现课前自主学习。

2. 课中环节

根据学生认知反馈和教师总结，将教学实施过程设为以下五个教学环节：

环节1，创设情境：课上教师引入案例“我们如何用跨界合作来解决中国问题”。用贫困乡村免费午餐的发展与经验提示学生思考并讨论：什么是治理？治理的内容与特点有哪些？增强学生了解治理理论的兴趣。强调我国当前是“国家治理”而非“国家统治”，是“社会治理”而非“社会管理”，背后蕴含的是理论的变化。

环节2，确定任务：从案例“我们如何用跨界合作来解决中国问题”中可知，当面对一个社会问题，出现市场失灵与政府失灵时，还可以通过社会主体参与形成稳健有效的解决模型。以此确定三个教学任务。

环节3，任务实施：任务1为“理解治理背景——双重失灵”。2011年3月，《凤凰周刊》记者邓飞在贵州山区看到小学生因中午没饭吃，忍饥挨饿，就会同《都市快报》《黔中早报》等媒体，到贵州实地探访考察了5所山区学校。他们发现：地方政府没有财力，也没有能力给孩子做饭吃，出现了政府失灵；商业也不愿意参与，因为给乡村孩子做饭成本太高了，赚不到多少钱，出现了市场失灵。以此案例启发学生理解治理理论兴起的背景：由于在社会资源的配置上可能存在市场失灵与政府失灵并存，于是学者们提出通过治理弥补政府和市场在调控、协调与管理社会事务过程中的不足。

任务2为“理解治理内涵——多元主体”。提问：“免费午餐项目”具体是怎么实施的？学生根据课前知识储备、课中讨论，概括案例信息：第一，国内数十家主流媒体与中国社会福利基金会等社会组织联合发起免费午餐基金公募项目，通过微博、QQ、微信传播信息，让众人知晓免费午餐公益项目，获得社会公众捐赠；第二，联合企业，投入资金、工具、技术参与其中，提升行动效率；第三，联合地方政府，进入学校做午餐给孩子们吃，“就地取材、师生同食、透明公开、村校联合”，有效解决免费午餐行动的饭菜和资金安全问题；第四，得到中央政府支持，2011年底中央政府启动实施农村义务教育学生营养改善计划，每年拿出160亿元给孩子们改善营养。在上述分析基础上，帮助学生认识到治理是或公或私的个人和机构管理其共同事务的诸多方式的总和；治理既涉及公共部门，也包括私人部门；治理过程的基础不是控制，而是协调。

任务3为“理解治理内容——合作伙伴关系”。提问：邓飞们是怎么做到的？是如何吸引政府、社会公众、企业进行合作的？学生以小组为单位继续讨论，根据案例描述如何联合普通人、如何联合当地政府与学校、如何联合企业，将案例作为治理的一个操作样板进行概括，使几个关键词跃然而出：“社会公众承担公共责任”“互动的伙伴关系”“协商”“谈判”“交易”。进而提炼治理的内容：第一，多元主体，公共治理是由多元的公共管理主体组成的公共行动体系；第二，社会公众承担了越来越多的公共责任；第三，伙伴关系，多元化的公共管理主体之间存在着权力依赖和互动的伙伴关系；第四，自主自治的网络化管理；第五，政府扮演“元治理”角色，承担着指导社会组织行为主体的大方向和建立行为准则的重任。这就进一步突破了教学难点，使学生生动地理解了什么是治理的内容。

环节 4，知识升华：在对治理的内涵、特征与内容进行梳理后，可以进一步追问学生：治理是西方学者提出的概念，这一概念与理论在中国适用吗？可以推广吗？引出我国提出的国家治理体系和治理能力现代化，使学生明确：2013 年党的十八届三中全会将“完善和发展中国特色社会主义制度，推进国家治理体系和治理能力现代化”作为全面深化改革的总目标；十八届三中全会通过的《中共中央关于全面深化改革若干重大问题的决定》全文共 24 次提到“治理”一词，显示了“治理”在我国同样是改革的方向与路径。引入案例分析“困守与新生——基层社区治理创新实践的罗湖探索”，理解中国的基层治理。学生经过讨论，得出罗湖区的经验：第一，政府依法善治与居民有序自治，基层治理就能获得最广泛的支持；第二，党政社群共治丰富了社区自治的形式，通过对话等形式开展不同利益主体间的平等协商、理性对话，充分表达各方诉求，有利于解决社区事务与社区纠纷；第三，社区治理体制逐渐完善，推进多元共治。学生通过分组讨论、互动沟通、课堂上总结汇报，掌握了治理在中国的实践这一学习难点。

环节 5，总结评价：教师对治理理论的知识内容进行课堂总结，并根据小组表现进行小组评价和小组互评，结合课后作业评价，形成过程性考核评价结果。

3. 课后环节

为了加强学生对我国国家治理体系和治理能力现代化的认识，做到知行合一，课后要求学生阅读党的十八届三中全会通过的《中共中央关于全面深化改革若干重大问题的决定》以及《中共中央关于坚持和完善中国特色社会主义制度推进国家治理体系和治理能力现代化若干重大问题的决定》（2019 年 10 月 31 日中国共产党第十九届中央委员会第四次全体会议通过），并结合其他文献阅读选取角度写一篇读书笔记。

四、课程思政教学效果与体验

（一）教学效果

通过对学生的调查发现，学生对采用案例教学的认可度高，在“学会知识”“激发兴趣”“合作探究”等方面均持正面评价，教学反馈优良。

（二）教学体验

课程思政在教学内容上要将学科前沿知识结合到本课程的课堂教学之中，结合现实改革实践融入思想导向，使课程有中国情、中国味。

在教学方法上应能够以扎根国情的案例分析来引入价值内涵，将专业训练和价值引导的要素融入教学内容。

课堂教学环节要环环相扣，引导点拨学生言简意赅，力求既能激发学生的学习兴趣，又能有效完成教学目标。

参考文献

[1] 习近平．把思想政治工作贯穿教育教学全过程　开创我国高等教育事业发展新局面[N]．人民日报，2016-12-09 (1).

[2] 关于加快建设高水平本科教育全面提高人才培养能力的意见（教高〔2018〕2号）[Z]．中华人民共和国教育部，2018-10-08.

[3] 徐立新．“课程思政”的教师实践理念与策略 [J]．教育现代化，2018，5 (15)：311-314.

[4] 张正光，张晓花，王淑梅．“课程思政”的理念辨误、原则要求与实践探究 [J]．大学教育科学，2020 (6)：52-57.

[5] 伍醒，顾建民．“课程思政”理念的历史逻辑、制度诉求与行动路向 [J]．大学教育科学，2019 (3)：54-60.

[6] 张驰，宋来．“课程思政”升级与深化的三维向度 [J]．思想教育研究，2020 (2)：93-98.

[7] 薄萌萌．高校教师在“课程思政”改革中的元认知过程——质性研究的视角 [J]．教育学术月刊，2020 (4)：68-74+111.

[8] 邱伟光．课程思政的价值意蕴与生成路径 [J]．思想理论教育（综合版），2017 (7)：10-14.

[9] 高燕．课程思政建设的关键问题与解决路径 [J]．中国高等教育，2017 (C3)：11-14.

[10] 刘鹤，石瑛，金祥雷．课程思政建设的理性内涵与实施路径 [J]．中国大学教学，2019 (3)：59-62.

高校管理学科“课程思政”教学改革方案探索*

——以渠道管理课程为例

袁靖波　胡月儿

（深圳大学管理学院市场营销系）

【摘要】“课程思政”逐渐成为高校教学改革与创新的重要阵地。本文在分析高校“课程思政”现存问题的基础上，提出管理学科“课程思政”教学改革的工作重点，并结合学科特点阐述了管理学科“课程思政”教学改革的内容设计思路与实施方案。主要包含如下步骤：基于宏观思维对“课程思政”进行全面规划；结合专业知识架构，科学提炼思政元素；对思政元素进行有序融汇，实现“课程思政”内部结构的有机统一；建设点面蔓延、动态开放的教学体系，提升“课程思政”的适应性。最后，初步提出管理学科“课程思政”的评价体系，并把评价主体划分为管理主体、实施主体和受教主体。本文是对管理学科“课程思政”的教改探索，可以为专业建设提供一些借鉴和参考。

【关键词】课程思政；教学改革；管理学科；实施方案；评价体系

一、引言

自从全国高校思想政治工作会议召开以来，课程思政逐渐成为高校教学改革与创新的重要阵地，这项工作不仅凸显了高校知识体系的价值属性，也推动了教学目标设置的变革与进步。然而，需要注意的是，在基于“课程思政”的教学改革进程中，仍然存在一些亟须解决的现实问题，主要包括三个方面：①从“大思政”的宏观架构看，课程思政建设需要提升整体性和系统性。在理解“课程思政”与“思政课程”的关系时，出现了“包含论”、“升级版”与“替代论”等错误认知，尚未形成阶梯递进、系统设计、分段分级的课程思政体系。②从课程内容的微观设计看，课程思政仍然面临思政元素“如何挖”、思政元素“怎么融”等难题，在教学改革的操作层面存在诸多难点，在后续的工作中需要提升思政元素挖掘的科学性，增强课程思政元素融入的有机性。③从学科门类之间的特征差异看，课程思政尚未根据学科特点进行分类建设，也未根据学科差异在某一学科内部形成富有学科特色的内容框架或方法论。以管理学

* 本文得到深圳市哲学社会科学规划课题（项目编号：SZ2021C013）的资助。

科为例，由于其内容兼具科学性和艺术性，在课程思政的设计思路上，可以从中华优秀传统文化中汲取东方管理智慧，从中国历史长河中借鉴组织管理经验，也可以从中美贸易摩擦相关案例中学习战略管理思维，等等，这些因素为管理学科实施课程思政创造了得天独厚的条件，并且，这些优势的挖掘与利用是与自然科学领域截然不同的。综合以上分析，本文将以管理学科为背景，在重新审视高校“课程思政”本质内涵的基础上，分析管理学科“课程思政”的核心要素，探讨高校管理学科“课程思政”教学改革方案以及相对应的教改评价体系。

二、高校“课程思政”的现状与问题分析

从全国范围看，目前的高校课程思政工作主要从理论和实践两方面着手，重点聚焦于内涵诠释、元素挖掘、方法创新、教学实践等四个领域。尽管课程思政相关的教学改革已经初步取得一定成效，但不可否认的是，教学实践中仍存在诸多问题需要改进。

（一）“课程思政”与“思政课程”的关系误区

课程思政作为高校教育教学中出现的新理念，自被提出以来便受到不少人的误解与质疑，甚至部分教师常常会将“课程思政”与“思政课程”混为一谈，或是脱离“思政课程”而大谈“课程思政”，存在对两者关系的认知偏差。常见的理解误区包括：认为课程思政就是将其他课程变成思政课；认为课程思政包含思政课程，是思政课程的升级版和替代版；将课程思政与思政课程两者对立；认为课程思政是在现有课程体系外增设的课程。因此，在大力推进课程思政教学改革之际，有必要在认知层面打破认知藩篱，正确认识并理解课程思政的内涵。

课程思政是一种课程教学理念，它要求各类课程以“立德树人”为价值导向。课程思政与思政课程既紧密相关，又有明显区别。首先，思政课程并不等于课程思政，前者特指思想政治理论课，后者则是在各专业课程教学中挖掘育人元素，渗透思想政治教育，实现两者“同向同行”，从而把思想政治教育贯穿于人才培养体系，实现知识传授与价值引领的有机统一。所谓“师者，传道授业解惑也”，课程思政便是倡导鼓励教师在“授业”、“解惑”过程中重视“传道”精神，激发育人自觉。其次，课程思政中的课程是指除了思政课程以外的其他课程，学生思想政治教育应以思政课程为圆心、其他课程为半径画圆，即课程思政以思政课程为导向，发挥辅助作用，在其他课程中融入思政教育，坚持全方位、全过程育人原则。因此课程思政与思政课程并不是包含关系，前者亦不是后者的升级或替代，而是两者协同实现高校立德树人的目标。

（二）课程思政建设中的脱嵌现象

真正的“课程思政”不是对“专业课程”的否定，而是要求把思想政治教育之“盐”撒入专业教育之“汤”，使之发挥“隐性”的思想政治教育的作用[1]。在目前的

课程思政实践中，存在明显的“标签化”和“功利化”现象，简单粗暴地在部分课程的培养计划、教学目标中塞进几条关于德育的话语，就认为已经实现了“课程思政”，而课程教学内容仍然僵化不变，造成严重的脱嵌现象。相关研究[2]把这类脱嵌现象的本质归纳为以下三种：①供需不匹配造成的结构脱嵌。互联网时代，大学生思维越发活跃，接收信息和知识的方式更加便捷，信息来源和途径更加广泛，促使大学生对课程思政的教学方式和传输途径有更高的需求。他们对于说教式的生硬灌输“大道理”极易产生反感和厌倦，学生对于德育的内在需求与课程思政供给的不匹配造成课程思政“事倍功半”。②课程思政内涵难以挖掘造成的内容脱嵌。课程思政要求挖掘课程知识中的思政元素，并精心梳理将其转化为思政知识，与课程知识搭配讲解。但专业课程教育与思政教育在内容和形式上存在差异和区隔，任课教师很难将两者有机融合，存在为了“课程思政”而进行“思政”的现象，为专业教育披上思想政治教育的“外衣”，使得课程思政浮于表面。③价值引领与知识传授难以协同造成的形式脱嵌。大学生课程考核评价往往以考勤、考试成绩等量化指标为主，功利主义导致学生重视专业性知识，而对价值引领关注度不高，将大部分时间与精力投入到专业知识的学习中，即使碰到思政教育的相关内容，也缺乏学习热情，最终让课程思政流于形式。

（三）课程思政建设尚未形成系统性架构

课程思政的建设是一项系统工程，需要高校各部门及相关人员的协同配合，将课程思政贯穿到人才培养和发展的全链条，因此需要整体规划、系统构建。完善的工作体系是推进课程思政改革的重要基础和有力保障，包括顶层设计、实施路径、教学体系、政策机制等。目前国内高校在课程思政工作中未能构建完善的体系，课程思政教学呈现随意性、碎片化、边缘化、局部性的趋势，导致课程思政教学改革停滞不前、教学效果良莠不齐，具体体现在以下四个方面：①顶层设计有待细化。国内部分高校忽视顶层设计，对课程思政没有一个整体的规划，课程思政改革的推行效果和目标难以量化和评估。②缺少完整连贯的课程思政实施路径，未能形成渠道通路。课程思政教学改革是一个完整的过程，其中任何一个环节的缺失都会影响课程思政建设的效果。高校需要根据课程思政的顶层设计来明确实施路径，但如何构建完整详细的路径是现阶段高校面临的一大难题。③课程之间未成体系，存在自成一体、各自为派的现象。各专业课程存在一定的关联和“1+1>2”的融合优势，但当前我国高校主要聚焦于单一课程的思政元素挖掘，未能实现学科间的协同化发展。④政策机制有待完善。高校对于课程思政教学的评价体系以及激励政策不够完善甚至缺失，导致课程思政教学建设并没有引起教师和学生的足够重视，建设效果并不明显。

三、管理学科“课程思政”教学改革的工作重点

从本质上讲，课程思政是思想政治教育形态的变革，是全方位育人的一种形态，旨在推进思想政治教育从传统的单一体系向目前的协同体系转变。为重新审视高校课

程思政的本质内涵，本文从政策和实践两个方面对课程思政工作进行回顾。从政策层面看，2016 年 12 月，习近平总书记在全国高校思想政治工作会议上提出：把立德树人作为根本任务，将思想政治工作贯穿教育教学全过程，促进专业课教学与思想政治理论课教学紧密结合、同向同行的协同育人格局的形成，着力构建“大思政”格局，促进“思政课程”向“课程思政”转变。2017 年 12 月和 2018 年 4 月，教育部先后印发《高校思想政治工作质量提升工程实施纲要》（教党〔2017〕62 号）和《关于加强新时代高校“形势与政策”课建设的若干意见》（教社科〔2018〕1 号）；2020 年 6 月，教育部颁布《高等学校课程思政建设指导纲要》（以下简称《指导纲要》），明确全面推进高校所有学科的课程思政建设，并就行动方案做出了国家层面的整体设计和全面部署。《指导纲要》指出：全面推进课程思政建设，就是要寓价值观引导于知识传授和能力培养之中，帮助学生塑造正确的世界观、人生观、价值观。从全面提高人才培养质量的角度，要求把教育教学作为最根本的工作，凸显课程知识内在蕴含的丰富意义，真正实现从培养“单向度”的人到培养“完整”的人的转换。

根据上述政策文件所提供的方向指引，笔者团队查阅研读了全国范围内其他高校课程思政的教学实践，重点关注了课程思政的工作原则[1]、价值导向[3]、教学改革实践[4]、课堂建设[5]、混合式教学[6]等问题，并充分重视对文科专业教改研究成果[7-8]的归纳思考。基于以上工作，在对全国范围内课程思政工作建立宏观认知的基础上，结合笔者所属学院市场营销专业在国家一流本科建设中的课程思政实践，我们将管理学科“课程思政”教学改革的战略重点总结如下：第一，按照“大思政”的工作精神，在充分理解管理学科特点的基础上，提升管理学科课程思政的整体性和系统性，使管理学科各项课程与思想政治理论课同向同行，形成协同效应；第二，在管理学科内部，强化课程思政内容模块之间的联结性，彻底解决“课程”与“思政”之间的“两张皮”和“形式化”等问题；第三，从时空维度把握管理学科的发展规律，在课程思政工作中做到“因时而进、因势而新”，以动态思维推动课程内容更新，根据周边环境和形势的变化，不断挖掘与课程相关的思政元素和思政资源；第四，重新思考行动主体及其互动规律，建立动态开放的育人机制。管理学是一门社会科学，不能将教师与学生之间的关系简单地设定为“主体”与“客体”的关系，而应该重新构建一种“双主体”关系，将课程思政塑造成教师与学生之间就思政内核、思政元素、思政体系形成共识和共鸣的过程。

四、管理学科“课程思政”教学改革的内容设计与实施方案

基于上文的分析，本部分重点在于厘清管理学科课程思政的内在逻辑，形成明确的内容架构，并阐述具体的实施方案。为充分体现管理学科的内容特点，本部分的论述将以本文第一作者目前任教的渠道管理课程为例。

（一）基于宏观思维对课程思政进行全面规划

在管理学科内部，每门课程在学科知识体系建构中都有自己独立的功能作用，其各自的思政功能不尽相同。对于渠道管理课程，结合课程原有的专业内容，并对比思想政治教育领域的时政热点，笔者认为，基于中美贸易摩擦和中国典型企业案例（华为、中兴、大疆等）阐述相关的渠道管理理论，就是这门课程与“思政”之间的最佳契合点。另外，为确保思政元素的有机融入，避免生硬加入思政内容导致专业知识的“思政化”，笔者对教材和理论进行了充分筛选和提炼，最终决定在“营销渠道环境”“营销渠道战略”、“营销渠道设计”和“国际营销渠道”这些章节融入中美贸易战相关内容，上述章节就是渠道管理课程思政教学改革的作用支点。

（二）结合专业知识架构，科学提炼思政元素

（1）结合渠道管理课程结构，将典型经济现象和企业实践总结归纳如下：

自 2018 年中美贸易摩擦以来，以美国、欧盟为代表的发达国家与地区通过国会立法、联邦条例、实体清单等手段对中国企业实行技术封锁，在此背景下，被美国列入实体清单的跨国企业面临产业链断裂风险的考验。深圳作为改革开放的前沿阵地，其跨国企业受损尤为严重，华为、中兴、大疆无人机等企业就是其中的典型代表。为应对美方的制裁行动，深圳的部分跨国企业开始采用多元化策略自救。以华为公司为例，在出售荣耀子公司之后，开始“迎接汽车产业与 ICT 产业的融合”，2021 年 4 月，率先搭载华为自动驾驶系统技术的极狐阿尔法 S 的 HI 版车型亮相。

（2）从理论角度对上述经济现实进行提炼和抽象，形成一套具有理论深度且有机统一的知识框架，提炼过程举例如下：

随着中美经贸摩擦升级、新冠肺炎疫情暴发等一系列重大事件的发生，中国跨国企业面临的国际国内发展环境日益复杂，突出表现为企业外部约束明显增强，关键技术和关键零部件的断供风险加剧。结合渠道管理课程的理论架构，笔者决定以双循环新发展格局为背景，基于产业链的断裂风险，深入探讨企业的多元化自救策略与其销售绩效之间的关系，并充分关注产业链断裂风险下的情境因素对多元化自救效果的影响。在这个过程中，注意关注如下两个层面的关系：①国家层面的二元关系，主要纳入对“供应国—母国”产业关系和“供应国—东道国”制约关系的考虑，因为上述两类关系与企业受到的制裁程度或技术限制程度密切相关；②区域经济组织层面的网络互动，以“一带一路”经贸合作区为讨论对象，探究区域层面的网络结构和网络关系对企业多元化与销售绩效之间关系的影响。

（三）对思政元素进行有序融汇，实现“课程思政”内部结构的有机统一

结合上述场景，在完成思政元素的提炼之后，任课教师需要对这些元素进行有机融合，核心观点总结如下：

在中美贸易摩擦背景下，企业的国际渠道管理要能够支持灵活调整多元化维度组

合，并关注推动区域层面的产业链闭环，努力协助建设国内外市场双循环体系。具体工作如下：①企业个体经营层面，在全球产业链断裂风险下，跨国企业需要对技术多元化进行更多反思，并在渠道管理方面做出布局；②国家关系层面，跨国企业要在全球市场网络中关注两类国家关系，即“供应国—母国”的产业关系和“供应国—东道国”的制约关系，渠道建设也不能仅仅从经济层面做出决策，要综合考虑来自政治、经济、法律等多方面的风险因素；③区域合作层面，企业要重点关注能够缓解产业链断裂风险的区域经贸组织，对“一带一路”等区域组织的内部与外部市场进行区分管理。在此基础上，企业的渠道成员选择、渠道战略以及渠道设计都要做出调整。

（四）建设点面蔓延、动态开放的教学体系，提升课程思政的适应性

该阶段工作需要做到如下三点：①按照上述工作步骤的方法论，对渠道管理课程中的其他知识模块进行类似挖掘，为课程提供更多的思政资源。②根据马克思主义的发展观，为思政课程确立“因时而进、因势而新”的工作理念，时刻关注对思政资源的更新和深化，保证课程思政有源头活水。③提升适应性包含两个层面的内涵：第一，管理学科作为典型的社会科学，其课程思政内容需要适应中国的话语体系，优先选用来自中国情境或具有中国特色的思政资料；第二，要关注知识传递者与接纳者之间的互动效果，要从现实问题与价值引领的结合点入手，吸引学生求知的热切目光，达到“润物细无声、四两拨千斤”的教学效果。

五、管理学科“课程思政”的评价体系

建立健全课程思政评价体系是当前高校推进课程思政建设的重要举措，通过分析评价课程思政建设和实施过程中取得的成效和存在的问题，不断调整改进，有助于课程思政教学改革的推进及立德树人目标的实现。科学完善的评价体系应当综合课程思政相关内容，全方位、全过程地把握课程思政实施情况，及时发现漏洞并评估实施效果。结合渠道管理课程实践，本文对管理学科“课程思政”评价体系的思考和建议如下：

（一）管理学科“课程思政”评价的主体与客体

课程思政的评价主体，即由谁来评价。课程思政的评价涉及多方机构、部门和个人，至少应包括国家教育行政主管部门、学校教育主管部门、教师、学生。因此，本文将评价主体归纳为管理主体、实施主体、受教主体等三类。课程思政的评价客体，即评价的内容，包括管理学科“课程思政”教学体系、学校组织管理水平、教师的教学水平、学生的学习效果与成长等。

（二）关于评价指标的初步建议

一个评价体系需要选取合适的评价指标，并确保这些指标数据在日常活动中能够获取。课程思政的内涵和性质决定了其评价主体的多元性，不能从单一的维度对课程

思政进行评价；另外，不同的学科在确定评价指标时也应有所侧重，加强针对性。因此评价指标体系的构建是一项系统工作。对于管理学科课程思政的评价，本文初步建议根据评价主体从三个层面进行：①学校层面，评价指标包括管理学科课程思政顶层设计的合理性、政策完善程度、教师队伍建设和培训、组织管理能力等；②教师层面，评价指标包括思政元素挖掘的科学性、思政元素融入的有机性、思政资源丰富度、教学考评中思政内容的占比等；③学生层面，评价指标包括学生对课程思政的认可程度和学习态度、学生在课程思政教育中的物化成果、学习生活中的思政表现、个体价值追求和精神成长等。

六、总结

本文首先回顾分析了高校“课程思政”的现状、问题与不足，在此基础上提出管理学科“课程思政”教学改革的工作重点，再结合管理学科特点，重点阐述了管理学科“课程思政”教学改革的内容设计与实施方案。最后，本文对管理学科“课程思政”的评价体系提出了初步设想。当然，本文只是作者团队结合管理学科的初步研究成果，在未来的教学工作中，还将对上述结论进行检验、补充和深化。

参考文献

[1] 张正光，张晓花，王淑梅．“课程思政”的理念辨误、原则要求与实践探究［J］．大学教育科学，2020（6）：52-57.

[2] 赵志伟．我国高校“课程思政”的脱嵌性问题研究——以社会科学类课程为例［J］．中州学刊，2020（4）：88-92.

[3] 聂迎聘，傅安洲．意义世界视域下课程思政的价值旨归与根本遵循［J］．大学教育科学，2021（1）：71-77.

[4] 郑锋．基于教学改革实践的课堂革命［J］．中国大学教学，2020（10）：17-20.

[5] 余文森，宋原，丁革民．“课堂革命”与“金课”建设［J］．中国大学教学，2019（9）：22-28.

[6] 孔翔，吴栋．以混合式教学改革服务课程思政建设的路径初探［J］．中国大学教学，2021（1）：59-62.

[7] 朱强，谢丽萍，朱阳生．财务管理专业“课程思政”的理论认识与实践路径［J］．学校党建与思想教育，2019（6）：67-70.

[8] 王伟，黄颖．讲好金融故事：“金融学”课程思政改革的有效路径［J］．思想理论教育导刊，2021（3）：112-116.

第三编

管理教育挑战

新工科背景下的双创教育改革探索与总结*

——以深圳大学 ARTG 育人生态系统为例

牛 奔[1] 耿 爽[1] 刘 敏[2]

（1. 深圳大学管理学院管理科学系；2. 深圳大学大湾区国际创新学院）

【摘要】 为推动我国新一轮科技革命与产业变革，促进服务创新，驱动经济发展，教育部积极推进了新工科建设战略，拟打造工程教育开放融合新生态。深圳市作为"双区"建设改革试点，在教育教学模式改革方面更需发挥示范作用。在此背景下，深圳大学以培养高素质双创人才为使命，以解决当前国内双创教学中的突出问题为出发点，以科技创新为特色，提出了新工科背景下基于 ARTG 的双循环育人生态系统——覆盖双创行动实践（Action）、过程回顾反思（Reflection）、经验提炼推广（Theorization）、全面能力提升（Growth）的全流程双创教育，形成了一套完善的全覆盖课程培养体系和全链条创业服务体系，构建了"校内—校外"协同型双循环育人生态系统，实现各方增效赋能、共生共存。

【关键词】 双创；育人；生态系统

一、高校双创育人体系建设研究的背景

（一）新工科建设背景下高校高端创新创业人才培养的必然要求

"苟日新，日日新，又日新"，创新始终是一个国家、一个民族、一座城市发展的重要力量。人才是创新创业的第一支撑，打造人才高地不仅要"引才""聚才"，更需要全面"育才"。我国高等教育改革已经成为支撑新技术、新产业、新模式经济发展的关键驱动力，在"新工科"建设背景下，促进工科与其他学科的交叉融合，培养工程科技创新与产业创新人才，是地方高校对区域经济发展担负的重要责任。

艰苦创业、勇于创新是深圳的文化基因。《中国特色社会主义先行示范区科技创新行动方案》提出，要推动深圳在科技创新治理体系上率先破题，建成具有全球影响力的创新创业创意之都[1]。2020 年发布的《国家创新型城市创新能力评价报告》中，深圳排名全国第一，创业密度亦多年稳居全国第一[2]。在双区建设国家战略背景下，建

* 本研究得到深圳大学教学改革研究项目（JG2020118，JG2020119）、深圳市高等院校稳定支持计划项目（20200826144104001）资助。

立高端创新创业人才育人生态，打造人才集群，为创新创业注入源源不断的新活力，成为深圳市当前重要战略机遇期的深度需求。

（二）当前国内高校双创人才培养存在的问题

近年来，我国积极推进高校创新创业教育发展，创新创业教育改革深入到了高等教育的课程、实践、比赛各个环节。教育部会同国家发展改革委建设了 19 个高校双创示范基地，建设了 200 所深化创新创业教育改革示范高校，各示范高校开设了 2800 余门线上线下创新创业教育课程，各类创新创业比赛规模与影响力逐年提升[3,4]。然而，当前国内双创人才的培养仍然存在一些问题：①学科单一，交叉不足，多局限于本学科领域专业的教学，未实现多学科知识间的碰撞和化学反应；②层次单一，贯通不足，多针对本科生，难以激发不同层次人才的创新潜力；③视角单一，提炼不足，过度聚焦实践产出，忽视了对过程的反思和经验的总结；④环境单一，整合不足，资源多拘囿于本地，未发挥区域协同优势，国际化程度较低。因此，建设具有跨学科、跨层次、多视角、多环境的育人生态系统，实现教育系统应对社会需求与产业变革的自适应循环发展，是解决双创人才缺乏的关键。

（三）深圳大学育人生态系统建设具备充分的前期基础和条件

深圳大学以科技创新为突破口，探索创新创业人才培养新路径，涌现出马化腾、周海江、史光柱、梁光伟、邓学勤等一大批杰出的创新创业型校友，腾讯、华强等成为相关行业的创新者和领头羊，为深圳、粤港澳大湾区乃至全国的经济社会发展做出卓越贡献。在育人生态系统建设中，深圳大学具有扎实的理论与实践积累：①充分利用学校学科门类齐全、结构层次丰富的优势，打造学科交叉融合联合培养和产教跨界融合联合培养项目，与深圳科创学院合作设立“双创人才联合培养项目”，培养高素质的拔尖双创人才；②建立覆盖本、硕、博、博士后的全过程双创人才培养体系，打造创业服务工程硕士、粤港澳联合培养博士和创新应用博士后项目，从后端扶持转变为全过程扶持，让创业教育贯穿整个校园生活；③坚持对双创实践进行回顾和反思，重视对双创教育的总结和发展研究，打造领航精英交叉创新公益讲座，创办《U 创精英》杂志，分享和推广双创教育成果；④充分整合海内外优势资源，成立大湾区国际创新学院，设立日本中心、欧洲中心、硅谷之窗，获批教育部国别和区域研究中心，建立区域联动、产业协同、海外资源助力的综合型创新创业平台，汇聚强大合力。

二、ARTG 双区双创双循环育人生态系统的内涵

深圳大学以培养高素质双创人才为使命，以解决当前国内双创教学中的突出问题为出发点，以科技创新为特色，基于体验式学习模型[5]，提出了新工科背景下基于 ARTG 的双循环育人生态系统——覆盖双创行动实践（Action）、过程回顾反思（Reflection）、经验提炼推广（Theorization）、全面能力提升（Growth）的全流程双创教育

(见图 1)，形成了一套完善的全覆盖课程培养体系和全链条创业服务体系，构建了“校内—校外”协同型双循环育人生态系统，为学生创新创业教育提供一体化的服务，实现各方增效赋能、共生共存。

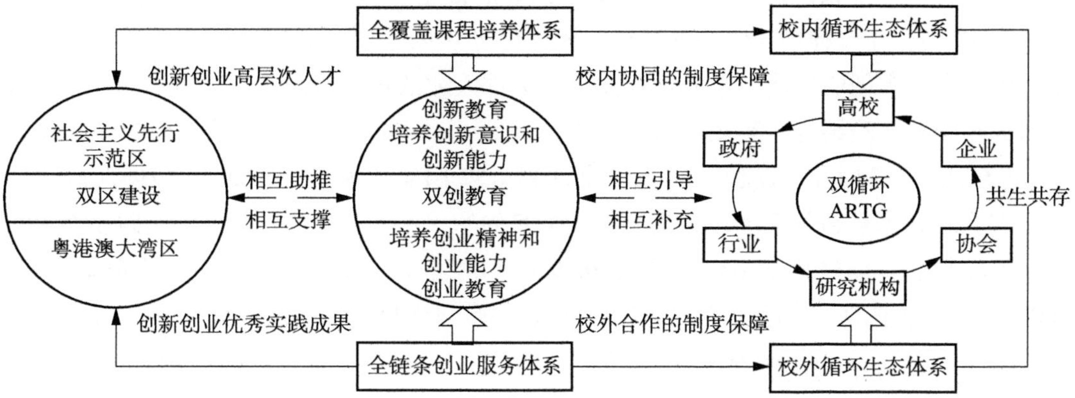

图 1 基于 ARTG 的双区双创双循环育人生态系统

基于 ARTG 的双区双创双循环育人生态系统的具体内涵包括以下三个方面：

（一）全覆盖课程培养体系

探索不同学历阶段全过程创新创业人才培养，倡导学生对实践过程进行反思、总结和提升。

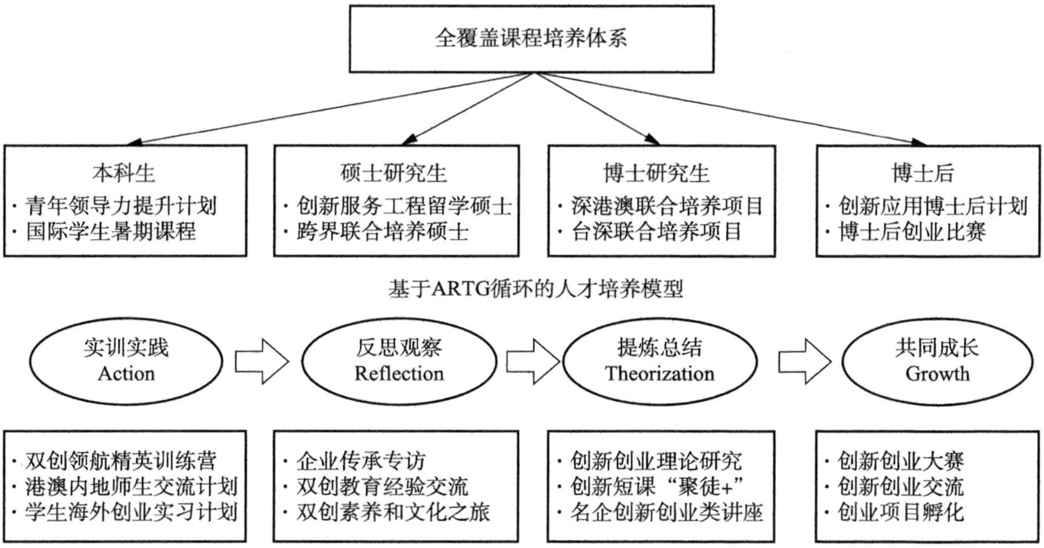

图 2 全覆盖课程培养体系和人才培养模式

如图 2 所示，对本科生的培养以创业实践为核心，开设创业通识、创业专长、创业实战三大系列课程体系。“港澳内地师生交流计划”在开设创业实践课程的同时，将创业比赛与项目孵化贯穿于计划中，强调动手实践（Action)，为实践跨区域的科技交流与成果转化创造了机会和条件。“跨界联合培养硕士研究生项目”以重大学科交叉科研项目为载体，面向“一带一路”沿线国家，培养国际化人才，累计培养研究生 10 名。建立博士研究生深港澳台联合培养模式，累计培养博士生 20 名。“创新应用博士后计划”开创了亚太地区首个结合科研与创业的博士后创新人才培养项目，累计培养博士后 13 名。在课程培养体系的各个阶段，倡导学以致用，通过开展各类创新创业讲座，为学生分享创业经验，培养创业文化，促进人才的观察与反思（Reflection），将科学研究与创新实践结合，实现经验提炼推广（Theorization）。目前，课程培养体系包括 9 门学分课程、7 门在线课程、14 门证书课程、32 门实战课程及 1000 余门创新研究短课。创业服务体系涵盖 7 个教育项目、3 个实验室、4 个研究中心、4 个实践平台和 6 个功能模块。目前孵化学生创业项目 2679 项、销售额或市值 1 亿元以上的企业 5 家、1000 万规模以上的企业近 30 家，实现了教育平台与项目的共同成长（Growth）。

（二）全链条创业服务体系

打造“大湾区国际创新学院”和“深港大学生创新创业基地”联动共建平台，推动国际化人才培养和科研合作。

如图 3 所示，深圳大学“大湾区国际创新学院”集合湾区资源，搭建创新人才培养、创新理论研究及创业孵化平台，形成了由 125 名教师与 138 位企业家组成的特色导师团队，推动高质量湾区高等教育合作。其中，健康大数据智能战略实验室、创新创业研究中心、数字智能创新创业管理实验室重点围绕大数据技术驱动的服务创新与创新创业驱动机制开展落地研究。“深港大学生创新创业基地”面向两岸三地青年大学生，搭建了四大实践平台和六个功能模块，聚集创客、创意、创新、项目、资本、产业链和市场，形成为学生提供一站式创业服务的“众创空间”。

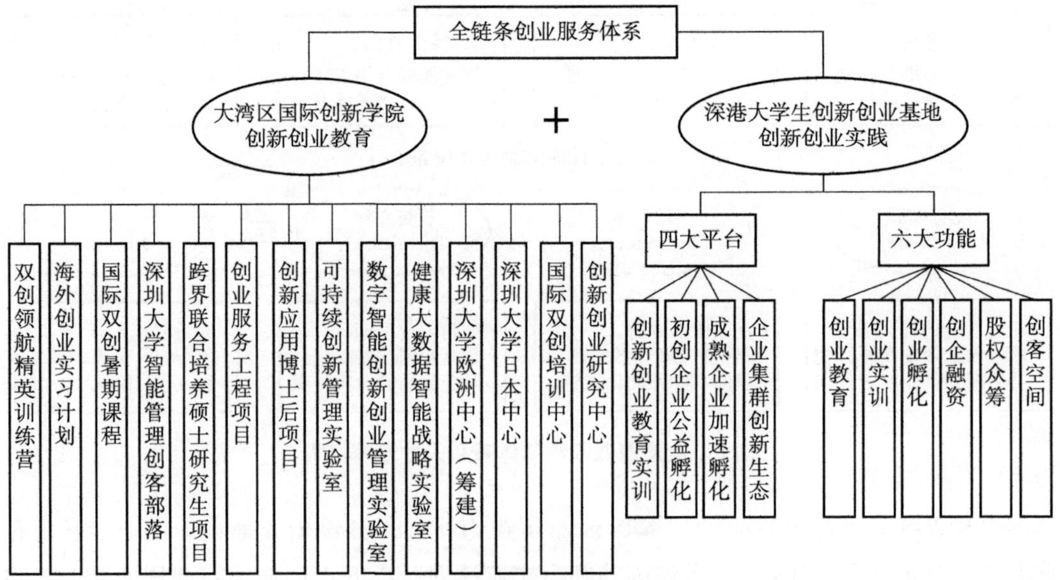

图 3　全链条创业服务体系

为了更好地支持创新创业型人才的成长，深圳大学在培养机制方面注重开放性、灵活性、多元性，认定创新学分、允许创业休学、孵化学生创业项目，对学生给予资金、场地、创业指导支持，打造了全方位的学生双创能力培养生态；深圳大学紧抓立德树人之教育根本，通过“企业传承专访——百年企业系列”“公益创新专才班”“优秀校友企业家访谈”等一系列活动的开展，形成具有学校文化基因和社会责任感的育人氛围。

（三）协同型双创育人生态系统

深圳大学以“内循环”和“外循环”为双核心，充分发挥协同优势，深度整合平台资源，打造共生共存生态体系。

“校内循环生态体系”立足双创育人和创业实践，汇聚全校资源，共同打造“课内+课外”“校内+校外”“线上+线下”“理论+实践”“精英+大众”模式的创业教育品牌和工作平台。“校外循环生态体系”立足科教融合和产教融合，依托深圳高校创新创业教育联盟，协同高校、政府、企业、行业、协会及研究机构，推动创新创业教育的国际国内交流和大湾区合作。其中，与深圳科创学院合作，设立了双创高端人才联合培养项目，每年分别输出 100 名本科和硕士人才；与深圳医学信息中心合作，成立健康大数据智能分析与战略创新实验室；与世界五百强企业合作，筹建深大正威日本中心，合作效果显著，为全国创新创业教育提供了新经验。

三、ARTG 双区双创双循环育人生态系统的意义

（一）有利于优化师资结构，取长补短，实现高校和社会双向共赢

育人生态系统是由多种创业参与主体及其所处的创业环境所构成的有机整体，各部分之间通过复杂的交流与合作机制发挥作用，从而提高创业活动与项目水平[6]。高校和社会作为育人的两大动力来源，需要形成教育合力才能有效推动育人生态系统的建设[7]。校内师资结构优良，学缘广泛，博士比例和海外留学经历师资比例高，教学力量涵盖多个学科门类。聘请校外企业家和公司高管担任双创导师，开展各类双创活动，有利于发挥高校以外育人的效能，高校与社会深度整合，有利于打造高驱动力的育人生态系统。

（二）有利于国际国内多方合作，搭建双创平台，打造成熟双创生态

借助教育交流、项目合作，丰富深圳大学与其他高校间交流与合作，与地方行业企业、“一带一路”沿线国家行业企业共同探索教育教学合作，有效对接国际创新创业资源，推动校企人才培养合作机制[5]。创业服务工程硕士项目重点面向“一带一路”国家吸引学生，培养方案针对学生国际化背景，研究方向包括创业服务工程、数据科学与智能决策、信息系统与电子商务、现代物流与供应链管理等，旨在搭建有利于“一带一路”产业发展的培养平台，以满足“一带一路”建设对复合型国际化创新创

业人才的要求。

（三）有利于成果转化，“以赛促创”，构建双区双创示范基地

依托该平台，学校与大湾区企业合作，搭建产教融合协同育人基地、大学生实践基地，通过师生共建智库平台，面向社会与产业需求，开展科研成果的转化与孵化。吸引科技达人、创业先锋、企业高管、风险专家等社会专业人士，帮助学生进行创业项目打磨和创新计划落地，推进“以赛代训”。通过比赛让师生碰撞出创新创业的火花，让天马行空的创意想法“落地”成长，通过“引育并举”的孵化方式，铺设深圳大学双创培育之路的“最后一公里”。结合学生的特长和优势，有针对性地组织学生参加高规格学术或专业竞赛，积极为他们提供学术理论的指导，帮助学生建立实用型的专业知识体系，激发本科生理论联系实际和独立工作的能力，引导学生通过实践来发现和解决问题，以此强化“双创”基地对大学生创新创业能力的培育。

（四）有利于双创人才培养理论完善，发挥教育改革示范作用

经验提炼推广（Theorization）是深圳大学双创教育生态系统建设的关键工作，对于教育理论的总结主要从创业管理、技术创新、教育管理与政策三方面出发，充分利用深圳创新之城的领先优势，聚焦创新创业政策，以及创新创业行业、产业的分析研究。另外，还重点研究分析政府创新创业政策对青年创新创业倾向及决策的影响机制，促进政府创新创业政策与高校培养方案的有机结合，为政府支持青年创新创业的政策提供理论基础，增强支撑作用，激发青年创新创业的积极性、主动性。深圳作为我国创新创业实践领跑城市，汇聚数量庞大的创新创业企业，深大校友也是创新创业实践的佼佼者，有着丰富的企业资源。利用多方资源对创新创业案例动态进行追踪研究，由此形成的案例库未来也将向国内外高校同行和感兴趣的社会人员开放，为创新创业实践提供重要参考。

四、总结

深圳大学以培养高素质双创人才为使命，创设了双创驱动下具有“多元开放性、循环成长性、文化稳健性、社会责任性”的 ARTG 人才培养机制，从特区发展需求出发引入教育活水，构建了具有新工科学科交叉优势特色、覆盖人才培养全流程、从知识教授向能力培养转化的育人项目与课程体系。深圳大学打通区域教育资源壁垒，建立了以“一学院、两基地、三实验、四中心”为支撑的粤港澳台校企协同的综合型育人平台。近年来，该教育生态系统贯穿于各个教育环节，推广成果显著，为特区及粤港澳大湾区的经济发展提供了产业创新的动力，为我国双创教育改革升级提供了积极的启示。

参考文献

［1］2035年深圳建成具有全球影响力的创新创业创意之都［EB/OL］. 科技日报，［2021-02-26］. http：//digitalpaper. stdaily. com/http_ www. kjrb. com/kjrb/html/2021-02/26/content_ 463233. htm? div=-1.

［2］中国科学技术信息研究所. 国家创新型城市创新能力评价报告2020［M］. 北京：科学技术文献出版社，2021.

［3］中国教育新闻网. 创新创业教育改革晒出“成绩单”［EB/OL］.［2019-10-11］. http：//www. jyb. cn/rmtzgjyb/201910/t20191011_ 266440. html.

［4］王坤. 珠港澳高等教育联动发展的对策研究——基于创新驱动发展战略背景［J］. 特区经济，2017（9）：21-26.

［5］D Kolb. Experiential Learning：Experience as the Source of Learning and Development［Z］. 1983.

［6］程诗婷. “一带一路”建设背景下地方高校创新创业人才培养研究［J］. 南京工程学院学报（社会科学版），2020，20（4）：30-33.

［7］蔡莉，彭秀青，王玲. 创业生态系统研究回顾与展望［J］. 吉林大学社会科学学报，2016，56（1）：5-16.

国家级一流专业建设中的专业型社团发展建设探析*

——以深圳大学公共管理协会为例

罗小如[1] 黄芩锖[1] 耿 旭[2]

（1. 深圳大学管理学院公共管理系 2018 级本科生；2. 深圳大学管理学院公共管理系）

【摘要】“双一流”是近年来我国在高等教育领域的重大战略决策，发展专业型社团是推进一流专业建设的重要举措，在高校教学科研模式创新、人才培养等方面起着不可替代的作用。为此，高校应重视专业型社团的发展建设。本文以深圳大学公共管理协会为例，在厘清专业型社团与一般高校社团区别的基础上，从社团成员感知视角出发，指出专业型社团在国家级一流专业建设中的作用，并通过问卷调查总结提炼社团运作中存在的问题，尝试提出其未来发展的对策建议，以期助推高校专业型社团更好地服务于国家级一流专业建设。

【关键词】 一流专业建设；专业型社团；发展对策；深圳大学公共管理协会

一、研究背景

在党的十九大报告中，习近平总书记明确指出：建设教育强国是中华民族伟大复兴的基础工程，要加快教育现代化，加快一流大学和一流学科建设，以实现高等教育内涵式发展。在政策指导下，国家级一流本科专业建设作为我国“双一流”战略的重要组成部分，也是我国在高等教育领域中做出的重大战略决策，对我国加快建设高水平本科教育与全面提高人才建设都有着至关重要的战略性指导意义。

深圳大学作为一所具有改革创新基因的实验大学，尽管只是一所市属地方高校，但由于它处于国家改革开放试验田之上，所以在创新改革高等教育发展方面承担着特殊的国家使命。为响应国家的号召，更为向建设教育强国贡献一份微薄之力，深圳大学以“深大速度”进入国内一流大学行列，综合实力稳居全球高校前300，稳步建成了与现代化国际化创新型城市相适应的高水平特区大学①。而深圳大学公共管理系作为首批国家级一流本科专业建设点和广东省特色专业建设点，也努力在各方面推进战略执

---

* 本文是 2020 年广东省高校教学团队建设项目（公共政策教学团队）成果之一。

① 戴越．李清泉：说深大靠钱靠刷数据是误解！四大理由跻身“双一流”［EB/OL］. https：//static. nfapp. southcn. com/content/202012/21/c4470234. html，2020-12-21.

行。其中，成立并发展深圳大学公共管理协会是助推一流专业建设的重要举措，同时也是响应一流专业建设而形成的重要成果。

此外，公共管理协会作为一个没有年级限制的专业型社团，致力于让学生从兴趣爱好出发有针对性地学习知识，在实践应用过程中增强对专业知识的领悟，从而进一步发展专业技能和增强就业信心。它不仅促进跨年级学生相互交流与学习、理解与沟通，为培养创新实践人才营造了良好的环境，也为学生独立人格的塑造和自身发展价值的实现提供了充分的条件①。作为任深圳大学公共管理协会干事三年的学生成员，我们调查访问历届协会骨干成员，回顾了过往经历和经验，发现协会的发展过程中在组织层面和个体层面均存在问题。

因此，本文以深圳大学公共管理协会为例，从学生视角总结提炼出该社团在这几年发展中面临的主要障碍，结合现有相关文献资料，分析具体的典型问题，从而尝试探索在国家级一流专业建设背景下，专业型社团的建设现状并对其未来发展提出相应的对策建议。以期高校专业型社团活动能更充分地激发学生学习兴趣，拓展其专业知识面，丰富其校园生活，满足个体在自尊和社会交往上的心理需求，让高校专业院系有更活跃的学术氛围、更和谐融洽的师生关系、更开放包容的信息共享平台等，最终更进一步实现学生自身和国家级一流学科建设的互相促进与成就发展。

二、专业型社团概念

专业型社团是在专业教师指导下，由同一学科专业的学生自愿组成，旨在提高学生在专业领域的理论研究水平、社会实践能力和创新创业意识，具有较强的学科专业性、师生联动性、资源集中性和社会实践性的社团组织②。

与普通兴趣型社团不同，专业型社团的学科专业性主要体现在其活动性质及作用上。其举办的活动主要服务于专业学生，发挥着专业宣传窗口和促进学科建设的作用。作为学生社团，专业型社团与普通社团一样，主要面向学生，但专业型社团具有较强的师生联动性。该类社团能获得专业教师的指导，活动包括专业学习、职业规划等。其活动也促进着师生的交流。此外，专业型社团虽有一定的学术活动，但与单纯的理论研究型社团有所区别。该类社团拥有院系雄厚资源倾斜，能获得资金、场地、社会关系等资源支持，实现资源集中；通过结合有关专业研究课题、社会实践主题，让师生在精心设计的实践活动中内化知识，实现课内课外知识的衔接，具有较强的社会实践性。因此，专业型社团在提高学生适应社会能力、加快学生成才步伐、反哺实践教

① 陈辉，郑书河，邱荣斌，叶大鹏．依托教学科研团队的大学生专业型社团建设模式探索［J］．中国农机化学报，2019，40（2）：216-220.

② 赵展．专业型学生社团视域下的公安法学实践教学新进路——以辽宁警察学院法学社团为例［J］．公安教育，2017（10）：66-70.

学等方面具有独特优势①。通过教师指导、学生自主运行的管理模式，专业型社团在优化管理人才培养和提高管理院系的教育质量方面扮演着难以替代的角色，极大地加强了校园学术氛围，并对大学生的专业特殊性认识、素质养成、价值观引领等具有一定的导向性作用②。

三、深圳大学公共管理协会发展概况

顺应一流专业建设的需求，同时为打破外界对公共管理的刻板印象，搭建服务于公共管理系的实践平台，培养公共管理学生的实践能力及公共精神，2018 年 11 月 2 日，在深圳大学管理学院公共管理系教师与学生干部的牵头下，深圳大学公共管理协会（SZUPMA，以下简称公共管理协会）正式成立。目前，协会已历经三届，新老成员累计 52 名，指导老师 3 名。

（一）公共管理协会的组织结构变迁

作为依附于公共管理系成立的专业型社团，协会形成了由管理学院团委管理、由公共管理系教师指导、协会学生成员自主运行的管理机制。日常运作得到专业教师的支持和指导，包括活动经费支持、项目指导、社会资源链接等，协会内部管理则由学生成员根据组织架构模式进行。随着社团的发展，为使得职能部门更好地发挥作用、开展社团工作，组织架构目前已经过三次调整。成立之初，院系师生共同制定了矩阵式组织架构，以期合理分工、高效运作，具体架构如图 1 所示。

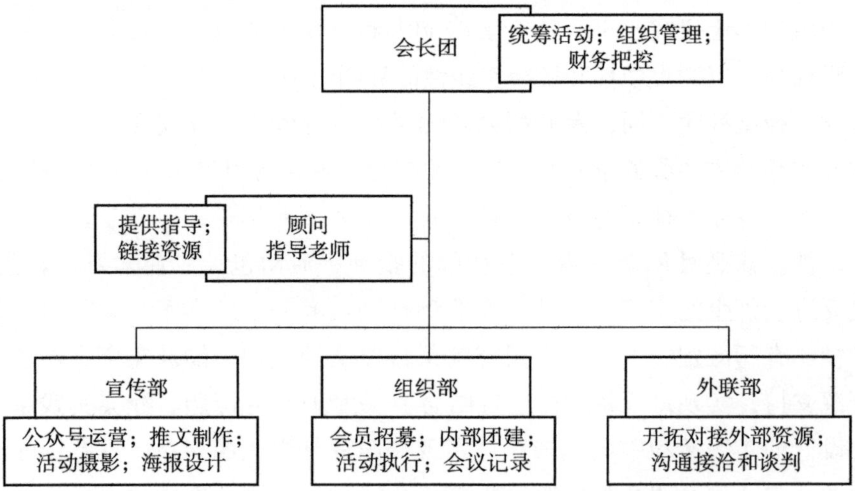

图 1　深圳大学公共管理协会第一届组织架构示意

---

① 赵展．专业型学生社团视域下的公安法学实践教学新进路——以辽宁警察学院法学社团为例［J］．公安教育，2017（10）：66-70.

② 李霞，席一政，王振华．大学生学术性社团发展症结与应对机制研究［J］．思想理论教育导刊，2016（9）：143-146.

但处于起步期的协会，项目单一，资源链接多依赖老师，外联部形同虚设，各部门任务分配严重失衡。在第二届协会骨干团队搭建过程中，取消了外联部和组织部，设置了策划部与执行部，具体架构如图 2 所示。

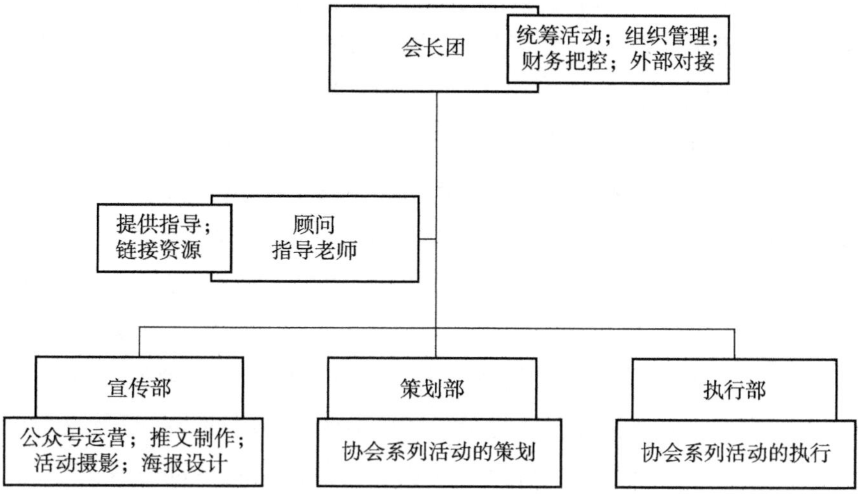

图 2　深圳大学公共管理协会第二届组织架构示意

然而，活动的策划与执行分离，导致策划调整的及时性和执行的灵活性缺失。第三届团队换届完成后，再次进行组织架构调整，取消策划部与执行部，改为组织部与实践部，具体架构如图 3 所示。

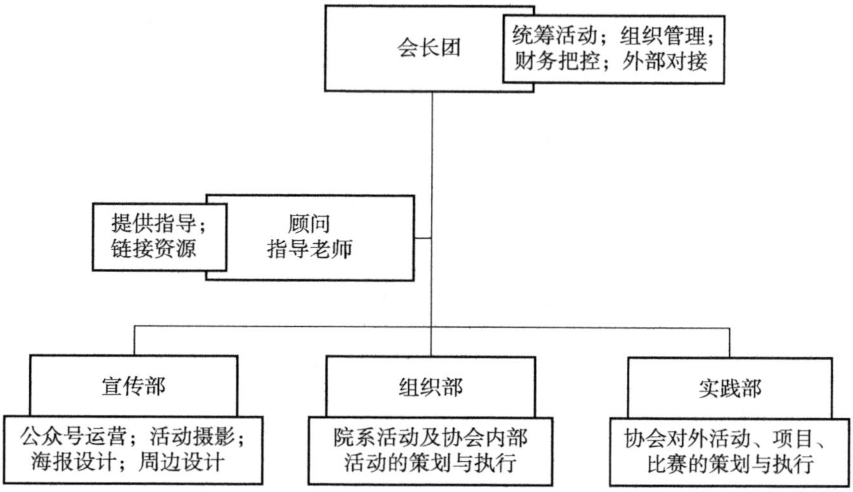

图 3　深圳大学公共管理协会第三届组织架构示意

（二）公共管理协会的品牌活动成长过程

社团赖以发展和传承的便是社团活动的实践。为响应一流专业建设，培养学生理论与实践相结合的能力，协会利用院系的资源和优势，结合当下公共管理系的需求，打造了一系列实践活动。一是社团品牌活动。协会结合公共管理领域的发展现状，利用深圳公益文化浓厚的背景，打造了两大品牌活动："模拟市长"大赛粤港澳大湾区分赛和"壹行游学"项目。"模拟市长"大赛是由中国管理现代化研究会政府战略与公共政策研究专业委员会、中央财经大学政府管理学院主办，中央财经大学"未来公务员之家"德育示范基地、中央财经大学公共管理研究会承办的全国性大学生品牌赛事。目前协会已成功举办两届地区分赛，吸引了中山大学等5所高校学子的参与。"壹行游学"项目则是一个致力于打造残健共融、拓展视野并实现自我价值的游学平台。现已成功举办落地活动6场，累计直接惠及残障人士40余人，获得各界人士的好评。二是院系主题活动。为促进院系师生交流，提高专业学子的专业认同，促进学生的发展，协会推出一系列院系主题活动。包括促进新生适应大学生活的"迎新师生座谈会"、为专业学生领航启蒙的"优秀毕业生经验分享会"、指导学生参与学术竞赛的"竞赛分享会"、了解考公方法与技巧的"考公讲座"等。此外，作为公共管理系的窗口，协会将运营的微信公众号"深大公管人"作为院系和协会的宣传门面。公众号文章内容丰富，包含院系建设情况介绍、师生学术科研成果展示、院系文化活动分享等。三是社会实践活动。为响应深圳大学行政管理专业致力于培养"左书右剑"人才的宗旨，协会自成立以来，不断开拓社会实践活动，包括社会企业参访和高校参访交流。在协会的组织下，行政管理系学生曾到壹基金、南山区社会组织创新苑等社会组织进行参访学习，了解到社会组织的孵化及项目开展等实践知识。通过与中山大学等兄弟院校的交流，也获得了学术活动开展和社团运作的宝贵经验。

目前，协会已形成了相对固定的组织架构和运作模式，社团品牌活动也趋于稳定。未来，协会将继续发挥平台作用，持续助力专业院系一流专业建设与发展。

四、公共管理协会发展建设存在的问题与原因分析

为更准确分析深圳大学公共管理协会发展建设过程中所遇问题及其原因，我们对历届学生成员进行了问卷调查。总计发放问卷53份，回收有效问卷31份。结合问卷及文献资料分析，归纳的主要问题和原因有以下两个层面：

（一）协会组织层面

1. 承接活动具有不确定性和临时性

作为一个处于初期探索阶段的专业依附型社团，公共管理协会的发展平台在专业院系和学校的大力支持下快速扩大，拥有的资源和机会激增，所承接的活动种类、数量和规模都得到了极大的提升。但是，这也意味着短时间内若无相应及时的合理调整，协会承办的这些活动将会一直杂乱无序，目前协会便存在这样的问题：承接活动具有不确定性和临时性，至今仍未形成一个正式的活动安排秩序，常常令活动的策划和落地结果不尽如人意。

尽管这大概是社团处于摸索期的通病，客观上难以避免，但是这也反映出协会具体功能定位不明的问题，因而无法准确根据社团的组织性质选择和开展活动，不能聚集有限的精力去打磨每个活动。除了协会客观上处于社团发展初期阶段的因素以外，作为组织日常运作的主体成员，学生在指导老师的安排下缺乏对承办活动的自主选择权，主人翁意识薄弱。同时，由于公共管理协会的学生成员仍只是刚入大学学习的学生，在专业知识和实践经验上都较薄弱，在承接活动方面处于较为被动的状态，主导执行层的学生成员与战略指导层的老师们沟通交流不够充分，没能主动与老师商量协调，指导老师未能掌握执行过程的实际情况，加剧了承接活动的不确定性和临时性。

2. 组织运作缺乏规范性

正如前文所说，组织处于初期探索阶段，许多规章制度都未正式建立，因此组织运作主要依靠学生成员的管理，而非制度化管理。这意味着组织日常管理方式和管理风格甚至管理质量都主要由协会成员特别是管理层成员的综合素质决定。因此组织整体的管理运作，特别是在换届过程中，具有较强的不确定性、随意性，缺乏规范性。

虽然最初成立协会之时正式制定了相关管理规章制度，但那些章程较为抽象笼统，落实起来较困难，与组织实际的日常运作并无紧密关系，在协会成立之后就只能沦为一纸空文，无法推动组织日常高效运作，无法规范日渐复杂的组织管理工作，对协会持续发展缺少足够的实质性帮助。基于此，可以得出协会目前运作仍缺乏规范性的根本原因即未形成一套长效并且完善的管理机制与考核制度。

3. 部门间工作量失衡与责任不明确

由协会组织架构短短三年就发生了巨大变化的情况来看，可知它每年都在及时调整变化，一直在不断地适应协会工作量和工作难度。但这种调整依旧有较大的滞后性，协会仍会经常出现部门间工作量失衡的情况，或者出现部分工作职责有重叠抑或是未覆盖到的情况。出现这些情况反映出部门间工作安排不合理，部门职责不明确，部门人员配备不符合工作要求。这些问题无论是对短期工作推进，还是对协会长远发展而言都具有不利的影响。

4. 宣传效果和影响力不足

深圳大学公共管理协会作为公共管理系发展的一个重要宣传展示平台和内外沟通窗口，加强对行政管理专业的宣传效果和扩大其影响范围是开展社团活动的主要目标之一。但是，从纵向时间发展角度看，协会组织的吸引力没有明显提高，协会规模大小和成员构成并没有多大变化；从横向角度看，与同类社团比较，公众号关注人数和其他宣传平台种类数量较少、校内外学生的知晓程度较低等都体现出协会在影响力和知名度上与同类老牌社团还有一定距离。

这背后存在客观和主观层面上的复杂原因。客观上的原因主要是：深圳大学公共管理协会背靠公共管理系，社团发展规模很大程度由专业发展大背景的基调决定。与其他高校公共管理系的规模相比，深圳大学公共管理系本科仅有行政管理一个专业，仍未成为一个较大规模的独立学院，而以本科生构成的公共管理协会主要吸引的是该专业的学生，这就大大限制了协会的充分发展，继而带来一系列新问题。另外，在初期摸索阶段，协会的宣传资源和经费投入不足，主观上存在参与宣传工作的人手不足，且协会的宣传技能和专业性不足等原因。

（二）个体层面

1. 成员稳定性不足，成长性不佳

对社团而言，成员流动性问题是普遍存在的。深圳大学公共管理协会成立至今历经三届，未经历完整一届便退出者就超过 5 人，成员稳定性问题凸显。此外，多数成员相关技能和独立承担任务的能力依旧有限，社团成员的成长性不佳，突出表现为独立策划开展活动、完成制作推文等方面的成果质量不佳。

究其原因，一方面，作为专业型社团，协会成员 90%以上来自本专业，成员的选择范围十分有限，因此在招纳新成员时就有一定的先天局限性，标准门槛也只能放低。而专业型社团的吸引力也与专业学习和发展密切相关，但协会发展过程中对成员职业发展与学术学习发挥的作用不大，对成员个性定位和培养目标也不够明确。另一方面，成员缺少与组织利益相关的个人发展目标，个体加入协会时不可避免地存在一定功利性，当个人学业压力增加且个人发展与协会冲突时，社团在个体心目中的重要性则会降低，进而恶化上述问题。

2. 成员关系较冷淡，氛围较差

传统学生社团给人的印象是成员之间亲密无间，工作之余也经常聚会。但深圳大学公共管理协会自成立以来，多数成员之间关系较冷淡，氛围较差，尤其是跨部门成员之间交集甚少。对部分成员而言，协会仅是一个“工作时才会出现的团体”。

通过问卷调查，多数成员表示，协会氛围差除了因为部分成员性格较为内敛及少数外专业成员难以融入外，最主要的原因是团建活动的缺乏。社团的团建活动是促进成员充分交流沟通的主要方式，也侧面反映了组织的软文化。在这个过程中，它需要新老成员的传承带动。老成员若积极调动氛围会让新成员更快融入与适应，提高成员对组织的归属感。但协会老成员在团建活动中扮演的角色相对边缘化，没有充分发挥带头作用，没有有效打破成员之间的隔阂。此外，协会在团建活动的组织上也不够积极，从而形成恶性循环。这让成员认为协会仅是一个适合工作的严肃社团，不应当存在过多的娱乐色彩，最终进一步淡化了成员间的私人关系。

3. 成员梯队不理想，换届困难

成员是社团运作的核心要素，但目前协会与多数社团存在共性问题：成员梯队不理想。正如学者李南所说的，“大一进、大二活、大三退”的现象在社团中普遍存在。就实力与能力而言，一般来说高年级同学优于低年级同学，但在现实运作中，高年级同学占比较低。从传承的角度讲，低年级同学占比高本来应该是更利于换届的。协会成立之初，高年级成员占比超 53%，但留任者仅有 3 人。同时，招新人数不足，一度出现新成员仅有 5 名的情况。协会后期低年级同学占比高，但部长候选人留任意愿及情况却不甚理想。

为何会出现这些问题呢？一是作为专业型社团，成员几乎来自本专业，对外的吸引力十分有限，换届困难突出表现为新成员招纳难度大、新成员人数少、梯队搭建不理想。二是协会成员的福利政策支持不足，比如学分、荣誉等，这也是造成老成员留任意愿薄弱的重要原因之一。此外，多数学生加入社团是基于一定的发展需求和目标的，当社团工作过度繁杂导致个人发展与工作冲突时，协会往往会变成被放弃的一方，这些因素都造成了协会换届困难。尤其是在成立之初，仅招纳到 5 个新成员，留任的同学超负荷工作。成员是社团传承的根本，从长远发展的角度讲，这一问题必须得到解决。

五、未来发展对策与建议

（一）组织层面

1. 调整明确组织功能与定位

专业型社团应以助力一流专业建设为目标，专注发展高水平学科。深圳大学公共管理协会在战略层面上要致力于搭建服务于院系的实践平台，培养学生的实践能力及公共精神。另外，还要明确可有效落实到执行层面上的具体目标。具体目标可调整为：广泛收集与本专业相关的活动、赛事消息和学科前沿信息，为公共管理系的师生打造一个本专业的信息交互平台，提升本专业学生的认同感和学术活动的参与感；充分贯彻专业人才培养方案及要求，以专业核心能力培养为根本①，为学生提供更多专业实践机会，帮助其探索出属于自己的人生命题；打破年级年龄的界限，汇聚对公共管理专业充满热情的跨年级优秀学生，链接院系资源，强化师生交流与合作，共同围绕重要的社会议题进行调查研究、策划并提出政策建议，助力本专业成为创新能力强的高峰学科。

2. 建立高效合理的活动模式

为发展精品品牌活动或专业大赛，打造高品质专业活动体系，深圳大学公共管理协会亟须尽快建立一套高效合理的活动运作模式，稳步推进社团活动有序开展，充分回应和实现各项活动举办的初衷和目标。具体可参考建议有：在举办原有活动的经验基础之上，复盘过往活动中出现的主要问题并着重提出改善对策，将其落实到未来策划与执行之中；系统设计协会的各项活动，重视活动设计理念，每年提前规划好承接

---

① 俞慧刚．高校专业型学生社团建设现状及其教育功能的实现——基于浙江省 18 所省赛高职院校的调研［J］．职业技术教育，2021，42（5）：16-20.

活动的数量和种类，保证协会承办活动的专业性和有效性；在精力有限的情况下确定具有一定弹性的备选活动，合理分配活动开展时间，比如在链接外部资源的专业活动赛事较多的学期专注于“走出去”，在较少对外活动的学期可多重视协会内部建设和专业内师生交流，尽量均匀分配以保持协会成员对参与组织活动的活跃度和对社团的归属感。

3. 完善组织管理制度与考核体系

一般社团的日常管理主体是学生，所以当学生成员流动性较大、综合素质无法完全保证，指导老师也无法事无巨细地触及社团内所有事务时，人治的风险是极高且不成熟的。反之，一套长效完善的管理制度是社团开展活动的基础，是保障组织运作稳定顺畅的根本。具体建议如下：建立适应发展需求的组织架构，依据可能的工作量和难度设置部门，在实践中及时调整、逐步完善；明确各职能部门、职务类别的工作原则和义务责任，会长、部长和干事各司其职，并制定正式的规章制度；对于较为敏感的社团经费使用问题，可采取一定的监察措施；通过换届交接仪式强调规章制度的严肃性和道德意义。

除了完备的管理制度，行之有效的激励措施也同等重要。学生参与社团活动的根本目的是在服务专业院系发展中获得自身能力的发展①，期望能拥有一种互助互惠的相处模式。因此为最大程度激发学生参与协会的热情，协会组织应对现有资源进行合理安排，科学地设计一套专门的协会考核体系。建议采取过程性考核和节点性考核相结合、精神为主物质为辅的激励方式，良性促进学生自身发展和协会发展。

（二）院系层面

1. 加强专业教师指导介入

专业型社团依附于专业，专业教师的指导是专业型社团的优势所在。因此，应当充分发挥教师的专业指导和介入作用，让社团的发展路径更具科学性和系统性，使得组织管理更规范化、专业指导更常态化和具体化、活动开展更专业化和系统化②。具体可体现为：针对公共管理协会组织架构不稳定的现状，通过专业教师指导介入，完善协会组织架构，以此保障协会运作的稳定性；指导学生制定完善组织的管理机制和管理细则，引导协会规范化运作等。通过专业教师的指导介入，及时发现和纠正协会发展中存在的问题，为协会发展保驾护航。

2. 优化资源配置

社团的运作需要资源的持续支持，如经费、场地、人脉等资源。目前深圳大学公共管理协会获得院系的经费与场地支持，保障了日常活动的顺利开展。但在外部资源

---

①② 俞慧刚．高校专业型学生社团建设现状及其教育功能的实现——基于浙江省 18 所省赛高职院校的调研［J］．职业技术教育，2021，42（5）：16-20.

支持方面，仍需力求社会资源的支持。如“模拟市长”大赛的知名度扩展方面，仍需加强与粤港澳大湾区各兄弟院校的联络，借助其学校内部的宣传资源来扩大影响力。此外，在与社会企业的长期合作方面，也需要院系的支持，让协会的社会实践项目长期稳定发展，而不是只作为短期的一次性活动。

3. 促进师生联动和交流

专业型社团对学生的吸引力之一便是搭建了与教师充分交流学习的平台。因此，应当不断促进师生联动和交流，将平台作用发挥到极致。协会的指导教师日常与协会学生的交流不应当局限于协会发展方面，也不应单线对接部长、会长等干部层级的学生，而应当与全员联动交流，增进协会内师生情谊。除指导老师外，院系应当鼓励促进整个专业教师与学生的沟通。通过日常联动，拉近师生关系，由教师指导学生的专业知识学习、未来职业规划、学术科研能力等，多方位无障碍地交流互动，营造良好的师生氛围，打响专业品牌，助力一流学科建设。

（三）校级层面

1. 落实激励政策

加入社团对于学生而言虽有实践上的收获，但也需要一定的福利加持，才能进一步提高社团的吸引力和招新的竞争力，进而促进社团质量的提升，也有助于一流专业建设。因此，校方应当出台合理的福利政策，落实对积极参与社团活动学生的激励措施，例如将参与社团作为学生年度评奖评优的加分项，进行相关荣誉表彰，以及纳入学生培养方案的实践学分等。目前高校内虽普遍有校级“优秀学生干部”这一荣誉奖项，但覆盖群体大多是学生会，而社团骨干之间的竞争激烈，名额与奖项十分有限。因此，学校可适当开辟社团干部荣誉表彰奖项，或增大社团尤其是专业型社团的参评比例，通过加强激励提高学生参与专业型社团的热情，推动专业型社团长远发展，进而促进专业学科发展。

2. 倡导专业型社团建设

当前各大高校的学生社团已呈百花齐放之态势，但专业型社团建设发展相对稚嫩，其影响力远不如公益型、兴趣型社团。一流专业的建设需要师生的共同努力，专业型社团作为师生交流与专业发展的平台，在促进一流专业建设中发挥着重要作用，需要校方的积极倡导与支持。因此，学校应当倡导院系成立相关的专业型社团，鼓励学生参与，宣传专业型社团建设发展的重要性。通过学校的倡导，带动院系教师重视，促进专业学生加入专业型社团，推动专业与社团共同发展。

3. 创新教学科研模式

一流学科与一流专业建设离不开教学科研成果，但这并非只依赖于教师一方，学生也扮演了重要角色。因此，学校应当创新教学科研模式，把专业型社团纳入教学科研体系，搭建师生合作的平台，促进师生教学与科研能力的提升。例如将教师科研项目注入专业型社团，通过师生合作开展科研；利用专业型社团开展如社会企业参访等专项活动，提升教学的趣味性和实践性。教学与科研模式的创新需要校方制定相关的模式或机制，严格要求院系落实，这不仅有利于推动专业型社团的学术科研发展，提升社团的影响力，亦能推动学科和专业建设。

参考文献

[1] 陈辉，郑书河，邱荣斌，叶大鹏．依托教学科研团队的大学生专业型社团建设模式探索 [J]. 中国农机化学报，2019，40（2）：216-220.

[2] 俞慧刚．高职院校专业型社团活动课程化：内涵、框架与实施路径 [J]. 教育与职业，2018（23）：107-112.

[3] 赵展．专业型学生社团视域下的公安法学实践教学新进路——以辽宁警察学院法学社团为例 [J]. 公安教育，2017（10）：66-70.

[4] 李霞，席一政，王振华．大学生学术性社团发展症结与应对机制研究 [J]. 思想理论教育导刊，2016（9）：143-146.

[5] 李南，洪燕云．经管类专业型学生社团创新发展模式研究 [J]. 教育与职业，2011（36）：175-176.

[6] 戴越．李清泉：说深大靠钱靠刷数据是误解！四大理由跻身“双一流”[EB/OL]. https：//static. nfapp. southcn. com/content/202012/21/c4470234. html，2020-12-21.

创业，如何教好？*

——基于深圳大学创业精英班十年办学的反思

潘燕萍　刘晓斯

（深圳大学工商管理系）

【摘要】 本文针对何为“好”的创业教育以及如何开展好的创业教育进行探究。本文认为创业教育的设计与衡量需要一种整体性、长期性、组合型的视角。基于深圳大学十余年创业精英班的创业人才培养经验与反思，本文提出了在空间上打破边界，融合校内外资源，在时间上打破毕业前后的约束，提倡终身学习，在人际关系上构建学员的社会关系网络，在内容上重视创业思维与企业家精神的引导，在导向上重视长期主义的创业伦理与社会责任感的培育，在视角上立足于创业生态开展等建议。

【关键词】 创业教育；终身学习；企业家精神；创业伦理；创业生态

一、引言

科学技术正重塑着人类的生存方式。在此背景下，创新创业教育具有深远的战略意义。创新创业教育是当今全球瞩目的热点和焦点问题。自美国硅谷、128 公路等地方掀起的大学生创业热潮以来，世界各国的高校都陆续开展各色各样的创业教育。在我国，从 1999 年 1 月国务院转批教育部《面向 21 世纪教育振兴行动计划》到 2012 年 8 月教育部颁发《普通本科学校创业教育教学基本要求（试行）》的十多年期间，政府一直在探索性地推进高校创新创业教育。从 2012 年起，在政策上要求把创新创业教育纳入学校改革发展规划、纳入学校人才培养体系之中。根据教育部的统计数据，截至 2019 年全国高校已累计开设双创课程 2. 8 万余门，选课人数近 630 万人，推出了 52 门创新创业教育精品慕课，组建了全国近万名优秀创新创业导师人才库。2021 年，经教育部批准，创业管理正式成为全国高等院校的本科专业。

在过去 20 余年里政府一直探索性地推行高校创业教育。我国面临的课题不再是“why”——是否应该要在高等院校开展创新创业教育，而是“how”——如何推进好的创新创业教育。

---

* 本文得到广东省自然科学基金面上项目“女性的企业家精神内涵，形成及作用机制研究：基于混合研究方法”的支助。

二、何为"好"的创业教育

一般认为大学创业教育的目标有两个。一个是基于实训，培育学生创办与发展新企业的能力；另一个是基于理论知识与实践，培育学生的企业家精神①。与此相对应的教育质量的考核指标必然存在一定的差异。前者常用体现"创业行为"的大学生创业率、参加创新创业比赛获奖情况等来衡量创业教育的"好"；后者则用体现"创业意识"的大学生创业意愿来测量创业教育的"好"，即大学生是否具有创业动机、意愿、计划等。也有较多研究指出创业教育对学生创业意愿具有积极影响②。根据中国人民大学发布的《中国大学创业报告 2020》，2020 年在校学生的创业意愿达到 95%，比 2017 年的 26%有很大的提升。这可以说是双创教育、创业比赛、社会创业氛围、政府创业支持政策等多个要素共同作用下的显著性成果。然而，与之相对应的创业实践并没有较大的提升。在 2017 年的报告中，创业实践的比例仅有约 3%，而 2019 年的大学生创业者为 35 万人，也是约 3%。尽管创业意愿有所提升，但是意愿并没有转化为行为。除此之外，根据麦可思《2019 年中国大学生就业报告》，毕业三年后有 6.2%的大学生在自主创业，但是创业存活率下降。也就是说，创业教育并没有直接改善创业绩效。

那么，创业率低、创业绩效差是否说明引导创业行为的创业教育就不好呢？笔者认为把"认知—行为—绩效"割裂成三个部分来考量创业教育的"好与坏"，并不利于创新创业人才的培养。首先，创业意愿与创业行为之间有较大的鸿沟。根据全球创业观察的数据，我国 18~64 岁人群对于创业失败的恐惧、创业意愿、创业早期行为、成立公司等情况。从近 18 年的数据可以看出，我国劳动人口中具有创业意愿的比例较高，但是具备创业行为、成立公司并运营三年的比例相对较低。其次，纵观全球不同调研机构的数据，创业成功率普遍较低，并且失败率居高不下。创业九死一生基本成为理论界和实践界的共识。最后，创业失败是不是意味着创业教育质量差呢？从以上分析可以看出，哪怕发现好的创业机会，由于害怕失败而不敢去创业的比例正逐步增加。创业教育的目的恰恰是引导学生正确认识与处理创业失败，从认知和心智模式上重构对"创业失败"的理解，视之为重要的学习机会，挖掘创业失败的价值，从心理与行为上接受创业失败。

创业具有资源约束性、不确定性、复杂性、因果模糊性和多变性等特征。本文认为对创业教育的设计与衡量也需要一种整体性、长期性、组合型的视角。当下，创业教育的普及已经较大程度地提升了广大学生对教育内涵的理解，但是如何在正确的价值导向下帮助学生将创业思维、规律、心智等高度抽象的知识运用到实践中，如何锤炼在不确定性情境下的创业韧性、提升快速学习能力，从宏观上说，如何让创新创业

---

① 雷家骕．国内外创新创业教育发展分析［J］．中国青年科技，2007（2）：26-29.

② 李海垒，张文新．大学生的主动性与创业意向的关系：创业知识的中介作用［J］．心理发展与教育，2015，31（3）：264-270.

推动高质量的经济发展，如何通过创新创业造福人类社会，这些仍有待进一步探究。

三、如何开展好的创业教育

深圳大学创业精英班（以下简称创英班）于2010年筹建，目的是为有创业志向的大学生打造一个共享共创共赢共成长的学习交流互助平台，培育具有创新精神、社会责任感和领导力的创新将才。自2011年起开始面向全校不同专业的学生招生，至今已经招募了11期学生，每期招收约30人。总申请报名人数为1652人，实际招收319人，平均每年招生比例为18%，学生来自18个学院，男女比例大约为2∶1，并且保持着较为合理的专业多样性。目前，学生的创业意愿、创业实践项目的参与率均达到100%。在全体成员中也逐渐形成了同一领域相互学习交流、共同开展项目的局面，越来越多的学生跨级组成创业团队，共同开展创业项目。

本文总结创业精英班十余年的人才培育经验、积极反思，提出了六点关于创业人才培养的建议。

（一）创业教育应打破校内校外的空间边界，融合校内外资源，让资源在流动与互动中产生价值

创业教育长期受到不少的质疑和诟病，例如：大学老师没有创业经验，如何能教好创业；没有专业技能的大学生不适合创业教育；等等。这样的质疑虽然不攻自破，但是，创业的实践性、情境性与不确定性决定了高校难以凭一己之力开展好创业教育。高校应根据自身的优势，构建开放式的创业教育生态①。创英班的培育模式既立足于校内资源，同时积极地开发校友资源，对接深圳创新创业生态。在师资上，创英班在创立初期就积极吸纳校外导师，开展各种基于行业最新发展动态的交流会。同时，创英班每个学期都会邀请各行各业的毕业生通过线上线下的方式分享工作、创业以及人生规划的心得，校内学生也会“走出去”，到企业参访、开座谈会等。如何拓展学生的国际化视野，这也是创新创业教育生态构建中应思考的问题。

创业教育应该在立足课堂的基础上打破课堂、校园的组织边界，让资源在校内外流动。企业希望理解大学生的想法，发挥他们的创造力；而大学生也希望了解新兴行业发展的动态，理解商业组织的运营困境，等等。这种跨边界的学习与交流有助于双方共赢，创造新价值。例如，笔者在训练学生创新思维课程中，就尝试了基于项目学习（Project Based Learning）的教学模式。具体来说，与一家初创企业合作，将其遇到的实际难题和经营的真实数据告知学生。学生必须要“学中干、干中学”，通过团队合作的方式大胆策划，用行动落实方案，并不断改良方案。最后，初创企业的创业者基于学生团队运营的真实数据，对学生团队的方案及运营情况进行点评。

---

① 潘燕萍．从“自上而下”向“创业本质”的回归——以日本的创新创业教育为例［J］．高教探索，2016（8）：49-55.

学生能够深刻地理解课堂知识与理论工具的逻辑和有用性，也能够锻炼自我学习的能力，初创企业也在学生方案中获得了测试数据，吸收了一些创意，达到双方共赢的目的。因此，创业教育应该是多元化的，而不是单一的；应该是开放的，而不是封闭的。

（二）创业教育应打破“毕业前”与“毕业后”的时间壁垒，树立终身学习的观念

创业初期的创业者往往身兼多职，且创业者很难在具备“创业所需知识和技能”后才开始创业。因此，大部分创业者都是“学中干、干中学”，通过快速学习的方式来适应企业、环境的发展。他们要始终保持学习的谦逊心态。

基于这种现状，创英班提出了“创英人终身制”的理念。其目的是让学生理解创业者永远没有“毕业”，一直在“学习的路上”。另外，由于创业的不确定性和开拓性，哪怕学生完成了创业教育的课程，也不意味着学生“掌握了创业所需的知识与技能”。因此，创英班一直重视学习能力的培育，让学生进行启发式的、内驱式的、探索式的学习，以帮助他们在创业过程中更好地应对未知与不确定性。

（三）创业教育应打破“老师与学生”“前辈与后辈”的等级观念，建立“三人行必有我师焉”的相互学习、互助互利、互通有无的社会关系网

创业过程充满着未知、风险与不确定性。一些成功经验不一定适合新情境。因此，创业教育应强调开放、包容与多元。现有研究也指出了社会关系网络对创业过程中获得情感支持、资源、社会资本等的重要作用①。创英班高度重视班级内部社会关系网的构建和班级文化的培育。2015 年，以自上而下的方式创建了创业精英班同窗会——打破年级、校内外的边界，让所有创英班的成员共同参与线下交流活动。而线上的“创英大家庭”微信群也是相互交流、信息咨询共有、求助互助的重要平台。另外，随着进入社会工作的毕业生越来越多，学生之间自下而上构建了各种内部社群，例如腾讯实习群、阿里工作群、教育相关创业群等。值得一提的是，创英班有一部分同学有志向创立与教育相关的机构或者从事教育相关工作。这些同学不仅成立了交流群，还在行动上互访、相互扶持。例如，有一位同学建立的是少儿武术培训机构，有一位同学建立的是少儿编程培训机构，他们都无偿地为想在培训行业开拓事业的创英学员分享经验、介绍资源，并且促进合作。除此之外，一位在深圳创业的同学还与另一位在潮汕开拓市场的同学合作，相互加盟业务，共同拓展。可见，这些班级内部的成员并未过分关注等级关系，而是形成了基于“创英班”身份认同的弱关系大班群，以及基于学习交流、业务发展需求的强关系的自组织群。

---

① 朱秀梅，李明芳．创业网络特征对资源获取的动态影响——基于中国转型经济的证据［J］．管理世界，2011（6）：105-115.

（四）创业教育应打破“实践与理论知识”的二元分工，把实践与理论知识融合在韧性锤炼与思维形成上

创业教育究竟应该传授基础知识，还是应该让学生多实践。针对这一问题众说纷纭，莫衷一是。创业（entrepreneurship）一词来源于法语（entreprendre），最早是指愿意承担风险的人，后来进一步指从事探险活动的人。从创业过程的角度来看，创业是在资源高度约束、不确定性强的前提下的假设验证性、试错性、创新性的行动机制①。从创业认知的角度来看，也可以从广义来理解创业，主要是指开拓新事业，强调敢于挑战、承担风险的企业家精神。越来越多的研究发现，在高度不确定性的创业环境中，创业者的决策模式与一般管理者有所差异②。区别于传统的“目标—手段”的因果导向思维方式，创业者是以给定的手段为始点，通过非预测性战略来创造新效果，即基于“手段—目标”的奏效逻辑。采用非预测性控制的飞行员原则、从拥有的工具出发的手中鸟原则、大胆拥抱偶然性的柠檬水原则、低风险与小失败的可承受损失原则等有利于帮助创业者应对创业的不确定性、风险性与资源约束性等问题。

从整体上来看，创业理论研究滞后于创业实践的发展，但是思维认知层面的探究、如何应对创业失败的恐惧、锤炼创业韧性、开展印象管理等内容对创业实践的开展具有一定的促进作用。如何帮助学生像创业者一样思考、决策与行动，是创业教育的重要内容。

（五）创业教育应打破“唯知识论、唯实践论”的量化指标的“短期”思维，在“长期主义”视角下重视创业伦理与责任的教育③

曹德旺说：“现在的年轻人跟我们那一代人不一样了，今天注册公司，最好明天上市，后天成为中国首富。”媒体过于塑造创业的英雄式人物，有些课程过于鼓吹创业与创造个人财富的关系。在浮躁的社会环境下，学生对创业教育形成急功近利、以经济效益为主的价值取向。笔者认为，急功近利带来最大的危害是对创业伦理与社会责任的忽视。并不是所有创业都是“生产性”的④，有些创业非但不能造福社会，还会严重危害社会。例如，几年前，创英班有一位同学告知我，她开展了一个快速成长的新业务——专门组织大学生在评论区当“水军”。笔者马上要求她停止这种“不负责任”的业务，也深刻意识到创业伦理在创业教育中缺失的危害。

技术向善，创业向善。具有较大市场需求、能够获得高额经济效益的商业模式并不意味着值得去实行。例如，大学生中有“代写论文、代写作业、代上课签到”等具

---

① 张玉利，等．创业管理．第5版［M］．北京：机械工业出版社，2020.

② 瑞德．卓有成效的创业［M］．北京：北京师范大学出版社，2015.

③ 刘志．大学生创业伦理培育的价值、内涵及进路[J].中国高教研究，2019(5)：64-69.

④ William J. Baumol. Entrepreneurship：Productive，unproductive，and destructive［J］. Journal of Business Venturing，1996，11（1）：3-22.

有“较大市场需求”的业务，而确实有“嗅觉灵敏”的大学生尝试去开发这类业务。这说明了学生对社会主义核心价值观的理解不到位；也说明了当下我们的创业教育重视知识的传递、技能的提升，但是较少关注创业伦理与社会责任等正确的创业价值取向的引导。只有学生理解了“何为正确的事情”，懂得“如何正确地做事情”，创业才会有意义。

（六）创业教育应打破“培育创业者”的定向思维，应从生态视角来培育学生的创业心智（entrepreneurial mindset）

2015 年国务院颁布的《关于大力推进大众创业万众创新若干政策措施的意见》中明确提出要构建创业生态圈。创业生态圈是指以创业者的创业活动为中心，围绕创业企业的孕育、设立、发展和成长过程，提供相互支持的人群、组织、机构等构成的以价值共创为目的的有机共同体①。越来越多的研究指出，影响创业绩效的除了创业者个体，还有利益相关者、行业、政府等微观、中观以及宏观等诸多因素，因此呼吁“创业生态”的整体视角。例如，新能源汽车、自动驾驶等正颠覆着传统汽车行业。然而，让这个行业得以发展不仅需要天才式的创业者和技术先进的初创企业，还需要能理解创业、具有企业家精神的政府官员来制定包容性的政策，允许新技术、新产品、新模式的试验。创英班的毕业生中也不乏考取公务员的学生。其中一位同学说，创英班培育的企业家精神让他在负责部门新项目时不畏困难、不畏变化，用积极的心态去应对每天的新挑战。

在对初创企业调研的过程中，笔者发现一些有大企业工作经验的创业者较容易用“大企业的管理思维”去构建一个初创企业。同时，笔者也听到了不少管理者抱怨初创企业存在制度不完善、朝令夕改等问题。他们都误以为“初创企业是规模小的成熟企业”。笔者认为这些都是对“创业企业”缺乏常识的表现。而针对这些问题，创业领域已有较为丰富的研究成果。最后，后疫情下越来越多的大学毕业生更青睐于公务员、事业单位、国企等安稳的工作环境。笔者根据对日本社会的观察，认为年轻人缺乏企业家精神、追求安稳生活并不利于整个社会进步、经济发展。国务院于 2017 年公布了《关于营造企业家健康成长环境弘扬优秀企业家精神更好发挥企业家作用的意见》，高度重视企业家精神在驱动“大国崛起和民族复兴”方面的重要作用。在技术快速发展、社会问题越来越复杂的当下，大学不仅要对“精英”开展“创业教育”，还要以提升素养的角度，培养年轻人拥抱不确定性、敢于承担责任、挑战未知、创造价值的企业家精神。

过去针对创业教育主要围绕“如何培养创业者后备军”进行设计，会让许多对“创业不感兴趣”的学生拒选创业教育的课程。但是在创业生态的视角下，我们不难发

---

① 孙金云，李涛．创业生态圈研究：基于共演理论和组织生态理论的视角［J］．外国经济与管理，2016，38（12）：32-45.

现，不直接创立新企业的政府官员、人力资源经理乃至普通员工等利益相关者也会对创业绩效产生重要影响，他们也是构建具有活力、可持续发展的创业生态的关键要素。

四、结语

十年树木，百年树人。本文针对何为“好”的创业教育以及如何开展好创业教育进行了探究。本文认为创业教育的设计与衡量需要一种整体性、长期性、组合型的视角，根据十余年创业精英班的创业人才培养经验与反思，提出了在空间上融合校内外资源、在时间上提倡终身学习、在人际关系上构建学员的社会关系网络、在内容上重视创业思维与企业家精神层面的教育、在导向上重视长期主义的创业伦理与社会责任感的培育、在视角上立足于创业生态的整体视角开展创业教育等建议。

大学不仅是传播知识和创造知识之地，还是培育年轻人的人格、基本素养、人文精神的摇篮。创业教育是大学教育的重要组成部分，也体现了大学教育的基本精神。企业人才培养既要嵌入当下的时代背景，也要坚守人才培养的亘古不变的本质，需要社会、高校和学生不断探索与实践、传承与创新。

参考文献

[1] 雷家骕．国内外创新创业教育发展分析［J］．中国青年科技，2007（2）：26-29.

[2] 李海垒，张文新．大学生的主动性与创业意向的关系：创业知识的中介作用［J］．心理发展与教育，2015，31（3）：264-270.

[3] 刘志．大学生创业伦理培育的价值、内涵及进路，［J］．中国高教研究，2019（6）：64-69.

[4] 潘燕萍．从“自上而下”向“创业本质”的回归——以日本的创新创业教育为例［J］．高教探索，2016（8）：49-55.

[5] 斯图尔特·瑞德．卓有成效的创业［M］．新华都商学院，译．北京：北京师范大学出版社，2015.

[6] 孙金云，李涛．创业生态圈研究：基于共演理论和组织生态理论的视角［J］．外国经济与管理，2016，38（12）：32-45.

[7] 张玉利，等．创业管理．第5版［M］．北京：机械工业出版社，2020.

[8] 朱秀梅，李明芳．创业网络特征对资源获取的动态影响——基于中国转型经济的证据［J］．管理世界，2011（6）：105-115

[9] William J. Baumol. Entrepreneurship：Productive，unproductive，and destructive［J］. Journal of Business Venturing，1996，11（1）：3-22.

全球大学交流的现状与挑战

汪　洋[1]　柴语鹏[2]
（1. 深圳大学大湾区国际创新学院；2. 深圳大学医学部生物医学工程学院）

【摘要】随着科学技术的进步，生产制造及相关产业技术的发展，建筑物和结构物的复杂化、多样化，以飞机等为代表的新型交通工具的发展，以及互联网通信的使用，人们的生活环境和社会环境不断变化。另外，自然环境和资源、能源的使用及其所产生的问题，增进了世界各国和地区的联系与合作。

现阶段的经济活动所引起的国际交流促进了世界各国的人员往来和定居，可以看到世界各地的人员流动活跃。从经济、社会、产业、环境、文化、教育等国际交流的多个方面可以看出，未来高等教育在国际社会中的作用和责任非常重要，了解和掌握大学的现状并讨论未来的存在方式亦非常重要。

本文首先分析了“全球社会的发展”，其次分析了“全球社会中大学的国际交流”的情况，最后审视了“未来大学交流中的全球化”，考究未来大学交流全球化的方式（现状和课题）。

【关键词】大学交流现状；全球化；国际交流；SDGs（可持续发展目标）；ESD（可持续发展教育）

一、全球社会的发展

过去，各个国家或地区的活动都是通过以各自为起点的点（一个集团）来发展的，然后以点与点相连（两个或多个集团）的联系开展合作。之后，线与线大量连接，国家或地区成为一个面（由多个关联或合作组成的集团），并呈现出巨大的扩张局面。而到了现代，各国家和地区成为具有质的厚度的三维时空的共存关系。换言之，点、线、面的关系发展起来，深深扎根于各个国家或地区，形成了立体的双赢关系，不论是外在还是内在、数量还是质量，都表现出密切的联系（见图 1）。

在这种情况下，大学在各个国家或地区的经济、社会、产业、环境、文化、教育等领域发挥基础作用和重要的功能。因此，针对过去、现在和将来，探讨今后大学的作用和职责具有重大意义。

在此，作为探讨全球社会中大学交流方式的基础事项，我们将从四方面进行分析。也就是说，本文将详细阐述近年来社会变迁所涉及的“Society 5.0”“第四次工业革命”，以及作为国际共同课题的“ESD、SDGs”的推进。

另外，文中所参考的分析内容将在文末的文献和资料中列出。

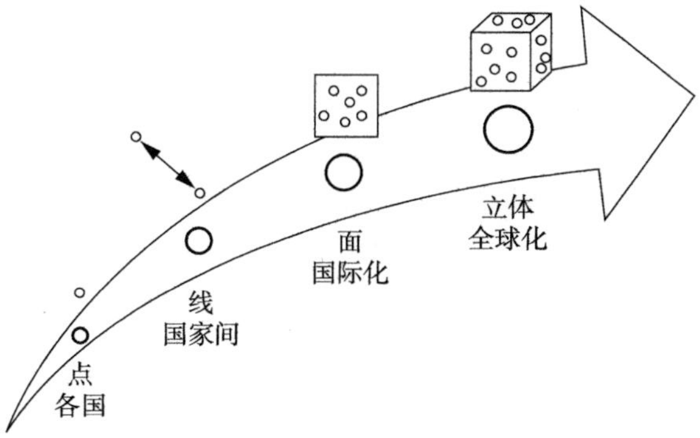

图 1　国际社会的发展

（一）Society 5.0

从生活技术、生产技术、技术的发展以及技术的革新等方面回顾人类的悠久历史，可以区分如下：

（1）狩猎社会被称为 Society 1.0，大约在 250 万年前，是以打制石器为工具，以狩猎采集动物和植物为生的社会（时代），在考古学上被认为是旧石器时代的开始。

（2）农耕社会被称为 Society 2.0，大约在 1 万年前，是新石器时代，通过磨制石器提高了工作效率。从获取食粮向生产粮食的阶段转变，即从狩猎、采集向农耕、家畜饲养转变。

（3）工业社会被称为 Society 3.0，在 17 世纪后半期，以将工人聚集在配备道具和工具的工厂的形式，开始经营通过分工作业来生产产品的工厂制手工业。从这个时候开始，产业资本开始出现。

（4）信息社会被称为 Society 4.0，在 20 世纪 60 年代，晶体管和集成电路（IC）取代真空管出现，进入计算机、收音机、电视等技术革新的时代。1970 年以后，使用大规模集成电路（LSI）的产品越来越小型化、轻量化。20 世纪 80 年代后半期，计算机开始小型化，并作为个人计算机使用。90 年代，互联网发展起来，通信手段的发展带来了信息技术（IT）革命，改变了生活环境和社会环境。并且，信息网络的出现促进了信息在全球的高效传播，全球社会得以发展。

（5）超智能社会被称为 Society 5.0，通过充分利用计算机及网络，“可以在需要的时候，按需要的数量，得到需要的东西，获得高质量服务的社会”。它被认为“给人们带来富足生活”。高度融合了网络空间和现实社会的“超智能社会”是未来的景象。目前，在 Society 5.0 中，作为其后继者，除了企业的研究和发展以外，大学等高等教育机构的研究和教育的未来发展方式也被人们所检视。

超智能社会的变迁如图 2 所示。

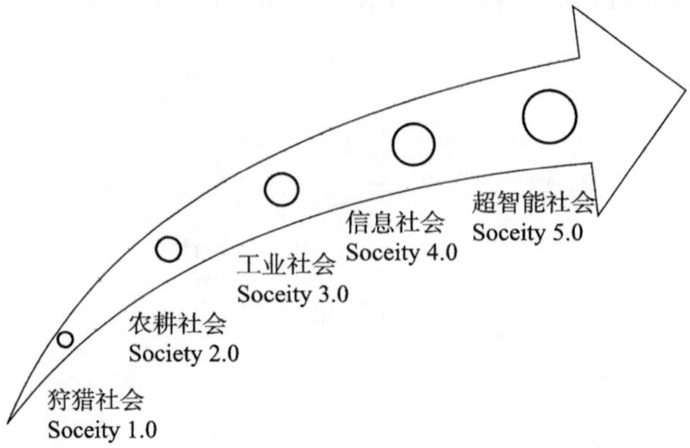

图 2 超智能社会的变迁

（二）第四次工业革命

从产业技术方面，即从工业的角度来看，与现在的产业技术社会相关联的产业革命的变迁，可以总结如下：

（1）第一次工业革命发生在 18 世纪到 19 世纪的欧洲和美国，随着社会的工业化和城市化的发展，纺织工业和钢铁业随着蒸汽机的使用而得到发展。例如，18 世纪下半叶的英国，工厂生产开始机械化，形成了钟表工业、精密机械工业和棉花工业。18 世纪主要是以水力作为驱动机械的能源，之后瓦特改良的蒸汽机成为新的动力源，使用煤炭作为燃料。

（2）第二次工业革命发生在 1870 年到第一次世界大战之间，石油、电力等新产业得到发展，出现电话、电灯泡、留声机等产品，内燃机等技术取得进步。从 19 世纪 70 年代中期开始，除了煤炭以外，石油和电力成为新的动力源。材料、科学、机械等领域发生技术革新，重化学工业得到发展，也开启了大型企业的生产。

（3）第三次工业革命从 1980 年左右到现在，它展示了从模拟技术到数字技术的技术进步，被称为数字革命。世界进入计算机、互联网、ICT（Information and Communication Technology，信息通信技术）的时代。日常生活中不可缺少的设备，例如手机和手提电脑等已经普及。20 世纪 80 年代末的互联网、90 年代到 21 世纪的计算机和光纤等技术的革新，使我们进入了大量信息传输的时代。除了国家以外，以企业和个人为主体的全球化也取得了进展。

（4）第四次工业革命是在未来的机器人工学、IOT（Internent of Things，物联网）、无人驾驶汽车、人工智能、传感器、纳米技术、生物技术等所有领域的技术革新。现在，世界各国出现了第四次工业革命的潮流，为了应对这一潮流，各国都已开始积极进行技术开发以及投资等竞争。这也是各国高等教育机构的主题，是面向未来的课题。

（三）国际社会的动向

1. 联合国教科文组织联系学校

为了解决第二次世界大战引发的对立和问题，1945 年世界 50 个国家的代表聚集在一起召开了“联合国国际组织会议”，同年 10 月成立了联合国（United Nations），总部设在纽约。联合国教科文组织学校网络于 1953 年成立，名为 ASPnet（Associated Schools Project network），为了在学校环境实践联合国教科文组织宪章中提出的理念，作为一个共同体成立。目前，全球 182 个国家或地区超过 11500 所学校加入 ASPnet。联合国教科文组织联系学校，利用其全球网络，和全世界的学校进行交流，在学生之间、教师之间分享信息和体验，其目标为开发和发展新的教育内容和方法，使年轻人能应对下列全球性问题：

——理解应对全球问题的联合国系统；

——理解和促进人权和民主主义；

——跨文化理解；

——环境教育。

因此，本文将国际社会正在推进的 ESD（Education for Sustainable Development，可持续发展教育）以及相关的 SDGs（Sustainable Development Goals，可持续发展目标），作为今后国际社会的动向予以讨论，并详述其功能。

2. 推行 ESD

目前，世界面临着环境、贫困、人权、和平、发展等各类问题。ESD 将这些现代社会的问题视为自身的问题，它是以孕育解决这些问题相关联的新价值观和行动来创造可持续的社会为目标的一种学习行为和活动。

“联合国 ESD 十年”是由日本在 2002 年约翰内斯堡峰会上提出，之后在第 57 届大会上通过的联合国决议。2005 年到 2014 年的 10 年间，联合国教科文组织被指定为主导机构。2014 年“关于 ESD 的联合国教科文组织世界会议”在爱知县名古屋市召开。2015 年到 2019 年基于全球动作计划（GAP）来推动 ESD，目前正在执行 2019 年第 40 届联合国教科文组织大会采纳的 ESD 的新国际框架《可持续发展教育：为了实现 SDGs（ESD for 2030）》（2020—2030）。

这里不需要分配，另外，可持续发展教育（ESD）也被称为“培养可持续发展社会栋梁的教育”（见图 3）。

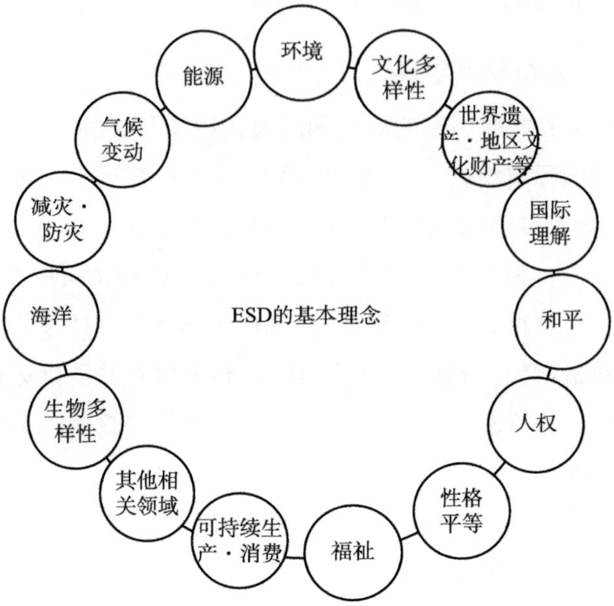

图 3　ESD 的基本理念

3. SDGs（可持续发展目标）的推进

SDGs 是继 2000 年至 2015 年之间以发展中国家为对象的 8 个目标（2000 年联合国采纳）的 MDGs（Millennium Development Goals）之后的又一个目标。不仅是发展中国家，SDGs 扩展到全球所有国家和地区。

具体来说，2015 年 9 月，在联合国总部举办了“联合国可持续发展峰会”，在超过 150 个成员方首脑参加的基础上，作为其成果文件，通过了《改变我们的世界——2030 年可持续发展议程》。该议程是为人类、地球与繁荣制订的行动计划，列出了宣言及目标，作为千禧年开发目标（MDGs）的后继，采纳了由 17 个目标和 169 项指标组成的“可持续发展目标”（SDGs）。

也就是说，联合国所有成员方将根据该议程，从 2015 年到 2030 年实现贫困、饥饿、能源、气候变化、和平社会等可持续发展的各项目标。2015 年的联合国峰会上，SDGs 作为包括发达国家在内的整个国际社会的目标被采纳，其目的是以 2030 年为期限，实现“不落下任何一个人”的社会目标。该目标由概括性的 17 个目标和 169 项指标组成。

其中，ESD 被定位在目标 4 的具体指标 4.7“确保所有人接受包容且平等的高质量教育，促进终身教育机会”中。另外，第 74 届联合国大会已经确认，ESD 不仅是具体指标之一，还有助于实现 SDGs 所提倡的 17 个目标。ESD 旨在培养可持续发展社会的创造者，为实现可持续发展目标不可或缺的高质量教育做出贡献。这在 2019 年第 40 届联合国教科文组织大会上通过的 ESD 新国际框架《可持续发展教育：为了实现 SDGs

（ESD for 2030）》（2020—2030）中已经明确。

图 4 是 SDGs 的概念图（logo），图 5 是 ESD 的概念图（logo）。

如上所述，未来全球的大学交流将基于 Society 5.0 和第四次产业革命，其行动需要考虑到国际社会的动向（联合国教科文组织联系学校、ESD、SDGs），这可以说是必然趋势。

图 4　SDGs 概念图（logo）

图 5　ESD 概念图（logo）

二、全球社会中的大学国际交流

在被称为全球化社会的当下，大学生之间和大学间等的国际交流是理所当然的事情，在此，我们来看看实际数字。

（一）大学的国际交流

随着全球社会的发展，外国高等教育机构，特别是大学采取了各种形式和方法进行国际扩张，具体如下：

教学项目转移类型有以下几种：

（1） Franchise（委托课程）；

（2） Twinning（双联课程）；

（3） Double degree（双学位）；

（4） Joint degree（联合学位）；

（5） Articulation（学分互换协议等）；

（6） Validation（交叉认可）；

（7） E-learning/distance（网络学习/远程）。

教育机构本身的迁移形态有以下几种：

（1） Branch campus（分校区）；

（2） Independent institution（独立机构）；

（3） Acquisition/merger（收购/合并）；

(4) Study centre/teaching site(学习中心/教育网站);

(5) Affiliation/network(合作/网络)。

上述各国和地区及其外国大学海外学校的实际数量如下所示。

- 美国,84 所;
- 英国,42 所;
- 法国,30 所;
- 俄罗斯,18 所;
- 澳大利亚,15 所。

这种海外学校从 1980 年左右开始逐渐活跃起来,先是以英语圈的大学为中心,近年来非英语圈的大学也开始加入。

另外,积极接收外国大学的国家和地区及其接收的外国大学分支校园数如下所示。

- 中国,38 所学校;
- 迪拜,26 所学校;
- 马来西亚,13 所学校;
- 卡塔尔,11 所学校;
- 新加坡,11 所学校。

其主要是为了弥补接收地国内高等教育机构的不足,试图推动高等教育的高度化、枢纽化,促进经济特区的开放等,其接收时期和背景是多样的。今后研究其与我国高等教育机构的整合性(大学数、学生数、专业内容、布局等),以及如何发挥外国大学的特长具有重大意义。

(二)日本大学与外国大学合作的例子

随着全球社会的发展,为了提高大学的教育能力和研究能力,要求学生以及教师进行国际活动,在这种情况下,可以看到日本大学的教学项目转移类型(2 例)。

1. 双联课程项目

(1) 基于以长冈技术科学大学为秘书单位的联合体,对象是与越南河内理工大学的双联课程项目。

日方以长冈工业大学为秘书单位的联合体形式运作(2005 年 4 月开始接受转学),学生在第 3 学年的上学期在越南学习专业基础和日语,然后经过考试编入日方联合单位第 3 学年,授予长冈技术科学大学或联合单位大学的学位。通过使用日语进行本科教育,留学期间和费用减半和在越南的前阶段项目对教育的承诺来保证接受的国际学生的质量。该项目以财政自主性为目标,是一个可持续发展的项目。

(2) 丰桥技术科学大学的双联课程项目,对象是与马来西亚技术学院的双联课程项目。

基于迄今为止双联课程项目的实际成果,与马来西亚的学院进行新的合作,开始接收当地学校的学生。学生在当地接受包括日语在内的3年教育后，到日本转入大学第3学年，以2年本科毕业为目标。在国内外生源竞争日趋激烈的情况下，该学院有意在本科层次招揽优秀留学生。

在马来西亚和外国大学的双联课程项目事例很多，但日本的国立大学的学费相对英国等大学更低，另外由于政府和财团的支持，配合免除学费等措施，成为对留学生来说具有魅力的项目。

2. 联合学位/双学位

在《日本大学与外国大学联合学位等国际联合学位课程建设指导方针》（2014年11月14日）制定后，项目开设取得了进展。如表1所示。

表1　日本大学与外国大学联合学位课程情况

大学名称及学部	研究科	对方大学	对方国家	新学科专业名称	开设时间
名古屋大学研究生院	医学研究科	阿德莱德大学	澳大利亚	名古屋大学·阿德莱德大学国际联合综合医学专业（D）	2015年10月
东京医科齿科大学研究生院	医学齿科综合研究科	智利大学	智利	东京医科齿科大学·智利大学国际合作医学专业（D）	2016年4月
京都工艺纤维大学研究生院	工艺科学研究科	清迈大学	泰国	京都工艺纤维大学·清迈大学国际联合建筑学专业（M）	2017年4月
筑波大学研究生院	人类综合科学研究科	波尔多大学	法国	国际合作食品健康科学专业（M）	2017年9月
名古屋工业大学大学院	工学研究科	乌龙贡大学	澳大利亚	名古屋工业大学·乌龙贡大学国际联合信息学专业（D）	2018年3月

如上所述，在日本的高等教育机构中，有很多大学建立了与外国的联动与合作体制。期待今后日本的高等教育机构能积极向外国发展。

三、总结

（一）面向新社会

现在的社会正处于从Society 4.0到Society 5.0，以及从第三次工业革命到第四次工业革命的过渡期，产业技术的发展和革新正在进行。其中，中国虽然正在锐意进行技术改革和开发，但仍处于无法与迄今为止的进步速度相提并论的阶段。另外，由于人工智能和机器人的使用，出现了可替代性较高的职业，出生率的降低、生产年龄人口的减少，加上确保青年人就业的课题，就业方面也发生了变化。此外，作为全球范围的课题，ESD和SDGs被批准、被要求推进和其对应活动。在这样的背景下，提出面向新社会的相应课题迫在眉睫。

（二）学生的全球化

从世界整体来看，不仅旅客人数在增加，外国居民人数和在海外的居民人数也在增加。在产业界，随着国内企业海外销售额比例的增加、市场的海外拓展、贸易对象的多样化、外资企业在中国的业务扩大等，人员在国家和地区之间的移动变得更加活跃。从大学生的角度来看，整个世界的外国学生人数的流动在增加，到地外国留学生在增加。这就需要对学校教育中的国际化教育方式进行探讨，需要提升教学质量，特别是为积极应对学生的全球化，意识改革尤为重要。

（三）大学的全球化

在大学方面，各国乃至全世界都在进行优秀学生的争夺战。此外，与外国大学交流协定的签署，协定内容的多样化，例如双学位协定，大学海外据点的设置，外国人教师比率的增加，世界大学排名的上升，由此带来的教育内容和方法的充实，与产业界的协作，研究水平的提高，被引用论文的增加，国际性的增强等，许多课题堆积如山。当然这也是作为高等教育机构的大学的责任。由此可见，在大学教育中，有组织地系统提升语言能力、增强对外国的兴趣（多文化共存，国际理解教育），是必不可少的。

针对现状，可采取的方案之一是建立和外国大学的实质性关系，优化在中国开展中外合作办学的大学的设置、中国大学的海外分校的设置等，职业型教育、匠人养成教育（例如制造业教育）的部署或许将是一个新的提议和解决手段。

参考文献

[1] 連孟琪．日本語教育的支援与实证研究——中部大学大学院教育学研究科教育学専攻［D].平成 30 年度修士論文，2018.

[2] 内閣府．科学技術政策，Society 5.0とは［EB/OL]. https：//www8. cao. go. jp/cstp/society5_ 0/.

[3] 福井憲彦他．高等学校地理歴史科用「世界史 B」［M]. 東京：東京書籍，2017：24，26，252，268，270，306，412，414.

[4] 成美堂出版編集部．今がわかる時代がわかる世界地図 2020 版［M]. 成美堂出版，2020.

[5] 令和 2 年度基本調查［EB/OL]. https：//www. mext. go. jp/content/20200825 – mxt_chousa01–1419591_ 8. pdf.

[6] ユネスコスクール，文部科学省．［EB/OL]. https：//www. mext. go. jp/unesco/004/1339976. htm.

[7] ESD［EB/OL]. https：//www. mext. go. jp/unesco/004/1339970. htm.

[8] SDGs [EB/OL]. https: //www. un. org/sustainabledevelopment/sustainable-development-goals/.

[9] 外国人学生在籍状况 [EB/OL]. https: //www. studyinjapan. go. jp/ja/statistics/zaiseki/index. html.

[10] 愛知の留学生 [EB/OL]. http: //aichi-ais. jp/about/database. php.

[11] 日本人学生留学状况 [EB/OL]. https: //www. studyinjapan. go. jp/ja/_ mt/2021/03/date2019n. pdf.

[12] 大学の海外展開について [EB/OL]. https: //www. mext. go. jp/b_ menu/shingi/chukyo/chukyo4/043/siryo/_ _ icsFiles/afieldfile/2019/01/21/1396556_ 3. pdf.

[13] 大学の海外展開 [EB/OL]. https: //www. mext. go. jp/b_ menu/shingi/chukyo/chukyo4/043/siryo/_ _ icsFiles/afieldfile/2018/09/10/1409011_ 2. pdf.

[14] 世界の高等教育; 人の移動 グローバル化の進展 教員比率 [EB/OL]. https: //www. mext. go. jp/b _ menu/shingi/chukyo/chukyo4/042/siryo/_ _ icsFiles/afieldfile/2018/04/25/1404268_ 2. pdf.

[15] 外国大学等日本校の指定: 文部科学省 (mext. go. jp) [EB/OL]. https: //www. mext. go. jp/a_ menu/koutou/shitu/08052204/1417852. htm.

[16] 我が国の大学の海外校設置: 文部科学省 (mext. go. jp) [EB/OL]. https: //www. mext. go. jp/a_ menu/koutou/tenkai/index. htm.

[17] 大学の海外展開—海外校を中心に—, C-BERT Branch Campus [EB/OL]. http: //cbert. org/branchcampuses. php.

[18] 大学の海外展開について [EB/OL]. https: //openknowledge. worldbank. org/bitstream/handle/10986/6865/Cross-borderTertiaryEducation. pdf? sequence=5.

[19] あいち国際戦略プラン2022 [EB/OL]. https: //www. pref. aichi. jp/soshiki/kokusai/kokusaisenryakuplan2022. html.

[20] 英語教師の英語力 [EB/OL]. https: //uub. jp/pdr/e/kyoshieigo_ 4. html (2021. 5. 8 Web 確認).

中国台湾地区高校创业教育师资现状研究*

刘 敏[2] 耿 爽[1] 牛 奔[1]

（1. 深圳大学管理学院管理科学系；2. 深圳大学大湾区国际创新学院）

【摘要】在整个创业教育环节中，教师是课程实施过程中最直接的参与者，是创业活动的指导者。创业教育师资队伍也是评定创业教育质量的重要指标。台湾地区高校的创业教育质量较高，这与其对师资队伍建设的重视是密不可分的。本文从师资队伍的构成、管理模式、建设途径三个方面来分析台湾地区高校创业教育师资现状。

【关键词】高校；创业教育；师资；台湾地区

在整个创业教育环节中，教师是课程实施过程中最直接的参与者，是创业活动的指导者，担负着知识传播的重任，优秀的师资队伍对于创业教育课程的顺利发展不可或缺。师资队伍是评定高校世界排名的重要指标，制约和决定着高校发展及其职能的发挥。同样，创业教育师资队伍也是评定创业教育质量的重要指标。台湾地区高校的创业教育质量较高，这与其对师资队伍建设的重视是密不可分的。

一、台湾高校创业教育师资队伍的构成现状

（一）师资来源多元化

师资力量的优劣直接决定了创业教育能否成功，能否具有不断发展进步的活力。台湾高校通过校内跨学院和校际整合，将来自不同领域的不同专业、学院、学校的师资，甚至产业界专家、非本地学者及当地官员等会聚在一起（见表1），通过跟随这些多领域的人才和专家学习，有助于提升学生的视野，使学生具有更加国际化和差异化的思维。此外，台湾高校对自身创意教师的培训非常重视，例如台湾师范大学跨多个院系创立了“创意教师培训课程”。多元化的师资来源为台湾高校创业教育的平稳发展提供了坚实的基础。

* 本研究得到深圳大学教学改革研究项目（JG2020118，JG2020119）、深圳市高等院校稳定支持计划项目（20200826144104001）资助。

表 1 台湾高校创业教育师资列举

高校名称	师资队伍	师资来源
台湾大学	共有创业导师 26 人，其中企业导师 13 人，个人导师 11 人，咨询专家 8 人	校外企业 CEO、创始人、高级主管、经理、资深顾问、研究院副院长等
台湾中山大学	创新创业学院教师 4 人，其中教授 1 人，助理教授 3 人	企管研究所博士、哲学博士和人类学博士
龙华科技大学	由工程、电资、管理、人文暨科学学院教师授课	高校各专业教授
高雄第一科技大学	创业管理硕士学位学程师资共有教师 13 人，其中教授 3 人，副教授 5 人，助理教授 4 人，专家 1 人	专业教师和专案经理

（二）师资力量专业化

台湾高校在促进师资力量专业化方面采取的相关措施主要可以概括为以下几点：①让企业界人士更加深入地参与到教学中，与学校教师互相合作，共同规划课程，让学生在学习到理论知识的同时能够有更多的机会将理论知识与实践相互结合，更加系统地学习。②聘请外部创业顾问举行课程讲座。例如云林科技大学举办针对创业问题的授课，邀请企业家进行授课，通过自己创业经验的传授，提供问题解决的建议，期望能够通过创业家及工商界专业人士的分享，激发学生的创业潜能，提升学生的创业竞争力。③聘请实务界人士或配备指导教师为学生提供指导。如云林科技大学设立创业咨询委员会并邀请在职博士生利用其经验，给予参赛学生协助和建议。此外，各学院有自己的活动办公室，有专门的行政支持工作人员，并配备 2~3 名指导老师给学生必要的指导和支持。

二、台湾高校创业教育师资队伍的管理模式

（一）对师资进行分类管理

台湾高校在教师管理方面推行根据自身所长进行分类管理的措施。大多数的台湾高校依据教师自己的工作特长及研究兴趣，通过专业的评估，由学校层面统一将教师分为研究、教学及实践型三类。以台东大学为例，在进行教师分类管理时首先由教师个人进行申报，然后由院系进行评审分类，而且每三年都重新进行评审分类。在院系内部评审时，会在评估教师的研究方向、专业特长基础上，综合该教师近年来的教学评估、科研能力以及指导学生进行社会实践的能力和取得的成果，形成相对完整的教师评价体系，进而对教师进行分类。分类管理的理念近几年也在大陆高校形成风潮，不少高校积极推进分类管理，但是与台湾地区相比，在评价标准的多角度、多层次上尚有不足。

（二）以“学生学成”为中心的教学评价

在教师教学水平评价的理念和机制上，台湾地区在评价教师自身的基础上，更加

注重对教师辅导的学生的水平进行评价。目前，大部分的台湾高校在评价教师教学水平时，其评价理念已经从之前的评价“教师教学水平”转变到重点评价“学生学习效果”，评价机制也从“投入”及“过程”评价转向更加注重体现学生学习效果的“产出”评估上。

以东南科技大学为例，该校会定期组织企业对就业学生的学习成效进行评价，并以此选出五所其毕业生最受企业欢迎的高校。对教师水平进行有效、客观的评价是科学管理、评估学校师资力量的基础。从台湾地区的实际措施看，以学生水平作为评估教师教学能力的基础具有较高的科学性和客观性，当然，如何基于这种理念设计出最为科学、客观、有效的评价体系，也对高校相关部门提出了更高的要求。

（三）相互融通、日趋完备的高教双轨制度

所谓高校双轨制度类似于大陆普通高等院校推行的“双师型”教师队伍建设，是指将普通高等教育体系与职业教育体系进行融会贯通。例如，台湾师范大学设立了一定的创业课程学分，学校会给学生提供一些小额的资本来资助学生将自己的创意变成创业，过程中会有双师型教师进行指导，提高学生创业的能力，让学生体验创业的经历。从实际的效果看，这种双轨制在很大程度上提高了学生的动手能力，作用不容忽视。

三、台湾高校创业教育师资队伍的建设途径

关于师资队伍的建设，台湾应用型高校采用制度化、关联化和科技化的发展策略，对高校的师资培训和培养进行了系统性规划。首先，通过制定完善详细的教师奖励办法来激励开展科技创新及高层次合作研究的优秀教师；其次，改革此前的教师管理制度，鼓励教师拔尖，倡导学术研究公平自由；再次，扩大聘用范围，减少限制，鼓励卓越人才加入，强化院系之间的学术竞争，提升整体实力；最后，建立和完善教师评级评优制度，选出优秀教师并给予奖励。高校教师整体学历层次高，多数学校教师中拥有博士学位的占到70%以上，重点大学毕业的更是高达90%。

（一）在产学研互动中提高教师的创业引导能力

我国台湾地区高校的“产、学、研”互动程度相较于我国大陆地区处于较高水平。高校教师基本无缝参与社会经济建设服务过程。这主要体现在：台湾地区所有高校都要求学校的专业课程老师必须在业界工作超过 2 年，有相应的工作经验，即使是毕业就进入校园的教师，也要求在其岗位工作 3 年后必须到相应行业工作学习 2 年。这样做的意义是显而易见的，教师们参与业界的直接工作，能够提升自己的专业和实践相结合的能力，对其后续发挥创业引导者作用有着重要的帮助，这对于任何专业都适用。例如，东南科技大学要求教师们每六年进入行业企业工作半年，期间停职留薪。经过这样合理的互动，有着丰富实践经验的老师不仅能将理论结合实践，从而更加受到学

生的欢迎，也对当地的经济发展做出了直接的贡献。

例如，台北科技大学创办创新与创业种子师资培训营，聘请产、官、学、研专家学者，共同交流与研讨新创事业成功的关键，协助种子教师了解新创事业发展结构与相关资源规划和安排，并使其成为推动校园新创事业之先驱者，借此培养更多的校园师生掌握创新创业思维与实务应用技术。台北科技大学创新与创业种子师资培训营由教务处教学资源中心主办，每期训练营接收 150 名左右的教职员，开展为期一天的培训，全程参加培训营者，将核发“创新与创业种子师资研习证书”。以“谈创新商业模式与创业成功策略”这期训练营为例，共 4 场讲座，分别是：①科技成果产业化模式及案例分享；②如何将营运模式转为营运计划书；③筹资策略与投资协商；④创新产品的专业运营和品牌策略。[1]

再如，台湾逢甲大学推动创业教育将近十年，认为创新创业中心、学校高层级主管和创业团队的指导老师是取得成效的关键。创新创业中心作为学校与业界的桥梁，以学生的立场，引进更多具备创业经验及教学技巧的老师，举办与推动各项创业活动，在既有的制度下为学生争取更多开放的权益，同时在创业团队处于被动的情况下，指导老师会不遗余力地鼓励学生，以提高其积极主动性。[2]

（二）强调教师的实务能力

以高雄第一科技大学为例，该校要求教师不仅要具有教学和研究能力，还要具备产学合作能力及辅导能力。

首先，该校除了鼓励学校教师申报专利、发表高水平的期刊论文之外，还鼓励教师到对口企业实习，积累实际工作经验，同时鼓励教师考取各类职业证书和专业技术证书等。如要求教师在学校工作 3 年后，到对口企业工作 1 年，工作期间的工资由学校和企业各发放一半。高雄第一科技大学 52%的教师具有全职工作经验，平均在公司的工作时间约 6 年，每位教师都拥有较为丰富的产学经验，能够传授给学生最有价值的知识和技能。

其次，高雄第一科技大学还特别注重从企业中挖掘有优异工作经验的人到学校任教，这些人学历不一定很高，但是或为所在行业的翘楚，或为有一技之长的专业技术人员，让这些企业界人士更加深入地参与到教学中规划课程、传递经验，可以让学生更加系统有效地学习。

（三）重视高校教师在创业教育内容、技巧上的培训

美国科尔曼基金会推出了创业教育教师伙伴项目（Coleman Foundation Faculty Entrepreneurship Fellows Program），为高校从事创业教育的教师提供基金资助，鼓励学术交流、经验交流、开发课程、组织课外活动等。[3] 台湾地区也特别重视高校教师交流网络与培训机制的建立。为了促使高校老师知晓创造力和创意设计的关键作用，台湾推出了“创造力与创意设计教育师资培训”计划，编撰相关的教材，系统性地为高校教

师开展相关的培训课程，推动开展增强创造力和创意设计的活动，以此提升高校教师的创造力，并希冀教师将这种能力更好地用于教学实践中。

台湾师范大学教育学院设立了硕士学位在职进修专班、学分班和线上创新思考教育研习班。硕士学位在职进修班教授创造力发展核心、研究方法学、教育创意、创业创意等课程；学分班开设创造思考技法、创造与生活、创造思考教学专题研究等硕士课程，可以帮助教师提高创意水平和教学水平。

四、台湾地区高校实施“创意教师成长工程”

众所周知，教师的专业化水准是能否开设高质量的创新创业教育的要点所在。凯伦·达姆（Karen Dam）认为专职创业教育教师需要具备两种职业能力，包括与创业有关的能力如资源整合的能力，与教师自身有关的能力如创造力、社交力等。[4]也就是说，创新创业教育要求教师“双专多能”。“双专”是指教师既要具有创新创业的实践能力，也要具有创新创业教育的水平；“多能”是指在开展创新创业教育工作时，教师需要具备创新创业拓展、课程教育教学、创新创业活动组织指导、网络及资源利用及产学合作交流等多种能力。台湾高校通过校内教师结合校外创业导师的复合师资队伍，来满足创新创业教育对师资的高要求，但是建设过程中也面临着不少问题，例如高校学者专业扎实但实践不足，校外导师实践充足但研究能力欠缺。面对这样的矛盾，台湾高校采取多种举措来提升教师的素质能力，如组织教师成长工作坊、成立教师专业成长（学习）社群、组建创意教育指导种子团队与推进机构等。

（一）组织创意教师成长工作坊

该工作坊围绕一位或多位有丰富创意教学经验的主要嘉宾，一些小的团队在嘉宾的指导下，通过理论讲座、嘉宾操作观摩、互动交流讨论及实际操作等多样的组织形式，共同探讨创意教育。

例如，为了推广英语创意教学项目的研究成果，台湾师范大学举办了“英语创意教学工作坊”，邀请研究小组成员与150名教师共同探讨教学方法的革新。再如，台湾科技大学为了帮助其新进教师快速成长，围绕一系列主题开展研讨交流，主题包括“创意教学与有效学习”“创造力”“创意可以传授”等，通过活动开展，已取得不错的成果。

（二）成立教师专业成长（学习）社群

专业成长（学习）社群是指对所处专业拥有共同信念、愿景、目标的一群人聚集在一起学习交流成长的团队。他们发挥专业的优势，在一起探究讨论，致力于提升自己的专业素养，最终实现专业教学能力的提升，给学生更专业的教学体验。台湾不少高校鼓励教师自发组织专业学习社群，互通教学经验，探讨高校的教学模式。

如经国管理与健康学院颁布《教师教学专业成长社群实施要点》，鼓励专业教师组建学习社群，借助讲座、观摩演示、研讨会等多种形式，开展教学方法、课程规划、教学技巧及课堂活动等多种项目讨论，通过不同教师思想的碰撞，促进教学经验的交流，提升教师教学能力和专业知识技能。

（三）组建创意教育指导种子团队与推进机构

台湾地区高校目前已建立创新与创造力跨领域种子研究团队，实施综合性研究计划，负责台湾地区教育主管部门《创造力教育白皮书》的制订，同时通过在高校开设相应的课程培训和讲座，促进创新创业教育课程教师理论水平和教学技巧的提升。此外，为了持续推动对创新创造的研究和实践，还专门设立台湾地区范围内的“创新与创造力研究中心”，举办学术研究、发展与交流等多种形式的活动，以此促进对创新与创造的研究。

五、总结

广义上讲，创业过程涉及方方面面，在各自领域有一定建树的人都是导师，甚至是创业导师。从狭义上来说，在创业过程涉及的方方面面中，那些某个领域的专业人才，必须要具有相当的创业实践经验才可以成为创业导师。[5] 高校创业教育不仅要注重加强校内创业教师队伍建设，也需要从外部引进实践性的创业导师。除了师资队伍组建的多元性，高校在教师的管理、建设、保障等方面也必须形成完备的支撑体系。在师资来源结构上，台湾高校课程采取院际整合或者跨校联盟的方式，组建包括学校教授、产业界专家、政府官员、海外学者在内的师资队伍。在教师管理上，台湾高校以研究型、教学型和实务型三类教师为分类标准进行人本化的分类管理。在教师能力建设上，台湾地区不仅注重在校内实施“创意教师成长工程”，也强调在产学研中提高教师的创业能力，同时积极参与政府组织的创业教育师资培训，如“创造力与创意设计教育师资培训”计划。在师资保障方面，台湾高校通过制定详细的教师激励办法，鼓励教师开展创新性兼职或者层次较高的合作研究。

参考文献

［1］台北科技大学教务处［EB/OL］. https：//oaa. ntut. edu. tw/.

［2］逢甲大学创业教育发展中心［EB/OL］. http：//www. ceed. fcu. edu. tw.

［3］COLEMAN FOUNDATION. The coleman foundation faculty entrepreneurship fellows program［EB/OL］. http：//www. colemanfoundation. org/what _ we _ fund/entrepreneurship/fellows. html，2017－03-05.

［4］DAM K V，SCHIPPER M，RUNHAAR P. Developing a competency－based framework for teachers'entrepreneurial behaviour［J］. Teaching & Teacher Education，2010，26（4）：965-971.

［5］李晗，李根文．创业导师要注重创业服务［J］. 经济，2016（14）：58-60.

对话大一同学：做一个“中国的世界人”

周　南
（深圳大学市场营销系退休教师）

【摘要】在深圳大学管理学院，我与大一的同学进行对话，为入学的新生进行“解惑”“引导”，对话内容逻辑概括为如何做“读书人”“社会人”“世界人”。希望同学们能够脚踏实地，日益进取，从而增长阅历，成为“中国的世界人”。

【关键词】“中国的世界人”；大学生活；道德经

2017 年，我 65 岁，从香港城市大学退休。当年 8 月底，我荣幸地加入了深圳大学管理学院市场营销系。三年后，第二次退休。

在深圳大学管理学院，我与大一学生的面对面接触最多，原因有三：第一，我连续三年为大一新生做入学讲座（累计约 1500 人）；第二，我为大一学生授课；第三，我到同事教的大一新生班上做讲座。

每到互动环节，气氛总是很热烈，应该是我和这些“牛犊们”互相“仰慕”的缘故。在我眼中，他们像春天萌芽的嫩绿小草，无忧无虑地吸收阳光与雨露，茁壮地成长着。我比他们年长几十岁，他们或许觉得我是“识途老马”，“见多识广”。

可是，“见”易“识”难。我确实“见”得比他们多，但“识”不一定都有道理。他们乐意与我交流，是我的福分。

学生们青春年少，考上大学，离开父母的保护，渐渐独立，为将来进入社会奠定基础。他们现在正处在北宋文学家苏东坡说的“人生识字忧患始”的阶段，我乐意为他们“解”些“惑”，做些“引导”。

进入互动环节前，我会提“一点小小的请求”：“你们可以提出任何方面的问题，但是必须与我以‘同学’（‘一同学习’的意思）相称。”他们大多数人都做到了这一点，以叫我“周同学”为开始进行提问。我有时在回答前，会先问他/她的姓，接着根据他/她的回答称其为“某同学”，而后简要地回答问题。

在写这篇短文前，我看了一部分现场笔录。他们提出了五花八门的“问题”，清楚地证明他们并非“无忧”和“无虑”。《周易·系辞上》有言：“乐天知命，故不忧。”“乐天”指乐于顺应天命，我认为，这是“世界人”的境界。他们正在读大一，如何到达这个境界呢？

以下列出同学们的部分问题，简称“问”，我的回答简称“答”，略去了前面的称呼。这些问题与回答，按“人往高处走：读书人，社会人，世界人”的思维逻辑整合如下：

问：高中时期，读书是为了考大学，现在上了大学，会感到迷茫：读书到底是为了什么？

答：我当时上大学，最初期望能解决温饱问题，而后踏上追求精神和心灵成长之路。大学四年，通过学习、向老师请教、和同学讨论，可以慢慢地得到一些“答案”。

问：我父母希望我读师范的相关专业，以后找个稳定的工作，但是我不喜欢。我应该怎么抉择？

答：父母爱你，所以关心你的未来。你要耐心地向他们解释，你读的专业更适合你，还要让他们知道，你永远爱他们。我相信你能解决这个问题。

问：我想成为一个优秀的人，如何才能做到？

答：在座的每一位，包括我在内，都想成为一个优秀的人。老子说：“强行者有志。”（《道德经》第三十三章）我们的智商都差不多，有志气，肯努力，就有希望。不仅努力学习，还要努力做好人好事，做个诚实善良的人比什么都重要。

问：现在好像读硕士、博士才有优势。读完本科后，我是否也要跟随潮流，继续深造？

答：“书到用时方恨少”，若有机会深造是好事。但如果大学毕业后就工作，也不要忘了继续学习。终身学习，才能为社会做出更大的贡献。

问：校园里有很多事会让我们分心，我该如何去选择应该做的事情？

答：大学阶段的首要任务是学习。每天都要记住，去三个地方不能迷路：寝室、食堂、教室。不迷路，才可能做到“三好”：觉睡好、饭吃好、书读好。

问：现实和情怀之间，难以抉择，您有什么建议？

答：路是一步步走出来的。做力所能及的事，目标不要定得太高，但也得有一点挑战性。定得太高，跳起来也够不到，容易产生挫败感。

问：什么是令您印象最深刻的大学精神？

答：每所大学都有其独特之处，要你自己去感受。我所理解的深圳大学的精神是“脚踏实地，仰望星空”，衷心地希望同学们将来立地顶天，为社会做出贡献。

问：我们除了读与专业有关的书，也要读“无用”之书吗？

答：读与专业有关的书，读小说，读经典，都不会无用。从“读书好”到“读好书”再到“好读书”，要慢慢体会。

问：人的一生中会遇到很多人，如果与室友的关系没有以前好了，该怎么解决？

答：你觉得为什么和以前不一样了呢？（同学答：“可能是大家追求不同了。”）我们都是有血有肉的人，我也遇到过这种问题。要学会换位思考，遇到问题主动进行沟通，每个人都乐意与愿意沟通的人交流。自己是小我，但与他人融合在一起形成集体，需要求同存异，这时小我就变成了大我。

问：您出国留学时遇到过什么困难？

答：我 1982 年去美国留学，奖学金包括基本的生活费用和来回机票，回程票要留到获得硕士学位后用，即使很想家，也要等到两年后毕业才能回去。身体不是铁打的，偶尔会不舒服，没有胃口，我就用榨菜来配饭，用镇江香醋来调饭，很管用。那时为了完成学业，无论遇到什么困难，都会想办法克服。

问：我大学毕业后想出国留学，那时一定会碰到一些不适应的情况。应该用什么心态面对排外、沟通困难等问题？

答：你想得很远。首先思想上要有准备，其次是要对将去的国家有基本的了解。我去留学前，大家对美国的了解都很少。一有机会，我就向教我们英语的美国老师了解美国的情况。

问：我想去美国读研，增长阅历。国内和国外的研究生有什么差别？您认为哪一种选择更好？

答：我不知道哪一种选择更好，但我觉得哪一种选择可能都一样。我自己走过的路，使我明白，好不好都在我心里。我去美国留学，接着在加拿大工作，后来回到中国，阅历增长了，最终想做一个具有世界情怀的“中国的世界人”。

“中国的世界人”是我在《学问人生——〈道德经〉的启示》一书中提出的一个观点，希望自己可以从“身份上的中国人”成长为“精神上的中国人”，做一个立足中国、与人为善、超越民族主义思维、具有世界情怀的“中国的世界人”。

每次做讲座与大一同学们互动，我都会向提问的同学赠送我写的书的签名本，有时还和他们合影，他们很喜欢。我想，这或许是讲座互动气氛热烈的原因之一吧！

乐天知命，“智者不惑，仁者不忧，勇者不惧”（《论语・子罕》）。春天的小草长得快，我相信我的大一同学们到大学毕业时，各方面一定会有长足的进步！

（2019 年 11 月 24 日初稿，2021 年 9 月 19 日修改）

参考文献

[1] 周南．学问人生——《道德经的启示》[M]．北京：北京大学出版社，2018：8.

大学人力资源管理教育面临的时代背景和我们的对策

何发平

（深圳大学管理学院人力资源管理系）

【摘要】 进入知识经济时代后，大学人力资源管理面临的时代背景和中国的现实实践发生了重大变化，学习能力成了绩效创造的关键驱动力和个人职业生涯成功的关键要素。人力资源管理教学理念、教学体系、具体教学方法都需要做出相应的变革。需要树立“以人为本”的教育理念；以培养学生学习能力为中心来构建教学体系；以学生思维的开发和学习能力的培养为中心来组织课堂教学，选择具体教学方法。

【关键词】 人力资源管理教育；价值创造驱动力；学习能力；教学变革

进入知识经济时代以来，人力资源管理的实践背景在世界范围内发生了巨大变化，大学的人力资源管理教育也需要根据时代背景和中国的现实实践做出变革。

一、大学人力资源管理教育面对的时代背景变化

（一）社会价值创造的主要驱动力发生变化

社会价值创造取决于许多要素，如资本、劳动力、土地、技术和信息等，在不同的时代，这些要素对社会价值创造所起的作用是不同的：在农业经济时代，社会价值创造主要依赖于劳动力，多而强壮的劳动力是农业高产出的主要驱动力；到了工业经济时代，货币资本成了社会价值创造的主要驱动力，工业经济是资金密集型经济，一般而言，资本投资与收益成正比；进入知识经济时代，社会价值创造转为主要依赖于人力资本，其表现形式为知识信息。从农业经济时代到工业经济时代再到知识经济时代，社会价值创造的主要驱动力的变迁趋势是：劳动力→货币资本→人力资本。

（二）个人学习能力成为绩效创造的关键驱动力和职业生涯成功的关键要素

由于当今时代知识信息急速更新，环境极为不稳定，能否通过个人学习迅速掌握相关知识成为一个人成功的关键，学习能力的作用日益显现。

1. 学习能力成为当今时代绩效创造的关键驱动力

在过去的农业经济和工业经济时代，工作经验一直被看作是创造高绩效的重要驱动力量，然而，在知识经济时代，工作经验对绩效创造的重要性却越来越小，“经验很

重要”这个命题日趋成为过去式。其原因有二：其一，工作经历和工作经验并不是一回事。在“经验很重要”这个命题中存在一个错误：它实际上假定从事某项工作的时间长短是经验的测量指标，但这一指标根本与经验的质量无关。某个人有二十多年工作经历和另一个人有两年工作经历，并不必定意味着前者比后者拥有10倍之多的有意义的工作经验。经常的情况是，二十多年的工作经历不过意味着把一年的经验重复二十多遍而已！即使是面对最复杂的工作，两年之后也通常意味着真正学习的结束，这时，几乎经历了所有的新问题、新情景。其二，情景环境中的变化影响到经验的可迁移性或实用性。信息时代有两个明显的特点：信息的不对称性和环境的不确定性。信息的不对称性意味着绩效的创造越来越依赖于信息，而不是经验；环境的不确定性意味着绩效的创造越来越依赖于对环境的适应和把握。在信息社会，由于信息的不对称性和环境的不确定性，经验的迁移性越来越差。靠经验创造绩效的时代越来越走到它的尽头。学习能力，即适应、创新和变革的能力，正日趋成为个人、组织和整个社会创造绩效的关键驱动力。我们现在倡导成为学习型人、构建学习型组织和学习型社会，正是这个时代要求高绩效的呼声，创新已成为我们的时代口号！

2. 可雇佣能力成为个人职业生涯成功的关键要素

全球化和知识经济时代的来临改变了企业组织所面对的环境，使得企业不得不放弃长期坚持的终生雇佣制度。当今组织已不能再给雇员一个稳定的工作场所和长期的就业承诺，组织更重视可雇佣能力强的员工。而为了应对被解雇的风险，员工也更加注重获得在不同组织间可转移、可携带的能力，关注自己在组织中学习和成长的机会，以便维持就业和确保未来就业。员工的个人职业生涯呈现出“无边界性”和“易变性”的特点，现代职业生涯要求员工的职业技能不再是单一的特殊技能，而是具有广泛迁移价值的技能，员工职业生涯的成功取决于其个人的可雇佣能力。

可雇用能力包含个人在劳动力市场的多种岗位上成功的能力，它关注的是个人的能力；从更加宽泛的意义上来说，可雇佣能力包含了在各种岗位上成功的学习能力，学习能力是可雇佣能力的核心，它涵盖了决定个人在劳动力市场目前和未来职位的所有特性。

（三）人力资源管理理念正经历两个转型

进入21世纪以来，以跨国企业为标杆的人力资源管理理念正发生两个转型：一是从“以物为本”到“以人为本”的转型；二是从“顾客是上帝”到“员工是上帝”的转型。两个转型相互交叉又相互重叠。在农业经济时代，劳动力是价值创造的关键驱动力；到了工业经济时代，资金资本成了价值创造的关键驱动力，“以物（资金）为本”的管理理念也主导了企业的管理思想。然而，在当今知识经济的时代，价值创造主要依赖于人力资本，而员工是人力资本的载体，知识信息由员工掌握。管理思想从“以物为本”转型到“以人为本”也就成了企业的必然选择。“以人为本”，即对员工个人的尊重，更深入地讲，就是对人性的充分尊重。在人力资源管理中，要做到“以人为本”就是既要考虑企业的利益，也要考虑员工的利益，将两者的利益紧紧地联系在一起。既要克服传统的科学管理的局限性，也要严守企业的底线；既要积极履行社会责任，也要充分讲求企业效益；企业、员工、股东、管理者、社会、政府等各方面利益相关者的权益都要得到保障；短期利益与长期利益，企业与人、自然环境、资源等的循环关系都要得到平衡，从而实现基于企业发展、员工发展、社会发展的经营和谐。

（四）传统以工作（职位）为本的人力资源管理模式显示出其弊端和现实不适应性

以往我们的人力资源管理课程体系都是基于人力资源管理职能、企业战略构建的，这个体系是以工作（职位）为本的人力资源管理模式，我们讲人力资源管理往往就讲人力资源管理的几大职能板块：人力资源规划、人力资源招聘、绩效管理、薪酬管理和人力资源培训开发等。

以工作（职位）为本的人力资源管理模式实质是以资本为本的模式，满足的是资本对效率和利润的追求，没有顾及员工对公平和发言权的需求。

然而在普遍推行“以人为本”管理理念的今天，这种以工作（职位）为本的人力资源管理模式遭到了巨大的挑战，显示出其弊端和现实不适应性，需要转型为以人为本的人力资源管理体系。

（五）中国经济社会发展政策正发生转型

在中国改革开放初期，我们的发展政策是效率优先，天平在资方一边，重视保护资本追求的目标，一定程度上忽视了员工的目标，导致资本急剧扩张，侵犯和伤害了劳动者的权益。几十年后，中国政府提出“效率优先，兼顾公平”的发展政策，发展的天平开始向劳动者一边倾斜，开始重视保护劳动者的权益。最近几年中央提出“共同富裕”发展战略。雇主追求效率利润的目标与雇员追求公平和发言权的目标经常有矛盾冲突，我们不是要区分雇主目标与员工目标的先后，而是要使它们之间达到平衡，企业与员工实现双赢、共同富裕。在发展经济的同时，也要保护劳动者的合法权益，让人民分享经济发展的成果。

（六）大学教学中教与学的手段方法发生了变化

中国的移动互联网和智能技术的广泛运用，大概时间是 2010 年前后。基于移动互联网的智能技术运用对教育最大的影响集中在三方面。

1. 教育的可移动性

以前人们受教育一般有固定的物理空间（教室）、固定的时间、固定的人群（老师、学生），但智能技术运用让教育变得可移动了，可以随时随地学习，既可以在物理空间学习，也可以在家里线上学习，传授者、接受者还可以变动。

2. 教育的群体性

以前人们受教育一般具有个体性特点，有固定的老师、固定的学生，现在一次授课可以让成千上万人聆听。大量慕课和远程课程的开发与放播，使得授课的手段方法发生了巨大变化。

3. 教育的个性化

以前我们也提倡因材施教，但毕竟一个老师要面对众多学生，难以做到个性化教学，今天，学生可以根据自己的特点和需要来选择接受教育的内容和方式（类似自助餐）。

（七）“00 后”成了当今中国大学的受教育主体

2000 年后出生的学生，是拥抱着基于互联网之上的电脑和基于移动互联网之上的智能技术长大的，在他们的中小学教育阶段，获取知识的途径不再局限于人际、书本，还有电脑和其他智能装备。

电视的出现，第一次突破了人类获取知识信息的人际模式、书本模式，出现了第三种模式：电视模式。过去人们受教育的模式有两种：第一种是人际模式，即老师、家长、他人传授；第二种是书本模式，即通过阅读前人和他人写的书。三种模式的共同特点是：别人具有什么知识信息并且传授、传播了什么知识信息，受教育者才能接受到、获取到什么知识信息，主导者是传播者，受教育者基本是被动接受。电脑及互联网的出现，又在以前知识信息传播的三种模式以外，增加了一种，有了第四种模式，即电脑模式，传播的范围大大扩展了。中国开始普及电脑大概是从 2000 年开始，21 世纪初出生的孩子可以被称为 Computer Baby。

现在的大学生主体是“00 后”，他们与以往大学生相比较，比较明显的特点是个性差异大、职业取向多元化。如果说，“70 后”大学生更看重工作稳定性与持续性，“80 后”大学生更看重发展平台与机会，那么“00 后”大学生更看重工作挑战性和学习成长机会，开始具有多变的职业观念，渴望尝试不同的职业领域，喜欢从事有挑战性、有趣味的工作，对他们来说，终身学习能力是最关键的能力。

二、大学人力资源管理教育的变革

（一）树立“以人为本”的教育理念

由于社会价值创造的驱动力从资金资本转向人力资本，管理理念从“以物为本”转型到“以人为本”也就成了企业人力资源管理的必然选择。“以人为本”的人力资源管理模式包含了三方面的核心内容：一是尊重和满足员工的需求和发展需要；二是满足资方（股东）对利润的追求；三是致力于构建员工与企业的和谐关系，实现企业与员工的共同发展。这个管理模式既可以满足资本对效率利润的追求，又可以满足员工对公平和发言权的追求。

为适应“以人为本”的教育理念，在构建大学人力资源管理教学体系时，我们不仅要开设满足资方需求、基于工作（职位）的人力资源管理课程体系，比如人力资源规划、人力资源招聘、绩效管理、薪酬管理等；同时要开设满足员工需求的课程体系，比如员工关系管理、员工培训与开发、员工职业生涯规划与管理、员工健康管理等。

（二）以培养学生学习能力为中心来构建教学体系

1. 学习能力是人才素质的核心要素

当今时代，衡量人才素质的基本标准是看其是否会学习，学习能力教育乃是素质教育的核心。

2. 学习能力是竞争取胜的关键能力

当今时代，由于知识更新非常快，我们不必在头脑中装入过多的知识，因为任何一个知识点都可以很快在网络和文献中搜索到，如果一个人学习能力很强，他可以在很短时间掌握相关知识点，庞大的知识量已经不是与他人竞争的关键力量了，只有学习能力强的人才能掌握这个时代的主动权。因此，我们大学教育的主要目标和主要任务应该转向培养能思考、学习能力强的学生。

3. 大学生学习能力欠缺

由于长期以来受应试教育、不注重思维方法训练等诸多因素的影响，当今大学生特别缺乏抽象思维能力，缺乏深层次思考、另辟蹊径的学习能力。

4. 大学期间培养学生学习能力的迫切性

中国的大学生在进大学前所受的教育主要是应试教育，教师教学生的东西主要是“是什么”的知识，几乎没有对学生的头脑进行过开发，学生进大学之前的思维几乎是封闭的，如果大学教育再不重视开发学生的思维，那他们今后就很难有这种机会了，因为他们就业后，组织要求他们的是现成的实际知识和技能，而很少对他们满足未来需要的潜能进行投资开发。同时，大学时期也是学生开发思维最好的生理年龄和心理年龄，因为这个阶段他们思维没有成形，好奇心强、可塑性强、易变性大。

5. 学习能力是终生的需要

传统上，学习与工作是分离的。但在知识经济时代，工作与学习密不可分。由于知识更新加快，每个人都需要终身学习。“活到老，学到老”不再是少数人自勉的警句，而是一种现实要求。

学习型组织倡导的“工作学习化、学习工作化”也体现了这一属性。“工作学习化”是说将每一项工作视为学习的机会，从工作中学习新技能、新方法，并促进专业知识的增长。“学习工作化”是说将学习视为一项必要的工作，能每天不断地持续学习，如同工作时那样认真、投入，并培养终身学习的习惯（见表1）。

表1　工作学习化、学习工作化的含义

工作学习化	学习工作化
将每一项工作视为学习的机会，从工作中学习新技能、新方法，并促进专业知识的增长	将学习视为一项必要的工作，能每天不断地持续学习，如同工作时那样认真、投入，并培养终身学习的习惯

（三）以培养学生学习能力为中心的教学方法

开发学生的思维能力和学习能力，必须借助具体的教学方法来实现。总的方法是向学生提供尽可能多的抽象和复杂的思考机会，通过思考开发思维潜能、培养学习能力。

1. “因果关系”思维训练法

因果关系思维训练法是要训练学生辨别事物两个变量之间是具有因果关系，还是具有相关性或无相关性的一种方法。当一个自变量能够必然引起某个因变量发生变化时，两个变量之间就形成了因果关系，比如，气温到了零度以下，水就会结冰，气温零度与水结冰之间具有因果关系。但在现实中，很多变量之间只有相关性，而没有因果关系，即自变量的出现，并不必然引起另一个变量的产生，比如，工作满意度与工作绩效之间只有相关性，不具有因果关系，工作满意度对工作绩效有影响，但高工作满意度并不必然导致高工作绩效。还有很多变量之间并不具有相关性，比如，一个人的星座与一个人未来职业生涯的成功与否之间连相关性都没有，就更不具有因果关系了。

教师在教学中可以不断地结合专业知识，通过不同变量的例子，运用启发式教学，让学生思考不同变量之间具有什么样的关系以及为什么。通过这样的训练，可以很好地提高学生的思维能力。

2. “多角度”思维训练法

当今的时代是一个没有“真理”的时代，由于环境的不确定性和易变性，“唯一性”和“正确性”的东西越来越少。越来越多的事情无法再靠简单的两极性思维去理解，即无法简单地区分“好与坏”或“优与劣”，只能用多角度的思维方式去看待。为此需要在教学中让学生明白这样的道理：不是要尽力去寻找所谓正确的、唯一的、真理性的知识和答案，而是要学会从不同的角度去看待事物，养成对一个事物和问题从不同角度去理解和解决的习惯，并知道每一种理解和解决方法的理由、优缺点。比如，每一个问题、每一个概念往往都有很多种解释，老师不是要教学生去寻找哪一个解释最正确，而是要让他们去分析每种解释的道理和不足在哪里。

3. “抽象性”思维训练法

知识越具有概括性和抽象性，越能开发学生的思维。如果我们的教学把主要时间花在传授给学生具体的知识和方法上，虽然这有助于学生刚就业时适应雇主的动手能力强的要求，但很不利于学生潜能的开发和未来参与竞争，因为当今时代，动手能力强不是雇员的关键能力，头脑中有大量知识和方法或具有很好技能的雇员，如果思维能力差，也只能应付一时，很难有很好的发展潜力。比如，绩效考核方法有很多，但不同的企业甚至同一企业的不同时期、不同情境，适用的方法是不一样的，如果雇员只有每一种方法的具体操作知识和技能，却不会根据不同企业的情况、不同情景来运用这些方法，那么这样的知识技能就没有多大意义。在运用每一种绩效考核方法时，更重要的是要知道怎样根据不同的企业、不同的情景来运用这些方法，而且要知道为什么，这是一种能力。

要在教学中尽可能向学生传授高度概括性和抽象性的知识，使他们多思考，而不是过多地教一些具体的知识，具体的知识是很难开发学生思维能力的。

4. “生疑提问”思维训练法

生疑提问训练法是对事物或过去一直被人认为是正确的东西或某种固定的思考模式敢于怀疑，并提出新观点和新建议。

过去我们的教学主要是教学生一些确定性的东西，学生追求的也是确定性的知识。我们很少怀疑一个数据、一个命题、一个知识点的正确性。同样，在传统的职业生涯中，员工“知道怎样做”至关重要。而现在对员工的要求则更高了，员工不仅要“知道怎么做”，更重要的是要知道“为什么这样做”。

5. “发散性启示”思维训练法

经常有这样的状况：一门课考试完后，学生很快就对这门课的知识没有记忆了，或者从学校毕业后，学生将四年学的东西都还给老师了。这种状况的形成往往是只就书本知识而进行教学的结果。

在学习专业课程时，经常有很多知识可以对我们的人生、工作和其他事情具有启发性的意义。知识往往是触类旁通的，这方面的知识可以启发出其他方面的意义和指导思想，要经常训练学生这种发散性思维，让他们在学习一门专业、一个知识点的时候能获得其他方面的启示。从书本中跳出来思考、从书本中得到其他启发，是训练思维能力的一种很好的方法，也是当今时代重要的学习方式。

6. “聚合抽象”思维训练法

我们认识这个世界不是通过事物的本来面目去认识的，而是通过我们对事物的感知来认识的。这就要求我们把所有感知到的对象依据一定的标准“聚合”起来，找出它们的共性和本质，这能提高学生的创造性思维能力。比如，我们学习专业时经常会发现，对一个现象的解释会有很多观点或理论，而这些观点或理论之间有时却相差甚远。对这种问题该如何解释呢？为此，教师在教学中要让学生明白：每一种理论只是从一个角度去解释一个现象，每一种理论是建立在不同的假设前提下的，不同的理论具有不同的解释视点和对同一现象不同的解释力，且相互之间往往不相容，甚至冲突，没有一种理论能解释一种现象的所有方面。

7. “集思广益”思维训练法

集思广益训练法是在一个组织起来的团体中，借助大家的思维，彼此交流，集中众多人的智慧，广泛吸收有益意见，从而实现思维能力的提高。此法有利于研究成果的形成，还具有潜在的培养学生研究能力的作用。因为，当一些富有个性的学生聚集在一起时，由于各人的出发点、观察问题角度不同，研究方式、分析问题的水平不同，往往会产生种种不同观点和解决问题的办法。通过比较、对照、切磋，个人就会有意无意地学习到对方思考问题的方法，从而使自己的思维能力得到潜移默化的提高。

参考文献

[1] Harvey, L.. Defining and Measuring Employability [J]. Quality in Higher Education, 2001, 7 (2), p. 97-109.

[2] Hillage, J. and Pollard, E.. Employability: Developing a Framework for Policy Analysis [J]. Labour Market Trends, 1999, 17 (2), p. 4-83.

[3] 何发平. 学习能力培养背景下大学教学变革探析，黑龙江高教研究，2013 年第 10 期。

国家一流课程建设的过程及体会

——以“礼行天下”课程为例

李 丽 贾 芳 秦全德 郭海南 赵 洋 潘彩云 叶娘越 赵 薇

（深圳大学管理学院）

【摘要】 建设国家一流课程，提高课堂教学质量，是贯彻落实习近平总书记关于教育的重要论述和全国教育大会精神的重要落脚点，是“三全”育人以及教育改革的一项重要举措。近三年来全国广大高校回归初心，积极努力建设高水平课程，并取得了良好的进展。本文旨在通过对笔者亲身经历的国家一流课程建设抽丝剥茧，复盘分析其过程，分享其体会、经验与不足，为课程建设提供参考。

课程是人才培养的核心要素，课程质量直接决定人才培养质量。为贯彻落实习近平总书记关于教育的重要论述和全国教育大会精神，落实新时代全国高等学校本科教育工作会议要求，广大教育工作者必须把教学改革关注点落实到课程建设上[1]。

为此国家开展一流本科课程建设，从2019年到2021年，完成4000门左右国家级线上一流课程（国家精品在线开放课程）、4000门左右国家级线下一流课程、6000门左右国家级线上线下混合式一流课程。主要指基于慕课、专属在线课程（SPOC）或其他在线课程，运用适当的数字化教学工具，结合本校实际对校内课程进行改造，安排20%~50%的教学时间实施学生线上自主学习，与线下面授有机结合开展翻转课堂、混合式教学，打造在线课程与本校课堂教学相融合的混合式国家一流课程。

线上线下混合式课程是利用多媒体互联网等技术，通过课程教学方式方法改变，使课堂活起来；通过课程设计及科技方法使线上线下学习过程得以良好记录，进而得到客观评价，促使学生学习全程“忙”起来；通过对教师政策激励，使教师对课堂教学改革的关注“热”起来，最终达成有效提升教学效果的目的。

“礼行天下”课程2020年获批国家级一流课程建设项目，本文旨在分享其建设过程与体会，为该类别课程建设教师及其团队提供参考。

【关键词】 国家；一流课程；建设；体会

一、课程建设基本数据及演进过程

“礼行天下”（原名“商务礼仪”）作为公选线下课开设了14年，是公选课中的热门课程，每学期开网选课半天基本选满，并常有学生申请加位；2015年下半年建成

MOOC 课程并在深大 U 课联盟网上平台对外开放，当年选课 2000 余人。2019 年度因新冠肺炎疫情，全校网上开课，仅深圳大学本校就开设了 7 个课程班，每班达 100 人，1 天选满。至今线上线下累计开课次数 15 次，累计选课院校共 84 所，授课学生累计 52984 人，学生评分 4.8 分（满分 5 分）。

本课程从 2016 年开始，每学期开课并对深圳大学本科开设线上线下混合式课程。2019 年，设置课程实践环节，开展“礼仪之行”实践系列活动，经过 5 轮实践打磨，逐渐形成一种独特的教学模式，并在校园里具有了一定的影响力。礼仪课程实践活动形式多样、全员体验，不仅提升同学们学习的热情，同时也成为传播社会主义文明价值观的可视化窗口。开课以来，混合式教学班学生开展了“礼仪校园、礼仪达人、礼仪犀利眼、礼仪中国说、礼仪演讲赛”等实践活动，参与率逐期剧增，2021 年上半年“礼仪演讲大赛”参与率近 100%。开展活动以来学生们完成“礼仪故事”“礼仪视频、抖音、美篇”等作品近百篇。不仅丰富了教学内容及资源，更为学习礼仪、践行礼仪、传播礼仪、提升精神文明水平起到助推作用。

本课程团队由主讲教师与校外客串助讲师组成，目前有 5 名主讲教师、2 名礼仪形象助理教师、4 名校外（深航、南航等）客串讲师，以及 4 名本学科研究生助理，课程期间组建了 20 名学生参加的礼仪小分队。

课程建有资源数据库。每节学习内容对应有网站教学视频和学习资料：线上教学资源总数共 99 个文件包，包括视频、拓展阅读、测验等，视频总时长 624 分钟，精选题库有习题 588 道；学生平均学习进度测试题 120 道，平均观看视频 589 分钟。每期视频增加或更新量为 10%。2018 年增加章节“网络礼仪”，2019 年增加“拍摄礼仪”以及实践作品展览，2020 年增加“中国茶文化”章节。创建学习 QQ 社群、微信社群，老师和学生可以常态沟通，开展线下课程实践内容丰富表现形式，同时拓展了校外实习基地如深航、南航、华夏礼仪公司等。

二、课程建设要求及设计

1. 结构性要求

混合式教学，顾名思义就是线上线下课程两种上课模式的混合教学。按要求课程分为两部分：线上、线下。课程总学时 36 小时，一般线上要求至少上 9 周，包括主要课程知识点、学习节点过程性过关测验及微信辅导群。每个知识点视频在 5~15 分钟，学生按进度表上课，通过单元知识掌握程度过关测试即可进入下一节学习。期末设有线上测考，作为重要平时成绩观测点。线下课至少 6 周，包括知识拓展、实训、实践、知识串讲、作品路演及期末考试（见图 1）。

2. 原则性要求

基本原则 1：“以学生发展为中心”。

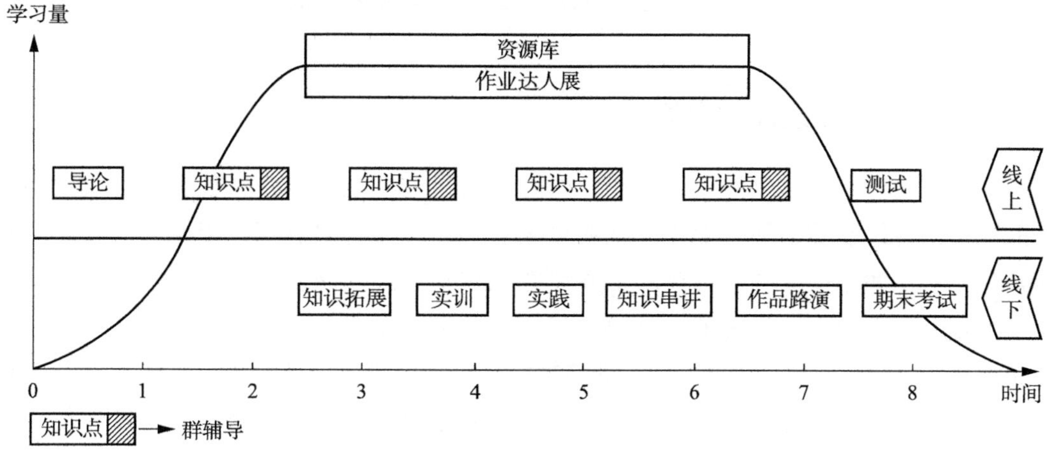

图 1 “礼行天下”课程教学流程

思考如何让学生做到“想学就学，随时随地学习”，在教学过程中遵从学生成长规律。老师可以做的改变有：

（1）减少课堂重复讲授，提高知识传授效率。

（2）改革课堂教学模式，助力学生能力提升。

（3）监督评价轻松省时，资源积累逐年丰富。

（4）不断收集教学数据，便于开展教学研究。

基本原则 2：贯彻“两性一度”：高阶性、创新性、挑战度。

“高阶性”是指知识能力素质有机融合，培养学生解决负载问题的综合能力和高级思维。“创新性”是指课程内容反映前沿性和时代性，教学形式体现先进性和互动性，学习结果具有探究性和个性。“挑战度”是指课程有一定难度，需要跳一跳才能够得着，对老师备课和学生课下学习有较高要求。具体要从五个方面来把握：能力（比如分析能力、学习能力等）、内容（迭代、更新）、形式（互动、探究）、难度（测评、考核）、过程评价（记录教学内容、记录课堂活动、记录学习数据）。

3. 创新教学特色和方法性要求

（1）课程思政融入。建立思政元素案例库，从国家、文化、历史角度，将知识性、人文性、思想性融入专业知识学习的过程，展现引领性、时代性和开放性。

（2）课程资源可视。将课程实录视频、慕课知识点视频和扩展阅读资源融合，课程内容规范完整，在讲述礼仪的重要性的同时，让课程内容丰盈立体，展现较高的可学性，激发学生的学习兴趣。

（3）考核方式多维。比如采取“线上+线下+实践”组合考核方式。极具挑战性的实践考核，为本课程建立了以理论考试、技能考核和实践项目评价为依据的课程学习评价指标体系。本课程学习注重过程性考核，培养学生礼仪中应有的自律、自控的能力。无论线上线下，每章每节都有观测点或情景活动，学生可自主选择投放精力于学习进度、参与深度、延展广度，老师与助教跟踪引导鞭策，最终考核成绩来自过程性考核及期末综合表现。

三、课程实践设计与实施

系统实践环节成为课程又一重点。如何开展特色实践活动？礼仪课程是实践性较强的课程，内修素质，外塑形象。既要言之有物，又要行之有理。因此每学期配合具体知识体系，举办一次主题实践活动并评选礼仪小达人，激发学生参与热情，推动学生知行合一。比如我们开展了“礼仪之行”系列实践活动：①举办“礼仪之行——小视频大赛”。鼓励学生用摄像机、手机等拍摄制作小视频，对传统的、生硬的礼仪文化说教形式进行创新，使之更具丰富性、趣味性和知识性，做到寓教于乐，发挥传统媒体与新媒体的合力作用，利用新媒体传播速度快、传播范围广的优势，为传统礼仪文化的传播提供更多可能性，使传统礼仪文化成为培育社会主义核心价值观的隐性桥梁。②建设“礼仪之行——犀利眼”。发掘生活中的非礼仪事件并加以评述，启发学生的批判思维，深化学生对礼仪知识的理解与应用。③举办“礼仪之行——知识大赛”活动，通过学生自由组队完成主题论文写作，并进行答辩汇报评选，使学生内化文明礼仪的相关知识，加强学生的养成教育，全方位提高学生的礼仪素养。

四、注重教学效果及普及影响

教学效果是课程建设与改革永恒的话题，本课程建设中始终把教学效果与实践践行作为初心，用心打造内容，着力扩大传播范围。2015 年至今，本课程被列为深圳大学 MBA、MPA 专业硕士研究生通识教育系列课，部分内容进行线上翻转教学。2016 年被全国地方高校优课联盟评为首批品牌课程，被深圳大学继续教育学院选为首批上线通识课程；同年开展“名师进中学”项目，至今已有超过 7 所中学 3000 多人次中学生受众。2017 年建立南航、深航实践基地，与乘务人员进行联合授课。2019 年开展 EPD 企业高管培训课程。2019 年度成功获评国家级混合式一流课程。

五、课程建设重点难点

线上课程碎片化分解。要将课程做知识点分解并在很短时间既言“物”又提升“理”，的确需要对课程内容非常了解。就如编曲一样，不失原味，却又令人耳目一新，既有愉悦生动的画面，又有带感的知识内涵，是有些困难的。中国礼仪课程教学起步较晚，并且以技能培训为主，知识体系不完善，教学方法限于训练，考核方式单一，课程教学缺乏时代性、创新性，又因课程非主流而被边缘化，直到近两年才被重视，却又出现跟风现象。本课程建设主要解决的难点问题有四个：

（1）构建科学的课程教学模块和新的教学模式；

（2）补充课程教学中的案例与素材，精炼解析；

（3）重构知识体系，创新考核模式；

（4）促进学生礼仪知识的应用内化。

六、体会

1. 内容为先，持续努力

课程建设项目最好在开设至少 3 年后申报，反复修炼。第一，教师对课程知识需内化于心，经历被动教学、顺利教学、成熟教学、追求质量、创新方法的过程，做到熟能生巧，温故知新。第二，由用心到热爱。热爱是最好的老师，要在热爱的驱动下不断分发内容优化内容，建立丰富的资源库。第三，从关注课本知识的传播到关注学生的理解，从知道走向知情，从形式接受到生成智慧。第四，从挥发性知识到有效沉淀性知识提升。

2. 与时俱进，不断优化

不论是内容还是表达形式，都要在实践中不断打磨，总结经验，去除疏漏。特别是实践环节，要积累样板作品，建立数据库，让学生作品成为鲜活的案例。榜样就在身边，礼仪就在生活场景中。要立意高，落地实；言之有物，行之有理。让看得见的进步、听得到的掌声，促发良性循环学习动力。

3. 团队智慧，勇于奉献

建立团队，优势互补，教学相长，亦师亦友。吸收学生参与策划，换一种视角，或可事半功倍。让学生动起来，相互学习，相互示范，挖掘身边的文明，促进随学随用、活学活用。建立课程文化，追求卓越学习动能，分享学习快乐与成长快乐。

七、建议与未来展望

课程建设是长期工作，很长一段时间是看不到显著效果的，也不会带给教师考评指标的显著增长，特别是青年教师，为此容易动摇或放弃。希望滚动建立专项培育基金，对课程的建设给予静默期关注与帮助。强调“站好课堂”的教师基本职责，形成重教的良好文化。

本课程建设以来，得到学校内外多方支持，但其课程平台建设与教学场地资源深受局限，师资团队规模与教学需求热度相比有很大差距。未来高等学校应更多吸纳青年教师，进一步创新教学模式，增加系统性、融入时代感。

礼仪是精神文明建设的必修课，未来“双区”建设必定包含“礼仪深圳”“礼仪中国”，希望我们的课程不断感召同学们，为美丽深大成为“礼仪深大”做出贡献。

参考文献

[1] 教育部关于一流本科课程建设的实施意见（教高〔2019〕8 号）[Z]. 2021-10-10.

新文科背景下高校学生创新能力培养研究

——以电子商务专业为例

钱小虎

（深圳大学管理科学系）

【摘要】 新文科建设赋予了电子商务专业创新型人才培养新的内涵。本文以新文科建设的重要性为出发点，在明确培养时代新人、构建中国学派、改造学科形态的新文科建设目标的基础上，详细阐述了新文科建设的主要内涵。从基础知识、专业提升、综合实训和研究创新的视角，提出新文科背景下电子商务专业创新型人才培养的思路；从培养目标、课程体系、产教融合、科教融合的视角，提出新文科背景下电子商务专业创新型人才培养的路径。

【关键词】 新文科；创新型人才培养；电子商务

一、新文科建设的重要性

近年来，随着人工智能、大数据、云计算、移动互联等新一代信息技术的深入发展，创新应用风起云涌，催生了新兴产业的快速发展。以电子商务为代表的互联网经济体的形成进一步加速了产业价值链体系的重构。根据《中国电子商务报告（2020）》，2020年中国电子商务交易额为37.21万亿元，占GDP的比重为36.62%[1]。当下国际形势波谲云诡，不确定性、不稳定性的因素日益增加，我国发展的不平衡、不充分问题日益凸显，都要求各大高校持续探索提升学生创新能力的教育方案，以培养更多适应我国经济高质量发展的高水平、自立自强的创新型人才。2021年3月2日，中华人民共和国教育部发布《教育部办公厅关于推荐新文科研究与改革实践项目的通知》（教高厅函〔2021〕10号），旨在深入学习贯彻习近平新时代中国特色社会主义思想，贯彻落实全国教育大会精神，落实新文科建设工作会议要求，全面推进新文科建设，进而构建世界水平、中国特色的文科人才培养体系[2]。

新文科是相对于传统文科而言的，以全球新科技革命、新经济发展为背景，以文科专有的学术知识为立足点，以中国特色社会主义价值、精神和文化为统领，以继承与创新、交叉与融合、协同与共享为主要途径，建设文科新思维、新范式、新格局，推动传统文科的更新升级，进而培养适应新科技革命所带来的新经济业态、新生活方式、新运营模式需要的具有强烈本土化意识和国际视野的新文科人才[3]。新文科不是对传统文科的全盘否定，而是在保留传统文科优势的基础上，突破学科局限和专业化局限的人才培养模式，发挥学科融合和技术融入的大文科教育优势，对文科教育进行融合与创新，进而提高高校服务经济社会发展能力，培养适应国家经济社会高质量发展和新一轮改革开放重点领域的人才[4]。

二、新文科建设的目标

（一）培养时代新人

移动互联网的出现与发展极大改变了人类的生产、生活方式，人类未曾涉足的深层次社会治理、文化治理等问题不断涌现，传统的单一学科知识无法很好地解决这些问题。因此，新文科要求中国高校以文科为基础，将人文精神和家国情怀融合在中国特色社会主义的学科体系中，不仅要在八大学科门类（经、管、法、文、史、哲、教育、艺术）内部进行交叉融合，还要在更大范围内进行学科专业交叉融合（例如文科+理科、文科+工科、文科+农科、文科+医科等），进而培养堪当民族复兴大任的德智体美劳全面发展的时代新人。

（二）构建中国学派

改革开放以来，中国经济、社会快速发展，取得了举世瞩目的成绩。虽然文科专业中部分学科的主要概念和理论体系均源自西方，例如管理学、社会学、经济学等，但是以西方为主导的学科理论并不能很好地解决中国的经济与社会问题。目前，针对中国改革开放和现代化建设的经验与规律性的研究尚未形成完整的具有中国特色的学科系统，缺少推广中国改革开放和现代化建设的伟大实践成功经验的社会科学理论体系。新文科建设需要融合中国经济与社会发展的现实需求，构建展现中国实践、凝练中国经验、体现中国智慧、发出中国声音的文科学派。

（三）改造学科形态

科学技术是第一生产力。当今世界正面临着百年未有之大变局，科学技术的快速发展带来了产业变更和社会变革，科学技术的创新成果也改变了教育的方式与内容。科学技术变革和教育方式改变从来都是相互促进、相互影响、协同发展的，二者相互协作，共同推动经济与社会进步。一方面，科学技术在经济社会中的应用对专业学科理论的研究提出了新的挑战，呼唤着新的专业学科理论的解释和论证。另一方面，专业学科研究的一些新观念以及源于这些新观念的理论体系也推动着科学技术的不断发展和重大突破。为应对新一轮科技革命和产业变革，新文科建设要积极推动人工智能、大数据等现代信息技术与原有文科专业深度融合，形成交叉、融合、守正、创新的文科形态。

三、新文科建设的内涵

（一）实现学科专业创新的新路径

随着科学技术的发展，新文科需要坚持以习近平新时代中国特色社会主义思想为指导，探讨新时代文科人才必须具备的知识能力素质，明确各专业类人才的核心能力架构，借助新科技重塑思维体系，从而更广阔、更深入地回答人文社科内部逻辑关系，以及文科建设与国家经济和社会发展的关联关系，从源头上对学科专业进行创新，进而推动学科发展。具体而言，政府部门要充分发挥制度优势、响应社会需求，因地制宜地出台新文科建设政策，引导不同高校进行有特色的学科专业创新。与此同时，学科专业创新又是一个较为漫长的过程，政府部门需要对学科建设进行持续投入，确保新文科建设有效落地。

（二）改革文科人才培养的新模式

当前大数据、云计算、人工智能、5G 等新技术的发展使得虚拟仿真、在线课堂、混合式教学成为可能，深度产教融合、搭建智慧实践教学基地也变得触手可及。高校作为新文科建设的实践者，要把握国家经济建设和改革开放的重点领域，结合自身学科建设、师资力量、基础设施等条件，守正创新，探索更加有效的教学模式和人才培养模式，提升文科人才的职业适应性和胜任力。新文科建设背景下，高校要更好地拥抱科学技术，从教学理念、教学内容、教学方法、学生评价等方面对文科人才培养模式进行改革，把高等教育国际化的理念融入人才培养。

（三）实现多学科交叉融合的新突破

世界上的万事万物都是紧密相连的，了解分析任何事物、解决任何问题都不可能依赖单一的学科知识。新文科人才培养的跨界融合框架如图 1 所示。

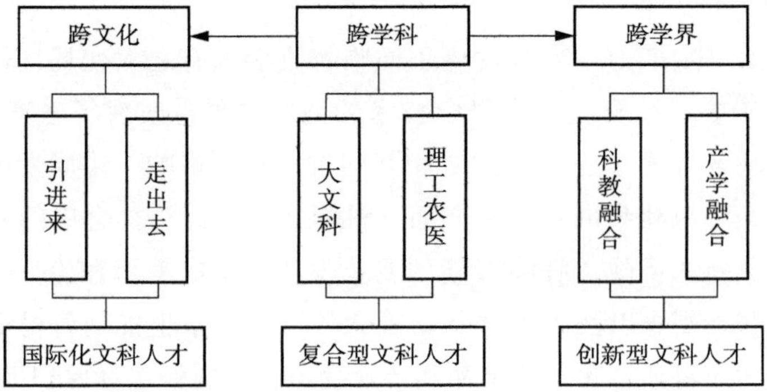

图 1　新文科人才培养的跨界融合框架

新文科建设就是要在传统文科的基础上进一步深化文科人才培养的国际化特征，促进文科与理、工、农、医等学科的深度交叉融合，将教学活动和人才培养拓展到科研和产业领域，进而实现对文科人才培养的理念、目标、课程体系等的重新认识或结构重塑，推动专业知识体系和能力要求的更新。新文科背景下，各地区、各领域的专家学者们应该凭借各类学术交流平台，相互交流、相互合作，面向国家重大战略需要和经济社会发展新形势新要求，对现有学科资源进行整合，推动形成一批高质量的新专业，主动服务国家软实力提升和文化繁荣发展新需求。

四、新文科背景下电子商务专业创新型人才培养思路

新文科背景下电子商务专业创新型人才培养思路如图 2 所示，其分为 4 个阶段，分别对应大一至大四 4 个学年。

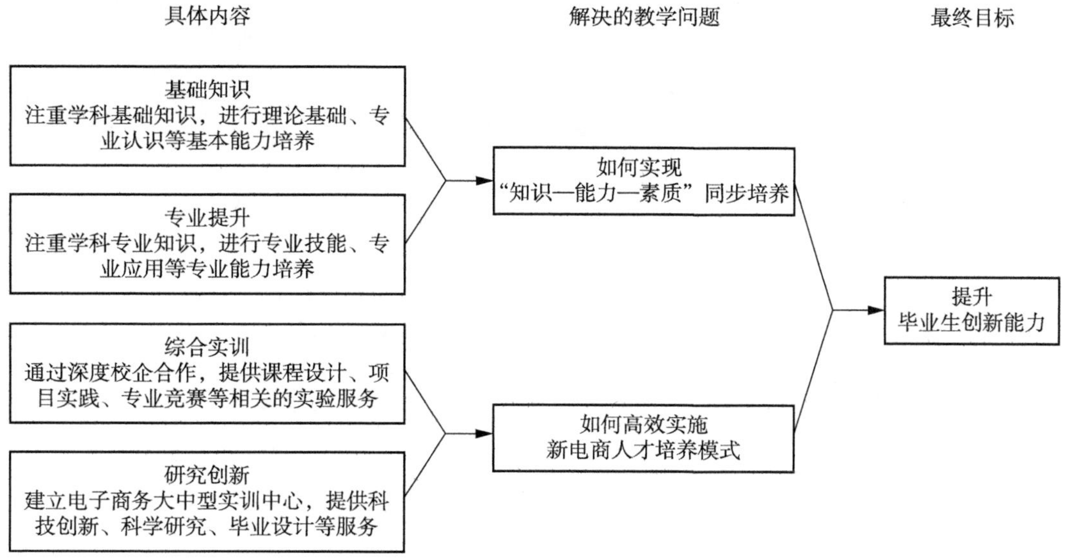

图 2 新文科背景下电子商务专业创新型人才培养思路

第一阶段，基础知识学习阶段，主要学习教学大纲规定的基础知识必修课，以课程内教学为主。该类课程不仅面向管理类专业大一年级本科生开设，而且面向经济类、计算机类相关专业低年级本科生开设。

第二阶段，专业知识学习阶段，主要学习教学大纲规定的专业必修课和专业选修课，以企业案例为主线贯穿整个课程。该类课程主要面向管理类专业大二年级本科生开设，同时面向金融、财政、应用统计专业高年级本科生开设。

第三阶段，综合实训阶段，主要学习企业智慧化建设过程中的管理方法和工具，以校企深度合作方式进行。该类课程主要面向电子商务专业大三年级本科生开设，同时面向通过选拔进入特色班的其他专业高年级本科生开设。

第四阶段，研究创新阶段，主要通过企业实习了解企业的管理问题，在专业导师的指导下进行创新性的研究，提出能够满足企业实际运营需要的解决方案。此外，还通过开设创新短课、聚徒兴趣小组等提高学生发现问题、分析问题、解决问题的能力，

培养学生的创新能力。该类课程主要面向电子商务专业大四年级本科生开设，同时面向管理类专业高年级本科生开放。

五、新文科背景下电子商务专业创新型人才培养路径

新文科背景下电子商务专业创新型人才培养课程体系如图3所示。

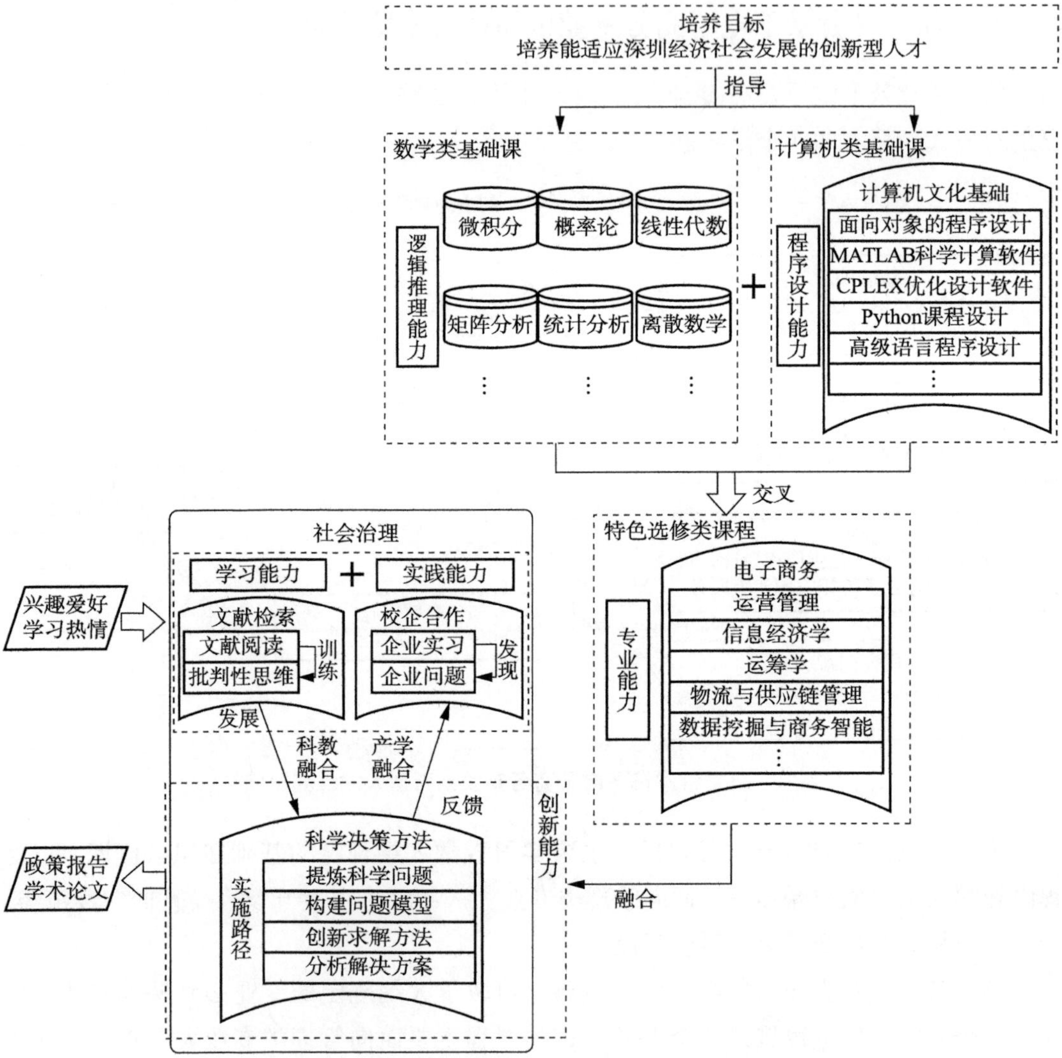

图3 新文科背景下电子商务专业创新型人才培养课程体系

（一）明确电子商务专业人才培养目标

电子商务人才培养要注重人文、社会与科学培养的复合性，教育内容应包括通识性和专业性，进而构建具有综合知识体系和能力结构的创新型人才培养模式。新文科背景下，电子商务人才培养要把马克思主义融入整个培养过程中，从我国电子商务活动的具体实践入手，发现并解决中国的电子商务问题，逐步形成中国特色的电子商务

理论。具体而言，本专业应立足深圳经济特区，站位社会主义先行示范区的发展建设，围绕“一带一路”倡议、粤港澳大湾区的国家发展战略，以“立足深圳、放眼全球、专业创新”为指导思想，培养具备现代管理和信息经济理念，掌握信息技术、数据分析和电子服务综合技能，具有扎实的专业基础和良好的知识结构，具备一定的互联网创新创业素质，具有全球视野及创新精神，能够适应深圳经济社会发展需求的复合型、创新型专业人才。

（二）优化电子商务专业人才培养课程体系

新文科背景下，电子商务人才培养要着重进行综合素质、知识能力和创新能力等方面的整体优化，破除电子商务专业与其他学科交叉融合的壁垒，打通知识体系和资源共享渠道，进而实现电子商务专业的人才培养目标。

电子商务教育要明确人才培养的能力架构。首先，电子商务专业应在大一、大二阶段统一开设数学类和计算机类专业基础课程，加强学生的基础知识、基础理论和基础技能的培养，同时通过通识课程加强学生的人文素养和科学素养的培养，进而为后续的专业学习和终身学习奠定坚实的基础。其次，在大三、大四阶段，电子商务专业要开设专业核心课程，促使学生掌握电子商务专业知识和专业技能，如商务运营、物流与供应链管理、网站建设与管理等，着重培养学生的创新能力和应用能力。最后，电子商务专业还需将大数据、人工智能、云计算等最新技术融入教学中去，开设能够体现地方特色的专业选修课程，激发学生的学习热情，从而培育有特色、有特长的创新型人才。

（三）深化产教融合与科教融合，提升创新能力

在新文科背景下，立足产教融合，增加电子商务相关企业实习基地数量，引导相关行业的专业人士担任电子商务专业本科生的校外导师，加强校内导师和校外导师之间的联系，增加学生和导师之间的互动交流。在此基础上，加强高校与政府、企业、行业之间的联系，共同构建战略共同体、行动共同体、利益共同体和情感共同体，实现高校与政府、企业、行业之间的资源融合、制度融合、利益融合和文化融合，进而培养学生的创新创业能力。

通过“请进来、走出去”两条路让学生感受、了解、掌握电子商务理论及实践的前沿。通过“研讨班”教学模式、知识拼图和角色扮演等游戏化教学模式、世界咖啡屋研讨教学模式，极大提升课程的趣味性，提升学生的学习兴趣和主动性，锻炼学生的专业思维能力。通过开设科研短课和聚徒课程，以校内导师的科研项目为载体，把科研项目中蕴含的科学问题、研究内容，涉及的基本理论、先进技术和研究方法与手段融入教学活动，使电子商务专业的本科生获得初级的科研能力，实现科教融合；通过开展科研创新活动，以拟定的学术主题为切入点，对科学前沿和热点问题进行专题研讨，激发学生的科研兴趣和学术热情，锻炼学生分析问题、解决问题的能力，进而

培养电子商务专业学生的科研能力和创新能力。

参考文献

[1] 中国电子商务报告（2020）[EB/OL]. 中华人民共和国国家发展和改革委员会，https://www.ndrc.gov.cn/fggz/qykf/xxjc/202107/t20210701_1285221.html? code=&state=123.

[2] 教育部办公厅关于推荐新文科研究与改革实践项目的通知（2021）[EB/OL]. 中华人民共和国教育部，http://www.moe.gov.cn/srcsite/A08/moe_741/202103/t20210317_520232.html.

[3] 王俊，廖成娟. 新文科背景下国际经贸人才培养跨界融合机制及实现路径 [J]. 科教文汇，2021（22）：124-128.

[4] 郭敬原. 新文科背景下地方高等院校新闻传播人才培养的目标定位和实施路径 [J]. 传播与版权，2021（8）：7-9.

第四编

课程引导有方

创业文化视域下深圳大学创业课程体系建设研究*

刘　敏[1]　耿　爽[2]　张　浩[1]

（1. 深圳大学大湾区国际创新学院；2. 深圳大学管理学院管理科学系）

【摘要】 当前，创新创业教育在高等教育领域已经逐步进入新的发展阶段，为满足粤港澳大湾区和社会主义先行示范区——深圳在发展中对高层次创新创业人才的需求，深圳大学不断探索创新创业人才培养的新路径。本文主要从课程模式、创新价值链和教学方式三个维度探讨深圳大学创业课程体系建设路径，更好地服务于创新创业型人才的培养。

【关键词】 深圳大学；创新创业；课程体系

一、构建深圳大学创业课程体系的必要性

“大众创业、万众创新”，是推动我国经济社会发展的新动力。教育部于2012年8月出台《普通本科学校创业教育教学基本要求》，拟将“创业基础”设置为高校创业教育的核心课。[1]《关于大力推进大众创业万众创新若干政策措施的意见》（国发〔2015〕32号文件）着重指出：“加快完善创业课程设置，加强创业创新知识普及教育，使大众创业、万众创新深入人心。深化创新创业教育改革。把深化高校创新创业教育改革作为推进高等教育综合改革的突破口。”[2]这一政策有利于高校创新创业教育改革，使创业基础教育成为各高校开展双创教育的着力点。

然而，高校创新创业教育在主观认知上存在定位不清晰的问题，高校需要重新审视双创教育的工作思路。我国高校创新创业教育虽然获得了显著成绩，但在推进双创教育过程中也存在一些问题：学校顶层设计缺乏创新创业教育与学生创业实践的结合点，创新创业教育课程还没有完全成为课程体系的有机组成部分。另外，高校创新创业教育目标存在功利化的倾向，把关注点放在创业大赛、创业技能等技术层面的教育，而缺少对创业精神、创业品质、社会创业等精神层面的教育。

创业文化包含与创业相关的价值观、制度建设和组织气氛等多方面。良好的创业

---

* 本研究得到深圳大学教学改革研究项目（JG2020118，JG2020119）、深圳市高等院校稳定支持计划项目（20200826144104001）资助。

文化可以从各方面激发师生的创业热情，鼓励和支持师生的创业行为，并提供相应的保障。从目前高校的创业文化建设工作来看，整体呈现出自我封闭的倾向。因此，创业教育需要从顶层设计做起，对文化环境、课程设置、实践培养进行合理布局，实现整体优化和统筹推进，以适应社会产业的发展需求，提高学生职业发展所需的创新创业能力。

二、深圳大学创业课程发展现状

2015 年，深圳大学在《国务院办公厅关于深化高等学校创新创业教育改革的实施意见》和《广东省教育厅关于深化高校创新创业教育改革的若干意见》精神的指引下，出台了《深圳大学关于进一步加强创新创业教育的若干意见》，并提出覆盖全体学生和全校所有人员并包含人才培养全过程的创新创业教育理念，[3] 在课程建设、特色实验班建设、创新活动、创客扶持、载体建设、资源整合、文化建设、激励机制和师资队伍与学生发展模块，强化对学生创新创业能力的培养，要求学生修读不低于 18 个“双创”学分，鼓励学生自主参加各类课外科技创新及创业实践活动并获得奖励学分，促进学生全面发展。在学校制定的“十四五”规划中，重要的措施就是健全人才培养体系，不断发展创新创业教育，为粤港澳大湾区和社会主义先行示范区——深圳的发展提供更多的高层次创新创业人才。[4]

深圳大学目前实行全覆盖创业课程培养体系——探索不同学历阶段全过程创新创业人才培养，倡导学生对实践过程进行反思、总结和提升。本科生以创业实践为核心，开设创业通识、创业专长、创业实战三大系列课程体系。“跨界联合培养硕士研究生项目”以重大学科交叉科研项目为载体，面向“一带一路”沿线国家，培养国际化人才，累计培养研究生 10 名。建立博士研究生深港澳台联合培养模式，累计培养博士生 20 名。“创新应用博士后”开创了亚太地区首个结合科研与创业的博士后创新人才培养项目，累计培养博士后 13 名。

课程培养体系包括 9 门学分课程、7 门在线课程、14 门证书课程、32 门实战课程及 1000 余门创新研究课程。创业服务体系涵盖 6 个教育项目、3 个研究中心、4 个实践平台和 6 个功能模块。目前孵化学生创业项目 2679 项、销售额 1 亿元以上的企业 5 家、超过 1000 万元规模的企业近 30 家。

深圳大学也形成了自己的创业课程生态系统，该创业课程生态系统具有开放性特征，既覆盖校内，也覆盖校外。“校内课程生态系统”打造了“课内+课外”“校内+校外”“线上+线下”“理论+实践”“精英+大众”模式的创业课程平台。“校外课程生态系统”协同高校、政府、企业、行业、协会及研究机构等主体，共同推动创业课程的发展。如图 1 所示。

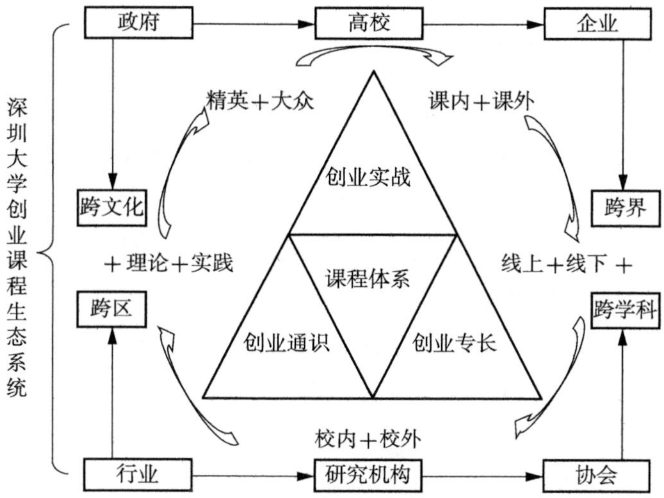

图1 深圳大学创业课程生态系统

三、深圳大学创业课程体系建设路径

（一）实施差异化的课程模式

按照培养目标的不同，深圳大学创业教育课程建设可以分为培养创业实践者、培养创业精神、培养创业研究者三种类型（见表1），以针对不同成长阶段的学生给予引导与经验指导。创业精神相关课程，将社会科学相关内容与创业文化教育融合，通过总结优秀创业案例、提炼核心创业要素、贯彻立德树人的理念，在学生中植入创业基因。创业实践类课程由专业教师与创业导师共同开设，将企业技术、经验、发展问题直观地呈现到学生面前，使用行动学习方法促使学生参与创业实践活动，激发学生思考。区别于其他高校，深圳大学亦致力于培养创业研究者，围绕创业理论、方法、能力、知识开展研究工作，可为学生颁发创业相关学位。

表1 创业课程体系建设维度与类型

类型＼维度	课程目标	课程内容	课程实施	课程评价
培养创业精神的课程	培养学生积极的创业态度	广义的创业概念；聚焦于创业精神维度；创业意向和态度	观察学习理论、人本主义理论；理论教学、案例教学、体验教学	课程广泛开展；学生参与率不断增长；创业型大学、创业生态建立
培养创业实践者的课程	培养学生创业实践智慧	狭义的创业概念；聚焦于创业能力；创业实践知识	行动学习、建构主义；经验教学、基于权变理论的教学模式	创业与专业的融合度不断提升；学生参与率增长；促进自主创业，拉动经济增长
培养创业研究者的课程	培养学生创业研究和教学能力	创业的学术界定；聚焦于创业理论维度；创业理论知识、研究方法、教学能力	自我指导的主动学习；理论学习、研讨会；实践教学练习	学生可获得的创业学学位项目增多；获得越来越多的社会支持

（二）建立创造力价值链

教师和学生将创意和研究成果作为原型来开发产品，采取竞赛的方法遴选优秀产品设计，这些优秀成果可以得到业内专业人士的指点，进入创业孵化阶段，指导团队也同时成立。该模式共分成三个阶段（见图2）：

阶段一：通过课程及创业训练项目，搜寻校园创意与研发成果，为学生提供创新创业管理课程，进行产品设计与规划，以完成创造力价值链的前端价值（从创意到创造，Idea to Product，I2P）为主要目的，帮助学生提出或制作产品的模型（prototype）。此阶段实质上是把想法落实到做法的过程，有利于对学生创新思维的培养与学生动手能力的提升。

阶段二：学生的产品设计经过期末的仿真竞赛，得到第一次的修正；将成绩好的作品提供给另一门课（创新竞赛）进行商品开发与商业模式的建立，并加入创新价值，至此完成创造力价值链的后端价值（从创业到创新，Entrepreneurship to Innovation，E2I）。学生需完成一份创业计划书（BP），以此参加校内外的创新创业竞赛，在过程中经创业导师的指正，获得第二次修订机会，把做法具体化。

阶段三：胜出的队伍能得到业内专业人士的指点，同时获得深圳大学提供的创业支持，对接更多创业资源，进入创业孵化阶段，有一年的时间，如果成功，就可以注册为正式商业组织，进行营业。[5]

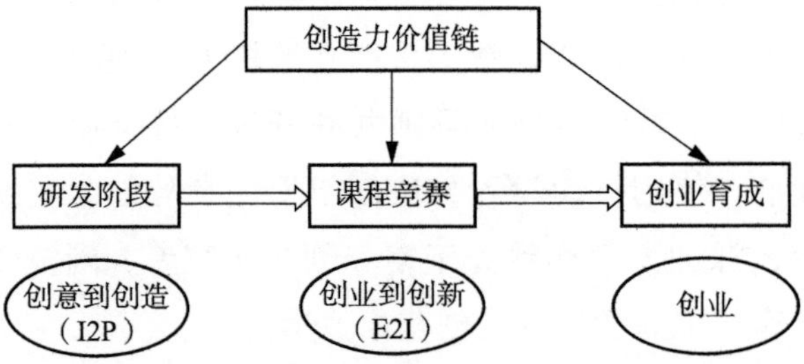

图2　创造力价值链

（三）采取灵活多样的教学方法

在创业教育课堂中，讲授法占据了绝大多数时间。讲授法的重要性毋庸置疑，可以增加学生对创业理论与创业知识的系统化学习，但是也要积极尝试改变，可以大力推进项目教学等实践型教学（见图3）。例如，项目教学可以指引不同学科的学生根据各自学科背景组建创业团队，自行设计创业项目，有效利用校内外资源进行实践。角色扮演法是指为了更真实展示公司运营，可以在课堂中采用角色扮演的方式，由学生担任公司不同职位，让学生获得更直观的体验和认识；实践教学依托校内大学生创业园、创业工作室及校外实践基地，根据学生的专业设置不同的主题，学生可以选择性地进行实习并提交实习报告，企业导师可以为学生提供实用性建议。为了更好地实现创业与专业的结合，还可以运用基于问题的教学、从做中学、行动学习等方式，引领学生关注产业瓶颈问题，将课堂内容与实际问题联系起来，组成团队探讨解决方案，以开放的姿态吸纳企业或创业者参与。这些教学方法的引入，可以使实务实践课程在总课程中的占比达到一半以上，也能增强学习过程的趣味性，吸引更多学生参与。

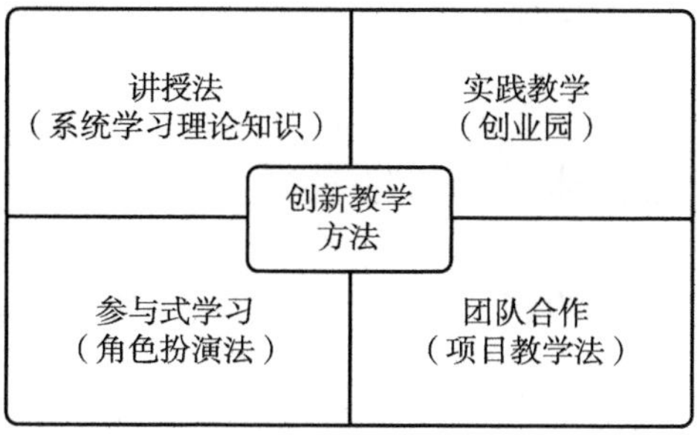

图 3　创新教学方法

（四）建立专创融合的课程体系

教育部公布的《2020 年度普通高等学校本科专业备案和审批结果的通知》显示，创业管理专业已被列入普通高等学校本科专业目录，这充分证明专业教育融入创业教育、专创融合建设是高校创业教育改革的重要方向。

建设专创融合的课程体系可以从三个方面入手：首先，专业课程和创业基础课程相融合。理、工、文、经、管、法、教、农不同学科门类各有特点，要与创业课程相结合，关键要找到各学科与创业有关的契合点。如理工科可以设置科技创业类课程，文科可以设置文化创业类课程。学生既可以在专业课程学习过程中掌握创业知识和技能，又可以将本专业所学知识更好地运用到创业实践中，有利于帮助学生进行职业发展规划，尤其可以帮助毕业后具有创业打算的学生早日确立创业方向。其次，将通识类课程与创业课程相结合。可以设置创业精神培养、创新方法研究、创业项目管理等课程。这类课程作为专业课程的延伸和补充，能更好地将专业教育和创业素养教育相结合，促进学生专业素质和创业素质的综合提升。最后，推动并参与建设国家级、省级精品专创融合课程建设。

（五）丰富创业课程的网络资源

线上线下混合教学一直是高校创业教育的重要课程模式，相比传统的线下教育模式，在线教育有着课程组织结构灵活、课程模式稳定、课程受众广、知识内容更新便捷等优点。在新冠肺炎疫情期间，传统的线下教学模式受限于社会防疫需要，许多课程转型线上，由此带来了在线教育的井喷式增长，在线教育也显示出了许多方面的缺点和不足。疫情过后，国家政策和社会需要都对在线课程规范、学习内容、学习效率提出了更高的要求。目前各大高校主要采用 MOOC、腾讯课堂、雨课堂等公共课程平台进行在线教学，以创业基础课程为主，主体主要是教师和学生。实际上，网络包含了多个主体，包括学校、学生、教师、政府、企业等，通过网络平台可以实现资源互换，对于创业者来说，创办创业项目、开展创业活动、接受创业教育、获取创业资源、进行创业合作，这些活动都可以得到这一平台的大力支持。高校可以自主建立创业教育网络平台，涵盖丰富的课程资源以及大量的国际知名高校的创新创业课程，使学生能够通过该平台方便地获取各类创业视频课程，也能够查找创业政策、法规，甚至可以在该平台获取创业资金。

四、深圳大学创业课程体系建设的意义

（一）有利于提高课程间的相关性、互补性和层次性

实施差异化的课程模式，以不同的人才培养目标为导向设定课程目标，确定课程类型。学生可以依照自己的兴趣选择课程类型。高校可以通过不同类型的课程培养不同层次的人才。同一类型课程间的相关性增强，不同类型课程间的互补性和层次性增强。由此，创业课程体系更为清晰、完整。

（二）有利于提高高校创业活动的连续性

创业竞赛不应仅仅停留在竞赛上，应加强竞赛之前的系统谋划和竞赛之后的持续关注。[6]创造力价值链将创意发掘、创业竞赛、成果转化有机联合为一个链条，实现由创意到产品、由创业到创新的全过程转化。在教育平台设计中，建立创业导师与项目的长期联系，提高创业项目的资源对接效率与成功率，由校友带动校友，由校内走向校外。

（三）有利于增强创业课程与创业实践活动的联系

创业课程与其他纯知识型课程有本质上的区别，创业课程本身就是一种实践，采取灵活多样的教学方法，例如创业模拟系统、沙盘等，有利于创业知识、创业理论与创业技能的相互结合，实现课内课外协同发展。

五、总结

本文从课程模式、创新价值链和教学方式三个维度探讨深圳大学创业课程体系建设路径，指出了设计具有针对性、差异性、专创融合的课程模式与建立学生创造力价值链的重要性，讨论了互联网+创业教育对于传统创业教育的补充作用，为深圳大学深化创新创业教育改革提供了课程体系建设方面的宝贵建议。

参考文献

[1] 教育部．教育部关于加快建设高水平本科教育全面提高人才培养能力的意见[Z]．2018.

[2] 国务院办公厅．关于大力推进大众创业万众创新若干政策措施的意见 [Z]．2015.

[3] 深圳大学：从跑出“深圳速度”到求索内涵式发展 [EB/OL]．http：//www.chinado.cn/?p=6814-2015.

[4] 深圳大学：为双区建设培养高质量的创新创业人才 [EB/OL]．https：//export.shobserver.com/baijiahao/html/355089.html.

[5] 逢甲大学创业教育推动模式——逢甲大学创业教育发展中心 [EB/OL]．http：//www.ceed.fcu.edu.tw.

[6] 孙石群．双创时代大学生创新创业教育的融合发展研究 [M]．北京：中国水利水电出版社，2019.

模块化教学模式下“管理信息系统开发方法”课程教学探索*

于素敏　张晓婷　张雪扬
（深圳大学管理学院管理科学系）

【摘要】模块化教学是对传统教育观念、教学方法、教学内容、教学手段的全面改革与创新，以课程模块为单位，集中开展相关的理论知识、实践经验以及操作技能的一体化教学，强调以学生为中心，对学生进行分组，培养学生实践能力和团队协作能力，构建不同的教学任务模块，有效提高学生的动手能力和实践能力。本文将对模块化教学模式下的“管理信息系统开发方法”课程教学进行探索，以期为“管理信息系统开发方法”类注重实践能力的课程提供值得借鉴的教学模式。

【关键词】模块化教学模式；管理信息系统开发方法；课程教学探索；教学改革

一、模块化教学模式的内涵及研究现状

模块化教学法分为模块式技能培训（Modules of Employable Skills，MES）和能力本位式教育（Competency Based Education，CBE）两个流派。模块式技能培训是20世纪70年代由国际劳工组织提出的以现场教学为主，以技能培训为核心的一种教学方法。能力本位式教育则是由美国、加拿大等国提出的教学方法，它基于执行能力划分模块，注重培养认知能力和活动能力。

模块化教学法具有以下特点：一是综合性。模块化教学法突破了传统以课程教学为单位的教学方法，要求站在全局教学框架上重新定义教学模块，弱化了课程之间的壁垒，每个教学模块包含若干课程。通过这样的操作，教学模块内的课程之间存在联系，有利于帮助学生建立完整的、跨课程的知识框架。二是教学以学生为中心。模块化教学摒弃了传统以教师为主，按照既定的教学大纲，单向授课式的教学模型。教学计划会根据学生的学习情况和接受水平不断调整，依据学生的需求调整教学方式和教学内容。三是注重互动性。模块化教学鼓励学生自主学习，通过将学生划分为若干学

* 基金项目：广东省本科高校电子商务类专业教学指导委员会研究课题“基于伴随式数据收集的线上教学模式分析研究”；深圳大学教学改革研究项目“基于模块化教学法的教学改革与实践——以《管理信息系统开发方法》为例”（JG2020086）。

习小组，鼓励学生自由探索、进行小组讨论，由教师答疑。这样，学生与学生之间、教师与学生之间就建立起良好的互动。四是注重理论联系实际、理论指导实践。模块化教学法注重培养学生的实践创新能力，通过校企合作、企业实习、计算机模拟等实践活动，提高学生的动手能力和社交能力。

国内关于模块化教学法的研究较多，大多集中在职业教育、应用型教育领域，涉及电子商务、市场营销、生物学、医学等。肖卓阳等[1]认为目前市场营销专业高职学生的职业素养、专业能力、实践能力等方面较弱，高职院校应进行模块化教学，通过构建专业课程框架和以学生为中心的理念来培养复合型人才。虞佳等[2]针对目前电商专业教学模式面临的痛点，提出项目驱动的电商模块化教学模式，注重培养学生的专业技能和实践能力。李燕[3]基于产教融合研究应用型本科模块化教学的改革思路，提出明确改革目标、构建课程体系、设计教学活动、建设教育资源、建立评价体系等改革路径。上述学者的研究主要针对高职教育，实际上本科教育、研究生教育也可以进行模块化教学。段瑞君等[4]提出关于分子生物学模块化教学的改革意见：首先，可以将课程内容分为遗传信息的传递、分子生物学实验技术、基因的表达与调控、分子生物学的应用与进展四个模块。其次，可以将实验分为基础性、综合性、设计性、创新性四个模块。王桂琴等[5]将研究生阶段的免疫学教学分为专业基础知识、前沿学术知识、实验三个模块，以此进行模块化教学改革，还利用问卷调查法了解改革效果。邬静等[6]提出将兽医硕士课程分为兽药创制与临床应用、畜禽疫病防治、动物临床疾病诊疗与兽医生物技术与应用四个模块，通过跟踪改革前后学生的就业率，发现模块化教学能提升学生的就业率。

管理学是一门交叉学科，以管理信息系统开发方法为例，电子商务类专业的课程往往涉及管理学、经济学和计算机科学等学科。一方面，管理经济类课程，诸如微观经济学、宏观经济学，大多是对理论层面知识的讲解，许多学生会认为课程内容空泛抽象，理论联系实际能力有限，学习积极性较弱；另一方面，计算机科学类课程既要求有较强的理论基础和算法理解能力，同时更注重程序代码编写，部分学生可能会学得很吃力，部分学生则无法较好地运用所学的知识。目前每门课程的教学往往是独立进行的，部分教学内容有所重复，课程之间大多缺乏衔接性，大多数学生学习课程时无法建立自己的知识框架。以“管理信息系统开发方法”课程为例，要求学生掌握管理信息系统开发的主要方法、模型和操作规范，而这需要学生事先理解和掌握管理信息系统的内在管理学逻辑、内在业务流程逻辑。模块化教学法强调培养学生的认知能力和实践能力，能较好地提升学生的学习体验。

二、模块化教学法应用于“管理信息系统开发方法”课程的优势分析

“管理信息系统开发方法”是信息管理与信息系统专业的核心专业课程。该课程从管理信息系统的学科发展特点及系统开发的基本原理出发，以管理信息系统理论体系为基点，以管理信息系统的生命周期为主线，对比分析不同的开发方法，并结合具体

实例系统地阐述如何应用这些原理与方法完成管理信息系统的规划、分析、设计、实施和维护工作，力求理论与实践相结合，注重培养学生系统化的多向思维方式和在理论指导下解决实际问题的能力。通过将模块化教学法引入该课程教学中，能够有效地契合课程教学要求，提高课堂教学效果。

（一）以学生为中心，鼓励学生自主学习

从课程内容与目标来看，“管理信息系统开发方法”课程实践性较强。传统以教师为主体的授课方式，授课主动权掌握在教师手中，师生缺少合适的互动平台，知识传递呈现出单向性，采用这种教学模式很明显无法达到预期目标。而模块化教学模式则正好满足课程要求。在模块化教学过程中，教师根据所设立的教学目标将教学内容划分成多个任务模块，并布置给学生完成。学生的学习方式一般采用小组或团队合作模式。学生拿到任务模块后，需要对所列问题进行分析和研究，寻找解决办法，制定解决方案，并最终动手完成。在这一过程中，学生的学习自主性被充分调动起来。同时，小组可以被看作一个基于规则的微型社会，它拥有一套自己的运行规则，小组成员（即学生）一般都有明确的分工和责任，他们为了一个共同的目标进行团队协作，而这个目标可以分解为小组内每个学生所承担的子目标。这种方式改变了传统实践课程中学生被动学习、按流程机械实验的状态。

（二）注重培养学生的实践能力

“管理信息系统开发方法”是一门实践性要求较高的课程，在课程设计上本身就要求理论与动手实践相结合。模块化教学是以现场教学为主、以技能培训为核心的一种教学模式，通过精心选择教学任务，采取校企合作、实验实操、项目实战等方式，帮助学生学以致用，在应用中加深对知识的理解，从而更好地指导实践，形成知识—实践—知识的良性循环。

三、基于模块化教学法的“管理信息系统开发方法”课程建设思路及实践

（一）教学思路

教学目标在于探索出“管理信息系统开发方法”模块化教学创新模式，实现互联网教育平台与课堂的合理融合。着重培养学生实际动手和实践创新能力，提高学生课堂学习热情与参与感，提高其专业技能，培养学生的团队协作精神。以“管理信息系统开发方法”教学过程为教学载体，按照教学内容构建教学模块，利用“互联网+”背景下产生的各类教育平台跟进学生的学习情况，及时了解学生对课程章节的掌握程度以及实践水平，以此提高学生学习效果，进而改革传统教学过程。

（二）教学安排

“管理信息系统开发方法”课程按照大纲要求及教材内容进行课时分配。第一章“信息系统导论”占3课时，第二章“信息系统开发过程管理”占1课时，第三章“信

息系统总体规划”占6课时，第四章“业务流程及功能需求分析”占7课时，第五章“系统分析建模”占7课时，第六章“信息系统设计”占6课时，第七章“系统测试与运行维护”占2课时。表1为详细教学内容及学时分配。

表1　详细教学内容及学时分配

模块	章节	详细教学内容	课时
基础概念	1	信息系统导论：介绍信息系统开发的基本概念、基本思想和基本原则	3
	2	信息系统开发过程管理：主要介绍信息系统开发过程中的标准规范，包括过程文档、开发文档和程序编制的标准规范	1
系统规划	3	信息系统总体规划：对总体业务规划、总体数据规划和信息技术规划进行详细讲解	6
系统分析	4	业务流程及功能需求分析：本章主要内容包括需求调查概述、业务流程调查、功能需求分析与描述规范，情景描述版	7
	5	系统分析建模：本章是“管理信息系统开发方法”课程的核心章节，主要包括系统建模、功能描述、数据建模等	7
系统设计	6	信息系统设计：理解社交商务的范围、驱动力以及社交商务的优势与局限性，理解社交购物详细讲解信息系统设计中的系统架构、系统界面、系统功能、数据库物理设计、程序设计和系统实现	6
实施与维护	7	系统测试与运行维护：介绍系统测试与运行维护的基本概念和方法	2

（三）教学过程设计

收集国内外管理信息系统开发案例，研究各模块分工及进度安排。根据“管理信息系统开发方法”课程教学大纲和教学计划要求讲授的重点内容和基本概念，将教学内容划分为不同的模块。根据学生本身的特点以及教学内容，合理划分模块，厘清模块之间的关系是教学改革过程中必须解决的一个关键问题。绝大多数学生在接触本课程之前，未对管理信息系统开发方法的概念和课程有较深的了解，甚至还未接触相关知识。为使学生对该课程有一个整体认识，按照信息系统开发的逻辑顺序依次设置基础概念模块、系统规划模块、系统分析模块、系统设计模块和实施与维护模块这5个模块。模块的设置基于管理信息系统的实施流程展开。

根据班级人数情况建立合适数目的学习小组，根据课堂教学进程，以小组为单位完成上述模块的任务。鼓励小组内合理分工、讨论和深挖任务问题，教师主要负责答疑和引导。

利用互联网教育平台，及时了解学生各个模块的学习状况。设计问卷调查表，跟进学生对模块化教学效果的评价，提出“管理信息系统开发方法”教学质量改进的对策及建议。

四、“管理信息系统开发方法”课程建设思考

（一）与时俱进，培养适应新时代的管理实践型人才

随着我国经济转型的深入，原来粗放型经营管理模式无法满足快节奏、高效率、

高质量的市场需求，企业越来越重视和需要实践能力较强的人才。如何培养应用型的管理实践型人才，使其具有切合实际的管理信息系统开发方法知识体系，真正做到人才适应社会，保证课程内容与时俱进以及课程体系的系统性及知识的应用性，是课程教学改革面临的问题。

（二）激发学生的学习兴趣，帮助学生理解巩固基本理论知识

借助互联网教育平台，通过学生的提问思考、完成模块任务、讨论争辩及撰写系统开发报告等方式让学生反复“思考—学习—提高”的良性循环，使学生不断理解消化和吸收管理信息系统开发的抽象的基本理论知识，更能厘清基本概念及基本理论知识点，达到较好的学习效果。

（三）充分发挥学生学习的主人翁意识，提升团队协作能力

学生应为课堂教学的核心，课堂教学的推进是以学生的自主学习、讨论为准绳的，教师主要发挥引导和答疑解惑的作用。将学生划分为若干个学习小组，组内实现明确的分工和职责。针对教师所布置的教学任务，组内学生分工合作、共同完成。在这一过程中，学生之间一定会有思想碰撞，教师应当积极地去引导学生之间的协作，培养学生自主学习、完成教学任务的满足感和自豪感。

五、总结与展望

模块化教学模式适用于课程模块化较为明显的课程，但还未见将其引入管理信息系统开发方法课程的研究。本文借助模块化教学模式改革管理信息系统开发方法课程，以期提高教学效果，使学生能够分阶段、分模块掌握系统开发过程中的难点。模块化教学模式能够分阶段完成教学活动，教师也可更好地了解学生在每一阶段的学习状况，而“管理信息系统开发方法”课程本身模块较为清晰，利用模块化创新改革教学模式能更有效地对学生进行指导，提高教学效率。

参考文献

[1] 肖卓阳，吴天慧，付向阳．基于 PDCA 循环的高职专业模块化教学培养模式研究——以市场营销专业为例［J］．中国职业技术教育，2017（32）：38-41.

[2] 虞佳，朱志强，刘敏．项目驱动的电子商务模块化教学模式的研究与实践［J］．科技通报，2017，33（7）：269-274.

[3] 李燕．基于产教融合的应用型本科深度模块化教学改革思考［J］．教育与职业，2020（12）：92-97.

[4] 段瑞君，杨希，梁健，李长忠．分子生物学模块化教学改革的探索与实践［J］．生物学杂志，2018，35（1）：118-120.

[5] 王桂琴，王艳红，张帆，杨姣姣，李静，田继华，姚红，罗旭光，樊卫平，王根维，蔡

红艳，范国权．通过免疫学模块化教学设计加强学生综合素质教育［J］．中国免疫学杂志，2020，36（6）：749-751.

［6］邬静，王乃东，袁志航，杨成林，易金娥，陈宇科．基于就业导向的兽医硕士研究生模块化教学策略探讨——以湖南农业大学动物医学院为例［J］．中国兽医杂志，2021，57（3）：112-114.

基于建构主义理论的线上实践类课程教学反思与改进*

杨翩翩[1]　蒋雨帆[1]　杨葱葱[2]

（1. 深圳大学管理学院市场营销系；2. 东莞理工学院经济与管理学院）

【摘要】“停课不停教，停课不停学”是疫情期间对学生和老师的一次考验。疫情期间的线上教学过程中，老师和同学们需要适应从面授教学、混合教学到纯线上教学的跨越。线上教学不是简单地将课程复制到互联网中，如何打破教师与学生的距离感、提高学生线上学习的成效及综合素质能力、保证线上教学质量是需要思考的问题。针对加速发展的教学改革，线上实践类课程应该如何设计教学活动与质量评价标准？本文以深圳大学管理学院 SPSS 课程为例，总结了疫情期间 SPSS 线上课程存在的问题，并基于建构主义理论为今后在线实践类课程提供了合理有效的教学活动建议和质量评价标准。

【关键词】 线上教学；实践类课程；建构主义理论

一、引言

2020 年突发的新型冠状病毒肺炎疫情对全国高校的正常开学和课堂教学造成了巨大的影响。为了确保疫情期间学生的教学质量与进度，教育部于 2020 年 2 月 4 日颁发《关于在疫情防控期间做好普通高等学校在线教学组织与管理工作的指导意见》，明确要求各高校积极开展在线教学活动，做到“停课不停学”。各地教育行政部门积极响应，发布在线教学指导意见，各高校深入贯彻落实相关文件精神，各高校教师群体各显神通、多措并举，以期维护教学秩序、保证教学质量。

然而，疫情期间的在线教学遇到了诸多问题：课堂上老师讲得多、学生参与课堂活动体验少、学生学习自主性差，教育与信息化深度融合不够，对线上教学设计和评价机制参考价值有限。针对加速发展的教学改革，越来越多的学者和教师开始关注和探讨教学中如何有意识地激发和调动学生自主学习的积极性，培养其学习兴趣，增强其学习动机、主动性和目的性，提高课程的教学效果（王庭槐等，2020；刘丽和马池

* 本研究得到国家自然科学基金（Project No. 71602122）、东莞理工学院 2019 年校级质量工程项目全英文教学示范课程（201902045），以及 2021 年深圳大学教学改革研究项目：市场营销原理全英课程教学组织能力与教学模式探析（项目编号：JG 2021009）的资助。

珠，2020）。

众所周知，实践类课程在高校教学中越来越受到重视。实践类课程与理论课程不同，其突出理论知识的应用，强调动手能力的培养，能提高学生的自主学习能力。然而在线上教学的过程中，这类具有强操作性和应用性的实践类课程，面临着更大的挑战。本文以深圳大学SPSS实践课程为例，探讨以该课程为代表的实践类课程在线教学中存在的问题，并基于建构主义理论，探讨如何改进其教学设计和评价机制，为后续实践类课程在线教学开展提供借鉴和参考。

二、线上实践类课程设计面临的问题

由于线上教学开展比较突然，教师们的教学设计和评价机制多为应急设置，缺乏具体指导，无成熟可借鉴模式（靖研等，2020）。在时间紧、任务重的情况下，开展线上教学活动难免会出现各种问题。本文所分析的SPSS课程是一门典型的实践类课程，其教学目标是让学生掌握SPSS的操作，理解其工作原理。考虑到该门课程的特点，采用直播的教学方式。尽管如此，该门课程的教学仍然存在以下几个方面的问题：

（一）教学临场感处于浅层次水平

与传统的课堂学习模式相比，线上教学虽然解决了空间上的距离问题，但是脱离了真实的课堂情境，导致学生难以与教师、同学等进行面对面的学习互动。研究表明，缺乏互动的在线课程会导致隔离感和不满意的学习体验。现有的教学实践中，虽然教师有意识地去增加点名和提问环节，但是师生之间、学生之间的讨论和认知水平仍然处于比较浅的层次上。如何进行有效互动和有意义的讨论、如何促进在线学习讨论，保持学生的学习兴趣、动机以及提升学生参与度，创设积极的讨论氛围从而形成良好的“教学临场感”，是目前在线课程面临的难点之一。

（二）缺乏对在线学习过程的有效监测和反馈

在线课程的建设和实施需要依赖课程平台，疫情期间大多数高校使用腾讯会议进行直播。虽然可以根据进入会议的人数、签到、后台数据监测判断学生是否上线，但是对于学生在线学习状态、学习专注度以及适应性并不能有效地进行监测和反馈。同时，由于SPSS课程重视软件操作，老师对学生上课过程中产生的操作问题不能及时有效地解决。如果使用屏幕共享，那老师回答一个问题会占据全班同学的操作时间，而这个问题也许只有个别同学存在，这严重影响了课堂效率。

（三）缺乏合理科学的在线课程质量认证及评价机制

需要客观评价教学的成果才能衡量教学过程的好坏，学生平时的作业及测验完成情况、参与讨论过程、汇报表现都应该被纳入考核标准中。在线课程实施过程中师生交流及互动相对较少，学生学习过程也无法做到全程跟踪记录，这势必给学生学习成果的评价带来困难。而突发的全面线上教学使得课程考核方式改为撰写课程论文。撰写课程论文这样的评价方式单一，缺乏全面的动态考核机制，不利于学生学习效果的反映。

三、教学设计和评价机制的改进策略

（一）建构主义理论

建构主义主张以学生为中心，强调学生对知识的主动探索、主动发现和对所学知识意义的主动建构。建构主义以皮亚杰（Jean Piaget）的认知发展理论和维果茨基（Lev Vygotsky）的社会建构理论为基础（黄凌梅等，2020），它打破了主客观二元对立的认识论和知识观，认为知识是基于情境建构的，学习具有“建构性、累积性、目标导向、反思性”等特征。学习目的不仅是传承知识，更是要“为创新而学习，在学习中创新，对学习创新”。该理论认为通过个人导向的系统学习结合包容性思维，形成个性化的知识体系，能够实现创新创造（徐拥军等，2017）。学习知识是从感性认识到理性认识再到联想的三级递升，再通过“嫁接”进一步包容性学习新知识，最终目标就是实现知识的创新和创造。建构主义提出分享、协作、探究和零存整取的教学方法，通过逐级推进和课程整合策略，实现学习的个性化螺旋式上升和创新性提升。

（二）教学设计和评价机制的改进策略

基于建构主义学习理论，针对线上实践类课程设计和评价机制方面的问题，现提出如下的改进策略：

1. 创新教学理论，树立以“学生为本”的教学观

学生是学习的主体，教师要“以学生为中心”，尊重学生的主体意识和创造精神，激发和利用影响学生学习效果的积极情感因素，增强学生学习的原动力、主动性和目的性，培养他们健全的人格和情感素质。传统学习方式偏向于教师把知识灌输给学生，学生被动接受，在解决问题时习惯于采用固定思维模式，寻找现成答案，而不是主动思考，拓展思维空间。

线上教学在空间上的限制要求老师尽可能地对学生进行鼓励和引导，教师通过不断补充知识和有效引导，帮助学生选择合适的方法进行研究。在学习过程中，应当注重提高学生学习的自主性，如让学生组成团队，选择感兴趣的研究内容，引导学生通过分享交流学习心得、团队协作开展研究，最后将学习研究讨论出的内容进行整合。

2. 在互动中促进思考，增强线上临场感

临场感的核心在于积极创造学习者与学习同伴、学习内容、学习指导之间的互动，通过互动创建联结并形成学习共同体，达到提升学习者满意度、增强学习效果的目的（刘邓可，2021）。据此，促进学生—学生互动、学生—教师互动、学生—内容互动，将有助于增强在线教学的临场感。①学生与学生的互动在一定程度上决定了临场感的体验程度，因此，作为教师，应该为教学适时、适当地创设互动机会，并进行引导和

规范。例如，教师可以提前将课堂教学中涉及的问题发到班级 QQ 群，鼓励学生自主思考，并组织学生开展线上讨论；也可适当增加学生完成小组作业的机会。在实践类教学中，促进学生和教师之间的互动是提升教学临场感最为重要的途径。这种互动一方面来自教师对学生的主动指导，另一方面来自教师对学生的回应式反馈。具体而言，针对在线教学临场感较低的情况，除了完成传统教学课程中诸如发布教学大纲、颁布上课规则、告知评价方式、复习指导、考试通知等内容以外，教师应该借助线上教学工具来增强教学临场感。例如，腾讯会议和腾讯课堂均有摄像头功能，建议师生在上课期间打开摄像头，并利用课堂点名、举手等功能，为学生创造身临课堂的感觉；通过翻转课堂的形式，让学生共享屏幕，实时操作软件，演示自己的操作结果，教师给予实时反馈。②学生与学习内容的互动是学习核心过程的体现，也是学习效果获得的要求，与建构主义的主张不谋而合。建构主义认为，学生的学习过程是基于原有的经验，在特定情境下，对原来的知识体系进行重新整合、加工和深化，形成新的经验，因此学生对同样的知识内容会有不同的理解和认识（朱盼盼等，2021）。统一化的教学无法满足学习者多样性的需求。如何促进学生与教师所教授的学习内容形成良性的互动？一方面是教师能够把握学生个体的学习特点，教学内容和教学难度体现柔性和弹性，能够适应不同学生的要求；另一方面是教师需要深入挖掘学生学习该门课程的动机，充分做好教学导引。

（三）采用多样沟通方式，加强在线学习过程的有效监测和反馈

良好的教学氛围有助于学生积极地参与课堂教学活动，激发学生的学习兴趣和积极的学习情感。教学中教师和学生存在着多方面的情感交流，教师把饱满的热情融入教学中，能有效地调动学生的情感，学生会更加认真，有利于提高学生参与教学活动的积极性。同时，不局限于课程教学平台，要采用多样沟通方式对学生的问题进行答疑，帮助学生顺利、有效地完成学习任务。

在线上学习过程中，教师应该采用多样化的方式进行有效的检测和反馈。若采用传统的教学方式，教师难以有效管理线上课堂并及时获取学生的反馈。因此，教师可以通过在线作业、在线讨论、在线点名等方式加强与学生的互动，及时获取学生的动态信息。教师应学会积极利用新技术，让新技术给课堂赋能。以 SPSS 课堂为例，教师可以在线布置课堂作业，让学生即刻完成作业，并在线提交。这要求教师提前设置答案，由系统自动批改作业，教师当场可以获得学生的知识掌握情况，以便及时调整教学进度。建构主义要求学生“为创新而学习，在学习中创新，对学习创新”，在线教学实际上提供了新的教学方式让学生学会如何通过新的学习工具和学习方式实现对学习方法和学习过程的创新。因此，教师应该加强与学生的沟通，及时获得学生学习过程的反馈，积极组织学生讨论，鼓励学生对学习方式进行创新。

（四）建立综合性的考核方式，以及合理科学的在线课程质量认证及评价机制

课程考核是在线课程需要重视的一点，尤其是对于缺乏学习主动性和积极性的学生，如果没有明确合理的考核方式，很容易出现浑水摸鱼的情况。对于实践类课程而言，传统的考核方式以期末考试或者课程论文为主要评价方式，而这些成绩并不能有效地衡量出学生是否真正具备实践分析能力。建构主义强调需要通过实际经验、反思性观察、抽象概念化的思考来形成个体的概念和知识，更重要的是要坚持“从实践中来，到实践中去”，运用思考后形成的判断去尝试解决实践情境中的具体问题，在实践中检验自己的认知、思考、判断是否符合当下具体的情景，是否能够解决当下面临的特定问题。

教师在线上教学过程中应该根据课程特点，认真思考线上教学和线下教学的联系和区别。

以 SPSS 课程为例，学生课堂表现、作业完成情况、参与讨论的程度均是重要的考核标准。线上教学应该重点进行过程性考核，教师也应该进行线上考核，鼓励学生积极参与课堂讨论。通过线上课堂举手、课堂抢答、在线送花等功能，增强学生学习的参与度和积极性。根据构建主义提出分享、协作、探究和零存整取的教学方法，教师应该鼓励学生组成学习小团队，通过完成团队作业的形式，进行探究性学习，巩固所学知识。具体而言，教师可以将学生分成若干学习小组，然后在课堂上让学生进行分组讨论，增强学生的学习动机，实现学生之间的相互监督和相互鼓励，提升其学习效果。学生对所在小组的满意度和参与度也应该被纳入教师的在线课程质量评价体系。

四、未来展望

在线教学不仅是学生居家学习期间的权宜之计，更是未来的大势所趋。疫情的发生促进了我国在线教育的迅速发展，也让时代看到未来教育变革的大趋势。对于教育信息化和网络教学来说，疫情改善了人们对在线教育的认知，以及对在线教育的接受度、满意度（尚俊杰等，2020）。同时在这场大规模的在线教学中，我们也发现了实践教学类课程存在的许多问题。本文以 SPSS 课程线上教学为例，分析实践类课程教学临场感低、缺乏有效的教学过程监测、缺乏合理科学的在线课程质量认证及评价机制等问题，并基于建构主义理论分析出应以“学生为本”培养学习兴趣、激发学习热情，建立多元化动态考核机制等改善措施。在线教学，特别是实践类课程的在线教学，未来需要进一步在课堂中探索以解决问题，真正在教学中取得实效。

参考文献

[1] 黄凌梅，钟秉林．建构主义视域下实习辅助课的启示［J］．中国大学教学，2020（6）：64-69+81.

[2] 靖研，郭福春，吴金旺．疫情下“UGC 社区型”高职教育线上教学模式构建与实施策略［J］．中国高教研究，2020（9）：104-108.

[3] 刘邓可．成人远程学习临场感视角下的教学策略——基于 Col 框架的分析 [J]．中国成人教育，2021 (4)：33-37.

[4] 刘丽，马池珠．疫情防控期间以研究性学习为核心的在线应急教学设计——以“电视导演”在线课程为例 [J]．现代教育技术，2020，30 (6)：120-126.

[5] 王庭槐，许晓丹，李劼昊．疫情防控背景下“线上激越四段式”教学法的实践与探索 [J]．生理学报，2020 (6).

[6] 徐拥军，李如是．基于建构主义理论的大学生深度阅读 [J]．出版广角，2017 (10)：80-85.

[7] 朱盼盼，薛景，宋宇．建构主义视角下高校管理学教育改革思路探讨 [J]．科教导刊，2021 (20)：57-59+62.

交叉学科课程商业数据分析与挖掘教学模式初探*

马　晶

（深圳大学管理学院工商管理系）

【摘要】 随着经济社会的快速发展，行业竞争的日趋激烈，市场对于具备数据分析能力的人才需求越来越旺盛。商业数据分析与挖掘课程作为工商管理专业的选修课程，是将计算机类学科的数据挖掘知识与方法和工商管理学科的市场分析、客户细分以及产品研发等企业管理相关的专业知识相融合的一门交叉学科课程，旨在培养工商管理类学生的数据分析思维与能力。本文结合具体教学实践，从基于案例的教学内容设计、团队化教学组织、多维度教学考核等方面探索交叉学科课程商业数据分析与挖掘的教学模式新思路。

【关键词】 交叉学科；商业数据分析与挖掘；教学模式

一、引言

随着经济社会的快速发展，行业竞争的日趋激烈，市场对于具备数据分析能力的人才需求越来越旺盛。大数据、5G 等技术的高速发展，更是给企业带来了新的机遇与挑战。面对企业内外部纷杂的数据环境，如何有效地利用数据资源，并以此产生高效的企业决策，使企业更加准确地追踪市场动态，掌握客户偏好并预测客户行为，从而指导产品研发和市场策略，对提高企业行业竞争力与市场地位，加速推动行业发展具有重要意义。

商业数据分析与挖掘课程作为工商管理专业的选修课程，是将计算机类学科的数据挖掘知识与方法和工商管理学科的市场分析、客户细分以及产品研发等企业管理相关的专业知识相融合的一门交叉学科课程，旨在培养工商管理类学生的数据分析思维与能力。多学科交叉人才也是高等教育人才培养的主要目标之一，学生可以通过辅修课程，或选修高质量的交叉学科课程，培养自身的跨领域素养，提高专业实践能力。因此建设高质量的交叉学科课程对培养跨领域人才、提高高校教学水平意义重大。

然而当前，交叉学科课程在教学实践过程中容易出现难以把握教学深度、实用性不强的问题，从而导致教学效果不理想，出现极端化。例如将计算机技术与工商管理学科相交叉的课程，如果教学内容涉及面太广，课程内容容易流于表面，难以深入，

---

* 基金项目：2020 年度深圳大学教学改革研究项目（JG2020083）。

无法提高学生解决实际问题的能力，从而成为学生眼中的“水课”；但如果过于强调计算机相关的理论方法，则容易使课程枯燥乏味，同时大大增加了工商管理专业学生的学习难度，降低学生的学习兴趣。因此，如何把握交叉学科课程的教学内容范围与难易程度，尤其是在保证学生接受度的同时，提高学生对不同学科知识方法的理解和掌握程度，是建设交叉学科课程的核心问题。

商业数据分析与挖掘课程是在当前大数据时代背景下，面向工商管理专业领域的本科生新开设的一门集计算机数据挖掘技术与工商管理应用于一体的交叉学科课程，也是在传统工商管理专业统计分析类课程基础上的进一步拓展，尤其强调基于问题对数据进行探索和挖掘。传统的工商管理数据分析类课程在教学内容和教学模式上已发展得较为成熟，但在培养学生的数据意识，以及从数据中发现问题和解决问题的能力等方面仍有待进一步改善。

首先，传统课程重理论，轻应用。工商管理专业传统的数据分析类课程在教学模式上主要是理论驱动，即依托教材章节设计教学内容，学生了解的某个模型或方法的定义和原理，结合一定的案例数据进行分析。这样的教学模式忽略了为学生营造工具和方法的实际应用场景的重要性，学生不需要事先对数据进行观察与理解，或者对模型进行选择，而是直接套用模型，得到分析结果。这就使得学生在学习过程中很难将所学的方法和模型与企业实际经营管理中所存在的问题相结合，学习兴趣不高，进而影响教学效果。

其次，以往工商管理专业学生所掌握的数据分析工具以 SPSS 为主，其优点在于常规统计模型操作简单，分析结果便于理解，可以满足学生基本的数据分析需求。但是，从对数据进行自由探索以及使用如聚类、分类等数据挖掘方法的角度则无法满足学生的需求，因此，学生有必要了解或掌握一种灵活度更高、功能性更强的工具。

最后，传统课程在课程考核上往往重知识点，轻项目实操训练。此类课程的考核以考试的形式为主，这样有助于了解学生对基础知识点，以及对统计分析模型原理的掌握，与前述问题一致，这种考核方式无法考察学生的动手能力以及解决实际问题的能力。因此有必要设计新的考核方式，让学生从发现问题开始，完整实践数据获取、预处理、数据建模与修正、检验与评价等一系列过程。在此过程中还可通过小组项目的形式，培养学生的团队协作意识与沟通能力。

综上所述，本文基于工商管理专业本科生专业选修课商业数据分析与挖掘，结合具体教学实践，探索交叉学科课程在课程内容设计与教学模式上的新思路，一方面借助编程语言，使学生掌握自由探索和挖掘数据的能力，另一方面培养学生发现问题并解决问题的能力。课程首次开课学期使用 R 语言作为数据分析与挖掘的工具，并在教学内容与教学模式设计上结合案例教学的形式，从管理问题的实际场景入手，通过观察和分析数据形式，引导式地带领学生发现问题，并通过相关的数据分析模型和挖掘算法解决问题。进一步通过项目式课程考核，对学生的实践动手能力和团队协作能力进行考察。

二、教学改革的主要内容

（一）基于案例的教学内容设计

为使学生能够将课程中所涉及的数据分析方法与模型更好地应用到企业经营管理的实际问题中，教师在授课过程中使用基于案例的教学内容设计，从而构建学生的数据驱动思维。当前，企业内外部的数据环境复杂多样，在企业的经营管理过程中，企业所面临的问题不是有没有数据，而是用什么数据，如何用数据的问题。因此与直接介绍模型、方法原理的教学设计不同，课程通过案例导入，引导学生对数据特征进行观察和分析，以明确对模型的功能需求，进一步通过介绍模型原理与实现方法，使学生对模型有更好的理解，从而实现计算机算法与管理问题的融合式教学。

课程在每个章节开始时加入“案例导入”环节，首先为学生构建一个算法的应用场景。以聚类算法的教学过程为例，作为一类无监督的数据挖掘算法，聚类算法旨在通过识别和分析不同组群数据的特征，对数据实现分组操作，以实现组内数据具有高度相似性，而组间数据具有明显差异性为目标，即实现“物以类聚”的效果。如果直接给学生讲解聚类算法的运行逻辑以及模型代码，对于工商管理专业的学生比较晦涩难懂，并且很难使他们产生直观理解。而聚类算法在管理问题中的一个典型应用场景为客户细分，即利用企业已有的客户数据对不同特征的客户进行分组和特征描绘，从而进一步为不同特征的客户制定有针对性的营销或服务策略（见图1）。因此，通过对算法应用场景的描述，可以更加有效地使学生理解算法与具体管理问题间的联系。

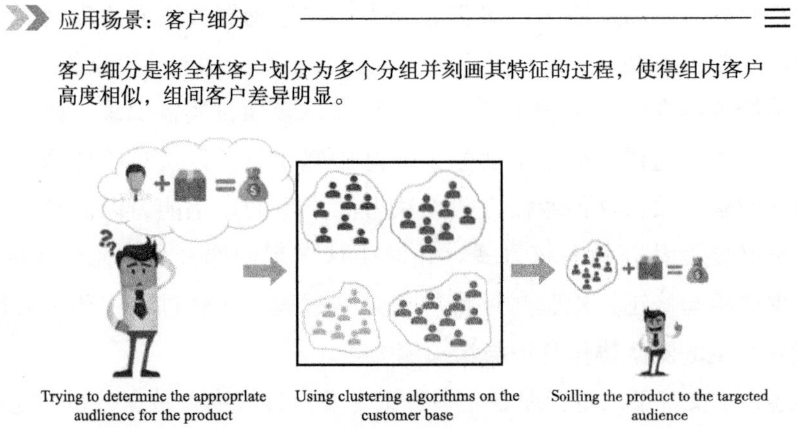

图1　案例导入示例（聚类算法）

除了将应用场景具体化，案例导入的第二个重要环节是引导学生思考数据与算法间的关系，培养学生的数据思维。例如对于客户细分问题（见图2），学生了解了具体的问题场景后，教师将进一步引导学生思考为了实现客户细分，企业应该获取哪些关于客户的数据、数据的来源，以及数据间的关系，从而为理解算法的逻辑和实现过程奠定基础。

applicatior	account_n	bad_ind	vehicle_yea	vehicle_ma	bankruptcy	tot_derog	tot_tr	age_oldest	tot_open_t	tot_rev_tr	tot_rev_de	tot_rev_line	rev_util	fico_score	purch_pric	msrp	down_pyt	loan_term	loan_amt	ltv	tot_income	veh_mileag	used_ind
2314049	11613	1	1998	FORD	N	7	9	64	2	1	506	500	101	650	17200	17350	0	36	17200	99	6550	24000	1
63539	13449	0	2000	DAEWOO	N	0	21	240	11	7	34605	57241	60	649	19588.54	19788	683.54	60	19588.54	99	4666.67	22	0
7328510	14323	1	1998	PLYMOUTH	N	7	10	60					0	613	13595	11450	0	60	10500	92	2000	19600	1
8725187	15359	1	1997	FORD	N	3	10	35	5	4	4019	5946	68	603	12999	12100	3099	60	10800	118	1500	10000	1
4275127	15812	0	2000	TOYOTA	N	0	10	104	2	0	0	1800	0	764	26328.04	22024	0	60	26328.04	122	4144	14	0
8712513	16979	0	2000	DODGE	Y	2	15	136	4	3	3651	5747	64	680	26272.72	26375	0	36	26272.72	100	5400	1	0
2063896	17842	0	2000	INFINITI	N	0	13	339	4	3	2094	20115	10	794	31069	30519	0	36	9550	32	5416.67	500	0
598458	19715	0	1994	BUICK	N	0	2	261		1	146	265	55	722	9600	8900	0	54	8600	98	1560	77267	1
1526052	23924	1	1994	MITT	N	2	13	213	3	2	2602	5529	47	664	6700	6350	500	42	6800	139	2416.67	40000	1
8073975	24866	0	1999	CHEV	Y	11	20	178		3	1815	2097	87	646	15543	15100	0	60	14543	102	2933.33	6000	1
3450204	26432	0	2000	CHRYSLER	N	1	14	196	5	3	7043	16236	43	718	20160	19635	2288.54	60	17871.46	91	3200	19	0
3468298	27561	1	1998	TOYOTA	N	1	12	80	5	2	1803	12265	15	744	21983	17850	0	48	21983	129	5083.33	23865	1
7051473	29599	0	2000	TOYOTA	N	0	11	111	5	4	897	8590	10	763	22000	21872	0	60	22000	106	3750	14	0
9278038	32440	0	2000	JEEP	N	3	22	67	7	4	27561	33800	82	678	29607	30185	0	72	29607	98	76700	0	0
8394551	34052	0	1998	NISSAN	N	0	1	12					0	639	15651.93	15500	500	60	15151.93	106	1833.33	35984	1
6442136	38793	0	1997	LOTUS	N	1	11	58	5	1	1797	10106	18	689	63700	57000	35000	60	28700	50	8333.33	14000	1
9952442	45966	1	1999	CHEVROLE	N	2	15	72	8	7	9036	14163	64	784	36669	36669	1800	60	34869	96	10500	36669	1
4372284	46866	0	1999	TOYOTA	N	1	8	163	4	3	614	4613	13	674	27200	25000	0	72	25200	105	2000	1700	0
9554019	47138	0	1997	ACURA	N	2	15	136	4	1	897	1200	75	666	21079	21000	10000	60	9979	48	1800	33374	1
9784696	52260	0	2000	CHEVROLE	Y	6	8	233			9998	0	0	657	14550	15300	1000	60	13650	91	0	1	0
5727517	52541	0	2000	TOYOTA	N	1	32	381	5	3	7468	52389	14	746	20924.19	23422	0	48	20924.19	92	3033.33	18	0
5658680	53200	0	1998	MAZDA	N								0	710	13159	13975	0	66	13159	94	3200	24335	1
580294	54871	1	1998	CHEVY	N	0	17	106	10	6	9393	10459	90	654	24995	22000	0	66	21414.64	99	1720	28659	1
8684192	56580	1	1997	FORD									0		24400	23500	1100	60	11800	63	2350	35000	1
5608566	56971	0	0		N	0	1	27					0	715	6838	7299	600	60	6238	104	800	0	0
7420179	62143	0	1996	CHEVY	Y	7	20	289	6	3	2387	3023	79	650	12860	8520	0	54	8513	101	1850	62237	1
4160437	62457	0	2000	FORD	N	0	3	18			9998	0	0	705	18709.57	16305	429.52	60	18280.05	112	1400	14	0
9494040	62691	0	1995	SATURN	N	0	16	413	5	3	5613	22787	25	776	10126.1	8275	0	54	9626.1	130	4166.67	19000	1
4695901	65487	1	1997	TOYOTA	N	2	10	46	5	3	1557	1400	111	626	12320	11900	500	54	11820	108	5000	45200	1
2796882	67733	0	2000	CHEV	N	0	47	281	10	8	5078	107456	5	685	31120	34192	3000	60	28120	82	4583.33	1	0

图 2　客户数据示例

（二）团队化的课堂教学组织

编程类课程的教学是一个“授人以渔”的过程，在掌握编程语言的基本代码逻辑后，学生可以对不同的模型和算法进行探索式的自主学习。由于不同学生对代码的理解能力存在差异，所以教学效果较难一致，因此，课堂上采用团队化的课堂教学组织，课后也要有意识地增加团队作业的比重。这样做有助于帮助学生在学习过程中及时发现自己的问题，并且可以在团队其他成员的帮助下，较快解决，从而保证学生对课程内容的理解，有助于提升教学质量。

实践过程中的具体做法包括：课上结合课堂的原理讲解，随堂设置小的数据分析任务，学生以个人为单位在课堂上随堂完成，团队成员间可互相帮助，使学生尽快掌握模型或算法的代码实现；课后，在随堂任务的基础上进一步延伸至课后作业，学生通过自主学习、团队协作共同学习和完成学习目标；期末，采用团队协作的形式进行自选案例分析，以较为灵活的方式进行课程考核。课程期末报告要求见图 3。

商业数据分析与挖掘期末小组案例分析要求

1. 选题：结合实际，各小组自由选择感兴趣的分析议题，并获取相应数据（数据获取途径包括但不限于：发放问卷，统计年鉴，爬虫数据，内部数据（如实习等途径获得））。有针对性地设计数据分析问题，并以 R+RStudio 为工具平台，实现相应数据分析与建模。
2. 要求：案例分析有清晰明确的问题和分析目的，分析流程完整严谨，代码规范无 BUG，至少使用 2 种算法（包括但不限于课堂所讲的算法），分析结果需要有可视化图表辅助。组内各成员分工明确。
3. 考核：每小组准备 12 分钟课堂汇报，阐述案例背景与分析过程及结论（可配合现场代码演示）。不要求全部组员发言。
   形成小组期末结课报告并提交（正文字数要求 5000字以上，代码及数据示例作为附录一并提交）。
4. 评分：课堂汇报以组间互评的形式进行。
   结课报告由老师进行评阅。

图 3　课程期末报告要求

（三）多维度教学过程追踪与考核

为了更好地追踪学生对课程内容的掌握情况，教学过程中采用阶段性与期末相结合，互评与教师评阅相结合的多维课程考核体系，强调过程追踪与考核的灵活性。结合课程教学内容的由浅入深，分别采用随堂小测、课后作业、小组项目等不同形式的考核方式掌握学生的理解情况。

随堂小测（见图4）使用问卷星、学习通等工具通过设计客观题进行评测，通常在章末结束时进行。由于题目少，形式便捷，因此可以快速发现学生在学习过程中存在的问题，进行随堂讲解和进一步阐述，以巩固学生对知识点的掌握。

第5题：
以下哪一项不是R语言中常用的数据类型[单选题]
正确率：91.23%

选项	小计	比例
字符型	0	0%
数值型	1	1.75%
指针型（答案）	52	91.23%
因子型	4	7.02%

饼状 圆环 柱状 条形

第6题：以下关于函数的描述错误的是[单选题]
正确率：75%

选项	小计	比例
函数是一段封装好的程序，能够重复调用并实现特定功能。	4	7.14%
R语言中用function定义函数。	1	1.79%
某函数可以是其他函数的参数。	9	16.07%
定义函数时一定会有形式参数。（答案）	42	75%

饼状 圆环 柱状 条形

图4　随堂小测示例

同时对于自由发挥型的作业或小组项目（例如，使用代码实现一个函数功能，并调用，要求函数中使用循环和判断等代码逻辑），除教师评阅外，还将结合互评的形式进行考核（见图5），这样学生不仅自己需要完成作业要求，同时还可以看到其他同学设计的代码，既拓宽了自己的思路，也可以对自己的作业完成情况进行反思和改进。

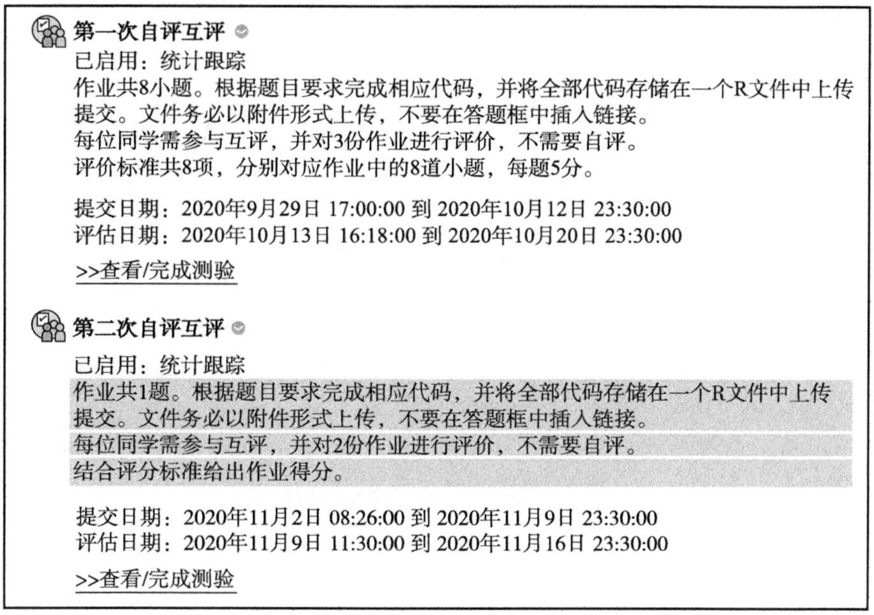

图 5　作业互评示例

三、教学效果与学生反馈

（一）教学目的与课程难度的一致性

由于商业数据分析与挖掘作为交叉学科课程对工商管理专业学生具有一定的挑战性，因此如何协调教学目的与课程难度的一致性是提高学生学习积极性，激发学生学习兴趣的重要任务。在教学内容的安排上，课程尽量减少晦涩难懂的公式和模型讲解，强调方法的应用场景与工具实现，同时结合案例以及实操和作业提高学生的理解和掌握程度。

如图 6 所示，在对首次开课的学生进行的问卷调查中，接近 80% 的同学认可自己通过课程了解了一门编程语言。对工具的初步了解可以降低学生后续根据自身学习和工作需要进一步学习数据分析与挖掘方法和工具的成本，同时也可以一定程度上降低学生探索相关领域的门槛，有助于拓宽学生视野。与此同时，超过 50% 的同学认为通过选修商业数据分析与挖掘课程，改变了其对一些管理问题的看法，这一结果也与课程设置目的相符合。

而关于课程难易程度的调查结果（见图 7）显示，仅 1/4 的同学表示难度正常或比较容易掌握，绝大多数同学认为课程难度较大，甚至在课程后半段完全迷茫，这一结果显然不利于学生保持较高的长期学习热情和积极性。反思这一调查结果，说明目前课程在内容与进度安排等环节仍需进一步完善和调整。首先是降低重复，对在其他课程上已经涉及的模型和问题可以不再进行讲解，例如回归等模型；其次，设置灵活的

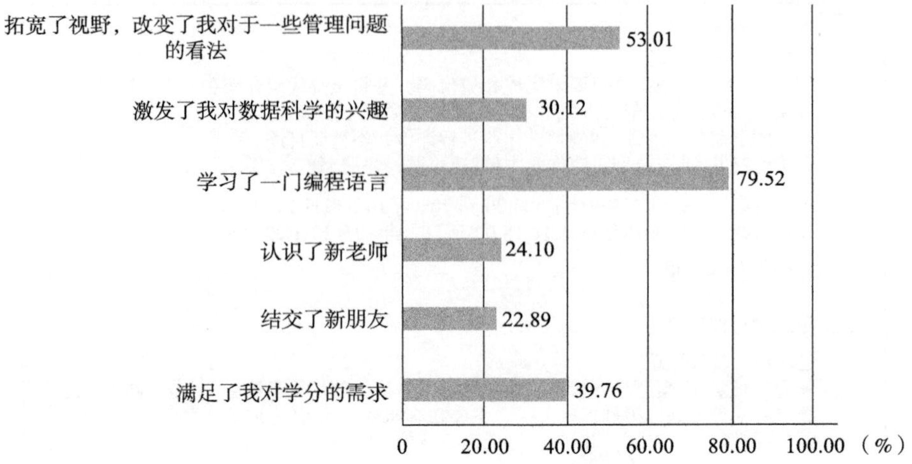

图 6　课程意义与价值问卷调查结果

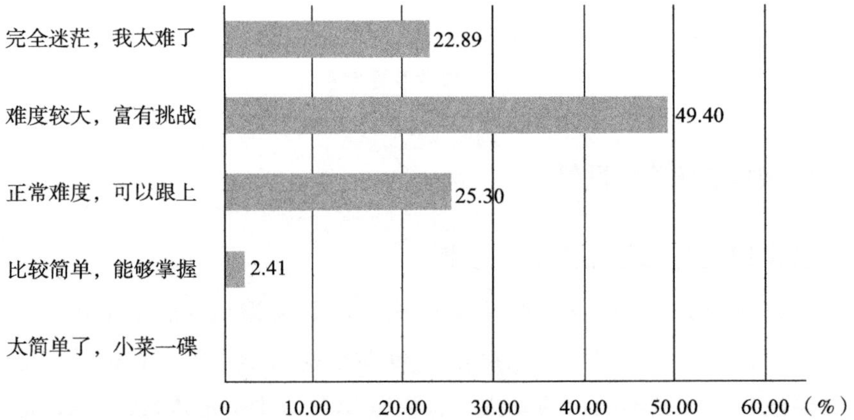

图 7　课程难易程度问卷调查结果

教学追踪和考核方式。由于不同学生的基础和能力存在差异，因此要进一步因材施教，向有能力的同学提供自学和拓展学习资源（包括后续进一步开设提升课程或短课），同时在课堂上以照顾大多数同学的进度和难度为主。在考核测评时也可通过设置基础题目与提升类题目有针对性地追踪学生的学习效果。最后，通过结合其他课程，提高学生对数据和方法应用场景的理解，从而一定程度上实现对课时的节约。由于授课教师除商业数据分析与挖掘课程外，还承担商业模式、财务管理等课程的教学工作，因此，教师在教学过程中发现，诸如客户细分、信用评级等问题情境可以在前序课程的学习过程中进行讲解，即把部分案例导入的环节放在其他课程上，而把具体解决问题和分析实践的环节留在商业数据分析与挖掘课程上。这样一方面有助于更加合理地分配和利用课时，另一方面有助于学生构建更加完整和具有关联性的知识体系，引导学生思考。

（二）案例使用以及与教学内容的结合

课前案例导入环节是商业数据分析与挖掘课程教学内容设计的重要环节，目的在于通过具体问题场景增进学生对方法和问题的理解。通过问卷调查可以看出（见图8），学生对案例导入的效果认可度较高，约90%的同学认为案例导入合理，可以使算法场景化，有助于算法理解。

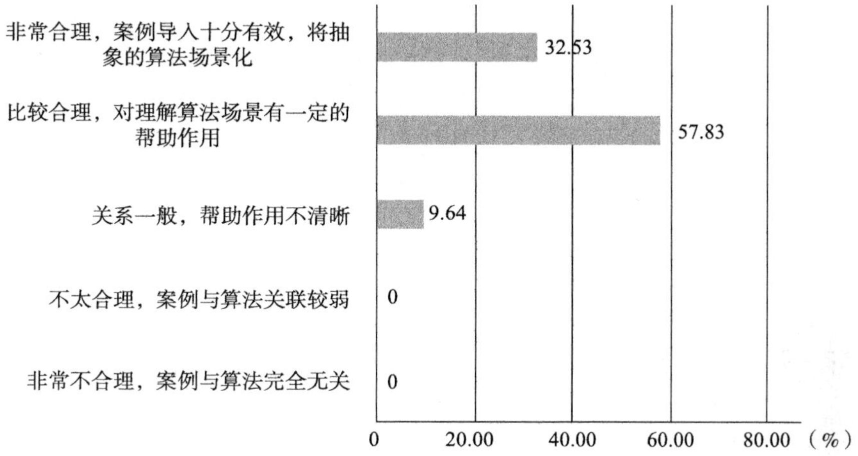

图8 案例使用效果问卷调查结果

而在具体授课过程中，授课教师发现案例导入环节仍有进一步优化和改进的空间和需求。案例导入的问题主要集中在案例与算法模型讲解的衔接环节，而这一环节的核心问题是数据。一方面，案例导入环节应该更多地使用真实数据，提高案例与实际管理问题场景的关联性；另一方面，有必要增加数据理解环节，引导学生在思考解决实际问题的过程中，需要采集哪些数据，数据间的关联如何构建，而这些数据为决策过程又贡献了什么样的信息，以此培养学生的数据思维与问题解决能力。

（三）团队协作与沟通

建立学习小组，增加协作环节的目的是使学生在学习过程中可以更加有效地沟通和相互学习，提高学习效率。调查结果显示（见图9），大多数同学认为学习小组对提升自我学习效果起到了一定的作用，但主要集中在期末阶段，前期作用较弱。同时，授课过程中也有同学反映，学习小组中存在“摸鱼”现象，部分同学参与积极性较差。

针对上述问题，可以考虑建立过程监督与团队学习激励机制，进一步发挥学校小组的作用，调动学生参与的积极性。对于“摸鱼”的学生，通过引入组内互评环节，调动其参与积极性。但同时，需要注意的是，在推动学生参与小组互动的同时，也有必要考虑部分同学希望独立学习的意愿。

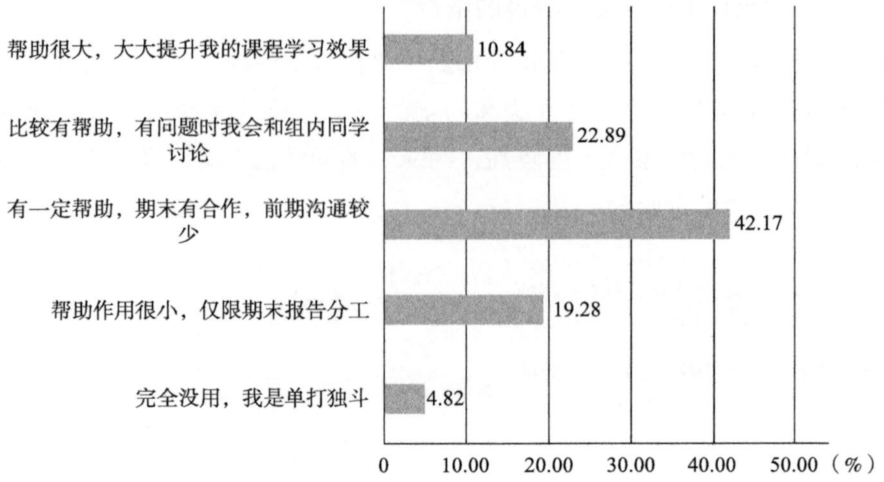

图 9　小组学习问卷调查结果

作业互评是另一个试图促进协作学习的环节，由于部分课后作业的答案不存在唯一性，学生可自由发挥，因此互评的目的是使学生开拓视野，从其他同学的作业中发现新的思路。但从对学生的问卷结果来看（见图 10），仅大约 3 成的学生认为互评对学习有帮助效果。而导致互评效果不理想的主要原因是学生对互评的打分逻辑存在不同的理解和认识，造成打分标准难以一致。因此，更加细致的题目与评分标准设置，是进一步利用和开发互评作用所需解决的主要问题。后续在使用作业互评时，应尽可能使评分标准具有可操作性，便于理解。

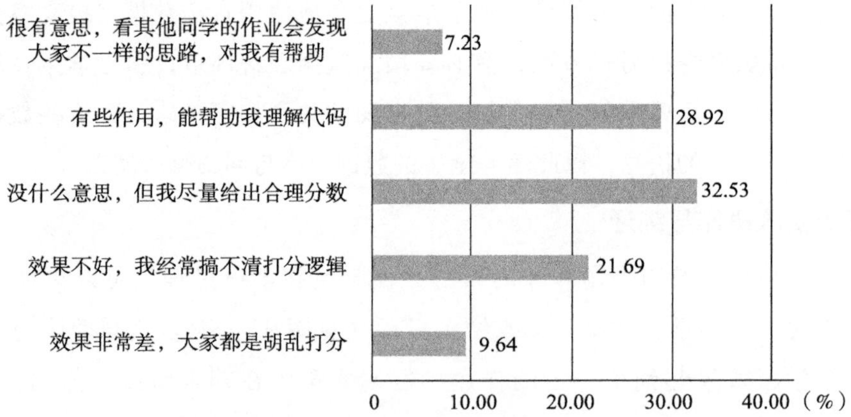

图 10　作业互评问卷调查结果

（四）实操与训练

商业数据分析与挖掘作为一门实操性很强的课程，前期在课时分配问题上预计理论与实操的占比应大致相同。但在课程进行过程中，包括学生和授课教师均发现，由于理论部分涉及内容较多，占用了较多课时，使得学生课上进行实操练习的时间较短，学生难以充分得到训练，从而进一步导致部分学生越来越迷茫。

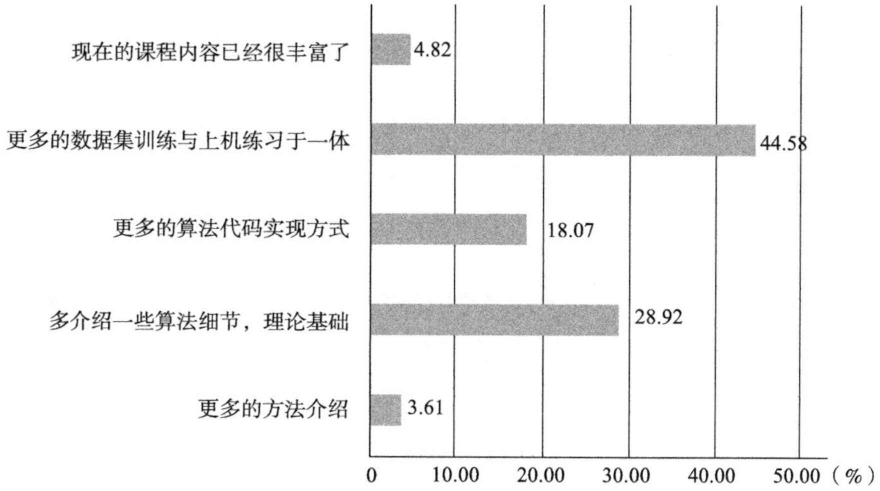

图 11　课程内容与课时分配调查结果

针对这一问题，后续在课时分配和教学内容设计上应秉承小而精而非大而全的原则，选择经典的问题和算法，从原理到实操逐步细致地对学生进行讲解，并适当提高实训课时比重，让学生更多地在课上掌握基本操作和逻辑，在课下进一步通过作业进行巩固。在工具的选择上，可以考虑切换 Python 等公开资源更加丰富，容易理解的编程语言。

四、经验与总结

商业数据分析与挖掘作为工商管理本科专业的专业选修课，在首次开课的学期，依托教改项目，对教学内容以及教学过程的设计进行了研究和思考。通过一学期的教学与观察，以及对学生的问卷调查，授课教师总结了商业数据分析与挖掘课程在内容设置、过程考核、团队协作等几个问题上的经验以及后续改进思路。具体包括以下内容：

（1）作为一门技能型课程，培养学生的学习兴趣与探索精神是商业数据分析与挖掘课程的重要目标之一。因此，把握课程难易程度，因材施教，是教学设计的核心。在教学过程中，既要考虑学习有困难的同学，激发其学习热情，同时也要为有能力的同学提供拓展渠道，丰富学习资源，开拓视野。

（2）突出问题情境，结合案例，加深学生对课程内容的理解。在教学内容安排上，强调小而精，而非大而全，强化动手能力培养。

（3）灵活设计考核方式，强调多样性与过程监督，但不应局限于同一标准。增加师生互动，鼓励学生团队协作，互帮互助，建立适当的组内互评机制。

参考文献

[1] 黄侨. 高校工商管理案例教学问题的几点思考 [J]. 中国教育学刊，2015 (S2): 308-309.

[2] 陈林杰，赵宁雨，陈彬科. 以案例式教学提升教学质量 [J]. 当代教育理论与实践，2016，8 (1): 68-69.

[3] 何克抗. 如何实现信息技术与学科教学的"深度融合" [J]. 教育研究，2017，38 (10): 88-92.

[4] 彭晓玲，吴忭. "数据驱动的精准教学"何以可能？——基于培养教师数据智慧的视角 [J]. 华东师范大学学报（教育科学版），2021，39 (8): 45-56.

学科交叉背景下的决策理论与方法课程教学初探*

符　阳　王丽艳

（深圳大学管理学院公共管理系）

【摘要】本文依托深圳大学公共管理系本科专业选修课决策理论与方法的学科交叉课程改革实践，探讨本课程交叉学科教学改革的目标与措施。总结了如何将不同学科背景的知识模块进行体系化梳理，如何改革课程教学方式以适应不同类型知识内容特点以及如何通过考查方式的改革更好地考查学生对于不同模块知识的综合应用能力。本文首先回顾了课程教学方式改革的背景。其次从学生知识掌握、能力培养与素质提升三个维度详细阐释了决策理论与方法课程的培养目标。最后从交叉学科背景的授课团队配置、课程授课方式改革、过程考核追踪等维度回顾了学科交叉背景下的决策理论与方法课程改革实践，并初步评估了课程改革的效果。由于课程教学改革的措施还在实施初期，所以教学改革的成效有待未来长期的追踪检验。

【关键词】决策理论与方法；学科交叉；教学改革；应用能力；公共管理

一、引言

当前，粤港澳大湾区与中国特色社会主义先行示范区建设已经成为重要国家战略，“双区”建设提出了多学科、多种决策方法、多种知识背景与多种决策情景融合的公共决策和治理要求。为“双区”建设培养具有综合公共政策分析与研究能力的公共管理人才是深圳大学学生培养的重要目标。但是，目前在本科生培养过程中，课程知识体系与公共政策实践要求学生具有跨学科技能与知识体系。首先，学生缺乏充足的交叉学科工具对公共议题进行分析，从而无法科学地评价、分析和评估公共政策；其次，学生掌握的方法性工具缺乏具体公共政策应用场景，对于决策工具运用停留在“书本知识”阶段，无法灵活解决现实中的公共问题。因此，面对“双区”建设背景下日益复杂的公共政策问题，迫切需要进行公共管理、管理科学与工程、数学学科的交叉教学实践探索（路甬祥，2005）。

* 本研究由广东省高等教育教学改革项目“基于复合应用能力提升的决策理论与方法课程体系改革研究”；深圳大学 2021 年“学科交叉课程”建设项目“决策理论与方法”；深圳大学教学改革研究项目“青年教师教改类”（项目编号：JG2020084）；深圳市教育规划 2020 年度课题重点资助项目“先行示范区战略下深圳市高等教育产研融合效率评价与机制优化研究”（项目编号：zdzz20003）；深圳市教育规划 2019 年度课题重点资助项目“深圳市基础教育资源优化配置研究”（项目编号：zdzz19006）资助。

二、学科交叉背景与面向公共部门的决策理论与方法教学困境

目前公共管理专业中决策理论与方法的课程设置并未充分考虑交叉学科背景的知识体系构建，不利于培养学生分析“双区”建设背景下复杂公共议题的能力。决策理论与方法课程应当成为一个公共议题分析与公共政策制定的“工具箱”，使得相关专业学生在面临实际公共议题的时候能够随机应变、灵活取用恰当的定性和量化分析工具为公共政策的制定提供参考①。这些方法的使用应当同社会科学方法论、公共政策评估、公共管理学等专业核心课程彼此支撑，系统化提升学生对于复杂公共议题的分析和评价能力②。但是，目前的课程体系应用能力培养导向不足，使得学生即使面临公共议题场景时也不知“工具箱”中有哪些工具可供选取，如何同其他课程体系知识相结合③。课程中主要知识模块学科背景跨度大，学生掌握并灵活运用多种交叉学科工具分析公共政策问题面临较大挑战。深圳大学公共管理系教师拥有极其丰富的公共决策咨询服务经验，直接参与了粤港澳大湾区和中国特色社会主义先行示范区建设过程中的公共议题决策咨询，而学生往往未能参与到这些课题中来，浪费了丰富的公共政策咨询资源④。为了完善决策理论与方法课程教学，笔者在广东省教育改革项目与深圳大学学科交叉项目等课题的支持下，进行了初步的教学改革探索。

三、学科交叉课程改革的目标

决策理论与方法课程是面向公共管理专业本科生开设的具有学科交叉背景的专业选修课程。从学生培养的目标来说，课程针对学生的培养目标矩阵涵盖了知识、能力与素质三个培养维度（见表 1）。在知识层面，培养学生掌握学科交叉背景下的多种公共政策决策工具与方法，这要求学生对于公共决策理论与各类决策工具必须达到熟练掌握的程度，对学生认知的培养提出了较高的要求。在能力层面，培养学生对于各类公共议题的问题分析能力，并通过自主选取恰当的决策工具与方法，在团队协作的条件下，完成实际政策议题的问题提出、分析、决策全部流程。这要求学生具备在生活中发现身边的公共政策议题，并对其展开分析的能力。在过往的授课经验中，学生能够自主选择他们感兴趣的普通公共议题，如对食堂服务水平的综合评价、外卖丢失问题、学生素质评价体系等各类议题进行较好的分析总结。并通过团队的合理分工与合作，高质量地完成课程报告任务。在素质培养层面，通过鼓励学生积极研究各类公共政策议题，可以培养学生的社会责任感。在研究选题、项目实施、数据分析、案例展

① 胡象明．公共部门决策的理论与方法［M］．北京：高等教育出版社，2003.

② 胡伟．公共管理学科建设的若干战略思考［J］．公共管理学报，2006，3（3）：97-99.

③ 杨立华．公共管理学学科边界的层次、类型和一个新学科发展纲领［J］．中国行政管理，2020（4）：70-80.

④ 蔡赤萌．粤港澳大湾区城市群建设的战略意义和现实挑战［J］．广东社会科学，2017（4）：5-14.

示与报告撰写全过程中，团队成员内部、团队成员与研究对象之间的协调沟通也促进了学生们交流沟通能力的提升。

表 1 决策理论与方法课程的教学目标矩阵

<table>
<tr><td colspan="3">知识</td><td colspan="6">能力</td></tr>
<tr><td>认识</td><td>理解</td><td>掌握</td><td>问题分析</td><td>设计开发</td><td>自主研究</td><td>运用工具</td><td>团队协作</td><td>项目管理</td></tr>
<tr><td></td><td></td><td>√</td><td>√</td><td></td><td>√</td><td>√</td><td>√</td><td></td></tr>
<tr><td colspan="9">素质</td></tr>
<tr><td>社会责任感</td><td colspan="2">环境保护和可持续发展</td><td>职业规范</td><td>沟通交流</td><td>终身学习</td><td>国际视野</td><td colspan="2">创新创业</td></tr>
<tr><td>√</td><td colspan="2"></td><td></td><td>√</td><td></td><td></td><td colspan="2"></td></tr>
</table>

具体而言，学生知识体系与复合能力的培养主要体现在以下三个方面。

（一）培养学生的综合公共议题分析能力，为“双区”建设提供高质量综合性公共管理人才

粤港澳大湾区和先行示范区建设涵盖了城市与区域发展的方方面面，这些公共议题与政策分析需要学生具有科学的决策理论与方法知识，灵活掌握各类公共议题分析的理论，并能够在面临具体公共决策议题时选择合适的定性和量化分析工具进行科学的公共决策。通过体系化的改革课程知识模块，增强课程知识体系的时效性和实用性，填补目前相关课程知识的空白。

（二）打通公共管理专业核心课程知识体系，构建基于公共政策议题分析能力的知识体系

目前公共管理专业的核心课程如公共管理学、公共政策分析、社会科学方法论、统计分析方法等已经为学生构建起了较好的知识体系和方法体系，但由于决策理论与方法课程改革的缺失，使得学生需要对公共议题进行分析并科学做出决策时始终隔着“一层纱”。他们无法选择合适的定性或量化分析工具对公共议题进行加工处理，本课题将打通公共管理专业的知识体系，在理论与基础方法课程之上，根据适合的情况选取操作工具，形成课程体系从理论到方法、从宏观到微观、从问题分析到实际决策的完整闭环。

（三）将公共管理教学引入具体公共决策场景，全面提升学生对于各种公共议题决策的应用能力

公共管理系的教师有着丰富的公共决策咨询经验，且对接粤港澳大湾区和先行示范区建设最新颖、最迫切、最关键的各类公共治理议题。课题组团队成员将结合自身进行公共决策服务的课题和相关公共服务经验，引导学生参与到公共决策服务的过程中来，了解公共议题评估、问题分析与决策的全过程。为“双区”建设提供具有丰富实践经历、扎实应用能力的公共服务人才。

综上所述，学科交叉背景下的决策理论与方法课程教学改革的具体着力点体现在以下方面：①如何全面优化课程教学内容，针对“双区”建设背景和公共议题特点形成具有时效性和应用性的全新公共管理专业决策理论与方法教材？②如何将决策理论与方法知识模块恰当地与公共管理专业知识体系衔接，构建从理论方法到公共决策实践，从宏观公共议题背景到微观政策解决方案，从问题分析到实际决策的完整知识体系？③如何适当地将学生引入到公共决策咨询服务的实践中来，提升学生综合应用不同方法解决实际问题的能力？

四、学科交叉背景下的决策理论与方法教学路径探索

图 1 展示了学科交叉背景下的决策理论与方法教学改革的可能实践路径。教改项目将首先从文献分析着手，梳理目前主要的公共管理与公共决策教学领域中的知识模块。形成主要的决策理论与方法教学知识模块。并根据知识模块类别，配置了其有公共管理、管理科学与工程、数学等学科背景的教学团队。在此基础上，结合粤港澳大湾区建设和中国特色社会主义现行示范区建设的突出公共政策议题，形成具有针对性的教学案例和应用内容模块。以此形成具有较强应用性和时效性的全新决策理论与方法课程知识体系。

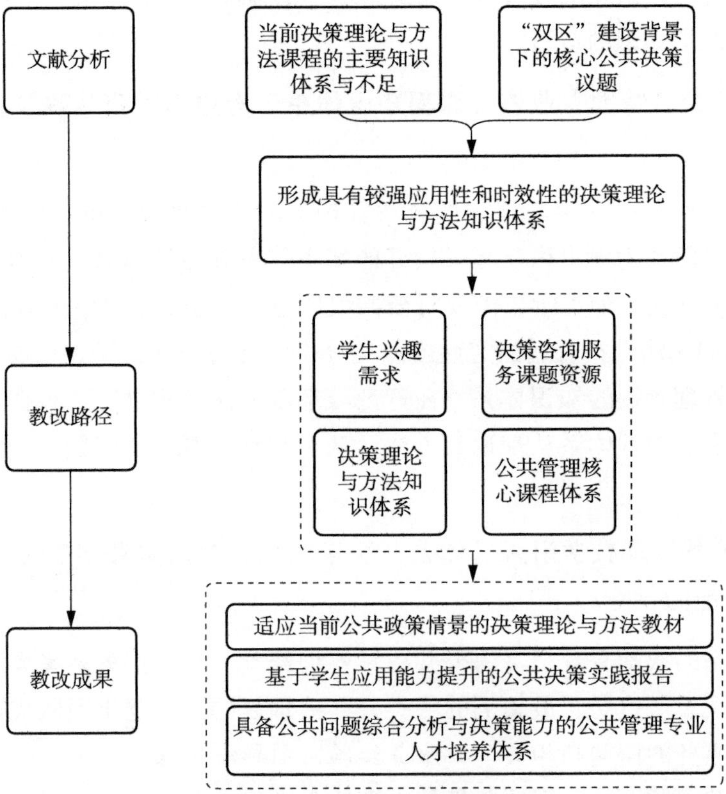

图 1　学科交叉背景下的决策理论与方法教学改革的可能实践路径

在此基础上，充分调动深圳大学管理学院各类公共咨询服务课题资源，结合问卷、访谈等方式匹配学生对于公共政策议题的兴趣需求，进行分组匹配。将决策理论与方法课题知识体系，政策咨询服务课题和公共管理专业核心知识模块进行匹配，全面提升学生对于当前“双区”建设中重要公共议题的分析、评估和决策能力。培养具有扎实应用能力和综合分析能力的公共管理人才。

通过以上教改路径，形成此课题的最终成果：具有时效性和较强应用性的全新专业课程教材；基于学生应用能力提升的决策理论与方法实践报告以及优化目前公共管理专业的人才培养体系，提升学生对公共议题的综合与应用分析能力。

五、学科交叉背景下的课程模块设置与教学质量保障

决策理论与方法课程模块包括课程导论、公共决策理论导论、专家咨询法、战略决策与规划、投票理论与方法、多目标决策、仿真决策、博弈论与公共池塘资源、课程论文设计与答疑等，涵盖了公共管理、管理科学与工程、数学等多个一级学科下的知识体系。详细课程模块设置见表2。

表2　学科交叉背景下的决策理论与方法课程模块设置

课程模块	知识模块	学时	计划授课方式
课程导论	公共管理	2	课堂讲授、课堂互动提问
公共决策理论导论	公共管理	4	课堂讲授、案例分析
专家咨询法	公共管理	2	案例研究、小组实践
战略决策与规划	战略规划	4	案例研究、课堂展示
投票理论与方法	公共决策	4	教师讲授、小组讨论
多目标决策	优化决策	6	课堂讲授、小组实践、成果展示
仿真决策	系统仿真	6	课堂讲授、小组实践、课堂展示
博弈论与公共池塘资源	博弈论	6	实证案例分析与应用
课程论文设计与答疑	综合考查	2	小组展示、组间互评、教师点评

交叉学科背景下的课程教学具有诸多挑战：①通过集体备课制度与听课制度，增强知识模块的内在逻辑与链接。②将课程设置为过程型考核方式，实时掌握学生对于课程知识内容的掌握情况并收集教学效果反馈意见。③多元化考核形式，通过小组作业、案例展示、随堂测试、小组展示、研究设计等多种形式，提升学生对于公共政策问题的理解、分析与团队协作下的问题解决能力。

首先，为了落实上述教学计划与分工，课题组将组织教学研讨、案例设计、教学考查方式研讨、互听评课与集体备课等多种活动，保障课程教学高质量有序开展。在学期开始进行集体备课，确定课程整体教学大纲、教学进度、模块分配、任务分工与合作等。在学期中，进行课题组内部的课程相互听课，提出改进意见，促进授课方式与效果优化。在学期末开展教学效果总结反馈研讨，全面回顾授课中的得失，凝练教

学效果好的授课方式，改进不足。

其次，针对不同内容模块的知识特征与学习特征，教学团队在教学实施过程中灵活运用了多种教学方法与考核形式，保障学生对于不同类型特征的知识模块都能有较好的掌握。针对公共决策理论，主要依据课堂讲授、小组讨论的方式开展教学，促进学生对于知识体系的掌握。专家咨询法、战略决策与规划、投票理论与方法将引入案例教学方式，引导学生通过案例内容对于知识的应用有更为牢固的把握。在多目标决策、博弈论等模块，通过设计课堂测试、习题等方式考查学生对于特定知识点的理解与应用能力。在仿真决策、博弈论等模块，通过团队合作、小组展示的方式提升学生的团队协作水平与解决实际问题的复合应用能力。

最后，决策理论与方法课程中学科交叉背景的知识模块对学生提出了较高要求，简单通过期末考试或者课程论文并不能很好地完成对于学生知识掌握情况的考查。因而本课程为过程型考核，不设置期末考试，而是通过期末小组项目与多种其他形式考查学生对于决策理论与方法知识的掌握。具体而言，平时考核分为七种方式：决策理论知识考查，通过随堂在线测试考查，期末总成绩占比15%；投票与德尔菲法，通过随堂在线知识点考查，占比15%；博弈论与公共池塘资源管理部分，通过案例分析、博弈分析与简单计算题考查，占比20%；期末小组研究项目，由3~4位同学组队完成对于实际公共议题的调研、分析与决策，占比40%（其中包括10%的课堂展示与汇报）；多目标决策，通过决策树习题考查，占比4%；平时课堂表现，主要是考查学生课堂活动的参与度，占比3%；附加活动，包括博弈论教学中的课堂游戏等，占比3%。以上七种方式的考核得分共同构成了学生总体成绩。

笔者对进行学科交叉课程教学探索前与探索后的两个班级教学效果进行了对比，发现通过对模块化的知识体系重构与教学方式优化等提高了该课程的教学效果（见图2）。教学效果的差异可能由多种因素导致，且不同学年班级的异质性较大，这些数据差异并不具备统计学意义。但是学科交叉背景下的决策理论与方法课程教学改革是长期的、过程化的、不断进行的，这一教学改革的效果有赖于未来长期教学实践与学生意见反馈的检验。

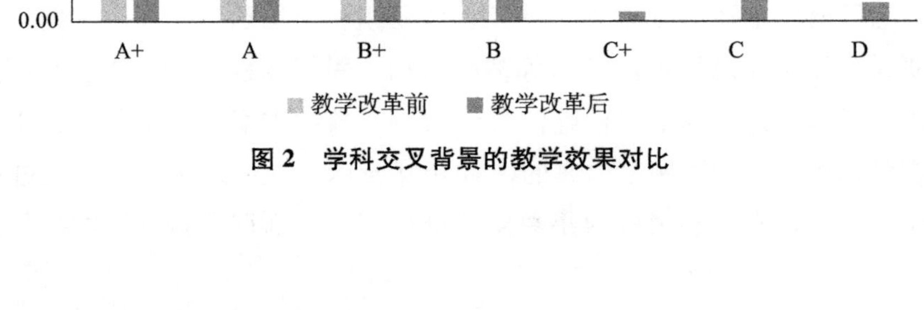

图2　学科交叉背景的教学效果对比

参考文献

[1] 路甬祥. 学科交叉与交叉科学的意义 [J]. 中国科学院院刊, 2005, 20 (1): 58-60.

[2] 胡象明. 公共部门决策的理论与方法 [M]. 北京: 高等教育出版社, 2003.

[3] 胡伟. 公共管理学科建设的若干战略思考 [J]. 公共管理学报, 2006, 3 (3): 97-99.

[4] 杨立华. 公共管理学学科边界的层次、类型和一个新学科发展纲领 [J]. 中国行政管理, 2020 (4): 70-80.

[5] 蔡赤萌. 粤港澳大湾区城市群建设的战略意义和现实挑战 [J]. 广东社会科学, 2017 (4): 5-14.

体验式教学法在谈判技巧课程中的应用*

李　慧
（深圳大学管理学院人力资源管理系）

【摘要】近年来，“培养学生解决问题的能力”已然成为本科教学的重要目标之一，对于实践类课程而言，更是如此。基于此目标，应如何对实践类课程进行改革？本文以“谈判技巧”课程为例，探索了“体验式教学法”在实践类课程中的应用，详细记录了基于“体验式教学法”的教学设计、考核方式、教学效果以及教学反思，以期对实践类课程的教学设计提供一定的借鉴意义与参考价值。

【关键词】体验式教学；谈判技巧；实践类课程；教学改革

2018年，教育部出台了《关于加快建设高水平本科教育全面提高人才培养能力的意见》，明确要求各高校重视本科教育，增强课程学习挑战度，提高课程教学质量，培养学生解决问题的能力。深圳大学已将提升本科教育质量作为重要工作。

谈判技巧课程作为商科学生的重要课程，理应以此为目标，培养学生运用谈判技巧解决生活与工作中问题的能力。谈判作为一项技能，需要实际操作，能够在实践中成功运用谈判技巧，才算是真正掌握了谈判技巧。

然而，传统的谈判技巧教学，并不能达到此培养目标。传统课堂着重于对知识点的讲解与掌握，却没有为学生提供谈判练习的机会，以及相应的沟通互动与交流反馈。这使得学生对于谈判技巧的学习仅仅停留在课堂上被动接受知识的层面，难以设身处地地感受和理解谈判技巧，“知道却做不到”，难以将所学知识运用到实际生活之中去解决实际问题。

针对此现状，笔者基于“体验式教学法”，对谈判技巧课程进行教学设计，以求激发学生学习兴趣、提高教学质量，真正培养学生运用谈判技巧解决实际问题的能力。本文记录了笔者在教学设计与考核方式上的探索、课程效果的评价以及总结与反思，以期为其他实践类课程提供参考。

---

* 本研究得到了深圳大学教学改革研究项目“‘体验式教学方法’在《谈判技巧》课程中的应用”（项目编号：JG2020085）的立项资助。

一、教学设计

本课程的教学设计以学生主动参与为主，在教学方法上采取“体验式教学法”，增强教师与学生、学生与学生之间的互动与体验感受，为学生提供足够的沟通互动与交流反馈空间，以激发学生学习热情，提升教学效果。

具体而言，本课程通过以下三种方式推进“体验式教学法”的实施：案例教学、模拟谈判、课堂分享。通过以上几种方式的体验式教学，学生可以更加真实地感受到谈判场景的氛围，体会到谈判技巧的运用，可以更好地理解和掌握谈判技巧的理论知识与实践活动。

（一）案例教学

在课程实施过程中，笔者选取了两个真实生活案例，以视频的形式呈现给学生。首先，组织学生就相关问题展开讨论，帮助学生感受真实的谈判氛围，尝试用生活经验解决谈判问题。其次，在讲授相关理论知识后，让学生充当当事人，尝试使用所学知识来解决案例中的谈判问题。由此，让学生在与老师以及其他同学的讨论分享过程中，丰富自身的谈判知识与经验。

（二）模拟谈判

笔者借鉴了美国西北大学商学院的教学模式，在课堂上组织了 5 次模拟谈判，让学生通过“模拟谈判”来学习谈判技巧。模拟谈判，即老师给出谈判情境、背景资料与谈判任务，学生扮演谈判双方，展开谈判。与案例分析相比，模拟谈判营造的谈判氛围更加真实，学生们可以使用所学技巧，真刀真枪地练习谈判，从而达到掌握谈判技巧的目的。

具体而言，让学生两两组合，进行“模拟谈判”，使其谈判特点得到充分暴露。谈判过后，由教师详解模拟谈判中的技巧与误区，向学生传授知识点，让学生对自己的谈判经验进行反思与对照，进而学习谈判技巧。笔者也鼓励学生当众分享自己的看法与体验。如此，让学生在谈判练习与他人分享中感悟谈判技巧，在经验与错误中学习，加深对谈判技巧的认识与理解。

模拟谈判案例的选择与改编是课程设计的重点与难点之一。首先，本科生的实践经验较少，专业性较强的案例对他们而言理解难度太大，因而需要选择背景知识简单的案例。其次，学校的一节课是 40 分钟，就模拟谈判而言，时间极为紧张，因而需要选择谈判任务简单、耗时较少的谈判。最后，作为谈判入门课程，基础知识点的掌握是首要的，而非进阶知识点。因而在谈判任务选择上，也需要选择体现基础知识点的谈判案例。

（三）课堂分享

本课程要求学生运用课堂所学的谈判技巧对自己的谈判经历进行记录与分析，在课堂上分享给其他同学，进行交流与讨论。让学生通过他人的经历与思考，拓宽自己的思维与知识，达到“间接学习”的效果与目的。

二、考核方式

传统课程往往在期末采用书面考试的形式对学生进行考核。对于《谈判技巧》这种实践性比较强的课程而言，书面考试仅仅能够考查到学生对于知识点的记忆与理解，无法反映出学生对于谈判技巧的真实掌握情况。

本课程在考核形式上，没有传统的书面考试，而是让学生结合自己在课堂或者课外的谈判经历，记录或分享自己在谈判技巧方面的运用与掌握情况。具体而言，本课程采用“课堂投入+个人生活谈判记录应用分析+谈判分享（小组形式）+期末书面报告”的形式，一方面考查学生在课堂上“体验式教学”中的投入情况，另一方面让学生结合自己在课堂或者课外的谈判经历，报告自己在谈判技巧方面的运用与掌握情况。对于教师而言，这增加了作业报告批改的工作量，然而却能真正考查到学生对于谈判技巧的掌握与实践情况，杜绝“期末突击考试”的现象。

三、教学效果评价

为了深入了解本课程的教学效果，笔者通过问卷星平台发布问卷，对参与本课程的 80 名学生进行了问卷调查。问卷使用五级李克特量表，从 1（非常不同意）到 5（非常同意）代表不同等级。问卷填写实行自愿原则，不收集个人信息，要求学生根据自己的真实情况填写问卷。笔者共收回 76 份问卷，问卷回收率 95%。

笔者对于问卷数据进行了量化分析，总结如下（为确保结果汇报的简洁性，笔者将 4（比较同意）与 5（非常同意）合并汇报为“同意”）。

（一）体验式教学与传统教学形式

笔者将本课程的体验式教学（学生为主，着重于引导学生在体验中学习）与传统教学形式（教师为主，着重于知识理论的讲解与掌握）进行了对比。调查结果显示，绝大部分学生（97.4%）表示更喜欢体验式教学。

（二）教学效果评估

教学效果通过四个维度进行评估：学习兴趣、课堂气氛、技巧提高、解决实际问题的能力。调查结果显示，绝大多数学生认为，本课程具有较好的教学效果。

具体而言，90.8%的学生认为，本课程激发了自己的学习兴趣；84.2%的学生认为，本课程的课堂气氛活跃；97.4%的学生认为，本课程提高了自己的谈判技巧；90.8%的学生认为，本课程提高了自己运用谈判技巧解决实际问题的能力。

（三）教学设计满意度

笔者对于总体教学设计以及三种不同教学方式（案例教学、模拟谈判、课堂分享）

分别进行了满意度调查。调查结果显示，绝大多数学生对于本课程的教学设计是满意的；对于三种教学方式的满意程度有所差异。

就总体教学效果而言，97.4%的学生对于本课程的总体教学效果感到满意。具体到三种不同教学方式，88.2%的学生对案例教学的教学效果感到满意；98.7%的学生对于模拟谈判的教学效果感到满意；82.9%的学生对于课堂分享的教学效果感到满意。经过比较可以看出，学生对于模拟谈判这一教学方式最为满意，其次是案例教学，最后是课堂分享。

（四）教学考核评估

教学考核的设计目的有两个：一是考查，考查学生对于谈判技巧的掌握与实践情况；二是促进学习，促进学生对于谈判技巧的学习与实践。调查结果显示，绝大多数学生认为，本课程的教学考核达到了上述目的。

就总体教学考核而言，85.5%的学生认为，本课程的考核方式，能够考查到自己对于谈判技巧的掌握与实践情况；93.4%的学生认为，本课程的考核方式，能够帮助自己强化谈判技巧的学习与实践。

具体而言，本课程采取了四种考核方式：课堂投入、个人生活谈判记录应用分析、谈判分享（小组形式）、期末书面报告。问卷对后三者进行了调查。

就考查自己对于谈判技巧的掌握与实践情况而言，77.6%的学生认为“个人生活谈判记录应用分析”这一考核方式是有效的，22.4%的学生保持中立；65.8%的学生认为“谈判分享（小组形式）”这一考核方式是有效的，30.3%的学生保持中立；86.8%的学生认为“期末书面报告”这一考核方式是有效的，11.8%的学生保持中立。

就帮助自己强化谈判技巧的学习与实践而言，77.6%的学生认为“个人生活谈判记录应用分析”这一考核方式是有效的，22.4%的学生保持中立；68.4%的学生认为“谈判分享（小组形式）”这一考核方式是有效的，30.3%的学生保持中立；81.6%的学生认为“期末书面报告”这一考核方式是有效的，17.1%的学生保持中立。

通过比较可以看出，学生们最认可的考核方式是“期末书面报告”，其次是“个人生活谈判记录应用分析”，最后是“谈判分享（小组形式）”。

四、教学反思与改进

通过以上调查分析结果可以发现，体验式教学在谈判技巧课堂中的应用是较为成功的。绝大多数学生认为，本课程课堂气氛活跃，激发了自己的学习兴趣、提升了自己的谈判技巧、提高了自己解决实际问题的能力，具有较好的教学效果；总体上较为满意体验式谈判的三种教学设计；本课程的考核方式能够考查到自己对于谈判技巧的掌握与实践情况，并能够帮助自己强化谈判技巧的学习与实践。

尽管本课程的体验式教学取得了初步成绩，但探索与改革是无止境的，仍有提高的空间。笔者在问卷中运用两个开放式问题，收集了学生对课程的改进意见，将其总结为以下几点。

（一）教学设计改进

从调查结果来看，学生对于总体教学设计的教学效果是满意的。然而，三种教学方式的受欢迎程度有所差别，其中模拟谈判是三种教学方式中最受欢迎的，案例教学次之，课堂分享在最后。由此，在今后的教学中，本课程将着手进行以下改进。

1. 模拟谈判

鉴于模拟谈判具有很好的教学效果，今后可以考虑增加一次模拟谈判。在形式上，可以加入模拟谈判表演，即请几位学生作为演员，按照剧本进行模拟谈判。通过观察思考以及教师随后的讲解，有助于加深学生对于谈判中技巧与错误的认识。优化模拟谈判后学生分享环节。从学生的反馈来看，通过与他人分享可以总结出很多经验与教训，是非常宝贵的间接学习。目前仅有大堂分享，今后可以在此之前增加小组分享环节，这样学生可以听到更多的间接经验，从中学到更多。

2. 案例教学

案例教学的效果还是不错的，数量保持不变，在形式上可以进行一些改动，借鉴“翻转式课堂”的模式。目前的案例教学是完全占用课堂时间的，今后可以考虑将案例的阅读与个人分析放在课后，只将讨论与点评环节放在课堂上。这样做的好处：一是可以留给学生足够的思考时间，进行更加深入的思考；二是可以节省课堂时间，弥补增加一次模拟谈判所占用的时间。

3. 课堂分享

学生们的年龄相仿，一个学生遇到的谈判事件，很可能另一个学生也遇到过，或是以后会遇到。设计“谈判经历分享”的初衷，是希望学生能够从他人的真实谈判经历中学到经验与教训。目前的谈判经历分享被安排在学期最后一周，这是学生最难集中注意力的时候，需要讲授者具有很好的控场能力，然而大部分学生是不具备这个能力的，因此部分同学听讲并不认真。从课堂效果来看，认真听的同学表示很有意思，收获很大。而对于不认真听课的同学而言，就浪费了这一机会。可以考虑将谈判经历分享安排在学期中间，以保证教学效果。此外，可以增加分享后的小组讨论环节，加强学习效果。

（二）考核方式改进

总体而言，本课程的考核方式起到了考查掌握情况以及强化学习的作用，然而仍存在改进的空间。

1. 期末书面报告

部分学生反映，论文类作业的“字数内卷”情况严重：一个学生写 5000 字，另一个学生就要写 5100 字。学生们认为，这种“内卷”严重增加了学生的负担，却没有增加有效产出。针对这一现象，今后可以做两点改进：其一，向学生灌输正确的写作方法，帮助学生去除“唯字数论”的想法，让学生明白，文章的思想与逻辑才是最重要的；其二，设定论文字数的上限，防止这种无意义的“内卷”。

2. 谈判经历记录分析

在本次课堂实践中，共布置了3次谈判经历记录分析。部分学生反映，自己并没有那么多次的谈判经历，因此作业很难写，有时候只能写重复的。实际上，每个人的谈判经历都是很丰富的，只是很多时候，当事人并未意识到这是一场谈判。这一反馈表明，部分学生缺乏识别出生活中谈判场景的能力，而识别出谈判场景是使用谈判技巧的前提，极为重要。据此，今后可以做三点改进：其一，增加一次“谈判经历识别”作业，提高学生的识别能力。其二，减少谈判经历记录分析的次数，改为一次。其三，增加两次案例分析，以分析他人经历取代分析自己经历，减少学生因个人经历有限而产生的“个人分析同质化”。

3. 谈判经历分享

在教学设计部分，已谈到谈判经历分享的部分改进。此外，从考核角度，可以做出两点改进：其一，严格控制小组规模，减少“搭便车”现象，以增强学生的参与感，增加考核效度；其二，让学生投票选出“最佳谈判经历”，进行表彰与分数加成，以加强学生的投入度。

五、结语

“体验式教学”以学生为主体，能够增强教师与学生、学生与学生之间的互动与体验感受，为学生提供足够的沟通互动与交流反馈空间，激发学生学习热情，提升教学效果。“体验式教学”在谈判技巧课堂中的初步实施，一定程度上达到了以上效果，然而仍有待在未来的教学实践中进一步丰富和完善。

高校全英教学中的问题与反思：以管理类课程为例

陈星宇　蒋雨帆　赵焕毅
（深圳大学管理学院市场营销系）

【摘要】 近年来，随着我国高校教育的国际化，对人才培养体系提出了新的挑战和要求。全英教学作为教育与国际接轨的重要形式之一，很多高校已经将其作为课程建设的重要内容。然而，全英课程的教学普遍在语言、教材、教学等方面存在问题。针对管理类课程实践性较高的特点，本文建议高校可重点从改善课程体系、合理取舍教材、鼓励本土案例的使用、创新教学方法等4个方面进行改善，提升学生英语表达能力和专业技能。

【关键词】 管理类课程；全英教学；问题；思考

为适应新形势下的国际教育需求，各大高校不断深化培养方案改革，鼓励将英语作为主要语言进行专业课教学，例如厦门大学、复旦大学、暨南大学、深圳大学等都进行了全英课程的研究，开设英语教学课程。其中，深圳大学开展了多种形式的国际教育，许多课程实现双语教学或全英教学，例如《市场营销学》。全英教学的目的在于让学生能够在英语教学氛围下掌握学科知识，强调的是师生之间的英语课堂交流与互动。

然而，不可否认的是，我国的全英教学尚且处于探索和发展阶段，全英教学的实施条件、学生水平、中外教材差异等因素极大地影响学生们学习的主动性和积极性。以深圳大学为例，全英班中许多学生上课讨论、发言积极性不高，对教材中出现的案例不够了解，教学方式还是以“重讲授，轻实践”为主，这让教学效果大打折扣。因此，本文主要从学生、教师两大层面发掘全英教学模式中可能存在的问题，探讨全英教学模式的改革措施。

一、全英教学中存在的问题

（一）语言问题

全英教学通常在授课、讨论、作业、教材等各个教学环节均采用英语，这对学生英语能力有较高要求。学生们除了需要克服语言障碍外，还要掌握专业知识，这大大增加了学生对教学内容的理解难度。由于学生们的英语素养参差不齐，对于英语能力处于较低水平的学生，可能因听不懂而跟不上课堂节奏或者要求教师对重点内容重复讲解，这与已经掌握该内容的同学们产生冲突，容易降低学生学习积极性和主动性。此外，有部分同学可能因为语言障碍而对专业知识的学习感到不适，例如不敢发言、课本内容难理解、写文章不专业等①。

（二）教材本土化问题

全英教学多选择英文原版教材以保证学科知识体系的系统性和科学性以及英文语言的准确性和生动性。然而这一做法也存在诸多问题。

1. 教材内容与国内课程体系不匹配

即使是相同专业、相同课程，由于国内外教学目标和课程体系的不同，在授课内容、结构安排、叙述角度上都会存在一定的差异②。例如市场营销学课程（全英班）使用的教材多为菲利普·科特勒的《市场营销学》一书，然而其中一些章节例如“零售与批发”在课程大纲中常常会省略或与其他章节合并，因此在具体课程设置上无法做到完全相同。

2. 英文教材内容多、难度高，不符合国内本科教学需求

大多国外教材厚重难懂，不仅内容全面，而且阅读难度较高，如果单纯地采取拿来主义，对学生的学习积极性将造成不小的打击。

3. 教材案例的本土化程度不够

虽然国外教材经过了多年的发展和完善，整体质量较高，在实用性和有效性方面都经过了检验③，但是对于国内学生来说，对教材中出现的很多案例以及企业都不熟悉。并且，由于东西方文化、社会环境与企业制度、法律法规的不同，学生很难真正理解案例的背景和内容，从而影响教学质量④。例如，美国可口可乐开发欧洲市场的案例相比于美国可口可乐开发我国市场的案例，后者以本国情景为中心，学生会有更深切的体会和见解。

对于很多课程来说，案例分析都是一种必不可少的教学方式。例如市场营销学是工商管理类专业中一门理论与应用性较强的课程，涉及面广，实践性强。将案例教学与市场营销学恰当结合，能够培养和提高学生的独立分析问题的能力和解决实际问题的能力，可以使教学效果锦上添花。因此，如果在市场营销学的案例分析过程中，无法激发学生对案例的兴趣，让学生对案例有深刻清晰的了解，那么将会严重影响学习效果。

---

① 吴丹阳，徐向红．“双一流”建设背景下概率论全英教学的实践与思考［J］．吉林广播电视大学学报，2021（3）：31-33.

② 牟鹏．全球化背景下高校全英文教学的现状及启示［J］．中国高教研究，2017（9）：99-104.

③ 谢应东．对金融专业课程全英教学的探讨［J］．国际经贸探索，2005（S1）：34-37.

④ 乜标，任志敏．MBA 本土化案例开发途径探索与实践［J］．教育与职业，2010（29）：141-143.

（三）授课方式单一化问题

很多高校或老师的全英课程授课采用的仍然是传统的教师单向讲课的教学模式，即以教师为中心。这种教学使得学生参与课堂活动的体验变少，学生学习自主性下降，主动性表现不充分。

二、全英教学模式改革：以《市场营销学》课程为例

（一）培养对象选择

全英教学对学生的英语能力有很高要求，不仅需要学生具有一定的阅读能力，还要有较好的听说能力，并且全英教学要求班级规模不宜太大，否则不适合开展讨论与小组活动。学生在之前的课程中也需要有一定的双语学习或全英学习的基础，能很好地适应全英教学模式。因此，《市场营销学》全英课程仅在第三学年开设给全英班的同学，循序渐进的教学模式让学生们更适应。

（二）本土化案例教学方法

1. 教学准备

由于市场营销学的知识内容具有经验性，研究结论具有应用性，国外教学也大多采用启发式教学，注重课堂互动和课后讨论。因此很适合开展以学生为中心的案例教学。教师在教学准备阶段的主要任务是选取案例，这就要求教师有充足的案例准备，并对案例的背景、主体情况以及特点有充分把握，这样才能对案例所涉及的原理、关键点进行准确把握和透彻分析。经典教材《市场营销学》（菲利普·科特勒）的内容很多，为了保证与中文教学进度一致，老师在认真研读了原版教材之后，选择了原版中的主要章节形成十个专题，如 Marketing Strategy、Competitor Strategy、Marketing Environment、Consumer Behavior 等。每个专题提供 1~2 个本土化案例让学生分析和展示，既包括时新的小红书、Keep、网易云，也包括老牌企业可口可乐、徐福记。同时也鼓励同学们自行搜集案例展示，形式不限。

对于学生来说，准备工作则是需要自行组队形成研究小组，以小组为单位进行案例研读和讨论，总结概括出初步的结论并进行课堂展示，最后需提出相应的问题在课堂上与老师和同学们探讨。

2. 课堂教学

第一周教师介绍课程背景和课程大纲内容，告知学生课程考核方式，引导学生对课程专题进行讨论，仔细讲解案例分析方法，随后的每周都需要小组进行案例汇报。采用这样的教学形式，教师只是作为一个引导者，将课堂的主动权交予学生，充分激发学生的学习主动性。

随后，每个小组在课堂上汇报时，其余小组都应针对汇报过程中产生的疑问与该

小组进行讨论，并且针对最后小组提出的问题进行深度探讨。在这过程中，学生可能遇到的最大困难是语言表达，此时教师可以进行适当的引导，让学生不惧发言。最后，老师针对本次汇报的内容当场进行总结和点评。

在全部专题案例分享完毕后，学生对市场营销学课程的内容也有了整体的认识。因此，期末汇报需要学生以小组为单位，基于市场营销学的整体内容进行案例分享，形式与专题案例分享一致。最后，教师指导学生分组输出报告。这一步骤的重点是让学生进一步透彻理解案例，并训练英文书面表达能力。案例分析报告中需包括案例适用理论、营销策略、解决方案和建议等部分。教师对案例分析报告进行批改，及时将评价反馈给学生。通过合作性学习、启发式教学，学生与学生、教师与学生一起反思教学过程及学习效果，提高学习效率和提升教学质量。

（三）考核方式的变化

市场营销学课程（全英班）的考核采取灵活多样的手段来综合考查教学效果和检查学生素质，力求做到重视平时成绩、重视能力培养、重视学以致用、理论联系实际。学生的总评成绩包括平时成绩（50%）和期末考试成绩（50%）。平时成绩包括课堂问答、小组研讨和上课出勤率。期末考试采取案例分析小组汇报和案例总结的形式，将其内容贯穿到整个教学过程中，对学生的学习效果和素质进行全面考核，引导学生重视全英管理类实践课程的语言表达和实践，提升管理类知识相关分析的实际操作技能。

（四）教学效果

实施本土案例的教学后，收到一定的效果。学生在市场营销学课上对本土化案例进行探索与实践，构建了有中国特色的营销理论框架，完善了管理类实践课程的教学内容体系、教学方法与组织形式，并开拓了自己的实践领域。

由于课程本身性质要求具有一定的时代性和实践性，因此在案例的选取上既要与时俱进，也要兼顾经典，做到国外案例与本土案例的平衡。在理论上，也充分考虑西方理论在中国市场的适应性问题。在课程教学中，重视理论与实践的平衡，充分发挥学生的学习主动性和积极性，帮助学生在英语教学环境下掌握现代市场营销理论和方法，培养学生的独立思考能力和团队协作能力，能在团队合作的基础上对现代营销学相关问题进行观察和分析，形成自己的判断。学生对本类课程的反映也较积极，对教师的教学态度、教学内容、教学方法、教学效果等测量指标均比较认可。

三、对全英管理类课程发展的建议

全英教学在快速发展的同时也面临诸多问题，推动其更好地发展离不开各方的共同努力。为推进全英课程的发展，本文提出以下建议。

（一）改善课程体系

全英课程更需要明确课程的系统性和合理性，这表现在全英授课需要选择具有一定英语基础的学生，且在教学过程中，需要重视学生的英语表达能力和掌握学科知识的能力。深圳大学将全英课程开设于第三学年，以往的课程多采用双语教学，这样的课程过渡使得同学们接受程度更高。同时，班级规模不宜太大，因为课程中的案例讨论决定了老师需要对各学习小组进行更多的指导。

（二）合理取舍教材

选用合适的原版教材是全英教学的重要方面，应遵循以下两个原则。

1. 经典性与新颖性相结合

经典的教材内容已经得到大量的验证，而且经过多年发展，理论框架较为完善。但是随着时代的迅速发展，也可能会出现新的现象需要新的理论解释，因此需要关注原版教材中与时代和社会较为贴切的前沿理论。

2. 适度性

原版教材内容的选取需要遵循本国课程体系特点，不应简单地采取拿来主义。授课时要根据学生的水平调整难度，对于专业词汇可做适当的拓展与补充。

（三）鼓励本土案例的使用

由于东西方文化、社会环境和企业制度等方面存在较大差异，因此在使用欧美案例进行课堂教学时，为避免学生难以进入案例情景、对案例不感兴趣的问题，教师需要根据学生情况，坚持“欧美经典案例与本土化案例相结合”的案例选取原则，使案例应用更适合本土学生的学习和理解。

（四）创新教学方法

教师要明确教学方法的采用应根据教学目标和内容而定，同时还要有学生的配合才算真正使用了某种教学方法①。在教师教学实践中以下几种教学方法可能会提高教学效果。

1. 启发式教学

从学生的实际出发，采用多种方式，以启发学生的思维为核心，调动学生的学习主动性和积极性，促使他们生动活泼地学习。这就要求教师在课堂组织中从学生兴趣、需要出发，激发学生的创造才能，善用启发式教学，由浅入深，层层诱导，最后由学生得出正确结论。启发式教学把课堂变成人人参与的讨论或交流活动，极大地活跃了课堂气氛。为达到启发式教学目的，在教学实践过程中往往采用案例教学。案例教学是专业课实现教学目标的十分有效的手段，尤其体现在采用全英教学的专业课中。通过结合教学内容和进度，安排学生进行 presentation，鼓励学生学会用英语结合专业知识对实际问题进行思考分析。如学生针对谭木匠的市场战略提出“谭木匠应该进入低

---

① 魏钧，沈丽．培养工商管理硕士生创造力的“一法四用”教学模式［J］．学位与研究生教育，2020（9）：21-25.

端市场吗?”对阿里巴巴所面临的市场环境提出“阿里巴巴应该走出中国吗?应该选择哪个国外市场呢?”这些问题由学生和老师一起探讨,大家各抒己见,不断提出新看法。

2. 双向教学

管理类专业课程全英教学难度大,只有充分调动学生的学习积极性、发挥学生的主体意识,师生互动,学生主动参与教学的全过程才能取得良好的教学效果。在《市场营销学》的全英教学中,我们尝试让学生作为课程内容的主导者,教师作为引导者,让学生在 presentation 中深刻了解专业知识,往年的教学效果都很不错。在 presentation 的过程中,学生以小组为单位面向所有学生和教师进行展示,教师在这一过程中加以引导和补充,并根据学生的英语表达能力、案例分析内容、对专业理论的掌握程度进行总结,作为平时成绩的参考指标。通过让学生大量阅读、收集资料、了解理论知识,让他们学会主动学习,不仅锻炼了学生的英语能力以及对专业理论的运用能力,还培养了团队合作精神。

3. 运用现代化教学手段进行教学

受疫情影响,部分国际生没有办法到学校上课,只能通过腾讯会议线上上课,在讨论环节中的体验相对较差。同时,受传统教学的影响,有些学生在记笔记和听懂内容方面还是存在一定的困难,无法完全跟上教学进度。因此,教师也要借助于计算机、投影仪、语音设备等现代化教学手段进行内容补充。

参考文献

[1] 吴丹阳,徐向红."双一流"建设背景下概率论全英教学的实践与思考[J].吉林广播电视大学学报,2021(3):31-33.

[2] 牟鹏.全球化背景下高校全英文教学的现状及启示[J].中国高教研究,2017(9):99-104.

[3] 谢应东.对金融专业课程全英教学的探讨[J].国际经贸探索,2005(S1):34-37.

[4] 乜标,任志敏.MBA 本土化案例开发途径探索与实践[J].教育与职业,2010(29):141-143.

[5] 魏钧,沈丽.培养工商管理硕士生创造力的"一法四用"教学模式[J].学位与研究生教育,2020(9):21-25.

基于 PFD 教学法的管理信息系统教学实践

楚湘华　黄麟雅

（深圳大学管理学院）

【摘要】作为管理类专业教学计划中的核心课程，管理信息系统在新时代经管专业应用型人才培养中发挥了独到、重要的作用。本文基于注重理论学习基础的原则，针对学生应用、创新能力开发不足的问题从教学目标、教学方式、教学内容、教学实践活动及考核方式几个关键环节进行研究设计，提出应用 PFD 教学模式对课程教学进行再设计。实践表明，PFD 教学模式能够充分调动学生的主观能动性，在提高学生理论基础水平的同时培养其实践应用和创新能力。

【关键词】管理信息系统；PFD 教学；应用实践；创新

一、引言

管理信息系统（MIS）不仅是培养学生掌握现代化管理知识和技能的一门课程，还是管理类别专业教学计划中一门重要的必修核心课程。它是一个由管理科学、计算机科学、系统科学以及通信技术等诸多学科共同融汇、综合发展起来的边缘性、综合性、系统性的学科。该学科具有更深入、更宽泛的理论基础，实践性极强。经管类专业的学生虽然在管理理论方面已经具有一定的基础，但仍然缺少计算机、智能计算与大数据基础知识，缺乏实践动手经验，这些都成了学习这门课程的桎梏。而且，随着大数据、互联网、物联网的飞速发展，经管类专业 MIS 课程的案例教学方式缺乏实践，难以激发学生的创造性应用能力与自主创新能力，已经远远跟不上时代的发展步伐，也不能满足现代社会的需求。因此，在充分注重理论研究的基础上，我们要进一步培养教师引导学生发现、分析和解决实际问题的能力，同时应更加注重教师对学生实践能力的培养，进一步提高教育教学研究的效果、改进课程内容的教学并改良教学方法、教学过程和课程效果检查方法，不断追求研究团队的进步，致力于课程任务的持续改进。这不仅对培养适用于新世纪的人才具有重大意义，而且对管理信息系统领域的发展也具有重要推动作用。

本文针对管理信息系统课程的特点和当前实践教学的不足，重点强化实践教学和信息系统应用能力两个要点，提出了“以实践化教学改革为导向，以掌握信息管理知识和技能为主线，以 P（Project-based-learning）+F（Flipped learning）+D（Double effect case）组合模式为手段”的《管理信息系统》课程的实践教学改革方案，使本专业学生从管理角度对行业信息化有明确的认知，并能参与到行业组织信息化工作实践中，通过实践初步培养学生综合运用知识和分析开发应用系统的能力。实践表明，基于 PFD 组合模式的教学有利于落实和巩固学生所学的基础理论和专业知识，培养学生获取、处理、分析和应用大数据的能力，为以后相关课程的学习和智能决策水平的提高奠定良好的基础；有利于在培养学生分析问题、团队合作、解决问题的能力的同时激发学生的创新思维和自主创新能力，进而为本校培养创造性能力达人、创新人才提供思路。

二、管理信息系统课程存在的问题

对深圳大学而言，尽管对管理信息系统课程进行了不断的教学探索和改革，但仍存在许多有待完善的地方，如教学手段、教学内容、教学方法、教学平台和实践性教学环节等方面均有待提高。因此，期望通过本次教学改革，能够进一步完善这门课程，为经管专业的学生掌握管理的理论、基本技能、方法和学好后续专业课程打下良好的基础。经过总结发现，当前管理信息系统课程设计存在的问题集中表现在以下几个方面。

（一）学生认知偏差

一方面，学生对这门课程的认知存在偏差。部分学生认为只有和专业密切相关的一些专业核心课程才是有用的课程，因此更加重视；认为管理信息系统这门课以后工作中用不到，又不会编写程序、开发系统，学好学不好关系不大，只要修满学分即可。另一方面，管理信息系统是一门综合性、边缘性、系统性强的学科。运筹学、计算机基础、管理学等多门学科是学习这门课程的知识前提。在实际的课程实践教学中，经管专业的学生普遍存在文科生比例较高的问题，相对而言数学逻辑思维能力会弱一些，因此在学习的过程中，学生对部分较难的知识点理解起来有难度，对其学习积极性造成负面影响，这些认知上的偏差也极大地影响了学生的学习热情，不利于课程教学效果的提升甚至造成不升反降的局面。

（二）实践教学单一化

虽然管理信息系统是一门实用性强、跨度大的课程，但是在高校的实际教学中还没有反映出课程的互动性，很难激发学生参与课程的热情。其原因主要体现在以下方面：课程教学仍以理论讲解为主，理论知识所占比例较大；实践课程时间滞后于理论课程时间，时间安排相对集中（通常是学期末的一周时间），因此，理论与实践往往存在脱节情况，集中的课程实践环节不利于系统的整体分析和设计；实践内容不合理，实践教学及指导方法缺乏可操作性。从课题布置、项目分解到课题验收缺少有效监督机制，学生缺少团队意识，在课程实践环节“偷懒”。

（三）缺乏案例与实践的结合

教师上课虽然能够穿插案例讲述，并结合《管理信息系统》的相关概念引入案例教学，但仅停留在“讲故事”的阶段，单凭简单的生活经验进行教授有时显得单薄和无趣，在案例讨论阶段就变成教师的“一言堂”，学生比较难以理解实际的背景，难以提出很好的问题，学生参与度不高。

三、PFD 教学法基础理论

PFD 教学方法具体包含以下内容：项目教学法（P）、翻转学习法（F）、双效案例法（D）。

（一）项目教学法

项目教学法（Project-based-learning，PBL）也被称为“基于项目活动的研究性学习”，在课程教学活动中有着基础、广泛的应用。在课程教学采用项目教学方式的过程中，学生充当的是教学主体，而教师则充当“项目设计师”和“教练”的角色。教师与学生在教学活动过程中充分互动，通过积极的探索性交流，获得理论知识和实践能力[1]。

项目教学法的一个突出特征是能够整合学习过程中的实践和研究活动，侧重于所学知识的核心概念和原理，将学习者置于完成富含意义的任务的过程中从而使他们能够有目的地自主学习。在学习过程中，学习者必须通过自身实践建构知识、训练技能。项目教学法体现了个性化、分层次的人才培养理念，提倡和指导学生进行研究性学习，使学生能够自主选择学习方式，走自主发展道路。

项目教学法具有以下三个显著特点：

（1）在学习过程中，学生的理解本质上与行为相互关联，这意味着教学教育与学生的行为密切相关，是一个以行为为基础的过程。

（2）在客观存在世界里，学生自己决定，自主赋予项目教学以意义。

（3）学习的目标具有明确的方向性，只有在学生明确意识到自身的学习目标，并得到与所期望获得的成果相应的预期时，学习才是有效成功的。

（二）翻转学习法

翻转学习法（Flipped learning，FL）是指学生在实施课堂学习之余，对以教学视频为主的教学材料进行自主学习。课堂上，学生们在教师的指导下完成课程作业、进行提问，或通过开展项目实践、协作学习和深度研讨等活动的学习方式，充分进行师生之间、学生之间面对面交流；在课下，学生们则可以根据自身知识掌握情况自行查阅课程材料、观看教学视频，自主重复学习重难点，加强对知识的综合运用[2]。

翻转学习法具有以下三个显著的特征：

（1）学习主体对象的翻转。在传统的课堂教学中，教师在知识学习的整个过程中发挥着主要作用。然而在翻转学习中，知识学习和内在化的主角由学生担任，教师仅负责指导和支持。由此不难看出，翻转学习中的教学环节发生了极大改变，促使学生在这一过程锻炼自己的自主学习能力、理解能力和创新能力。

（2）充分发挥课堂时间价值。在传统课堂中，教师对时间掌控力度不够会负面影响最终的教学效果。然而，学生可以通过翻转学习的方法，根据自己的学习情况自行安排合理的学习时间，从而提高课堂教学效率，显著节省课堂教学时间。

（3）建立密切的师生关系。在翻转学习中，教学不再仅限于课堂内，还延展到了课堂之外。在网络给学生搭建得更加系统全面的教学环境里，无论何时遇到问题，都可以借助网络及时寻求教师以及其他同学的帮助。通过这种方式，可以提高学生的学习效率。而且通过在互联网上进行交流，教师可以随时随地对学生的学习情况有基本了解，进一步加强学生与教师之间的沟通并建立良好的师生关系。

（三）双效案例法

针对企业管理面临的实际问题，优化传统的“碎片化”案例模式，将近年来企业所研发的信息系统项目按照大小案例“1+1 双效组合”模式分类设计成课程教学的系统案例。弥补传统的“碎片化”案例教学的弊端。双效案例法的实施可以优化教学内容，以便在最佳位置使用最佳案例。学生可以选择熟悉的大案例进行实践，并通过公司的实际小案例拓宽视野，加深对知识的理解。

四、教学过程关键环节

（一）教学目标

充分调动学生的主观能动性，从理论知识习得向创新能力培养、应用实践能力转变，在提高理论基础水平的同时培养实践应用和创新能力。

（二）教学内容

实践 PFD 教学创新模式中，课堂教学注重以创新应用、成果产出为导向，通过建立“两个轨道、五个结合、十个模式”的教学改革与实践使课堂教学与实践内容相融合，而不是传统的先进行理论学习再实践，要让学生可以更好地适应从学生角色到社会职业角色的转变。“两个轨道”是指问题破解运行轨道和项目助力运行轨道，“五个结合”是指线上线下相结合、课内课外相结合、理论实践相结合、实战就业相结合、校内校外相结合，“十个模式”是指教学理念创新模式、校际资源共享模式、师生角色转换模式、线上线下互动模式、理论创新实战验证模式、品牌项目组模式、借力教学基地模式、广告新闻赛事实战模式、项目实战交流模式以及创业素质导入模式[3]。

基于以上内容，教师结合专业特点提前构建案例、设计教学活动，要求学生基于教材中相关理论知识，搭建知识框架，就教学内容进行剖析、探讨、交流，汇报成果。

1. 结合专业特点，科学设计教学内容

根据不同专业的特点，有针对性地优化课堂教学内容。例如，在课程内容的设计中，将重点放在培养学生的系统工程师思维上，使他们了解信息系统开发的基本方法和过程，最终达成管理专业学生的培训目标。此外，市场营销专业的学生可通过结合销售管理信息系统和客户管理系统等的案例，了解信息系统的开发过程、模块划分和系统要求。针对经管类本科生的现实需求，及时更新教学内容，具体课程内容从精练基础理论知识、引入大数据基本知识、突出数据分析技术、强化课程与经管专业的交叉融合四个方面来设计，提高学生的学习兴趣，同时也让学生体会到课程的重要性和实用性。

2. 构建完善的实践内容体系

一是将实践内容分为基础、设计和创新，实现“多层次实践教学”以满足不同水平和阶段学生的实践需求；二是以课内实验、课外实践、课程作品和综合设计实作等多种形式分别开展实践教学，实现“多形式实践模式”，解决实践课时不足的问题，提高学员参与实践的积极性，使学员信息管理的实战能力得到充分锻炼。

（三）教学方式

从灌输式教学转向探究式教学，采用在线和离线学习方法相结合的混合教学，充分应用合作研究、讨论、案例分析和交流等方法，加强课堂教师与学生的互动；深入研究网络教学和 MOOC 教学等应用模式，运用现代化教育技术，指引学生积极主动参与教学活动，充分培养学生的自主学习能力。

1. 创新教学方法

将“PBL 项目教学法（P）”“翻转学习法（F）”特色化融合（见图 1），根据课程内容侧重工程过程的特点，以项目开发应用贯穿和引导学习的全过程。在以项目开发为指导的整个学习过程中，同时实施翻转学习，通过辩论和讨论的方式来探索解决实践问题的方法，加强实践环节教学的指导，在一定程度上提高管理专业学生信息系统的开发和应用水平。

2. 应用“双效案例法（D）”

针对企业管理面临的实际问题，优化传统的“碎片化”案例模式，将近年来企业所研发的信息系统项目按照大小案例“1+1 双效组合”模式分类设计成课程教学的系统案例。弥补传统的“碎片化”案例教学的弊端。双效案例法的实施可以优化教学内容，以便在最佳位置使用最佳案例。学生可以选择熟悉的大案例进行实践，并通过公司的实际小案例拓宽视野，加深对知识的理解。

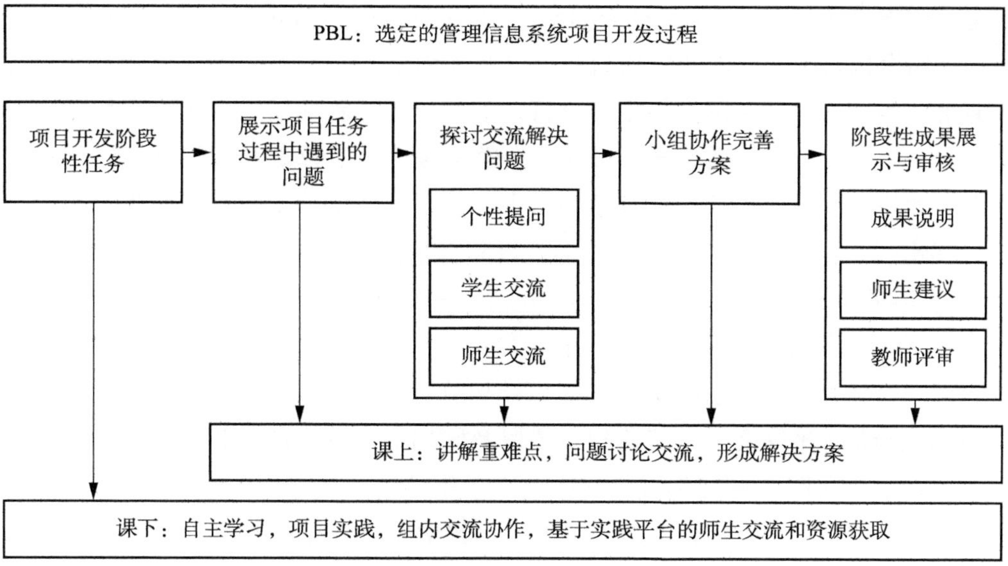

图 1　PBL 和翻转学习相结合的教学过程

（四）教学活动及考核方式

为保证实践教学质量，课程考核由三次“讨论报告”，一次“项目展示”及“课程设计报告撰写”五个部分组成，整个考核过程遵循互相监督为主、指导教师为辅的原则，充分发挥学生的团队合作精神，全面锻炼学生的实践能力及书写、表达能力。团队互评是课程设计答辩环节中的重要部分，在项目展示前派发小组答辩评分记录表，各小组成员负责给其他各组同学打分，打分项目包括演讲幻灯片、演讲流利程度、回答问题的情况等。鼓励小组成员互相提问，共同参与答辩，互评分还加入提问加分环节。通过以上举措，充分调动学生的积极性，保证评分的客观公正。

五、面向创新应用能力的 PFD 教学创新模式

PFD 教学创新模式如图 2 所示。

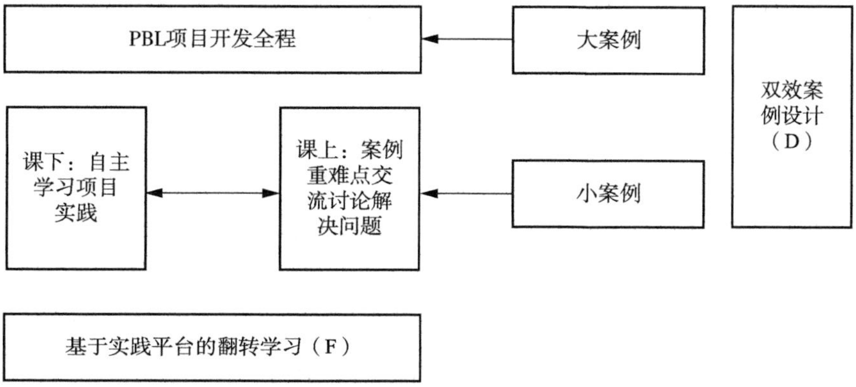

图 2　PFD 教学创新模式

基于“P（Project - based - learning）+ F（Flipped learning）+ D（Double effect case）”组合模式相关理论和应用研究，以及当前管理信息系统课程教学过程中存在的问题和不足，通过问卷调查与定性分析，了解当前《管理信息系统》实践教学中存在的问题，重点从课程体系、教学目标、教学方法、实践教学和教学评价方面进行深入剖析，为进一步教学改革提供基本切入点。针对管理学院本科生教学中存在的薄弱环节，提出“以实践化教学改革为导向，以掌握信息管理知识和技能为主线，以‘P（Project-based-learning）+F（Flipped learning）+D（Double effect case）’组合模式为手段”的“管理信息系统”课程的改革方案。

同时，分析管理信息系统课程的知识结构特点、明确教学目标等，基于修习学生的学科知识储备水平梯度、心理认知规律以及同期选修课程的知识关联度，重点研究基于项目教学法（P）、翻转学习法（F）、双效案例法（D）的基本概念、理论基础及其设计步骤，并试图将其组合，建立以实践化教学改革为导向的 PFD 组合教学创新模式，优化实践教学环节，丰富实践教学内容，结合创新教育体系和管理类专业背景，更新管理学院目前的管理信息系统课程教学内容与方案，课堂教学方法多样化，实现教学实践的有效结合，解决管理类课程实践环节的难题。

在前期资料和数据的基础上，结合管理学院《管理信息系统》课程教学的实际问题以及管理类专业背景，基于 PFD 组合教学模式，从教学内容、教学模式、实践教学和考核方式等多个维度构建新的课程教学体系，培养学生的创新能力与管理信息系统的实践技能，更好地实现课程教学的目标，有效驱动理论教学、课程实践与创新应用充分结合，促使跨学科课程知识交叉与综合应用。同时，以《管理信息系统》课程为载体，研究 PFD 组合模式理论及其原理在管理学院本科生教学设计中的应用，增加管理信息系统课程教学特色，运用管理信息系统课程 PFD 教学创新模式充分调动学生自主学习的主观能动性，提升学习热情和对本专业的认可度。

最后，对比和总结教学改革实践的效果和不足，为进一步深化教学改革提供可操作性策略与建议，并在教学实践中根据实际反馈，对该教学方案进行修正完善。

六、结语

基于“P+F+D”组合模式的实践教学方案，能够以解决问题为牵引，以锻炼学生实践能力为目标，将“PBL 项目教学法”“翻转学习法”和“双效案例法”有效融合，从教学理念革新、教学模式转变、教学流程优化、教学组织加强多方面发力，推动研究性探讨性教学，鼓励更多学生积极参与到教学活动过程中，将学生能力和素质进行有机融合，激发学生学习兴趣与潜力，全方位保证实践教学质量的提高。

开展多层次、多形式、多阶段实作及评审式考核的“三多一评”式实践教学，既能够满足不同层次学员和不同阶段教学的实践要求，又提高了学员参与实践的积极性，不仅培养学生的学习能力、研究能力，更拓展了他们的创新能力和应用能力[4]，最终实现了对实践教学质量的有效控制。

总结《管理信息系统》课程以往教学经验，结合“P+F+D”组合模式的实践教学方案，加强过程监督与指导，充分发挥学生学习的主观能动性，引导学生基于自身能力优势进行课程教学的全方面优化，不断完善案例研讨形式、实施流程和考核评价体系；通过改进、完善课程的教学大纲，实践环节和考核评估方法，解决了教学形式过时陈旧、学习过程低效被动的问题，以及课程目标与教学方法不能够完全匹配的问题，为其他课程进行相关的教学改革提供了新的多元研究视角。

参考文献

[1] 贺平．项目教学法的实践探索 [J]．中国职业技术教育，2006 (22)：43-44.

[2] 黄叙．高校财务管理课程的翻转学习模式研究 [J]．教育现代化，2017，4 (49)：308-313.

[3] 傅琳雅，尚菲菲．基于OBE理念的高校新闻传播学实践创新型人才培养——以线上线下混合式一流课程教学改革为例 [J]．传播与版权，2021 (1)：1-3.

[4] 吴国锋，李梅．研究性教学创新设计与实践效果评析——以广东省D高校“绩效管理”课程为例 [J]．改革与开放，2020 (24)：75-79.

多元化教学模式组合在实用型高校课程中的应用实践

——以项目管理课程为例

豆国威[1] 周 宇[2] 郭海男[1] 范 璧[1]

（1. 深圳大学管理学院管理科学系；2. 深圳大学计算机与软件学院）

【摘要】 关于高校教学模式的探讨是长久以来高等教育的重点话题，尤其是在互联网蓬勃发展的推动下，线上教育和线下教育相结合的模式被广泛应用于高等教育的教学实践。在新冠肺炎疫情流行的背景下，线上教学成为世界各地的主流教学模式。基于线上教学模式的应用，各大高校和教师队伍推陈出新，如翻转教学等细化的模式被有效地利用于线上课堂。然而，不同的课程特征各异，对学生素养的要求各不相同。如何针对特定的课程构建更加适合的教学模式体系是提升教学质量的关键。本文以《项目管理》课程为例，基于其实用性的特征和教学目标与要求，建立了线上线下协同的多元化组合教学模式，有效地提升了学生对于课程的专注度以及教学质量效果。

【关键词】 多元化教学模式；项目管理

一、引言

近年来，国家教育部门提高了对高等教育教学质量的要求，高校在对教师队伍的考核中提升了对教学质量、课堂测评等考核指标的权重，凸显了对高等教育教学立德树人、强化教学效果的进一步重视。对于教师而言，除了对课程内容本身的把握之外，在教学模式上根据教学实践推陈出新，提升课堂教学效率，强化学生对于课程知识的掌握也是进一步提高课堂教学质量的关键所在。

在新冠肺炎疫情流行之前，线下教学一直被作为主流的教学模式应用于课堂教学。在线下教学模式的框架下，教学模式的创新已显得愈加困难。新冠肺炎疫情发生后，在“停课不停学”的指导方针下，线上教学成为延续教学的重要支持。在此期间，各大高校基于中国大学慕课、优课联盟等平台开展了如火如荼的线上教学，丰富的线上教学资源和教学功能以及各个留言问答等板块为线上教学模式的组合和创新应用提供了重要的基础。

与传统的线下教育相比，线上教学具有以下几方面优势特征。首先，线上教学不受时间和空间限制。师生可借助虚拟教学平台（如腾讯课堂、腾讯会议等）进行授课和学习，教学可根据需求灵活调整课堂时间。通过利用先进的互联网技术为教学赋能，线上教学有了丰富的教学资源和渠道。教师在授课过程中，可利用线上平台的教学功能满足多样化的、个性化的需求，为学生学习提供多个渠道和选择。在特殊时期，教师和学生均可以避免聚集的风险，实现教学的延续性，避免学习的中断。与此同时，多样化的学习资源和渠道可以在一定程度上促进发挥学生的主观能动性，学生可通过观看在线教育资源、完成课程作业、线上与其他同学或教师讨论等培养自主学习的习惯。其次，线上教学形式多样。如中国大学慕课等线上平台汇集了丰富的教学资源，这些教学资源可以丰富的形式获取或展现，如教师进行课堂视频直播、教学资源发布后学生自主观看回看、完成课程相关的线上作业、及时与教师进行问答互动等联系，相比传统的线下渠道具有高度的灵活性和趣味性。然而，线上教学模式同样存在一些弊端。例如，线上教学的监督效率不高。在利用线上已有的教学资源时，教学过程中往往需要学生自主观看教学视频并完成相应的课程作业，教师对学生在此过程中是否能真正做到认真学习观看教学视频缺乏有效的监督。再如，课堂互动环节在线上教学模式下难以有效开展，互动场景受限。教师在线上直播课堂上缺乏与学生面对面交流的环境，学生往往只能以文字的形式与教师开展互动或者只有少量学生可以同时打开语音设备与教师对话，课堂讨论的效率比较低，相比线下教学，教师的讲授扮演着更多的角色。

得益于我们国家对疫情高效的管控，线下教学已得到全面恢复。恢复线下教学后，线上教学模式广泛应用的多种线上教学工具可以平移到线下，使线下教学的形式更加丰富，教师在授课过程中可充分发挥线上工具的作用，创新教学模式，提升教学效果。然而，对不同性质的课程来说，如何充分结合线上教学和线下教学的优势，根据课程特点个性化组合教学模式仍然需要在授课过程中不断进行探索和优化。基于此，本文以《项目管理》课程为例，根据该课程的特点和不同章节的内容及其教学需求，有针对性地进行线上和线下教学模式的结合，开发多元化的教学模式组合，力求在更大程度上提升教学效果。

二、文献回顾

现有研究对于高等教育的教学模式有着丰富的探索。李一鸣（2019）围绕现阶段多元化教学方式在高校市场营销专业实践课程教学中的应用措施展开分析，提高学生的学习质量。杨树元和唐玲（2021）分析了传统教育的基本假设和面临的矛盾，对以学生为中心的教育理念的内涵和表现形式进行了深入解读。文章以经管类课程投资学为例，进行基于线上平台的以学生为中心的“二维三模四步”的教学模式和课堂教学方法改革实践探索，并针对教学改革对职业能力的提升作用进行实证检验，为应用型高校教学改革提出参考及建议。苏冰（2021）以思政课程为例分析了对分教学模式的特征，分别从教学的主体性要素和主导性要素阐述了对分教学模式有效性的保障作用。徐省华（2019）在“互联网+教育”的背景下探讨了基于案例驱动的教学模式，并以大学计算机应用基础课程为例进行教学模式的具体论述。吴传荣等（2021）指出虽然大数据在高等教育中的重要性已经不言而喻，但是目前对大数据如何影响学生知识获取过程、怎样实现学生个性化知识重构等问题的讨论尚未真正触及，因此需要抓住这一契机，以大数据来驱动高校课程教学改革和学生个性化知识重构。

近两年，随着线上教育的普及和应用，诸多研究阐述了线上教学模式的优势及其与线下模式的组合。张丹玮等（2021）对在线教学模式下高校线上教学现状问题及解决策略进行研究分析。分析了线上教学模式的优势和劣势，并提出针对性的解决方案，指出高校应打造线上线下教学一体化，利用现有教学资源整合多项教学优势，丰富教学手段，开拓教学思维。张锐等（2021）探讨了高校在线教育和智慧教学平台的发展，分析混合式教学模式的教学组织形式、教学评价方式、教学管理模式等要素，强调以学习者为中心的建构主义教育理念，依托智慧在线教学平台采集教学过程数据，为教学考核和教学改进提供依据。最后以《Java 企业级应用开发》课程为例讲述混合式教学的实施。原宇（2021）从应用型高校服务营销课程混合式教学模式的应用、课程混合式教学的应用效果等方面进行阐述研究，归纳出混合式教学模式实施步骤及成功的关键，以期为应用型本科院校实践性教学课程带来参考。陈迎欣（2021）通过对混合教学模式进行分析，结合高校教学现状，提出混合教学模式的有效实现路径，包括提高线上教学资源质量、线上线下有机结合、健全线上教学管理机制、完善教师评价体系、改革混合模式下学分制等。

尽管现有研究对线上和线下的教学模式及其综合运用均进行了丰富的讨论，但涉及的面相对宽泛，针对具体课程的个性化教学模式创新的研究相对较少。本文将结合当前高等教育的现状，以实用型课程项目管理为例，充分结合线上和线下教学模式的优势，基于教学实践探讨对于此类实用型课程的教学模式的创新和应用。

三、项目管理课程概况

项目管理课程包含的主要内容有项目管理的基本概念知识的介绍、项目管理的范围、项目管理的人员和组织、项目的时间成本以及质量管理等。所用教材是第五版《成功的项目管理》，是关于项目管理最新的实践和教学经验，它结合最新版《PMBOK 指南》，从实践的角度通过大量事例解释概念、技能，说明如何技术性地运用这些知识进行项目管理。以管理为导向，剖析了项目生命周期各阶段的管理要点，生动刻画了项目经理、项目团队的职责和作用，深入研究和分析了有效组织与沟通的各种方法。依据本教材的内容，将课程内容划分为如表 1 所示的几个部分。

表1 课程内容架构及进度安排

周次	学时	主要教学内容	习题课或实验课内容
1	2	课程主要内容简介、考核方式介绍、项目管理的概念等基本知识介绍	
2	2	项目管理概论，包括项目和项目管理的定义、项目管理的发展等	
3	2	项目干系人管理和项目管理的组织形式及其各自的优缺点	
4	2	项目的启动和项目的需求管理	
5	2	项目的范围管理	
6	2	项目的时间管理	项目时间管理课后练习
7	2	项目的成本管理	项目成本管理课后练习
8	2	项目的质量管理	
9	2	项目的人力资源管理，项目的风险管理	
10	2	Project 基础操作及核心应用 1	Project 的环境要求和基本功能；了解常用的项目管理工具；创建项目范围
11	2	Project 基础操作及核心应用 2——项目进度计划	进度计划，熟悉时间管理工具，WBS，网络图等；项目进度优化
12	2	Project 基础操作及核心应用 3——项目资源计划	资源计划，建立项目资源库，熟悉资源管理的过程
13	2	项目成本及优化	调配资源分配过度的方法，优化项目
14	2	项目跟踪和报告	进行项目跟踪管理，通过项目管理软件输出各类报表
15	2	项目综合实训	利用项目管理相关理论及 Project 工具，以团队为单位，完成一个项目的设计
16	2	学生分组报告	
17	2	学生分组报告	
18	2	课程内容的复习、答疑	

四、教学模式的多元化组合及应用

在教学过程中，依据整个课程教学内容的安排，将全部内容依据其特征和内在逻辑划分为几个不同的授课阶段。在此基础上，根据不同时段教学内容的特征有针对性地、灵活地采用不同的教学模式，以全面提高课程教学效果。

（一）案例讨论和知识点讲授

根据前三周的教学内容，依据其概念性知识点偏多，需要学生加强对知识点的记忆来提高对课程内容掌握的特点，以案例讨论和知识点讲授为主。在讲解过程中充分理顺各个知识点之间的逻辑关系并强化上一个知识点和下一个知识点的过渡。课堂上将各个知识点以其内在逻辑关系利用知识框图展示出来，使学生在课上容易理解课程知识点之间的关系，加强对各部分知识的理解。同时，针对重要知识点，广泛搜集当下时事热点或典型案例，将其融入知识点，充分利用案例的引入来增强对知识点的介绍和解释。通过案例的讨论和问答引导学生对于案例的思考、总结从事项目管理的心得体会。

（二）分组讨论和分组实践

针对项目的范围管理、时间管理、成本和质量管理几个章节的内容，除课程讲授外，加入分组讨论和实践操作的教学模式。在时间、成本两个章节的内容中，涉及项目完成进度的时间推算、时间进度的控制、成本的支出进度和管控等内容，这部分内容在需要逻辑推理计算的同时，还需要项目参与者共同执行完成。在这一阶段的教学中，按总体班级规模进行分组，每个分组由 3～5 人组成。每个小组自由推选小组成员所完成或正在进行的项目，根据所学基本知识编制项目进度计划和成本预算，并按教学进度跟进项目的完成进度和成本支出情况。定期将项目进度和成本支出情况与初始计划进行对比，找出问题并分析造成问题的原因，同时给出控制或解决方案。每个小组及时反馈本小组问题并总结。

（三）线上+线下相结合的实验课程教学

项目管理课程涉及一款重要且非常实用的软件——Project。此软件是一款从事项目管理的重要工具，在现实项目管理实践中被广泛应用。为强化学生日后从事项目管理的能力和水平，本课程在理论知识的基础上，安排了项目管理软件的学习。针对软件学习的特征，在此阶段采取线上+线下相结合的教学模式，线下讲授便于学生掌握和熟练操作软件，线上实践促进巩固强化对于软件的掌握和应用能力。针对 Project 软件基本知识的学习采用实验室线下讲授的方式，并要求学生同步操作软件，以熟练掌握软件功能和原理。针对软件每部分的内容，要求学生依据理论课程部分的分组讨论及对项目时间和成本的计划和控制，利用软件对本小组所进行的项目进行管理，并将完成情况上传到线上教学平台。通过利用线上平台及时检查每个分组的项目及利用软件进行项目管理的进展，发现存在的问题并及时与学生进行线上沟通、讨论和解答，促进学生对软件管理的学习和掌握。

线上教学的统计结果显示，包含本课程软件的学习共计 6 个教学周次，总共发布作业任务 6 次，达成率 95%；学生 100%完成本部分内容的学习；参与线上提问共计 56 次/人，充分反映了软件学习的积极性和活跃程度。

（四）实践讲座的开展

对于项目管理这种应用型课程，除了对课程本身内容的掌握之外，课堂调查显示学生更希望了解业界先进的项目管理的工作理念和实践。由于书本和课堂内容对实际工作中项目管理可能涉及的各方面难以全面覆盖，因此针对学生在此方面的需求，本课程在完成基本知识的传授之外还采用开展线上讲座的方式为课程补充业界先进的工作实践，更好地促进理论和实践的结合。对此，本课程在完成基础知识的教学以使学生对项目管理的理论和方法具有全面的掌握之后，邀请了业界具有丰富管理经验的项目经理在线为学生分享项目管理的实践，分享主题包括智能语音产品项目的管理经验、智能家居产品的项目管理经验等。在分享过程中鼓励学生和分享嘉宾互动交流，向嘉宾提出自己的疑问，通过讨论加强对实践的了解和对课程理论内容的理解。

经过教学模式的改进和丰富，尤其是在加强对线上+线下模式的综合利用和增加线上讲座之后，本课程的课堂氛围得到良好的改善，教学效果得到了明显的提升。通过以上多元化教学模式的组合和应用，本课程的测评排名上升了20%，进入了前10%的总评区间。由此可见，充分了解学生对课程内容的学习需求、依据课程内容和特征进行教学模式的个性化定制，利用多元化的教学模式组合来完成教学对提升高校实用型课程的教学效果具有重要的推动作用。

五、总结与进一步提升的方向

通过多元化教学模式的组合应用，本课程针对不同阶段教学内容的特点定制了个性化的教学方案，使课程的教学效果得到了显著的提升。但总体来看，课程内容的讲授和教学模式仍有改进的空间，例如加强对智慧在线教学平台和移动终端的应用；打造系统化的案例教学体系等。具体而言，除了在线教学模式下应用智慧教学平台之外，还可以将部分较为实用的功能迁移到线下课堂。例如利用在线平台和移动终端的统计功能，在以案例引入教学内容的讨论或者在课堂上提出问题时，可通过让学生在线作答来及时获取统计结果，以此反映学生对问题的认知程度和了解情况，辅助判断讲授的详略程度或者讨论的侧重点，以进一步提升教学效果。尽管本课程在讲授过程中充分结合了时事热点或者经典案例，但未形成完整的案例体系。后续可依据教学实践的积累，在教学开展过程中逐步完善案例教学的资源，形成较为完整的体系并保持更新。还可进一步丰富线上讲座的主题，尽可能覆盖不同领域的项目管理，以此体现不同类型项目管理的差异，帮助学生更好地理解不同项目管理的特征及管理的侧重点。

参考文献

[1] 李一鸣．市场营销专业实践课程教学组织模式多元化改革研究［J］．经济管理文摘，2019，736（22）：108-109.

[2] 杨树元，唐玲．以学生为中心的应用型高校教学模式构建和实践探索［J］．高校教刊，2021（17）：47-54.

[3] 张丹玮，王千，李莉．在线教学模式下高校线上教学现状问题及解决策略［J］．黑龙江科学，2021，12（11）：3.

[4] 张锐，张涛，苏鑫．基于智慧教学平台的高校混合式教学模式研究［J］．铜陵职业技术

学院学报，2021，20（2）：6.

[5] 苏冰. 高校思政课程教学模式改革创新有效性分析——以对分教学改革为例 [J]. 合肥学院学报（综合版），2021，38（3）：107-112.

[6] 徐省华. “互联网+教育”背景下基于案例驱动的教学模式研究——以“大学计算机应用基础”课程为例 [J]. 教育现代化，2019，6（59）：224-226.

[7] 原宇. 应用型本科院校混合式教学模式构建研究——以服务营销课程为例 [J]. 科技视界，2021（19）：2.

[8] 吴传荣，尹华意，刘洪深，何昊. 大数据环境下高校课程教学改革与学生个性化知识重构研究 [J]. 教育观察旬刊，2021，10（25）：107-110.

全流程 BOPPPS 模式在混合式课程中的实践探索*

——以社会化媒体营销课程为例

刘雁妮[1]　刘新燕[2]

（1. 深圳大学管理学院副教授；2. 中南财经大学工商管理学院副教授）

【摘要】 BOPPPS 教学模式起源于 20 世纪 70 年代加拿大英属哥伦比亚省的教师教学技能工作坊 Instructional Skill Workshop（ISW）项目，是一种强调以教学目标为导向，以学生为中心，以有效课程设计为主线的教学模式。国内的学者和教师自 2015 年开始逐渐重视这种教学模式在教学实践中的研究和应用。在实践探索方面，教师们发现 BOPPPS 教学模式和国家金课所提倡的“高阶性、创新性、挑战度”的理念高度融合，因此有教师开始尝试在金课建设中借助这种模式进行教学设计。但现有对该模式的探索和应用多局限在一堂课或者一次课内部，尚缺乏将该模式应用于一门课程全流程的系统性应用框架。本研究探索 BOPPPS 教学模式在混合式课程全流程中的应用体系，将该模式从一次课程内部设计拓展为一门课程全局的系统化运用，并且具体探索混合式这一特殊的课程性质和该教学模式之间的互动。这有助于进一步完善该模式的理论基础，丰富该模式的具体内容，对进一步探索混合式课程教学模式改革也有着重要的理论指导意义。

【关键词】 BOPPPS 模式；混合式课程

社会化媒体营销是当下最受企业欢迎且发展最快的一种营销手段。企业花费在社会化媒体上的预算越来越多。与传统数字营销相比较，社会化媒体营销更重视消费者的参与性和基于消费群体所形成的网络效应。深圳大学管理学院市场营销专业开设了一系列切合社会市场经济发展的营销专业课程，《社会化媒体营销》课程也适应时代发展的需要而在近年开设。不同于以往其他营销类教材仍以科特勒《市场营销管理》一书所提供的理论架构为基础，《社会化媒体营销》课程更多涉及社会学和统计学的相关理论知识，而实践领域日新月异地发展，对缺乏实际经验的学生来讲，理解整体的课程框架体系有一定难度，课堂全部以知识点讲解为主难免枯燥而达不到教学效果。深

* 基金项目：2020 年湖北省教学改革项目（31412110802）。

圳大学管理学院在2019年完成了社会化媒体营销慕课的脚本设计之后，2020年上线慕课课程，并在2020年和2021年春季教学中，结合Blackboard实施线上教学，与线下授课进行了分析对比。探索社会化媒体BOPPPS教学模式在混合式课程全流程中的应用，目的是帮助学生提升课程学习中的学习体验和学习效果。

一、BOPPPS教学模式的现状及本研究的问题

BOPPPS教学模式起源于20世纪70年代加拿大英属哥伦比亚省的教师教学技能工作坊ISW项目，是一种强调以教学目标为导向，以学生为中心，以有效课程设计为主线的教学模式。它将课堂划分为6个模块：在“引入（Bridge-in）”环节将新知识点的导入与学生的日常生活和熟知的事情紧密相连，从而激发学生的学习兴趣；“教学目标（Objective/Outcome）”模块强调将教师的教学目标转化为学生的学习目标；通过“前测（Pre-assessment）”了解学生的学习基础；基于“参与式学习（Participatory Learning）”培养学生参与教学实施、合作学习的学习习惯；通过“后测（Post-assessment）”得知学生的学习效果；借助“总结（Summary）”环节再次加深学生对关键知识的印象。

国内的学者和教师自2015年开始逐渐重视这种教学模式在教学实践中的研究和应用。现有的教学研究主要围绕三个方面展开：

第一，BOPPPS教学模式是什么。主要介绍这种教学模式的缘起（张建勋等，2016）、内涵（曹丹平等，2016）；它和传统教学模式的差异（杨娜等，2017）及其在世界各国的应用现状（李爽等，2020）；

第二，BOPPPS教学模式能带来什么。学者们发现，该模式强调通过六个模块构成一个有效、完整的课堂环节，每个模块都为教学目标服务，强调师生参与式互动，因此能有效改善学生自主学习的体验；使整体教学质量具有明显的提升（周伟等，2018）。

第三，BOPPPS教学模式如何开展。有学者开始探索不同模块在实施中的侧重点；以及各种不同的教学方式，如翻转课堂（张所娟等，2017）、思维导图（杨玫等，2020）、MOOC（吴昌东等，2019）等如何融入“参与式学习”的环节。

在实践探索方面，教师们发现BOPPPS教学模式和国家金课所提倡的“两性一度”的理念高度融合，因此有教师开始尝试在金课建设中借助这种模式进行教学设计。但是目前的研究和探索尚存在以下问题期待进一步的解答：

第一，现有对该模式的探索和应用多局限在一堂课或者一次课内部，尚缺乏将该模式应用于一门课程全流程的系统性应用框架。

第二，现有研究只讨论了该模式的一般性运用原则，没有深入剖析不同课程性质，例如线上线下混合式课程中对于该模式的应用路径。

基于上述现状，本研究对比两个学期的《社会化媒体营销》课程，探索BOPPPS

教学模式在混合式课程全流程中的应用体系，将该模式从一次课程内部设计拓展为一门课程全局的系统化运用，并且具体探索混合式这一特殊的课程性质和该教学模式之间的互动。

二、《社会化媒体营销》课程教学现状分析及问题

（一）教学现状

《社会化媒体营销》课程考虑学生的基础专业知识和认知能力，将课程开设时间放在第六个学期。教学学时为 36 学时。采用理论教学与实践教学相结合的方式。理论教学主要采用塔腾和所罗门著的《社会化媒体营销》这本教材，分三个部分对课程进行讲授：第一部分是基本理论；第二部分是社会化媒体四大区域；第三部分是社会化媒体的作用和影响，这三个部分会结合学生身边的实际问题进行课堂讨论，比如面临信息的水平式变革，会探讨职场中可以获得哪些社会化媒体营销相关的实习项目，怎样找到具体的职位，可以通过写一份理想的简历，并为自己设定实现这些经历的目标。例如，在简历上展示这种经验，以匹配与社会化媒体相关的职位。实践部分则引入了案例教学模式，同时加入了往届校友经验交流等实训环节。通过学习该课程，帮助市场营销专业的学生更好地理解社会化媒体营销，了解企业是如何运用社会化媒体工具在现代商业活动中获得成功的。

（二）教学中存在的问题

在头两年的教学过程中，虽然通过案例教学，采取了贴近学生生活的企业案例，增强了学生们在课程中的参与度与热情，但仍然存在诸多问题有待改进。

1. 实践教学环节与理论知识的结合现象

案例教学需要学生掌握相关的基础理论知识，而社会化媒体营销涉及的相关知识与社会学关系更密切，需要学生在课前通读案例，收集相关资料，设身处地进行分析，无形中增加了课程要求，学生忙于课业，对此心有余而力不足，很难完成。导致在课堂讨论中，仍然以教师讲授为主导，无法激发学生深入思考。特别是现有的考试制度下，平时成绩的占比最多只有 40%（包括了作业、考勤、小组讨论等形式），学生在课外学习理论知识的动力不足。

2. 案例教学与实践管理脱节

社会化媒体营销的案例大多是对一些实践营销活动的复盘，更多的内容是相关数据和描述的效果。而实际的运营工作和流程是非常复杂的，涉及很多环节。而学生们因为没有实操体验，在分析问题方面缺乏想象力，课堂气氛不够活跃。部分同学会觉得这些数据枯燥无味，会出现课堂学习不在状态、玩手机等现象。

在“线上—线下”混合式教学开展之前，课程教学实施主要采用“教师课堂讲授—学生小组研讨”模式。在单次课堂中的 BOPPPS 模式，实质上教师仍占主导，极

少数学生有持续学习的热情，由于课前教学形式及资源的局限，学生的主动性和参与性不足。

三、全流程混合式教学模式的设计

（一）纯线上教学实践

疫情期间结合 BOPPPS 教学模型开展了纯线上教学实践，以学校 Blackboard 平台为依托，充分利用该平台的各项功能模块，将教学资源全部上传，包括录制的音频、讲义、课外阅读材料等，并且在小组讨论区组织与知识点相关的热点现象讨论，以了解学生们课前理论学习的认知程度。在课堂教学中，结合这些课前讨论的问题组织学生进行观点的 PK，教师加以提问、点评、分析和梳理，从而强化学生的理解，并且课后通过框架结构图，形象具体地展示课程知识点中的难点和重点部分。最后，以不同类型的小作业如借助微博、微信和抖音等社会化媒体平台的观察、跟踪或者实操实践等方式，了解学生的学习效果。

（二）线上线下混合式教学实践

结合课程纯线下教学之前所积累的经验和模式，引入合作企业进课堂、案例教学和 Blackboard 平台的参与互动，从线上线下混合式教学模式来进行教学设计。

慕课上线之前的纯线下教学，尝试了案例教学与校企合作模式的课程设计。案例的选择主要根据课程的知识点，选择本土化的案例，注重典型性的同时，也考虑案例全面性和完整性，引发学生的兴趣和思考，并且根据案例材料拓展专业知识。在案例教学的过程中，导入 BOPPPS 教学方法，提升学生的参与度。

校企合作的实践教学模式中，教学主题来自企业，即企业面临的实际营销难题，全部由学生提供解决方案。对于学生而言，这是接近身边的“活案例”，邀请企业的高管人士、市场人员和学生“对话”，让学生了解企业的发展目标和方向，企业所面临的实际困难和问题，为学生解决实际问题提供方向性的指导；教师给予学生相应的培训指导，在结合课程基本理论知识的基础上，让学生了解实际解决问题的方法和步骤，形成一个系统思考的框架；同时组织学生到企业实地调研，通过观察、交谈、实地调查，获取珍贵的一手数据；针对最终的解决方案，组织学生和企业通过互动交流，企业根据学生提供的内容，和学生进一步沟通。当学生解决的方案获得企业的肯定，被采用或者采用取得了成效时，参与学生的成就感和对其他学生的激励作用是非常强烈的。在这种模式下，学生在学习中能够完整获得有关目标企业真实、系统的案例材料，这种体验是课堂书面案例教学的一种有益补充。

混合式教学模式从课前、课中和课后三个环节，加深了学生理论联系实际的认知，课前学生通过 Blackboard 了解课程的知识体系、考试考核规则和相关课程学习材料，对课程有一个整体性的认识。课中采用多媒体教学方式，针对校企合作的实践主题，激发学生坚持问题导向，培养学生综合运用课程知识解决问题的能力，提升学生持续学习的体验。原有的授课模式改变为互动研讨模式。课后通过在线讨论和小作业反馈，能够发现学生学习过程中的共性和个性问题。

（三）全流程混合式教学模式

在全流程 BOPPPS 模型中有三个关键的要素：一是突出学生的主体作用，体现参与性；二是学习目标明确，体现确定性；三是强调教学过程中的反馈优化。因此，基于这三个关键要素，《社会化媒体营销》课程的全流程混合式教学模式在原有混合式教学模式上有进一步改进的空间。

1. 教学目标的明确与可及性

教学设计与教学问题关系密切，通过四个学期的课程教学经验，根据学生认知水平设计教学问题和教学目标成为课程教学设计的关键，即教学目标既明确，也具有可及性。这需要通过每学期课程教学结束后的学生反馈、每年的实践热点和发展趋势来进行调整。比如有些学生希望能够在课堂上学习的一些实践操作技巧，类似于微信公众号的运营等问题，而现实中这类操作技巧会根据平台规则不断做出调整和改变，那么作为教学目标的说明，应该与学生沟通“以不变应万变”的道理，一旦掌握了基本原理，实际操作技巧则很快上手。

2. 课外知识的拓展

从学生反馈的意见了解到，很多学生对课外知识的拓展，与其他专业理论知识的衔接和融会贯通非常重视。对于在校缺乏实践经验的学生，常常有一种“满腹经纶毫无用武之地”的感觉，特别是一旦遇到企业现实问题，无从下手找到切入点。全流程混合式教学充分发挥线上平台的作用，深圳大学提供的 Blackboard 功能完全能够满足各类教学素材和资料的上传推送，结合微信群等社交媒体，能够与学生展开互动沟通，也能够大大降低课堂教学的强度，帮助学生有目标地主动学习课程内容。

3. 课堂教学形式多样化

通过灵活组队，采取不同的主题以提高学生参与度，小组研讨、案例分析、学术文献探讨等各种形式，让课堂多样化且具有开放性和创新性。比如社会化娱乐这个部分的内容，其中涉及社会化游戏，这部分内容对学生中的资深游戏玩家具有很大的吸引力，而且他们通过个人娱乐经验，结合课程内容，能够在与其他学生们互动的过程中带来更为活跃的课堂气氛，既有趣味性，又不失知识性。

全流程混合式课程教学不拘泥于固定模式，在与学生重复沟通信息的基础上，从动态的角度设计整体课程结构。当然这里的前提是教师要对课程内容有很强的驾驭能力。

四、小结

本文根据《社会化媒体营销》课程的内容特点，提出了基于 BOPPPS 全流程混合式教学的设计构想，在线上线下不同的教学环节进行了探索和总结。作为一门紧跟实践的应用型课程，这是根据以往教学经验的一次有益探索，也是为提升教学质量进行的改进和完善。

参考文献

[1] 张建勋，朱琳. 基于 BOPPPS 模型的有效课堂教学设计 [J]. 职业技术教育，2016，37 (11).

[2] 曹丹平，印兴耀. 加拿大 BOPPPS 教学模式及其对高等教育改革的启示 [J]. 实验室研究与探索，2016，35 (2).

[3] 杨娜，刘宝华. 混合式 BOPPPS 教学模式的提出及在实践教学中的应用效果分析 [J]. 山西高等学校社会科学学报，2017，29 (4).

[4] 李爽，付丽. 国内高校 BOPPPS 教学模式发展研究综述 [J]. 林区教学，2020 (2).

[5] 周伟，钟闻. 基于 BOPPPS 教学模型的内涵与分析 [J]. 大学教育，2018 (1)：112-115.

[6] 张所娟，廖湘琳，余晓晗，解文彬. BOPPPS 模型框架下的翻转课堂教学设计 [J]. 计算机教育，2017 (1)：18-22.

[7] 杨玫，李祁，刘瑜. 应用思维导图和 BOPPPS 模型构建智慧课堂 [J]. 福建电脑，2020，36 (6).

[8] 吴昌东，江桦，陈永强. BOPPPS 教学法在 MOOC 教学设计中的研究与应用 [J]. 实验技术与管理，2019，36 (2).

6E 设计型学习模式在决策支持系统课程中的实践与探索*

杨　辰　方锦源　冯元粤

（深圳大学管理学院管理科学系）

【摘要】决策支持系统是一门多学科相交融的综合性课程，也是体现新时期管理信息系统领域重要特色的课程。为更好地适应社会需求与人才培养要求，有必要对传统的教学进行改革。因此，本文提出将 6E 设计型学习模式融入“决策支持系统”的课程教学，侧重加强“工程”实践理念，促进理论与实践的有机结合，提高学生综合能力，满足新时期的发展趋势与实用性要求，更科学合理地传授决策支持系统课程，培养出社会所需的新时期管理科学专业人才。

【关键词】6E 设计型学习模式；STEM 教育；决策支持系统；课程教学

自 20 世纪 80 年代以来，决策支持系统成为系统工程、管理信息系统等专业的重要研究方向。决策支持系统以管理科学、行为科学、控制论和运筹学为基础，以信息技术、计算机技术和模拟技术为手段，针对半结构化问题与非结构化问题提供相应的辅助决策信息，普遍用于企业的高层管理者。决策者不仅需要结合过往经验去分析推断，而且需要通过计算机为其提供辅助决策信息，以便做出合理有效的决策。与服务系统一样，决策支持系统不仅仅是信息科学与计算机科学领域的重点科研课题，亦是实际应用问题[1]。因此，对于管理信息系统领域的学生来说，其重要性不言自明。

如今，决策支持系统迅速发展，很多大学都开设了决策支持系统课程，开展教学活动与科研活动。深圳大学管理学院也新开设了“决策支持系统”课程，旨在促进学生了解决策支持系统的内在原理并掌握相关技术。“决策支持系统”课程是管理科学与工程专业的核心课程，其重要性与难度不言而喻。而在传统教学过程中，存在着诸多挑战与困难：首先，学生对部分概念的理解模糊、偏离甚至错误，教师的授课方法也无法很好地被学生所接受；其次，决策支持系统的理论知识与计算机的应用技术未能很好结合，学生在实验过程中未能很好地得到锻炼，只是照着题目勉强做出一个粗糙的决策支持系统；最后，以往的教学内容较为落后，学生未能将所学知识与当前实际相结合，无法学以致用，教学效果大打折扣。

---

* 基金项目：2020 年度深圳大学教学改革研究项目（JG2020009）。

对于信息技术飞速发展的21世纪而言，信息处理模式已发生了巨大变化，基于大数据技术的决策方法是当前企业决策分析不可或缺的一项技术[2]。当前的决策支持系统也已发展成为以数据仓库、联机分析处理和数据挖掘等新技术为主的新决策支持系统，这对学生群体提出了更高的学习要求。为实现“决策支持系统”的教学目标，本文提出将6E设计型学习模式与决策支持系统的课程教学相结合，以期提高教学质量，增强学生对知识的综合运用能力与解决实际问题的动手能力。

一、“决策支持系统”课程的教学要求

决策支持系统（Decision Support Systems，DSS）源于20世纪70年代，由学者M. S. Scott Morton与P. Keen等提出的信息系统模型发展得来[3]。目前对决策支持系统普遍认同的看法为，决策支持系统是通过人机交互的方式，借助数据、知识与模型对半结构化和非结构化等复杂问题进行决策，以此为决策者提供科学、准确的辅助决策的计算机应用系统。结构化问题一般采用常规方法即可解决，且可以清楚描述问题发生的具体原因；非结构化问题往往无法采用常规方法解决，且难以描述清楚问题发生的具体原因；而半结构化问题则介于结构化问题与非结构化问题两者之间。非结构化问题与半结构化问题的决策往往更具难度，且普遍用于企业的高层管理者，决策者不仅需要结合过往经验去分析推断，而且需要通过计算机为其提供辅助决策信息，以便做出合理有效的决策[4]。

决策支持系统不仅是信息科学与计算机科学领域的重点科研课题，亦是实际应用问题，而不同的决策领域对决策支持系统的功能要求各不相同，不同的决策人员对决策支持系统的需求也各有差异。国内外学者对此做了大量的相关研究，开发出一些应用于不同领域的计算机决策支持系统。如今，决策支持系统迅速发展，很多大学都开设了决策支持系统学科，进行相关的教学与研究[5]。

作为管理科学与工程专业的主要专业课程之一，决策支持系统课程承担着培养学生有关决策信息系统开发和应用能力的任务。因此，决策支持系统课程的教学目标和要求是：使学生熟练掌握决策支持系统的基本概念和开发方法，能够独立从事初级决策支持系统的开发工作，了解高级决策支持系统的概念和开发方法，了解新一代决策支持系统的基本知识。

为此，本课程系统地介绍决策、决策分析等与决策支持系统有关的基本概念，全面讲解并讨论决策支持系统的原理和开发方法，以及决策支持系统的应用和最新发展态势。课程设置将着重要求学生掌握DSS的结构体系与开发的关键技术，包括系统总体设计、人机交互界面设计、数据库与模型库的开发以及系统的集成等。通过本课程的学习，要求学生能够充分理解决策分析、决策支持系统的基本概念，能够根据不同的决策问题，借助计算机软件设计和开发相应的决策支持系统，从而提高学生多学科知识的综合运用能力和分析能力。

二、6E 设计型学习模式与 STEM 教育简介

6E 设计型学习模式是美国国际技术与工程教育学会为了实践 STEM 教育所提出来的活动模式[6]。因此，在介绍 6E 设计型学习模式之前，需先了解 STEM 教育。

（一）STEM 教育概念

STEM 是 Science（科学）、Technology（技术）、Engineering（工程）与 Mathematics（数学）四个单词首字母的组合，是一种将多学科知识进行整合的教育理念。“STEM 教育”这一概念于 1986 年，在美国国家科学研究委员会（National Science Board，NSB）发表的《本科的科学、数学和工程教育》报告中首次被正式提出[6]。随后，为了适应社会的发展与挑战、培养创新型人才，各国纷纷采用 STEM 教育理念。这种教育理念注重多学科融合，强调培养学生融会贯通、运用多学科知识解决实际问题的能力。

（二）6E 设计型学习模式概念

6E 即吸引（Engage）、探索（Explore）、解释（Explain）、工程（Engineer）、深化（Enrich）、评价（Evaluate）六个单词首字母的缩写。6E 设计型学习模式是美国国际技术与工程教育学会（International Technology and Engineering Educators Association，ITEEA）于 2014 年提出的落实 STEM 教育的活动模式[7-8]，分为六个教学阶段：吸引（Engage）、探索（Explore）、解释（Explain）、工程（Engineer）、深化（Enrich）、评价（Evaluate）。6E 设计型学习模式的具体内容如表 1 所示。

表 1　6E 设计型学习模式概述[6-7]

教学阶段	观点概述	学生要求	教师要求
吸引（Engage）	在课程导入阶段激发学生学习兴趣	明确课程学习目标； 回顾相关概念	提出问题并讲解主要概念； 帮助学生将学习与其之前的知识经验相联系
探索（Explore）	通过自主设计或引导探究，提供机会让学生亲自去建构自己对主题的理解	概括概念； 参与团队合作； 参与设计活动	介绍建模概念； 讲解设计过程； 鼓励学生参与讨论； 引导学生团队积极合作
解释（Explain）	给学生提供机会进行自我反思、解释、修改 利用语言进行逻辑梳理、进行交流	根据概念和原理解释自己的设计方案和制作过程； 倾听并尝试理解教师提供的解释； 用新概念、新规律重新理解和解释设计方案	组织学生分组阐述自己的研究设计； 纠正学生对部分概念的错误理解； 进行合理正确的解释，规范讲解新概念与新规律； 鼓励学生利用新概念、新规律重新阐述研究设计

续表

教学阶段	观点概述	学生要求	教师要求
工程（Engineer）	将工程概念与探究活动相结合，在设计方案中利用工程思维做出更好的设计决策	充分借助概念和原理，创造性地设计并改良个人设计方案，制作装置	介绍设计概念，提供设计所需的程序支架和物料； 强调操作相关的安全事项； 协助、指导并参与制作
深化（Enrich）	让学生在当前学习基础上继续深入探索，将概念学习转向解决更复杂的问题，将所学知识转移到新的问题中	延伸拓展原设计方案，使之应用在新的问题情境中	提出新问题，并提供解决新问题所需资源，充分引导学生往更深入层次探索学习
评价（Evaluate）	依据评价标准，教师确定学习者能否准确理解知识和概念	各小组进行自评，小组间也进行互评，并分享各组心得体会与不足之处	各阶段均进行形成性评价，向学生介绍评分说明，用评价标准衡量课程效果，并接受反馈

三、6E 设计型学习模式在“决策支持系统”课程中的实践

自 6E 设计型学习模式提出后，学者专家们纷纷在教育实践中参考该模式设计教育活动。学者专家们基于 STEM 教育理念的特点，建设真实情景下的项目，通过教学实践证明：6E 设计型学习模式对学生的技术掌握和探究能力有显著的正向影响，可在一定程度上提高学生的综合素养。本文也将依据 6E 设计型学习模式的六个阶段，分别对“决策支持系统”的课程教学提出一定的建议。

（一）吸引（Engage）

兴趣是学生在学习路上最好的导师。此阶段应在课程导入阶段充分调动学生的学习兴趣，从学生已有的生活经验和知识储备出发，导入贴近生活现实的问题情境，让学生将已学知识与新知识联系起来，产生认知冲突，激发学习兴趣，充分发挥学习的主观能动性。在这个过程中，可以引进案例，以此将抽象的事物具体化，加强学生对相关概念的理解。比如，在课程导入阶段，拿出一个真实的决策支持系统进行演示，在演示的过程中可以先适当提及相关概念，让学生在实践中有初步印象。同学们不仅可以清楚理解何谓决策支持系统，而且可以借此了解决策支持系统的相关概念，为后续的进一步学习铺路。

（二）探索（Explore）与解释（Explain）

学生应在探索阶段构建知识体系、掌握相关方法技巧。在该阶段，应以学生为主体，教师为引导者，充分发挥学生的主观积极性，并给予充分的空间和恰当的指导。而在解释阶段，教师应充分引导学生展示自我学习成果，可以采用提问、动画、演示或讨论等方式，条理清晰、逻辑清楚地阐述自己对所学知识的理解，并与同学、教师充分讨论。教师可以先把决策支持系统一些晦涩难懂而又十分重要的概念传授给学生，在此基础上，引导学生自行对后续内容进行学习，并在课堂上让学生展示学习成果，

让学生来讲课。比如可以给学生介绍决策支持系统的组成原理，然后让学生自行学习其各结构功能，在课堂上讲课，并接受其他学生和教师的提问。通过学生走上讲台的方式，锻炼学生的自主学习能力，让学生对知识点的把握更加深入。

（三）工程（Engineer）

工程阶段是6E设计型学习模式的核心阶段。在该阶段，要将学习活动与工程概念充分结合，让学生亲身参与工程项目，让学生在“做中学”，以此培养学生实际解决问题的能力。比如，可以要求学生自由分组设计一个决策支持系统，由教师拟定系统范围与要求，由学生自主选择系统进行设计。在这期间，小组成员有明确分工，每个成员既要独立完成所属工作，也要与组内其他成员相协调配合，共同完成决策支持系统的开发。在实验过程中，有任何问题均可进行组内讨论或寻求教师帮助，教师也应及时检查各组实验开发进度，并及时给出指导意见。在最后，每一组都要上交一个完整的决策支持系统，并撰写实验报告。这不仅可以提升学生的动手能力、工程能力，而且让学生亲身参与到决策支持系统的开发中，可使其充分理解决策支持系统各结构所起的作用。

（四）深化（Enrich）

在此阶段，学生应在已学知识的基础上进行深入挖掘，目光从课本老旧的知识中跳脱出来，转向解决更复杂更前沿的问题，将已学知识转移到新的情境中，实现知识技能的迁移。当前，该课程的教学内容仍然以决策支持系统相关概念、数据仓库、传统决策模型、决策系统开发等为主，未能及时更新本学科的前沿知识，无法满足当前最新的市场需求。教学的部分案例也已过时，无法适配当前实际企业决策环境。在该阶段，教师可以准备决策支持系统领域的前沿知识、论文和待攻克的难题，与学生一同分析讨论，让学生可以充分知晓该领域的发展现状，开拓学生思维，让学生尝试解决当前发展存在的阻碍，拓宽学生的学习深度，而不仅仅是停留在开发一个老旧的决策支持系统上。

（五）评价（Evaluate）

在评价阶段，教师应采用合理的评价标准，判断学生是否获得对相关知识和概念的理解，以此检验学习效果。评价阶段要求教师平时就要以多种方式，充分全面地对学生进行考查和检验，包括但不限于课堂提问、随堂检测、课后作业等，也要求教师在最后给分的时候要保持合理，将分数权重合理地分配在学习过程中的多个阶段，全面合理地评估学生的学习状态和学习效果。在此过程中，除了要注重理论考查，了解学生对决策支持系统概念、原理、方法和决策模型等理论知识的把握程度，还要注重考查学生的实践能力，关注学生对决策支持系统的开发能力。

四、小结

决策支持系统课程和服务系统课程教学可以进行对比分析：服务系统是一种社会

化的信息技术系统，由自然系统与制造系统两者复合而成。其通过特定的技术或组织实现网络化配置，并提供服务以满足顾客的需求和期望。而决策支持系统是一种辅助决策的信息技术系统，其专门用于解决半结构化问题和非结构化问题。决策支持系统课程教学与服务系统课程教学可相互学习、相互促进。服务系统课程关注学生能否灵活地将服务系统应用于管理，从而为管理决策服务，“决策支持系统”课程则更侧重于决策支持系统的内在技术原理，两者相辅相成，一同作用于现实世界的管理与决策过程中。

作为管理科学专业的核心课程，决策支持系统是多学科相交融的综合性课程，也是体现新时期管理科学专业重要特色的课程。随着时代的不断前进、信息技术的迅猛发展，社会对信息人才的要求变得更高，这意味着决策支持系统课程的教学应与时俱进。为更好地适应社会需求与人才培养要求，有必要对传统的教学进行改革，我们也应充分认识到进行决策支持系统课程改革对我国信息技术发展的重要意义。

因此，本文提出将 6E 设计型学习模式融入“决策支持系统”课程的改革实践，侧重加强“工程”理念，促进理论与实践的有机结合，全面提升“决策支持系统”课程的教学层次，优化课程教学形式、丰富课程教学内容，提高学生综合能力，满足新时期的发展趋势与实用性要求，更加科学合理地传授决策支持系统课程，培养出社会所需的新时期管理科学专业人才。

参考文献

[1] 楼英伟．高校课程决策支持系统研究［D］．杭州：浙江大学，2002.

[2] 唐敏，刘一平．虚拟实验仿真课程建设改革——以“大数据分析与决策支持”课程建设为例［J］．教育现代化，2017，10（40）：72-74.

[3] 黄孟藩．现代决策学［M］．杭州：浙江教育出版社，1998.

[4] 董天悦．智能订单决策支持系统研究［D］．西安：西安理工大学，2019.

[5] 李艳．决策支持系统课程授课方法的探讨［J］．世纪桥，2009（15）：128-129.

[6] 李萌萌．基于 STEM 的 6E 设计型学习模式在高中化学教学中的应用研究［D］．西安：西北师范大学，2020.

[7] Burke B. N. The ITEEA 6E Learning by Design TM Model：Maximizing Informed Design and Inquiry in the Integrative STEM Classroom［J］. Technology & Engineering Teacher，2014：73（6）：14-19.

[8] N. B. Barry. The ITEEA 6E Learning by DeSIGNTM Model［J］. Technology and Engineering Teacher，2014（3）：14-19.

案例式教学的嵌入路径与困境*

——基于公共政策学教学实验的分析

耿 旭

（深圳大学管理学院公共管理系）

【摘要】 案例式教学是提升教学质量的有效方法之一，但不同案例在应用过程中具有适配性。本文结合五年的公共政策学教学实践，基于课程知识类型划分，提炼沉浸式、引入式和整合式案例的适用情景和嵌入路径，指出案例式教学中三大难点问题，包括如何有效平衡知识点教授和案例研讨间的比重关系问题、如何有效平衡案例开发和其他教研活动之间的关系问题和如何有效解决学生“陌生式”或“浮水式”回应的问题。最后，针对这些问题提出提升案例式教学有效性的对策建议。

【关键词】 案例式教学；沉浸式嵌入；案例库；需求导向

一、引言

探索多元化、多样化的教学方式、方法和模式已经成为高校教学改革的重要课题。随着高等教育教学改革的不断深入，案例教学法越来越受到一线教师的重视，并在教学实践中得到了广泛应用，尤其在人文社科学科领域和职业教育领域，案例教学作为一种基本的教学手段和方法，已经成为教学中的常态①。公共政策学是全国公共管理专业学生培养中的核心课程，也是管理学院行政管理专业学生的必修课。不同于其他课程，公共政策学既是一门理论性很强的课程，要求学生掌握公共政策价值取向、公共政策过程理论、公共政策决策模型等基础理论知识；同时也具有很强的实务性，与现实中的政策实践息息相关，涉及政府政策议程设置、如何科学制定政策、如何推动政策的有效执行等。这种双重性为多样化教学提供了条件。

从 2016 年至今，笔者已经授课五年，最初认为，要在有限的课堂时间内将最前沿的政策知识传递给学生，不免“死板地”采用知识灌输方式。随着经验的积累，逐渐发现知识本身固然重要，而决定知识传授效果的因素是方法，在此过程中，将课堂作

---

* 本文是 2019 年度深圳大学教学改革研究项目（项目编号：JG2019074）的研究成果；2020 年广东省高校教学团队建设项目（公共政策教学团队）成果之一。

① 谭俊峰．案例教学法的内涵、类别及应用解析［J］．北京经济管理职业学院学报，2020，35（3）：42-49.

为教学质量提升的实验场，尝试在课堂中植入不同教学方法和工具，包括角色扮演、小组辩论、情景模拟、案例研讨等。依据教学投入效率比、学生定量测评和定性评价结果，发现相比其他教学方法，案例教学与课程更具匹配性。一方面，现实中的案例让抽象的理论具体化，让实务性知识更具想象力，能够激发学生的学习兴趣；另一方面，案例教学的备课"成本"更低，也易于教师课堂组织。尽管如此，案例有不同的类型，如何在课程中有效使用案例，达到预期的教学效果需要进一步探索。在案例教学实践中需不断思考以下问题：①从课程宏观设计看，案例可以分为哪些类型？②如何在公共政策知识体系中嵌入不同案例？③案例式教学需要做好哪些前期准备，如何更好地进行案例教学？等等。

二、案例式教学的适用情景与嵌入路径

目前案例式教学在多数高校教学中还处于探索实施阶段，尚无一套完备做法，案例教学本身也无固定模式①。鉴于公共政策学课程的双重性，根据理论性知识与实务性知识的强弱，将案例划分为三种类型（由于实务性知识与理论性知识都很弱的情景几乎不存在，所以在讨论中忽略该种类型），分别包括沉浸式案例、引入式案例和整合式案例，三种案例适用于不同教学内容和情景（见表1）。

表1　公共政策学课程案例类型

案例类型划分		理论性知识	
		强	弱
实务性知识	强	沉浸式案例	整合式案例
	弱	引入式案例	—

资料来源：笔者根据教学实践自制。

（一）沉浸式案例的适用情景和嵌入路径

在理论性知识和实务性知识都很强的情况下，沉浸式案例更为适用。沉浸式案例法以案例为依托和主线，环环相扣衍生出问题与理论解释，通过教师与学生的深度学习，全面掌握理论概貌与实践运用。沉浸式案例贯穿于章节的开篇、过程与结尾，研讨一般横跨多个教学学时；强调理论与实践结合，因此在案例的使用过程中可以与角色模拟、小组研讨等手段结合起来，以增强案例使用的效率。例如，在公共政策课程的公共政策议程设置类型中，对于这种理论性（涉及议程设置的类型、议程设置模型等）和实践性很强的知识点，课程以"长春长生疫苗事件"促动了《中华人民共和国疫苗管理法》的政策议程创设为例，按照案例导入—材料研读—问题提出—小组讨论—理论概况与提炼的步骤，呈现政策议程设置的过程，提炼议程设置的政府议程与大众议程。沉浸式案例的优点是能够结合多元化方法调动学生参与课程的积极性，能

① 唐根杰．高校"基础"课案例教学环节设计的思考［J］．内蒙古财经大学学报，2021，19（2）：46-48.

够确保知识学习的深度；但是需要教师前期做出大量准备与课堂设计，也需要学生前期熟悉案例材料。

（二）引入式案例的适用情景和嵌入路径

在理论性知识很强、实务性知识较弱的情况下，引入式案例更为适用。引入式案例是传统案例教学类型之一，是为了正式进入某个主题内容教学或知识要点讲解之前而做的铺垫，一般篇幅较小，仅通过构建情境来引发思考或提出问题即可，无须提供更多涉及决策的背景信息，目的是带着问题开启新的学习①。正是因为理论性知识较强，学生的兴趣程度和接受程度较低，因此需要引入式案例，从现象中进行理论溯源，进而激发学生的思考。例如，在公共政策学课程的第二章——公共政策的基本特征与价值取向中，对于这种概念性知识和元认知知识，课程曾经在开篇引入了《深圳市禁摩限电政策》《深圳市外来流动人口子女积分入学政策》案例，并在本章课程结束后，再次回到案例问题本身，组织学生进行讨论与回应。引入式案例的优点是激发学生的理论学习兴趣，因其篇幅可长可短、难度可深可浅而具有灵活性；但其缺点就是不能展开深入的研讨与分析，弱化了案例教学的深度。

（三）整合式案例的适用情景和嵌入路径

在理论性知识较弱、实务性知识很强的情况下，整合式案例更为适用。整合式案例法是针对问题导向明确和现实指向突出的知识传授过程采用的方法，在使用过程中将多个案例整合为一个案例集，以列举讨论的方式综合呈现，以强化学生对实务性知识点的理解，多维度了解政策实践的不同面向和应用场景，须学会甄别和解释不同实践场景下隐含的政策知识和原理。例如，在公共政策学课程的公共政策议程设置模式中，课程建立了一个案例集，包括我国计划生育政策实施、三峡大坝开发建设、新农合医保政策实施、我国收容管理立法、智库建设、新中国物价改革风波等案例。在实践教学中，将案例文本打印分发，以小组为单位，讨论案例反映的政策议程模式，并以“连连看”的“游戏”形式，分别让学生选择对应的模式。整合式案例的优点是能够以丰富多样的案例集形式提升学生的学习兴趣，并系统性掌握知识；但其也需要授课教师收集大量案例，做好课堂设计，并做好案例集的更新和维护工作。

三、案例式教学中的难点问题

案例式教学纵然能够达到营造良好的课堂氛围、提升学生课堂积极性的效果，但在实践教学中，常常会遇到一些问题，甚至需要平衡一些矛盾关系。

（一）如何有效平衡知识点教授和案例研讨间的比重关系问题

无论是沉浸式教学、引入式教学还是整合式教学，都涉及案例引入、故事呈现、

---

① 谭俊峰．案例教学法的内涵、类别及应用解析［J］．北京经济管理职业学院学报，2020，35（3）：42-49.

问题提出、学生讨论以及解释回应等环节，这需要消耗一部分课堂时间，有些案例（沉浸式案例）的完整呈现需要一节课时间，由此挤占了知识点教授时间，无法在两个学时内按照设计内容完成课程任务，甚至完成整个案例学习时间要“跨越”两周，带来知识学习的碎片化和分散化。在实践中，案例教学逐渐演退或者处理为课堂上的举例说明。

（二）如何有效平衡案例开发和其他教研活动之间的关系问题

案例式教学需要授课教师付出大量时间和精力：一类案例是基于现有新闻事件、文献等素材，教师进行案例的选取、材料再加工整合、问题设计；另一类案例是教师根据现实中的观察和课题参与等，自主编制案例与开发撰写案例。在前期准备基础上，还要进行课堂中的组织实施，再到课后的案例批改总结、案例的持续更新。但当下青年教师需要承受科研、教学和公共服务三重压力，且科研是青年教师“生存”的关键指标，教学与公共服务是底线指标，综合考量“成本—收益”后的结果是青年教师难以分配注意力用于案例开发。

（三）如何有效解决学生“陌生式”或“浮水式”回应的问题

成功的案例式教学是教与学双方努力的成果。对学生而言，案例式教学需要学生在课外付出大量时间用于熟悉案例背景、查找材料、设计方案，而不同学生在学习主动性、积极性上有所差异，会影响课堂案例教学①。本科生不同于 MPA、MBA 等有工作经历的学生，他们缺乏实践经验往往导致无法对政策案例产生共鸣，因而对案例的讨论可能浮于表面，课堂讨论结果并不是非常理想，也时常导致教师一个人“尬聊”的场面。

四、提升案例式教学有效性的建议

针对上述教学中出现的问题，要建立诸如激励机制等在制度层面提升教师案例式教学的积极性，提升教师自身案例开发与教学的能力，从动力与能力两个角度增强案例式教学的有效性。

（一）动力维度：制定案例式教学支持制度和政策

1. 建立本科教学案例建设相关制度

目前，国家和学校针对专业学位研究生案例入库建设有完善的组织机构与制度支持，但是本科教学案例开发并未得到重视。学校、学院层面可从以下几个方面制定相关制度：一是成立案例开发管理机构，将案例开发纳入教学改革，以教改专项形式制定一系列与案例开发管理相关的制度，包括立项管理、经费支持以及验收制度等。二

① 古巧珍，刘海斌，苏美琼，等．专业学位研究生课程案例库建设与探索：以西北农林科技大学为例［J］．高教学刊，2018（16）：61-63.

是本硕案例建设一体化制度。抓住本研一体化建设契机，推动文科类本硕案例素材共享、共建，在案例问题引导设置中体现本硕难度差异。

2. 推动教学服务制度与职称评聘等制度对接

按照“以本为本”理念，让教学在高等教育激励和职称评聘制度中占有一席之地，改变目前教学是“底线”而不是“硬核”的状态，激发教师钻研教学研究的积极性。学校加快建设教学名师队伍，设立类似科研类“荔园优青”的奖项，以同等力度培育青年教师，让研究型与教学型教师发挥各自优势，实现教师队伍百花齐放。

3. 为灵活案例教学提供政策支持

针对学生实践能力与政策共情能力不足的现象，鼓励教师带动学生走出校园，身临其境走进“决策现场”。例如，公共政策学课程可以组织学生观摩社区议事会、观摩深圳政协公开举办的“委员议事会”，针对公共政策议题参与讨论。学校、学院可以考虑在确保安全的情况下，以教师、学生签订责任承诺书制推动类似活动的开展，教务部门配合推动课程形式和流程审批便利化。

（二）能力维度：全方位提升教师案例教学管理能力

1. 提升案例教学前期开发能力

公共管理学科是一门应用指向型学科，其教学过程注重理论与实际的结合，其“升级”离不开自身丰富的案例“库存”[①]。因此，教师应提升案例教学前期开发能力：①要树立教学案例开发目标，每个章节精细打磨一个引入式案例、沉浸式案例和整合式案例，建立课程“定制化”案例库。②善于结合自身研究课题，从政策实践中提炼案例，有利于教师更好把握案例。③功夫在平时，关注国家政策发展变化，从时事新闻中链接课程，持续思考转化为案例。

2. 提升案例教学课程实施能力

①借助于多种技术手段的组合，形象地展示案例教授内容，通过案例的呈现构建逼真的现实情境，引导学生进行代入式学习[②]。②掌握案例教学的关键技能——课程引导、提问技巧，根据三种案例的类型，灵活把握课程进度，达到案例教学时间“能长能短”、教学进度“能进能退”。③提前把握学生的学习准备度，以学生为中心，做好学生课前案例研究与讨论准备工作，有助于对案例教学过程的动态调整和适应，提高教学目标的达成率。

3. 提升案例维护与更新能力

案例的建成不是一蹴而就，而是持续的、动态的过程。①要对案例教学效果进行总结，包括案例内容是否合适、案例设计是否合理、案例难度是否适中，在不断地完

① 魏娟玲，张鑫．公共管理案例体系整体性构建研究［J］．教育理论与实践，2021，41（18）：53-55.

② 柴朝超，秦腾．“金课”背景下整合式案例教学模式研究［J］．会计师，2021（1）：90-91.

善与改进中更新案例与素材。②要积极发动学生，进行师生共建。例如在《公共政策课程》中，每个学期课程安排中以小组为单位，要求学生围绕观察到的政策事件，运用所学的政策知识进行分析，主题和理论运用由学生自主选择。政策分析将在课堂进行充分讨论，反馈修改建议后再次提交教师。通过师生合作、研讨反馈等完善案例，并可以在下一届教学中继续使用，推动案例的再利用。

参考文献

[1] 柴朝超，秦腾．“金课”背景下整合式案例教学模式研究 [J]．会计师，2021（1）：90-91.

[2] 古巧珍，刘海斌，苏美琼，等．专业学位研究生课程案例库建设与探索：以西北农林科技大学为例 [J]．高教学刊，2018（16）：61-63.

[3] 唐根杰．高校“基础”课案例教学环节设计的思考 [J]．内蒙古财经大学学报，2021，19（2）：46-48.

[4] 谭俊峰．案例教学法的内涵、类别及应用解析 [J]．北京经济管理职业学院学报，2020，35（3）：42-49.

[5] 魏娟玲，张鑫．公共管理案例体系整体性构建研究 [J]．教育理论与实践，2021，41（18）：53-55.

[6] 姚军．公共管理课程教学案例库建设：价值、问题与对策——基于广东财经大学公共管理案例库建设的经验 [J]．科教文汇（中旬刊），2021（7）：122-124.

“理论导向加刻意练习”的教学模式在定价管理课程中的应用研究*

韦　夏　涂荣庭　周影辉

（深圳大学管理学院）

【摘要】互联网时代，学生获取知识的门槛降低，对大学的线下课堂教学提出了新挑战。本文认为要充分发挥课堂教学的现场化、社交性、实时性的特点，提出了“理论导向加刻意练习”的教学模式。阐述了该教学模式的内涵、逻辑、实施方案等，并以深圳大学管理学院定价管理课程为例，总结了实践经验。以期为大学教师提升线下课堂教学质量提供有益的借鉴。

【关键词】理论导向；刻意练习；课堂教学

一、研究背景

在互联网时代，由于信息的海量增加、学习媒介的极大改变，对大学课堂教学提出了很多新的挑战。特别是进入互联网时代后，学生可轻易在网络上获取知识，各类大学慕课、公开课、图书馆，知识的学习和分享平台随手可及，而且，书籍变得非常便宜，电子书籍更是随手可得，内容用白话文表述，若再加上图文并茂，让知识变得非常容易理解和获取——这都使得学习门槛大大降低，教师失去了传统的知识优势和信息优势。教师一学期要讲的课本，学生可能三五天就读完了、学会了，如果有困难，也可以求助于教学 APP、辅导书、在线社群等，所以，学生完全可以通过自学，快速掌握课本知识，而不需要在课堂上认真听讲。因此，课堂上教师在上面讲，学生在下面玩手机的场景在大学校园里时有发生。对大学教师而言，课堂上讲什么、怎么讲，成了每位大学教师不得不认真思考的问题，也是亟待突破、必须创新的重大课题。

从学生的角度来看，互联网时代对其学习模式提出了新的挑战。由于获取知识本身变得更加容易，仅凭借拥有知识本身，难以构成个人的核心竞争力，在大学期间学什么，培养哪些能力，也是让很多大学生困惑不已的问题。网络是对每个人开放的，个人如何在网络上选取吸收有价值的资讯，构筑自身的知识体系和思维模型，化作解

* 本研究得到深圳大学教学改革研究项目“理论导向加刻意练习的教学模式在定价管理课程中的应用研究”（项目编号：JG2019014）的支持，特此致谢。

决实践中的具体问题的能力，更好应对不断变化的现实挑战，是当代大学生面临的重大难题。

互联网时代获取知识的便利和快捷，信息的快速传播和更迭，也使得不少学生养成了快餐化的学习习惯，而能敏锐发现问题并进行深度思考、研究和分析的学生不多。有研究发现，由于互联网随手可及，搜索信息和知识似乎毫不费力，人们容易将拥有获取知识的渠道，等同为实际掌握的知识，从而高估自己的知识水平和解决问题的能力。Fisher 等（2015）将人们对互联网这个类似于附属肢体的依赖，对网络的这种感知称为"认知性假体"。现实对人们的挑战往往在于知识应用场景的千变万化，影响决策的变量错综复杂，我们无法依靠简单的网络搜索找到所有问题的答案。根本上还是要锻炼我们自己发现问题、分析问题和解决问题的能力。而且，当今科技进步一日千里、社会发展日新月异，对每个人来说，终身学习、不断自我提高也是适应环境变化、保持和提升个人价值的必然要求。因此，在大学课堂上，教学的目标不只是传授给学生知识，而是要训练学生的自主学习能力，培养其终生学习的习惯，这就需要更有创造性，更有挑战性和更有自主性的学习模式。

如何让课堂变得更加有趣、更加有用，如何让学生更加投入课堂学习，并学有所获，是互联网时代大学课堂教学的基本问题。

我们经过多年教学经验积累，不断反思和创新，设计了理论导向加刻意练习的教学模式，并在定价管理的本科课程上加以实践，取得了较好的教学效果，在学生中得到了广泛的讨论和积极反响。本文总结了该教学模式的初步经验，以期对大学教师提升教学质量、为国家更好地培养人才，提供有益的借鉴。

接下来，我们将阐述"理论导向加刻意练习"的教学模式的总体思路、具体实施方案和在深圳大学管理学院定价管理本科课程中的实践经验。

二、"理论导向加刻意练习"的教学模式的总体思路

（一）理论导向是指把课程建立在更基础和更前沿的理论体系基础之上，以学习、掌握、熟练运用理论为导向，让学生建立有力的思维模型体系

网络时代让照本宣科成了老皇历，经过检验的理论模型仍然是我们认知世界的有力工具。精选对现实有很强解释力又有很好的应用价值的理论模型，就成为构筑课程体系的第一步。要想让课堂既富有启发，又生动有趣，所甄选的理论还必须与时俱进、不断创新。"问渠哪得清如许，为有源头活水来"，课程内容创新的源头活水在哪里，我们认为要将前沿的学术理论这股"活水"引入教学，教研相长，才能取得良好的教学效果。

"理论"二字听起来似乎枯燥无味，其实好的理论是十分优美的，不但对现实有很强的解释力，而且非常有趣。好的研究"既符合直觉又反直觉"：符合直觉是指在情理之中，有严谨的逻辑推理、周密的深度思考；反直觉是指研究结果出乎意料，能拓展

人们原有的认识边界。知识点是树木，好的理论是森林，教师如果能把理论讲好，就能把问题的来龙去脉、关键节点分析得清清楚楚。特别是教师如果能将科学研究中收集到的前沿理论引入课堂，就能超越课本和网络上的一般性分析，会让课程充满新鲜洞察，更能有效激发学生思考、鼓励互动、由浅到深、生动活泼（韦夏，2015）。

（二）刻意练习是指教师训练学生围绕基本理论进行有效训练，在内化知识的同时提高思辨能力

“刻意练习”（deliberate practice）的概念由 Ericsson（2007）和他的同事 Plant 等（2005）提出，其认为，对大学生学习成绩起到决定性影响的因素不是学习时间，而是学习环境。万维钢（2014）把刻意练习总结成四点：①只在学习区学习；②把要训练的内容分成有针对性的小块，对每一个小块进行重复练习；③在整个练习过程中，随时能获得有效的反馈；④练习时注意力必须高度集中。万维钢在书中提到，心理学家把人的知识和技能分为层层嵌套的三个圆形区域：最内一层是“舒适区”，是我们已经熟练掌握的各种技能；最外一层是“恐慌区”，是我们暂时无法学会的技能，二者中间则是“学习区”。而学生要不断提高能力，就要在“学习区”练习，在这个过程中需要有针对性地练习、重复训练并获得及时反馈。

大学线下课堂与线上学习、个人自学相比，最大的优势就在于提供了特定的学习环境。这个环境有几个特点：①物理空间上的暂时隔绝，学生需要坐在课堂上，处于暂时的隔绝状态，有助于学生集中学习注意力；②有很强的社交属性，学生与同学们一起共同学习，可即时深入互动，互相促进；③由授课教师进行现场引导、启发，灵活地、有针对性地对学生进行训练，并给予及时反馈。也就是说，线下课堂教学，有现场化、社交性、实时性的特点，因此，课堂教学应充分发挥这三个特点，教师可通过精心设计，将课程的理论体系分解为每一步课堂训练的目标，让学生课外提前学习之后再到课堂讨论和分享，教师则在课堂上及时反馈，可有效提高学生的学习能力和思辨能力。

三、“理论导向加刻意练习”的具体实施方案

（一）在学习目标上

改变学生“被动学习”的学习方式，扭转单纯获取知识的课堂学习目标，将培养学生的自主学习能力、研究思辨能力作为课堂的重要目标。对此，教师要给予学生明确的每个模块的阶段性学习目标，对学生的学习过程、课堂的讨论进程进行管理。

（二）在学习内容上

改变教师“照本宣科”的教学内容，把教学内容涵盖范围从经典教材扩展到顶级核心期刊的相关论文和当下管理实践案例等。教师要精心搭建课程的理论体系，把课程体系系统化分解为几个重要的知识能力模块，每一个模块都有明确的研究问题和研

究目标，要求学生通过自主学习对问题加以思考和撰写阅读报告，然后通过课堂的分享讨论，给予及时反馈，对学生进行有针对性的训练。

（三）在学习步骤上

要让学生透彻理解理论，并围绕理论展开练习。这要求教师：①能够深入理解理论，有较强的沟通表达能力，能够深入浅出、生动活泼地把理论的逻辑、应用及应用范围讲清楚。②除了教师讲解，更要注重提升学生反复运用和内化理论的能力，参与到课程共建中。因此，就需要设计和明确给到学生参与内容共创的方法，包括要求学生课前预习、课上参与和课后分享等环节。③能够有效管理刻意练习的进程，要有较好的现场把控能力和分析总结能力，能够对学生们的观点给予有深度的点评。④建立相应的激励机制，鼓励学生主动学习，对有困难的学生给予支持。建立硬机制和软文化。硬机制包括，课堂参与奖励积分，课前准备写研究报告奖励积分等。软文化则更加关键，包括教师鼓励学生去赢得同学赞赏，对学生发言给予及时、足够的鼓励，对学生未来职业发展和工作场景的代入描述，对创新精神的赞赏等。

四、“理论导向加刻意练习”模式在定价管理课程中的实践经验

以深圳大学管理学院的本科课程《定价管理》为例，阐述“理论导向加刻意练习”的课程教学模式是如何实施的，包含了理论导向六个模块、刻意练习五个步骤的“6+5 模式”。

（一）在课程内容上，我们为定价管理课程搭建了六个核心的学习模块

围绕每个学习模块，提出具体的研究主题，有对应的教材参考章节，明确的要掌握的具体内容，以及阅读材料必读论文，和扩展阅读的选读论文等，这些内容会在课程的第一讲就给到同学们，帮助学生明确课程的目标和基本逻辑、建立课程的系统感和大局观。教师要求学生在课前阅读课本相应章节、参考书和阅读材料，自主学习，然后撰写读书报告，做好课堂参与的准备。每个学习模块对应一篇《哈佛商业评论》的论文作为理论基础，以学生分组轮流做课堂报告作为开场，继而引发课堂上同学们更广泛的讨论。

关于如何根据课程体系选取关键理论，哪些学术理论适合引入课堂，我们认为要符合以下几个条件。

1. 引入的理论应符合课程体系，包含经典理论和前沿理论

教师要在与课程相关的范围内寻找前沿论文，将其较好地嵌入该课程的知识系统中。这就有点像我们做学术研究时做的文献综述工作，系统性地有针对性地搜索相关内容，特别是将其中一些有趣的前沿理论融入既有的课程体系，就可以在传统的课程内容中有所创新，让课程充满前沿的新鲜洞察。学生一般可以从经验出发，对现象做不同程度的分析，但分析的方法和角度通常是比较直接和零散的，容易只见树木不见

森林。好的理论往往是从多个角度、系统全面地思考问题，帮助学生构筑逻辑关系，格物致知。

2. 理论要与现实有较好的结合

理论要与现实有较好的结合，特别是教师能够将现实中的“新”“奇”“异”现象引入，作为案例则最好，可以有效激发学生的兴趣。通过理论导入、深入剖析，让学生发现自己思维上的漏洞，进而通过学习和练习得以进步。

3. 引入的理论要有较好的外部效应

理论可以回答比较普遍的问题，能够让学生举一反三，用到其他情境中。例如韦夏老师在讲定价管理时，会将一些心理学、社会学、经济学乃至统计学的理论，用于定价的讲授，这些理论也可以用在其他情境中，甚至可以引导学生思考这个理论能帮助改进自己的哪些行为。由于这些理论更加基础，贴合人性，对学生会有较大的启发。

（二）在课程流程上，我们设计了学生参与的五个步骤，让学生进行刻意练习

第一步，学生在课前阅读课本对应章节、参考书和阅读材料，自主学习，撰写读书报告。读书报告包含两个部分：①理解内容。对文章的内容进行总结和提炼。②批判性思考。可以是对相关理论的应用、质疑、批判和扩展等。包括这个理论还可以解释其他什么现象，即生活中的定价故事（How），为什么这样做会有用或没用（Why），什么情况下有用/没用（When），我的哪些行为可以用这个理论改进（For Myself）等。

第二步，课堂上教师对理论的讲解。可以包括四个步骤：①提现象，结合论文中的“研究背景和研究问题”，就管理现象提出问题，让同学们思考和讨论得失优劣及理由；②谈原因，用论文提出的理论框架、作用机制分析“为什么”，着重在“反直觉”的部分；③讲条件，进一步让同学们思考同样的做法往不同方向发展的条件是什么，即论文中理论的边界条件；④做引申，对理论进行延伸和扩展应用。通过这样的训练，学生的逻辑思维能力会得到很好的训练，不但学会了知识，还逐步掌握了严谨思考问题的方法和途径，而且可以很好地激发他们的学习兴趣，让人豁然开朗。

第三步，学生在课堂参与谈论和分享。学生分组轮流负责当周的主题汇报，结合当周的阅读文献和章节主题，选定某家公司（或两家公司作对比）的定价问题或策略进行分析。不论学生是否负责当周汇报，都应鼓励其分享自己的新知心得。课前写的阅读报告书也是课堂分享的重要素材。通过教师讲授、小组报告、个人分享、阅读报告分享、教师反馈，学生得以对关键理论进行反复、刻意、深度的练习，获得很好的思维训练和学习效果。

第四步，学生在课后撰写当周的课程心得，“本堂课哪一点触动了你”，并在微信群中进行分享。教师在微信群中进行点评。教师的点评多以赞许和鼓励为主，以启发学生扩大学习的深度和广度。这样也可以有效补充课堂时间有限、课堂交流可能不够充分的问题。课后的异步交流，既促进思考，又鼓励了分享交流，还获得了及时的反馈，一举多得。

第五步，期末小组课堂汇报和撰写定价报告书。报告书要求理论联系实践，言之有据，并特别鼓励定价创新。期末报告是对学生课程学习的综合训练，也是对理论学习的进一步深化。

“理论导向加刻意练习”的课程教学模式引入定价管理课程取得了良好的效果，获得了学生的普遍好评。该课程近五年的教学测评均为全院前5%。2021年，该课程先后获得深圳大学管理学院课程点赞奖（点赞分为全院第一名）、深圳大学管理学院专业教学优秀奖（教学评估为专业第一名）、深圳大学优秀本科课程奖等。初步展示了新教学模式的有效性。

五、总结和展望

“理论导向加刻意练习”的课程教学模式有以下几个特点：

第一，在教学理念上，“理论导向加刻意练习”的课程教学模式让大学教师的角色发生了重要的转变，从知识的权威拥有者、讲授者、传播者，变成了学生自主学习、训练思维的设计者、引领者和提供及时反馈的训练者。

第二，在教学内容上，不再以课本为主，而是以核心理论体系为主线，以课本、参考书和各种文献阅读材料为辅，对课程体系进行分阶段、模块化、系统性的逐步深入学习。在这个过程中重在引领和鼓励学生积极自主学习、参与内容共建。

第三，在教学形式上，从由教师讲，转变为老师学生一起讲。每个教学阶段都有明确的主题和教学目标，要求和鼓励学生进行课前广泛搜寻和阅读资料，并撰写读书报告或案例分析报告，然后在课堂上进行演讲、参与讨论、贡献新知。一个学期开展多轮次的刻意练习，提升学生的自主学习和思辨能力。

第四，我们在实践中也遇到一些难点和问题，需要在未来的研究中进一步探讨。例如：

（1）教师要根据课程体系选取关键理论，这对授课教师提出了较高的要求。授课教师对该课程要有非常深入的研究、较为深厚的理论基础，才能从中选取和搭建理论体系，并提供足够的学习资料给学生参考研读。对于新教师或新接触该门课程的教师提出了较大的挑战，我们建议在实践中可以先从局部导入再到全课程导入，循序渐进。

（2）教师要有效管理学生刻意练习的进程，这不但要求教师能够深入理解理论、把理论讲清楚，而且教师要有很好的现场把控能力，组织课堂上学生的参与和互动，对学生们的观点给予有深度的点评和总结。此外，教师还要能激发学生的学习热情，要对课程的激励机制设计有深入研究、细致把握，对教学充满热情，对学生富有高度责任感和爱心。具体的方法还有待进一步提炼、细化和系统化。

（3）该教学模式能否以及如何运用于其他课程，对课程本身的特点有无特定的要求；或者能否运用于其他类型的学生，如MBA学生等领域，也需要在未来实践中加以摸索和总结经验。

参考文献

[1] ERICSSON K. A., PRIETULA M. J., COKELY E. T. The making of an expert [J]. Harvard Business Review, 2007, 85 (7/8): 114.

[2] FISHER, MATTHEW, MARIEL K. GODDU, and FRANK C. KEIL. Searching for explanations: How the internet inflates estimates of internal knowledge [J]. Journal of Experimental Psychology: General, 2015, 144 (3): 674-687.

[3] PLANT E. A., ERICSSON K. A., HILL L., ASBERG K. Why study time does not predict grade point average across college students: Implications of deliberate practice for academic performance [J]. Contemporary Educational Psychology, 2005, 30 (1): 96-116.

[4] 万维钢. 万万没想到：用理工科思维理解世界 [M]. 北京：电子工业出版社，2014：84.

[5] 韦夏. 将研究理论引入课堂教学的探讨 [A] //深圳大学管理学院教学研究论文集 [M]. 广州：暨南大学出版社，2015：68-71.

新时代背景下的“管理信息系统”课程设计初探*

赖晓凡　卢晓龙　余明珠

（深圳大学管理学院管理科学系）

【摘要】“管理信息系统”是管理学院信息管理与信息系统专业的一门专业核心必修课程，该课程涉及了管理学、数据科学、数学、计算机以及现代技术中的理论与方法，综合了系统论、信息论、控制论与行为科学中的观点和思想。因此，课程的学科交叉性极强并同时具有知识更新较快的特点。在当前大数据、人工智能等领域快速发展的新时代，结合当今时代特色来探索“管理信息系统”课程的设计与建设，对提升“管理信息系统”课程的教学质量和教学效果具有重大意义。本文首先总结了新时代背景下社会技术、教育培养和学生特征三方面出现的变化；其次结合新时代背景下的变革与现有课程的设置分析了当今高校该课程的教学现状与不足之处；最后提出了新时代背景下该课程教学方案的设计探索与思考，以期基于该方案能改进已有现状中存在的不足，从而进一步提升课程的教学质量和教学效果。

【关键词】新时代背景；管理信息系统；课程设计；教学质量

“管理信息系统”是一门学科交叉性强、知识更新较快的管理信息系统专业核心基础课程。该课程的理论与实践结合较为紧密，是以计算机和现代通信等为主要支撑技术，以管理信息和业务科学化、系统化以及现代化为目标，集管理学、计算机科学、信息科学等多学科为一体的新型边缘学科体系[1]。本文主要探究在多方面发生巨大变革的新时代背景下，如何进行合理的课程设计，优化现有“管理信息系统”课程方案。在第一部分内容里，从社会技术、教育培养和学生特征三方面来描述新时代背景下发生的变革；在第二部分内容里，结合现有课程设置和新时代背景下发生的变革分析了目前“管理信息系统”课程的三方面不足；在第三部分内容里，从课程设计方案探索、作业与考核方式和课程设计的思考三方面提出新时代背景下“管理信息系统”课程培养方案设计探索与思考；在第四部分内容里，对本文进行了总结并提出了未来探索“管理信息系统”课程设计的展望。

* 本研究得到了国家自然科学基金（71701222）、教育部人文社科项目（21YJC630052）、广东省自然基金面上项目（2019A1515010492）、广东省财政厅研究课题（21S126）、深圳市稳定支持计划面上项目（20200812134420001）以及深圳大学教学改革项目（JG2021114、JG2021115）的支持。

一、新时代背景下发生的变革

习近平总书记在党的十九大报告中指出，中国特色社会主义进入了新时代，为我国的发展提出了新的历史方位。在迈入新时代的进程中，社会在不同领域和层面均发生了重大变革。譬如，在科学技术领域，人工智能、5G、大数据、云计算、区块链等各类新兴技术蓬勃发展，从而推动着数字经济时代来临；在高等教育领域，人才培养方向亦随着时代的变革而产生了较大变化，党中央在新时代对人才培养做出了全新表述，例如，把立德树人融入思想道德教育、文化知识教育和社会实践教育等环节，培养德智体美劳全面发展的人才；在新时代学生层面，无论是生活环境还是所接触的事物等，例如互联网的广泛普及和所处家庭环境，他们与先前的学生相比有着较大差异，这使得新时代学生呈现出了一些新特点。

（一）社会技术层面：科学技术发生了重大变革

随着经济、社会各领域不断发展，各行业之间的竞争逐渐激烈，促使技术不断发展，由此带来的技术层面变革是我们步入新时代后的重大变化。以大数据、人工智能、区块链以及5G通信技术为代表的新兴热门技术已逐渐成熟并被应用至各种生活和工作场景[2]，从而开启了大数据人工智能时代。在此背景下，传统的数据处理方法以及信息管理技术与理论已无法满足当今时代的需求，这要求我们掌握技术变革中的理论与技术，并对现有信息技术及其应用进行必要的改革创新，以适应技术变革带来的变化。

（二）教育培养层面：人才培养方向发生了较大变化

在当前的新时代背景下，随着技术变革与当前经济发展需要，社会对人才类型的需求亦发生了较大的改变，高素质应用型、复合型和创新型人才越来越受到重视和青睐，这也推动着高校新时代人才培养方向的转变。为主动拥抱新科技革命和产业变革的机遇与挑战，教育部、科技部等13个部门启动了全面推进新文科、新工科建设的计划，以提高高校服务社会的能力。这就要求高校的课程能实现学科间的交叉融合、学科与新技术有机结合，从而培养具有更强实践能力、创新能力、国际竞争力的高素质复合型人才[3]。在新时代背景下，为了更好地培养中国特色社会主义事业合格的建设者和可靠的接班人，实现立德树人、协同育人，高校课程有必要、有义务与思想政治理论同向同行，实现育人与育德有机统一[4]。

（三）新时代学生层面：学生具较明显的时代特点

新时代的在校大学生们正处于祖国繁荣富强的时代，他们的生活环境相对优越。随着时代的进步和互联网的普及，他们所接触到的信息量巨大。他们大多是独生子女，这些变化使得他们无论在个性、思想还是学习态度方面，均有着较明显的时代特点。在个性方面，因为他们大多为独生子女，所以往往个性较为独立、乐观开朗，但动手能力不足且存在一定的畏难心理；在思想方面，互联网和手机的普及使得他们的见识相对较广，同时也导致他们的思想观念多元化并渴望接受新鲜事物；在学习态度方面，思想的多元化和生活的安逸导致他们的学习目标不够明确、缺乏足够的学习主动性和紧迫感[5]。他们的这些变化急需在高校课程设计中有针对性地考虑。

在新时代背景下，科学技术、人才培养方向和新时期学生特点等层面均发生了较大变化，这给当前高等教育带来了巨大的挑战，其中的课程设计和学生培养等方面亟待结合上述变化进行必要的调整。

二、“管理信息系统”课程的教学现状和不足

“管理信息系统”课程，作为信息管理与信息系统专业的一门专业核心必修课程，其教学经过了二十余年的不断实践探索与发展，已逐渐形成了一个相对较为完善的课程教育体系。随着社会和经济的不断变革，特别是在当今新时代背景下，该课程的教学尚存部分问题，需要结合当前背景进行优化与调整。接下来我们将描述现阶段高校教育中该课程在教学上的设置，并结合该设置指出课程中存在的若干不足。

（一）“管理信息系统”课程的设置

1. 教学内容设置

在当今高校的信息管理系统专业中，该课程教学的内容主要包括两方面：①理论教学。此部分内容主要包括了信息与信息系统、组织中的管理信息系统、管理信息系统的技术基础、管理信息系统的规划与开发、管理信息系统分析、管理信息系统设计以及管理信息系统实施、维护与评价七个章节，并在各章节中分别介绍信息与系统的概念和特征、管理信息系统的概念与分类以及管理信息系统开发流程等理论知识。②实验教学。主要围绕管理信息系统中基础技术如 E-R 图、数据库、计算机基础等进行教学，并采用以理论教学为重点、实验教学为辅的方式。

2. 教学方式设置

该课程常用的教学方式与高校中大多课程相类似，均以多媒体辅助的课堂讲授为主，以课堂讨论、课后作业与答疑和实践教学为辅的方式来进行。课堂教学主要讲授前述提及的理论知识；而课堂讨论、课后作业与答疑主要为了帮助学生们加深对理论知识的理解，并通过思考讨论和作业来锻炼学生的逻辑思维能力；实践教学则旨在培养学生们综合运用所学管理信息系统基本技术的能力。

3. 人才培养方向定位

该课程旨在为学生讲授管理学、计算机现代通信技术中的理论与概念，培养学生掌握管理信息系统的设计以及管理信息系统的最终实施维护与评价的方法，以丰富学生管理信息系统的专业理论和基本技术知识，提高学生应用信息技术进行信息管理和组织实施信息系统开发的能力。

（二）存在的不足

结合新时代背景下各层面发生的变革和上述现有课程设置的总结可以发现，现有的管理信息系统课程体系和已有的课程设置仍存在着不足之处，主要体现在以下三方面。

1. 课程教学内容较为陈旧

通过笔者的教学和调查发现，现有的课程教学内容以及对应教材的内容往往较为陈旧，主要表现为：①课程的教学内容相较于时代的快速发展存在着较严重的滞后。例如，在涉及信息系统所采用通信技术的教学内容中，现有的教学和教材大多侧重于介绍前四代的通信技术，较少涉及第五代移动通信技术（5G）及其相关的大数据、云计算、人工智能等内容。因此，当前课程的教学内容还不够新颖，无法与社会发展接轨，这将无法引起对新鲜事物存在较大好奇心的新一代学生的注意，也将较大地影响当今时代复合型人才培养目标的实现。②课程教学内容中学科知识相对分散、交叉性弱。"管理信息系统"课程是管理学、计算机、运筹学、信息论等多学科理论与方法的交叉。然而，多学科知识点之间的关联性并没有在实际课程的理论教学中较好地体现，例如，计算机软硬件、计算机网络的内容无法在教学课程中较好地融入管理学的知识中。这导致学生在学习过程中无法体会和深入地理解此类多学科交叉知识点在该课程中的重要性。

2. 课程教学方式相对落后

从目前大多教学现状来看，"管理信息系统"课程的教学方式尚存在着一定的问题，具体表现在：①"管理信息系统"课程尚未实现实践教学和理论教学两方面内容的融合。现在的课程教学大多采用以课堂教学为主的传统方式，实践环节与理论教学内容关联性较差，且实践环节往往是对基础技术的分开教学与实践，如E-R图的绘制、数据库的设计等，甚至部分教学还缺少实践环节。因此，当今的教学方式将难以适应新时代背景下技术的发展和新时代学生们的需求。②实践内容和实验内容未获足够的重视，现有的实验与实践内容均较为基础，特别是在当前大数据时代，信息技术更新迭代速度较快，学生已很有必要且渴望学习到更多与时代接轨的前沿理论知识。③由于新时代学生所具有的特性，包括易于接受新鲜事物、喜欢有趣的事物、存在一定畏难心理且目标不明确等特点，现有以讲授理论知识为主的教学方式已无法适用。因此，很有必要结合新时代背景对现有的教学方式做出适当的调整。

3. 课程人才培养方向定位滞后

与新时代人才培养方向相比，"管理信息系统"课程人才培养方向定位存在着一定的滞后，主要表现在：①课程培养人才方向与新时代人才需求方向存在一定差异。如前所述，新时代教育培养方向已发生了较明显的变化，包括把立德树人融入思想道德教育、文化知识教育与社会实践教育各环节，培养目标转变成为培养德智体美劳全面发展的人才。然而，现在高校中的“管理信息系统”课程鲜有结合课程思政对学生进行培养，大多数仅重视专业知识的讲授，这使得现今的常规课程教学难以实现培养全面发展人才的目标，亦与新时代立德树人的培养新趋势不相符。②现有的课程培养方向和定位难以培养跨学科复合型人才。现在的“管理信息系统”课程无法较好地实现学科间的交叉融合、无法实现学科与新技术间的有机结合，导致课程的培养无法较系统地令学生们掌握交叉学科理论知识。

三、新背景下课程方案设计探索与思考

结合新时代的变革与发展，针对上述课程中的不足，接下来我们将从课程设计方案探索、作业形式与考核方式以及课程设计的思考三个方面探索新时代下“管理信息系统”课程方案的设计和相应的思考。

（一）课程设计方案探索

1. 课程内容的更新

随着大数据、5G、人工智能等社会技术的不断革新，伴随着数字经济时代来临，传统的“管理信息系统”课程内容已无法满足当前的教学需求且无法适应当前的培养方向。现行“管理信息系统”课程内容中，计算机技术、网络通信技术、软件的开发方法和管理方法等内容更新迭代的速度远快于课程的设置和教材的更新，这往往使得高校“管理信息系统”课程教学内容相对滞后，导致学生所学知识一定程度地落后于现状。因此，为了确保课程教学内容时效性，教师在进行课程设计时需迭代地开展教学需求分析和学情分析，合理设置知识、能力、素养、价值等多方面目标。因此，可从以下三方面着手进行课程内容的更新：首先，尽量地缩短课程中冗杂、陈旧内容的教学学时。课程内容需及时结合并更新至与时代接轨的理论和前沿技术，避免分配过多时间到课程内容中的陈旧知识。例如，现有的“管理信息系统”课程在讲授通信技术时，往往会过多地讲解第一至第四代通信技术而缺乏对新一代通信技术5G理论与应用的讲解。其次，课程内容的设计需准确地把握科技和产业发展新态势。因此，该课程的内容设计需紧密地融合大数据、5G、物联网、云计算、人工智能等前沿科技的发展与应用。最后，结合专业和课程特点，课程有必要增加学科交叉、产学研融合等方面的内容，故教师在进行课程内容设计时可将“管理信息系统”“计算机基础”“数据库原理”“管理学”等相关性较强的课程设置学科交叉，从而提高课程内容新颖性，激发学生学习兴趣，并引导学生知识创新。

2. 课程思政的引入

教师在进行课程设计时有必要将思政教学引入“管理信息系统”课程教学中，这不但能配合立德树人教育根本任务的完成，而且将有助于培养全面发展的高素质人才。思政教学的理念指的是将传授专业知识和思想政治教育都融入课程教育之中，在培养

专业知识过程中同时培养学生的世界观、价值观与人生观[6]。因此，对于“管理信息系统”课程，需要重新设计该课程的教学大纲引入思政教育。可采用以下两种方式引入思政教育：第一，教师可在课堂教学过程中通过课程内容引申相关杰出科学家的优秀事迹，学生可通过这一过程学习到我国老一辈科学家刻苦钻研的科学精神和热爱祖国的高尚情操。例如，教师在讲述信息系统的背景时，可从介绍系统科学进一步地介绍我国著名系统科学家钱学森的故事，通过故事对学生们进行求真务实、积极探索的科学精神，以爱国主义为核心的民族精神，以及服务人民、奉献社会的奉献精神的教育。第二，教师可通过讲述“管理信息系统”发展历程、对比中外“管理信息系统”课程差距以及展望5G技术在“管理信息系统”中的未来发展等内容，令学生在了解信息系统历史的同时增强民族自豪感、收获对中国文化和制度的自信。

3. 案例教学法和课程项目教学法相结合的混合式教学

教师在进行“管理信息系统”课程的讲授时应更多地结合最新的且与课程内容密切相关的案例进行教学，并辅以贯穿课程知识体系的项目让学生进一步实践。通过案例教学和课程项目教学等相结合的混合教学形式可激起学生对课程的兴趣，案例讲解和课程实践项目的结合能够加深学生对知识点和技术难点的理解与掌握。案例教学法可采用三步完成：第一，教师需提前做好案例教学前的准备工作，包括寻找与课程内容相关的案例题材并设计好案例的展示方式。第二，教师需根据案例题材和课程内容设置若干可体现教学重难点、符合学生认知水平与思维能力的问题。第三，在案例讨论过程中，教师需事先提出案例的问题并让学生带着问题去学习课程的理论知识，接着让学生运用学习的理论知识和技术方法去解决案例中的问题。对于课程项目教学法，其具体步骤包括：首先，教师根据课程讲授的理论与内容要求学生分组完成信息系统项目的规划、分析、设计及实施等步骤；其次，学生自行通过科学的项目管理理论与方法实现项目的有效完成和最终信息系统的建立；最后，各小组于课上分享并展示其项目的过程与成果。

（二）作业形式与考核方式

1. 作业形式

根据本文提出的课程设计方案，课程的作业形式主要包括案例分析和课程项目两种：①案例分析形式。除教师提供的案例外，教师可要求学生分小组寻找与“管理信息系统”课程相关的案例，进行分析并做随堂汇报。学生们通过案例分析的过程了解管理信息系统的实际应用，从而激发对课程的兴趣。②课程项目形式。教师要求学生自行组成若干项目小组，以项目的形式从事信息管理系统的开发与实践，这一形式可加深学生对理论知识的理解、掌握和巩固，熟悉信息管理系统开发工具、开发方法以及项目管理的理论与应用，培养学生的团队合作与交流能力。

2. 考核方式

课程的考核方式主要包括平时考核和期末考试两种。其中，平时考核包括缺勤考核、课堂讨论、案例分析汇报考核和项目成果考核，两种方式的分数占比为：平时成绩占 50%（其中，缺勤考核与课堂讨论占 10%，案例分析汇报占 15%，项目成果考核占 25%），期末考试占 50%。

（三）课程设计的思考

在新时代背景下，“管理信息系统”课程设计需全面综合地考虑相关社会技术的发展、选课学生的相关情况和新时代人才培养方向三个方面来合理地选用教材、制定课程内容、编写教学大纲以及选取合适的教学方式，并恰当地安排教学计划进度表、作业形式和考核方式。本文在设计课程内容时，结合新时代背景下的前沿社会技术和具有时代特色的“课堂思政”，以提高课程内容的新颖性和实用性；在设计教学方式时，结合新时代学生的独特个性，综合采用案例教学和课程项目教学的混合方法，以提高学生的学习兴趣。相较传统课程设计而言，本文提出的新设计具有一定的优势，可令学生从被动转为主动、循序渐进地获取知识，从而全方位地对学生进行培养。

四、总结与展望

在新时代背景下，“管理信息系统”课程的理念、设置和体系均需更加先进与合理，才能够培养出符合新时代背景下德智体美劳全面发展的复合型人才。教师在进行该背景下的“管理信息系统”课程设计时，既要保留传统课程中优秀的内容，又要结合传统课程中的不足和新时代各方面的变革进行适当调整，以保证课程的先进性、时代性与实践性。课程培养方向定位、课程教学内容选取和课程教学方式制定均需随着时代的进步而同步进行调整。首先，根据“管理信息系统”课程现行设置和新时代社会技术、教育培养方向、学生特征变化，分析得出现有课程设置存在的不足，其次，根据不足从教学内容与社会接轨、课程引入思政教学、案例与项目混合的教学方式三个方面来探索新时代背景下“管理信息系统”课程设计，以期提升课程质量和效果。

在探究新时代背景下“管理信息系统”课程设计时，主要考虑了新时代背景下的三方面变化。在未来，课程设计仍然需结合时代背景在各层面的变革、国家的政策方向以及行业机遇等，形成不断更新课程设置的循环机制，这才是“管理信息系统”课程能够长远发展的重点。例如，在课程教学方式方面，在后疫情背景下可深入探讨网络教学和线下教学相结合的混合教学方式。总之，课程设计探索是动态的，需不断更新迭代，只有这样才能使课程发展与社会发展相携而行，最终实现人才培养目标。

参考文献

[1] 刘厚奇．医学发育生物学——医学中的新兴边缘学科 [J]．解剖学杂志，2008 (4)：449-453.

[2] 张海涛，欧淑．大数据时代信息管理与信息系统分析——评《管理信息系统》[J]．中国科技论文，2020，15 (11)：1363.

[3] 官井然，宋雨潼．新时代大学生行为特点及其引导策略 [J]．课程教育研究，2020，20：221.

[4] 王学俭，石岩．新时代课程思政的内涵、特点、难点及应对策略 [J]．新疆师范大学学报（哲学社会科学版），2020，41 (2)：50-58.

[5] 吕基晓．"00 后"大学生特征分析 [J]．教育学文摘，2019，15：48.

[6] 高珊，黄河，高国举，杜扬．"大思政"格局下研究生"课程思政"的探索与实践 [J]．研究生教育研究，2021，5：1-6.

第五编

课堂知识增长

在教学中引入数独算法游戏提升学生的逻辑推理能力

陈 苍
（深圳大学管理学院管理科学系）

【摘要】 本文针对大学生学习数学普遍存在的缺乏逻辑推理素养的现象，引入了数独这种必须一步步进行逻辑推理的益智游戏，详细探讨了如何把数独算法游戏运用到概率与统计等课程的教学训练中，把学生带入勤于思考的学习氛围，激励学生在学习中知难而上，提高学生的逻辑推理能力，培养学生多向思维，使其形成一题多解的习惯，给学生增加了一个学习训练工具，受益终生。

【关键词】 数独算法游戏；逻辑推理；概率与统计

概率论与数理统计（简称概率与统计）是信息管理和电子商务专业学生的专业基础课。比起高等数学（简称高数）、线性代数（简称线代）这两门课，学生学习概率与统计时更容易理论联系实际，但与高数和线代一样，概率与统计对很多学生来说也是一门很难学懂的课程。为了帮助学生克服学习障碍，笔者进行了很多尝试，其中引入数独算法游戏这种办法对提升学生的逻辑推理能力、改善学生的学习有一定成效。

一、数独算法（游戏）简介

数独游戏发源于欧美，流行于日本，多年前被引入我国，深受广大群众欢迎，是一种老少皆宜的益智游戏。最常见的有 4×4、6×6 和 9×9 数独游戏。例如 6×6 数独游戏，就是在六行六列并分成六个区域（称为宫）的表格中填入 1~6 的阿拉伯数字，使得每行、每列与每宫的数字恰有这六个数且不重复，故称数独。4×4、9×9 数独的规则也类似，只不过表格的行、列、宫及填入的数字个数变为 4 个或 9 个而已。这三种不同规格的数独也有别的称呼，如称 4 阶、6 阶和 9 阶数独等。

4 阶数独比较简单，适合小学低年级学生玩。6 阶数独难度跨度较大，从初中生到大学生，都有适合他们玩的难度。而 9 阶数独又称标准数独，难度跨度更大，如没有经过强化训练只能玩其中较低难度级别的题目。

这里用“玩”这个字眼，容易引起误会，因为不少学生确实在平时沉迷网络游戏过多而荒废了学习。实际上数独中用“玩”的说法是因为它还归于益智游戏，其实比较合适的说法是“推理”，因为游戏进行的每一步都须用到推理，这样游戏才能顺利进行下去。这就能解释为什么要在教学中引进数独游戏了，因为它不是一般的游戏，而是推理的游戏，有益训练大脑思维。

二、大学生学习数学普遍存在的问题

大学生学习数学普遍遇到困难的原因，要追溯到中小学数学教学的方向选择上。数学课程先有公理，再有公式、定理，逻辑推理无疑在搭建数学理论体系中起着关键作用。但出于种种原因，可能是学生学习能力参差不齐，课程时间有限，或过度强调结果而忽视推理，反正在我国的中小学教学中，大多数学生在数学上的短板就是逻辑推理能力，这是一个全国性的老大难问题，可视为应试教育急功近利的负面效应。于是就形成了一种怪圈，数学理论必须靠逻辑推理构筑，而逻辑推理能力不行，学习数学就容易机械式记忆，囫囵吞枣，不求甚解，这种不牢靠的基础，给实力的提升埋下巨大的隐患。大量的学生通过刷题、背口诀式的学习方法勉强记住各种解法，但当题目稍微变化后就无所适从。

进入大学后，很多学生才发现中学老师宣传的“高考努力一把，上大学就轻松了”的说法只是望梅止渴的阶段性激励，高数、线代、概率与统计这些课程根本就不是勉强挺过高考的学生们能适应的。于是，除了极少数名校之外，全国大多数大学的数学教育面临相同的困境——怎样才能使学生们顺利完成令人头疼的数学课程的学习。

根据笔者多年的教学经验，彻底改变现状是不现实的，但在有限的条件下，多做一些努力，改善一下教学环境还是有益的。用数独来培养学生学习数学的兴趣，就是笔者这几年所做的各种尝试之一，有一些较好的收效，且听我慢慢道来。

三、用数独游戏提升学生学习数学课和其他课程的兴趣和能力

（一）数独游戏能把学生带入勤于思考的学习氛围

多年来，在学习数学中惯于应付的学生们，一做数学题便不想思考了，只会机械地套用知识点做题。这对于特别简单的题目尚且有效，但如果题目出得灵活些，学生们看到题目无法直接套用知识点解答，基本就放弃了。而再简单的数独游戏，每个步骤都需要推理，完成一道题，还是要花费很大力气的。笔者准备了不少评级难度在1~2级的9阶数独题目发给学生，大家课后都踊跃做题，争取下次上课时把答卷交上来。这是因为数独还是有很强的游戏色彩的，好胜的学生不甘在游戏能力上落后，于是就尽快做完交卷。学生们在玩数独游戏时会逐渐进入勤于思考的学习氛围和勤学苦练的学习状态，这是学习数学课程必须具备的条件。

（二）数独游戏能激励学生在学习中知难而上

数独游戏的特点就是难度可以不断加码，一般的未经训练的人只能做1~2级这样的数独题，做2级多的题目就有点吃力了，到了用尽最原始的推理能力后，较难的题

目就怎么也进行不下去，这也是绝大部分数独爱好者无法避免的困境：老办法不行了。但是，要破局也不容易。多年以前，国际上数独玩家早就经历了这种止步不前的尴尬，但经过很多人不懈的努力，已经开发出一整套升级版的解题体系，这套体系包含至少几十种常用的逻辑解法。这一点跟学数学有些类似，很多学生之所以在数学上难以进步，是因为他们在数学理论上下得功夫不够，或者大学数学课程（例如高数）由于课时限制未能提供足够的理论指导，因而学生怎么学也进步不大。这就提醒教师，在讲数学课时即使面向非数学专业的学生，也得尽量加强理论推导方面的训练，这样学生才可能真正学好数学。

难度稍高的数独游戏，就要用到候选数，其作用是将数独题中的已知数的隐含信息发掘出来，以便在新的解题体系内运用各种技巧。同理，对学生强化概率与统计理论方面的教学，虽然听课时难懂一些，但对学生理解运用各种知识点能起到事半功倍的效果。尤其是大数定律这部分，由于太接近数学专业的描述，有些教师在讲课时有意无意忽略了它，这带来了很大的副作用——失去大数定律的约束，很多人在进行抽样调查时就随意发挥，颇有盲人摸象的意味，这在全国已是司空见惯了。可见，太忽视理论教学，只能造就一大批乱用数理统计的学生，危害性不小。

（三）数独游戏能训练学生形成缜密的推理能力

难度最小的数独题都要步步为营进行推理，用到候选数的较高难度的数独游戏，其解题过程更像是在编程计算，最难的那些步骤都是逻辑推理算法，这就有点类似计算机编程了，也更像解数学题，贴合信管和电商的同学们的专业特色。随着难度的加码，解题要用到很多令人眼花缭乱的技巧，如数对和数组、指向对、XY-翼与XYZ-翼、唯一矩形、强迫链等，其烧脑程度不亚于学习大学数学理论。

为了让学生们熟悉高难度数独的解法，笔者还在学校的教学群里转发自己在知乎这个知识问答平台上的大量数独解答示例。这些解答示例，推导过程严密，图文并茂，基本上是按照解数学题的风格来进行的，给大家带来了很好的示范。再加上笔者还通过在课堂上展现丰富多彩的概率与统计的理论推导和通俗易懂的例题演示讲解，就把学生引导到推理严格、环环紧扣的学习情景中。

除了在概率与统计课程教学中激发学生的逻辑推理热情，在财务管理原理这门课中，笔者也隆重地向学生推介了数独游戏，让学生习惯进行逻辑推理，这对于帮助学生理解各种复杂的数学模型也十分有益。事实证明：从建立模型的合理性，到模型公式的推导过程以及模型实用价值的讨论，大家的理解和认识都有所提高。在证券投资分析课上，笔者也加入了数独游戏训练，目的是让学生在分析问题时能明白哪些地方可以用到逻辑推理，哪些地方更需运用跳跃性思维，使理论更好地联系实际。

（四）数独游戏能培养学生一题多解的习惯

好的数独题目，出题时要求答案唯一。但很多题目在解题时可从多个方向切入，解题技巧也可灵活运用，因而解答的过程中惊喜连连，这也是数独游戏能够引人入胜的原因。难度中等的题目，更容易寻找一题多解的线索。笔者在知乎平台发表的数独解答中，就有一题三解、一题五解甚至更多的，把题目解构得很彻底。这种发挥到极致的做法也能引领学生在学习概率与统计时开拓思维空间，更灵活自如地运用知识，尽量用不同的表达方式甚至多样的解法做相关的练习题。

四、把数独游戏引入本科生毕业论文指导中

每年来到本科毕业论文指导这个环节，如何让学生提高毕业论文原创的比例，也令人颇费心思。2021 年跟笔者做毕业论文的两位信管和电商专业的本科生，勇敢地接受了挑战，从零基础开始，学习数独高难解法，并写出了颇有质量的毕业论文。与在上课时向学生推广数独游戏不同，指导学生写数独题材的毕业论文，要求教师对各种难度的数独解题技巧熟练掌握。这两位学生原来基本都没有接触过高难度数独，笔者就将自己的经验倾囊传授。再加上学生们的学习热情，最终他们还能在短时间内把数独玩到较高难度，并很好地完成了毕业论文，通过了论文答辩。

数独游戏可易可难，老少皆宜。在教学中引进数独算法游戏，不仅能激发学生的学习热情和学习能力，还能增强他们的逻辑分析能力和思维敏捷性，让学生受用终身。

参考文献

[1] JohnTim2018 即陈苍．今日头条文章：峰回路转猜数曲径通幽数独［EB/OC］. https：//www. toutiao. com/i6772168633297666567/.

[2] JohnTim2018 即陈苍．今日头条文章：不一样的开学季有点难的数独题［EB/OC］. https：//www. toutiao. com/i6813995947257758221/.

[3] JohnTim2018 即陈苍．今日头条文章：六阶数独有些难候选数法来帮忙［EB/OC］. https：//www. toutiao. com/i6814139010819031566/.

[4] JohnTim2018 即陈苍的回答．知乎问题回答：大师级数独求解下一步（不试数）?［EB/OC］.https：//www. zhihu. com/question/40902772/answer/1791832109.

[5] JohnTim2018 即陈苍的回答．知乎问题回答：这个数独怎么解？有没有什么技巧?［EB/OC］.https：//www. zhihu. com/question/345076933/answer/1806676432.

[6] JohnTim2018 即陈苍的回答．知乎问题回答：请问这道数独题目有没有什么算法可以适配？［EB/OC］. https：//www. zhihu. com/question/458170565/answer/1892298757.

探究大学生线上教育平台持续使用意愿的影响因素

——基于深圳大学的调查数据

游佳琪[1]　龙军燕[2]　朱诗丹[2]　唐方正[2]　何卓涵[2]　陈家望[2]　李　彤[2]

（1. 深圳大学管理学院管理科学系；2. 深圳大学工商管理系）

【摘要】 我国网络技术的快速发展，为线上教育提供了充足的发展空间。许多高校大力推广线上课程，这一新颖的教学形式走入了大学生的日常生活。为了了解大学生对于线上课程的投入度与持续使用意愿的影响因素，本文以深圳大学的本科生为调查对象，通过发放网上问卷，探究了课程、个人、教师三大因素对于学习情况的影响。利用 SPSS 23.0 分析可得，课程因素中的课程质量，高校大学生个体因素中的自我效能、认知负荷，教师因素中的教师个人形象、学习指引、答疑反馈与学习投入度有显著的正相关关系，其中自我效能最为显著。本文以深圳大学学生为样本研究了大学生对于线上课程的使用情况，为教师设计线上课程提供了参考建议。

【关键词】 线上课程；MOOC（慕课）；微课；投入度；持续使用

一、绪论

中国移动互联网时代已经到来，我国使用手机设备上网的网民已达 96.3%。基于此，以 MOOC（慕课）、微课为代表的线上教育迅速走向大众。

2020 年在疫情的刺激下，线上教育加速发展，融资额累计 1034 亿元，占教育行业的 89%。根据 UBS-S Research 预测，2020—2025 年中国线上教育的销售规模复合年均增长率将达到 43.35%，2025 年实现 6840 亿元人民币的收入。

目前，关于“在线教育”的研究颇多。本文将分析学习投入度对线上教育持续使用意愿的影响，以大学生群体为本次的研究对象，阐释大学生在线教育平台持续使用意愿的影响因素，并对现有教育平台的长远发展提出建议。研究具体对象是深圳大学对网络在线教育平台有持续使用行为的在校生。

通过这次研究可以全面了解用户需求，即营销中对用户进行精准定位的同时，也对产品进行精准定位。基于用户需求有针对性地完善课程种类、课程内容、教学方式等，以促使用户能够得到更佳的学习体验，从而对用户的满意度有较大的增强，最终提高用户的持续使用意愿。

作为未来社会发展的重要方向之一，在线教育是当下互联网时代对传统教育的强有力补充，通过此次研究，顺应时代发展，有利于追随脚步，进行新的革新和完善。时代越是向前，知识和人才的重要性就越发突出，教育的地位和作用就越发凸显。而大学生更是新人才的活水源头。

本次研究对内容、技术等方面进行了改进完善，提供了优质的内容，有利于平台的持续使用。轻松、快速更新、内容丰富有趣而又实用、具有实践性和吸引用户的内容是平台需要改进优化的地方，本次研究可以对影响大学生的因素进行分析，找到有利于平台发展或有利于大学生学习的重要因素。

二、文献回顾

在线教育是一种基于网络技术促进学习者自主学习的教育形式，本研究的在线教育环境是以 MOOC、微课为代表的网络在线课程。基于杨根福对于 MOOC 用户持续使用行为影响因素[1]以及吴正祥等对于大学生运动在线平台持续使用意愿影响因素的研究模型[2]，文献回顾将从课程因素、学习者个体因素、教师因素以及学习投入度和持续学习行为等方面阐述。

（一）课程因素

在课程层面，感知开放和感知声誉对于用户持续使用 MOOC 的行为意图具有较强影响，期望确认度对满意度的影响最强，课程质量是一个重要的部分，课程的趣味性对用户持续使用也有一定影响[3]，学生会因为课程的趣味性而增强学习的自主性和参与性，这在一定程度上影响用户的持续学习意愿和课堂有效吸收率；在线教育课程的内容、感知互动、感知有用性、用户感知期望确认程度、感知兴趣能够显著影响用户的使用满意度[4]，课程的考核方式、教学方式与持续使用意愿也有较高的相关性[5]，许多大学生会因为课程的开卷或闭卷而对课程的选取有一定的判断，同时课程的教学方式也是不少大学生在意的部分，对于课堂的互动性，线上线下的教学形式的安排以及作业的布置和测试，都是用户在意的地方。因此，提出如下假设：

H1：课程质量正向影响其对在线教育平台的投入度。

H2：课程教学方式正向影响其对在线教育平台的投入度。

H3：课程考核方式正向影响其对在线教育平台的投入度。

（二）学习者个体因素

1. 自我效能感

社会认知理论中自我效能感是自己对是否有能力完成某件事情的推测、判断和自信程度，是个体对完成特定目标所持能力的自我感知和自我把握。社会认知理论指出自我效能感对于个体的行为有着重要的决定作用，它强调了个体对其行为的主观能动性[6]。

对于高自我效能感的 MOOC 平台使用者来说，他们对自己完成各项学习任务和目标有着较高的信心和认知，对于参与各项教学活动和任务也不会存在畏难情绪，并且在顺利完成教学考核任务之后还会获得高成就感和满足感[7]。因此，他们在MOOC平台上的学习投入度也就越高。因此，提出如下假设：

H4：用户的自我效能感正向影响MOOC平台使用者的学习投入度。

2. 认知负荷

认知负荷理论由澳大利亚心理学家约翰·斯威勒（John Sweller）在1988年首次提出，该理论主要通过对学生认知结构的分析和认知负荷的测量来指导教学。

根据陈巧芬、张慧等对认知负荷理论的研究，认知负荷表示处理具体任务时加在学习者认知系统上负荷的多维结构，是在特定的作业时间内施加于个体工作记忆的心理活动总量[8]。以资源有限理论为基础，认知负荷理论认为个体所能承担的认知负荷总量是固定的，只有当学习活动引起的认知负荷低于总量时有效学习才可能发生[9]。而有效学习是影响MOOC平台使用者的学习投入度的重要因素之一，因此，本文提出如下假设：

H5：用户的认知负荷正向影响MOOC平台使用者的学习投入度。

3. 感知易用性

感知易用性是个人对使用特定信息系统的容易程度或使用新技术、新系统需要努力的程度的感知[10]。基于此，在线教育环境下，感知易用性是指学习者使用在线学习平台时所感知的使用难度。

Pei-Chen Sun等的研究发现，感知易用性是影响学习者系统使用投入度的关键因素。一个系统的感知易用性越高，那么很可能会存在一个比较高的用户投入度。Shroff等研究了学生对电子档案系统（e-Portfolio System）的感知有用性和感知易用性。研究发现学生的感知易用性对投入度有显著的影响。当学生认为电子档案系统简单易用，不需要花太多时间思考如何使用时，学生就会对电子档案的使用持有积极的态度[11]；而国内学者张新宇通过对政府门户网站的研究，认为感知易用性和感知有用性是影响用户接受和使用政府门户网站的决定性因素[12]。

某些创新的实施需要复杂的知识和技术，有些则不然。在线学习的实践也显示，烦琐的操作对用户使用意向有显著的负面影响。此外，有研究者还发现复杂性和感知有用性之间存在负面联系。如果用户越是感觉某个信息系统复杂，用户使用这个信息系统的意向就越低。因此，本文提出如下假设：

H6：用户的感知易用性正向影响其使用移动在线教育平台的投入度。

（三）教师因素

教师承担着MOOC教学的核心工作，学生对教师的感知会影响其对于MOOC的投入与持续使用。

20世纪90年代，国外学者将顾客感知服务质量评价方法引入高等教育领域，开始关注学生的学习体验，并将顾客感知质量评价融入学校的质量保障体系中。国内，胡子祥通过实证研究发现高等教育感知服务质量比较显著地影响其顾客的满意度和行为意向[13]；沈勇针对我国高等教育的特征，将SERVQUAL模型的五个维度修订为指导质量、有形性和可靠性三个维度[14]。本文借鉴网络课程感知质量评价模型（Online Course Perceived Quality Evaluation Model，OCPQEM）[15]，提出以下假设：

H7：教师学习指引正向影响其使用移动在线教育平台的投入度。

H8：教师答疑反馈正向影响其使用移动在线教育平台的投入度。

H9：教师个人形象正向影响其使用移动在线教育平台的投入度。

（四）学习投入度

学习投入度是衡量学习者动机、观测学习过程、预测学业成绩的重要指标，也是影响学习者持续学习行为的重要因素。对大学生学习投入度的研究始于国外，美国社会心理学家Schaufeli W. B. 最早提出把学生群体作为工作投入研究范围的扩展进行学生学习投入的研究，并把学习投入划分为活力、奉献和专注三个维度，美国社区学院于2001年开始每年从主动合作学习、师生互动、学业挑战度等五个维度调查学习投入度。同时，国内围绕MOOC、翻转课堂、微课等在线教学应用，对在线学习投入的研究也在逐步深入。在以学习投入度作为中介变量的研究中，潘雯、万九鑫的研究探究了学习投入在师生关系与学习满意度之间的中介作用，并得到了学习投入在两者中发挥完全中介作用的结论[16]；孙冬梅，李慧芳的研究表明在校满意度通过学习行为投入对学习效果产生的间接效应是显著的，学习行为投入在在校满意度与学习效果之间起完全中介作用[17]。

沿用先前研究中Sun等编制的远程学习投入量表（Student Engagement in Distance Education）、李爽等开发的远程学生学习投入评价量表以及李冉开发的大学生网络学习参与度测量量表，本文将学习投入度定义为学生在网课学习中所付出的时间、精力、情感以及与其所经历的发展性资源等，包括行为、情感、认知、交互四个维度，并以此设定了下述的量表参考标准：

学习行为投入主要是对网课学习的各种行为进行的测量，包括学习效率、课程参与度、学习专注度、学习任务解决办法等方面。

学习情感投入主要是对网课的个人情感体验、学习积极性等进行的测量，包括学习态度、情绪变化、学习积极性等方面。

学习认知投入主要是对学习策略、学习风格、学习方式等进行的测量，包括课前学习准备、制定学习计划、努力管理策略等方面。

学习交互投入主要是对课上课下师生互动、生生互动、师生关系等进行的测量，包括网课发言、课后互动、师生关系等方面。

本文将基于这四个维度，采用实证研究的方法，探究中介变量学习投入度与前因变量个体因素、课程因素和因变量学习者持续使用MOOC平台意愿与关系以及学习投入度两者中发挥的中介效应。

（五）持续学习行为

美国学者 Anol Bhattacherjee 首次提出了“持续使用”的概念，并将“持续使用”定义为“个体初次采纳信息系统后对其持续使用的主观倾向”。基于此，在线教育环境下，持续学习是指学习者对在线教学与学习信息系统的一种持续使用行为。持续使用意愿是指学习者对在线教学与学习信息系统的一种持续使用的主观意愿。

张静、王欢[18]通过实证发现，学生个人因素、课程因素、技术与平台因素是影响学生持续学习行为的重要因素，其中学生个人因素是最直接的因素。

易玉何、马志强、孔丽丽[19]研究证实，感知有用性、满意度是影响 MOOC 学习者持续使用意向的核心因素；MOOC 学习系统质量与课程内容质量以及学习者的学习动机和自我效能通过影响感知有用性、满意度，进而影响持续使用意向。

基于已有研究，本文提出探讨在线教育环境下，在学生个人因素和课程因素的影响下，学生的学习投入度对学生持续学习行为的影响作用。因此本文将持续学习行为定义为大学生在使用在线教育平台（MOOC 平台）后持续参与课程学习活动，使用在线课程进行学习的行为，将持续使用意愿定义为大学生在使用在线教育平台（MOOC 平台）后持续参与课程学习活动，并使用在线课程进行学习的主观意愿。

本文沿用了易玉何、马志强、孔丽丽的量表，对持续使用意愿进行测量，沿用并改进了杨梅[20]关于学习投入的量表，分别从行为、情感、认知、交互投入四个角度对学习投入度进行测量。因此，本文提出如下假设：

H10：学习投入度对持续使用意愿有显著正向影响。

三、在线课程使用情况的研究设计

（一）研究模型

综上文献综述，提出本文的研究模型（见图 1）。模型将前因变量分为课程因素（包括课程质量、课程教学方式、课程考核方式）、个体因素（包括自我效能感、认知负荷、感知易用性）与教师因素（包括教师学习指引、教师答疑反馈、教师个人形象），将因变量设置为大学生对 MOOC 的持续使用意愿，并引入了中介变量学习投入度，分为行为、情感、认知、交互四个维度，在此概念框架下构建出三者间的关系。

（二）测量项目和数据收集

问卷调查法作为主观因素量化研究的结构化调查方法，将被描述对象以单选、多选、填空和问答等形式进行呈现，因其调查范围广、标准化程度高、获取数据便利而被研究者广泛采用。本文的数据来源于根据在线学习实际情况修订后的大学生在线学习投入度调查问卷，通过问卷星调查工具在线发放问卷，并以匿名的方式调查全国各高校大学生在线学习投入度状况（见表 1）。

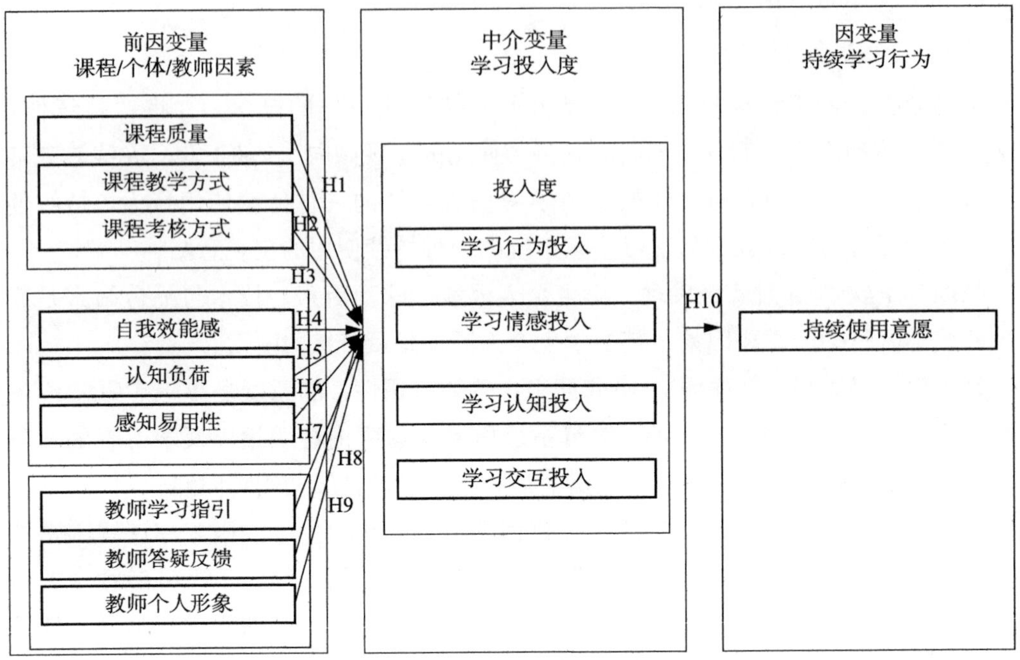

图 1　研究模型

表 1　测量项目

变量	维度	问题
自变量——个体因素	自我效能感	为了完成 MOOC 任务，我愿意付出时间和精力 在 MOOC 学习时，我能够找到合适的学习策略
	认知负荷	我能够根据 MOOC 的难易程度付出相应的努力
	感知易用性	我认为 MOOC 平台的功能是简单易用的
自变量——课程因素	课程质量	MOOC 授课内容视频质量高，能满足我的学习需求
		MOOC 有大量随堂练习，有利于我的学习
		MOOC 授课内容视频长度适中，能符合我的学习习惯
	课程教学方式	互动课堂： 以下哪种教学形式能够激励我学习 MOOC： 线下见面会+线上直播课/有线下见面会/有线上直播课/单纯看视频
		作业： 以下哪种作业形式能够激励我学习 MOOC： 线上测试/写论文/演示汇报
	课程考核方式	形式： 以下哪种课程考核方式能够激励我学习 MOOC：开卷/闭卷
		考题： 以下哪种考题能激励我学习 MOOC：写客观题/写论文

续表

变量	维度	问题
自变量——教师因素	教师学习指引	授课老师能够突出重点
	教师答疑反馈	授课老师能够及时答疑
	教师个人形象	授课老师是有权威声望的
		授课老师的语言是生动活泼的
		授课老师是认真负责的
中介变量——学习投入度	学习认知投入	MOOC 学习前，我会制定适宜的学习计划 MOOC 学习时，一旦发现自己分心，我会立即将注意力转移到学习上 MOOC 学习后，我能及时地对课程中的知识进行归纳总结
	学习情感投入	我很喜欢通过 MOOC 平台参与学习 MOOC 学习过程中我能够保持良好的学习状态 无论在线课程的难易程度如何，我都相信我有足够的能力高效完成
	学习行为投入	我能跟随老师的进度完成每周的 MOOC 线上课程 我能抽出时间完成整个课时，不会中途退出 我能认真完成老师设置的各项学习活动
	学习交互投入	我会与老师进行交流互动、提出疑问 我会在讨论区中与同伴开展讨论，协作学习
因变量——持续学习行为	持续使用意愿	我会继续使用 MOOC 平台 使用 MOOC 平台是学习不可缺少的东西 我会建议同学、朋友使用 MOOC 平台

四、大学生线上教育平台持续使用意愿影响因素分析

（一）量表的信度分析

本研究采用克隆巴赫 α 系数来检验量表的内在信度，量表共包含 15 个维度，其中总投入度包括学习行为投入、学习认知投入、学习情感投入、学习交互投入。每个维度的克隆巴赫 α 系数及总量表的克隆巴赫 α 系数如表 2 所示。除课程教学方式、课程考核方式外，量表整体及每个维度的克隆巴赫 α 信度系数都超过了 0.7，说明问卷具有良好的内部一致性。

表 2　信度分析

维度	Cronbach's Alpha	题数
自我效能感	0.714	2
认知负荷	—	1
感知易用性	—	1
课程质量	0.798	3

续表

维度	Cronbach's Alpha	题数
课程教学方式	-0. 211	2
课程考核方式	0. 211	2
教师学习指引	—	1
教师答疑反馈	—	1
教师个人形象	0. 861	3
学习行为投入	0. 825	4
学习认知投入	0. 866	3
学习情感投入	0. 835	3
学习交互投入	0. 856	2
持续使用意愿	0. 889	3
总投入度	0. 934	12
总量表	0. 942	31

（二）数据的处理与分析

定义：1~2 为弱，2~3 为较弱，3~4 为较强，4~5 为强。

1. 所学专业与 MOOC（慕课）、微课选择偏好的分析

表 3 专业与选择 MOOC 类型的偏好交叉列表

X/Y	中华文化	社会科学	人文艺术	生命科学	自然科学	创新创业	小计
理工类（理学、工学、医学等）	31（32. 29%）	44（45. 83%）	31（32. 29%）	55（57. 29%）	59（61. 46%）	26（27. 08%）	96
文科类（管理学、经济学、法学、哲学、农学等）	82（53. 59%）	102（66. 67%）	101（66. 01%）	58（37. 91%）	51（33. 33%）	42（27. 45%）	153
艺术学（音乐、体育、美术等）	2（50%）	1（25%）	3（75%）	2（50%）	2（50%）	0（0. 00%）	4
教育学（师范类专业）	0（0. 00%）	0（0. 00%）	0（0. 00%）	0（0. 00%）	0（0. 00%）	0（0. 00%）	0

由表 3 可以看出理工类的学生选择生命科学、自然科学（理科学分课程）占比较高，文科类学生选择比较偏向文科学分的课程：中华文化、社会科学、人文艺术。不管什么类型的课程，大部分学生偏向于单纯线上视频教学，接近于 1/3 的学生会选择线下见面会+线上直播课（见图 2）。

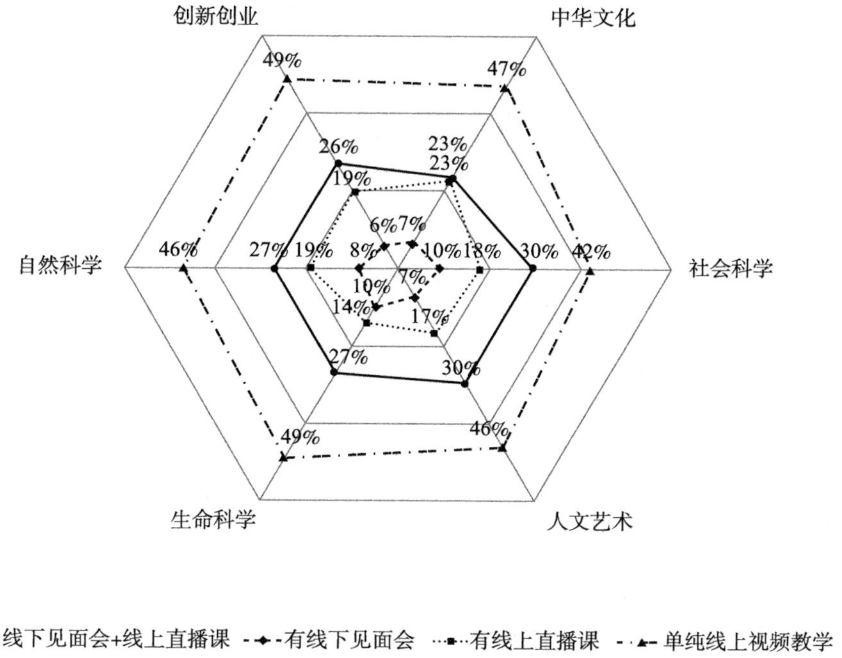

图 2　不同 MOOC 课程类型适合的教学类型

大部分学生喜欢线上测试的作业方式，但创新创业类型的课程，学生相对倾向于写论文或者演示汇报（见图 3）。

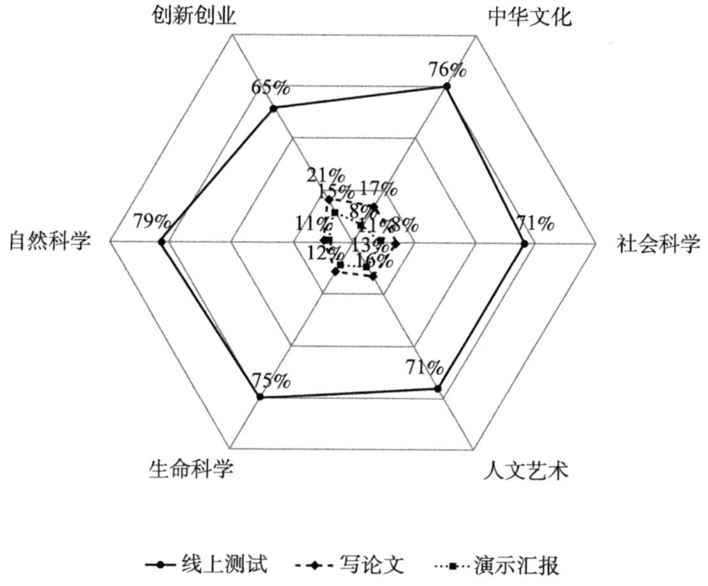

图 3　不同 MOOC 课程类型适合的作业形式

平均 85%的学生都喜欢把开卷作为课程考核形式（见图 4）。

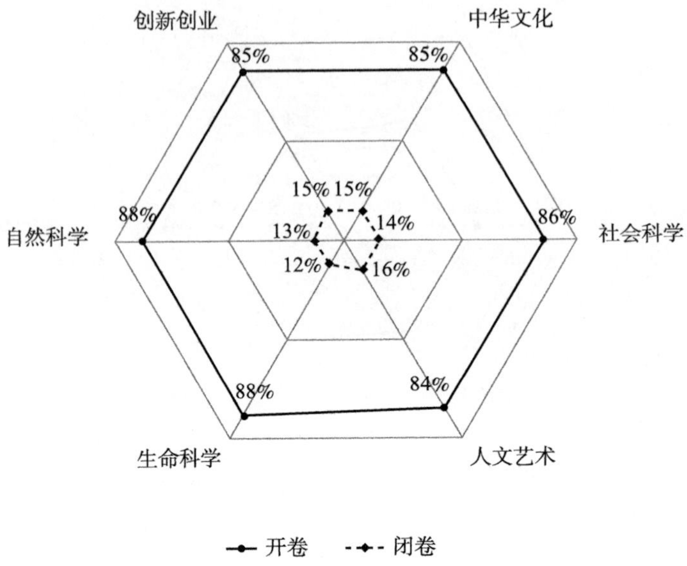

图 4　不同 MOOC 课程类型适合的考核形式

大多数的学生更喜欢客观题，但选择创新创业类型的课程的学生相对于选择其他类型课程的学生，比较喜欢论文的考核内容（见图 5）。

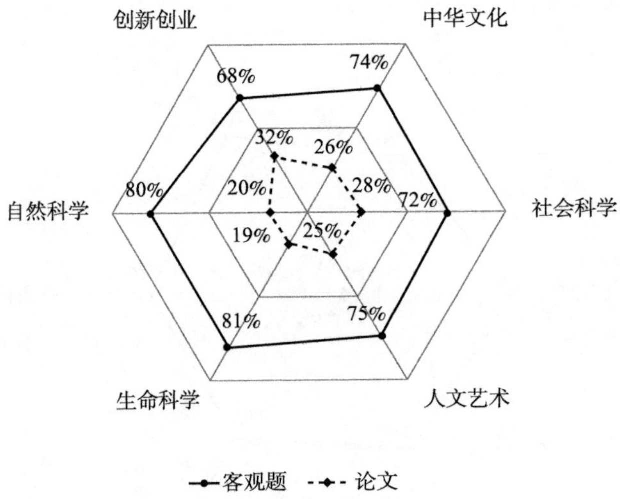

图 5　不同 MOOC 类型适合的考题

2. 多元回归分析

本研究对学习投入度与自我效能感 X1、课程质量 X2、感知易用性 X3、教师个人形象 X4、教师学习指引 X5、教师答疑反馈 X6、认知负荷 X7 做多元回归分析。如表 4 所示，通过检验的标准化方程为：

学习投入度=0. 249X1+0. 133X2+0. 166X4+0. 192X5+0. 145X6+0. 136X7。

因此，投入度受到自我效能感、课程质量、教师个人形象、教师学习指引、教师答疑反馈、认知负荷正向的影响。其中，自我效能感 X1 对学习者的投入度的影响最大，其次是教师学习指引 X5 和教师答疑反馈 X6。

表 4 投入度多元回归分析结果[a]

模型		非标准化系数		标准系数	t	Sig.
		B	标准误差	试用版		
1	(常量)	-0. 010	0. 179		-0. 055	0. 956
	自我效能感 X1	0. 235	0. 054	0. 245	4. 391	0. 000
	课程质量 X2	0. 114	0. 052	0. 121	2. 164	0. 031
	教师个人形象 X4	0. 154	0. 075	0. 151	2. 066	0. 040
	教师学习指引 X5	0. 180	0. 060	0. 185	3. 015	0. 003
	教师答疑反馈 X6	0. 118	0. 045	0. 159	2. 637	0. 009
	认知负荷 X7	0. 105	0. 049	0. 118	2. 140	0. 033
	感知易用性 X3	0. 048	0. 046	0. 055	1. 043	0. 298
2	(常量)	0. 017	0. 177		0. 095	0. 924
	自我效能感 X1	0. 239	0. 053	0. 249	4. 473	0. 000
	课程质量 X2	0. 125	0. 051	0. 133	2. 441	0. 015
	教师个人形象 X4	0. 169	0. 073	0. 166	2. 318	0. 021
	教师学习指引 X5	0. 187	0. 059	0. 192	3. 148	0. 002
	教师答疑反馈 X6	0. 108	0. 044	0. 145	2. 469	0. 014
	认知负荷 X7	0. 120	0. 047	0. 136	2. 573	0. 011

注：a 表示因变量为投入度。

由相关性分析，我们得出投入度是持续使用意愿的影响因素。为了进一步研究投入度对持续使用意愿的影响，我们对学习行为投入 M1、认知投入 M2、情感投入 M3、交互投入 M3 与持续使用意愿进行了多元回归分析，根据表 5，通过检验的标准化方程为：

持续使用意愿=0. 123M1+0. 671M3。

表 5 结果表明，持续使用意愿受学习行为投入、学习情感投入的正向影响，其中学习情感投入对持续使用意愿的影响作用最大。

表5 持续使用意愿多元回归分析结果[a]

模型		非标准化系数		标准系数	t	Sig.
		B	标准误差	试用版		
1	(常量)	0.775	0.165		4.700	0.000
	学习行为投入 M1	0.108	0.069	0.107	1.561	0.120
	学习认知投入 M2	0.037	0.058	0.042	0.639	0.523
	学习情感投入 M3	0.694	0.070	0.670	9.912	0.000
	学习交互投入 M4	−0.018	0.056	−0.021	−0.325	0.745
2	(常量)	0.767	0.164		4.684	0.000
	学习行为投入 Z1	0.124	0.060	0.123	2.087	0.038
	学习情感投入 Z3	0.695	0.061	0.671	11.360	0.000

注：a表示因变量为持续使用意愿。

五、研究结论与建议

在课程层面，学生在 MOOC 中对课程类型的选择同样会受到学生自身文理专业的影响产生不同的偏重点。同时大多数同学更偏向于线上视频教学，较为偏向线上测试的作业类型；对于课程考核方式，多数同学更喜欢开卷考试，而且倾向客观题考题。

课程因素中课程质量，高校大学生个体因素中的自我效能、认知负荷与学习投入度，教师因素中的教师个人形象、学习指引、答疑反馈与学习投入度有显著的正相关关系，其中自我效能最为显著。即在 MOOC 平台的学习中，随着以上因素的提高，大学生学习投入度也会提高，且自我效能提升时带来的学习投入度提升最大。

此外，学习投入度中的四个维度（行为、认知、情感、交互）都对大学生持续使用 MOOC 意愿有正向作用，其中学习情感投入度的影响最大。

基于上述研究给出以下建议：

第一，从课程来看，教师的学习指引和课程互动是一个重要部分，如何正确引导学生积极参与学习，提升学生的学习专注度是值得重视的问题。首先，在课程设置上，应根据学生专业兴趣的不同，全面了解学生的需求，全面了解学生对于课程内容，考核方式等的偏好等，抓住学生的关注点，有针对性地提升课程质量，改善课程作业布置和考核方式，提升学生的认可度和满意度。其次，在课程内容上，要创新性地开发课程，与时俱进，将课程内容打造得有趣味性，内容有“干货”，让学生能“热爱”其中，积极参与课程互动，保证学生学习的持续性，也要适当把握课程的难易程度，让学生有效吸收课程知识，学以致用。最后，在课程考核上，要依据课程特点和学生掌握要求，设置能更好检验学生学习成果的考核方式，同时兼顾学生对于考核方式的接受性，以此减少学生对课程学习的抵触，更好地提升课程学习效果。

第二，从大学生群体来看。首先，大学生在 MOOC 学习中应注重学习策略的选择，对要学习的课程进行合理评估，以此规划自身学习时间和精力的投入并付诸行动，从而提高学习投入度，提升学习效率。其次，大学生在 MOOC 学习过程中，上课前应尽量做好学习计划与课前准备；上课时应跟随课程进度，做到不旷课不早退，听课过程中认真记好笔记；上课后能及时进行归纳总结与自我反问，提高自身对知识点的掌握程度，以此提升学习中的行为投入和认知投入；在情感投入和交互投入上，大学生应培养良好的学习心态，课堂上积极与老师交流互动，提出疑问；课后多与同学开展讨论和协作学习，保持高昂的学习热情。上述行为带来的学习投入度提升，能有效促进大学生对 MOOC 平台的持续使用意愿。

第三，从平台方面来看，MOOC 平台作为在线教育平台的典范，可以从大学生个体因素和学习投入度入手，提高大学生对于该平台的持续使用意愿。首先，平台方面可以从宏观层面上针对不同专业学生的网课学习标准和要求，设置不同难度和不同种类的课程，并对课程的难度、知识点涵盖、学习所用时长、对应的学生群体等做出详细的说明，使学生选课的时候能够"对症下药"，从而提高学生学习时的投入度；其次，在课程内容上，平台可以适度提升课程的趣味性和丰富性，做到寓教于乐，并且在授课内容、授课形式和教学形式上不断优化创新来提高学生学习的兴趣与积极性，增大学生学习中个体因素的发挥，最终提升学习投入度；最后，在平台功能上，平台应不断更新和优化其功能，并且尽量做到在各功能模块的划分上简洁明了，使用上方便简单，易于操作。

参考文献

[1] 杨根福 .MOOC 用户持续使用行为影响因素研究 [J]. 开放教育研究，2016（1）：100-111.

[2] 吴正祥，柴霞，姜滢，等 . 大学生移动在线教育平台持续使用意愿影响因素实证研究 [J]. 牡丹江师范学院学报（哲学社会科学版），2020（6）：121-130.

[3] Alraimi K M，Zo H，Ciganek A P. Understanding the MOOCscontinuance：The role of openness and reputation [J]. Computers &Education，2015（80）：28-38.

[4] 钱瑛 . 在线学习用户持续使用行为的影响因素研究——基于社会化网络环境和学情定位视角 [J]. 现代情报，2015，35（3）：50-56.

[5] 张哲，王以宁，等 .MOOC 持续学习意向影响因素的实证研究——基于改进的期望确认模型 [J]. 电化教育研究，2016（5）：30-36.

[6] 龙君伟 . 自我效能感与学习 [J]. 现代教育论丛，2005（3）.

[7] 张宝生，李鑫，张庆普 . 学术激情与科研自我效能感的作用 [J]. 技术经济，2021，6（1）：77-12.

[8] 陈巧芬 . 认知负荷理论及其发展 [J]. 现代教育技术，2007，17（9）：15-16，19.

[9] 张慧，张凡 . 认知负荷理论综述 [J]. 教育研究与实验，1999（4）：45-47.

[10] 沈海娇，骆力明，孙众 . 小学生对电子书的感知有用性和感知易用性实证研究 [J].

中国电化教育，2014（8）：82-87+92.

[11] Shroff RH，Deneen CC，Ng MW. Analysis of the technology acceptance model in examining students'behavioural intention to use an eportfolio system [J]. Australasian Journal of Educational Technology，2011，27（4）：600-618.

[12] 胡勇．在线学习平台使用意向预测模型的构建和测量 [J]. 电化教育研究，2014（9）.

[13] 胡子祥．高等教育顾客感知服务质量的实证研究 [J]. 西南师范大学学报（人文社会科学版），2006，1（32）：135-141.

[14] 沈勇．教育服务质量感知维度探索 [J]. 高等工程教育研究，2007（2）：98-106.

[15] 詹泽慧，徐福荫，梅虎．网络课程质量评价模型：感知维度的研究 [J]. 现代教育技术，2009，19（3）：86-90.

[16] 潘雯，万九鑫．互联网下高校师生关系和学习满意度的关系：在线学习投入的中介作用 [J]. 山西青年，2021（3）：92-94.

[17] 孙冬梅，李惠芳．"拔尖计划"背景下在校满意度与学习效果关系研究——基于学习行为投入的中介效应 [J]. 徐州工程学院学报（社会科学版），2020，35（2）：92-101.

[18] 张静，王欢．基于 ISM 的在线教育平台学习者持续学习行为的影响因素研究 [J]. 中国电化教育，2018（10）：123-130.

[19] 易玉何，马志强，孔丽丽．高校慕课持续使用行为影响因素建模研究——基于持续使用行为理论的视角 [J]. 中国教育信息化，2018（3）：17-21.

[20] 杨梅．在线学习环境中大学生学习投入度及影响因素研究 [D]. 武汉：华中师范大学，2020.

突破被动模式，培养自立自主学习能力

——以兴趣型课外聚徒教学项目为例

王 红[1] 王亿鑫[1] 牛 奔[1] 刘梦龙[2]

（1. 深圳大学管理学院管理科学系；2. 哈尔滨工业大学（深圳）机电工程学院）

【摘要】 传统的大学讲学模式越来越无法适应新时代创新人才培养的要求，显现出诸多弊端。枯燥单一的课堂讲学方式因缺乏与实际相结合，学生的学习兴趣随年级升高逐年降低，大学生普遍面临自主学习能力较差、缺乏学习方向等问题。本文从教学实践出发，以“兴趣型课外聚徒教学”项目为例，从教师角度分析了当前大学生自主学习面临的困难和挑战，提出了相应的实施方案。通过聚徒教学在课程内容、授课手段、学习模式、前沿科学等方面开展了一系列的新尝试，实践证明该教学方案在一定程度上能够有效地提升学生的自主思考和自主学习的能力。

【关键词】 自主学习；大学教育；教学方法；理论与实践

一、大学课堂内外教学模式概述

教育是强国之本，兴国之基，是发展的根本。高等教育是国家持续发展的基石，是直接输出高质量人才的重要一环[1]。随着时代的发展，大学的教育模式也在持续地发生变化，对人才培养的数量和质量提出了更高的要求。如何通过审视当下大学课堂教育的优势弊端，结合过去教育模式的经验，将改革发展深化到教学实践中，推动教育与时俱进是当前面临的重要挑战。

当前教育背景下涌现了各种各样的课堂教学模式，而在大疫情的时代特征下，设计有效合理的教学模式更加充满挑战[2]。国内大学培养方式大多以讲学的方式进行，任课教师将课程的理论知识进行梳理，通过多媒体技术、口头描述等方式向学生展示。这种传统的讲学形式以最直接的方式将知识传授给学生，能起到知识传递的作用。然而，研究表明在这种传统的课堂教学模式下，学生的知识接收率较低，学生课堂参与度不高，偏向于被动接收信息[3]。在疫情环境下，许多课程被迫转移到线上进行，少了真实课堂的接触，传统讲学方式的效果更加捉襟见肘。传统课程教学以教师为主，很大程度依赖于教师的讲授方式和学生的自觉性，难以切实满足学生对新知识的好奇和延伸探索，深刻理解知识应用的场景比较有限。

理论教学是学生掌握基础知识的重要手段，实践教学是培养学生理论联系实际的必要措施[4]。为了促进理论与实际相结合，许多新式的课堂被应用到现实的课堂教学中来，诸如翻转课堂[5]，虚拟/现实“双课堂”模式[6]，支架式教学模式[7]，智慧课堂[8]等等。这些新的课堂形式充分利用信息化的教育手段，延伸了课堂的广度，某种程度上可以突破时间和空间的限制。以网络安全与电子商务课程为例，该课程涉及数学、计算机、经济管理学等多学科交叉内容，具有很强的理论性和实践性，通常教师在这门课程上不能向学生单纯地讲授理论内容，也不能仅仅依靠企业案例分析“纸上谈兵”。得益于一些诸如 ERP 模拟沙盘、啤酒游戏、供应链管理模拟平台等虚拟实验室，能够一定程度上将理论和实际结合起来，在理论课堂上讲授一些计算机系统，网络技术，密码技术的知识，在虚拟实验室进行商战模拟、仿真实验等。这类混合式新型课堂教学，将理论知识以更加结合实际的方式展示给学生，一定程度上引发了学生的学习兴趣，也加强了学生对所学知识应用范围的理解和对方法的认知。

近年来，互联网技术的发展为我们提供了便捷获取海量信息知识的渠道，这对知识结构固定、授课方式枯燥的大学课程造成了巨大的冲击。形式多样的互联网信息提供了即时和多方位的知识获取平台，方便了信息的获取，但是海量的网络资源却是良莠不齐，真假难辨。有一些学生学习动机偏倚，利用网络资源进行抄袭，应付课程任务，这不仅影响了课程教学的结构安排，也直接违背了教育教学的初衷。当学生利用互联网技术方便快捷地搜索到最新信息、观点和方法论时，结构固定的教学模式和老化的内容无法调动学生的学习兴趣，教师课堂知识讲授的权威受到了挑战。学生是教学的主体，网络信息爆炸的时代对课堂教学模式提出了新的要求，亟须探索能有效引导学生自觉自主学习，善于搜索和筛选有用信息能力的课堂模式[9]。此外，教师的引导作用更加凸显，对教师的知识结构更新也提出了更高的要求，不能仅仅依靠课程资源的堆叠，而应该注重于学生的长期学习能力。

当前对大学生的评价标准很大一部分仍旧是依赖于考试分数，充满了高中阶段“应试教育”的特点，很多学生选课不是出于对课程的兴趣和调研，而是以该门课程是否容易通过考试或者该课程是否容易获得高分为选课标准。基于分数的评价准则在一定程度上阻碍了教学方式的多样化，限制了学生主动思考、主动探索的自主性[10]。以程序设计语言课程为例，此课程是具有很强实操性的课程，依赖前期高等数学课程和基础计算机理论，结合大量的实验设计和实际操作才能深刻理解程序设计的意义。尽管如此，许多课堂将学生限制在“题目”的牢笼中，并且在最后的课程考核中让程序设计在试题纸中呈现，完全丢失了实践的本质，陷入唯分数论。

当前大学生以课堂学习为主，灌输式的课堂教学无法培养学生自主学习的能力[11]。普遍现象是各个专业的必修课程繁重，新生入学的自主性不足，知识的视野较为局限，仅依靠灌输式的教学使学生仍然无法突破“高中思维”。此外，在课堂之外，由于学生学习目的短视，大学时间充裕且容易受到外在因素的影响，学生自我控制能力较差。如若缺乏有效的引导，大部分学生对自己的职业规划将缺乏明确清晰的认知，也就丧失了主动学习的动机，毕业之际才感叹大学无所学。如何突破被动思维，摆脱被动教学的束缚，培养大学生自立自主学习能力，实现学习能力的可持续发展是我们当前进行教学改革的一大挑战。

二、当前大学学习面临的一些问题

（一）单一的教学模式

传统的课堂教学形式以教师讲授为主，课堂以教师为主体，学生主要以听讲的形式接收新的知识。这种灌输式的教学方法容易让学生丧失学习的兴趣，因课堂教学模式的原因对课程知识内容感到枯燥乏味。即使教师有意调动课堂的氛围增强互动性，但是由于大班教学，几十上百人的课堂仅依靠教师的讲授是不现实的，进而造成了教师在完成教学任务，学生在应付课堂的分裂局面。摸索更多样且生动的课内外学习方式将有助于大学生提高学习的兴趣。

（二）学广而不精

由于学科专业的不断发展，管理学院各个专业的课程有所增添，对学生掌握专业必修课程的能力要求有所加强，比如电子商务专业，既有公共管理学等文科课程，也有程序设计等工科课程，要求学生掌握的知识面越来越广。如果学生缺乏自主学习的意识和学习方式方法的引导，学习过程可能达不到预期效果，知识点的掌握大打折扣，似懂非懂，而且没有特别感兴趣的专业方向，大部分课程都泛泛而过，感慨大学无所学。在当前环境下寻找更有效的教学方式对培养更加全面发展的创新人才尤为重要。

（三）学习任务流于形式

大学的必修课程越来越多，学生自主选择感兴趣的课程被进一步限制，加上一些课程理论本身枯燥，学生因不能把握专业知识的体系结构，识别课程的重要性，渐渐就失去了学习的兴趣。大部分学生在大学的学习演变成应付期末考试的被动学习，对课程本身的核心内容没有延伸的兴趣，便渐渐失去了自主学习的动力。教师交予的学习任务也被当成课程考核的形式，不能真正理解学习任务的要义。如此循环，学习任务也流于形式，无法引导学生自发自主地学习思考。

（四）缺乏师生互动

由于大多数课程是几十甚至上百人的大班教学，教师无法兼顾到每个学生的听讲和学习情况，即使是课堂互动也仅局限在少数几个积极的学生。在课堂之外，几乎很少有学生会主动联系教师交流学习问题，教师和学生的学习互动狭隘于教师向学生提问，学生被动地接受知识。不论是课内还是课外，师生间缺乏充分的沟通交流导致了教师无法掌握学生的情况，无法给予充分的引导，学生处于不善于表达，始终迷茫不知所为的状态。为此，探索一种能充分调动师生互动的学习形式将有益于教师教学水平的提高和激发学生主动学习的动力。

（五）缺乏学习氛围

众所周知，高中是集体学习，每个学生都被周围的环境所带动，老师负责安排每天的学习任务。相比于高中阶段的学习，大学教育是自主学习、自我管理的过程，学生从紧凑的学习氛围一下子切换到自由安排的环境中，容易迷失方向、不知所为。另外，自主安排的大学生活充满了各式各样的诱惑，如果学生自我控制能力差，则容易受到诸如电子产品、网络游戏等影响而沉溺其中。因此，引导学生尽早建立自主自觉学习的习惯大有裨益。

（六）缺乏学习方向

大学以专业方向学习为主，不同专业所学内容差异较大，相同专业内也有不同的研究方向。不同于高中学习只有简单的几本教材和无穷的题目练习册，大学专业的学习可以从自身兴趣爱好出发，结合自身特长，从大而广的知识体系中摸索出自己的主攻方向，为未来就业或继续深造打下良好的基础。但由于学生在信息获取和社会认知方面，还存在诸多的局限性，许多学生不知道自己所学课程的实用价值，课程安排也是被动接受和被动学习，更不用说探索钻研自己的研究方向了。学生尽早发掘自身的兴趣爱好和学习方向将在整个大学学习生活起到向导的作用。

（七）缺乏独立思考思维

相较于高中的学习模式，大部分学生已经习惯了由老师传授的教学方式，缺乏独立解决问题的思维能力。大学教育肩负着培养一批有着独立思考能力的学生，但具备此能力的学生需有明确的学习动机和学习目标，能够独立监督自己的学习过程并进行学习自我评价，拥有自主学习的方法思路，从而拥有独立解决问题的能力。在教学实践中，并非学生缺乏思考的能力，而是缺乏独立主动思考的习惯，所以，让学生养成自主思考问题的习惯尤为重要。

（八）缺乏时间管理

大学生活需要学习的一项重要的能力就是时间管理，也就是对自己的学习有足够的规划能力，拥有明晰的学习安排，规律的学习计划能够让学习事半功倍。话虽如此，但是部分大学生没有制定学习计划，甚至作息时间不规律，平时娱乐消遣，期末考试之前临时抱佛脚，前期学过的知识没有组织复习，对新的知识没有进行合理的安排。缺乏合理的时间管理容易导致学习陷入极端的情况，未来很难做到生活和学习工作的平衡。缺乏时间管理归根到底是对自身学习能力和学习方向没有足够的认知。

三、兴趣型课外聚徒教学新尝试

为了克服当前大学学习面临的上述问题，兴趣型课外聚徒教学以科研项目为依托，招募十几位学生，年级覆盖本科大一新生到大三，组成以兴趣为导向的课外学习小组。基于小组学生的培养，可以在课程内容、授课手段、学习模式、前沿科学等方面进行新的尝试。

（一）研究方向理论小课堂，从第一堂课获取掌握正确的学习方法

抓住学生好奇心，树立学习目标，培养学习兴趣是每门课第一堂课的重要节点。因此，需要尤其注重教学内容安排以达到吸引学生主动参与教学任务，帮助学生建立对该堂课任课老师信任度的目的。只有学生愿意相信老师，主动配合才能最大化教学授课传播知识与技能的作用。

第一堂课可以在讲课前先设置不同性质的学习小组。比如，对创新创业感兴趣的创意组，对科研深造有兴趣的研究组。两组同学先接受基本的理论知识讲解，充分掌握课程理论要点，为后续实践奠定基础。然后，教师可以分别为两组成员列举相关学习任务，并让两组成员分别讨论，讨论内容大致为：自我介绍、任务选择、人员分工、学习计划以及存在问题。教师在成员们讨论的时候，分别参与其中，解答大家的问题，指导成员的任务进行，帮助修正学习计划。这个过程实现了学生自主选择学习方向，教师走下讲台，深入学生群体，充分了解学生所想所需并提供指导的目的。这个过程中，需要注意学生的积极性，并适当引导学生大胆讨论，让学生成为课堂的主人而不是“看客”。

（二）学生动手实践，从“讲出来”内化所学

经过第一堂课的分组和任务选择，每个学生可以根据兴趣开展学习任务。在这种前提下，学生的学习方向明确，避免了学广而不精的问题。当学生们专注于一个任务开始学习和实践后，教师需要定期与学生沟通进展并且及时调整学习方法，这样既能帮助学生学到更多有用的知识技能，还能起到提醒和督促的作用。经过一段时间的自主学习和实践，教师可以为学生安排一场学习汇报。学生以汇报的形式展示所学所想，并和大家一起讨论收获与改进的方法。比起单纯的书写一段报告，让学生主动讲出来，以流畅的表达、清晰的逻辑来分享自己的学习成果这样的形式更加能够锻炼学生的综合能力。

（三）学生循环交叉分组学习，从多维度拓宽知识视野

教师在汇报结束后除了给予点评，还可以安排两组成员互相点评。这个环节可以让不同组的学生了解对方的思维及侧重点，提高学生思维的多样性。分组只是为了更专心地攻克一个问题，而讨论则是拓宽学生思考问题、看待事物的方式。此外，还可以重新让学生做一次分组，再进行一次简单的合作学习。给学生多次机会，尝试不同的学习方向，以不同的维度对同一个基础知识进行实践。

（四）以各类项目、大学生赛事为依托，从实践中发觉自身的不足

除了动手做汇报外，目前还有众多竞赛可供学生参与。对于好奇心十足，希望进一步锻炼自身能力的学生，应当鼓励其参与合适的竞赛。参与过程中，学生会面临各类问题，也可能产生挫败感，教师可进行恰当的辅导，帮助学生建立正视困难的心态。在竞赛过程中，需要自主思考和学习的内容比课堂上的更多，团队的沟通、交流也进一步促进学生与人合作能力的提高。积极引导、正向鼓励，帮助学生建立信心才能使学生产生主动克服困难的心理。

四、结束语

信息互联网带来的快速发展时代，仅靠单纯讲学教授的被动教育方式已经不能实现培养自主创新发展人才的目标，大学教学模式需要从根本上进行改革。不仅须从课堂内结构设置、内容安排、教学方式、评价标准等方面做适应性调整，而且应在课外学习上积极引导学生，尽可能提供更多的学习指导，慢慢培养学生独立自主学习的能力。

兴趣型课外聚徒教学以教师科研项目为基础，各类创新创业、科研学科竞赛为辅助，建立了一个富有活力的学习小组。从这个小组的教学中，教师能够深入了解每个学生的学习程度，协助指导制定学习计划，探索学习方向。定期的学习活动能够让学生学会时间管理，有确定的学习目标，建立合理有效的学习反馈。此外，聚徒教学为学生提供了一个开放又自主交叉的交流平台，擅长实证分析研究的学生与擅长数据方法研究的学生，可以从不同思维角度相互碰撞，进一步培养了学生自主创新的能力。

参考文献

[1] 邬大光．大学转型发展的时代呼唤［J］．中国高教研究，2021（8）：4-9+55.

[2] 杨小锋，许红叶．教育战疫期线上教学对高等教育教学改革的启示研究［J］．微型电脑应用，2021，37（7）：40-43.

[3] 令淑娟，宋双飞，张冷夫．以学生为主体的大学课堂教学模式改革［J］．文教资料，2019（30）：187-188.

[4] 雷洋．中医药教学理论与实际食疗应用相结合的教学方法——评《中医食疗养生学》［J］．食品工业，2020，41（9）：356.

[5] 侯诗涵．移动学习环境下大学英语翻转课堂实施路径［J］．山西财经大学学报，2021，43（S2）：164-166+170.

[6] 王睿．虚拟/现实“双课堂”教学模式在优化大学课堂教学中的应用［J］．无线互联科技，2021，18（13）：118-119+131.

[7] 刘莉丽，王闵，任艳琴．“互联网+”大学物理实验课程混合式教学的临场感支架教学模式设计——基于探究社区理论［J］．高教论坛，2021（7）：52-56.

[8] 欧阳偶春，胡丹娟，雷淑华．语言与育人融合下“主导+主体型”大学英语智慧教学［J］．江西理工大学学报，2021，42（2）：74-80.

[9] 李艾琳．课程“三度”建设对课堂教学改革的启示［J］．教育教学论坛，2020（52）：134-135.

[10] 刘志军，徐彬．综合素质评价：破除“唯分数”评价的关键与路径［J］．教育研究，2020，41（2）：91-100.

[11] 陈卓．教学活动中的交往与灌输：三种教学类型的比较研究［J］．中国高教研究，2017（2）：87-92.

“以学为主”在高校管理类课程教学中的思考与实践

黄燕婷

（深圳大学管理学院工商管理系）

【摘要】 传统的“以教为主”教学模式以大规模、标准化传授知识为主，忽视了学生灵活运用知识的能力。而“以学为主”的教学模式则侧重培养学生自主学习能力，教师在教学活动中发挥引导作用。针对高校管理类课程强调理论知识与案例相结合的特点，侧重于学生对知识的理解及运用。“以学为主”能够很好地调动学生自主学习的积极性，激发学生学习潜能，在高校管理类课程教学中具有很大的优势。“以学为主”教学模式能够促进教师进行课堂改革，优化教学过程，提升课堂的丰富度。同时，围绕“以学为主”的教学模式，需进一步完善以学论教的课堂评价体系，提高教学效率。

【关键词】 以学为主；高校；管理类课程；教学研究

一、引言

相较于理工类课程，高校的管理类课程具有多学科交叉、知识面广、涉及案例多、侧重理论与实践相结合等特点。因此，与理工类课程相比，高校管理类课程的教学更应该注重教学模式的创新。

传统“以教为主”的教学模式偏重于教师对于学生的知识传授，强调教师如何教这一环节，而大学生的课堂参与度较低且积极性并不高。该模式具有系统、可控、高效、经济、目标明确等优点，同时具有压抑个性、不利于创新、不利于调动学习积极性等缺点。“以教为主”的教学模式通常是设定具体、明确且可检测的教学目标，选择合适的教学内容并且精确设计，教师大批量地传递知识，最后对学生的学习过程进行形式化评价，对学习结果进行总结性分析。然而，将“以教为主”的教学模式应用于高校管理类课程，会导致学生对知识的掌握程度偏低，无法灵活将所学知识运用到实际案例中，因而该模式的教学效果越来越引起学者与管理学科教师的反思。

“以学为主”作为另外一种教学模式，是指在教学活动中，以学生的交流互动为中心，教师帮助学生知识内化，强调自主、协作、研究性学习，以培养学生学习兴趣、激发学生潜能，培养创新型与研究型人才的教学策略。具体而言，“以学为主”的教学模式围绕基本知识点，通过创设情境、提供资源辅助学生学习，采用抛锚式教学、随机进入式教学方式，鼓励学生在教师的指导下进行自主学习、小组协作及研究性学习。

如翻转课堂就是一种很好的“以学为主”的教学模式，被加拿大的《环球邮报》评为2011年影响教学的重大技术变革，该模式强调教师是学生学习的促进者和指导者，而不是传统课堂中知识的传授者[1]。因此，结合高校管理类课程特点，引入“以学为主”的教学模式对于提高管理类课程教学效果显得尤为重要。

二、实施“以学为主”的教学策略

（一）确定主题

教师根据管理类课程的教学内容总结出具有探索价值的主题，学生根据兴趣确定相应的探索题目，此时教师需有针对性地指导学生选择题目，并解答学生提出的疑惑。以“财务报表分析”课程为例，教师设定主题为针对某企业的财务报表进行分析，学生可以选择感兴趣的企业，并对该企业的财务状况进行剖析。该过程既能够培养大学生灵活运用财务知识的能力，也能够帮助学生正确地认知企业所处状况，为未来择业做准备。

（二）独立探索

著名专家江山野认为，学生的“独立性”有四层意义：①每个学生都是一个独立的人，学习是学生自己的事情，这是教师不能代替也是代替不了的。教师只能让学生自己读书，自己感受事物，自己观察、分析、思考，从而使他们明白事理，掌握知识。②每个学生都独立于教师的头脑之外，不以教师的意志为转移。教师要想使学生接受自己的教导，首先就要把学生当作不以自己意志为转移的客观存在，当作具有独立性的人来看待，使自己的教育教学适应他们的实际情况和思想认识的发展规律。③每个学生都有一种独立的要求，他们在学校的整个学习过程中也就是一个争取独立和日益独立的过程。④每个学生（有特殊原因的除外）都有相当强的独立学习能力[2]。

总之，独立性是高校学生普遍具备的一种根本特性。在教学过程中，教师应当充分尊重并正确引导学生发挥自己的独立性，培养学生独立学习和解决问题的能力。例如，在“财务报表分析”课程中，可通过设置学生自主分析企业财务状况的方式让每一位学生都能够独立思考、独立探索并独立解决问题。

（三）团队协作

在课程进程中，教师可根据学生所选题目分成若干个小组，小组规模控制在5人以内。小组成员根据问题的难易、类型进行小组内部的协作分工，每个小组成员负责子问题的探索分析，最后聚合在一起进行协作式整体探讨。团队协作活动能让每一位同学参与其中，促进小组成员交流互动，帮助学生检查想法的正确性，提供多种解决问题的方法，帮助学生形成批判性思维与创新性思维，培养学生的思维能力、沟通能力及包容能力。在此过程中，高校教师需要随时观察学生的动态并加以指导，确保团队协作活动的有效开展。

（四）交流分享

各组学生通过独立探索、团队协作等环节后，将相关探索问题进行系统总结。小组成员需要在课堂上将分工情况、完成进度、讨论过程及详细内容进行汇报、交流，分享学习心得。具体过程如下：①小组成员依次汇报自己的成果，并分享完成过程的心得与体会。②教师针对小组成果进行点评，并指出优缺点。③教师邀请 2～3 位同学发表听后感想并进行提问。④该小组成员对提出的问题进行回答并总结小组成果。除在课堂直接汇报之外，学生可选择在课余时间将汇报过程进行录像，上传到学校的网络平台，供教师和同学观看，教师和同学在课堂上进行讨论并提问。

（五）反馈评价

反馈评价包括对小组评价、自我评价和他人评价三部分，评价过程由教师和学生共同完成。评价内容涉及问题的选择、独立探索的表现、团队协作的表现、学习计划安排、时间安排、结果表现和成果展示等方面。具体评价过程如下：①教师对小组表现及每位同学进行评价及打分。②每个小组对其他小组和小组成员进行打分。③每位同学对组内其他成员进行评价及打分。④每位同学进行自我评价，并进行打分。小组总分由教师打分和各小组打分按比例确定最终成绩，每位同学总分由小组总分、教师评分、组内成员评分及自我评分按比例确定最终成绩。对结果的评价强调对学生知识的掌握程度，对过程的评价强调学生在各环节中的表现。

三、实施“以学为主”的教学效果

（一）以学为主，激发潜能

以学为主，激发潜能。围绕如何充分地调动大学生的积极性以及如何将知识点融合到课题中来设置管理类课程的教学内容与实践环节。通过构建相关的组队环节，讨论环节，甚至为学生提供开放课题，让大学生自主去寻找答案。可以针对每个课题设置一个答辩环节，让学生可以自主地参与进课堂，并成为课堂的最大参与方。既可以温习相关的管理类知识点，又能很好地应用到实践环节。

例如“物流与供应链管理”这门重要的管理类课程，可以结合时下疫情设置“医疗供应链”课题让学生进行探索思考。启发学生思考医疗设备的物资运输、生产、供应链协调以及管理等问题。再如“项目管理”这门管理类课程，如能够在课程中赋予学生（或团队）相关角色，在讲授完基本知识点后让学生站在相应的角色角度来思考问题并进行角色论述和讨论，学生会在课后主动地揣摩项目管理的分工、目标及管理方式等核心问题，相较于传统的课程教学更能提高学生的参与度。

以学为主，围绕时事，设计相关课题，让学生解决实际管理类问题，这样能够激发大学生的兴趣及学习潜能。

（二）以学为主，快乐学习

以学为主，在管理类课程教学环节，围绕学习目标，通过启发学生自主提出问题与给出设定问题情形相结合、制定相关的任务目标，来调整学生的被动学习状态，转变成积极主动快乐的学习心态。例如通过学生小组之间互相设定问题，这种类似游戏的方式会让学生的学习主动性增强，在知识学习的过程中提高快乐感。

此外，从学生的角度出发，在大量的理论课程教授中，增加计算机辅助的学习实践环节，增加竞赛教学方式，将理论教学与实践教学相结合，有利于提高大学生对管理类知识学习的兴趣，增强其学习的主动性[3]。管理类课程亦可以增设一些模拟实践环节，既可以实现知识实用化，又可以避免学生学习过程中的乏味感。例如，深圳大学管理学院在财务与供应链等管理类课程中，理论知识教授与“金蝶”软件模拟环节相结合。调研发现学生的参与度有很大程度的提高并能较好地完成相关实例环节。

以学为主，需不断地革新管理类课程教学设置，适当引入模拟实践环节，从而增加大学生对于管理类课程学习的乐趣，提高教学效率。

（三）以学为主，进阶知识

以学为主，需要客观地看待大学生的个体差异性以及学习能动性。在管理类课程教学内容设置中，需兼顾基本点知识的教授与知识点的延伸。一些学生对于学习抱着浅尝辄止的态度，而一些学生则是希望刨根问底，深入钻研。因此，在基本知识点的讲述之外，同样需要高校教师深入思考，引导学生自主学习从而达到举一反三、知识进阶的效果[4]。如教师以科研项目为依托，可以鼓励大学生参与到科研课题中，进一步激发学生对知识的探索。在课程考核中可以适当增加附加题，让学生展现自己在课程拓展方面的能力。

以学为主，管理类课程教学内容需难易结合，兼顾基本知识点与学术前沿研究领域，鼓励大学生参与开放性探索性课题的分析研究，在掌握基本知识点的同时提升大学生对于管理学科知识的拓展与进阶。

（四）以学为主，创新知识，服务社会

以学为主，要求高校教师能够依托当今社会的发展，启发大学生的创新思维。人类社会一直在变革，同样管理类课程教学内容需要跟随时代的脚步不断创新。在教学过程中，不仅需要教师参与，更依赖于学生自主的知识创新。管理类专业大学生面临的是运用管理知识服务社会，提高社会各个环节管理效率，为自我、企业、政府等提供决策保障。因此，从学生就业角度出发，需要在管理类课程中不断强调知识创新。课程环节中，需关注政治、教育、产业等动态，围绕产学研相结合的方式激发学生知识的拓展与发散，由点及面，针对具体的社会问题，创新自己的知识体系，更好地服务社会。

以学为主，管理类课程教学需充分把握时代进展，侧重结合政治、教育、产业等动态，不断更新授课内容，结合最新的有影响力的案例，丰富课堂知识点[5]。同时引导学生发散思维，创新思维，服务社会。

四、以学为主，完善以学论教的课堂评价体系

初高中课堂的教学质量常以升学率这一直观参数为评价指标，而高校课堂的教学质量评价则相对较难，与高校教学内容更新度较高、高校学生的发展差异性较大、就业呈现多样性等因素相关，因而较难采用统一的标准衡量高校的教学质量，建立与当代高等教育发展相符的高校教学评价指标体系一直是高校教育发展的难题。

“师生评教”在高校教学评估中较为常见，分为“教师评教”和“学生评教”。“教师评教”是指由高校委派有经验的教授团去现场听课并给出相应的评分，该项评价能较好地反映教师的课程投入度、教师的教学经验、师生互动等情况。然而，由于教授评委团对于课程的了解程度与学生不同，教授评委团无法真实地去评判学生对知识的掌握情况，因而“教师评教”只能对高校教学评估提供参考。而“学生评教”则由学生对教师进行打分，旨在直接反映学生对知识点的掌握情况与对教师满意度进行评价。同时，为了提高大学生对“学生评教”的参与度，深圳大学规定学生在完成对教师的网上评教后才能进行下学期的选课。然而，“学生评教”这一教学评估管理的实施也面临了许多挑战。例如，由于高校教师教学严厉程度差异性较大，所教授课程的难易程度差异性较大，因此“学生评教”中的差异性也较大。从评教结果来看，“学生评教”受到诸多因素的影响，导致高校教师很难把握自己的教学尺度。

无可否认的是，高校教学面向的主体是大学生，大学生的“学生评教”理应成为高校教学管理服务活动的重要标准，如能得到合理的实施必将有利于提高高校教学质量。因此，有必要在此基础上进一步完善“以学论教”的高校课堂评价体系。针对高校管理课程，围绕“以学为主”，需从以下几方面完善以学论教的课堂评价体系。

（一）以学为主，建立实名与匿名的学生评教体系

以学生知识掌握为中心，高校管理类课堂可设置多次以学论教评价，并结合实名与匿名两种方式。如在期中甚至课堂便可让学生进行实名评教，指出教师授课过程中的问题以及学生的知识掌握情况，同时在期末可设置匿名的以学论教评价方式。以上两种方式均以学生为主，又兼顾了学生评教过程中受到偶然因素的影响。该评价方式既可以及时地反馈学生知识掌握情况，又可以对教师的课程设置进行有效调整。

（二）以学为主，师生评教相结合，优化课堂评价体系

“教师评教”和“学生评教”均有利弊，然而都是从提高课堂质量，改善学生的学习效率及效果角度出发。为了更客观进行管理类课堂评价，需师生评教相结合，建立相关的评教权重分布，优化课堂评价体系。需要以学生发展为导向，建设相应的课堂评价体系，提高管理类课堂教学效果。同时，不能以“学生评教”结果作为课堂评

价的唯一指标。教师的自我评教与其他教授的“教师评教”同样值得重视，他们对于课程的整体把握度要优于学生。因此，以学生发展为导向，需以“学生评教”为基础，结合教师自我评教与“教师评教”，完善课堂评价体系，以提升教学质量。

（三）以学为主，将管理案例解析作为教学评分点

高校管理类课程教学需更加侧重实践环节，因此，对应大学课堂的管理实践，大学生需围绕教师是否合理地结合了相关案例进行评分；此外，针对案例的时效性、合理性以及创新性，学生也可以进行相关的打分。此类评价方式既可以让高校教师更好地追踪政治环境、社会时事、企业动态，也可以更好地引导大学生进行自主探索。因此，以学为主，将管理案例解析作为教学评分点，能够很好地提升课堂的丰富度。

五、结语

相对于“以教为主”，“以学为主”的教学模式在高校管理类课程中能够起到激发学生学习潜能，增强学生学习积极性，启发创新思维；能够促进教师进行课堂改革，优化教学过程，提高教学效果。围绕“以学为主”教学模式，结合“教师评教”和“学生评教”、优化教学评估方式以建立完善的管理类课堂评价体系至关重要。

参考文献

[1] 张金磊，王颖，张宝辉．翻转课堂教学模式研究［J］．远程教育杂志，2012（4）：46-51.

[2] 余文森．略谈主体性与自主学习［J］．教育探索，2001（12）：32-33.

[3] 张宝生，闫秀荣．管理类专业竞赛实践对课程教学质量提升效果评价研究［J］．科研管理，2016，37（4）：454-458.

[4] 庞维国．论学生的自主学习［J］．华东师范大学学报（教育科学版），2001，20（2）：78-83.

[5] 周德峰．案例教学法与管理类课程改革［J］．广东外语外贸大学学报，2007，18（1）：106-108.

课题牵引，课程奠基，以赛促创*

——高校本科生科研能力培养的探讨与思考

周天薇[1] **岳广辉**[2] **牛 奔**[1] **赖晓凡**[1]

（1. 深圳大学管理学院管理科学系；2. 深圳大学医学部生物医学工程学院）

【摘要】 本科生的科研能力锻炼已成为评估本科生培养质量的重要组成部分。面对日新月异的外部环境，本科生的科研能力对他们未来的深造与就业均起到了积极作用。本文从本科生科研能力培养的必要性出发，分析了科研培养中存在的若干问题，并探索了科研能力培养的有效途径，最终提出了“课题牵引，课程奠基，以赛促创”的培养教育模式，以期有效地促进本科生科研能力的提升。

【关键词】 本科生；科研能力培养；课题牵引；以赛促创

《国家教育事业发展“十三五”规划》中指出：“优先发展教育，构建现代教育体系，建设学习型社会，培养大批创新人才，已成为人类共同面临的重大课题和应对诸多复杂挑战、实现可持续发展的关键。”[1]科研能力的培养在研究生培养中占据着较大比重，但对于如何填补本科生与研究生科研能力的鸿沟，以及如何针对本科生阶段做好科研能力的培养，从而为本科生深造或就业奠定扎实的研究功底，是目前高校亟待解决的问题[2][3]。针对这些问题，深圳大学进行了一系列探索和尝试。例如，鼓励本科生们积极参与“挑战杯”“大创”“创新短课”“聚徒教学”等各类学科竞赛和教学项目。本文将通过分析本科生科研能力培养的必要性，提炼出若干培养过程中存在的主要问题，并进一步对培养教育模式进行探索与思考，最终给出了培养具备综合科研能力素养的本科生的建议。

一、本科生科研能力培养的必要性

对于当今的研究型高校而言，广为人知的是研究生阶段学生研究能力的培养。然

* 本研究得到了国家自然科学基金项目（62103286，62001302，71971143）；教育部人文社科基金青年项目（21YJC630181）；广东省基础与应用基础研究基金项目（2019A1515110401，2019A1515111205，2021A1515011348）；广东省教育厅普通高校重点项目（2019KZDXM030）；广东省自然基金面上项目（2020A1515010749）；广东省研究生教育创新计划项目（2019SFKC46）；深圳市基础研究面上项目（JCYJ20190808145011259）；深圳市科技创新项目（RCBS20200714114920379）；深圳市稳定支持计划面上项目（20200812134420001）与广东省创新团队“智能管理与交叉创新”项目（2021WCXTD002）的资助。

而，随着社会的飞速发展以及国家教育制度与政策的不断完善，大学生创新和科研能力的培养逐步成为培养本科生的重要组成部分，以及衡量本科生综合能力的重要因素；同时还受到国家和社会各界、高校、教师和学生等多方广泛的关注。本部分将从多角度出发分析本科生科研能力的培养对国家、社会、高校、高校教师与在读学生的必要性。

本科生科研能力培养对国家与社会的高质量发展至关重要。《中共深圳市委关于制定深圳市国民经济和社会发展第十四个五年规划和二〇三五年远景目标的建议》中提到，鼓励高校积极探索“本硕博”贯通培养机制，倡导启发式、探究式、讨论式、体验式教学，培养学生独立思考、自由探索、创新创造能力。深圳“十四五”期间要在关键核心技术攻关中取得重要突破，基本建成具有全球影响力的科技高地。创新高地的建立离不开创新拔尖人才的培养。《粤港澳大湾区发展规划纲要》和《深圳建设中国特色社会主义先行示范区综合改革试点实施方案（2020—2025年）》均提出要不断增强创新拔尖人才自主培养能力。创新人才的培养离不开高等教育，尤其是受众较广的本科阶段高等教育的支持。本科生是社会未来发展的基石，是社会进步、创新变革的中流砥柱。探索“本硕博”贯通培养机制，培养本科生的创新思维、科研素养与科研能力，是教育创新改革的必经之路，也是引领信息时代创新浪潮的迫切需求。

本科生科研能力培养对高等学校的高水平发展至关重要。目前，深圳大学正处在飞速发展的新阶段，无论是在泰晤士高等教育亚洲大学排名、2021 USNews全球大学排名中，还是在PCT专利申请公开数量排名、软科世界大学学术排名中，深圳大学均不断上升，甚至超越部分211或985高校，为各地方性高校树立了发展的标杆。在研究型高等学校发展过程中，除了教学科研型教师、研究员、博士后梯队科研能力培养外，学生科研能力的锻炼，尤其是研究生科研水平的培养，对高等学校科研水平的提升也至关重要。然而，研究生的科研能力离不开本科阶段的培养以及本科与研究生阶段科研工作的衔接与过渡。因此，本科生科研能力的培养，是高等学校科研水平提升的先行方式，也是高等学校自身发展的需求。通过本科生科研能力的培养，可以为学生科研能力的长期培养奠定良好的前期基础。

本科生科研能力培养与高校教师职业发展息息相关。随着相关部门联合发布《关于开展清理“唯论文、唯职称、唯学历、唯奖项”专项行动的通知》，一场轰轰烈烈的“破四唯”运动正式在高校和科研机构间展开。该通知为高校教师评价，特别是青年教师科研教学评价与未来职业发展，树立了新的风向标。在“破四唯”之前，高校和科研机构里存在着大量为了凑论文而“灌水”现象。在“破四唯”要求下，高校教师的发展将有望回归到教书育人与科技为民的科研价值本质中。其中，在教书育人环节，本科生的培养包括对本科生参与项目比赛以及进行初步科研能力的训练与指导。此外，教学和科研实践的结合也是提升学生课堂积极性、改进教学质量的重要途径。这就要求高校教师搭建好连接本科生课内专业知识与课外科研项目所需研究素养两者间的桥梁。学生通过参与一系列科研训练，可以提升自身创新意识和自主科研能力，在此过程中，教师的科研水平也将得到进一步提升，实现教学相长以及教学与科研间的良好平衡。因此，本科生科研能力的培养不仅有助于高校教师的自身成长，而且有助于科研项目顺利有序地开展。

本科生科研能力培养对学生未来学业和职业的良性发展至关重要。对于即将步入大四的学生，毕业后选择的就业道路无非有以下三类：①继续在国内或国（境）外深造，攻读研究生；②直接进入企事业单位工作；③创业。而在以上三类未来发展道路所需的综合能力中，或多或少可找到科研创新能力的身影。对于选择类型①的学生，科研能力的锻炼与科研素养的培养在其未来规划中占比最大。一方面，经历专业科研能力素养培养的学生可以更好地完成从本科阶段书本知识的学习到研究生阶段知识运用于研究创新的过渡，从而更快地适应研究生阶段的学习和生活节奏。另一方面，对于本科生阶段已初步得到科研能力锻炼的学生，他们掌握了一定的研究技巧与研究工具，这将有助于其在研究生阶段做出更具原创性的成果，为培养高素质研究型人才奠定良好的前期基础。此外，在研究生申请阶段以及与导师的双向选择过程中，在其他方面条件相类似的情况下，具备基本科研素养且经历过科研能力训练的学生将更易获得面试机会，也更受导师们的青睐。对于选择类型②的学生，科研能力的锻炼和培养可能在未来工作技能中直接占比不及选择类型①的，但其在科研能力培养中对创新思维的锻炼，可较好地运用于未来的工作中；其独特的科研经历也将有可能在面试过程中引起面试官注意，从而提高被录用的可能性。对于选择类型③的学生，其在本科阶段接受科研能力的培养必将赋予其一定的创业技术优势。例如，大疆的创始人汪涛，其创业的雏形就是他在香港科技大学的本科毕业设计工作。因此，无论毕业后继续深造，抑或在企事业单位就业或创业，科研能力的培养对学生自身发展均起到至关重要的作用，合适的引导和培养将有可能影响到学生一生的发展。

本科生科研能力培养在本科生综合素质培养中占据着重要地位，在引领时代创新浪潮、响应高等学校自身发展需要、高校教师科研与教学的良性发展与本科生自我实现等方面均起到至关重要的作用。

二、本科生科研能力培养中存在的问题

基于上述必要性的分析，近年来，本科生科研能力培养受到越来越多高校的重视。然而，在本科生科研能力培养工作落实方面，仍存在科研氛围不足、学生目标不明确或目的性过强、精力投入不足、研究工作半途而废等诸多问题，使得本科生科研能力的培养难以得到全面有效的开展。

首先，本科生科研能力培养存在科研氛围不足的难题。科研本身是一项需要浓厚兴趣与坚强毅力的工作，仅凭个人一时兴起很难做到长久地坚持。这个过程中一个较为突出的问题是，本科生自身科研素养缺乏导致其难以深刻地认识到科研能力培养对

自身未来发展的重要作用。再者，许多本科生在上大学后由于脱离了高中老师和家长的监督，极其容易出现懈怠情绪，更无法培养科研的兴趣。此外，对于自身能力不自信以及在科研道路上遇到困难后的退缩也将阻碍他们在科研道路上的持之以恒。

其次，本科生科研能力培养存在学生的目标不明确或目的性过强等问题，极大地影响着科研能力的提升。部分学生对未来学业或职业的发展目标不明确，因脱离了家长的监管焦虑于毕业后出路的不确定性，因缺乏取舍能力受困于课外多姿多彩的社团活动，由此产生的对未来的迷茫和困惑极大地阻碍了他们对课题的思考和全身心投入。与之相反，另一类学生的目的性过强，缺乏对科研的耐心，急于求成、过于浮躁，只希望快速产出成果，导致难以真正地静下心从事研究工作。

最后，本科生科研能力培养存在师生精力投入不足的情况。一方面，愿意投入到培养本科生科研能力的师资数量有待进一步提升。大多数年轻教师往往面对科研、教学和生活三重压力，这使得其难以在本科生科研能力培养上投入大量时间和精力。另一方面，愿意花时间投入到研究中的学生比例仍有待提升。不少本科生在一段时间内不能彻底完成从高中生到大学生角色身份的转变，难以主动创造和寻找自我提升机会，往往对科研任务和项目望而生畏，从事研究的动力和积极性有待激发。

综上，本科生科研能力培养仍存在诸多问题，有待进一步解决。

三、本科生科研能力培养的途径探索

针对上述问题，结合本科生培养特点，从本科生自身特色出发，本部分将提出“课题牵引，课程奠基，以赛促创，兴趣导向，导师负责，个性化培养”的新培养教育模式，该模式与目前深圳大学已有的“聚徒教学”和“科研创新短课”培养方式有机结合，一方面可培养学生们对科研的兴趣，另一方面可提升与科研相关的多方面能力。接下来将重点阐述该模式下的有效培养途径。

首先，基于“课题牵引”与“课程奠基”的科研兴趣建立过程。在本科生科研能力培养途径的选择上，帮助本科生培养科研兴趣、克服畏难心理、明确科研目标、明晰研究路径，是引导本科生从事科研活动的重要环节。教师可以通过专业课程讲授、创新短课的开设以及聚徒教学项目的开展等，介绍难度适中的课题给本科生，让其进行尝试。教师可先从课题背景的介绍以及课题结合实际生活中的案例出发，较快地培养学生对科研课题的兴趣、激发学生基于现有知识进行创新的热情，从而使得他们愿意投入时间和精力到课题研究中。此外，教师还可将研究内容阶段化和游戏化，让学生获得掌握知识的成就感与幸福感，进而更加愿意投入到新知识的学习与挑战中，最终形成良性循环。

其次，基于“以赛促创”的研究工具的学习与应用过程。在本科生科研能力培养途径的选择方面，教师可通过各类学科竞赛激发学生们对研究工具的学习热情，并在备赛和参赛过程中实现研究工具与基本知识的有机结合与应用，这一途径是引导本科生初探科研流程的有效方式。在专业学科竞赛的备赛阶段，学生可进行解题工具的学习与熟悉、书籍文献的查询与学习、往届题目的分析与尝试，而在比赛过程中，学生可将解题工具与现有知识进行有机融合乃至延伸拓展。因此，专业比赛为本科生从高中阶段的题海战术到大学阶段的自由探索研究搭建了一座完美的桥梁，不仅锻炼了他们独立自主地收集、整理、学习和应用资料，还锻炼了大家的团队协作能力以及文档撰写能力。这一过程也较好地模拟了后续科研阶段的课题合作与论文撰写。除了赛前与赛中的指导外，赛后的总结也是必不可少的关键环节。毕竟参与到专业学科竞赛中只是一种手段而非最终的目标，赛后总结可使参赛学生们更清晰地了解自己在有限的比赛过程中展现出的优点与缺点，也将有助于提升后续比赛成绩、积累比赛经验，当再次遇到类似场景时，也可将自己调整至更好的状态，做到游刃有余。由上可以看出，将比赛工具化、以比赛促进学生创新能力的培养，可较好地帮助本科生克服面对科研课题的彷徨，培养本科生面对问题不畏艰险、勇于攀登的自信与勇气。

再次，基于学生“兴趣导向”的课题方向选择。教师可针对每位本科生的基础和精力，结合其未来学业和职业发展方向的规划以及其对不同研究题目的兴趣，帮助学生选择其感兴趣的研究方向。科研是一份需要热情支撑的工作，尤其是对尚处于懵懂阶段的本科生，特别需要注意从兴趣出发并逐渐加以引导，令其掌握科研所需的工具，帮助其梳理清楚达到研究目标的路径与过程。这将有利于降低学生中途放弃的概率，也有利于本科生真正投入时间和精力，进而培养其掌握科研的必备技能、提升其科研创新的综合能力与素养。

最后，执行过程中的“导师负责”制以及培养过程中的“个性化培养”方式。导师负责制可保证学生在从事科研活动中及时地获得帮助和指导，特别是在其对科研课题迷茫时，可强化科研信心并对科研进度进行把控、对探索偏离方向的工作进行矫正、对创新性的优劣进行评估和指点。此外，导师负责制也可更好地落实对学生全阶段的个性化培养。具体而言，在大一阶段，学生们主要以兴趣培养、专业基础知识学习为主。在大二阶段，学生们可适当参与导师团队的科研项目并从事一些辅助性的工作；同时，这一过程还可令他们大致了解科研工作的具体实施，学习比赛里的基础知识。在大三阶段，学生可以通过比赛培养对研究课题的兴趣。教师可基于每个人不同的个性与特点，制定符合其学习规律的研究方式，根据不同学生个性，选择不同的沟通、培养和督促方式。因此，基于学生特性的定制化培养方案可较好地调和科研工作与本科生学习生活之间的关系。在大四阶段，教师在辅助学生制定未来规划的同时，可依照具体情况选择课题延续或转型，指导学生完成毕业论文设计。此过程不仅培养学生科研创新能力，还帮助学生实现完整立体的全方面发展。

以本科生为主体，通过教师的专业指导和悉心培养，可较好地调动学生们的科研积极性；通过长期持续不断地跟进指导，可更加系统地培养学生们的科研能力，从而实现在本科阶段学生科研能力整体提升的目标。

四、本科生科研能力培养的感悟和体会

高校是教书之地，也是育人之所；而教师和学生则是高校中的重要组成部分，他们之间既可以是传统课堂中的“师生”关系，也可以是科研活动中的引导和携手关系，甚至是生活中敞开心扉的朋友。研究型高校的教师应关注本科生科研能力培养在高校人才培养中的重要地位，从本科生角度对已有培养方式进行重新审视和梳理，通过本文中提出的新模式，培养出具备综合科研能力素养的本科生，在付出努力的同时收获学生取得进步和获得成就之后的满足感；通过这一过程，收获对研究课题的梳理和反思，提升自我的修养，最终实现师生间教学相长和携手共赢。对于教师而言，能够见证一名学生从刚入校的懵懂到毕业时的自信与从容，也是一种无声的幸福。

参考文献

[1] 徐秀荣. 地方高校本科生科研能力培养探究 [J]. 赤峰学院学报（自然科学版），2019，35（11）：166-168.

[2] 姜长宝. 本科生科研能力培养的途径与方法探讨 [J]. 科技管理研究，2010（8）：152-154.

[3] 刘培莉. 本科生科研能力培养的理性思考——基于研究生教育与本科生教育的衔接 [J]. 佳木斯大学社会科学学报，2009，27（2）：97-100.

研究与实践互动的公共预算课程教学改革研究*

吴进进

（深圳大学公共管理系）

【摘要】 公共预算课程是行政管理、公共政策专业的核心课程，也是公共管理学课程体系的重要组成部分。鉴于当前公共预算课程教学中对研究与实践重视度不足和相互脱节的问题，本文提出了研究与实践互动的公共预算课程教学改革设计及其方案。本文将在提高学术前沿性和实践操作性两个方面对公共预算课程提出改革思路。第一，在教学过程中，把公共预算的经典理论和前沿研究话题融入课程教学中，注入公共预算课程的学术灵魂。第二，强化对课程实务性知识和工具技术性内容的讲解和实践模拟，为公共预算课程接入实践筋骨。此外，课程还设计了多样化的过程性考核方式，包括课程知识阶段性测试和阅读笔记考察、预算知识综合运用的项目预算编写，以及预算管理实践场景模拟。

【关键词】 公共预算课程；教学改革；研究与实践

一、公共预算课程教学改革的必要性

公共预算课程是行政管理专业的支撑性课程，也是公共管理学课程体系的重要组成部分。这门课程的重要性源于公共预算在公共管理和现代国家治理制度中的基础性地位。公共预算是现代国家财政制度的基石和国家治理体系的核心，一切国家活动和政府运行都离不开政府预算的编制、批准、执行、监督与评价，公共预算制度质量决定了国家治理的成败。公共预算不仅是公共管理学科的一门重要课程，更是一项国家治理的基础科学。

当前的公共预算的课程设计和教学活动中，普遍存在着教学与研究脱离，学术与实践脱节，学生学习只重知识、不重研究和实务等现象，导致课程学习难度偏低、学生学习兴趣不高、课程教学质量不佳等问题。笔者在不同高校开设了多次公共预算课程教学活动，选课学生累计数百人，同时也旁听其他老师和院校同类课程的教学实践。在教学过程中发现：一方面，公共预算课程教学知识点零散化、破碎化，缺少理论系

* 本研究得到了国家自然科学基金青年项目“我国地方财政结余对财政支出周期性影响及其机制研究”（项目编号：71904130）的资助。

统性和学术前沿性，当前沿用的部分教材知识陈旧散乱，对公共预算的理论脉络的梳理和学术前沿的追踪严重不足，导致课程讲授大多是对公共预算碎片化知识、概念和现象进行介绍，使得课程学习变成枯燥无味的机械记忆与预算过程的零散了解。学生对公共预算课程兴趣不高，缺乏深入探索预算理论与预算问题的积极性，教师也缺乏教学投入和钻研热情。另一方面，公共预算学既是理论，更是一门政府管理活动，预算理论与研究来源于政府预算管理实践。然而在教学过程中，公共预算课程教学严重与政府预算实践脱离，老师们并不了解政府预算管理实务。由于预算编制、执行过程十分具体且复杂，讲授者缺少实践经验就只能按照单薄的教科书宣读和讲解，使得课堂教学不仅枯燥单调，而且常常与现实情景背离。学生们学习不到真实的政府预算管理实务知识和预算管理技术，对政府预算管理的实用性持怀疑态度，课堂教学效果不佳，严重削弱了公共预算课程的吸引力。

公共预算课程亟须从学术与实践互动的视角，对本课程提出改革设计。首先，要为本课程注入学术的灵魂。教学虽然不等同于学术研究，但是学术研究是教学的灵魂，离开了学术研究，教学很可能变成无源之水，无本之木。在教学过程中，要把公共预算的经典理论、理论发展脉络和前沿研究融入课程教学中；要建立公共预算课程的理论体系，在设计的每个章节中融入理论与学术研究成果，同时鼓励和推动学生进行文献阅读和学术思考，并参与学术研究训练和尝试。其次，要强化对课程进行实务性知识的讲解和实践活动的模拟，为公共预算课程接入实践筋骨。本课程计划在教学中大量引入预算管理实务案例分析和情景模拟教学，引导学生站在预算管理者（如市县长、部门领导）、预算操作者（政府部门财务人员）、预算监督者（财政部门、立法部门、审计部门）和预算受益者（公众、利益团体）的视角去学习和分析预算管理实践。既要从实践者的角度学习预算实务操作与流程，又要从监督者的角度对公共预算，特别是中国公共预算制度与实践进行审视和反思。

二、课程改革的主要方案

（一）公共预算课程的理论与学术话题构建

针对当前公共预算课程教学普遍存在的学术性和理论性不足的问题，改革方案将重点加强公共预算经典理论、理论发展脉络以及前沿研究话题三个方面的讲授，提高课程的理论性和研究性。

1. 公共预算的经典理论讲授

带领学生重点研习预算的委托—代理模型、公共选择预算理论、理性预算理论、渐进预算理论、预算间断均衡理论等，旨在让学生对预算过程的理论视角和流派有一个完整的认知和理解。此外，认真梳理预算理论发展的脉络，从政治学、经济学和社会学多视角讨论预算形成的机制，预算对政府资源配置效率、增加社会福祉方面的影响和意义。

2. 紧跟当前公共预算理论和研究的前沿问题进行讲授

带领学生学习和讨论当前预算研究最新话题和前沿研究问题，如预算规则研究、政治预算周期研究、精英预算研究、预算透明与预算结余等，旨在提高学生对预算前沿问题的兴趣和研究积极性，同时打开学生理论视野，帮助学生掌握预算研究的选题和方法策略。建议学生关注的重点和前沿问题包括（但不限于）：①

（1）（中国）财政透明和预算公开问题。关注财政透明的意义和影响，包括公众和政府官员对财政透明的理解和价值观念，以及财政信息公开的影响。

（2）预算绩效问题。包括中国地方预算绩效实践过程的焦点案例、实施动因及其影响。

（3）财政可持续性问题。关注构建中国特色的兼具科学性和可操作性的地方财政可持续性指标，并基于指标测量中国当前的财政可持续性现状。

（4）财政压力与预算调整。关注 2012 年以来中国经济新常态下财政收支紧平衡问题，研究财政“紧日子”如何影响中央预算支出削减与调整问题，分析不同预算调整策略的影响因素。

（5）预算稳定调节基金问题。分析我国中央和地方政府预算稳定调节基金的现状，探讨预算稳定调节基金的采纳、管理和运行及其影响，借鉴国外政府预算稳定调节基金的经验。

（6）资本预算的决策和管理问题。政府如何衡量基础设施需求，决定资金来源和支出结构，以及选择合适的采购与建造方式等。

（7）探讨地方债务的风险控制、可持续性、市场化改革、对经济发展的影响等。

（二）预算案例分析与实务操作

针对当前公共预算课程研究中缺少实践案例分析和实务操作性讲解的问题，改革方案将在课程中加入大量的实践案例分析和预算过程操作性讲解。具体而言，我们将基于课程的章节设置，在每个合适的章节中，加入 1~3 个现实案例，特别是加入中国预算管理过程的现实案例，通过案例分析让学生理解现实的预算管理过程。此外，课程还将搜集预算编制、预算资金拨付、预算审计监督等过程的实务性操作方法和环节，给学生讲解具体的预算管理实务知识。

三、课程改革的具体内容

本课程改革拟解决两个关键性问题：一是选择合适的预算理论与前沿研究成果并注入课程章节；二是寻找合适的案例材料和实务性知识以加强课程知识的实践性和实

① 借鉴了魏文池、赵志荣、王秋石 2021 年 8 月 26 日发布的《公共管理与政策评论》“政府预算与财务管理”专刊征稿中的研究主题。

务性。

（一）经典教材和经典理论学习

对于预算理论和前沿研究内容的选择和安排，我们将基于国际上权威的预算理论著作、教科书以及国际顶级公共行政与公共预算期刊中发表的公共预算最新研究，根据课程内容的设置，将预算经典理论、预算理论发展脉络和预算前沿研究注入课程各章节中。

在经典教材方面，我们将重点参考国内外公共预算研究的知名大学（如美国印第安纳大学伯明顿分校、雪城大学、肯塔基大学、中国人民大学、厦门大学）的公共预算课程的成熟教案，参照这些学校课程中对教材和预算理论的选择。西方教材参考美国公共财政学者李、约翰逊、乔伊斯等著的《公共预算制度》，该书论述非常系统详尽，涵盖预算管理的各个方面，不仅论述了从编制、批准到执行的预算过程，而且重点分析了预算收入和支出内容，同时还重点探讨了一般公共预算教科书忽略了的政府财务管理知识。当然这本书的不足之处在于它是基于美国的预算制度背景展开分析，想学习中国的财政管理问题可能无法获得现成的知识。尽管如此，该教材对预算管理一般过程和美国的经验分析仍然值得学习和借鉴。此外，约翰·米克塞著的《公共财政管理：分析与应用》（第九版）可作为参考教材，弥补公共预算制度课程内容的不足。

我们还要为学习中国预算管理制度准备国内教材或著作，这里推荐使用的教材有王秀芝编著的《中国预算管理制度改革》，这本书回顾改革开放以来中国政府预算管理制度的改革进程，分析其实施效果及遗留问题。这本书涵盖了中国预算管理体制中的预算外资金改革、政府收支分类改革、部门预算编制改革、国库集中收付支付改革等预算制度改革历程和内容，同时还涉及深层次和难度较大的政府财务报告制度、预算绩效管理、财政信息化改革等前沿内容。学生学习这本书可以从面上了解中国当前的预算管理现实状况和问题，特别是可以把西方教材提供的一般理论和美国等先进经验与中国正在进行的预算制度改革进行对照，找出问题与差距并进行深入思考和研究。

在经典理论的学习方面，经典教材和论文较多。这里推荐一本著作 *Budget Theory in the Public Sector*，该著作系统介绍了 20 世纪 40 年代以来预算理论的发展脉络，阐述了几个代表性的预算理论。由于预算即政治，对预算过程的学习应理解预算背后的政治问题，推荐使用威尔达夫斯基的经典著作《预算过程的新政治学》，该著作指出预算在现实中是一个渐进过程，很大程度上受政治因素的影响。该书开启了从政治学角度研究政府预算的先例，把本来集中技术层面的预算编制等狭窄的预算研究领域，扩大到政治学视角，让预算也成为政治学家关注的重大问题。

表 1 《公共预算》课程教学的教材选择

教材/著作/期刊	主要内容	适用的教学主题	学生学习方式
李、约翰逊、乔伊斯著，扶松茂译：《公共预算制度》，上海财经大学出版社，2010 年版	重点描述了预算的收入、支出、决策、分析、批准、预算执行、财务管理等预算过程；探讨了人事支出、养老金制度、政府间财政关系、经济发展这些与预算管理密切相关的主题	课程常规内容讲授和知识介绍	课前阅读、课堂分章讲授
约翰·米克塞：《公共财政管理：分析与应用》（第九版），中国人民大学出版社，2020 年版	从公共部门管理的视角出发，阐述了公共财政管理的理论与实践。全书从公共财政的基本原则谈起，分析了预算程序的逻辑，在此基础上重点阐述了预算结构与制度、预算方法及其实践、预算改革等内容，进而对财政收入来源、机构及其管理进行了详细论述	课程常规内容讲授和知识介绍	课前选择性阅读、讲授
王秀芝：《中国预算管理制度改革》，经济科学出版社，2018 年版	预算外资金改革、政府收支分类改革、部门预算编制改革、国库集中收付支付改革等预算制度改革历程和内容，以及政府财务报告制度、预算绩效管理、财政信息化改革等前沿内容	课程常规内容讲授和知识介绍	课前阅读、课堂分章讲授
Khan A., & Hildreth W. B., “Budget theory in the public sector”, Greenwood Publishing Group, 2002	预算的渐进主义、预算政治学、预算理性主义模型、预算委托代理模型、预算间断均衡理论等	经典预算理论学习	课前分章阅读、重点内容讲授
阿伦·威尔达夫斯基、内奥米·凯顿著，邓淑莲、魏陆译：《预算过程的新政治学》，上海财经大学出版社，2006 年版	全书共分 12 章，具体阐述了预算作为立法和行政部门冲突调和的产物，介绍了古典预算的演变和编制过程、歧见频出的政治影响以及平衡预算的政治学，并详述了公民权利性支出、国防预算编制的政治因素，以及赤字与盈余等问题	经典预算理论学习	课前阅读、课中重点讲授
Public Budgeting & Finance/Public Administration Review/Public Management Review/	期刊中关于公共预算的经典论文和最新的前沿问题论文	课程内容与理论学习	课前分章阅读、课中重点讲授

资料来源：笔者自制。

（二）预算问题与案例教学

针对课程中的预算管理实务知识和实践案例的选择和使用，我们将广泛搜集和挑选现实的预算案例和问题进行教授。

首先，我们计划从财政部、审计署、各省市财政厅、地方审计厅以及各级政府预算单位的官方网站搜集政府的预算编制、预算执行、预算监督和审计等预算管理全过程的报告、数据和各类文本资料。我们还将使用政府预算单位、财政部门等机构的深度访谈和调研资料，并与搜集的文本资料和二手数据一起整理和处理，全面展示我国各级政府预算全过程的现实情形和实际过程。

其次，我们将配置与课程章节内容紧密相关的国内外预算管理实践问题与案例。在讲解预算制度与法治框架的内容时，课程将引入各国财政规则建设的内容和经验，引领学生思考和探索我国财政规则建设的现状与不足；在经常性支出和项目支出分类改革章节中，引入“三公”经费制度，以中央部门预算公开报告的三公经费数据为依据，分析中国“三公”经费的改革与成效；在预算编制过程中的政治行为的讲解和预算政治学理论分析中，引入美国政府两党预算之争和政府“关门”的案例；在讲解人大预算监督章节和预算监督与预算透明理论时，引入全国人大会议前后对预算的预审、初审和大会表决过程的案例，引导学生了解中国预算审批的实际运作过程；在讲解预算执行这一章节时，引入地方政府预算结余和年底突击花钱的现实案例，从而解释预算执行的过程和面临的问题；在预算平衡和调整的章节的讲授中，引入财政整顿和预算削减管理的问题和案例，以我国地方财政过“紧日子”行为作为分析对象，分析地方预算削减和调整的方法和策略，并且和美国地方政府预算削减行为进行比较。

（三）预算技术与工具性知识的讲授

我们还将讲授预算过程中的技术和工具性知识。公共预算不仅是理论知识，还包括解决现实问题的技术和工具，这些技术和工具包括中期支出规划、收入预测方法、成本收益分析、政府财务报告制度、政府资产收益表等。这些内容涉及比较专业的经济、金融、会计知识和工具，行政管理专业的学生普遍欠缺这些专业技术和知识。本课程将在部分章节中重点介绍这些预算过程的技术和专业工具。

表 2 《公共预算》课程中的技术与工具性知识

预算过程中的技术与工具	内容
收入预测方法	宏观经济或基于 GDP 的模型 微观模拟模型 税收经常收入模型
成本收益分析	明确项目的收益 收益估测和评价 项目的成本估测 贴现率的选择 决策标准
公共投资管理	公共投资管理方式及特点 公共管理价值链的关键步骤
政府财务报告制度	基本原则 财务报告准则的内容 基本财务报表 预算报告、财务报告和统计报告
中期支出规划	中期支出规划的设计 中期支出规划与预算编制 中期支出规划与年度预算

资料来源：笔者自制。

四、课程改革的过程性考核设计

为了全面提高学习的效果和对知识的掌握程度，课程将设计多种过程性考核方式，既包括考核知识掌握程度的阶段性小测试和双周阅读笔记，也包括对知识综合运用的项目预算申报书撰写，还包括全程模拟预算管理实践的角色场景扮演。

（一）双周阅读笔记

课前阅读是学生理解课程知识和自主学习的基本要求。我们将在课程大纲里设计好每周的上课内容，并安排好课前阅读的教材章节、论文等阅读资料。我们每两周要求学生汇报一次阅读内容，并在期末检查阅读笔记。

（二）课程知识测试

为了考核学生对课程基本知识的掌握情况，课程每学期安排二次课堂知识考核，即课堂测试。每次测试时间为40分钟，考核内容为课程讲授的基本知识与内容，以选择题为主，同时包括一道案例分析题。

（三）预算过程的决策扮演场景

公共预算是一门实践性、操作性很强的课程。预算编制是公共政策制定和执行的核心。预算编制过程有许多参与者，包括职能部门、财政部门和立法部门、利益集团和公民等。公共预算塑造了宏观经济，反映了采取不同策略的各种行动者的政治力量博弈。本课程旨在提供预算编制、批准和执行的基本知识，重点探讨影响预算过程的背后力量。鉴于此，我们准备让学生分组扮演预算过程中的不同决策者和行为主体，让他们模拟若干预算制定场景，如部门预算编制场景、人大会议预算审核场景、预算执行监督与审计场景等，通过不同角色扮演，把基本知识、理论和案例通过场景重现的方式鲜活起来，生动地传授给学生。

预算过程场景模拟初步方案的内容包括：①以3~5个学生为一个单位，扮演具体的预算角色。②不同场景设计的预算角色不同。部门预算编制角色有：预算一把手（地级市市委书记或市长）、争取预算的职能部门（3~5个局、每个局的局长由一名学生扮演）、控制预算导向的财政局局长。人大会议预算审批场景的角色有：人大主席团成员、人大代表若干、地级市市长（市委书记）、财政局局长、职能部门局长。预算执行监督与审计场景的主要角色有：财政局局长、财政局财政监督处（绩效管理处）处长、职能部门的局长、审计局局长、市人大常委会委员等。③预算场景的模拟活动。以部门预算编制场景为例，不同角色基于各自立场针对预算编制展开辩论和协商。第一步，市长、市委书记宣布预算编制协商会开始，职能部门各局长汇报本部门的预算草案，提出预算项目编制的根据、收入来源、支出类别、项目可行性与绩效目标。第二步，各部门展开辩论，每个部门对其他部门的预算草案进行辩论，提出评论和修改意见。第三步，预算单位开展自我辩护和相互协商。第四步，部门修改本部门预算，交由财政局局长和市长审批。

（四）地级市财政收支分析报告

这是一个学生团队作业。由 2~3 个学生组成一个团队，选择一个地级市作为分析对象，对其全市的 2020 年度的财政收支状况进行详细描述和分析，具体内容包括：财政收入的来源、规模和结构，收入增幅以及与往年的比较；财政支出分类、各类财政支出的规模及其比重、预算支出信息公开情况；对该地级市财政收支的总体评价等。

（五）项目预算编制报告

项目预算编制报告也是一个团队任务，要求学生团队代表一个政府部门，如地级市某个局，在年度预算编制阶段，为本部门设计一个预算项目，规定经费为 100 万~500 万元。团队应严格按照项目预算申报书格式填写项目预算，申报书基本内容包括：立项依据、立项目的、项目可行性、项目收入来源、项目支出明细（包括功能性支出分类和经济性支出分类，具体到项一级），项目的绩效目标和成本收益分析。

五、总结

公共财政是国家治理体系的基础和支柱，公共预算制度是现代国家治理的核心。公共预算不仅是一个预算收支测算和管理的会计过程，更是一个公共利益和资源权威性分配的政治活动。因此，在推进国家治理体系和治理能力现代化进程中，公共预算制度建设应处于国家治理体系的关键地位。然而，在公共管理学科的课程体系中，公共预算课程一直是弱项。目前开设公共预算课程的高校中，除了设置财政学专业的财经类高校外，包含综合性高校在内的其他高校开设该课程的较少，使得公共预算课程建设滞后于现实需要和理论发展。即使部分高校开设了此课程，教学也普遍存在着课程边缘化、教学与研究脱节、知识结构陈旧、理论脱离实践等问题，导致课程学习难度偏低，学生学习兴趣不足，课程教学质量不佳。

笔者从预算管理的现实问题和切实需要出发，基于长期从事公共预算课程教学的经验和公共预算研究积累，提出了研究与实践互动的公共预算课程教学改革设计的思路和内容。课程改革主要从研究、实践和互动配合三个方面开展：第一，加强学生的理论涵养，开阔学生的学术视野，激发学生的学术研究潜力，提高学生对预算研究的兴趣和积极性。第二，提高学生对现实预算问题和预算管理的认知和理解，要求学生初步掌握政府预算的过程、环节及其操作方法。第三，通过对中外预算管理和预算过程的比较分析，让学生能够打开预算制度的国际视野，对发达国家预算制度进行分析借鉴。

公共预算课程教学改革不仅为本科生提供了政府预算和财税制度的知识基础，而且提高了学生关于国家预算的基本理论素养和政府财政实践认知水平，着眼未来，还能为现代国家财政治理建设提供专业性人才和优秀的政府预算管理者。

参考文献

[1] [美] 阿伦·威尔达夫斯基，内奥米·凯顿．预算过程的新政治学 [M]．邓淑莲，魏陆，译．上海：上海财经大学出版社，2006.

[2] [美] 李·约翰逊·乔伊斯．公共预算制度 [M]．扶松茂，译．上海：上海财经大学出版社，2010.

[3] [美] 约翰·米克塞．公共财政管理：分析与应用（第九版） [M]．苟燕楠，马蔡琛，译．北京：中国人民大学出版社，2020.

[4] Khan A. , & Hildreth W. B. Budget theory in the public sector [M]. Greenwood Publishing Group, 2002.

“聚徒教学”的过去、现在与未来*

林美燕　古烨桐

（深圳大学管理学院管理科学系）

【摘要】 本文从师生视角考古“聚徒教学”的过去（起源及历史），聚焦“聚徒教学”的现在（现状及问题），探讨“聚徒教学”的未来（解决方案以及发展方向）。“聚徒教学”与古代师傅向少数徒弟传授知识和技能的方式相似，有别于高校传统课堂教学。近年来，“聚徒教学”模式不断发展，授课教师和参与学生的规模也不断壮大，一些成绩显著、特色明显的“聚徒教学”课程成为学生就业和继续深造的强大助力；然而，不少“聚徒教学”课程在实施的过程中存在一定的局限和不足。针对不足及问题，我们尝试提出解决方案及建议。

【关键词】 聚徒教学；人才培养；调查研究

一、“聚徒教学”的过去

“聚徒教学”起源于春秋战国时期。春秋时期战乱四起，百姓生活不得安宁，传统的教学模式难以维系，于是出现了小规模教学的“聚徒教学”制度，知识分子开始传播和发表自己的思想见解，形成了诸子百家的文学盛况①。

“聚徒教学”是指几个学徒聚集在导师身边学习。这种模式规模小，不受时间和空间的限制，不需要有专门的课室场地，也没有特别严格的上课时间表。学生来自社会各个阶层，与传统教学只有达官贵族才能入学有明显差异，寒门弟子也可以接受良好的教育，如孔子开创了“因材施教”“有教无类”的模式。“聚徒教学”课堂上讲授的内容不受官学的限制，考核形式也非常多样，不同的师傅会有不同的思想见解，逐渐出现“百花齐放”的思想盛况。“聚徒教学”形式偏向于互动性和主动性，并不一定是老师讲课学生听课的模式，同一师傅的学徒之间的交流也更加密切。

春秋战国时期后，“聚徒教学”渐渐被各种官学排挤，开展和接受“聚徒教学”的人也越来越少，“聚徒教学”渐渐在历史的长河中被淡化。淡化并不代表着没落消亡，“聚徒教学”从为大众所接受的新兴教学模式演变成了小众的创新教学模式，在一些需要代

---

* 谢谢对本文调研问卷做出及时回应的所有同学！本文是在国家自然科学基金青年项目（71801158）、“聚徒+创研”（养老服务资源配置研究），以及深圳大学教学改革研究项目（JG2021055）的资助下完成的。

① 俞静，刘志刚．论“聚徒教学”之溯源及其现实意义［J］．高等理科教育，2013（5）．

代传承的领域，比如民间传统工艺，“师傅带学徒”仍是非常重要的教学方式。

二、“聚徒教学”的现在

（一）“聚徒教学”模式概述

“聚徒教学”是深圳大学在践行“有教无类、因材施教、厚积薄发、经世致用”的办学理念，培养“素质好、基础好、上手快、转型快”的事业骨干和创新创业型人才的原则上，从因地制宜的角度出发，将地区地域发展与学校教育相结合，从多角度、多维度、多渠道探索教学可能，不断深化教育改革，打造出来的教学创新体系内的其中一个重要环节①。

“聚徒教学”是创新和研究型人才的培养过程，是让学生带着问题去学习，去广泛地收集、归纳、整合信息，以更好地把握问题本质的一种教学模式。“聚徒教学”目的在于提升学生兴趣、培养学生思维、激励学生主动研究和探讨、鼓励学生头脑风暴、支持用批判性思维和发散性思维考虑问题等。

“聚徒教学”鼓励师生进行更加密切和近距离的交流，以研究性学习为基础，主要是把对研究课题感兴趣的学生聚集起来，组织小班教学，对这些学生提供精英化指导。教学内容与传统课堂教学有较大差异，不局限于教科书的知识，将学术前沿和新闻动态引入学习过程，学生既要学习理论知识、动手实操，还要关心时事新闻、政府资讯等，灵活理解和运用所学专业知识。学生在实践中学习，并在实践中学会通过各种方式解决问题②。

“聚徒教学”的改革突出“七个为主”：课堂教学以小班为主，导师更精准地指导教学，提高教育质量；考核形式以作业和汇报为主，导师对学生的作业及时评价和修改；选课以组合为主，多方向多角度的选课方案，提高学生的综合能力；考勤以教育为主；教学质量考核以学生测评为主；课外学习低年级以读书并撰写读书报告为主，高年级以兴趣学习和研究为主。

（二）“聚徒教学”的价值

在高等教育逐步普及化的今日，传统的高等教育制度有些难以适应时代潮流发展，特别是高校迅速大量扩招，学校的硬设备和软实力跟不上变化，相应的设施和教学方法有待完善，导致出现现代大学生素质教育质量不高、综合实力降低、大学生与老师的沟通交流频率减少等问题。

“聚徒教学”慢慢演变成一种以学生为中心，以技能和思维训练提升为中心的小规模教学模式，与现代主流的集中式、集体式的教育不同，“聚徒教学”更强调个体化、

---

① 孙忠梅．深圳大学本科实践教学创新体系探索［J］．中国大学教学，2010（5）．

② 闫佳，李琼．现代学徒制背景下“聚徒教学”的探索与实践［J］．深圳信息职业技术学院学报，2019，17（2）：21-26．

具体化和特殊化，以个人学习为中心，突出个人特点和专长的培养①。

“聚徒教学”对师生双方都有一定的价值和意义，对于学生而言，有利于培养其独立思考和大胆创新的思维方式；对于教师而言，有利于不断提升自身文化素质，发展成为博学而具有创新能力的高质量教师。“聚徒教学”脱离于传统教学的形式，没有固定的教材、没有统一的课程安排和考核制度，并给予师生较大的空间来思考和发挥空间，学生要有自己的观点，积极提问，教师要进行启发教学、个性化教学。

“聚徒教学”让师生之间的关系更加紧密，让师生相处更加融洽。传统课堂模式中，一位老师往往要同时面对几十个学生，师生之间一对一的交流少之又少，而“聚徒教学”模式中，师生间会就不同想法和观念进行高频次、不同时段、多种维度的沟通交流，促进了师生关系的和谐发展，师生之情更为深厚。

（三）“聚徒教学”的成果

目前，教师对于“聚徒教学”模式的认同度较高，希望进一步推动“聚徒教学”模式的深度改革。部分“聚徒教学”项目引进了企业人士和专业导师项目组，让学生和导师可以深度实践学习，与企业接轨，突破了“一师多徒”的固定模式，让“聚徒教学”模式有了更大的发展空间。现阶段，“聚徒教学”模式的定位是更基础、更倾向“全人”教育的教学模式，回归其本性——“聚徒教学”是教师为提高学生自主性学习的意愿和能力的教学活动②。

“聚徒教学”模式在深圳大学取得较为显著的成果。“聚徒教学”模式实施之初，深圳大学“聚徒教学”项目之一的“诗书第”，讲授内容以诗词为主，结合书法、篆刻，成功推动了校园读诗、喜诗的风气，传承中华传统诗歌文化，为人才素质培养和文化建设作贡献③。“聚徒教学”自创立之后，立项数稳步增长。2012 年立项数为 20 项，2016 年立项数为 31 项，2017 年为 41 项。近三年，每年“聚徒教学”项目立项数高达近百项，如表 1 所示。

表 1　近三年“聚徒教学”项目立项数④　　单位：项

年份	聚徒项目总数	“聚徒+创研”	“聚徒+创客”	“聚徒+实践”	“聚徒+悦读”	“聚徒+实践+创客”	“聚徒+实践+悦读”
2021	82	39	2	29	10	1	1
2020	126	80	6	32	8	—	—
2019	81	51	1	26	3	—	—

“聚徒教学”近五年来立项项目的分类如表 2 所示，近五年立项数目最多的为工程

① 赵振富，李盟，等. 新时期的“聚徒教学”与医学生创新能力培养［J］. 中国高等医学教育，2012（6）.

② 深圳大学教师教学发展中心. “聚徒教学”项目教学午餐会顺利进行［Z］. 2014-04-18.

③ 绍圣继流　中西兼用——深圳大学的“聚徒教学”［J］. 深圳大学学报（人文社会科学版），2011，28（1）：2+161.

④ 近三年聚徒教学立项通知［EB/OL］. https：//www1. szu. edu. cn/board/view. asp？ id=455156；https：//www1. szu. edu. cn/board/view. asp？ id=435001；https：//www1. szu. edu. cn/board/view. asp？ id=397389.

信息类，平均每年立项数约为30项，社科类位居第二，平均每年立项数约为21项，而数学与自然学科类的立项数目偏少，每一年立项数都不超过10项。

表2 近五年"聚徒教学"各类别立项数

单位：项

年份	聚徒项目总数	社科类	工程信息类	人文学科类	数学与自然学科类	医药护理类	教育类
2021	82	20	33	12	2	10	5
2020	126	35	43	14	6	17	11
2019	81	17	30	10	5	10	9
2018	76	24	26	7	8	7	4
2017	41	10	16	7	2	3	3

（四）"聚徒教学"的理想与现实

"聚徒教学"无疑对现代高等教育人才培养起到一定的补充和提升作用，但"聚徒教学"在实践过程中面临着一些问题。我们从曾经参加过或正在参加"聚徒教学"的学生角度出发，采用问卷调查的方式收集其对"聚徒教学"的评价，通过调研数据进行"聚徒教学"的目标与现状的对比分析，更深入地呈现和探讨"聚徒教学"的现状。

1. 数据收集及分析方法

本次研究采用问卷调查进行数据收集。根据目的性原则——深入探索"聚徒教学"模式的实践和问题以及我们参与"聚徒教学"的实践经验来设置问卷，再根据顺序性原则和简明性原则①，问卷由浅及深，从基本信息了解参加"聚徒教学"的学生特征，实现初步的参与主体画像，再从参加"聚徒教学"的目的动机、参加"聚徒教学"后的收获两方面对比分析"聚徒教学"的理想状况和实际数据之间的差距，最后进一步分析导致差距的原因，挖掘出主要矛盾，针对关键问题逐一突破，对相应的优化方案做满意度调查。

采用内容分析法对收集的数据进一步统计、分析、总结，其中对"参加聚徒教学的目的"采用排序法衡量各目的的优先级；对于"聚徒教学的收获、不足和建议"采用李克特七点量表对提出的因子进行分析②，具体包括收获程度、问题的影响程度和建议的改善程度。收集完成的数据导入SPSS软件进行统计分析，对问卷中的开放性问题进行内容分析。内容分析法能够发挥文献积累以及信息处理能力的优势，为科学管理与预测的研究提供必要依据③。

2. 研究对象

本次研究的对象是来自深圳大学学生朋友圈曾经参加过或正在参加"聚徒教学"项

---

① 贺珍．问卷设计五原则［J］．秘书之友，2018（9）．

② 汪晓凤，陈玲，余胜泉．基于实践性知识创生的网络教研实证研究［J］．中国电化教育，2014（10）．

③ 邱均平，邹菲．关于内容分析法的研究［J］．中国图书馆学报，2004（2）．

目的学生群体，共计 48 名学生参与了此次问卷调查。这 48 名学生都有参与半年及以上的“聚徒教学”项目的经历，对其有一定的认识，并且对“聚徒教学”的教学模式也有一定的个人感悟和思考，所以他们对“聚徒教学”的见解和建议具有一定的代表性和参考性。以上这些提供了本次教研的重要调查基础。

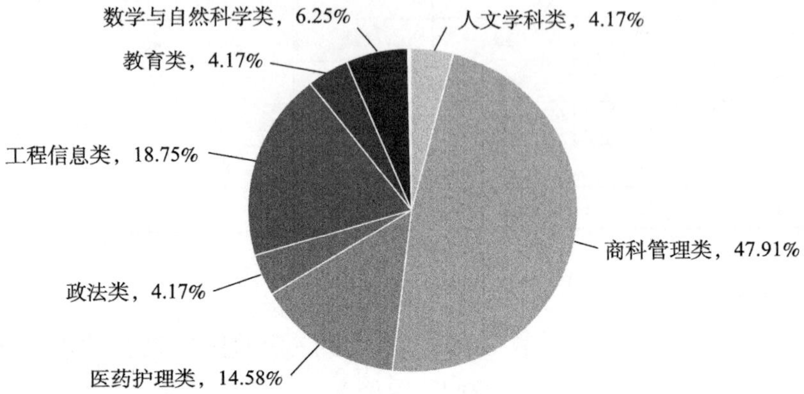

图 1　样本专业百分比

对样本进行专业统计性描述分析可以得出（见图 1），此次参与文件调查的样本专业大部分是商科管理类，占比高达 47. 92%，接近半数；排名第二的是工程信息类，为 18. 75%，而人文学科类和教育类的占比最低，均仅为 4. 17%。因此，参与本次问卷调查的文科类样本数较少，由于样本专业类别的不平衡，最终得出的结果可能会有一定的偏差和局限性。

根据样本年级统计性描述分析结果（见图 2），参加“聚徒教学”的学生年级主要集中在大三和大四，占比都超过了 30%，大二的学生占比较少，说明“聚徒教学”主要是针对有了一定专业知识基础的本科生开展的，年级较低的学生由于未接受足够系统化的专业知识教学，可能会难以适应“聚徒教学”的教学难度和多样性；而参加“聚徒教学”的研究生大部分是作为导师的助教帮助带领本科生学习，占比都不高。

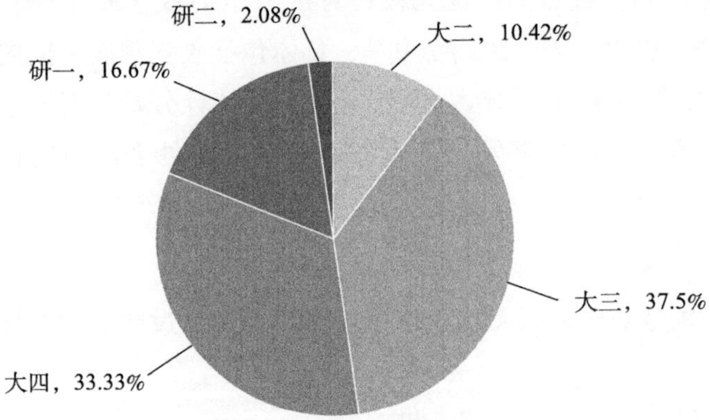

图 2　样本年级百分比

3. 参加“聚徒教学”的目的

调查对象参加“聚徒教学”的目的及其平均综合得分如图3所示。调查数据显示，“积累科研经验”这一目的的平均综合得分最高，说明学生大多从个人自身发展的目的出发，“聚徒教学”能够吸引学生参加，较大程度上取决于它提供科研的学习和实践机会，让学生可以积累科研经验，学习发表科研论文。“维系和拉近与导师之间的关系”和“完成‘聚徒教学’可以获得证书”这两个目的的平均综合得分排名最末，说明“聚徒教学”模式带来的人际关系增进和证书并非学生参加“聚徒教学”的目的，而是副产品。

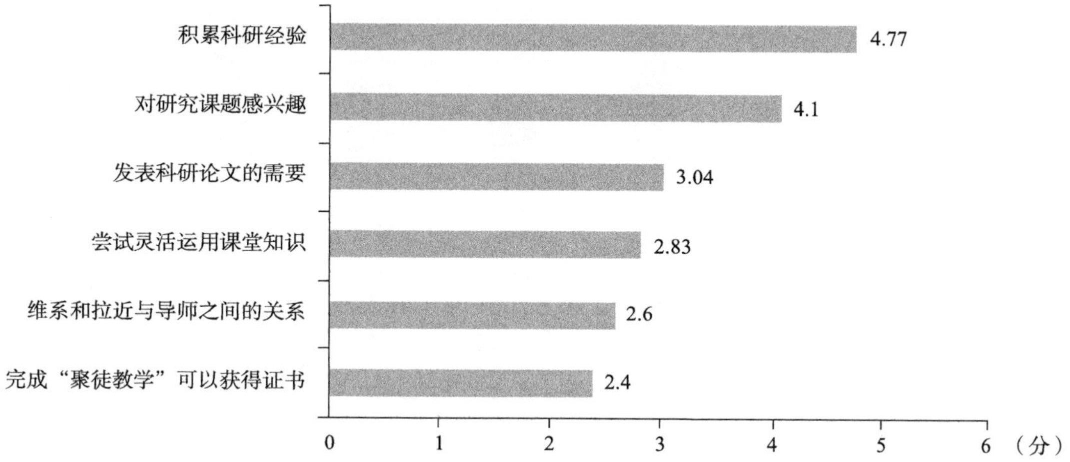

图3　参加“聚徒教学”的目的与平均综合得分

4. 能力提升程度及收获值统计分析

关于“参加‘聚徒教学’哪方面的能力得到提升”的打分统计情况如表3和图4所示，结果表明学生参加“聚徒教学”后信息加工处理能力提升最为明显，得分平均值为5.29，且得分众数为6（占比37.5%）；批判性思维能力以及口头和书面表达能力的评分也较高，可见“聚徒教学”在提高学生信息加工处理能力、批判性思维能力以及口头和书面表达能力这三方面发挥了重要而显著的作用。相比之下，编程能力和建模能力的得分偏低，得分众数分别为2和4（均占比25%）。原因可能有如下三种：①在编程能力和建模能力方面基础非常薄弱的人文社科类学生占样本大多数；②编程能力和建模能力只有在聚徒项目的第三个闯关阶段——研究课题实操阶段得到充分锻炼；③“聚徒教学”在较为专业化和技术性能力的培养方面作用较弱。

表3　能力提升程度统计

	平均值	众数	标准偏差	偏度	峰度
信息加工处理能力	5.29	6	0.967	−0.187	−0.595
批判性思维能力	4.98	4	1.139	0.042	−0.256

续表

	平均值	众数	标准偏差	偏度	峰度
数学、计算、统计能力	4. 02	5	1. 376	-0. 653	-0. 293
编程能力	3. 23	2	1. 588	0. 305	-0. 930
口头和书面表达能力	4. 33	4	1. 209	-0. 156	-0. 390
合作能力	4. 25	4	0. 978	0. 178	-0. 368
建模能力	3. 31	4[a]	1. 291	-0. 061	-0. 833

注：a 表示存在多个众数，表中仅显示了最小的值。

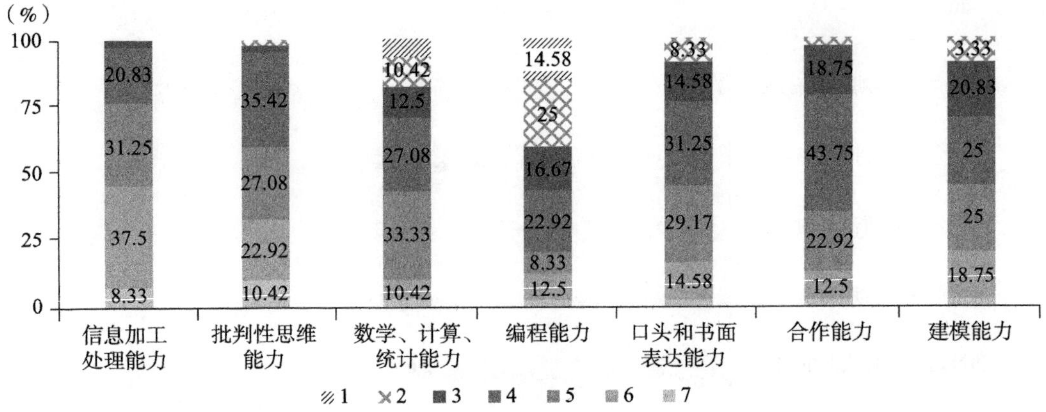

图 4 能力提升程度统计百分比

关于"'聚徒教学'的收获"的打分统计情况如表 4 所示，统计数据显示：收获值得分最高的因子分别是"培养了自主学习的思维""积累了科研知识""学习了课外的理论知识"，说明"聚徒教学"确实能够补充传统课堂教学的不足，让学生能够接触并学习课外的理论知识和学术科研知识，并且还能激发学生学习的主动性、自主性。相比之下，"做事更加细心、谨慎"和"变得更加自律"这两个因子的评分较低，说明"聚徒教学"可能在较深层次的习惯、思想等方面的改善作用不大，较难通过"聚徒教学"来实现自律、细心等个人习惯的提升。在进一步关于"'聚徒教学'的收获"的开放性调查中，不少调查对象表示通过"聚徒教学"更加了解了与课题相关领域的知识，熟悉了学术研究的大致流程以及论文的大概框架，拉近了与导师的关系，以及获得了结交朋友的经验等；也有学生表示"聚徒教学"给予了他独立完成课题研究的机会，让他得到了全方位的锻炼和提升。

表 4 收获值统计

	平均值	众数	标准偏差	偏度	峰度
培养了自主学习的思维	5. 19	5	. 938	-0. 877	2. 013
学习了某些软件的应用	4. 83	6	1. 226	-0. 463	-0. 394
学习了课外的理论知识	4. 96	5	. 898	0. 084	-0. 005

续表

	平均值	众数	标准偏差	偏度	峰度
做事更加细心、谨慎	4.52	4	1.148	0.431	-0.124
积累了科研知识	5.08	6	1.088	-0.481	0.159
提高了对科研的兴趣	4.63	5	1.123	-0.609	0.341
培养了团队精神	4.65	4	1.176	0.248	-0.481
做事更加有计划、有规律	4.63	5	1.123	0.144	-0.755
变得更加自律	4.15	4	1.130	0.348	-0.290

5. 问题影响程度统计分析

"聚徒教学"的理想目标和现实数据之间存在差距，说明"聚徒教学"存在一系列的问题和不足，我们收集了部分问题及其评分，从而进一步发现主要矛盾和关键问题。关于"'聚徒教学'的不足"的影响程度评价如表5所示，除了"课题内容晦涩难懂"这一问题以外，不同问题的打分差距不明显，说明"聚徒教学"研究课题难度属于学生可以接受的水平，并不是教学的主要问题。而"聚徒教学"的主要矛盾和问题关键主要集中在"难以确定研究课题"等方向性、目标性问题和"时间安排不合理""与导师的互动交流较少"等问题上。也有学生提出"导师并没有带着做课题，一直在读论文，不清楚下一步要做什么""有点放养的感觉，没有明确的激励"以及"查找相应的论文特别是英文论文有一定难度"等比较细节的问题。

表5 问题影响程度统计

问题	平均值	众数	标准偏差	偏度	峰度
教学初期不清楚要做什么	5.40	6	1.005	-1.014	0.745
难以确定科研课题	5.06	5	1.137	-0.760	2.173
时间安排不合理	4.75	6	1.437	-0.797	0.504
与导师的互动交流较少	4.56	6	1.457	-0.732	-0.081
不清楚组员的进度	4.23	4	1.259	-0.320	-0.354
学习大部分靠自觉	5.08	5[a]	1.127	-1.287	3.116
只有大方向，没有细分的目标	5.02	5	1.101	-1.041	2.557
课题内容晦涩难懂	3.54	3	1.429	0.826	0.292

注：a表示存在多个众数，表中仅显示了最小的值。

总之，当前"聚徒教学"模式存在以下特点：①学生科研能力和学术思维方面的培养具有较大优势；②实践动手能力的培养较为欠缺；③个人软实力（如自律）和团队精神的培养乏力。"聚徒教学"模式也面临着以下问题：①投入大和收获小。学校和教师投入了大量的财力和精力，而学生反映收获较为单一，教学效率不高，没有达到"聚徒教学"的预期效果。②"聚徒教学"较为强调过程性、主动性、自学性，导致"聚徒教学"学生与教师目标不一致，动力衰减等问题。③"聚徒教学"教学策略与教师、学生、教学内容等息息相关，成果显著的“聚徒教学”项目所采用的教学策略和经验并不普遍适用。

三、“聚徒教学”的未来

只有找到“聚徒教学”存在的问题，我们才能对“聚徒教学”对症下药，把握好其未来。

（一）优化建议及建议支持度统计分析

针对现实调研挖掘得出的问题，我们收集了一系列优化建议及其评分，结果如表6所示：总体平均分为5.18分，说明该优化建议方案在学生群体中认可度和支持度较高，学生普遍认为该系列建议是有效的。其中，评分最高的建议是“导师制定‘聚徒教学’的时间策划表”，说明学生更偏向于有计划、有目标的教学模式，通过设计明确的时间安排和具体量化策划执行方案能有效提高“聚徒教学”的教学质量和效率，也能降低方向性、目标性问题带来的迷茫感。同时，“减少学徒的数量，让导师更精准教学”“设置阶段性考核任务，明确阶段性目标”和“导师有计划地进行科研技能辅导”等建议的评分也高于平均分，具有一定参考价值。

表6 建议支持度统计

建议	平均值	众数	标准偏差	偏度	峰度
减少学徒的数量，让导师更精准教学	5.29	6	1.166	−1.360	2.659
设置阶段性考核任务，明确阶段性目标	5.27	5	1.026	−0.085	−0.334
导师先定好课题让学徒选择	5.10	5[a]	1.115	−0.405	0.074
定期开会，汇报进度	4.77	5	0.994	−0.056	−0.632
导师有计划地进行科研技能辅导	5.25	6	1.062	−0.306	−0.836
定期举办分享会，让学徒相互学习	4.90	5	0.951	0.215	−0.488
导师制定“聚徒教学”的时间策划表	5.67	6	1.294	−1.062	0.431

注：a表示存在多个众数，表中仅显示了最小的值。

具体来说，“聚徒教学”中的“聚徒+创研”项目需设置循序渐进的闯关阶段以使学生在兼顾专业课程学习的同时高效地进行科研工作及思维训练：①熟读专业书籍，奠定学科基础。教师需列出与研究课题的基础背景、相关概念、基础知识相关的书籍，设定任务和时间节点，确保学生完成基础任务。②深入文献调研，厘清学术前沿。教师需列出研究课题的核心参考文献，布置学生全面进行相关研究工作，认真梳理研读，做好归纳整理，并以一篇研究领域综述文章或报告为阶段性成果作为考核依据。③大胆构思开题，实践出真知。教师鼓励学生进行大胆构思、与学生交流讨论研究课题的每个细节和依据，一起协作研究出成果。“聚徒+创研”模式的教师经过初期广招然后筛选出通过前两个关卡的学生，集中精力进行培养。

（二）关于未来发展方向的调查结果

关于“想通过‘聚徒教学’学习到什么”的问题反馈如表7所示，主要划分成科研、技能和其他三大方面。针对技能培养方面，我们认为“聚徒+实践”项目可以开设更多专业化和技术性的技能培训，要求学生利用编程或者通过数学建模来解决问题，布置相关的课程作业，以帮助学生提升专业化能力。“聚徒+创研”项目的导师在招收学生时可以根据其是否学习过某类课程或者参与过“聚徒+实践”相关技能培养项目来筛选学生。管理学院学生如果想在“聚徒+创研”等项目中更快成长起来，可以先（同时）参与相关的“聚徒+实践”项目。

关于“如何安排‘聚徒教学’和正常课业的学习时间”的问题反馈具有较高的同质性，学生普遍反映以正常课业为主，抽出课余时间（如工作日晚上或周末）来进行“聚徒教学”的钻研学习。说明学生分配给“聚徒教学”的时间有限，因此“聚徒教学”的时间安排及课程设置的合理性要求较高，需要学校、导师和学生共同努力，根据学生的具体情况来调整时间安排和阶段性任务。

表 7 “想通过‘聚徒教学’学习到什么”问题反馈

科研方面	建模知识
	新的研究方法及科研框架
	论文撰写技巧
	探索并挖掘感兴趣的研究细分方向
技能方面	掌握额外的学习工具和方法
	提升编程语言的应用能力
	课堂知识的再学习
其他	学习到其他同学的优点
	自律

关于“较为喜爱的教学方式和策略”的问题反馈如表 8 所示，归纳总结为“积分制教学法”“比赛式教学法”“基础式教学法”和“互动式教学法”。成果显著的“聚徒教学”是多种教学方法的灵活组合应用，因人而异，因内容而定，需要导师和学生双向实时反馈、沟通、改进才能制定出一套契合的教学方案。因此，我们认为“聚徒教学”方案设计不单单是导师一个人的事，而是需要双方共同参与改进、不停迭代、持续优化的。

表 8 “较为喜爱的教学方式和策略”问题反馈

方法	具体做法
积分制教学法	导师分阶段地给学生布置不同难度系数的学习任务（如划分成简单、中等、困难），每种任务分别有相应的积分，阶段结束后根据学生所得积分给予奖励
比赛式教学法	不同小组之间可以比赛，分享小组的研究成果和学习收获。可以通过比赛激发学生的学习积极性和主动性
基础式教学法	导师可以多讲授一些基础工具运用、基础建模方法以及论文撰写技巧的内容
互动式教学法	导师可以设置游戏互动环节来加深学生对于知识的理解，比如在讲授博弈论课程时，可以举经典案例说明或设置有关博弈的小游戏，让学生在互动中学习

“聚徒教学”中如何更长远的影响学生和导师——培养个人自律和细心的品质以及

团队精神？导师和学生一起制定学习计划、阶段目标及规则，学生之间借助同侪力量和同步协作工具等培养自律和细心的品质，通过课题资料整理、研讨、实践等过程性阶段性任务培养团队合作精神。

总而言之，“聚徒教学”的未来需要以持续高质量的输出作为阶段性考核任务，以培养学生科研能力、实践能力、自律和团队合作等软实力为最终目标，学校继续大力支持，师生共同参与，不停优化迭代教学策略和方式。

四、总结

“聚徒教学”是深圳大学创新实践教学模式改革的重要环节，是对传统高等教育教学模式的补充。本文基于“聚徒教学”的起源，结合“聚徒教学”在深圳大学的探索发展历程，运用问卷调查的研究方法，探讨“聚徒教学”的理想与现实，并在此基础上搭建了优化建议的大体框架。建议方案通过了研究样本的可行性评价，具有一定的参考价值。本文为改善“聚徒教学”模式提出了一些可供借鉴的建议，希望深圳大学“聚徒教学”模式能实现可持续性发展，为学生提供更优质有效的教育，为教师提供更多锻炼提升的机会，为社会输送更多高质量精英人才！

参考文献

[1] 汪晓凤，陈玲，余胜泉．基于实践性知识创生的网络教研实证研究［J］．中国电化教育，2014（10）：16-22.

[2] 闫佳，李琼．现代学徒制背景下“聚徒教学”的探索与实践［J］．深圳信息职业技术学院学报，2019，17（2）：21-26.

[3] 俞静，刘志刚．论“聚徒教学”之溯源及其现实意义［J］．高等理科教育，2013（5）：122-125.

[4] 绍圣继统　中西兼用——深圳大学的“聚徒教学”［J］．深圳大学学报（人文社会科学版），2011，28（1）：2+161.

[5] 赵振富，李盟，於秋爽，刘志刚．新时期的“聚徒教学”与医学生创新能力培养［J］．中国高等医学教育，2012（6）：35-36.

[6] 孙忠梅．深圳大学本科实践教学创新体系探索［J］．中国大学教学，2010（7）：77-79.

[7] 亓莱滨．李克特量表的统计学分析与模糊综合评判［J］．山东科学，2006（2）：18-23+28.

[8] 邱均平，邹菲．关于内容分析法的研究［J］．中国图书馆学报，2004（2）：14-19.

[9] 贺珍．问卷设计五原则［J］．秘书之友，2018（9）：16-18.

“聚徒教学”的多情景、多维度、多专业交叉实践

刘 筱

（深圳大学管理学院公共管理系）

【摘要】 近年来，深圳大学开展了一系列教学改革，取得了显著成效。不仅在本科人才培养上走出了一条地方高校创新之路，同时在教学与科研相辅相成发展中摸索出了独特的深圳大学经验。《城市创新与发展》聚徒教学教改项目依托管理学院公共管理学科，将传统本科教学与科研相结合，以多中心形式组织开展教学，以多情景、多维度、多专业交叉开展教学设计，并围绕各自专业兴趣开展参与式、自主式学术研讨，取得了显著成效。不仅丰富了相关教育经验，同时也为研究型人才培养打下了基础。

【关键词】 聚徒教学 ；多中心教学；交叉实践

近年来，深圳大学开展了一系列教学改革，取得了显著成效。不仅在本科人才培养上走出了一条地方高校创新之路，同时在教学与科研相辅相成发展中摸索出了独特的深圳大学经验。深圳大学作为综合性大学，教学改革在各个学科都取得了相应的进展，无论文科还是理工科，都依托各自的学科特色形成了与传统教学不同的创新方法。管理学院作为非典型“文科”学院，如何开创出自己的特色，一直是我们思考的方向。

2020 年下半年，笔者依托管理学院公共管理学科，申请到《城市创新与发展》的“聚徒教学”教改项目。多年来笔者一直从事的城市研究以及科技创新研究，通过“创新研究短课”项目，前后开设了四门相关课程，成效明显，也积累了一定的教改经验。此次申请聚徒项目，旨在将传统本科教学与短课经验进一步结合，丰富相关教育经验，为培养研究型人才打下基础。

如果说传统教学是以教师为中心的教学形式，那么聚徒教学则是多中心教学形式。多中心教学是指每个学生或学习小组都可以成为学习中心，围绕各自的专业兴趣进行平等的学术研讨学习。教师的作用是“掌舵”，是“纠偏”，是提供各种选择，是在关键环节适时指出更合适的研究路径，教师更是“服务者”。在这一机制保障下，学生们可以根据自己的专业特色以及专业所长，形成学习小团队，也可以根据自己的学业发展规划，形成有针对性的、具有研究导向的研究课题。针对这一心得，笔者将以“城市创新与发展”聚徒项目这一实践来进行总结。

一、多情景教学诱发未知兴趣

作为与城市创新和发展有关的研究型课程，行走与观察城市，是认识城市创新与

发展机理的首要功课。而城市又是具有不同空间观察尺度、不同功能、生活有不同特质群体的载体。因此，观察城市的不同情景成为本门聚徒课程的第一阶段安排。由于我们所处的城市深圳是全球公认的创新之都，其仅用四十年的时间就发展为独一无二的城市，在这四十年发展中，几乎每十年就有一次重大转型因此，认识城市转型的“现场”对于教学尤其重要。

作为深圳城市发展的历史见证，南头古城从一个典型的城中村变成今天具有文化与时尚潮流元素、充满了新与旧的冲突之美的新青年聚集地，其转型并非自然而然，如何华丽转身、有哪些关键因素等是我们走读城市的第一站。

作为当前最热门、代表城市新风貌的人才公园和深圳湾片区是我们走读的第二站。这一片区绝大部分是20年内的填海区，它的创新与发展意义不仅代表了科技实力，也代表了勇气以及城市关怀。通过此次长达四小时的走读，让学生们现场了解到各种力量、各利益主体在城市发展中的作用。一个以人民为中心的城市终将成为时代的主旋律。

我们还利用各种碎片化时间，以个人或小组为单位，走读了桂庙、科技园、车公庙等片区，以此形成更为立体化的城市视角。

二、多维度探讨提升知识厚度

基于城市创新与发展这一主题具有多种解读维度，不仅有常规的科技或是人文流派，更需要从历史、政治、社会、经济、文化、生态等角度去探讨，因此，本门聚徒课程从第一节课开始就从大众并不熟悉的专业视角——宗教、政治的角度，以历史经验来引导学生打开新思路。在课后，推荐给大家观看BBC历史纪录片 *The ancient world: Come together* 以及《肮脏城市》系列等，通过对城市历史发展进程的不同观察视角的解读，我们在第二节课中分享了各自的体会与启发。

当然，知识的积累更需要站在前人的肩膀上才能更上一层楼。专业的学习更需要借助专业的平台与途径。因此，针对主要为大一、大二的聚徒课学生，从方法与平台入手是研究型学习的关键一步。高校图书馆资料库资料丰富、专业性强，中文外文一应俱全，如何通过关键词进行检索和分类整理，也是我们的重要学习环节。

城市研究还需要大量数据支撑。从政府相关网站以及国际重要的统计平台了解相关统计数据是另一重要学习技能。如何利用数据进行历史纵向与横向比较分析，不仅需要有参照，同时也需要引导。于是，基于分享型学习，笔者邀请研究生学姐分享其相关研究，并让研究生参与学生们的研究型学习，从而形成另一个维度的“师徒”关系。通过同龄人的学习经验分享，增强了学生们信心与兴趣，也通过课后的平等交流，建立起了学习之外的友情。

三、多专业参与促使优势互补

本聚徒项目的成员除了两名研究生作为助理和辅导角色之外，主要选课学生来自经管学院，另有两名同学分别来自人文学院的文学专业与师范学院的数学专业。而经院与管院因其本身作为文理交叉型学院，又细分了金融、国贸、物流、营销、工商等专业，因此，本门聚徒学生专业背景多样化，专业培养也各有侧重。基于“城市创新与发展”这一主题，如何更好地结合各自专业，始终是本门课程教学的重点。

为了鼓励学科交叉，先从专业角度分享一下他们如何看待“城市”这一主题，这为后期引入其他视角提供了参考。每个专业的方法训练是有所侧重的，比如请数学专业的学生重点介绍其数据分析的经验，包括专业性的数据平台利用经验；物流专业从供应链的角度分析了与城市创新的关系；金融专业则从资本的供需关系和运作逻辑分析了城市创新与发展的动力机制。当然，不少同学对城市文化颇有兴趣，因此，不同的专业背景基于城市文化创新这一主题结成了研究小团队。

进入到课程的下半阶段，我们采取以论文的形式结课。由于有了前期各专业与本课程主题的相关性探讨，因此，专题研究也就有了各专业特色。为了更好地开展研究分享，利用腾讯会议 App，在暑假期间进行了四次线上讨论，从选题到提纲再到研究方法等，通过不同的维度、不同视角的探讨，各课题组都得到了取长补短的良好建议，并持续推进研究的进展，为后续结课打下了重要的基础。

四、总结

基于以上分析，多情景、多维度、多专业交叉是管理学等社会科学教育创新的重要选择，而基于多中心的教学管理是聚徒教学重要也是成功的尝试。社会科学事实上整合了文科的思维与理科的方法，是越来越重要的认识世界与改造世界的知识体系，多情景教学更有助于理论与实践结合，多维度更能增加知识的深度，多专业交叉则能进一步拓展思维与方法，并提供更多的选择。教学上，传统的以教师为中心的教学方式显然不足以支撑这一目标导向，因此，多中心教学模式、多层次聚徒结构则成为适应新目标的重要选择。

参考文献

[1] 基于“过程性考核”的本科教学改革创新与实践——以深圳大学为例孙忠梅，陈晔，林铿，黑龙江教育学院学报，2012 年 11 月，第 31 卷第 11 期。

[2] 现代学徒制背景下“聚徒教学”的探索与实践，闫佳，李琼，深圳信息职业技术学院学报，2019 年 4 月，第 17 卷第 2 期。

[3] 探索新时期大学教育教学改革——以深圳大学为例，袁柯明，科教导刊，2014 年 7 月第 3 期。

[4] 论“聚徒教学”之溯源及其现实意义，俞静，刘志刚，高等理科教育，2013 年第 5 期。

第六编

专业思想时尚

大学生网络成瘾与学习绩效关系研究*

柯年满　梁国培　徐佳铭　邱春琼　陈集芸　蔡锐婷　林　欣
（深圳大学管理学院人力资源管理系）

【摘要】 本研究重点探讨了网络成瘾对学习绩效的影响以及学习投入在网络成瘾与学习绩效关系之间的中介作用。本文以123名大学生为被试，采用问卷法对网络成瘾、学习投入及学习绩效进行调查研究。研究结果显示：网络成瘾对学习绩效具有显著的负向影响；学习投入能够在网络成瘾与学习绩效之间起部分中介作用。最后，本研究从学生和学校两个层面提出降低网络成瘾的干预措施。

【关键词】 网络成瘾；学习绩效；学习投入

一、引言

中国互联网络信息中心（CNNIC）第45次《中国互联网络发展状况统计报告》显示，截至2020年3月，我国网民规模为9.04亿，互联网普及率达64.5%。大学生是互联网使用的主要群体，也是受网络影响最大、最深的群体，他们在享受智能手机、网络带来的便利和乐趣的同时，也正受到网络成瘾所带来的困扰，而且数量与比例有上升趋势（王微，2011）。网络成瘾是指上网者由于长时间地和习惯性地沉浸在网络时空当中，对互联网产生强烈的依赖，以至于达到了痴迷的程度而难以自我解脱的行为状态和心理状态。中国青年报社会调查中心的调查结果显示：71.8%的受访者认为过分使用手机而忽视当面交往的现象普遍存在，36.8%的人出现过手机铃声幻听，36.4%的人表示手机从不离手，30.2%的人坦言经常漫无目的地对着手机，24.0%的人听到过“不要再玩手机了”类似的忠告（朱桂杰，2013）。

大学生群体是推动社会发展的重要力量，因此更需加强对大学生网络成瘾问题的重视。学习是学生的天职，对于大学生而言，其社会功能最受影响的莫过于学业，有学者研究发现网络成瘾对大学生学业会产生消极影响，如学习成绩下滑、无心向学、不能正常继续学业等，严重阻碍大学生的健康成长。出于这些原因，本研究探讨网络成瘾与学习绩效关系，试图寻找危机干预或控制转变的切入点，对大学生的网络成瘾采取积极有效的教育和引导，以期起到抛砖引玉的作用。

* 本文得到深圳大学校科研启动基金资助（项目编号：4KNM）。

二、文献综述与研究假设

（一）网络成瘾与学习绩效

大学生进入大学后，由于对大学生活的不适应和对大学学习方式的不了解，仍以中学的学习方法应对大学的学习，结果发现学习上的投入和产出极不相符，学习成绩往往出乎意料。面对这种困难和压力，部分学生不愿面对现实中的实际困难，于是借助网络麻痹自己来忘却现实中的学习烦恼。这部分学生由于长时间无节制、通宵达旦地上网，造成生活规律紊乱，课堂上无法集中精力，其直接后果必然是学习成绩下降、学业荒废，严重的甚至彻底丧失学习机会（周梅，2009）。Michikyan 等（2015）认为学生的 Facebook 活动对他们的平均绩点有负面影响。崔丽娟和王小晔（2003）认为互联网对青少年学生日常生活的负面影响主要体现在学习和生活规律上。陈川等（2005）对江西、北京、广东等地五所高校 2209 名大学生进行问卷调查后发现，有 26.4%的被调查者经常上网而忽视学习，有 9.4%的被调查者经常因深夜上网而睡眠不足。高飞和韩蕾（2006）的研究发现网络成瘾学生学习时间、体育活动时间和睡眠时间的减少以及学习成绩的下降明显高于非网络成瘾学生。向珂莹（2019）的研究结果表明网络成瘾与大学生加权平均成绩 GPA 之间存在明显的负相关关系、与挂科门数之间存在明显的正相关关系。据此，本文提出以下假设：

H1：网络成瘾与学习绩效呈负相关。

（二）学习投入的中介作用

马波等（2011）认为在校大学生随着网络成瘾程度的加深，抑郁程度、焦虑程度会日益严重。显然，焦虑程度越高，大学生越精神不济、专注度下降，自然不会把更多的耐心和精力放在学习上。同时，网络成瘾也会导致大学生把更多的时间消耗在智能手机、电脑等网络设备及应用上，这些会挤占大量的学习时间甚至上课时间。众多的研究表明，学习投入越多，关注度越高，学习时间越长，获得高的评分等级的可能性越高（Salanova et al.，2003）。方来坛等（2008）认为学习投入及各维度都对学习成绩具有显著积极影响。谢纷晖（2010）的研究表明大学生学习投入与学习绩效之间存在极其显著的正相关关系，而且学习投入对学习绩效具有显著预测作用。据此，本文提出以下假设：

H2：学习投入在网络成瘾与学习绩效之间发挥中介作用。

三、研究方法

（一）样本选取和特征

本研究选取在校大学生作为被试。在数据的收集过程中，我们广泛在深圳大学的各大班级群、学院群、朋友圈等发放调查问卷。调查问卷主要分为基础信息（年龄、专业等)、网络使用情况、学习情况、学习绩效等四大部分。在问卷的封面信中，我们着重强调了该问卷的匿名性，并增加了几道干扰题，以便被试真实作答。

本研究共收到153份问卷，剔除回答不完整、乱作答等无效问卷后，最终得到有效问卷123份，有效回收率为80.4%。被试样本统计性特征见表1。

表1 被试样本统计性特征（*n*=123）

变量	特征	人数	比例（%）
性别	男	23	18.7
	女	100	81.3
年级	大一	32	26.0
	大二	68	55.3
	大三	19	15.4
	大四	4	3.3
专业	文史类	78	63.4
	理工类	34	27.6
	艺体类	11	8.9

由表1可知，在所调研的样本中，被试以女性为主，占比高达81.3%，男性被试仅占18.7%；被试主要集中在大二，占比55.3%；文史类专业被试最多，占比63.4%。

（二）变量测量

1. 网络成瘾

本研究采用白羽和樊富珉（2005）在“中文网络成瘾量表修订版”基础上进行修订后的总量表。该量表分为两个部分：网络成瘾核心症状分量表（10个项目）与网络成瘾相关问题分量表（9个项目）。该量表最高分4分，最低分1分，分数越高表示成瘾性越高。

2. 学习投入

本研究采用由李西营和黄荣修编的大学生学习投入的UWES-S量表。该量表将学习投入分为三个维度：精力、动机和专注，共有17个项目，其中精力维度包括6个项目、动机维度包括5个项目、专注维度包括6个项目。该量表最高分7分，最低分1分，分数越低表示学习投入越低。

3. 学习绩效

本研究将任务绩效、学习效率、学习努力程度等作为测量学习绩效的主要指标，任务绩效包含4个项目、学习效率包括3个项目、学习努力程度包括2个项目。同时本研究也把学习绩点作为测量学习绩效的参考指标。该量表最高分5分，最低分1分，分数越高表示学习绩效越高。

四、研究结果和假设检验

（一）量表信度分析

本文采用克隆巴赫 α 系数评估量表的信度。一般而言，α 系数的最低阈值是 0.7，当 α 系数大于 0.85 时可用于个体测验。本研究三个量表的信度见表 2。

表 2　量表信度分析结果

量表	项目数	Cronbach's Alpha 系数
网络成瘾量表	19	0.913
学习投入量表	17	0.928
学习绩效量表	9	0.902

从表 2 的结果可知，网络成瘾量表、学习投入量表和学习绩效量表的 α 系数均超过 0.9，说明各量表的信度非常好，可以进行后续进一步的分析。

（二）描述性统计和相关分析

根据收集到的数据以及上述的研究假设，本文对网络成瘾、学习投入、学习绩效进行描述性统计和相关分析。结果如表 3 所示。

表 3　描述性统计和相关分析（n=123）

变量	均值	标准差	1	2
1. 网络成瘾	2.5520	0.46616		
2. 学习投入	4.2530	0.65185	-0.178*	
3. 学习绩效	3.4023	0.52720	-0.402**	0.653**

注：***表示 $p<0.001$，**表示 $p<0.01$，*表示 $p<0.05$。

表 3 的结果显示，由于网络成瘾量表是李克特四点计分量表，其均值大于 2.5，说明学生中存在网络成瘾现象；学习绩效的均值大于 3，说明大部分学生的学习绩效还是比较高的。网络成瘾与学习投入、网络成瘾与学习绩效都呈现显著的负相关，学习投入与学习绩效呈现显著正相关。

（三）假设检验

1. 网络成瘾与学习绩效的关系

本研究以网络成瘾作为自变量，以学习绩效作为因变量进行了回归分析，分析结果如表 4 所示。

表 4　网络成瘾对学习绩效的回归分析（n=123）

预测变量	F 值	β	t	调整 R^2
网络成瘾	23.332**	-0.455	-4.830**	0.155

注：***表示 $p<0.001$，**表示 $p<0.01$，*表示 $p<0.05$。

从表 4 的分析结果看，$\beta=-0.455$，$p<0.05$，假设 1 得到支持。这意味着网络成瘾会影响大学生的学习绩效，网络成瘾越高，大学生学习绩效越低。

2. 中介效应检验

经典的中介效应普遍参照 Baron 和 Kenny（1986）的因果逐步回归分析法进行检验。但是，近年来诸多学者对该方法的合理性和有效性提出质疑。在此背景下，Zhao 等（2010）详细探讨了中介效应的检验程序，并推荐用 Hayes 提出的 Bootstrap 方法进行中介效应的检验。在此基础上，温忠麟和叶宝娟（2014）对中介效应的检验流程进行相应的修改，提出包含 5 个基本步骤的中介检验方法。本文利用 Process 插件及温忠麟和叶宝娟（2014）的方法对学习投入的中介效应进行验证。验证结果如表 5 和表 6 所示。

表 5　学习投入的中介模型检验

变量	学习绩效		学习投入		学习绩效	
	B	t	B	t	B	t
网络成瘾	-0.45	-4.83**	-0.25	-1.99*	-0.33	-4.55**
学习投入	—	—	—	—	0.49	9.26**
R^2	0.20		0.06		0.51	
F	23.33**		3.95*		62.72***	

注：*** 表示 $p<0.001$，** 表示 $p<0.01$，* 表示 $p<0.05$。

表 6　总效应、直接效应及中介效应分解表

	效应值	Boot 标准误	BootCI 下限	BootCI 上限	中介效应
总效应	-0.454	0.094	-0.641	-0.268	部分中介
直接效应	-0.334	0.073	-0.479	-0.189	
间接效应	-0.121	0.084	-0.289	-0.038	

注：直接效应指网络成瘾—学习绩效；间接效应指网络成瘾—学习投入—学习绩效。

表 5 的数据显示，网络成瘾对学习绩效的负向预测作用显著（$\beta=-0.45$，$p<0.01$）；当放入中介变量——学习投入之后，网络成瘾对学习绩效的直接预测作用依然显著（$\beta=-0.33$，$p<0.01$），但强度下降；网络成瘾对学习投入的负向预测作用显著（$\beta=-0.25$，$p<0.05$）；学习投入对学习绩效的正向预测作用也显著（$\beta=0.49$，$p<0.01$）。

表 6 的分析结果表明，网络成瘾对学习绩效的总效应为-0.454，其中网络成瘾对学习绩效的直接效应为-0.334，间接效应为-0.121。间接效应值的 95%置信区间为[-0.289，-0.038]，区间没有包括 0，说明中介效应存在。直接效应值的 95%置信区间为[-0.479，-0.189]，区间没有包括 0，说明直接效应也存在。因此，假设 2 得到验证，学习投入在网络成瘾与学习绩效之间起部分中介作用。

五、结论与应对措施

（一）讨论与研究结论

本研究发现，网络成瘾影响大学生的学习绩效，同时学习投入在网络成瘾与大学生学习绩效之间起部分中介作用。一方面，网络成瘾可以直接负向预测大学生的学习绩效，这与以往的研究结论一致。大学生网络成瘾的程度越深，强迫上网行为的出现越频繁，从而导致网瘾耐受力降低、网瘾戒断困难、时间管理混乱等不良状况，这些不良行为在一定程度上消耗了学生对学业活动的精力投入，从而导致学习困难。另一方面，网络成瘾也可以通过学习投入这一中介变量间接对大学生学习绩效产生影响。大学生网瘾程度越深，其在学习中越受到网络信息的干扰，进而影响到本该完成的学习计划和学习任务：首先，过度依赖网络会侵占个体本应该用来学习的时间，扰乱其正常的作息习惯，降低睡眠质量，进而消耗个体的学习精力，减少个体的学习投入；其次，网络成瘾更容易诱发抑郁和焦虑等消极情绪，而消极情绪是导致个体注意力不集中以及学习投入减少的重要诱因；最后，高网络成瘾的个体，较容易产生学业拖延和学业倦怠。这些因素都会导致个体学习投入水平的下降，而学习投入的减少使得被试获取的知识广度和深度都会受到影响，进而使得学习成绩下降。

（二）应对措施

为了减少因为网络成瘾导致的学业问题，使网络真正成为助力大学生高效学习、拓宽视野、锻炼思维的平台，就大学生自身而言，可以从以下三个方面着手：

1. 培养良好的行为习惯，提高自控力

有网络成瘾倾向的大学生，要严格限制上网时间，使自身养成理性上网的习惯。大学生可以通过在上网前制定计划和目标、限定上网时间、邀请亲友监督等手段，从合适的困难水平着手，不断培养自制能力，渐渐养成良好合理的上网习惯。大学生只有养成良好的行为习惯，提高个人的自身修养，才能从根本上预防自己的网络成瘾，从而在学习上投入更多的精力。

2. 积极参加体育活动

体育活动与网络活动存在功能一致性，均是一种放松活动，因此建议网络成瘾者应加强锻炼，以降低网络成瘾行为。运动锻炼可以积极有效地干预网络成瘾，且对轻度、中度、重度网络成瘾患者均会起到疗效。通过运动，大学生的身体知觉得到了提高，变得更加自信，从而大学生的自尊水平也有所提升，自我控制能力增强，可以在一定程度上调控自己上网的时间和次数，把更多的时间投入到更有意义的事情上。

3. 踊跃参加社会实践

大学生要主动参加学校组织的第二课堂和社团活动，通过活动提高人际交往能力，

培养良好的沟通技巧，产生良好的自我效能感，在生活中扩大自己的交往圈子，在社会生活中寻找精神寄托，将生活的重心从网络过度使用上移开，增强自身的学习信心。

学校可以从以下三个方面帮助学生降低网络成瘾的发生。

1. 开展人际交往辅导

这主要是因为人际关系良好的大学生可以减少参与网络活动的时间，也有利于缓解大学生学习和生活压力，有效降低网络成瘾的发生。由于网络没有现实交往的压力和束缚，容易满足人们获得友谊的需要，当大学生现实交往不顺畅，或是现实的交往不能满足大学生交往需要的时候，大学生往往把网络作为逃避现实生活问题或者宣泄情绪的工具，这种行为严重扰乱了大学生的学习和生活秩序，并且造成严重的后果。因此，学校应重视大学生团队建设，通过人际交往方面的培训，帮助人际交往障碍学生掌握基本的交往技巧，让学生懂得如何处理与师长、同学和亲友的关系，使学生在群体中获得归属感、减少焦虑感。

2. 教育和引导大学生正确和健康地使用网络

学校通过丰富校园文化生活，积极打造影响力大、主题健康向上的校园品牌文化活动，教育和引导大学生正确和健康地使用手机等智能设备；通过制定校园规章制度约束大学生网络过度使用行为，打造一个健康良好的网络使用环境，达到使大学生提高文化品位和增强自律性的目的。

3. 组织一些大学生的社会实践活动

学校、社会要多创造条件，充分发挥各类大学生社团的优势，多开展学术交流活动，组织各种以学生为主、由教师指导的社团活动，开展一些丰富多彩的集体活动以减少大学生上网的时间，并让大学生在活动中提高自信心和人际交往能力，在活动中感受到同学间的友谊、团结协作给人带来的愉悦，培养他们的学术兴趣。

参考文献

[1] 王微．大学生网瘾问题研究［D］．哈尔滨：哈尔滨理工大学，2011.

[2] Michikyan M, Subrahmanyam K, & Dennis J. Facebook use and academic performance among college students: A mixed-methods study with a multi-ethnic sample [J]. Computers in Human Behavior, 2015 (45): 265-272.

[3] 陈川，黄文英，张蕾．大学生网络成瘾现象的调查研究［J］．新余高专学报，2005，10（6）：89-91.

[4] 崔丽娟，王小晔．互联网对青少年心理发展影响研究综述［J］．心理科学，2003（3）：119-121.

[5] 高飞，韩蕾．医学专科生网络成瘾对心理健康、学习和生活的影响［J］．齐齐哈尔医学院学报，2006，27（10）：1233-1234.

[6] 向珂莹．大学生网络成瘾对学业的影响研究——以贵州 X 高校为例 [J]. 开封教育学院学报，2019，39 (5)：185-186.

[7] 马波，徐凤，裴瑞莲．某医学院在校学生网络成瘾与抑郁、焦虑的关系 [J]. 中国医药科学，2011，17 (1)：169.

[8] Salanova M，Llorens S，Cifre E，Martinez I，Sehaufeli W B. Perceived collective efficacy, subjective well-being and performance among eletronic work groups：An experimental study [J]. Small Group Research，2003 (34)：43-73.

[9] 方来坛，时堪，张风华．中文版学习投入量表信效度研究 [J]. 中国临床心理学杂志，2008，16 (6)：618-620.

[10] 谢纷晖．大学生学习投入、学业自我效能感与学习绩效的关系研究 [D]. 沈阳：沈阳师范大学，2010.

[11] 白羽，樊富珉．大学生网络依赖测量工具的修订与应用 [J]. 心理发展与教育，2005 (4)：99-104.

[12] 朱桂杰．过度依赖手机影响人际交往 [N]. 齐鲁晚报，2013-03-05.

[13] 温忠麟，叶宝娟．中介效应分析：方法和模型发展 [J]. 心理科学进展，2014，22 (5)：731-745

[14] Zhao X，Lynch J G，& Chen Q. Reconsidering baron and kenny：Myths and truths about mediation analysis [J]. Journal of Consumer Research，2010 (37)：197-206.

[15] 高斌，朱穗京，吴晶玲．大学生手机成瘾与学习投入的关系：自我控制的中介作用和核心自我评价的调节作用 [J]. 心理发展与教育，2021，37 (3)：400-406.

[16] 张国超，陈明．自我控制对大学生网络成瘾的影响：调节的中介模型 [J]. 中国健康心理学杂志，2020，28 (7)：1090-1095.

[17] 孙冉冉，孙延林．运动锻炼对大学生网络成瘾影响的研究综述 [J]. 运动精品，2020，39 (10)：73-78.

[18] 周梅．大学生网络成瘾与学业不良的相关研究及教育对策 [D]. 苏州：苏州大学，2009.

基于 OBE 理念的校企协同育人培养模式探索与实践*

——以金蝶云特色班为例

冯元粤[1]　杨　辰[1]　王　旸[1]　杨葱葱[2]

（1. 深圳大学管理学院管理科学系；2. 东莞理工学院经济与管理学院应用经济系）

【摘要】 校企协同育人是解决教育理论与工作实践"两张皮"现象的重要途径。然而现有产教融合的人才培养模式普遍存在着"重过程、轻结果"的不足。针对这一问题，本文提出基于 OBE 理念逆向驱动校企合作协同育人培养模式的构建，并以深圳大学管理学院金蝶云特色班为例，在总结金蝶云特色班建设经验的基础上，分析了基于 OBE 理念的校企协同育人培养模式的效果及面临的挑战，为同类院校和相关专业的人才培养改革和校企协同育人提供了经验借鉴和行动参考。

【关键词】 OBE；校企协同育人；金蝶云特色班

一、引言

近年来，大数据、云计算、人工智能、区块链和机器学习等信息技术飞速发展，"信息化"已成为当今世界经济与社会发展的大趋势，市场对信息化人才的需求旺盛，也对信息管理与信息系统专业的人才培养提出了更高的要求和挑战。信管专业是一个多学科交叉的边缘学科，对学生的跨界融合、创新能力和实践应用能力要求较高。然而，从现阶段各高校信管专业人才培养现状可见，在传统教育理念和培养模式下，信管类专业毕业生的职业能力无法很好地满足社会的实际需求，出现了高校培养的信管专业人才和社会需求不匹配的困境[1]。

2017 年 12 月国务院办公厅发布的《关于深化产教融合的若干意见》强调"要强化企业重要主体作用，推进产教融合人才培养改革"，2018 年 10 月教育部发布的《关于加快建设高水平本科教育全面提高人才培养能力的意见》强调"要构建全方位全过程深融合的协同育人新机制"。上述校企协同育人的相关政策为信管专业的人才培养指明了行动方向，也表明了校企协同育人是解决教育理论与工作实践"两张皮"现象的重要途径。然而，现有的校企协同育人改革仍停留在较浅的层面，普遍存在着产教融

* 本文的出版得到了 2021 年度广东省研究生教育创新计划项目（2021SFKC074）及东莞理工学院 2019 年校级质量工程项目全英文教学示范课程（201902045）的资助。

合深度不够，校企协同难以真正有效落地，学生解决复杂实践问题的能力难以培养，课程体系难以适应多元化、多样性的实践型、应用型人才培养需求等诸多问题[2]。总的来看，产教融合协同育人仍存在着“重过程、轻结果”的不足[3]。近期不少学者指出，成果导向教育理念（Outcome-based Education）能够很好地帮助高校实现产教融合协同育人体系的构建与优化[4-6]。OBE 理念是指教师在教学设计中突出学生的主体地位，以学生的成果为导向设计教学活动，获得预期教学效果的一种教育模式[7]。OBE 理念认为，学生学到了什么和是否成功远比怎样学习和什么时候学习更为重要，并包含成果导向、以学生为中心和持续改进等三个基本理念[4]。基于 OBE 理念，校企协同育人必须紧紧围绕企业需要什么样的高层次人才，校企双方如何协同育人培养企业所需人才，以及高校培养的人才与企业需求的对接程度来展开[5]。OBE 驱动的产教融合目的是以企业人才需求为导向，以学生发展和学生学习为中心，以校企协同育人机制保障持续改进，最终培养企业所需的高质量专业人才。本文将首先简要分析产教融合协同育人的现状及存在的问题，然后对 OBE 理念及其重要性加以阐述。在此基础上，提出基于 OBE 理念的产教融合校企协同育人信管专业应用型人才培养模式，并以深圳大学管理学院金蝶云特色班为案例，分析总结金蝶云特色班建设取得的初步成效和未来进一步优化的方向。

二、产教融合协同育人的现状及存在的问题

（一）产教融合协同育人现状

随着国家政策的大力推进和相关配套项目的逐步落实，我国高校的产教融合协同育人工作近年来获得了蓬勃的发展。产教融合的目标是促进人才培养供给侧和产业需求侧结构要素全方位融合，促进教育链、人才链与产业链、创新链的有机衔接。其核心是企业深度参与学校的学科专业建设、培养方案制定、课程体系开发、优质教材编写、实习实训项目等环节，促使企业融入人才培养环节，推动学校学科专业建设适应新一轮科技革命、产业变革及新经济发展，促进学科专业交叉融合。在国外，发达国家很早就开始了产教融合协同育人的尝试，并形成了不同的模式。美国、德国等国均是以市场主导下政府引导为理念的多方协同育人模式，而英国、瑞典等国则是以政府主导同时重视市场作用发挥为理念的多方协同育人模式[8-9]。此外，在日本，政府通过完善法律制度、出资建立中介组织、税收与融资优惠吸引企业参与以及校企人才流动等措施，形成了行政命令式的“产学官”运行模式[8-9]。基于现实的国情和制度特点，我国目前产教融合协同育人的模式主要还是采取政府主导与支持下，吸引企业和科研院所等主体共同参与的模式。具体而言，我国在推进和深化高等院校产教融合、校企合作方面实施了以下措施[10]：

1. 优化本科专业结构，支撑引领产业转型升级

教育部修订印发了《普通高等学校本科专业目录》，确立了既统一稳定又相对开放

的专业目录体系，建立健全专业动态调整机制，不断提高人才培养和社会需求的契合度。超前部署了一批战略性新兴产业发展相关专业，联合有关部委支持高校建设示范性微电子学院和世界一流的网络安全学院等。教育部高教司于 2017 年启动了新工科建设，仅 2017 年一年内就审批设置了智能制造工程、智能医学工程、智能建造、大数据管理与应用等新工科专业，新增数据科学与大数据技术专业点 250 个，新增机器人工程专业点 60 个。

2. 优化人才培养类型结构，加大应用型人才培养力度

教育部引导高校主动对接经济社会发展和区域产业布局，灵活和前瞻性地规划、调整专业结构，打造了一批地方（行业）急需、优势突出、特色鲜明的应用型专业。

3. 实施“卓越工程师教育培养计划”，创新协同育人机制

2010 年起，教育部联合 22 个部门和 7 个行业协会共同实施“卓越工程师教育培养计划”，探索高校与有关部门、科研院所、行业企业联合培养人才的有效机制。校企联合制定培养目标和培养方案，共同建设课程与开发教程、共建实验室和实训实习基地、合作培养培训师资、合作开展研究等，推动人才培养与产业需求紧密结合，打造共商、共建、共享的工程教育责任共同体。

4. 实施产学合作协同育人项目，推动社会优质资源向育人资源转化

2014 年起，教育部高教司组织企业支持高校开展产学合作协同育人项目，以产业和技术发展的最新需求推动高校人才培养改革。高教司面向社会公开征集项目指南，企业提交项目指南，高教司进行遴选、统一发布指南，高校自主申请，企业评审立项，高教司公布立项结果，校企联合组织项目实施，企业组织验收。政府搭台、企业出题、高校唱戏、共建共享，有效激发了各方面的积极性，参与企业和高校数量不断增加，项目质量不断提升，项目管理不断规范，社会影响不断扩大，实现了高校人才培养与企业发展的合作共赢。

（二）产教融合协同育人存在的问题

虽然我国已开始积极探索产教融合协同育人的中国模式，但目前我国的产教融合协同育人实践仍存在着一些关键的问题，具体表现在以下几个方面[11]。

1. 建设主体的认知欠缺

虽然各高校在教育教学实践过程中不断加强对校企合作的鼓励和支持力度，企业也在积极寻求和高校的多方面合作，但这两大主体对协同育人概念及相关问题的认知仍然欠缺，且存在着一些误区。一方面，高校教师大多是刚走出校门的硕士生或博士生，缺乏实际教学经验和行业实践经验，在设计课程实践环节上难免会出现和企业具体操作脱节的现象，因此在人才的实践能力培养方面即便有意识地增加实践教学环节，也收效甚微；另一方面，具有实体业务的企业大多数没有认识到校企协同育人的重要

性，在参与协同育人的过程中未能深刻理解该模式给企业带来的长期利益，因此参与主动性不高，参与程度较低。

2. 合作方式缺乏多样化

目前校企协同育人的合作方式主要有参观实习、体验实习、顶岗实习和共建实习基地等几种形式，但在广度和深度上存在不足，如企业在提供实习岗位时，多选择基础性的工作，与学生所学实际专业不符合或者实习仅仅局限于生产流程的第一环节，没有对学生的实践能力进行连贯培养，导致学生实习后实践能力的提升较小，达不到预期效果。

3. 师资队伍建设滞后

高校教师大多缺乏实践经验，只能引进企业兼职教师进入课堂。但是企业教师引入高校课堂后，出现了不适应高校教育的情况。企业教师不了解高校教育的方式，授课时逻辑不清晰，语言能力不足，影响了授课效果。而高校教师和企业教师之间的合作交流大多从目前存在的问题入手，对行业和企业的前沿需求问题涉及较少，不利于高校教师掌握现阶段行业前沿问题，局限性较大。

4. 缺乏合理的评价机制

在协同育人的实践过程中，缺乏合理的评价机制，在调动和鼓励教师进行教学改革的过程中存在弊端，没有合理的评价机制和奖励机制。教师在教学改革的过程中，即使明确了解培养学生实践能力的重要性，工作效果却没有任何的体现，因此影响了教师进行教学改革的积极性。

三、OBE 理念概述及其对协同育人的重要意义

OBE 成果导向教育（Outcome-based Education），也称目标导向教育或需求导向教育，最初是由美国学者斯派蒂（Spady）提出的，它是一种强调以预期学习结果为核心来组织、实施和评价教育的全新理念，是高等教育实践与发展的国际趋势[3]。OBE 理念在整个教育过程中强调“以学生为本”，一切与教育相关的活动、过程等都根据实现预期的学习结果来展开，其培养模式注重于学生受教育后获得什么能力和能够做什么[12]。经文献梳理，国内学者主要基于 OBE 理念，探讨了产教融合协同育人培养体系的构建及培养模式的创新。郭娟等（2019）基于西安邮电大学通信工程专业的建设实践，提出了面向产出、产教融合的工程应用型人才培养模式和校企协同长效机制[2]。周玉宏等（2019）则以河北农业大学机电类专业建设实践为例，探讨了基于 OBE 理念的校企协同双创育人模式[4]。张素香等（2021）以中原工学院“明阳卓越工程师班”人才培养试验班为例，阐述了基于 OBE 理念的校企协同育人培养模式的总体方案、改革内容、特色与创新之处[5]。裘玉英和王以华（2020）对服装专业基于 OBE 理念的校企协同育人模式进行了探讨，提出了“一个核心、两个创新、三个一体化、四个融合、

五个能力培养”的校企协同育人新模式[13]。梁艺多和李绍华（2020）则聚焦于信息化人才培养，基于 OBE 理念构建了产教融合信息化人才培养模式，并探讨了其测评机制和推广应用思路[3]。综上所述，学者们已充分认识到 OBE 教育理念对提高产教融合协同育人的重要意义。OBE 理念使得产教融合协同育人培养出来的人才更加能够对接经济社会和当前市场的发展需求，能够很好解决现有产教融合协同育人“重过程、轻结果”的不足，能够很好地解决人才培养供给侧与需求侧严重脱节的弊端，促进产教融合协同育人的模式创新。本文认为，建立长效稳定的产教融合协同育人机制是提高信管专业应用型人才培养质量的前提。信管专业应用型人才培养模式的构建要面向产出、行业需求和学生发展。以金蝶云特色班的建设实践为指导，本文提出基于 OBE 的产教融合校企协同育人信管专业应用型人才培养模式，如图 1 所示。OBE 人才培养的核心是面向行业、产业，以学生为中心，通过产学对接不断调整和明确人才培养标准、校企合作优化课程体系和教学资源、企业深度参与人才在校培养全过程，最终达到培养满足国家、行业和企业的从业资格，具备解决复杂信管专业实践问题能力的高素质信管专业应用型人才的目的。

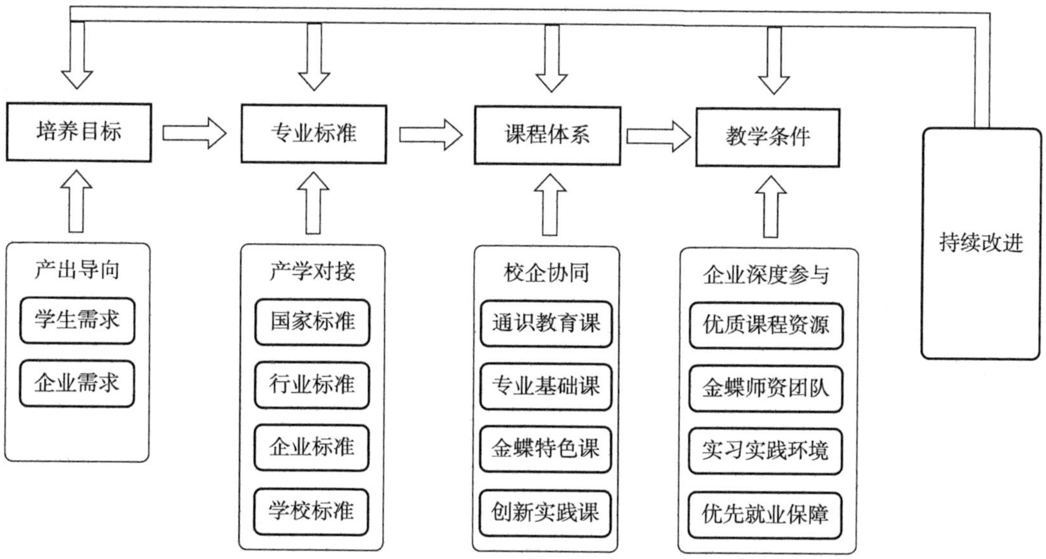

图 1　基于 OBE 的产教融合校企协同育人信管专业应用型人才培养模式

四、深圳大学管理学院金蝶云特色班概况

（一）深圳大学管理学院金蝶云特色班的培养目标

随着企业对海量商业数据进行集中存储及分析处理的需求日益攀升，以云计算、大数据及人工智能等信息技术为核心的企业云管理模式已成为各类企业，尤其是大型集团企业进行管控转型的关键要素。为满足国家信息化发展战略和深圳市各类企业在

开展信息化建设和应用过程中对适应云管理模式转型、大型集团企业管控转型的高端人才的迫切需求，贯彻新工科教育理念，深圳大学管理学院信息管理与信息系统专业依托其作为首批国家级一流本科专业建设点及广东省重点专业建设点的优势，依托其背靠的管理科学与工程一级学科博士点及广东省优势重点学科，依托 2018 年教育部高等教育司立项建设的企业云管理实践教学平台及集团企业管控实验实践教学中心等国家级教学科研平台，与金蝶国际软件集团有限公司校企协同创办金蝶云特色班。金蝶云特色班致力于培养系统掌握企业管理信息化的咨询、规划、实施等方面的理论和方法，具备大型企业高层管理者的战略思维和视野；并基于金蝶的云管理平台 K/3 Cloud 及集团型企业管控平台 EAS，具有将企业管理与信息新技术（IT）有效整合的能力，能够在企事业单位从事管理信息化的咨询、实施等工作的复合型专业人才。

（二）深圳大学管理学院金蝶云特色班的招生设计

深圳大学管理学院金蝶云特色班面向全校大二各个专业的学生，其中面向管理学院信管专业招收 15~20 人，面向非信管专业招收 5~10 人。凡是有意向加入金蝶云特色班的学生均需提出申请，原信管专业的学生参加面试后择优录取，非信管专业的学生需先参加学校统一组织的转专业面试，入围通过后才能报名参加特色班的招生面试。面试资格主要参考报名学生大一第一学期的绩点及主要课程（包括高等数学、大学英语、大学计算机等）的成绩，面试主要考察学生的综合素质，面试委员会成员由深圳大学管理学院信管专业资深教师和金蝶软件公司专家组成。具体招生对象如表 1 所示。

表 1　深圳大学管理学院金蝶云特色班招生对象

招收年级	全校范围内各专业大二学生（非信管专业需符合学校转专业政策要求）
专业	专业不限，以信管专业为主
平均绩点要求	不低于 2.5 分
招生人数	信管专业招收 15~20 人，非信管专业招收 5~10 人

金蝶云特色班在每年 4~5 月开始面向全校开展招募宣传工作，通过发布公文通、微信公众号推送、微信群转发等各种宣传方式公布该年度特色班招生简章，并开设招生宣讲会。6 月底确定面试名单并开展招生面试，在期末结束前完成招生工作，公布录取名单。金蝶云特色班从 2020 年 5 月开始招生，每期招收 20~30 人。目前 2019 级金蝶云特色班有 24 名学生，2020 级金蝶云特色班有 22 名学生。非信管专业的学生主要来自机电与控制工程学院、化学与环境工程学院、经济学院、师范学院等多个学院。

（三）深圳大学管理学院金蝶云特色班的培养特色

金蝶云特色班以培养熟练掌握金蝶云管理平台 K/3 Cloud 和金蝶集团型企业管控平台 EAS，具有将企业管理与信息新技术（IT）有效整合的能力的复合型信管专业人才为产出目标，对特色班的人才培养体系进行逆向设计，在培养方案制定、教学形式、师资队伍建设、学生实践指导以及学生毕业就业等方面均有非常鲜明的特色（见表2）。

1. 校企合作共同制定特色班人才培养方案

深圳大学管理学院信管专业专任教师与金蝶软件集团的业界专家紧密沟通与协作，将信管专业的人才培养体系与金蝶软件集团内部人才培训体系相结合，共同制定金蝶云特色班的人才培养方案。金蝶云特色班的培养方案要求学生在熟练掌握信息系统开发及信息资源管理基础知识和技能的同时，也要掌握企业云管理模式转型和集团企业管控转型的理论知识及方法技能。在课程体系的设计上，结合金蝶软件的内部培训体系，对传统的信息管理与信息系统专业培养方案进行了调整。课程体系既包括“高等数学”“线性代数”“管理学原理”“微观经济学”“宏观经济学”“管理信息系统”“概率论与数理统计”“运筹学”“ERP 理论与实践”等信息管理与信息系统专业核心基础课程，也包含“K/3 Cloud 系统基础”“K/3 财务会计”“K/3 Cloud 项目管理”“K/3 Cloud 电商管理与实践”“K/3 Cloud 供应链管理”“K/3 Cloud 生产制造”“K/3 Cloud 大数据分析”“K/3 Cloud 分销管理”等金蝶云管理平台特色课程，还包含“金蝶 EAS 财务会计”以及“金蝶 EAS 财务共享与管控”等金蝶集团型企业管控平台特色课程。此外，特色班课程体系也包含了“管理系统综合模拟”“多专业综合仿真”“演讲与沟通技巧”“管理信息化项目实施方法论”“职场时间管理”等综合性金蝶特色课程。

2. “双轨制”教学形式

金蝶云特色班强化学生的实习实践环节，实施“课堂讲授+企业实训实践”的双轨制教学形式。特色班的专业课程大部分均包含实验、实训或实践的学时，在课堂上讲授专业理论知识的同时，也安排学生到企业里使用企业的系统及平台进行实验、实训及实践的操作，通过互动的、真实的实战模拟教学情境，使得教学效果最大化。同时，充分利用学生的暑假，实施“认知实习（大二暑假赴金蝶集团进行现场参访）—专业实习（大三暑假赴金蝶集团进行顶岗实习）—毕业实习（大四第二学期赴金蝶集团进行就业实习）”的全流程实习实践模式，为学生毕业后顺利过渡到企业工作打下坚实的基础。

3. “双师型”师资队伍

金蝶云特色班由深圳大学管理学院的专任授课教师与金蝶软件集团的内部讲师共同组成教学团队，主要特色课程均由深圳大学专任教师与金蝶培训讲师联合授课，课程理论部分由深大内部专任教师讲授，实践实训部分由金蝶培训讲师授课。同时，定期多次开展针对特色班校内专任教师和校外金蝶培训讲师的教学能力培训活动，以保证课程教学质量。

4. 学生创新创业实践指导

金蝶云特色班依托金蝶软件集团的培训讲师资源，为每个学生配备企业实践导师，提高学生的创新创业实践能力。企业实践导师将与校内导师共同对学生进行创新创业类学科竞赛（如全国大学生电子商务“创新、创意及创业”挑战赛、中国国际“互联网+”大学生创新创业大赛等）的辅导及训练，为学生毕业后在金蝶及其合作伙伴企业从事创新创业活动打下基础。

5. 学生就业保障

金蝶软件集团确保特色班学生的就业比例，学生完成特色班全部课程后，除获得本科学士学位外，可参加金蝶软件集团的认证考试，获得资质认证证书，并优先入职金蝶软件集团及其合作伙伴企业（如亚马逊、腾讯、京东、阿里巴巴等知名企业）。由于在设计课程体系时已将金蝶内部认证考试的培训课程与信管专业课程相结合，因此学生学习完特色班的金蝶特色课程后大部分都能够顺利通过金蝶集团的认证考试。

表 2 深圳大学管理学院金蝶云特色班的人才培养特色

培养方案制定	校企合作共同制定，将信管专业人才培养体系与金蝶内部人才培训体系相结合，增加 K/3 Cloud 和 EAS 以及综合性的金蝶特色课程
教学形式	“双轨制”教学形式，课堂讲授与企业实习实训结合，实施“认知实习—专业实习—毕业实习”的全流程实习实践模式
师资队伍建设	“双师型”教师队伍，由深圳大学管理学院的专任授课教师与金蝶软件集团的内部讲师共同组成教学团队，联合授课，并定期多次针对校内及校外教师开展教学能力培训，保证教学质量
学生实践指导	实行“双导师制”，为每个学生配备校内专业导师和企业实践导师，辅导学生参与创新创业类学科竞赛
学生就业保障	金蝶集团确保一定就业比例，承诺优先招聘特色班毕业学生，学生毕业时可参加金蝶集团内部认证考试，获得资质认证证书，增强就业能力

五、取得的初步成效及面临的挑战

经过两年多的发展，金蝶云特色班已经初步构建起基于成果导向的产教融合协同育人培养体系，并进行了较为丰富的人才培养实践活动。从笔者自身所任教课程和其他已开设特色班课程的课堂测评反馈来看，大部分金蝶云特色班的学生对特色班课程的教学质量给予了较高的评价，大部分特色班课程的学生评教相对排名均在前 50%，这体现了学生们对“双轨制”教学形式和“双师型”教学队伍的高度认可。通过专业课程的学习和校外的认知实习，并为每位学生配备校内的专业导师及校外的实践导师，特色班学生的创新能力及实践能力均获得了较大的提升，相当一部分的特色班学生积极参与各类创新创业学科竞赛，并获得了较好的成绩，如李盛华、黄泳龙和罗旭三名同学获得 2021“创新创业”全国管理决策模拟大赛总决赛一等奖。此外，也有部分特色班学生（陈旭敏、罗晓萍）参与深圳大学管理学院的暑期云端创新创业夏令营活动，担任大学生导师团成员。

金蝶云特色班基于 OBE 理念的产教融合协同育人模式目前仍然处于探索和不断优化的阶段，并且也面临着一些挑战。从资源供给的角度来看，特色班的教学活动由于涉及较多的实训、实验和实践环节，需要比普通的课堂教学投入更多的资金和人力。假若绝大部分的建设资源均由学校或学院提供，企业只提供少量的讲师、部分的教学系统模块和局限性的实习场地及岗位，特色班在人才培养上就会捉襟见肘、力不从心。学校与企业需要在目标一致、互利共赢的基础上充分沟通，共同投入充足的资金和人力资源，才能真正建立起特色班的校企协同育人长效运行机制。另外，如何建立特色班协同育人效果的长效评价机制，也是一个难点。对特色班协同育人效果的评价，不能片面地采用学生竞赛获奖、获得从业资质认证的比例或最终就业率等单一的指标来衡量。对特色班建设全过程人才培养质量的跟踪及评价既要包括学生在校期间德智体美劳等各方面的表现，也要包括学生毕业后在就业单位的工作表现及用人单位的满意度水平。只有建立起科学、全面、客观和动态的人才培养质量评价体系，才能驱动特色班人才培养质量的持续改进。此外，信管专业的核心课程体系会随着经济社会发展的需求变化而不断更新，因此如何紧密地结合市场对信管专业人才的实际需求来持续更新金蝶云特色班的课程体系，也是将来需要重点关注的内容之一。

参考文献

[1] 李鹤，高飞．基于 OBE 理念的信管专业“互联网+”应用型人才培养模式研究——以财经类院校为例 [J]. 科技视界，2019 (32)：44-45.

[2] 郭娟，卢光跃，杨武军，等．地方行业高校基于 OBE 的产教融合人才培养体系构建与实践 [J]. 工业和信息化教育，2019 (8)：1-5.

[3] 梁艺多，李绍华．基于 OBE 的产教融合信息化人才培养模式构建研究 [J]. 科技经济导刊，2020，28 (17)：151-152.

[4] 周玉宏，孙磊，李珊珊．基于 OBE 理念的校企协同双创育人模式探索与实践 [J]. 河北农业大学学报 (社会科学版)，2019，21 (6)：20-24.

[5] 张素香，杜虹，李雪丽．基于 OBE 理念的校企协同育人培养模式的探索与实践 [J]. 轻工科技，2021，37 (2)：187-188.

[6] 彭永宏．基于 OBE 理念的产教协同育人机制探究——以惠州学院的改革为视角 [J]. 中国高校科技，2020 (7)：4-8.

[7] SPADY W G. Outcome-based education：Critical issues and answers [M]. American Association of School Administrators，1801 North Moore Street，Arlington，VA 22209，1994.

[8] 耿乐乐．发达国家产学研协同育人模式及启示 [J]. 中国高校科技，2020 (9)：35-39.

[9] 林建，耿乐乐．美英两国多方协同育人中的政府作为及典型模式研究 [J]. 高等工程教育研究，2019 (4)：52-65.

[10] 中华人民共和国教育部高等教育司．普通本科院校深化产教融合、校企合作情况介绍 [EB/OL]. http://www.moe.gov.cn/jyb_xwfb/xw_fbh/moe_2069/xwfbh_2018n/xwfb_20180427/sfcl/201804/t20180427_334421.html.

[11] 王燕．基于 OBE 教学理念的产学研协同育人体系的构建 [J]. 黑龙江科学，2020，11 (7)：24-25.

[12] 李志义，朱泓，刘志军，夏远景．用成果导向教育理念引导高等工程教育教学改革 [J]. 高等工程教育研究，2014 (2)：29-34.

[13] 裘玉英，王以华．基于 OBE 理念的服装专业校企协同育人模式创新与实践 [J]. 设计，2020，33 (19)：125-127.

关于高校创新创业教育模式实施路径的思考

——以“社会化商务背景下多源数据驱动的群体共识决策”聚徒教学为例

张雪扬　于素敏　余明珠

（深圳大学管理学院管理科学系）

【摘要】 高校实施创新创业教育模式是新时期教学改革发展的必然选择，是推动本科生全面发展的重要着力点，亦是深化拔尖创新人才培养模式改革的有效途径。本文基于创新教学模式探索的研究视角，以深圳大学“聚徒+”教育创新模式为研究对象，以“社会化商务背景下多源数据驱动的群体共识决策”聚徒教学为例，通过对该教学活动的实施路径进行回顾、实践经验总结与反思，力图为综合型高校创新创业教育发展模式的探索及提升提供有益借鉴。

【关键词】 创新创业教育模式；聚徒教学；总结与反思

一、引言

为推动高等教育高质量发展，加快培养创新创业人才，我国各大高校纷纷将推进创新创业教育建设作为高校发展的重点之一。通过全力打通创新创业人才培养各环节，深化创新创业教育改革，提高高等教育引领力，服务于国家创新发展。回溯我国高校创新创业教育20余年实践史可以发现，其从最初个别院校自发实践的零散形态发展到现今上下一致的集体行动，在某种程度上是行政力量主导和国家政策强力驱动的结果，与此相关的高校创新创业教育的政策变迁，历经发轫初创、试点实施、全面推广和转型升级四个阶段（王占仁，2016；杨冬，2021）。自20世纪末，一流大学不断探索创新创业教育改革，由以创新为主的科研训练逐步拓展至“创新”与“创业”并重。截至2019年10月，教育部会同相关部门建设了200所深化创新创业教育改革示范高校。在本科专业类教学质量国家标准中，明确了各专业类创新创业教育的目标要求和课程要求，并着力打造创新创业教育“金课”，推出了52门精品在线开放课程。通过对40所一流大学建设高校的《本科教学质量报告》进行文本分析发现，当前我国一流大学建设高校创新创业教育模式主要为以大学生为主体，在政府引领、高校实施、企业协作下形成的“三位一体”协同模式（向春霞，2019）。

作为双一流大学，深圳大学作为处于粤港澳大湾区的地方性高校，一直致力于推进创新创业教育模式的发展和改革。深圳大学“聚徒+”创新创业教育模式是一种以研究性教学为基础的精英教育模式，以拓宽学生学术视野、培养学生创新能力、激发学生自主学习、提高学生实践技能为目的，主要包括“聚徒+创研”“聚徒+创客”“聚徒+实践”“聚徒+悦读”等四大模块，导师可根据自身专业优势和研究方向，选择适合的模式开展“聚徒教学”。本文从刚入职2年的“青椒”视角入手，以“社会化商务背景下多源数据驱动的群体共识决策”聚徒教学为例，通过对该教学活动的实施路径进行回顾、总结和反思，探讨如何增强高校创新创业教育模式对于大学生创新创业的引导作用，以及如何将“因材施教”理念更好地融入创新创业教育中，为促进创新创业型人才培养质量的提升奠定实践基础。

二、聚徒教学实施路径的回顾

（一）“聚徒+”创新教育模式内涵

为推进学校创新创业教育，深化拔尖创新人才培养模式改革，深圳大学面向全校具有一定科研水平的教师，设立了“聚徒导师”项目，以提升学生学术素养、综合能力为目标，要求导师在课外专门组织部分学生形成学术团体，开展以专业能力提升和创新创业教育为主的教学活动。显然，与该项目对应的是“聚徒教学”，是一种以探究性教学为基础的，小范围、近距离、课堂外的精英教育模式，以拓宽学生学术视野、培养学生创新能力、激发学生自主学习、提高学生实践技能为目的。

“聚徒+”创新教育模式是一种先进的教育理念、独特的教育模式，通过结合聚徒导师自身专业优势和研究方向，“聚”思维、“聚”研究，激发学生专业兴趣，以期提升学生专业思维能力。具体而言，其特色在于：通过将导师的科研项目融入教学，使本科生获得初级的科研能力，实现科教互融；突破时间和空间的限制，打破年级和学科的壁垒，实现泛在化的教学；创新教学方式，通过研究型学习激发学生自主学习能力，实现以“教”为中心向以“学”为中心的转变；以“师带徒”的模式提供师生直接交流的平台，增进师生感情，实现学术经验传承。

（二）“社会化商务背景下多源数据驱动的群体共识决策”聚徒教学目标和内容

通过调查分析本校目前已开设“短课”授课情况和教学成果，以及本科生自主学习能力，以全校本科生为教学对象，紧扣“社会化商务背景下多源数据驱动的群体共识决策”这一科学问题，设计教学流程及内容。首先，结合社会化商务背景下实际科研问题，把科研项目蕴含的科学问题和研究内容，涉及的基本理论、先进技术和研究方法与手段融入“聚徒教学”中，选取适合本科生阅读的相关文献，通过实例讲解，指导学生如何阅读科研论文、分析科研问题、构建数学模型、验证模型有效性和可行性、讨论和总结实验结果、撰写学术论文和研究报告等，引导本科生步入科研殿堂，使其获得基本科研素养和初级科研能力。其次，选取与本项目主题相关的科学问题，鼓励和引导学生以学术小组的形式完成科学问题的研究和相应学术论文的撰写，进一步培养学生的科研兴趣，提升学生从实际生活中凝练科学问题、利用数学模型分析和解决科学问题的能力，以塑造本科生逻辑思维和创新能力，培养拔尖创新人才。最后，将全日制本科生课程《电子商务概论》的课堂教学内容延伸至课外，围绕“社会化商务背景下多源数据驱动的群体共识决策”这一学术主题，研讨相关科学前沿和热点问题，将理论与实践相结合，设计科研教学内容，以激发学生的科研兴趣和学术热情，培养学生发现、分析和解决问题的能力，实现教学科研互动促进教学的终极目标。

（三）“社会化商务背景下多源数据驱动的群体共识决策”聚徒教学设计

“社会化商务背景下多源数据驱动的群体共识决策”聚徒教学主要围绕“群体共识决策”这一主流科学问题，设计教学流程及内容，为日后学生撰写学术论文和研究报告以及参加项目研究工作奠定基础。基于前述教学目标，通过授课、学术交流、发布科研任务等方式，开展了16次“社会化商务背景下多源数据驱动的群体共识决策”聚徒教学活动，实施过程及内容如下：

第1次：以文献检索为主题，主要向学生普及科学文献类型、常用文献检索网站及相关检索技巧。通过讲授科研基础内容及相关科研工具，要求学生实时尝试使用上述工具，互相交流使用心得，及时在学习中提出关于本次主题的疑惑。具体教学内容包括：①文献类型及格式介绍，如文献类型与文献载体代码、中英文论文中参考文献引用方式及格式等；②常用文献检索网站介绍，如深大图书馆中英文文献检索方式及技巧、基于文献相关信息的文献检索技巧、文献相关信息查询、文献所发表期刊等级判定方法，其他常用文献检索网站介绍及适用场景和检索技巧等。

第2次：仍以文献检索为主题，主要向学生普及搜索引擎使用方法以及学术术语查询技巧。通过讲授相关内容，要求学生实时尝试使用上述方法，及时在学习中提出关于本次聚徒教学内容的疑惑。具体教学内容包括：①搜索引擎的使用方法及技巧介绍，如搜索结果要求包含两个及两个以上关键字、搜索结果要求不包含某些特定信息、搜索结果至少包含多个关键字中的任意一个，中文搜索的精确匹配技巧，通配符问题，以及如何利用网页“快照”较为快速地筛选和查找所需内容；②术语翻译工具及网站介绍，包括网易有道、金山词霸、google 翻译、CNKI 翻译助手、句酷例句搜索，并对不同工具及网站进行对比分析。

第3次：以项目经验学习和交流为主题，参与其他教师聚徒教学活动，学习并与汇报人进行现场交流。此次教学过程包含三位学生关于创新项目的汇报，包括“社交电商情境下社会临场感对顾客公民行为的影响：意见领袖影响力的调节作用”“互学：一个针对大学生的知识技能分享平台”以及“移动电商直播中消费者冲动性购买意愿形成：认知情感的中介与权力感的调节”等三个项目。由此可见，此次学术交流活动的目的在于辅助刚接触科研内容的大二本科生了解一个项目的形成过程、项目书的内容及实施过程、团队合作在项目实施中的重要性以及项目实施过程中时间规划的重要性。

第4次：以文献查阅为主题，主要向学生普及如何查询和阅读科技论文。通过讲授相关内容，同时要求学生类比分析查阅科技论文和普通文章的区别。具体教学内容包括：①认识学术文献与其他文章的区别；②了解文献查阅的目的及在查阅文献过程中需要解决的问题；③介绍查询文献的技巧，如文献筛选、文献选取与确定等；④介绍阅读文献的方法，包括如何对文献进行略读与精读；⑤结合教师自身科研经验，介绍文献阅读小技巧，以期帮助学生在阅读文献的过程中增强逻辑性与严谨性；⑥通过上述学习，探讨如何提高文献阅读效率，并将自身经验传授给学生；⑦推荐文献阅读常用记录方法。

第5次：以论文写作为主题，主要目的在于让学生理解论文写作流程、规范及技巧。通过讲授相关内容，同时要求学生阅读相关英文文献，并及时与其他同学交流心得，在课堂上提出关于本次聚徒教学内容的疑惑。具体开展过程包括阅读经典科技论文，探讨其逻辑结构，并对其结构进行分析；结合实际写作经验，将其分析脉络按照以下顺序进行阐述和讲解：Preliminaries-Innovations-Illustration-Conclusion-Introduction-Abstract。

第6次：延续上一次课程内容，仍以论文写作为主题，主要目的在于与学生分享论文写作技巧、论文修改方法及论文校稿流程。具体教学内容包括：①专业术语的选取和应用；②不同词性英文词汇的巧妙运用；③如何避免使用重复性的词汇，提升论文品质；④论文投稿至校稿所经历的各个节点及相关注意事项。

第7次：延续上一次课程内容，仍以论文写作为主题，主要目的在于从读者角度分析读者需求与期望，体验并尝试撰写中英文论文摘要。具体内容包括：①读者需求与期望之灵魂拷问：Who are your readers? How much do they know? How will they respond to your solution/answer? ②论文写作技巧。针对圈外人士：Simple→Understanding→Familiar→New information，针对圈内学者：Profound→Interest→Title→Abstract→Required information。③基于上述内容进行课堂演练，通过阅读所选经典论文，将其摘要按照自己的逻辑结构和理解完成现场撰写工作。

第8次：以论文写作分析与论文框架构建为主题，主要目的在于让学生掌握摘要写作技巧、了解摘要撰写的弊病以及如何构建论文框架，要求学生在学习后自行构建论文框架。具体教学内容包括：①基于上次课程撰写的摘要，对中英文摘要的撰写规范及方式进行进一步探索，其中，学生撰写的摘要存在如下问题：逻辑性欠缺、部分摘要存在口语化现象、中英文学术术语的转换不够规范；②结合摘要，分析英文文献"TOPSIS-based consensus model for group decision-making with incomplete interval fuzzy preference relations"的内容及框架；③基于上述课程内容，构建英文文献"Modeling personalized individual semantics and consensus in comparative linguistic expression preference relations with self-confidence: An optimization-based approach"的研究框架。

第9次：聚焦实际科学问题，以介绍集结算子及相关模型为主题，主要目的在于让学生掌握不同类型集结算子的用途、适用范围、关联及区别，要求学生在课堂上理解所讲授的集结算子的理论和实践意义。具体教学内容包括：①集结算子介绍：Weighted Averaging operator、Weighted Geometric operator、Ordered Weighted Averaging operator、Ordered Weighted Geometric operator、Induced Ordered Weighted Averaging operator、Induced Ordered Weighted Geometric operator、CI-IOWA、IOWAD；②基于上述内容的练习和提问，辅助理解和掌握不同集结算子的适用范围、联系和区别。

第 10 次：聚焦实际科学问题，以问题为导向，以讲解 AHP 建模及扩展为主题，主要目的在于让学生掌握层次分析法的建模过程、用途、适用范围，了解如何结合实际情况对 AHP 进行应用扩展；同时要求学生在课堂上理解所讲授层次分析法的理论和实践意义。具体教学内容包括：①层次分析法介绍：AHP 概述、AHP 步骤和方法、AHP 的广泛应用、AHP 应用领域介绍、AHP 应用实例、AHP 相关扩展研究（Preference relations、Consistency、Completion of missing information）；②解读文献“TOPSIS-based consensus model for group decision-making with incomplete interval fuzzy preference relations”，并结合文献中 IOWA 算子和 Consistency 相关内容，对前面所讲述的内容进行巩固。

第 11 次：以讲解群体共识决策方法为主题，主要目的在于让学生了解群体共识问题、如何选择合理的群体共识方法解决相应问题以及相关扩展内容；同时要求学生在课堂上体会所讲授群体共识决策方法及扩展研究的实际价值。具体教学内容包括：①通过结合实际问题，引入群体共识决策问题，了解实际问题与科学问题的关联与转换技巧，并初步理解群体共识问题存在的意义；②介绍群体共识决策方法：Assumptions of consensus reaching process、Categorization of group consensus methods、A illustrative model of group consensus decision making method；③分析关于群体共识决策问题的研究方向：Thresholds、Dynamic and changeable consensus models、How to manage large groups of experts。

第 12 次：以论文完整性与逻辑性为主题，主要目的在于让学生通过阅读一篇完整的科技论文，将其以自己的方式进行汇报，汇报后由教师和同学进行提问，探讨论文的创新性和优缺点。论文汇报主题包括：①An extended TODIM multi-criteria group decision making method for green supplier selection in interval type-2 fuzzy environment，相关问题和讨论：How to normalize the quantitative values? What is the innovative ideas in this paper? Explain the function and contribution of the TODIM method? ②基于层次分析法和群体决策的智能电能表可靠性分配技术研究，相关提问和讨论：如何克服层次分析法中主观性过强的局限性？表 1 中的对比有何作用？模型中的参数指代的是什么？这篇论文的缺陷有哪些？

第 13 次：延续上次课程内容，以论文完整性与逻辑性为主题，论文汇报主题包括：①关于专家群体决策共识度的研究，相关提问和讨论：该论文求解共识度的方法如何实现？若将专家分为不同的群体，每个群体达成共识水平，如何求解整体共识度？

②运用层次分析法构建国有企业绩效评价体系，相关提问和讨论：该文献通过层次分析法构建国企绩效评价体系中的比较优势，与谁比较？“纠正不一致观点”是否符合实际？这篇文献中所构建的评价体系是否具有实践价值？

第 14 次：延续上次课程内容，以论文完整性与逻辑性为主题，论文汇报主题包括：①基于熵权法和模糊层次分析法的审计风险评估，相关提问和讨论：该研究的动机是什么？关于模糊层次分析法相对于层次分析法的优势，该文的解释是否合理？同时使用模糊层次分析法和熵权法确定权重信息，是否有必要？第八个公式的原理是什么？若假设参评人数为 100 人，结论是否具备可行性？②Using AHP &TOPSIS with Cost and Robustness Criteria for Virtual Network Node Assignment，相关问题和讨论：What is the motivation of this research? Could you please illustrate the principle of the last step in the TOPSIS method? How to improve the practical insights in the conclusion section of this paper?

第 15 次：延续上次课程内容，以论文完整性与逻辑性为主题，论文汇报主题包括：①基于模糊层次分析法的医院固定资产风险管理研究，相关问题和讨论：是否留意到摘要部分存在的低级错误？为何采用层次分析法对存在的风险因素进行风险评估？风险防控措施与该研究的关联是什么？②基于层次分析法和聚类分析法的高等教育自学考试多元评价模型探析，相关问题和讨论：这篇文章中的理论研究在应用于解决实际问题时是否具有可行性和可操作性？评价指标是不是稍显单薄？

第 16 次：延续上次课程内容，以论文完整性与逻辑性为主题，论文汇报主题包括：①Analyzing the performance of classical consensus models in large scale group decision making_ A comparative study，相关提问和讨论：What is the GAP of this research? How to choose classical CRPs for dealing with different large scale group decision making problems? Depict the research trends on the topic of group consensus models? ②后悔规避行为下二分类群体决策方法，相关提问和讨论：后悔理论与实际问题的联系是什么？相比于常见群体共识模型，二分类共识过程的优劣势是什么？该研究仅完成了数值分析，若将所构建方法应用于解决实际问题，是否具备可行性？

“社会化商务背景下多源数据驱动的群体共识决策”聚徒教学采用“以学生为中心”的知识创造和能力培养模式，围绕以下关键问题：如何将“聚徒教学”方法与教学过程、教学关键环节有机融合，如何在教学中调动学生自主学习积极性和科研兴趣，如何利用“聚徒教学”活动提升本科生自主学习效果，实施了以“培养科研基本功—训练科研素养—交流科研成果本项目”为引导的三阶段教学设计。

三、基于聚徒教学实践路径的总结与反思

（一）“聚徒+”创新教育模式下聚徒教学的适用范围

就本次参与“社会化商务背景下多源数据驱动的群体共识决策”项目的学生而言，覆盖的范围主要包括大二本科生，此类学生群体虽已完成通识课程的考核，但整体数

学基础稍显薄弱。同时，大二本科生的科研基础较弱，在对其进行培养时，需从科研基础方面进行详细讲解，占用教学活动时间相对较长，因此在培养过程中未能要求学生撰写完整的科研论文，仅能从逻辑性和创新性方面培养学生的科研兴趣。为了解决上述问题，可从以下三方面进行改进：①对报名的学生进行筛选，确定适合参与项目的学生，进行针对性科研素养的培养和训练。②考虑到大一大二本科生的上课时间及基础，可以尝试在招募聚徒学生时，将招募范围缩小在大三、大四及研究生群体内，并对其进行考核后再决定是否录用，以提高聚徒教学活动的科研效率。③对于一些具备较强科研兴趣的大一大二本科生，考虑将其加入项目组，要求学生积极在教学活动之外尽量补足数学方面的短板，如有疑问，随时解答；同时增加学生对于科研论文的阅读量，养成良好的科研习惯，进一步培养科研素养。④将聚徒教学时间翻倍，尽量在减少由科研论文专业性所引起的枯燥性的基础上，增加学生对于科技论文的阅读量。⑤在聚徒教学之余，根据参与项目学生的兴趣点对其进行分类，成立不同类型科技论文兴趣小组，如理论类、实践类、可变类等。

（二）“聚徒+”创新教育模式下聚徒课程设计

相比于传统的专业课程，深圳大学所设立的“聚徒+”系列项目所对应的课程具有一定的挑战性，要求学生能够利用课余时间培养科研兴趣，积极参加创新创业项目，这就要求学生具备合理规划时间、快速吸收和应用与课程相关的科研知识等方面的能力。考虑到不同阶段本科生所储备知识量的差异，可在对聚徒教学活动进行课程设计时，结合学生个人能力与自主学习能力，从以下几个角度实现“因材施教”：①在对课程内容进行规划时，通过对参与项目的学生进行问卷调查，了解不同学生参与项目的初衷及诉求，对课程内容进行较为细致的划分，尽量通过内容传授的方式补足不同阶段学生在科研方面的空缺和短板。②结合学生实际情况，增加数学基础和英文基础内容的训练，以辅助学生减少其在阅读学术论文时可能产生的焦虑和恐惧。③增加课时量，加强课后交流，在保证正常课程进度的同时，对于疑问较多的学生进行强化训练。④对于聚徒教学时间，可选择动态调整的方式，保证学生在每一次教学活动后能够利用充足的时间消化课程内容。⑤对于课程中的难点和关键点，采用分解和重复讲解的方式，同时设计相关小游戏，激励学生迎难而上，克服科研难题。⑥除了探讨具体科研问题外，增加科研问题的应用部分，以增强学生完成科研工作的兴趣和积极性。⑦在进行课程设计时，结合学生参与项目的实际情况，在课程中添加实时反馈环节，及时了解学生对课程内容的掌握程度、喜恶程度、课程内容对于学生解决实际问题是否起到积极的正面作用等情况，对课程内容和流程进行实时动态调整。⑧了解各类大学生创新创业竞赛和项目的参与要求和时间，分析其与课程内容的交叉点，通过“科研问题输出+实际问题探讨+创新创业项目书撰写”的方式，将理论与实践进行结合，引发学生自主思考和发掘实际问题，将实际问题提炼为科学问题，并用聚徒教学所涉及理论模型解决实际问题，旨在循序渐进地拓宽学生学术视野、培养学生创新能力、激发学生自主学习积极性、提高学生实践技能。

四、结论

从“社会化商务背景下多源数据驱动的群体共识决策”聚徒教学的实践路径和教学效果来看，聚徒课程（创新教育模式）与传统课程（一般教育模式）相比，对于教师把握教学节奏和学生融入教学过程的能力要求更高。综合前文所述，按照传统的教师将知识直接讲授给学生的授课方式，难以较快地激发学生的科研兴趣和自主学习能力。与此同时，考虑到处于不同学习阶段的本科生对于科研基础内容掌握程度的差异，应结合学生实时反馈意见，对课程内容和进程进行动态调整，激发大学生创新创业的活力，以期帮助学生完成由科学门外汉向科学探索者的华丽蜕变。

参考文献

[1] 王占仁．中国创业教育的演进历程与发展趋势研究［J］．华东师范大学学报（教育科学版），2016（2）：30-38.

[2] 杨冬．我国高校创新创业教育政策变迁的轨迹、机制与省思［J］．高等教育管理，2021，15（5）：90-104.

[3] 向春霞．一流大学建设高校创新创业教育模式探析——基于 2016 年《本科教学质量报告》的文本分析［D］．武汉：华中科技大学，2019.

深圳大学“跨境电商”微专业建设探讨

马利军　林美燕　于素敏
（深圳大学管理学院管理科学系）

【摘要】 跨境电商承载着中国外贸转型升级的使命，以其数字化、多边化、便捷化，为国际贸易合作提供了广阔的空间。本文利用深圳大学管理学院电子商务专业的核心教师资源，结合深圳市电子商务协会的企业资源，探讨开设“跨境电商”微专业的必要性及可行性，并论证具体的建设内容与预期的建设成果。

【关键词】 电子商务；跨境电商；微专业建设；教学改革

一、引言

跨境电商承载着中国外贸转型升级的使命，以其数字化、多边化、便捷化，为国际贸易合作提供了广阔的空间。2015 年国务院印发《关于促进跨境电子商务健康快速发展的指导意见》，从多方面列明了对跨境电商的政策支持，跨境电商进入快速发展时期。根据麦肯锡发布的《中国跨境电商市场研究白皮书》，2017—2022 年，中国的电商零售总额预计将从 4990. 15 亿美元增长到 9564. 88 亿美元以上。全球跨境电商交易额预计将从 2016 年的 4000 亿美元增长到 2021 年的 12500 亿美元，同比增长 26%。

在经济全球化以及电子商务快速发展的大趋势下，全球市场的跨境网购需求仍在不断释放，随着云计算、大数据、人工智能等新兴数字技术广泛运用于跨境贸易服务、生产、物流和支付环节，将大幅提升跨境电商行业效率，国内跨境电商行业迎来新的发展契机，同时对跨境电商运营、物流及商法方面人才的需求也急剧增加。根据智联招聘发布的《2021 外贸人才形势研究报告》，广东省对跨境电商运营岗位的需求占全国的 51. 6%，而深圳跨境电商人才需求居全国首位。跨境电商人才紧缺问题已成为行业发展的阻碍因素，学校、企业、行业协会共同合作是解决行业人才紧缺的长久之计。

深圳大学管理科学系率先在全国开设电子商务专业，并拥有管理科学与工程一级学科博士、硕士学位授予点。深圳大学管理学院在管理科学方面凝聚了从事电子商务相关研究的学者近 20 人，赢得了国内外同行的尊重。深圳市电子商务协会是 2008 年 8 月 4 日经深圳市民政局、深圳市民间社团组织管理局批准成立的非营利性社团组织，被深圳市社会组织总会评为 3A 级协会，其成员为深圳市从事电子商务有关业务的企、事业单位。协会自成立至今，本着“会员第一、资源共享”的服务理念，共计吸纳会员 400 多家，其中国际、国内知名企业数十家，上市企业 38 家，过千人企业 40 余家，涉及互联网基础服务企业、电子商务国际平台企业、电子商务综合平台企业、B2B 专业平台、B2C 销售平台、全程电子商务平台、物流企业、金融机构、高校研究机构、传统企业、广告策划企业、旅游机构等众多行业领域。深圳大学管理学院是深圳市电子商务协会副会长单位，管理学院院长李丽、电子商务专业负责人马利军为深圳电子商务协会的副会长。因而深圳大学管理学院管理科学系电子商务专业与深圳市电子商务协会合作培养“跨境电商”人才具有非常好的基础。

二、建设项目目标与定位

本微专业以“面向市场、协同育人、跨界培养”为教育理念，针对跨境电商快速发展产生的巨大需求，与深圳市电子商务协会密切合作，采用“双师型”师资（企业师资和高校师资；国内师资和国外师资；电子商务专业师资和国际贸易专业师资）模式，构筑以市场需求为导向、高校为依托、企业和行业为主体的战略性、长期性和紧密性的创新体系，致力于培养行业急需的兼具跨境电子商务运营及物流等基础管理、跨境电商数据挖掘及分析应用的国际化、创新型的复合型人才。

办学类型定位：创建实践应用特色鲜明的校企协同、跨界培养的微专业。

办学宗旨定位：以人才培养促进行业发展，逐步构建跨境电商贸易人才生态圈，为深圳率先建设中国特色社会主义先行示范区提供强有力的跨境电商人才服务保障，并辐射粤港澳大湾区。

办学模式定位：学校与企业相融合；教育与实践相融合；学生学习与就业相融合；电子商务、国际贸易与大数据分析专业相融合。

三、培养模式与特色

中国电子商务模式不仅促进了世界数字经济的增长，在发达城市成为强大工具，而且对减少贫困和促进就业也发挥了非常重要的作用。受新冠肺炎疫情、居家隔离、短视频直播快速发展等因素影响，2020 年我国跨境电商市场快速发展，跨境电商成为中国经济的新蓝海。在此形势下，全国多省的“十四五”规划和 2035 年远景目标建议中均有提到加快发展跨境电商的相关内容，“十四五”期间我国跨境电商行业将得到快速发展。

作为全国首个国家电子商务示范城市，深圳在跨境电商领域的地位同样举足轻重。深圳跨境电商数量占据全国的“半壁江山”，70%的跨境电商聚集在华南，华南 80%的跨境电商聚集在深圳。全力推进跨境电商新业态快速、健康、规范化发展，持续激发市场活力、释放改革红利、完善跨境电商人才培育体系，是建设中国特色社会主义先行示范区及粤港澳大湾区进程中的积极且有益的探索。

跨境电商作为外贸的新业态，对人才的需求涉及进出口电商、物流、支付、政策、运营、金融等全产业链。与此同时，数字化服务平台的发展打破了全产业链各环节的“数据孤岛”，而数据分析及应用管理人才有助于提升企业风险预判和动态调整能力，助力跨境电商产业链的变革升级。目前跨境电商发展不仅要求从业人员具备储备电子商务、国际贸易、营销与管理、物流及运输等基础知识，更需具备数据分析、实践操作等解决实际问题的能力。这是高校单个专业或企业难以单独完成的任务。唯有学校与企业相融合、教育与实践相融合、学生学习与就业相融合，电子商务、国际贸易与大数据分析等相融合，才能构建起完整的实效人才培养体系。

本专业按照“面向市场、协同育人、跨界培养”的教育理念，依托深圳大学管理学院电子商务专业，与深圳市电子商务协会合作，更好发挥双方各自优势和资源优势，既拓展了学生职业生涯发展路径，又能为跨境电商行业培养急需的兼具跨境电子商务运营及物流等基础管理、跨境电商数据挖掘及分析应用的国际化、创新型的复合型人才，逐步构建跨境电商贸易人才生态圈，为深圳率先建设中国特色社会主义先行示范区提供强有力的跨境电商人才服务保障。

四、学生选拔流程

跨境电商微专业将以小班教学、双语教学、实践教学为特点，因而在学生选拔方面，设计如下：

（1）选拔范围。招募深圳大学各专业的大二、大三学生。

（2）选拔人数。每届 30 人，其中院内 20 人，院外 10 人。

（3）选拔要求。平均绩点不低于 3.0；对电子商务、国际贸易有一定了解；具有跨文化敏感性和良好的沟通、合作技能；英语听说读写能力较好，有第二外语者优先。

（4）选拔时间和程序。参照深圳大学管理学院有关双专业和辅修规定执行（本院本专业学生同）。主要步骤（见图 1）为：①宣传：学院启动双学位、双专业和辅修录取工作后，通过宣讲会等多种形式进行招募宣传；合作机构在招生宣传过程中组织学生参访园区及入驻企业，促进学生对专业产生直观认识和兴趣。②接收学生申请：学生填写申请表，递交简历及绩点证明等材料。③简历筛选和面试：所在专业联合合作企业组建招生评审委员会，进行简历筛选和面试。④重点考查学生的外语能力、跨文化敏感性和沟通、合作技能。⑤录取：公示面试通过名单，无异议者视为录取。

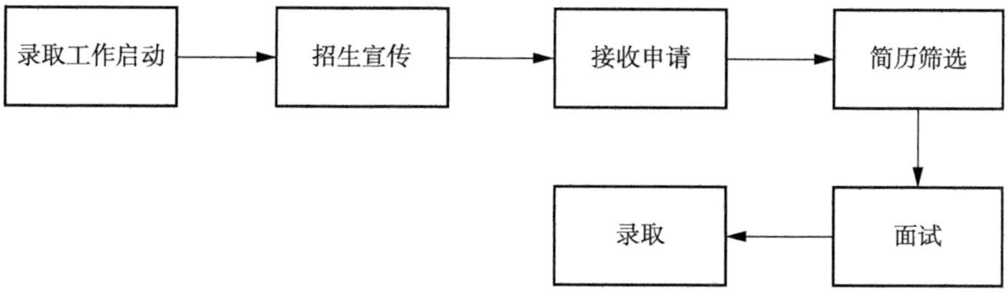

图 1　选拔程序

五、课程体系建设

在全球经济一体化的时代背景下，中国经济与国际经济的融合度日益提高，而跨境电子商务作为国际贸易中的新兴贸易方式与国家战略的重点发展方向，对我国经济的长远发展有着关键性的影响。跨境电商既能满足国际贸易的需求，也具电子商务的要点，“单一的专业可能无法满足企业对人才的需求”。本专业的课程分为四大模块：

（1）专业基础知识。掌握电子商务基本知识，熟悉国际商务英语，熟悉国际商法、国际贸易等基本理论。

（2）跨境电商管理知识。掌握跨境电商平台运营管理、跨境电商物流与供应链管理等管理理论知识和实训经验。

（3）跨境电商数据分析技能。掌握跨境电商数据分析与挖掘相关技术，挖掘跨境电商数据背后的商业价值，了解跨境电商平台如何通过大数据分析进行用户行为分析和产品创新。

（4）跨境电商支付与安全。掌握跨境电商支付工具与选择的方法；理解区块链与比特币之间的联系与区别；了解区块链在跨境电商中的一系列应用等。

（一）教学内容与方法

在教学内容和教学方法上，通过以下方式突出“面向市场、协同育人、跨界培养”的教育理念：

（1）紧跟实践前沿。培养方案及课程教学内容由专业教师与合作企业共同参与制定，并以1~2年1次的频率更新，紧密结合行业的最新实践和市场需求。

（2）产业界专家及外籍专家授课。课程采用校内教师+产业专家联合授课的方式，使学生跟踪管理理论和实践发展前沿，具备国际化视野；部分课程采用双语或全英教学，使学生具备良好的英语商务交流能力。

（3）强化实践环节。课程强化实践环节和实践作业，包括企业参访调研、模拟训练、实地培训、参与企业项目、专业实习等，使学生在学习过程中真正接触到企业实际业务。

（4）进行导师制培养。为每位学生确定校内导师和企业导师。导师不定期与学生沟通，并对学生学习和研究中遇到的问题给予指导。

（5）加强班级凝聚力和创新氛围。不定期举办学术沙龙、邀请高年级的学生及毕业后的校友进行大学生活及工作体会交流。安排有针对性的学生课外研发项目，培养学生的领导、合作、沟通、组织策划和自主创新能力。合作企业提供相应经费支持，如竞赛奖励、奖学金等。

（6）案例教学及深度交流。开辟第二课堂，定期邀请企业专家做报告以提升学生的技术前瞻性，定期邀请企业专家来校对学生进行案例教学和深度交流以拓展学生的视野。

（7）社会考察及志愿者活动。通过拓展课、社会考察和做志愿者的形式培养学生正确的价值观念，即主动性、责任感与合作性等。

（8）课外创新实践。积极开展各种课外创新实践活动，每位学生都应至少参加一项大学生创新实践项目，如“挑战杯”、“创新杯”、国家及省级创新研究项目等，以提高学生的创新实践能力，丰富学生的专业知识结构。

（9）成立实习基地，变专业实习为预就业。合作企业成为实习基地，提供专业实习的机会，并择优录用和向客户推荐学生就业。

（二）拟开设课程

跨境电子商务拟开设课程的信息见表1。

表1 跨境电子商务拟开设课程的信息

“微专业”名称	跨境电子商务				
面向专业/年级	全校各专业二、三年级			计划招生人数	30
课程总门数	9	总学分	20	总学时	324
“微专业”课程组	课程性质	主讲教师	课程名称	学分/学时	
	专业核心	于素敏	跨境电商基础	2/36	
	专业核心	陈继红	跨境电商物流管理	2/36	
	专业核心	王　红	跨境电商支付与结算	2/36	
	专业核心	林旭东	跨境电商运营管理	2/36	
	专业核心	张庆宇	商务英语	2/36	
	专业核心	王刚桥	电商大数据分析概论	3/54	
	专业核心	林美燕	商业数据分析挖掘与应用	3/54	
	专业核心	贺　斌	国际商法	2/36	
	基本实践	马利军	专业实习	2/4周	

六、结论及建议

深圳大学管理学院电子商务专业联合深圳市电子商务协会建立跨境电商微专业无论从合作基础、历史发展来看，还是从课程设置来看，都切实可行。通过开设跨境电子商务微专业，可以更精准地为行业培养所需人才，促进学生就业，每年可以为相关跨境电商专业培养30人左右；通过与深圳市电子商务协会会员企业合作，建设实习基地1~2个；通过跨境电子商务微专业的建设实现教学相长，促进专业教师实践，使得深圳大学管理学院成为全国跨境电商研究的重要基地。

参考文献

[1] 苏曼．跨境电商专业人才胜任素质模型研究［J］．高等工程教育研究，2016（3）．

[2] 杨华．跨境电商发展与国贸专业人才培养模式的调整 [J]. 商场现代化，2015 (2).

[3] 马克·戴维斯，贾内尔·海内克．服务管理——利用技术创造价值 [M]. 王成慧等，译．北京：人民邮电出版社，2006.

[4] C. Loveloch，J. Wirtz. 服务营销 [M]. 范秀成，译．北京：中国人民大学出版社，2007.

[5] G. Cachon，C. Terwiesch. Matching Supply with Demand：An Introduction to Operations Management [M]. New York：McGraw-Hill，Int'l edition，2006.

[6] D. Simchi-Levi，et al. Designing and Managing the Supply Chain [M]. New York：McGraw-Hill，3nd edition，2007.

[7] 侯玉梅，许良，马利军．物流工程 [M]. 北京：清华大学出版社，2011.

[8] R. Johnston，G. Clark. Service Operations Management (Third Edition) [M]. 北京：中国人民大学出版社，2010.

深圳大学建设高科技营销特色专业之必要性与可行性研究

刘世雄

（深圳大学管理学院市场营销系）

【摘要】 为了满足国家和城市的产业发展需要，因时因地制宜大力建设高科技营销特色专业具有重要的社会意义。深圳大学加快建设高科技营销特色专业的必要性主要体现在切合国家产业经济发展的宏观战略、符合深圳市本地的科技产业化发展态势以及满足当地人才的市场需求三方面。而可行性则主要体现在师资力量、人才培养目标、人才培养方案三方面。

【关键词】 高科技营销；特色专业；必要性；可行性研究

2019年8月，中共中央、国务院下发《关于支持深圳建设中国特色社会主义先行示范区的意见》。文件明确指出："支持深圳强化产学研深度融合的创新优势，以深圳为主阵地建设综合性国家科学中心，在粤港澳大湾区国际科技创新中心建设中发挥关键作用。支持深圳建设5G、人工智能、网络空间科学与技术、生命信息与生物医药实验室等重大创新载体，探索建设国际科技信息中心和全新机制的医学科学院……"这表明，高科技产业将作为深圳的战略性产业在未来驱动深圳建设先行示范区中发挥积极作用。而高科技技术和产品的商业化推广，离不开营销的助推功能。纵观国内外近年来对人们生产生活产生重大影响的科技变革，例如微信、Facebook、淘宝、京东电商平台等，其成功在很大程度上都依赖于公司高超的营销运作，对于技术更新速度快的科技领域，营销管理功夫显得尤其重要。如何科学运用营销知识，抢占市场先机，成为高科技企业经营成败的关键。

为了满足国家和城市的产业发展需要，因时因地制宜大力建设高科技营销特色专业就显得意义非凡。以下重点探讨深圳大学作为一所位于先行示范区核心位置的地方大学，大力建设高科技营销特色专业之必要性与可行性。

一、必要性

（一）从国家产业经济发展的宏观战略看

高新技术发展及产业化水平直接关系到国家科技竞争力和产业核心竞争力，也直接影响创新供给水平，科技部副部长阴和俊指出："在'十三五'期间，我们面临着国际科技竞争的严峻挑战和经济新常态对科技创新的迫切需求，高新技术发展任重道远。”可见，科学技术的产业化发展一方面需要国家和企业的推动，另一方面也需要市场需求的拉动。珠江三角洲高新技术产业带是科学技术部批准的全国 3 个产业带之一，其范围包括广州市、深圳市、珠海市、佛山市等地，总面积 41596 平方公里，而深圳是重中之重。

（二）从深圳市本地的科技产业化发展态势看

高新技术产业已经成为深圳经济发展的三大支柱产业之一。《中共深圳市委、深圳市人民政府关于完善区域创新体系推动高新技术产业持续快速发展的决定》指出：要加快人才培养，发挥本市高校、深圳大学城和其他高等院校的作用，与海内外名牌大学联合办学，重点培养产业发展急需的高层次人才。因此，高科技人才及其配套人才（如高科技营销人才）的培养是完全切合深圳本地高科技产业发展需要的，也是深圳产业发展所急需的。

（三）从市场需求端看

一方面，高科技企业的核心人员通常具有深厚的技术背景，但对于市场需求缺少敏捷的嗅觉，如果把技术成果快速、精准地转化为引爆市场的产品，常常显得心有余而力不足。另一方面，一直以来，在科技产业化方面社会关注的焦点大都放在了技术人才的吸引、培养及激励方面，对于技术成果的市场化、商业化推广方面所需的人才，却远远没有引起足够的重视。所以，本系聚焦于“打造高科技营销人才”专业特色，既符合国家和城市的经济发展需要，也能满足企业急需的市场专业管理人才需求。

二、可行性

依托广东省质量工程专业综合改革项目，深圳大学市场营销系在 2014 年至 2019 年期间，对本科人才培养方案根据综合改革目标进行了优化，取得了明显进步。新版营销专业人才培养方案，根据社会发展需要和本专业学生特点，调整了部分课程，既强化了营销人才所需要的硬技能训练（如数据分析、营销工程学），又顺应时代，反映了营销思想与工具的新变化。这种调整既符合国际上营销专业演变的基本趋势，又符合“打造高科技营销人才”特色专业的定位。

（一）师资力量的可行性

深圳大学市场营销系师资队伍实干敬业，积极开展教学与科研工作，全系教学科研充满活力，实力雄厚。师资队伍以中青年教师为骨干，知识、职称、年龄结构符合现代高水平大学的要求，具有高学历、年轻化、国际化的特点，形成了合理的人才梯队。发展至今，全系已有专职教师 20 名（其中教授 4 名（占教师人数的 21%），副教授 7 名（占教师人数的 37%），讲师 9 名（占教师人数的 42%）），博士生导师 1 名，硕士生导师 13 名，教育部新世纪优秀人才 1 名，广东省高校千百十省级人才 1 名，深圳市孔雀计划人才2名，高层次地方级人才1名，高层次后备级人才7名，具有博士学位的教师15名（占教师人数的79%），分别毕业于新加坡南洋理工大学、美国北卡罗来纳大学教堂山分校、香港中文大学、香港城市大学、日本西南学院大学、北京大学、中山大学、北京师范大学、西安交通大学、中国科学技术大学、南开大学、暨南大学、中南财经政法大学等国内外知名大学。其中，45岁以下教师13人（占教师人数的68%）。多位教师曾在美国、新加坡、日本、加拿大、英国、德国、韩国等国留学或进修。市场营销系老师的研究领域涉及品牌管理、消费者行为、网络营销、关系营销、产品创新、服务营销等。深圳大学营销系的科研实力在全国名列前茅，近年来，市场营销专业教师发表教研论文21篇，主编教材5部，主持国家自然科学基金17项（含1项国家自然科学基金重点项目子课题），省部级教学科研项目6项。近五年公开发表学术论文76篇，SCI/SSCI检索11篇，其中一区有4篇。近年来平均每年营销系均获得国家自然科学基金项目2项以上。2017年深圳大学营销学科获得了5项国家自然科学基金项目，在全国所有高校的营销学科中名列第一。

（二）人才培养目标的可行性

市场营销系拥有扎实的前期人才培养基础。目前已累计为社会培养了1048名毕业生，毕业生就业率高达95%（含读研学生）以上。毕业生主要有三个去向：升学读研、自主创业、就业。其中，升学读研的学生占比约有25%，出国深造的学生占比也很高，目前已知的本科毕业生留学的高校包括：美国得州大学达拉斯分校、美国南加州大学、美国马里兰大学、美国纽约理工大学、英国伦敦大学、英国华威大学、澳大利亚新南威尔士大学、中国香港中文大学、中国香港城市大学、中国香港理工大学、中国香港浸会大学等。本系毕业生保持高升学率的一个重要原因是：学生在本科学习期间，在与教师的课内外交流中，获得了较多的学术训练机会，耳濡目染，打下了扎实的学术根基，也培养了浓厚的学术兴趣，许多学生在读期间已发表了学术成果。

由于深圳大学市场营销专业在学生培养中，严格要求学生切实践行“自立、自律、自强”之深大校训，在课内外教学中特别强调对学生创新思维与动手能力的培养，鼓励学生积极参加尖峰时刻、商业模拟、挑战杯、创新杯、创业大赛等各类型、各层次学生竞赛。市场营销系学生在以上赛事中都扮演了重要角色，取得了优异成绩。根据互联网招聘平台拉勾网发布的《2015年互联网行业人才流动报告》，最受互联网公司欢迎的中国大学毕业生中，深圳大学该专业学生排名全国第5，这表明本系所培养学生的综合素质得到了社会的广泛认可。

（三）人才培养方案的可行性

根据营销系师资队伍目前在高科技营销方面的研究特色、学校周边高科技公司众多的地缘特色（学校2公里范围内毗邻深圳科技园、深圳软件园）以及学生思维活跃、动手能力突出的特点，拟定了“打造高科技营销专业特色”的教学管理发展路径来完成专业建设目标。完成这一目标的基本保障是人才培养方案，其可行性具体表现在以下方面。

1. 统一认识，科学制定培养目标

目前，深圳大学营销专业经过十几年的发展，综合实力有了很大提升，但专业特色相对不够突出。全系教师需要通过加强研讨、沟通交流，统一认识，努力围绕“高科技营销”这一核心特色，把研究和教学紧密结合起来，科学制定具体的学生培养目标，逐年提升专业特色。在科技日新月异的21世纪，未来国家间的竞争将更突出地表现为科技竞争，2019年美国对华为公司的技术封锁事件即为明证。美国遏制华为5G，从一个侧面反映了中国崛起对美国制定国际规则主导权的冲击。近年来，中国与美国在技术上的差距呈现缩小趋势，在个别领域甚至超过美国。这难免使美国担心中国在技术创新上超过美国，这意味着中国综合国力将超越美国。2018年，美国申请登记的国际专利为56142件，居世界第一；中国为53345件，位居第二，与美国差距不到5%。为了本国利益最大化，日本和西欧国家也开始在中美之间搞战略平衡。意大利甚至成为首个与中国签订“一带一路”备忘录的G7国家。在全球经济、技术的竞争与合作更加多元化、复杂化的背景下，营销技术作为高科技创新扩散、传播的一种重要“助推剂”，必能发挥积极的重要作用。因此，积极打造高科技营销这一专业特色，不但是企业、社会发展之需要，也是科技立国之需要。

2. 培养方式的创新突破

充分利用本系教师在高科技营销领域的科研积累和研究条件，以研带教，积极探索培养方式的创新突破。

（1）聚徒教学与纵向课题相结合。依托本系教师主持研究的纵向课题以及其他企业营销课题，由教师指导学生参与课题研究，了解和掌握前沿的理论和实践，着重培养学生在网络营销方面的特长。

（2）网络教学与课后实践相结合。学生课后完成实践作业，在网上汇报、讨论、相互点评作业优缺点并总结经验，采用线上和线下综合评价的方式。对于实践性强的课程，如“营销模拟实验”课程等，以实验操作竞赛形式进行考核，重点考查学生的实践动手能力。

（3）理论追踪与实操训练相结合。指导学生阅读网络营销前沿理论，并探讨、实践网络营销在企业营销中的运用。从2008年开始，市场营销专业发起“营销好点子校园策划大赛”，创新校企合作实践教学模式，构建新型实训平台。在深圳大学管理学院和院团委的支持下，由市场营销专业学生主导并由深圳大学市场营销学会承办的营销好点子校园策划大赛，每年参与赛事的学生来自全校二十多个学院，参与人次高达数千人。每届大赛均收到上百份策划作品，这些作品绝大多数由学生合作完成，体现了学生的团队精神和实战能力。该项赛事取得了良好的育人绩效及社会效果，受到企业的广泛关注和高度认可，从最初的寻找合作企业，到现在选择上门合作企业，说明参与学生的良好素养得到了企业的认可，也反映了该教学模式的有效性。

3. 实践教学全面升级

营销学是一门实践性非常强的学科，因此营销专业在课程设置以及教学环节将全面升级实践教学内容。在实践教学方面，不断优化实践教学环节，实现校内校外的资源互补和利益共赢。首先，提高实验课程、实训课程和专业实习等实践教学的课时比重，突出教学过程的实践性、应用性和专业性。全面提升学生的职业素养和在实践中解决专业问题的能力，鼓励教师把课堂教学与课外教学相结合，线上教学与线下教学相结合。其次，引入相关企业参与到实践教学中，争取学生走出去、企业走进来相结合，校企联动达到实践教学的生动化和实战化，全面提升教学过程的商业临场感。最后，实践教学管理系统化。这包括实践教学方案的系统化、实践教学流程的系统化、实践教学效果考核的系统化。此外，通过毕业论文改革，把毕业设计与专业实践相结合，丰富毕业论文形式，即把完成毕业设计纳入实践教学环节，通过完成毕业设计进一步提高实践能力。

4. 教学资源国际化

充分利用本专业参与 AACSB 国际商学院认证的契机，努力实现师资国际化、教学资料国际化、教学手段国际化以及考核方式国际化。严格按照国际商学院的标准设置专业课程，加大国际通行专业教材的使用占比，使教学软件、流程、内容及方法向国际标准看齐，加大过程性考核的课程占比，丰富平时作业考核的形式。

5. 教学团队持续优化

一支业务素质过硬的师资队伍是专业立足之本，也是专业特色建设成功与否的关键所在。学校将在教师出国交流学习、国内研讨进修、校企互通、校内互学、引进指导等多方面提供经费支持和便利条件。力争在项目建设期内，全面提升教学团队的专业综合水平，培养 2~3 名专业带头人，形成有专业骨干支撑、有持续成长动力、有国际视野的教学团队。

6. 教学管理标准化

教学管理标准化具体包括：教辅部门服务管理的标准化，教学过程的标准化，教学互评互学的标准化，以及培养效果评估的标准化。通过标准化的教学管理，确保专业建设目标得以分步骤、有计划地实现。教学管理标准化的实施过程，是一个循环管理、逐渐完善的过程，需要全系老师同心协力、周密配合才能得以完成。因此，取得教师在教学观念上的一致认可，是达到教学管理标准化的先决条件。

三、总结

从国家产业经济发展的宏观战略、深圳市科技产业化发展态势以及人才市场需求三个方面综合评估看，深圳大学加快建设高科技营销特色专业具有重要的社会意义。并且，深圳大学建设高科技营销特色专业在师资力量、人才培养目标、人才培养方案方面都具有充分的可行性。

参考文献

[1] 中共中央 国务院关于支持深圳建设中国特色社会主义先行示范区的意见 [N]. 人民日报，2019-08-19 (1).

[2] 科技部全面部署“十三五”高新技术产业发展路径 [N]. 中国高新技术产业导报，2017-02-24.

面向应用型人才培养的工商管理专业校企协同模式研究

崔世娟　汤迎丰　李玲玉
（深圳大学管理学院工商管理系）

【摘要】 应用型人才培养是我国高等教育实现内涵式发展的首要任务，校企协同是提升应用型人才质量的重要途径。然而，我国工商管理专业校企协同培养应用型人才的过程中仍存在一些问题。基于此，本文首先对工商管理专业校企协同的人才培养现状和问题进行梳理，并以深圳大学管理学院工商管理专业校企协同的实际经验为例，总结了一套"校企密切协同，学创融为一体"的校企协同模式，最后针对当前工商管理专业校企协同人才培养提出了建议。

【关键词】 应用型人才；校企协同模式；工商管理

一、前言

建设教育强国是中华民族伟大复兴的基础工程。党的十九大报告指出，必须把教育事业放在优先位置，要加快一流大学和一流学科建设，实现高等教育内涵式发展①。剖析高等教育的本质及现代大学的功能，培养"应用型人才"是高校内涵式发展的首要任务，对应用型人才的培养既是我国经济及社会发展的需要，也是我国高等教育未来发展的趋势。

人才作为经济发展的第一资源，在推动国家及地方经济发展过程中具有极其重要的作用。在经济全球化的大背景下，近年来，我国各地方经济在遭遇产业结构升级缓慢、资本严重外流等危机后出现了瓶颈，亟须培养一批应用型人才来解经济发展的燃眉之急。

校企合作是高等院校加快内涵式发展及提升应用型人才培养质量的重要途径②。现阶段国家政府愈来愈意识到校企协同育人的重要意义，制定了一系列的相关政策鼓励校企协同创新育人。2017 年 12 月，国务院办公厅印发的《关于深化产教融合的若干意见》提出要逐步提高行业企业参与办学程度，健全多元化办学体制，全面推行校企协

① 吴岩．一流本科一流专业一流人才［J］．中国大学教学，2017（11）：4-12+17.

② 谢志平，应建明．近十年我国职业教育产教融合研究综述［J］．高等职业教育探索，2018，17（3）：6-10+28.

同育人。2019年印发的《国家职业教育改革实施方案》也指出，要大力推动企业和社会力量推进高质量职业教育，建立多元办学格局。这些重要论述都为应用型人才的培养指明了发展方向。

新时期下，工商管理专业对应用型人才也提出了新的要求——既要有坚固的专业基础，也要有很强的解决实际管理问题的能力。然而，当前仍有许多高校延续着传统的封闭型、学术型人才培养模式①，导致工商管理毕业生难以适应就业过程中较高的实践能力需求。我国高等教育需要深化校企协同育人机制，发挥企业掌握的行业信息优势，提高人才的综合素质与业务能力。因此，本文在分析校企协同育人模式的现状和存在问题的基础上，结合深圳大学管理学院工商管理专业的办学实践，为工商管理专业应用型人才培养的校企协同模式提出建议，以期为提高工商管理专业应用型人才质量提供参考。

二、校企协同育人模式的现状

校企协同育人的理念最早起源于20世纪中叶的欧洲②，是指学校与行业、企业三方共同参与人才培养机制。一方面产业企业主动作为，积极设立技能培训中心或携手高校共同培养所需人才；另一方面学校主动寻找企业，以市场需求为导向，共拟人才培养方案，合作办学、合作育人。目前，西欧部分国家已建立了几种较为典型的校企协同人才培养模式，包括：德国"双元制"模式③，接受双元制教育的学生，既在学校接受理论教育，每周又有大量时间以学徒身份在企业实习；英国的"三明治"模式④，是学生分阶段在企业工作和在校学习的工读交替制，学生在完成校内学术课程的同时要进行相应的校外工作实践，实践完成后再回归到学术学习；加拿大的"CBE"（Competency Based Education）产学联合模式⑤，一种以能力培养为中心的教育教学体系，专门委员会通过职业分析确定综合能力和专项能力，为学生从易到难安排实践教学计划；美国的"CO-OP"（Co-operative Education）模式⑥，即"带薪实习、工学结合"的校企合作项目，学生在校期间将参加4~6次工作学期学习，将实习经历交替渗透到所有课程的学习中，有助于学生在实践中厘清自身职业规划和找到差距。可以看出，西方国家的校企协同培育应用型人才的教育模式将企业培训与学校教学紧密结合，这样的教育方式不仅有助于学生提升实践能力、社交能力和组织管理能力，同时也为企业提

---

① 杨乐．产学研合作背景下应用型人才培养研究［J］．中国高校科技，2018（8）：39-41.

② 张桂华，姚冠新，陈桂香．三螺旋理论视阈下地方新建本科高校协同育人探析［J］．江苏高教，2015（6）：97-99.

③ 姜大源，吴全全．德国职业教育学习领域的课程方案研究［J］．中国职业技术教育，2007（2）：47-54.

④ 董英山．国外典型国家校企协同育人模式的成功经验与启示［J］．湖南工业职业技术学院学报，2019，19（1）：110-114.

⑤ 刘海燕．几种典型实践教学模式对应用型本科院校的启示［J］．理工高教研究，2005（6）：82-83.

⑥ 赵宏，陈梓佳．美国就业导向的高等教育改革的启示［J］．外国教育研究，2007（7）：57-61.

供了重要的人力资源来源。

近年来，随着国家对协同育人的重视和关注，关于校企协同育人的研究也日渐丰富。当前国内高校的校企协同育人模式主要有以下几种：以清华大学为代表的“校企合作共建二级学院”模式，清华大学与恒大集团成立清华恒大研究院，校企双方以此为平台合作开设工程硕士研究生班、MBA 和 MPA 班，并搭建实践基地；以北京大学为代表的“基于产业园或研究中心”的校企合作模式，北大光华管理学院与一汽-大众、奥迪共同设立了奥迪管理研究中心，在行业洞察、案例研究、人才培养、平台搭建等维度进行深度合作；以重庆交通大学为代表的“校企共建技术研发中心”模式，通过与长江航道局联合建设国家内河航道整治工程技术研究中心，共同承担研发并应用多项重大课题来培养一流的人才队伍；以南京城市职业学院为代表的“订单式”模式，该校旅游管理专业与古南都集团制定联合培养方案，通过理论教学、工学交替和顶岗实习来探索“人职匹配”的订单培养。总体而言，我国部分高校在校企协同育人方面进行了诸多改革和尝试，但较之发达国家的校企协同仍处于浅层次阶段，普遍存在“学校热、企业冷”现象，仍需更加全面、紧密和深入的合作。

三、工商管理专业校企协同培育应用型人才存在的问题

应用型人才是既有足够的理论基础和专业素养，又能够理论联系实际将知识应用于实际的人才①，能够在社会生产、管理、服务的第一线解决实际问题。在中国经济转型升级、企业数量迅速增长的背景下，对工商管理专业新型应用型人才的培养有着非常关键的意义和作用。目前我国一些高校已经意识到培养应用型人才的重要性，也取得了一定的成果，但对于大多数高校而言，工商管理专业应用型人才的校企协同培养仍存在如下问题：

（一）培养内容实践应用性不强

当前高校工商管理人才培养内容方面仍存在着“重理论，轻实践”的不平衡状态。由于工商管理专业的理论性比较强，高校也更为注重对学生理论知识的培养②。从校企共建平台的类型上看，如上文所提及的清华恒大研究院、奥迪管理研究中心、国家内河航道整治工程技术研究中心等校企合作基地强调技术开发与课题研究，培养的人才以研究型人才为主，锻炼的是学生的科研能力和逻辑思维，相对而言，这些校企协同育人模式对管理专业的应用型人才实践能力的培养的关注较为欠缺。从课程设置上看，大部分高校对本科生的培养以组织行为学、市场营销学、人力资源管理等基础理论课程为主，类似商业模拟实战课程、创新创业实践课程等实战实践类课程开课数量较少。

---

① 吴中江，黄成亮．应用型人才内涵及应用型本科人才培养［J］．高等工程教育研究，2014（2）：70-74.

② 于飞，张峰，袁仲慧．基于创新创业人才培养的工商管理专业组合式教学模式研究［J］．广西广播电视大学学报，2016，27（1）：61-65.

同时，针对已有的实战模拟类课程和创新创业类课程的教学效果，有学者面向山西师范大学、忻州师范学院等高校的学生进行问卷调查，发现有60.17%的学生反映课程效果不明显①。种种原因造成了学生虽拥有丰富的理论知识，但动手能力和创新意识较为薄弱的情况。

（二）培养方式缺乏创新性

尽管当前人工智能、大数据、AR、工业互联网等新兴技术迅猛发展，然而却并未落实到应用型人才培养当中。当前各高校对于工商管理应用型人才的培养主要还是以课本和多媒体技术等传统方式进行教学，难以激发学生的学习主动性和创新性。除此之外，尽管部分高校与企业达成了校企合作，但在课堂中并未很好地利用手头资源将合作企业作为案例引入，没有将教材知识与学生生活合理联系与结合，课堂案例缺乏新颖性与典型性；课堂设计缺乏趣味性和互动性，使得学生很难进入学习情境，学习效率低下。高校应当在教学过程中引入翻转课堂、实训教学、实践教学、案例教学、架构包容性认知结构，利用产学研合作与智能技术，充分调动学生的学习积极性，发挥其学习的主体性，培养其问题解决、协作学习、创新思维与实践能力。

（三）应用型师资队伍不足

现阶段，大部分高校对工商管理专业应用型人才培养提供的教师支持主要来自两个方面：一是培养学校原有的专业教师承担学生创新创业等实践课程的教学工作；二是聘请企业导师分享行业最新发展动态并指导学生参与竞赛等。然而，教育部2020年发布的《全国普通高校本科教育教学质量报告（2018年度）》数据显示，全国普通高校教师中具有行业背景的仅占17.68%②。许多高校教师，尤其是新进教师博士毕业后即入职高校，缺乏企事业单位工作经历，无法向学生传授实用的社会经验和行业前瞻性分析。而企业导师虽然经验丰富，但本身仍在企业中担任职位，教学时间和频次难以保证，如对北京化工大学的问卷调查结果显示，94%的企业教师对学生没有进行实质性指导③，企业导师发挥的作用十分有限。

四、深圳大学工商管理专业校企协同人才培养模式的创新与实践

工商管理类本科专业具有两个主要特点：一是应用性，注重理论联系实际，旨在培养和训练学生的管理技能和决策能力；二是综合性，注重管理学与哲学、社会学、

---

① 尹小石，杨楚，宫静懿．大学生创新创业高校教育支持体系建设研究［J］．忻州师范学院学报，2020，36（2）：131-134.

② 编委会．全国普通高校本科教育教学质量报告（2018年度）［M］．北京：高等教育出版社，2020：7-11.

③ 陈佩赓，杨阳．浅析工程硕士“双导师制”培养模式存在的问题——以北京化工大学研究生院问卷调查为例［J］．教育教学论坛，2017（13）：152-154.

经济学、心理学等理论和方法的综合应用①。因此，高校的校企协同人才培养应当把握工商管理专业特点，结合当地经济发展与企业资源情况，通过明确培养目标、厘清就业走向、优化课程体系来建立形式多样的培养模式，培育一批具有基础加特长的一专多能型知识结构、较强的职业适应性、一定的职业素质与执业能力、与地方社会文化的相互融合的适应现代经济需要的工商管理专业应用型人才。

经过不断的探索，深圳大学管理学院工商管理专业总结了一套满足粤港澳大湾区发展需要的校企协同育人模式：采用文理并重、实践导向的教学模式，以“厚基础、宽口径、强能力、重实践”为特点，为深圳特区、珠三角乃至全国其他经济发达地区培养具备现代人文素质、国际视野与创新精神，具有良好的职业道德、商业沟通技能和解决各类管理问题能力的未来企业家与职业经理人，也为高校开展校企协同育人提供了一个可复制、可借鉴的成功范例。目前，深圳大学管理学院工商管理专业应用型人才培养模式如图1所示。

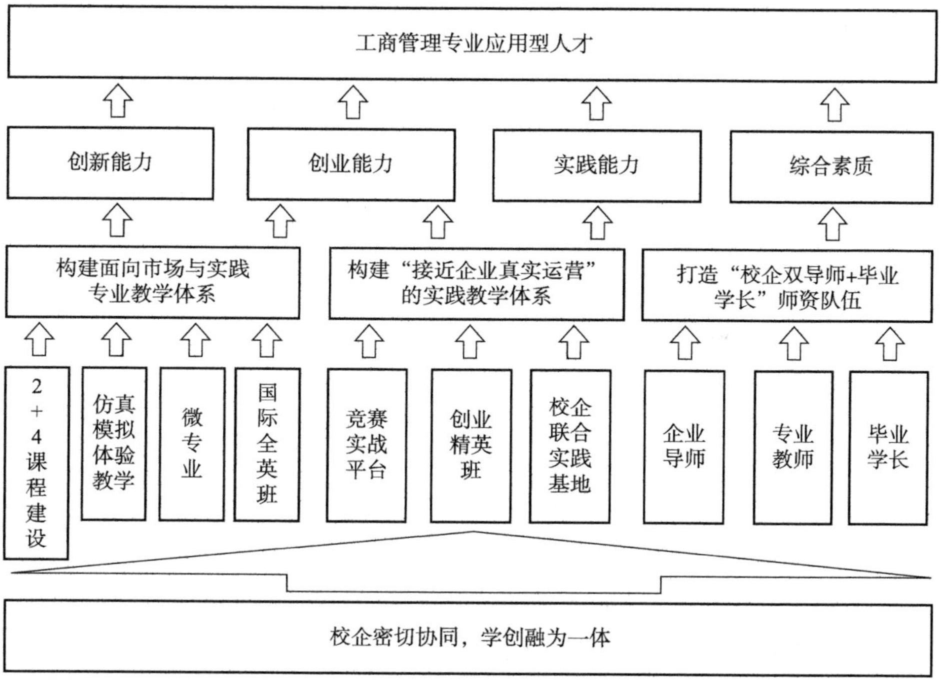

图1 深圳大学管理学院工商管理专业应用型人才培养模式示意图

（一）构建面向市场与实践的专业教学体系

首先，工商管理专业基于“拔尖、卓越、复合”理念，结合深圳市优势产业如高端服务业（商务咨询）、IT与互联网、金融业的发展，通过“2+4”课程建设对学

① 教育部高等学校教学指导委员会．普通高等学校本科专业类教学质量国家标准［M］．北京：高等教育出版社，2018：844.

生的商科素养进行全面的培养。学生在完成“基础理论核心课”和“工商管理专业核心课”两个核心的经管通识和专业基础教育后，根据自己的兴趣和能力，自由选择“创新与战略管理”“商业分析与运营管理”“大数据与金融投资”“国际商务与咨询”中的一个或多个方向的知识模块进行学习，进一步强化学生的深度学习和专业思维能力。

其次，工商管理专业摸索出了一套适应大众化教育背景下的工商管理专业的教学方法，在课堂中采取应用模拟实战、邀请企业高管进行经验分享、结合实际企业案例进行商业演讲等多元化的教学方式，通过体验式教学，增强课程的竞争性和趣味性，强化了理论与实践的结合能力。

再次，工商管理专业打造适应新技术、新经济、新业态的学科交叉型、协同育人型“微专业”——“商业分析与管理决策”专业，该专业通过设计高阶性、前沿性，与产业发展高度匹配的6~8门迷你精干的理论和实践课程，扩展学生的跨学科视野和知识储备，打通工商管理专业教育与商业分析师等职业需求的“最后一公里”。

最后，工商管理专业与国际知名商学院接轨设置工商管理专业国际全英班。借鉴美国沃顿商学院课程体系，核心课程采用全英文授课，专业选修课程50%采用英文授课；对接美国、英国、法国等众多国外双学位和本硕连读的国际合作项目，直通海外知名商科院校。通过与国际同步的前沿教材的采用以及全英和双语教学模式的导入，为粤港澳大湾区建设输送具备国际化视野的商科优秀人才。

（二）构建“接近企业真实运营”的实践教学体系

首先，为了营造真实的实践教学环境，深圳大学管理学院工商管理专业提供先进的ERP实验室、中小企业研究中心和商品学实验室作为学生实验、实训和实战平台，为学生的创业实践和专业实践创造条件。工商管理专业以实验室为基础，校企深入协作，鼓励学生参与如“挑战杯”“互联网+”“三创赛”“尖烽时刻”等专业技能类与创新创业类的实践与竞赛，实现“以赛助教，以赛助学，以赛代训”。

其次，扶持学生积极参与各类创新创业实践，让创新创业教育贯穿学生的整个大学生活。深圳大学管理学院工商管理专业开设“创业精英班”，组织创业团队，开展创业实战。由学生创业园和创新创业服务中心提供各种支持，配备企业导师和创业导师，选择和培育创业项目，开展集企业孵化、创业辅导和创业实战为一体的创业实践。

最后，与企业建立校企合作，建立实习基地、产教融合基地，拓展实践教学资源。深圳大学管理学院先后与20余家企业建立校外实习基地，每年接纳学生到实习基地进行学习和实践，大大提高了学生实践应用能力；与华为公司建立深大-华为产教融合协同育人基地，着力构建以鲲鹏、昇腾和云计算技术为基础的产业与人才生态。推进现场教学，组织学生到腾讯、华为、柔宇科技等诸多深圳知名企业参观学习；通过学院和企业联动提供体验场景，让学生真实体验和感受管理实践的全过程。

（三）打造“校企双导师+毕业学长”师资队伍

为了解决专业教师创业教学能力不足的难题，实现校企师资团队深入融合，深圳大学管理学院工商管理专业建立了一支高效、高能、稳定的导师团队，涵盖多方面知识背景，提供专业的实践指导。优化专业教师团队，举办经验交流会、参观企业、专题培训会，更新教师的知识结构；与企业高级管理人员达成合作，请进学校，请进课堂，安排企业导师“手把手”带学生处理实际问题；并利用丰富的校友资源，从毕业生之中遴选学长，与“企业导师”“专业教师”共同指导学生进行创新创业实践。

总而言之，深圳大学管理学院工商管理专业强化校内实践教学环节，加大课内外实践教学比重，开展实践教学方法改革，以案例、项目、讨论、实践报告和团队作业等形式强化课内实践教学，打造一批特色鲜明、理念先进、教学相长的优质创新能力课程，并以项目、竞赛与活动为载体，有针对性地加强应用型人才的创新素养训练。另外，学校依托深圳特区产业优势和政策优势，不断探索校企协同、共同发展的新型合作机制，充分利用校外资源开展特色基地建设，拓宽学生实践能力培养和施展的平台。校企联合实践基地为学生实践提供包括导师指导、项目培育支持，开展面向社会与市场的实战演练，形成了一套创新与创业、课内与课外、理论与实战相结合的、系统完善又富有特色的应用型人才培养模式。

五、工商管理专业校企协同培养应用型人才的建议

校企协同培养应用型人才是高等教育和企业改革发展的必然选择，是“产、学、研、用”社会形态深度融合的必然趋势，是实现人力资本效能、社会资源利用、综合素质形成最大化、最优化的最佳途径。为了更好地提升校企协同育人质量、促进学生综合素质提高和拔尖创新人才的培养，本文对工商管理专业校企协同教学实践提出如下建议：

首先，需要校企协同网络的各个节点部门转变人才培养观念，本着互利共赢，构建校企协同多级“邦联”。校企协同需要多方共同参与，面对当前“高校热、企业冷”的情况，只有高校和企业都认识到培养应用型人才在素质教育和经济发展中的重要性，协调各方利益的诉求最大化，各个节点部门才能更好地承担起自身在校企协同教育培养人才模式中的责任和义务，构建出一个多主体、多层级、多形态的中国式的“校企协同人才培养模式”。

其次，高校需要合理调整工商管理专业课程体系，持续优化课程设置。应用型工程人才贵在“应用”，而“应用”的前提是能力素质与岗位需求相匹配，离开了岗位需求的能力素质再高也没有实际意义。因此，应用型工程人才培养的关键是要有针对性。高校应依据所在地区的经济发展水平、劳动力市场需求、行业发展特点、学校掌握的资源等，科学地进行课程设置。同时，随着我国企业逐步进军国际市场，我国高校应积极优化工商管理专业课程，保证课程与国际接轨，从而实现将学生培养为优质

工商管理人才的目标。

最后，需要各高校和合作企业利用现代技术手段创新培养方式。现阶段高校对工商管理专业应用型人才进行培养的过程中，要结合时代发展的趋势和现代化的先进技术手段打造现代化实践教学基地，推动学科交叉融合，基于大数据分析，制定既符合学生偏好，又满足企业需求的个性化培养模式。通过商业模拟实战系统、微课、翻转课堂等多种方式开展应用型人才的培养工作，提高工商管理人才应用理论进行实践操作的能力、批判性思维能力和创新精神，为未来就业打下坚实基础。

参考文献

[1] 吴岩. 一流本科　一流专业　一流人才 [J]. 中国大学教学，2017 (11)：4-12+17.

[2] 谢志平，应建明. 近十年我国职业教育产教融合研究综述 [J]. 高等职业教育探索，2018，17 (3)：6-10+28.

[3] 杨乐. 产学研合作背景下应用型人才培养研究 [J]. 中国高校科技，2018 (8)：39-41.

[4] 张桂华，姚冠新，陈桂香. 三螺旋理论视阈下地方新建本科高校协同育人探析 [J]. 江苏高教，2015 (6)：97-99.

[5] 姜大源，吴全全. 德国职业教育学习领域的课程方案研究 [J]. 中国职业技术教育，2007 (2)：47-54.

[6] 董英山. 国外典型国家校企协同育人模式的成功经验与启示 [J]. 湖南工业职业技术学院学报，2019，19 (1)：110-114.

[7] 刘海燕. 几种典型实践教学模式对应用型本科院校的启示 [J]. 理工高教研究，2005 (6)：82-83.

[8] 赵宏，陈梓佳. 美国就业导向的高等教育改革的启示 [J]. 外国教育研究，2007 (7)：57-61.

[9] 吴中江，黄成亮. 应用型人才内涵及应用型本科人才培养 [J]. 高等工程教育研究，2014 (2)：70-74.

[10] 于飞，张峰，袁仲慧. 基于创新创业人才培养的工商管理专业组合式教学模式研究 [J]. 广西广播电视大学学报，2016，27 (1)：61-65.

[11] 尹小石，杨楚，宫静懿. 大学生创新创业高校教育支持体系建设研究 [J]. 忻州师范学院学报，2020，36 (2)：131-134.

[12] 编委会. 全国普通高校本科教育教学质量报告（2018 年度）[M]. 北京：高等教育出版社，2020：7-11.

[13] 陈佩赓，杨阳. 浅析工程硕士"双导师制"培养模式存在的问题——以北京化工大学研究生院问卷调查为例 [J]. 教育教学论坛，2017 (13)：152-154.

[14] 教育部高等学校教学指导委员会. 普通高等学校本科专业类教学质量国家标准 [M]. 北京：高等教育出版社，2018：844.

人才服务微专业课程教学改革探讨

叶一娇　丁夏齐

（深圳大学管理学院人力资源管理系）

【摘要】 人才服务专业是建设人力资源协同发展的产业体系目标下所产生的一种新业态，对现代服务业和人力资源行业的发展具有重大的意义。在此背景下，人力资源管理系成立了人才服务微专业。本文关注第一届人才服务微专业的课程开展情况，分析其中所存在的问题，结合时代发展特征提出改革的主要措施和建议。

【关键词】 人才服务；微专业；教学改革

一、引言

党的十九大提出应当加快建设人力资源协同发展的产业体系，在人力资本服务等领域培育新增长点、形成新动能。2018 年国务院颁布实施的《人力资源市场暂行条例》，是我国人力资源要素市场领域的第一部行政法规，从立法层面明确了国家提高人才服务业发展水平的法定职责。2019 年，中国劳动和社会保障部提出，要培育一批有特色、有规模、有活力、有效益的人才服务产业园，实现服务就业创业与人力资源开发配置能力显著提高，促进人力资源服务业对经济增长贡献率稳步提升。与此同时，深圳市围绕贯彻落实人力资源和社会保障部《关于加快发展人力资源服务业的意见》《人力资源服务业发展行动计划》以及深圳市委、市政府《关于实施“鹏城英才计划”的意见》，坚持充分发挥市场在人力资源配置中的决定性作用，全力推进人力资源服务业发展建设，为深圳率先建设中国特色社会主义先行示范区提供强有力的人才服务保障。

人力资源服务业属于生产型服务业的一种新业态，是现代服务业新的增长点。在此背景下，本专业按照“面向市场、协同育人、跨界培养”的教育理念，依托深圳大学管理学院人力资源管理专业，与南山区人力资源服务产业园、深圳市人才集团有限公司等企业合作，成立了“人才服务”微专业。人才服务微专业旨在充分发挥学校与企业双方的优势和资源，在拓展学生职业生涯发展路径的同时，为人力资源服务业培育国际化、创新型的复合型人才。人力资源服务业的基本商业模式是向客户出售定制化的人力资源管理相关服务，多以项目制的形式开展业务。因此，从业人员既要有服务营销、业务推广、项目管理的能力，又需具备人力资源管理的专门技能和创新开发能力。这就要求微专业必须以人力资源管理为基础，以“服务营销”领域的复合型知识能力体系做支撑，构建起一套完整的培育体系。

在学校与学院的支持下，人才服务微专业正式成立。本专业的课程分为四大模块：①人力资源管理：人力资源管理导论、人力资源政策法规、人力资源信息化；②创新开发：管理技能开发、管理数据统计与分析、组织诊断与咨询；③销售：服务营销；④项目管理。至今，人才服务微专业已经顺利开展一个学期，第二个学期也正在有条不紊地进行中。作为第一次尝试，人才服务微专业的课程教学不可避免地存在着一些问题。因此，本文将从人才服务微专业课程教学存在的问题入手，分析目前人才服务微专业课程教学中存在的问题，提出相应的改革建议，希望借此能够有效推动人才服务微专业课程体系的建设，从而培养出符合社会需要的复合型人才。

二、人才服务微专业课程教学存在的问题

（一）部分课程授课时间与专业必修课冲突

目前，微专业课程的授课时间都安排在周一至周五，这不可避免地导致部分课程的授课时间与部分学生本专业的必修课时间冲突。因此，部分学生无法在一年里顺利完成课程，这导致他们必须在下一个微专业学年再补修所缺课程。这不仅将耽误微专业的年度计划，而且将给学生们的学习带来一定的困扰。同时，由于学院搬到丽湖校区，个别学生临近时间段的课程被分别安排在粤海校区与丽湖校区，导致学生们难以在短短二十分钟的时间内转换到另一个校区上课。这给学生们的课程修读带来了很大的困难。

（二）大数据分析模块的课程设计不够理想

随着时代的进步与科学技术的发展，大数据对于人力资源服务的重要性也日益凸显（黄闽英，2008；李卓妮，2019）。大数据分析能够帮助人才服务从业人员更为精准地了解客户的需求和市场现状，进而提高服务营销、业务推广、项目管理的有效性（黄闽英，2008；孙孟，2019）。不仅如此，大数据分析也能够帮助人才服务从业人员了解各种人才信息，例如招聘热点、各种人才流动趋势，以及深圳高端人才全球人脉网络等。为此，我们在人才服务微专业的课程中，特别设置了管理数据统计与分析这一门课程，试图通过这门课程帮助学生们掌握基本的大数据分析技能。然而，在具体的授课实践中，我们发现该课程在内容设置上仍然有所不足。这种不足主要体现在两个方面：一方面，由于师资问题，在第一个微专业学年中本门课程没有找到背景完全契合的任课老师，这给授课老师带来了很大的挑战。另一方面，经过一个学期的实践，我们发现本门课程的授课内容目前尚且较为简单，课程中所介绍的数据分析工具也较为基础，这不利于学生们深入了解和掌握大数据分析方法。

（三）课程教学重理论、轻实践

人才服务微专业的一个非常重要的目标是通过与南山区人力资源服务产业园、深圳市人才集团有限公司等机构的密切合作，利用“双师型”师资（企业师资和高校师资；国内师资和国外师资；人力资源管理专业师资和市场营销专业师资），培养学生的实践管理能力。为了实现这个目标，人力资源管理系积极推动与企业之间的合作，成

立实习基地，为学生们争取优秀的实习机会。然而，受新冠肺炎疫情的影响，在第一个微专业学年中我们还无法真正将企业实践搬到课堂中，也难以真正带领学生走进企业进行持续的、有规划的实习。这直接导致目前我们的微专业课程只能以理论学习为主，实践环节有所不足。

三、人才服务微专业课程教学改革路径探索

（一）以学生为导向，改进排课机制

为了更好地解决学生们课程冲突的问题，人才服务微专业需要对排课机制进行必要的调整与改善。首先，应该时刻谨记一切以学生为主的授课理念，在排课时优先考虑学生的需求及其学生们面临的实际情况。其次，在排课时，应当尽量避开热门的时间段，尽量减少微专业课程与学生本专业必修课时间冲突的可能性。再次，在排课时，应提前了解所有学生本学期的课程时间，并与各个授课老师提前沟通，尽量将微专业课程安排在满足最多学生需求的时间段。最后，当出现不可避免的时间冲突时，微专业行政服务老师和授课教师应当积极地与学生协调，合理利用智慧课堂、免听等形式，尽可能地帮助学生顺利完成课程。我们希望通过这些措施能够帮助学生们更加顺利地完成人才服务微专业的学习。

（二）完善大数据分析模块的课程设计

鉴于大数据分析能力对于人才服务从业人员的重要性（孙孟，2019；高世葵，2021），在未来的微专业课程设计中，我们应该着重弥补这方面的不足。具体而言，我们可以从以下两个方面进行改进：一方面，在未来的微专业课程设计中，我们应该选择具有信息管理与信息系统背景的专业教师来承担管理数据统计与分析这门课程。信息管理与信息系统是一个与大数据密切相关的专业，具备该专业背景的教师将能够更好地传授大数据分析的相关知识，并且更为合理有效地安排课程内容。不仅如此，具备信息管理与信息系统之专业背景的授课教师能够更深入地把握大数据与人才服务行业之间的关系，这将极大地强化本门课程对于人才服务专业的作用。另一方面，在管理数据统计与分析的授课中，我们将与授课老师进行沟通，提高大数据分析常用工具、软件在本门课程中的知识占比。与此同时，我们将完善授课内容，根据难易程度与重要程度，在课程中介绍更多常用的大数据分析工具，帮助同学们更为全面且深入地了解大数据的分析方法，掌握人才服务专业的必备技能。

（三）实践中提升人才服务技能

人才服务教学环节中的实践教学是不可或缺的（蔡晓珊、薛燕玲，2021；孙芸菀，2020；吴凤琴，2021）。人才服务微专业的授课可以从三个方面加强对学生实践能力的训练。第一，在疫情防控允许时，授课老师应不断地丰富教学形式。具体而言，授课老师可以分批次带领学生到企业进行参观或者调研，让学生真实地感受人才服务工作的具体流程（万文海，2020）。当疫情防控不允许时，授课老师可以充分利用案例分析

的方法，引导学生了解当前人才服务工作开展的情况。同时，在授课过程中，教师应该引导学生积极地进行互动与交流，以此加强同学们对人才服务实践的理解。第二，未来授课中可以邀请企业人才服务岗位的负责人到班级分享相关的实践经验，让学生直接与实践者进行近距离交流，这将有利于开阔学生的视野，增强学生对于人才服务实践问题的理解（蔡晓珊、薛燕玲，2021；吴凤琴，2021）。第三，为了更好地激发学生的求知欲，微专业可以在全校范围内开展与人才服务行业相关的比赛，例如案例分析大赛、大数据分析技能大赛等，这将有利于提高学生的课外学习能力、统筹能力和协作能力，进而全方位地培养学生们的人才服务技能。

四、结语

本研究立足于人才服务行业对从业人员的能力需求，针对人力资源管理系的人才服务微专业课程实施情况，分析微专业当前存在着的授课时间冲突、大数据分析内容不合理、重理论轻实践的问题。据此，本研究从教学改革实践出发，从内容要求和教育实践方法方面提出了改进建议，并就如何解决排课时间、完善大数据分析模块的教学、强化实践教学这三个方面提出了相应的教学改革策略，希望借此能够不断改进人才服务微专业的课程教学，激发学生们的学习热情，全方位地培养学生的专业能力，从而培养出社会所需要的人力资源服务型人才。

参考文献

[1] 蔡晓珊，薛燕玲．人力资源管理课程混合式教学模式探究［J］．科技风，2021（17）：60-62.

[2] 高世葵．“人力资源管理”课程体系的设计与实现——基于大数据嵌入的视角［J］．教育教学论坛，2021（29）：5-8.

[3] 黄闽英．以数据挖掘提升 HRM 决策分析能力［J］．科技管理研究，2008（03）：217-218+231.

[4] 李卓妮．大数据时代下企业精准选择人才探讨［J］．现代商贸工业，2019，40（32）：91-92.

[5] 孙孟．大数据分析能力与人力资源绩效的协同创新关系探究［J］．现代工业经济和信息化，2019，9（03）：72-73.

[6] 孙芸菀．探究人力资源管理课程融入创新创业教育的教学［J］．就业与保障，2021（10）：79-80.

[7] 万文海．新时代背景下人力资源管理专业核心课程内容及教学方法的改革探讨［J］．科教文汇（上旬刊），2020（12）：150-151+186.

[8] 吴凤琴．基于“金课”理念下的《人力资源管理》课程教学改革探索［J］．质量与市场，2021（06）：66-67.

基于智能数据挖掘的大学生学习成绩影响因素分析与探索*

郭海男[1]　豆国威[1]　范　璧[1]　周　宇[2]

（1. 深圳大学管理学院管理科学系；2. 深圳大学计算机与软件学院）

【摘要】 大学生考试成绩是衡量其在校期间学习成果的重要指标之一。在大数据时代，深入分析和研究影响大学生成绩的因素，有助于帮助大学生提高自身学习成绩和综合素质，并辅助老师掌握教育方向和方法。本文以深圳大学管理学院修读统计学原理课程的两个班学生为研究对象，针对 8 种影响大学生成绩的因素，分析两个班学生各项数据，以期末成绩为因变量，利用 SPSS 软件进行有序逻辑回归分析，建立方程模型，分析结果，并给出针对性建议。

【关键词】 数据挖掘；大学生成绩；有序逻辑回归

高校是培养人才、发展科研的重要基地。而大学四年是大学生步入社会前的过渡期，在此期间，学习成绩是衡量学生阶段性知识学习和个人全面发展的重要指标之一，研究学生的学习成绩及其影响因素，对学生个体发展和高校的教育方式、方法都具有重要的意义。

考入同所大学的学生间智力和知识储备差距不大，但学生的成绩往往有高有低，那影响学生成绩的因素有哪些呢？在实际的大学学习生活中，影响成绩的因素有很多，如性别、年龄、家庭因素、高考成绩、学习习惯、学习环境、学习积极性、兴趣爱好等，这些因素对学生成绩的影响有大有小，那究竟哪些因素对大学生的学习成绩影响是显著的呢？目前，通过科学的方法对大学生的学习成绩进行研究已成为热门，学习成绩的好坏不仅直接影响大学生能否完成学业，反映大学生在校期间学习状况，更对大学生之后的求职和就业有着重要影响。

在教育界，影响学生成绩的因素一直是学者关注的重点，已有不少文献支撑使得该领域的方法和内容趋于成熟。大部分学者对大学生学习成绩影响因素的分析中，采用的调查方法和指标都趋于相同，大多运用问卷调查法，以特定区域的学生为样本进行数据收集和研究。

本文总结了现有的对大学成绩影响因素研究的方法和内容，以深圳大学管理学院

---

* 本研究得到国家自然科学基金（71701132，71701135，71701136）、广东省自然科学基金（2021A1515010987）资助。

《统计学原理》课程的两个班学生为样本，研究影响学生成绩的因素指标包括：性别、年龄、生源地、家庭因素、文理差异、学习兴趣、学习方法、学习环境等，利用 SPSS 软件对样本数据进行有序逻辑回归分析，建立方程模型，从而找出影响大学生成绩的显著因素并给出分析和建议。

一、绪论

（一）研究背景和意义

研究背景：大学阶段是大学生学习专业知识、提升个人文化和思想品德素质的阶段，也是大学生步入社会、自我价值实现前的过渡阶段。在大学学习期间，可以通过学习成绩了解大学生的学习状态和阶段性的学习成果。在大学里，学生有同样的课程和老师，同样的学习资源，但是在学习期间，学习成绩却有高有低。因此，一定有一些因素影响了大学生的学习成绩。这些因素可能是非主观的，如性别、年龄、生源地、家庭因素、学习环境等；也可能是主观的，如学习习惯、学习兴趣、学习积极性、兴趣爱好等。这些因素对学生学习成绩有没有影响，影响是否显著是现在教育界学者关心和研究的热门问题。本文借鉴以往研究，以深圳大学的学生为研究对象，研究分析影响大学生学习成绩的因素。

研究意义：对影响大学生学习成绩的因素进行分析，不仅能够让大学生明白学习的重要性及其影响机制，引导大学生积极地提升学习成绩和综合素质；还可以帮助老师找到影响学生成绩的关键因素，根据相关数据预测学生成绩，制定能让学生获得更高成绩的教学方法；并且能为高校教育改革和制定科学有效的学生培养方案提供参考和建议。

（二）文献综述

2009 年第五期《探索科学》指出：影响学习成绩的主要因素包括智力因素和非智力因素。智力因素与学习成绩有一定相关性，非智力因素对学习成绩起决定性作用；非智力因素中意志、态度、兴趣是影响学习成绩的重要因素；培养大学生非智力因素的途径有：加强对新生的始业教育；大力加强校园文化建设，发挥校园文化在非智力建设中的载体作用；为大学生非智力因素的培养构筑一个全体教育者共同参与的平台。

对之前学者对大学生成绩影响因素的研究进行分析发现，对于非主观影响因素：李克俊、王正华[1]基于实际调查数据采用方差分析方法探讨了非主观因素中家庭、网络对大学生的学习成绩的影响。戴凌霄等[2]通过问卷调查法定量分析了大学生语文及英语成绩的影响因素，发现性别及是否是独生子女对学生的语文及英语成绩有显著的影响。张文颖、于涛[3]运用 SPSS 软件对哈尔滨工程大学部分学生的高等数学成绩及其相关因素进行统计分析，考察学生的性别、生源所在地等因素对其高等数学成绩的影响，在给出了一些切实可行的对策和建议的同时，指出培养大学生学习的主动性和研究探索精神已经成为当今高校教师和教育工作者培养高素质人才和提高教学水平的关键。

在对大学生成绩影响因素中主观因素的大量研究报告中，彭长生[4]通过调查，对本科阶段计量经济学课程考试成绩的决定因素进行实证研究，结果显示，课程考试成绩的主要影响因素是学习态度、努力程度和班级学风，而学生的高考数学成绩对考试成绩则没有影响。高俊[5]以江西财经职业学院的学生为研究对象，针对 15 种影响学习成绩的因素进行最大方差正交旋转因子分析，发现学生的课堂互动、预习复习、学习目的对学生成绩有显著影响。

（三）研究对象的界定和研究方法

研究对象的界定：本文以修读深圳大学管理学院 2017 年统计学原理课程的两个班，共计 132 名学生为研究对象，建立包括性别、年龄、大学文理差异、高中文理差异、生源地、是否双专业、经验值、平时考试成绩 8 个因素变量的研究模型，据此分析找出影响大学生学习成绩的显著因素。

研究方法：多项有序逻辑回归分析。

有序逻辑回归分析能对多分类且有序变量进行分析，构建回归模型。本文研究的样本为深圳大学的学生，样本数据中自变量中性别、文理差异、生源地、是否双专业为名义水平的二分变量，经验值为有序的多分类变量，因变量期末成绩分为 A+、A、B、C、D、F 六个有序变量，将期末成绩依次设定为 1、2、3、4、5、6，相应的概率为 p_1、p_2、p_3、p_4、p_5、p_6。$p_j=p(y\leq j\mid x)$，表示 y 取前 j 个值的累积概率。

构建的模型如下：

$$\log it\ (p_j)=\ln\left(\frac{p_j}{1-p_j}\right)=\alpha_j+\beta_1x_1+\beta_2x_2+\cdots+\beta_nx_n$$

（四）研究的主要内容

本文通过借鉴相关文献，以修读深圳大学管理学院统计学原理课程的两个班 132 名学生为样本，运用有序逻辑回归分析方法，分析影响大学生成绩的因素。本文以学生期末考试成绩为因变量，整理学生数据找出 8 种影响因素：性别、年龄、大学文理差异、高中文理差异、生源地、是否双专业、经验值、平时考试成绩。其中经验值为学生通过在“蓝墨云班课”学习软件上自学、回答老师课后习题、与老师教学互动等活动，获得分数，根据加权计算得到的，经验值能作为反映学生平时课后自主学习情况的指标；平时考试成绩为学期中一次考试测验成绩。

本文利用 SPSS 软件对样本数据进行有序逻辑回归分析，建立方程模型，针对显著影响因素给出分析和建议。

二、数据整理与变量设定

（一）数据整理

作者通过深圳大学统计学原理课程得到两个班学生基础数据，并对学生不同属性如性别、高中文理科、大学文理科、是否双专业、生源地（省内省外）、经验值及期末综合成绩的数据进行整理，分析学生成绩与各种因素的相关性。

下面是两个班学生的基础数据：

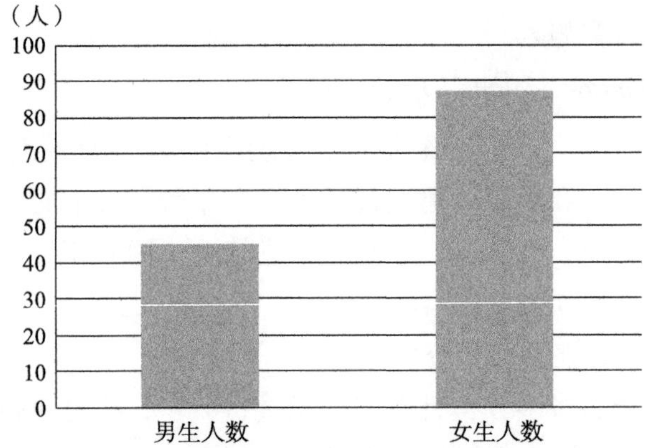

图 1 男女生人数对比

图 1 为选取的两个班共 132 组数据，男女比例接近 1∶2。

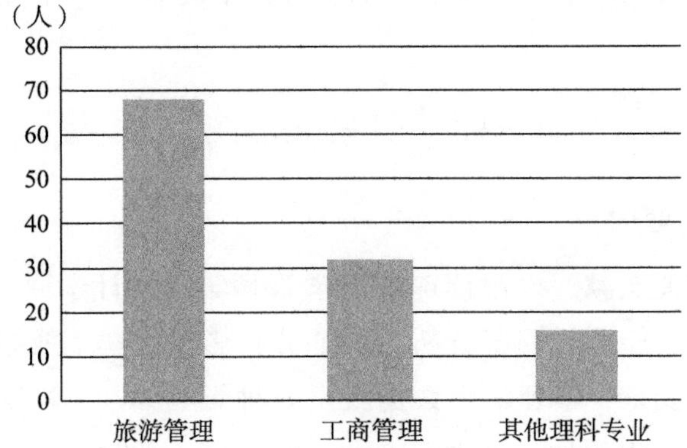

图 2 大学专业人数对比

图 2 为大学专业人数对比。修读《统计学原理》这门课程的学生大部分来自管理专业，其中旅游管理专业的人数接近 1/2，工商管理专业的学生占 3/8，其他理科专业的学生占 1/8。

图 3 为学生在高中文理科人数对比，样本中高中文科的学生比高中理科的学生多。

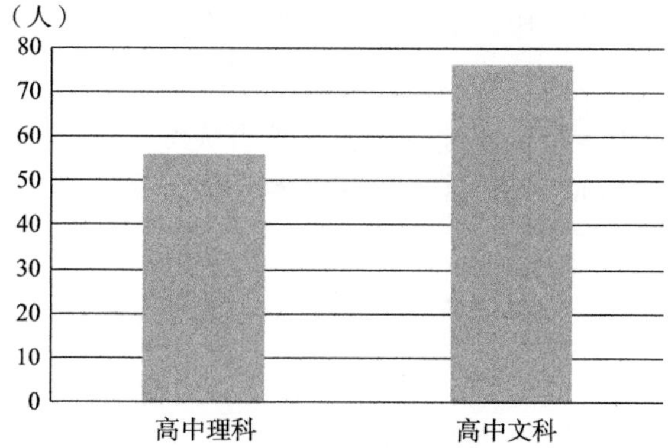

图 3　高中文理科人数对比

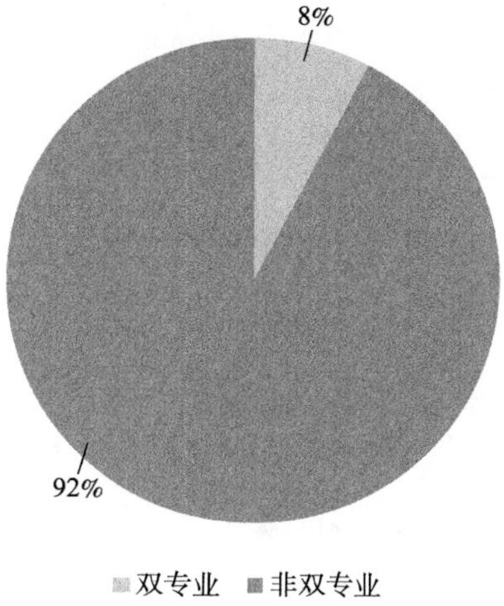

图 4　是否修读双专业学生人数对比

图 4 为是否修读双专业学生人数对比，修读双专业的学生仅占 8%，修读非双专业的学生占 92%。

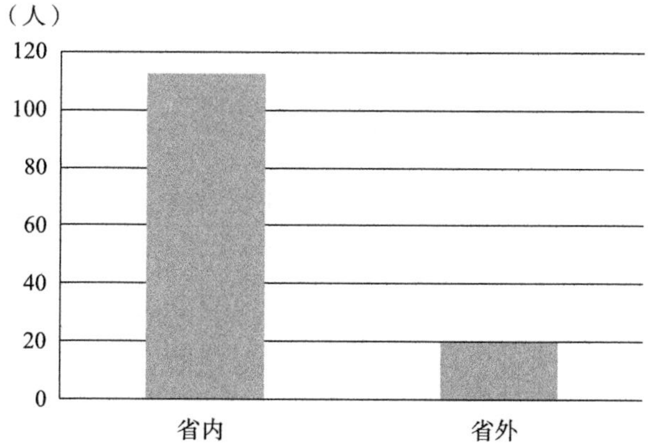

图 5　生源地学生人数对比

图 5 为生源地学生人数对比，生源地为省外的学生有 20 人，生源地为省内的学生有 112 人。

学生期末的成绩为期末考试成绩分段根据综合成绩来划分，期末考试成绩在 93~100 分为 A+，85~93 分为 A，75~85 分为 B，65~75 分为 C，60~65 分为 D，60 分以下为 F。

统计出两个班整体数据中各成绩段学生人数，如图 6 所示。

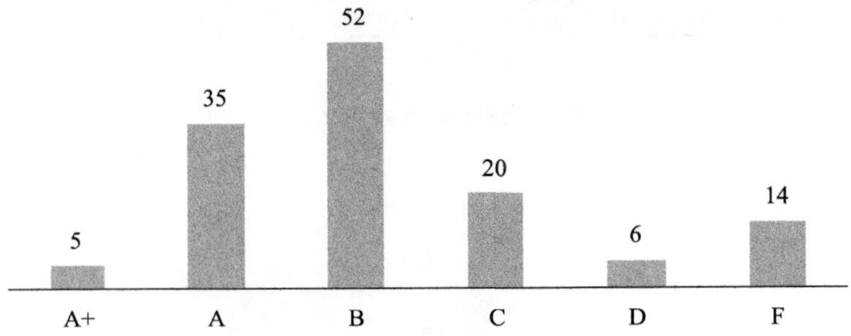

图 6　各成绩段学生人数

从图 6 可以看出，A、B 两个成绩段学生数占大多数，整体成绩偏高分段，挂科（F）的学生占总数的 1/10 左右，A+学生占总数的 1/20。

图 7 为两个班整体数据中男女生在不同成绩段的占比。

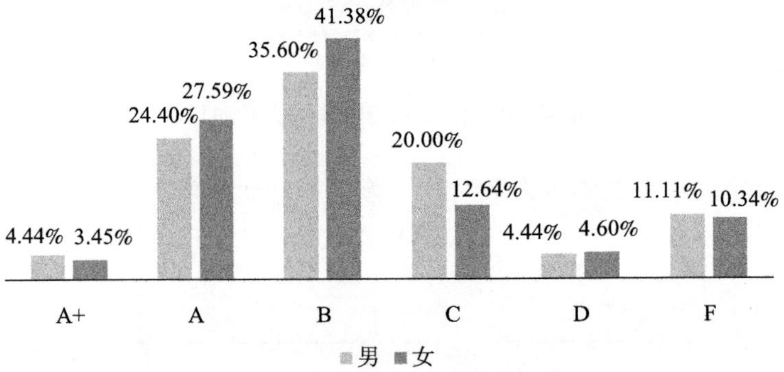

图 7　男女生在不同成绩段的占比

样本数据中男女比例接近 1∶2，我们把在不同成绩段中男女生分开比较：

从图 7 中可以初步看出，在各个成绩段男女生占比是相似的，在 B 和 C 这两个成绩段占比的波动大一点，成绩为 B 的学生中女生偏多，成绩为 C 的学生中男生偏多。

图 8 显示，各成绩段学生中高中文理科基本相同，只有成绩为 C 的学生中文科偏多。

科任老师在教授《统计学原理》课程时，采用线下课堂教学，线上通过“蓝墨云班课”教学软件让学生自学、解答课后习题、与老师互动交流，“蓝墨云班课”软件会

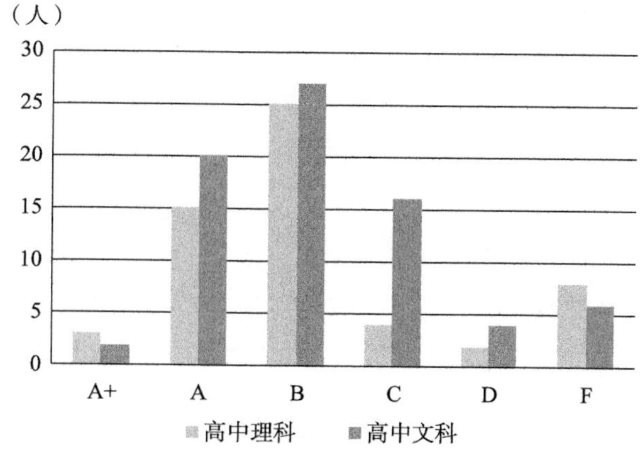

图 8 各成绩段中高中文理科学生人数

根据学生课后自学课程资料、答题情况和老师给学生课堂表现所打分数进行加权计算，得到重要的指标——经验值。

样本学生经验值的组成和占比如图 9 所示：

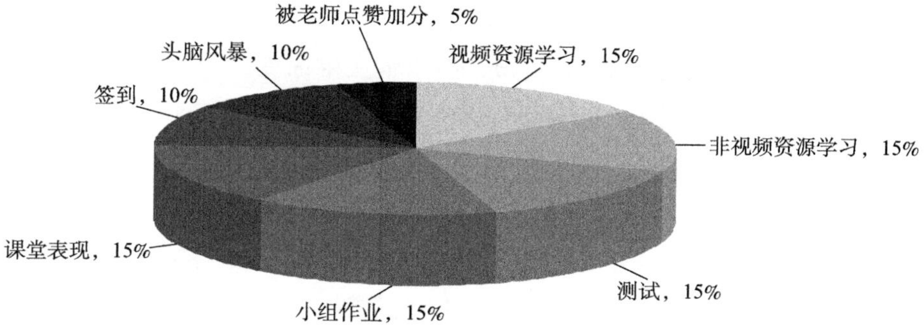

图 9 经验值的组成和占比

经验值中的视频资源和非视频资源的学习，是老师在网上发布本课程的学习资源和任务，学生按时学习得到经验值；测试、小组作业和课堂表现分别是：在课堂上老师不时组织测试和布置小组作业学生得到的分数及老师为学生上课表现打分；签到是学生出勤情况；头脑风暴是学生回答老师提问；老师点赞是对学生优秀表现的加分项。

“蓝墨云班课”软件按照学生在各方面的得分进行加权计算，将学生经验值按照从低到高（1~6）共 6 个等级进行划分，图 10 为学生在各个分段的人数对比。图 10 显示，大部分学生在平时学习时经验值的积累差不多，但仍有少部分学生经验值等级在 1。

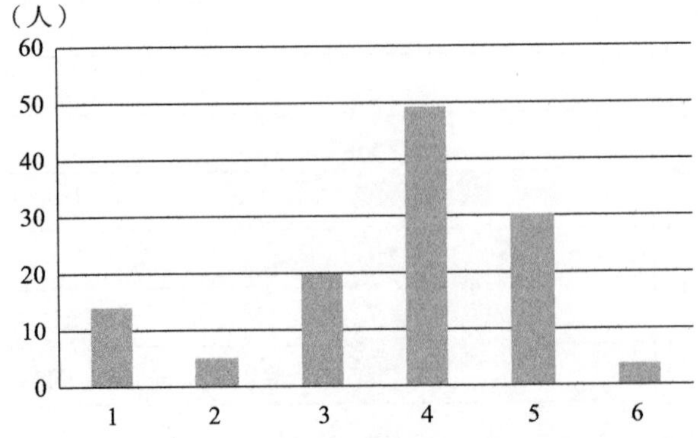

图 10 学生经验值在各分段人数对比

（二）变量设定

1. 因变量

因变量为学生期末成绩，划分为 A+、A、B、C、D、F 六个等级，且分类间有次序关系，针对因变量为分类型数据的情况应该选用 Logistic 回归，故应采用有序多分类的 Logistic 回归分析模型进行分析。有序多分类的 Logistic 回归原理是将因变量的多个分类依次分割为多个二元的 Logistic 回归，例如本文中因变量“综合成绩”有 6 个等级，分析时拆分为五个二元 Logistic 回归，分别为（A+vs A+B+C+D+F）、（A++A vs B+C+D+F）、（A++A+B vs C+D+F）、（A++A+B+C vs D+F）、（A++A+B+C+D vs F），均是较高级与较低级对比。在有序多分类 Logistic 回归中，假设几个二元 Logistic 回归中，自变量的系数相等，仅常数项不等，结果只输出一组自变量的系数。因此，有序多分类的 Logistic 回归模型，必须对自变量系数相等的假设（即“比例优势”假设）进行检验（又称平行线检验）。如果不满足该假设，则考虑使用无序多分类 Logistic 回归。

2. 自变量

本文结合获取的学生数据，对可能影响大学生学习成绩的自变量：性别、年龄、大学文理科差异、高中文理科差异、是否双专业、生源地、经验值、平时考试成绩分别设为［*X*1~*X*8］，其中 *Xi* 为多分类变量，以第一选项为参照水平组。自变量 *X*1（性别）、*X*3（大学文理科差异）、*X*4（高中文理科差异）、*X*5（是否双专业）、*X*6（生源地）、*X*7（经验值）为分类变量，均以第一选项为参照水平组，*X*2（年龄）、*X*8（平时考试成绩）为连续变量。根据研究的目的以及对数据的整理，将自变量设置为：*X*1［女=0，男=1］；*X*2［年龄］；*X*3［大学文科=0，大学理科=1］；*X*4［高中文科=0，高中理科=1］；*X*5［不是双专业=0，双专业=1］；*X*6［省内=0，省外=1］；*X*7［1，2，3，4，5，6］；*X*8［平时考试成绩］。

三、模型的构建与结果分析

（一）Logit 模型构建

1. 使用有序 Logistic 进行回归分析时，需要考虑 4 个假设

假设 1：因变量唯一，且为有序多分类变量，如城市综合竞争力等级可以分为高、中、低；学生成绩分为 A+、A、B、C、D、F 六个等级。

假设 2：存在一个或多个自变量，可为连续、有序多分类或无序分类变量。

假设 3：自变量之间无多重共线性。

假设 4：模型满足“比例优势”假设。意思是无论因变量的分割点在什么位置，模型中各个自变量对因变量的影响都不变，也就是自变量对因变量的回归系数与分割点无关。

2. 对假设的判断

假设 1 和假设 2 都是针对研究设计的假设，本文实验研究选取的因变量和自变量都符合假设 1 和假设 2，所以这里主要对假设 3 和假设 4 进行检验。

检验假设 3：自变量之间无多重共线性。

利用线性回归检测自变量之间共线性存在，结果见表 1。

表 1　自变量共线性检验系数

系数[a]								
模型		非标准化系数		标准化系数	T	显著性	共线性统计资料	
		B	标准错误	Beta			允差	VIF
1	（常数）	38.833	15.475		2.509	0.013		
	性别	1.026	1.364	0.032	0.752	0.453	0.885	1.130
	年龄	0.714	0.781	0.046	0.914	0.363	0.641	1.561
	大学文理科	2.004	2.680	0.042	0.748	0.456	0.512	1.954
	高中文理科	−1.834	1.393	−0.060	−1.317	0.190	0.781	1.280
	是否双专业	−3.046	2.953	−0.054	−1.031	0.304	0.606	1.649
	省内或者省外	−1.711	1.774	−0.041	−0.965	0.337	0.916	1.092
	经验值	12.859	0.649	1.081	19.817	0.000	0.551	1.815
	第二次考试	−0.302	0.050	−0.320	−6.006	0.000	0.579	1.726

注：a 表示应变数：期末考试。

如果允差（Tolerance）小于 0.1 或方差膨胀因子（VIF）大于 10，则表示有共线性存在。本次实验研究中，容忍度均远大于 0.1，方差膨胀因子均小于 10，所以不存在多重共线性。如果数据存在多重共线性，则需要用复杂的方法进行处理，其中最简单的方法是剔除引起共线性的因素，剔除哪一个因素可以基于理论依据。

检验假设 4：模型满足“比例优势”假设。

“比例优势”假设可以在后面结果部分的“平行线检验”中看到。

（二）结果分析

1. 平行线检测结果分析

在进行结果解释之前，我们需要先看一下假设 4 的检验结果（见表 2 平行线检验结果）。本例中平行线检验 $X2=10.062$，$P=1.000$，说明平行性假设成立，即各回归方程相互平行，可以使用有序 Logistic 回归进行分析。

表 2　平行线检验结果

平行线检验[a]				
模型	-2 对数概似值	卡方	df	显著性
虚无假设	269.129			
一般化	259.067[b]	10.062[c]	48	1.000

注：虚无假设说明位置参数（斜率系数）在回应种类间是相同的。a 表示连接函数：Logit。b 表示在最大逐步二分法数目之后无法进一步增加对数概似值。c 表示卡方统计资料基于一般模型最后一次迭代的对数概似值计算。测试的有效性不确定。

2. 数据处理摘要（Case Processing Summary）

表 3　观察值处理摘要

		N	边际百分比（%）
期末成绩	A+	8	6.1
	A	32	24.2
	B	46	34.8
	C	21	15.9
	D	3	2.3
	F	22	16.7
性别	0	87	65.9
	1	45	34.1
大学文理科	0	117	88.6
	1	15	11.4
高中文理科	0	76	57.6
	1	56	42.4
是否双专业	0	122	92.4
	1	10	7.6
省内或者省外	0	112	84.8
	1	20	15.2

续表

		N	边际百分比（%）
经验值	1	15	11.4
	2	5	3.8
	3	20	15.2
	4	58	43.9
	5	30	22.7
	6	4	3.0
有效		132	100.0
遗漏		0	
总计		132	

输出结果给出数据处理后的情况，有效数据 100%，没有遗漏和缺失值。数据也显示了各数值在总样本中所占比例。

3. 模型拟合优度检验结果

拟合优度检验的结果有两个，一个是表 4 所示的似然比检验（Model Fitting Information）结果，该检验的原假设是所有纳入自变量的系数为 0，P（Sig.）<0.001，说明至少一个变量系数不为 0，且具有统计学显著性，也就是模型整体有意义。

表 4　似然比检验结果

	−2 对数概似值	卡方	df	显著性
仅限截距	404.923			
Final	269.129	135.794	12	.000

注：连接函数：Logit。

另一个是表 5 所示的拟合优度检验（Goodness-of-Fit）结果，提供了 Pearson 卡方和偏差（Deviance）卡方两个检验结果。本次实验中，Pearson 检验的结果 $\chi^2=355.922$，$P=1.000>0.05$，说明 Pearson 检验结果为模型拟合好；Deviance 检验的结果 $\chi^2=263.348$，$P=1.000>0.05$，说明 Deviance 检验结果为模型拟合好。但是，这两个检验结果不如表 4 的似然比检验结果稳健，尤其是本次实验纳入的自变量存在连续型变量 $X2$（年龄）和 $X8$（平时考试成绩），因此以似然比检验结果为准。

表 5　拟合优度检验结果

	卡方	df	显著性
相关系数	355.922	608	1.000
离差	263.348	608	1.000

注：连接函数：Logit。

4. 参数估计（Parameter Estimates）

表6　参数评估

		估计	标准错误	Wald	df	显著性	95%信赖区间	
							下限	上限
临界值	[期末成绩=A+]	5.632	5.136	1.202	1	0.273	-4.435	15.698
	[期末成绩=A]	6.075	5.140	1.397	1	0.237	-3.999	16.148
	[期末成绩=B]	8.689	5.177	2.817	1	0.093	-1.458	18.835
	[期末成绩=C]	10.856	5.217	4.330	1	0.037	0.631	21.082
	[期末成绩=D]	11.447	5.228	4.794	1	0.029	1.200	21.694
位置	年龄	-0.066	0.232	0.081	1	0.775	-0.522	0.389
	平时考试成绩	0.077	0.018	18.845	1	0.000	0.042	0.112
	[性别=0]	0.133	0.402	0.110	1	0.740	-0.655	0.922
	[性别=1]	0[a]			0			
	[大学文理科=0]	0.333	0.836	0.159	1	0.690	-1.306	1.973
	[大学文理科=1]	0[a]			0			
	[高中文理科=0]	-0.043	0.419	0.010	1	0.919	-0.864	0.779
	[高中文理科=1]	0[a]			0			
	[是否双专业=0]	-0.539	0.841	0.411	1	0.521	-2.188	1.109
	[是否双专业=1]	0[a]			0			
	[省内或者省外=0]	-0.563	0.509	1.225	1	0.268	-1.560	0.434
	[省内或者省外=1]	0[a]			0			
	[经验值=1]	12.317	2.044	36.313	1	0.000	8.311	16.322
	[经验值=2]	8.445	1.654	26.081	1	0.000	5.204	11.686
	[经验值=3]	6.210	1.266	24.075	1	0.000	3.729	8.691
	[经验值=4]	2.833	1.085	6.811	1	0.009	0.705	4.960
	[经验值=5]	0.219	1.069	0.042	1	0.838	-1.876	2.314
	[经验值=6]	0[a]			0			

注：连接函数：Logit。a表示此参数设为零，因为这是冗余的。

阈值（Threshold）对应的期末成绩=A+，A，B，C，D五个估计值（Estimate）分别是本次分析中拆分的五个二元Logistic回归的常数项。位置（Location）中年龄、平时考试成绩、性别、大学文理科、高中文理科、是否双专业、省内或者省外和经验值变量对应的参数估计值为自变量的估计值。其中经验值为多分类，在分析中被拆分成了五个哑变量（即经验值取值1、2、3、4、5），分别与经验值=6的组进行对比。且有序多分类Logistic回归假定拆分的多个二元回归中自变量系数均相等，因此结果只给出了一组自变量系数。

*X*1（性别）变量系数无统计学意义（P=0.740>0.05），本次实验研究中，性别对学生期末成绩的影响不显著，应当将*X*1（性别）变量从模型中去掉再次进行回归，得

到收入水平的参数估计值。

X2（年龄）变量系数无统计学意义（P = 0. 775>0. 05），本次实验研究中，年龄对学生期末成绩的影响不显著，应当将 X2（年龄）变量从模型中去掉再次进行回归，得到收入水平的参数估计值。

X3（大学文理科）变量系数无统计学意义（P = 0. 690>0. 05），本次实验研究中，大学文理科对学生期末成绩的影响不显著，应当将 X3（大学文理科）变量从模型中去掉再次进行回归，得到收入水平的参数估计值。

X4（高中文理科）变量系数无统计学意义（P = 0. 919>0. 05），本次实验研究中，高中文理科对学生期末成绩的影响不显著，应当将 X4（高中文理科）变量从模型中去掉再次进行回归，得到收入水平的参数估计值。

X5（是否双专业）变量系数无统计学意义（P = 0. 521>0. 05），本次实验研究中，是否双专业对学生期末成绩的影响不显著，应当将 X5（是否双专业）变量从模型中去掉再次进行回归，得到收入水平的参数估计值。

X6（生源地）变量系数无统计学意义（P = 0. 268>0. 05），本次实验研究中，生源地对学生期末成绩的影响不显著，应当将 X6（生源地）变量从模型中去掉再次进行回归，得到收入水平的参数估计值。

X7（经验值）变量（P<0. 05）和 X8（平时考试成绩）变量（P<0. 05）对因变量具有显著影响。

在参数评估中，得到了回归方程的参数，包括常数项（Estimates 或 B）及其标准误和 95%置信区间等。除了常数项不同，位置中自变量的系数都是同一个系数，这也是为什么要求有序 Logistic 回归需要满足比例优势的假设。最终拟合的五个方程如下：

p_1 = ln（期末成绩 adds ≥ A+）= 5. 632 − 0. 077×平时考试成绩 − 12. 317×经验值 1 − 8. 445×经验值 2 − 6. 210×经验值 3 − 0. 219×经验值 4

p_2 = ln（期末成绩 adds ≥ A）= 6. 075 − 0. 077×平时考试成绩 − 12. 317×经验值 1 − 8. 445×经验值 2 − 6. 210×经验值 3 − 0. 219×经验值 4

p_3 = ln（期末成绩 adds ≥ B）= 8. 689 − 0. 077×平时考试成绩 − 12. 317×经验值 1 − 8. 445×经验值 2 − 6. 210×经验值 3 − 0. 219×经验值 4

p_4 = ln（期末成绩 adds ≥ C）= 10. 856 − 0. 077×平时考试成绩 − 12. 317×经验值 1 − 8. 445×经验值 2 − 6. 210×经验值 3 − 0. 219×经验值 4

p_5 = ln（期末成绩 adds ≥ D）= 11. 447 − 0. 077×平时考试成绩 − 12. 317×经验值 1 − 8. 445×经验值 2 − 6. 210×经验值 3 − 0. 219×经验值 4

$p_6 = 1 - p_5$

5. 结果汇总

上述五个方程参数只在常数项上有差别，在平时考试成绩和经验值相同的情况下：

成绩为 F 的学生为 $p_6 = 1 - \ln\ln 11.447 = 0.1088$

成绩为 D 的学生为 $p_5=1-\ln\ln 10.856-p_6=0.0220$

成绩为 C 的学生为 $p_4=1-\ln\ln 8.689-p_6-p_5=0.1602$

成绩为 B 的学生为 $p_3=1-\ln\ln 5.632-p_6-p_5-p_4=0.4089$

成绩为 A 的学生为 $p_2=1-\ln\ln 6.075-p_6-p_5-p_4-p_3=0.2410$

成绩为 A+的学生为 $p_1=1-p_6-p_5-p_4-p_3-p_2=0.079$

可见，当排除了平时考试成绩和经验值的因素，学生期末成绩为 B（40.89%）可能性最高，其次是成绩为 A（24.10%），然后是成绩为 C（16.02%）、成绩为 F（10.88%），成绩为 D（2.20%）可能性最低。

平时考试成绩：学生期末成绩与平时考试成绩正相关，学生平时考试成绩每增加一分，学生期末成绩增加 1.078 倍（95%CI：1.021-1.131），$\chi^2=18.845$，P<0.001。

四、结论与建议

（一）结论

（1）性别因素在本次数据实验中对因变量大学生期末成绩没有显著影响，但是本文仅通过《统计学原理》一门课程的成绩来反映大学生整体的成绩可能并不全面，如袁洁婷、高志强[6]定量研究了性别因素对大学生英语成绩的影响，其结果表明性别因素对大学生英语的学习有显著影响，且女生的英语成绩普遍高于男生；庞玉兰、王欣[7]研究大学生经济学成绩影响因素的实验结果显示，性别因素对大学生成绩有显著性影响。在本研究中，性别因素对统计学原理课程成绩影响无显著性，可能原因有数据不够多等，性别因素应该保留在模型中。

（2）年龄因素在本次数据实验中对因变量大学生期末成绩没有显著影响，在本文 132 个数据组中，年龄分布为 18~23 岁，结果显示年龄对大学生成绩影响显著性为 0.775>0.05，因此接受原假设，在 5%的显著水平下，年龄对大学生期末成绩并没有显著影响。

（3）大学文理差异因素在本次数据实验中对因变量大学生期末成绩没有显著影响，本次实验研究的样本数据中，学生的成绩以统计学原理课程成绩为因变量，其课程性质在学科上分类为管理科学，又有数理统计的计算，本次实验数据样本学生文科占比为 87.8%，理科占比为 12.2%，样本数据偏少，不具代表性和普适性。邱女[8]在研究大学生学习影响因素中发现文理差异对学生的学习方式和方法有显著影响，从而影响大学生学习成绩。

（4）高中文理差异因素在本次数据实验中对因变量大学生期末成绩没有显著影响，与大学文理差异一样，高中文理分科使得学生的学习方法和习惯不同，在本次研究对象统计学原理这门文理兼容的课程里或许体现得不是很明显，但相对于大学其他文理显著差异的课程，高中文理差异因素能产生一定的影响。

（5）是否双专业因素在本次数据实验中对因变量大学生期末成绩没有显著影响，

研究结果显示是否双专业因素对大学生期末成绩的影响显著性为0.521>0.05，在5%的显著水平下，是否双专业因素对大学生成绩并没有显著影响，但是本次132组样本数据中，双专业学生人数仅占8%，不是双专业的人数占92%，样本数据太少，本次实验并不能完全否定双专业对大学生成绩影响是否显著。

（6）生源地因素在本次数据实验中对因变量大学生期末成绩没有显著影响，研究结果显示生源地因素对大学生期末成绩的影响显著性为0.268>0.05，在5%的显著水平下，生源地因素对大学生成绩并没有显著影响，但是本次132组样本数据中，省外学生人数仅占15%，省内学生人数占85%，样本数据太少。张文颖、于涛[3]在分析大学生数学成绩的研究中，将学生生源地分为城市大学生和农村大学生，在学习态度上，农村大学生普遍能吃苦，更加勤奋好学，想留在大城市里工作，从业压力大，学习更加有动力，成绩普遍更高，所以其研究结果显示生源地对大学生成绩有显著的影响，由于本次实验数据样本过少，生源地占比不均匀，本次实验并不能完全否定双专业对大学生成绩影响是否显著。

（7）经验值因素在本次数据实验中对大学生期末成绩有显著影响，研究结果显示经验值因素对大学生期末成绩影响显著性P<0.05，拒绝原假设，即在5%显著水平下，经验值因素对大学生期末成绩有显著影响。经验值包括学生课后视频资源和非视频资源的学习、测试、签到、小组作业和课堂表现，经验值因素对大学生期末成绩有显著性影响表明，大学生在高校学习期间，在课堂上学习态度和学习方法对大学生学习成绩有很大影响，学生按时出勤上课，课堂认真听课，积极发言，回答老师提问，小组讨论作业认真完成，这些课堂上的学习情况对大学生期末成绩影响显著；课后学生在网上学习老师留下的视频和文字资料，完成课后习题，与老师交流探讨问题，这些课后的学习情况对大学生期末成绩影响显著。经验值因素对大学生期末成绩影响显著，代表着学生平时学习时的认真态度和学习方式对期末成绩有很明显的影响，上课积极认真，课后查漏补缺能提高学生期末成绩。

（8）平时考试成绩在本次数据实验中对大学生期末成绩有显著影响，研究结果显示平时考试成绩对大学生期末成绩影响显著性P<0.05，拒绝原假设，即在5%显著水平下，平时考试成绩对大学生期末成绩有显著影响。平时考试成绩反映了学生在平时学习中的认真程度，是否在平时上课认真听讲，认真完成作业，而不是在期末考试前才开始突击补课，这种在期末考试前突击考点和知识的情况在目前的高校中普遍存在，这种短期记忆或许能通过考试，但是并不能帮助学生获得这门课程应该学习到的知识和技能，这种行为对于大学生来说并没有任何好处。而在平时考试中能得到高分的学生，其在期末考试中更能获得很好的成绩，研究结果显示，学生平时考试每增加一分，其在期末考试中获得的更高成绩的概率增加1.078倍，所以，学生平时认真学习不仅能提高平时考试成绩，还能提高期末成绩。

（二）建议

（1）高校老师可以改变课堂教学模式，合理、灵活的课程设置和教学方式能够增加课堂互动，活跃课堂氛围，使学生自觉遵守课堂纪律，认真听课。课堂教学是学校教学工作的基本形式，是学生获取知识的主要渠道，是实现素质教育的主要阵地。课堂是提高教学质量的关键。课堂氛围好，学生心情愉快，精神振奋，思路开阔，解答问题速度快。

（2）教师应合理布置课后练习，要求学生独立完成作业，并做到课前预习、课后复习，鼓励学生充分利用课余时间学习。课外学习是理论联系实际的过程，是课堂教学的有益补充，有助于促进教学相长。学生进行课前预习，课堂上就会轻松很多，能够快速理解教师所教的内容。课后完成作业，及时复习，能够加深对所学内容的理解和掌握程度。

（3）端正学生的学习目的和动力，锻炼学生的学习意志，使学生拥有正确的学习动机，主动学习，坚持学习，热爱学习。只有树立正确的学习动机，才能达到学习目的。学习动机不正确，学生则会产生消极情绪，导致自制力差，不愿努力学习。端正学习动机，需要锻炼学习意志，只有具有自觉性、果断性、坚韧性和自制力，才能保持良好的学习动机，才能坚持学习。

（4）学校及有关教育部门应扩大宣传，使学生对所学专业的难度和前景有充分认识，对所学专业产生浓厚兴趣，点燃学习热情，不断探求新知、积极进行学习研究。

（5）考试内容既要能紧密联系课本和课堂教学内容，又要尽可能衡量学生的真实能力。考试是检查学生成绩的重要标准，考试内容与课本和课堂教学的联系程度影响学生学习效率。认真对待考试的学生一般会充分准备、认真复习，因而学习成绩会比临时抱佛脚、应付考试的学生优秀。

（6）严抓学风，培养良好的学习氛围，端正学生学习态度，使学生尽量做到不旷课、不迟到、不早退，做到认真听课，专心学习。学风是学生在校学习生活中表现出来的精神面貌，是学生在校园里经过长期教育和影响逐步形成的行为风尚。学风好的学生学习态度端正，学习努力，学习成绩优异。

（7）高校老师可以拓宽教学方式，不仅在课堂上教学，也可以在更多平台上与学生交流，采用更加新颖的方式让学生乐于学习，如本文提到的任课老师在“蓝墨云班课”教学软件上，让学生自主利用课后时间自学，解答课后习题，学生能通过答题、自学、和老师交流获得经验值，这能让学生在学习的过程中产生快乐，也能激励学生互相竞争，产生学习的动力，这样老师既能寓教于乐，学生也能培养自身的学习习惯和兴趣。

（8）高校在准备学生培养方案时要考虑到阶段性地检测学生的学习进度和学习质量，通过平时考试的方式来督促学生认真上课，认真学习，不要仅仅用期末考试来衡量大学生一学期的学习情况，这种期末成绩不能全面地反映学生的真实情况，也不能保证反映出来的情况属实，所以，在学生学习课程的同时，阶段性地测验和考试能督促学生认真学习，能及时了解学生阶段性学习情况，这样的数据才是真实可靠的，学生在平时考试的推动力下能更加用心地去学习，增加自身知识储备，提高个人全方位的素质。

五、结束语

大学生是祖国的未来，是社会主义的建设者和接班人。学习成绩是衡量大学生的重要标准之一。个人、家庭、学校、社会都应该为提高大学生的学习成绩提供帮助和创造条件。良好的学习风气、优越的学习条件、端正的学习态度和学习动机、浓厚的学习兴趣和学习热情、活跃的课堂教学与合理适当的课外学习，以及紧密联系课本与课堂教学的考试内容等都有助于提高大学生的学习成绩。

参考文献

[1] 李克俊，王正华．非主观因素对大学生学习成绩影响的方差分析［J］．四川教育学院学报，2008（6）．

[2] 戴凌霄，马英红，赵庆祯．基于 SPSS 软件分析影响高中生学习成绩的各因素［J］．信息技术与信息化，2006（3）．

[3] 张文颖，于涛．大学生数学成绩影响因素的实证分析［J］．统计与信息论坛，2007（4）．

[4] 彭长生．大学课程考试成绩影响因素的实证分析——一个本科阶段《计量经济学》的教学案例［J］．安庆师范学院学报（社会科学版），2010（12）．

[5] 高俊．影响大学生学习成绩的因素分析及对策研究［J］．当代教育实践与教育研究，2017（4）．

[6] 袁洁婷，高志强．性别因素对大学生英语成绩影响的定量分析［J］．海外英语，2015（3）．

[7] 庞玉兰，王欣．民办大学学生成绩影响因素分析——基于计量经济学的实证研究［J］．教育现代化，2017（1）．

[8] 邱女．影响大学生成绩的因素分析［J］．中国市场，2011（26）．

文理交叉学科教学实践与创新尝试

——以管理科学与生物医学交叉学科研究生培养项目为例

柴语鹃[1] 汪 洋[2]

（1. 深圳大学医学部生物医学工程学院；2. 深圳大学管理学院、湾区学院）

【摘要】 在交叉学科的建设工作中，文理交叉领域的研究生培养项目具有知识跨度大、教学内容融合、师资要求高等特点，是教学创新探索的重地。深圳大学作为一所以创新为追求的大湾区综合大学，经过多年交叉学科建设工作的铺垫，在文理交叉学科的教学工作中又迈出新的一步，设立了包含管理科学与生物医学交叉领域等 8 个新型交叉学科，并设立了研究生培养项目。本文将从导师团授课教师的角度对该项目的实施进行介绍，探讨教师团队的建设、交叉领域学生的培育要点、教学活动的设计等具体内容，同时探讨管理与医学等领域交叉培养项目面临的挑战。

【关键词】 交叉学科；研究生培养；教学实践；创新

近年来，具有多元化知识背景的人才逐步受到企事业单位的关注，并形成了良好就业趋势。这种需求促进了高校、科研机构交叉学科创新型人才培养的兴起。目前，交叉学科已成为我国第 14 个学科门类，由教育部备案了 549 个交叉学科[1]。由此可见，交叉学科的教学工作在为当代社会储备高层次复合型人才以及通过教学促进创新领域的科研成果积累和产业突破方面都有着重大的意义[2]。

在交叉领域人才培养尚处于探索阶段的今天，大部分交叉学科的建设起步于文科或理科专业内部独立学科之间的创新交叉。这些尝试极大地拓宽了学生知识领域，培养了学生在未来职场中从事创新性工作及解决创新性问题的能力，他们的综合素质优越，深受业界喜爱。例如清华大学数据科学和信息技术交叉学科便整合了仪器科学与技术、信息与通信工程和计算机科学等一级学科；而中山大学的历史人类学专业则是整合了社会学、考古学和中国史等重要的文科专业，从多角度培养学生的人文精神[3]。在众多交叉学科中，文理交叉学科的教师团队建设和教学创新实践工作是实现科技与人文有机结合、形成高校教学特色的勇敢尝试，也是建设新型现代化大学的重要标志[4][5]。深圳大学位于改革发展的前沿城市深圳，作为粤港澳大湾区的高校代表，为本地区甚至全国培养了众多技术人才和优秀企业家。近年来，深圳大学大力发展交叉学科建设和人才培养，管理科学与生物医学文理交叉领域人才培养的创新实践便是其中一项极具特色且充满挑战的工作。

深圳大学于2014年颁布《深圳大学交叉学科创新团队培育办法（试行）》，并于2015年开始对交叉学科创新团队进行评审，2016年开展交叉人才培养创新班。经过5年的努力，深圳大学已成立了多支交叉创新团队，促进青年教师形成有组织、有计划、有活力的交叉创新团队，并从事本科生、研究生和博士生的教学与科研工作[6-8]。管理科学与生物医学交叉人才培养工作是深圳大学数字智能创新与创业管理学科交叉育人平台中的医疗大健康管理子方向，具有专业跨度大、知识组成丰富、应用需求高的特点。在两年的筹备和教学实践中，本团队成员对该交叉领域的教学工作有了进一步的认识，并对未来的交叉学科教学革新进行了展望。

一、交叉学科教师团队的建设

管理科学与生物医学等交叉学科人才培养教师团队来自多个专业及部门，具有较为丰富的学科门类复合知识，专业背景包括管理学、计算机、经济学、医疗管理、公共健康和生物医学工程等。在传统的交叉学科教学工作中，每位教师担任的课程为本专业的专业课程，而多位老师的专业课教学组成了交叉学科的课程教学体系。这种课程安排在交叉学科本身具有较强关联性，如基础医学和公共卫生学科交叉时，对于完善知识体系有着很好的效果。然而在文理医大跨度交叉领域，教师单纯以本专业的教学内容进行授课会在一定程度上影响交叉学科课程设计的整体融合感和流畅性。因此，以管理科学与生物医学交叉学科为例，教师团队是否有一定学术合作基础、协同办公的经验以及对非自己专业知识的跨学科理解是较重要的。例如，在软件算法的教学过程中，可以选取现实中的医疗大数据作为数据集进行分析，同时教授数据分析在疾病预防或诊断中的意义。而在交叉领域的经济学课程中则可以在讲解摩尔定律时引出芯片性能的倍增对大数据管理的推动，以及急速发展的高通量测序技术对现代医学的意义。也就是说，教师团队在进行课程内容设计的时候应该有目的地选取与交叉方向更贴近的知识点，列举更贴近社会需求的教学案例，才能深度促进文理交叉学科融合，让跨学科学习的学生理解该课程的重要意义，提升学习兴趣[9]。

二、文理交叉领域研究生的特点

管理科学与生物医学交叉领域的教学主要针对研究生进行培养。据初步统计，大部分学生本科具有管理学门类下不同学科的本科背景，部分同学在计算机和经济学方面有一定基础，少部分曾学习以市场分析为目的的大数据处理，但对生物医学领域的知识了解较少。与传统学科学生知识背景较为统一的情况相比，针对文理交叉领域研究生的本科阶段学业情况调查是制定教学方案的基础。在实践过程中，本团队对于学生较为熟悉的管理科学知识和分析算法采用较为深入的学术型教学，而对于基础较为薄弱的生物医学知识则以科普切入，从新冠肺炎的防控、人口普查大数据的应用、医疗支付等与学生日常生活密切相关的案例开始讲起。从这些基本医学问题本身出发，拓展到管理科学、经济学和计算机技术并进行创新应用和有机结合，可以给学生带来新奇的体验。有趣的是，选择方向较远的文理交叉学科进行深造的学生们对不熟悉的领域抱有极大兴趣，可能更加乐于跳出自己的“舒适圈”，这与团队组成时的初步设想也是一致的。在工作开展的初期，管理科学与生物医学交叉领域的招生主要面对管理学专业的本科生，而下一阶段将会加强与生命科学和医学相关专业的宣传工作。在大健康产业对管理人才高度渴求的未来，相信会有更多学生通过文理交叉学科的研究生学习强化自己的专业知识并拓宽视野，成为具有跨学科创新思维的复合型人才。

三、教学活动的开展

管理科学与生物医学交叉领域的人才培养具有多维度、多层次以及过渡性的特点。具体包括以下三个方面。

（一）线上线下相结合

以多种途径开展教学，线下进行实操和小组活动，线上进行知识讲解和问答，在传授知识的同时培养学生的自学能力、沟通能力和组织能力。例如在线下计算机算法的课程中让同学尝试跟随老师的讲解进行代码撰写，或和同学讨论如何实现功能；在医学检测技术的应用理论教学后，鼓励学生动手进行简单的体外诊断试剂和设备的操作使用，加深对医疗诊断数据形成过程的理解；在授课过程中让同学讲述自己感受到的传染病控制过程中的管理问题，以及对大数据采集系统的理解。而线上文理交叉领域的教学工作则更为灵活，可以以文章分析和系列讲座的形式开展，也可以以单门课程的形式开展。在后疫情时代，师生对线上教学的适应度逐渐提高。以腾讯会议等方式进行知识讲解，以 QQ 群、微信群等方式进行问题讨论，再结合教学视频、新闻、行业研究报告的分享，甚至表情包的使用，对提高学生参与度、活跃课堂气氛和后续复习等方面都有较好的效果。

（二）产学研相结合

深圳大学长期鼓励产学研合作以及对创新创业型人才的培养，管理科学与生物医学交叉领域的教学工作也充分体现了这一特点。本团队多位老师主持或参与深圳市医学信息中心等单位委托的大健康管理方面的横向课题；与深圳市南山医院、宝安区妇幼保健院等多家三甲医院有长期合作并运用体外诊断和健康数据分析等方法进行相关研究；并有生物医药行业的创业经验、大型高科技企业的管理经验和丰富的创业经验。在教学的过程中，学生获得的不仅是书本上的管理学、经济学或是生物医学知识，更是老师在产学研合作中获得的实际数据和企业研发成果。本交叉学科的研究生会参与到产学研合作的子课题中，加速理论知识向实际应用的转化。此外，具有文理交叉学科背景的学生团队在学科竞赛和创新创业比赛中因为知识体系互补性强，分工明确；偏文科和管理学背景的学生在商业策划、路演逻辑方面有明显优势，而偏生物医学或理工科背景的学生在数字建模、技术产品方面则会有突出贡献。通过鼓励文理交叉领域的学生参与竞赛以及创新创业路演，可以培养学生对从知识和技术到产业应用和创新的认知和领悟，让研究生接触到产业化过程、产业专家甚至投资人，进一步提升研究生的能力和勇气。

（三）课程思政的嵌入

课程思政元素是高校立德树人工作的重要组成部分，但是如何潜移默化地将思政学习嵌入文理交叉领域的教学工作是一项新的尝试。例如，在讲述新冠肺炎疫情管理系统的时候引导同学了解人民的健康信息安全和医学伦理问题。这是疾控中管理系统设计和疾控制度制定时的关键点，也是同学们在日后从事大健康数据管理和分析工作中需要注意的法律和道德风险。在较为复杂的生物医学知识的讲解中穿插安全教育，例如危险品安全和传染病的生物安全等级和实验环境要求，使同学们了解抗疫前线医护人员克服的种种困难，同时提高自己的安全意识以及主人翁精神。由于文理交叉领域教学内容极为丰富，因此可以结合各种生活中的小故事潜移默化地引导学生对国计民生的了解，培养家国情怀。

四、管理科学与生物医学交叉人才培养的挑战

在近两年的筹备工作中，我们获得了宝贵的经验，但也面临巨大的挑战。首先，团队成员所属院系差别较大，带来了时间和空间上的困难。这种困难体现在课程安排上要兼顾各位教师在本专业方向的教学安排和科研任务，以及跨校区授课或组会的不便利性。其次，管理科学与生物医学文理交叉领域要求教师适应交叉学科的教学模式并调整教学内容。按照本专业课程的讲授方式进行交叉学科的教学会由于学生本科背景的巨大差异而严重影响教学效果。因此，教师之间的合作和学术交流尤其重要，需要有计划地将其他老师的专业背景嵌入自己的教学内容，以形成一个有机的交叉课程体系。最后，由于文理交叉领域的研究生学习对学生来说较为陌生，因此学生在短期内发现跨学科领域科研问题的能力稍显薄弱，需要经历积累过程才能厚积薄发。如何适应这些变化，并将它们转化成管理科学与生物医学交叉学科的竞争优势，是需要在未来的教学工作中不断探索的。

五、结语

文理交叉学科的发展是高校在交叉学科创新方向的又一突破，也是应社会对跨学科人才的强烈需求而产生的新兴学科。通过加强教师团队之间的跨学科交流合作，加深教师对学生的了解，以及调整优化教学模式，可以打破单一的教学方法，适应后疫情时代的教学模式，促进研究生从高校的知识体系向专业科研机构、医疗机构甚至相关产业迈进。同时，在现实背景下有机融入管理科学与生物医学相关的思政内容，对于学生对社会和生命的认知都有着积极的作用。综上所述，文理交叉领域的教学创新

实践工作是一种顺应时代需求的创新，对教师和学生双方来说都充满挑战，需要持续总结经验并进行优化，实现交叉学科数量与教学质量的双项提升。

参考文献

[1] 中华人民共和国教育部．“交叉学科”成第十四个学科门类［EB/OL］. http://www.moe.gov.cn/jyb_xwfb/s5147/202101/t20210114_509767.html.

[2] 原帅，黄宗英，贺飞．交叉与融合下学科建设的思考——以北京大学为例［J］. 中国高校科技，2019（12）：4-7.

[3] 中华人民共和国教育部．学位授予单位（不含军队单位）自主设置二级学科和交叉学科名单［EB/OL］. http://www.moe.gov.cn/jyb_xxgk/s5743/s5744/A22/202108/t20210820_552722.html.

[4] 何洁，周辉，萧群．北京大学社会科学与自然科学交叉领域科学研究现状及发展对策分析［J］. 北京大学学报（自然科学版），2013，2（49）：336-340.

[5] 汤海峰，李佳伟，刘艳，吴斯豪，范林圆，滕利荣，崔银秋．文理交叉背景下分子生物学虚拟仿真实验项目建设［J］. 生物学杂志，2021，38（5）：127-130.

[6] 深大［2014］287 号文件，《深圳大学交叉学科创新团队培育办法（试行）》，2014.

[7] 深圳大学公文通：https://www1.szu.edu.cn/board/view.asp? id=294090.

[8] 深圳大学公文通：https://www1.szu.edu.cn/board/view.asp? id=316948.

[9] 芦雪松．当代大学生课堂学习情况调查研究及整改措施探讨——以哈尔滨工程大学水声工程学院为例［J］. 教育现代化，2020，7（20）：139-142.